KB068743

Government Debt

Government Accounting

Fiscal Distribution

Revenue Management

Fiscal Decentralization

Local Finance

나 라 살 림 길 잡 이

재정관리

박정수 지음

박영사

시장에서는 자원의 배분이 경쟁을 기초로 이뤄진다. 수요와 공급의 압력이라는 기제를 통해 재화와 용역의 가격이 결정되고 이에 따라 요소와 산출물이 배분되며 이 과정에서 소위 파레토 효율이라는 균형을 찾아가게 되는 것이다. 물론 이때의 한계는 참 많다. 완전경쟁이라는 비현실적인 가정, 즉 정보의 한계, 무수히 많은 수요자와 공급자 등과 함께 근본적으로는 보상을 전제로, 분배에 대해서는 눈을 감는다. 따라서 이 부분에서 정부의 역할이 등장하게 되고 형평성과 정의 그리고 사회적인 안전망의 구축이 대두된다.

하지만 정부도 시장과 마찬가지로 불완전하기는 난형난제 형국이다. 다른 무엇보다 가격을 알기가 어렵다는 문제에서 자유롭지 못하다. 따라서 좋은 정부, 역량 있는 정부, 일 잘하는 정부에 대해서 국민적인 공감대를 형성하는 것이 여간 어려운 일이 아니다. 정부업무평가 및 재정사업자율평가 등 다양한 정부의 성과평가제도가 운영되고 있지만 형식적인 운영이라는 비판을 자주 듣는다.

본질적으로 정부는 독점이기에 그렇다. 곧잘 이념에 휘둘려 극좌와 극우로 흐르기 쉬운 이유가 바로 여기에 있는 것이다. 지난 총선과 대선에서 과반 이상을 차지해 제1당의 지위를 유지하고 있고 여당이 된 새누리당의 공약을 살펴보자. 우선 가장 재정부담이 클 수 있는 공약들을 꼽는다면 단연 만 0~5세 영유아에 대한 양육수당과 보육비를 전계층에 지원하겠다는 내용이다. 20대를 겨냥해 사병의 월급과 수당을 2배 인상하겠다는 것과 30~40대를 겨냥해 공공임대주택 공급확대와 대형유통업체의 중소도시 진입규제도 시장의 논리나 작은 정부 큰 시장이라는 이전정부의 기조와는 사뭇 다른 시장의 셈법과는 거리가 있는 공약으로 국민의 선택을 받은 것이다.

아쉽게 제2당을 차지한 민주당의 공약은 한 걸음 더 나아갔다. 청년의무고용할당제, 소득세와 법인세 증세, 서민가계부채 부담경감, 고유가 서민부담

경감, 가계통신비 획기적 경감, 쌀 목표가격 현실화 및 고정직불금 인상, 무상보육 및 국공립유치원 40%까지 확대, 반값등록금 실현, 공공임대주택확충, 기초노령연금 급여 2배 인상 및 대상자를 80%로 확대 등을 내세웠다. 이러한 양대 정당의 복지일변도 공약에 대하여 정부는 재정건전성을 우려하는 목소리를 냈고 이러한 내용이 국가재정운용계획과 2014년 예산안에 반영이 되었다. 정부가 판단해도 여야가 쏟아낸 복지 공약은 재정 형편으로 보아 실현 여부가 불확실한 부분이 상당히 있다는 이야기다.

어차피 시장과 정부는 균형을 맞춰 함께 갈 수밖에 없는 것이라고 할 때 중심을 잡고 기준선(base line)을 분석하며 거기에 변화가 생길 경우 이를 모니터링하는 논의가 중요하다. 시장의 셈법도 불완전하고 정부의 정치셈법 역시 불완전하기는 매일반이지만 그래도 파이는 키워야 한다는 점에서 시장의 활력을 살리고 재정건전성을 지속가능하게 유지하는 선에서 복지확충이 선별적으로 이뤄져야 한다. 욕심대로 이것도 저것도 모두 곳간을 열다보면 어느새 우리나라의 경쟁력은 사라질 수도 있다는 점을 유념해야 한다. 우리는 분단국가로서 그리고 소규모개방경제로서의 한계가 분명히 있다는 점에서 시계(time horizon)를 보다 장기로 가져가면서 배분에 있어서 국민적 합의를 모아야 할 시점이다. 또 한번의 도약을 통해 성숙한 대한민국을 기대하기 때문이다.

한 사회는 가정과 기업 그리고 국가로 구성된다. 가정도 살림을 살고 기업도 살림을 살아야 하고 마찬가지로 국가도 살림을 산다. 가정경제에 대한 논의는 소비자선택의 문제이지만 가계부채도 지나치게 되면 국가의 역할을 필요로 한다. 기업의 경영은 이윤극대화라는 분명한 목표하에 (이 부분도 최근에는 지속가능경영이라는 차원에서 반드시 이윤극대화만은 아니라는 논의도 많다) 전략기획에서부터 마케팅까지 일관성 있게 의사결정이 이루어지지만 이 부분에 있어서도 공정경쟁의 담보와 같이 시장의 실패를 보완하는 규제는 정부의 몫이다. 나라살림인 재정과 관련한 국가의 역할은 머스그레이브 & 머스그레이브(Musgrave & Musgrave)가 재정이론(public finance theory)에서 잘 정리하고 있다. 자원의 효율적인 배분, 소득분배의 적정화, 그리고 경제안정화라는 3대 목적을 실현하는 데 기여하도록 해야 한다는 것이다.

자원배분의 효율성은 파레토 효율적인 자원배분을 말한다. 파레토 효율적인 자원배분은 적어도 한 사람의 후생을 감소시키지 않고서는 다른 사람의 후생을 증대시킬 수 없도록 자원이 배분된 상태를 의미한다. 그런데 우리는 이러한 보이지 않는 손에 의한 순수한 의미의 시장경제에 있어서의 효율적 자원배분이 현실적으로 매우 어렵다는 점을 잘 알고 있다. 법과 질서의 유지, 소유권의 확립과 보호에서 나아가 시장의 실패(market failure)가 발생하는 경우 정부의 개입이 요구되기도 한다. 생산물 시장과 요소 시장이 완전 경쟁상태에 있기 어렵고, 자원의 완벽한 이동가능성도 기대하기 힘들며 생산자와 소비자가 완전한 정보를 가진다는 것도 현실적으로 불가능하기 때문이다.

소득분배의 문제에 있어서는 더욱 그렇다. 사회적으로 자원배분이 효율적으로 이루어진다고 하더라도 소득분배는 대단히 불공평하게 이루어질 가능성이 얼마든지 있기 때문이다. 특히 현대와 같이 부의 집중이 심각해 양극화로 인한 사회적 폐해에 대한 국민적 공감대가 형성되는 경우 이를 조정하기 위해 정부가 세금과 재정지출을 통해 개입하는 것이 정당화된다. 우리나라에서도 이제 선거만 하면 복지확대가 주요 화두가 될 만큼 정부의 복지수요는 갈수록 증대되고 있다.

시장의 메커니즘만으로 적정한 수준의 성장, 고용의 안정, 물가수준을 안정되게 유지하는 데 어려움이 가중되고 있다. 중앙은행을 통해 국가가 발행하는 국채의 절반을 소화하는 등 전통적으로 금융당국에게 기대하는 금융권의 건전성 감독 및 중립성을 넘어서 적극적인 역할을 기대한다. 상시화되고 있는 경제위기, 주기가 더욱 빨라지고 있는 경기변동 등으로 발생하는 실업 등 경제의 어려움을 극복하기 위해 재정의 역할이 더욱 중요해지고 있다. 경제위기는 경기를 불안정하게 하고 경제성장을 저하시키며 경기부양을 목적으로 대규모 재정지출을 필요로 한다. 이러한 대규모 지출증대는 필연적으로 재정적자 및 국가채무의 증대를 가져오므로 재정의 건전성 및 지속가능성에 심각한 악영향을 줄 것으로 전망되어 재정준칙 내지는 규율의 필요성이 강조되기도 한다.

예산결정이 정치적 절차를 거쳐야 한다는 점과 경제안정의 목적 또는 소득재분배의 목소리가 높아지고 있다고 해서 자원의 효율적인 사용을 혼란시키는 결과가 되어서는 안 된다. 재정을 관리하는 데 있어서 견지해야 하는 중요한 원칙의 하나는 교환의 법칙이 작동하는 시장과, 합의와 투표에 의한 의사결정이 이루어지는 정치과정에 있어서 균형된 역할을 해야 한다는 것이다.

최근 재정관리의 화두는 재정건전성의 확보이다. 2008년 리먼 브라더스 파산 이후 본격화된 전 세계적인 경제위기와 이에 대응한 확장적 재정정책의 지속으로 인해 최근 우리나라뿐만 아니라 대부분의 선진국 정부재정 여건이 급격히 악화되고 있다. 이에 재정관리의 기조가 경제안정에서 재정건전성강화로 옮겨감에 따라 재정건전성 회복이 세계경제의 화두로 부상하고 있다. 우리나라에서는 여야를 막론하고 최근 3무1반 보편적 복지에 대해 서로 선명성 경쟁을 하고 있다. 무상급식, 무상의료, 무상보육 그리고 반값등록금에 대한 이야기다. 선거철이면 항상 단골 메뉴로 다가오고 있어 정치권의 논쟁으로 치부하고 말 수도 있지만 재정관리를 공부하는 우리로서는 이 부분에 대한 분명한 판단기준에 대한 이해가 필수적이다.

복지관련 국가의 역할에 대한 논의가 확산되고 국민들의 복지 기대수요가 높아감에 따라 복지재정 집행의 평가 및 향후 수요전망에 기초한 논의가 이루어져야 한다. 최근 복지지출의 기반확대 및 증가추세에도 불구하고 선진국들과의 단순 격차에 근거한 복지확대 요구가 높아지고 있다. 기 구축된 복지제도의 성숙화, 인구 고령화 및 재원배분 구조 등 다양한 지출요인을 감안하여 복지재정 수요를 평가하고 이에 부합하는 대응방안 마련이 필요한 사안이다. 향후 고령화와 기존 복지제도의 성숙으로 선진국과의 지출격차는 대부분 축소되어 추가적인 재정 확대 여력은 제한적이라는 점을 분명히 인식해야 한다. 현 제도기준 복지지출은 2050년 GDP대비 22.4%로 상대적으로 높은 복지지출 수준을 보이는 EU 국가평균 25.9%에 거의 근접하고 있는 것으로 분석된다. 건강보험 재정증가 추세를 감안할 경우, 2050년 EU국가와의 복지지출 격차를 건강보험 지출 증가가 상쇄할 가능성이 높다. 따라서 지속가능한 국가재정을 위해 ① 재정전망 등 정책 모니터링 강화, ② 지출 및 재원 배분 합리화, ③ 소득파악률 제고와 사회보장기여금 중심의 재원확보 노력이 필요하다. 이와 함께 정기적인 재정전망 및 투명성 제고를 통해 복지제도별 재정 위험을 평가하고 재정 대응능력을 강화해야 한다. 복지제도별 도입 목적, 자체 재원조달 가능성 등을 감안하여 지출요인을 통제하고 국가 재원배분 구조의 조정가능성도 검토해야 한다. 재원조달을 위해 우선 과세투명성 제고 노력이 중요하며 이를 바탕으로 제도별 사회보장기여금의 역할을 강화하는 것이 무엇보다 중요하다.

이상의 내용은 한국조세연구원(2011)이 출간한 '복지재정과 정책과제'라는 보고서를 요약한 것이다. 독자들로 하여금 이러한 재정관리 관련 정책의 원리와 배경지식을 이해하고 구체적인 부분의 분석역량을 키우는 것이 본 책의 집필목표다. 재정현상은 정부의 경제적 활동으로 나타난다. 따라서 재정관리는 정부의 경제적 활동을 계획하고 집행하고 모니터링하는 일련의 행정과정을 의미한다. 시장과 정치과정의 두 상이한 부문을 아울러 정부가 세금을 걷고 재정지출을 통해 시장을 보완하는 혼합경제의 한 축을 담당하게 된다. 최근 들어 더욱 중요해지고 있는 정부의 경제적 활동을 보다 잘 하기 위해서 필요한 지식을 습득하고 이를 비판적 시각에서 개선할 수 있도록 하는 학습과정이 필요한 것이다. 재정관리 역시 선택의 문제이다. 정부가 재정(public finance)을 통해 직접적으로 개입을 할 것인지 아니면 규제(mandates) 등과 같은 간접 개입방식을 통해서 시장의 실패를 보완할 것인지에 대한 중요한 선택과정에 대한 학습이다. 정부의 경제적 활동은 정치적, 경제적, 그리고 관리적 측면을 동시에 지닌 복합적인 성격을 띤다. 공공선택론 등 예산과 정치행태에 대한 논의가 정치적 접근이라고 한다면 재정학은 경제적 접근이고 본 책에서 초점을 맞추고자 하는 관리적인 측면은 재무행정에 보다 가깝다고 할 수 있다. 그럼에도 불구하고 재무행정이라는 용어 대신에 굳이 재정관리라는 새로운 용어를 사용하는 이유는 과거의 재무행정이 정책과의 관계를 등한시하고 단순히 예산회계법적인 차원에서 접근하고 있는 부분을 탈피해 거시적인 재정관리와 미시적인 재정관리를 아우르는 접근을 강조하고자 함이다.

"나라살림 지킴이 나라정책 길잡이," 자주 들어본 구호일 것이다. 국회예산정책처가 2004년 문을 열면서 내건 슬로건이다. 저자도 초대 예산분석심의관으로 국회예산정책처의 주춧돌을 세울 때 한 몫을 거들었다는 점에서 국회예산정책처에 대한 애정이 남다르다. 예산정책처를 약칭한 '예정처' 발음을 조금 바꾸어 '애정처'라고도 불렀다. 국가와 지방자치단체, 즉 중앙정부와 지방정부, 그리고 공기업을 중심으로 한 공공기관을 포함해 이들의 재정관리가 곧 나라살림이라고 할 때 이러한 나라 곳간운영을 잘 하는 일이야말로 보다 나은 정부를 만들고 나아가서 보다 나은 대한민국을 만들어 나가는 데 핵심적인 등대지기 역할이 되며 이를 잘하자는 구호라고 이해할 수 있다.

일반적으로 행정학을 세부학문으로 분류할 때 재무행정으로 알려져 있는 나라살림에 대한 이해는 시대적 변화에 부응해 재정관리로 패러다임을 바꾸어 나가고 있다. 저자가 대학과 대학원에서 재무행정을 배울 당시는 주로 행정법 차원에서 정부조직법, 예산회계법, 지방재정법, 정부투자기관관리기본법 등에 나타난 예산관련 기관들의 권한과 역할배분과정 등에 대한 설명이 주를 이루었다. 하지만 실제 행정현장에서 벌어지는 재정관련 의사결정의 이론과 실제에 대해서는 크게 비중을 두지 못했다.

재정관리라고 할 때는 세입과 세출에 대한 의사결정, 집행 그리고 이의 결과를 국민대중 그리고 이해관계자들에게 보고하고 감사하는 기관(watch-dog institution)이 제3자적 입장에서 감사하는 전 과정을 보다 잘하기 위해 필요한 기술과 기법, 그리고 그러한 의사결정의 원인과 결과간의 관계를 이해하는 데 보다 방점이 두어진다. 경제학으로서의 재정학 내지 공공경제학, 경영학으로서의 재무관리, 정치학으로서의 예산과 정치, 법학으로서의 헌법과 재정관련법 등을 아울러 나라살림을 보다 잘 살기 위해 누가(who), 언제(when), 무엇을(what effect), 왜(why), 누구를 위해(for whom) 그리고 어떻게(how) 의사결정을 하고 있고(as is) 또한 해야 하는가(to be)에 대한 탐구라는 점을 강조하고 있다.

우리나라는 전통적으로 예산관료의 힘이 무척 강했던, 그리고 지금도 강한 편에 속한다. 그 덕택에 상대적으로 건전한 재정운영이 가능했고 이를 기반으로 해서 1997년 외환위기 그리고 2008년의 경제위기를 상대적으로 쉽게 극복했다고 할 수 있다. 또한 다양한 재정개혁 프로그램을 역동적으로 도입하고 운영해 나름대로의 성과를 거두고 있는 한편 여전한 형식주의의 과다는 지속적인 개혁의 수요를 창출하고 있기도 하다. 경제기획원(Economic Planning Board: EPB) 시절부터 기획과 예산의 연계를 강조하고 경제개발5개년계획과 국가재정운용계획이라는 중기재정운용의 틀을 만들고 이에 기초해 매년 예산의 한도를 지키려는 시도도 계속되고 있다. 각 집행부처로 하여금 한도 내에서 자율적인 예산편성권을 보장하려는 총액배분 자율편성의 시도도 같은 맥락이다. 프로그램예산제도와 재정사업자율평가 등 성과와 예산편성을 연계하려는 노력도 끊임없이 이루어지고 있다. 스마트한 재정관리를 위해 우리나라의 강점인 정보통신기술(ICT)을 활용, 디지털예산회계시스템(d-Brain과 e-호조)을 도입하고 재정보고를 발생주의 원칙에 입각해 재정 실상을 보다 잘 반영할 수 있도록 하는 노력도 경주되고 있다.

　예산은 정치의 산물이고 예산과정은 예술(art)이라고 미국의 정치학자인 아론 윌답스키(Aaron Wildavsky)는 이야기했다. 알프레드 마샬(Alfred Marshall)의 경제학 원론에서 유명한 '뜨거운 가슴 차가운 머리' 이야기를 떠올리면 왜 우리가 부가 불균등하게 배분되어 있고 항상 자원은 부족하기 마련인 현실 속에서, 그리고 시장이라는 민간부문의 의사결정기제가 아니라 정치라는 공공부문의 의사결정기제 하에서 재정관리에 대한 학습을 해야 하는지에 대한 해답이 나온다. 우리는 이러한 재정배분 메커니즘(국가는 내 돈을 어떻게 쓰는가?)의 이해를 재정관리의 핵심영역으로 본다.

　본 저서는 네 부분으로 크게 나누어진다. 첫 번째 부분은 재정관리에 필요한 기초지식에 대한 학습영역이다. 시장과 정치의 중간 영역에서 이루어지는 나라살림의 기본원칙, 어디까지를 정부재정의 범위로 볼 것인가에 대한 논의, 그리고 재정관리에 필요한 언어라고 할 수 있는 재정정보와 정부회계에 대한 내용으로 구성되었다. 두 번째 영역은 재정의 배분과 관련한 내용이다. 전통적으로 재무행정에서 다루는 영역일 수도 있겠다. 키(V. O. Key)가 예산이론의 결여라는 논문에서 주로 이야기 하고 있는 예산배분에 대한 의사결정을 주로 다룬다. 예산과정의 논리, 국회의 예산심의과정, 예산의 구조, 예산수단과 실제, 예산분류와 개혁, 자본예산과 비용편익분석에 대해 알아본다.

　세 번째 영역은 세입관리에 대한 내용이다. 지금까지 재무행정 교과서에서 거의 다루지 않던 부분이지만 저자의 생각으로는 재정관리가 포퓰리즘으로 흐르지 않기 위해서는 수입의 기초를 명확하게 이해하는 것이 재정배분만큼이나 중요하다. 조세이론에 기초한 조세개혁, 세무행정, 그리고 세수추계와 조세지출예산제도 등에 대해 살펴본다.

　네 번째 영역은 실제 재정현장에서 활발하게 의제화되고 있는 영역으로 재정분권과 지방재정, 나라 빚을 의미하는 정부부채, 그리고 교육재정과 현금관리 등에 대한 내용이다. 지방재정과 교육재정, 부채관리, 그리고 자금관리에 대해 자세히 알아보기로 한다.

　저자가 이 책을 구상한 것은 이십년 전이라고 할 수 있다. 대학을 졸업하고 대학원에 진학하면서 경제현상과 정부의 역할이라는 평생의 관심분야를 정하고 미국 유학시절을 거쳐 한국조세재정연구원에서 연구를 시작하면서부터라고 해야 할 것이다. 고마운 분들이 참 많다. 대학시절 관심을 갖고 지켜봐주신 정운찬 선생님과 이승훈 선생님, 대학원과정 이후 줄곧 멘토 역할을 해주시는 오석홍 선생님, 김동건 선생님, 미국의 지도교수인 Jerome B. McKinney 선생님 그리고 첫 직장 이후 계속 인연이 이어진 최광 선생님 등이 가장 영향을 많이 미친 것으로 생각된다. 아직 부족한 내용이지만 이렇게 세상에 내어 놓고 필요한 부분을 수정해가는 점진적 접근방법을 활용하는 것이 더 나을 것으로 판단했다. 항상 편안한 지지자이자 동기부여자인 혜영, 그리고 어느새 대학원생이 되어버린 상진이와 이번에 대학생이 되는 하연이에게 고맙다는 인사를 하고자 한다. 수많은 교정작업을 기꺼이 수행해 준 박영사 전채린 대리에게도 감사의 말을 전한다.

2014. 2

신촌 연구실에서

박정수

차 례

PART 01
재정관리의 기초

PART 02

예산과 지출관리

CHAPTER 04
예산과정의 논리

CHAPTER 05
예산심사

CHAPTER 06
예산구조

CHAPTER 11
세무행정

PART 04

재정관리 현안

CHAPTER **12**
지방재정

교육재정

CHAPTER **14**
부채관리

01
PART

재정관리의 기초

01
CHAPTER

재정관리의 기본원칙

● ● ● 경제의 의사결정 주체는 가정, 기업, 정부가 있다. 가정 경제도 수입의 범위 내에서 지출계획을 세우고 규모있는 살림을 사는 집안과 그렇지 않은 집안은 시간이 지남에 따라 결과가 크게 다르기 마련이다. 정부의 재정과 기업의 재무는 다를 수밖에 없다. 정부의 재정은 자유롭게 기업 재무의 도구와 개념을 빌려오지만 그것들은 언제나 동일한 방법으로 사용되지 않으며 종종 동일한 이유로 사용되지도 않는다. 정부의 재정과 기업의 재무 사이에는 세 가지 근본적인 차이점이 존재한다. 첫째, 정부는 재원을 마련하기 위해서 상품이나 서비스를 판매하기보다는 강제적인 세금을 부과한다. 둘째, 기업은 법인이든 개인기업이든 주인이 분명한데 정부의 소유권자는 명확하지 않다. 정부의 주인은 국민이라고는 하지만 집단적인 국민이 주인노릇을 하기는 쉽지 않다. 이는 지방자치단체의 예산낭비사례나 공기업의 방만경영사례를 보아도 금방 알 수 있다. 셋째, 정부 서비스의 가치는 수량화하기가 쉽지 않고 단일한 척도에 반영되기가 쉽지 않다. 측정되지 못하는 경우 개선하기란 여간 어려운 것이 아니므로 정부의 성과관리가 실질적인 효과를 발휘하도록 하는 데는 많은 장애요소가 따른다.[1]

---

1 이러한 이유로 해서 정부부문의 성과관리라는 영역이 행정학과 정책학에서 비중있게 다뤄지게 된다. 특히 최근 20년 동안 미국, 세계은행 등과 한국 등에서 정부부문의 성과관리에 관심을 쏟고 있고 이를 위한 각종 평가제도의 구축, BSC(Balanced Scorecard)가 대대적으로 도입되었다. 그럼에도 불구하고 공동성 외(2013) 등은 우리나라의 성과관리가 제대로 된 성과관리는 아닌 것으로 평가하고 있다.

Ⅰ. 시장실패와 정부의 기능

건전한 재정관리의 기본은 원칙에 충실하되 현장의 여건에 맞춰 탄력적으로 대응하는 것이라고 할 수 있다. 정부가 잘 할 수 있는 영역에 역량을 집중하는 선택이 필요한바, 나라살림, 즉 재정의 영역은 주로 시장이 실패하는 부분, 즉 공공재, 외부효과, 경쟁실패(경제안정화 포함), 그리고 재분배로 나누어 설명할 수 있다.

1. 공공재

표 1-1 재화의 구분

		경합 여부(exhaustion of rivalry)	
		경합성(alternate use)	비경합성(joint use)
배제 여부 (exclusion)	배제 가능 (feasible)	사적재(private goods) : 음식, 의류, 텔레비전	혼잡재(toll goods) : 유료고속도로, 통행세 받는 다리 등
	배제 불가능 (not feasible)	공유재(common-pool resources) : 대수층, 어장, 석유 및 가스 매장층	공공재(public goods) : 국방, 사법제도, 질병매개체 통제

사적재(private goods)는 한 사람이 재화를 소비하면 다른 사람이 그 재화를 소비할 수 있는 양이 줄어들고, 가격을 지불하지 않으면 그 재화로부터 발생하는 혜택을 전혀 받을 수 없다. 시장에서 구입하는 모든 재화는 이러한 성격을 지니고 있다. 한편 공공재(public goods)는 다른 사람이 소비에 참여한다고 해서 내가 소비할 수 있는 양이 줄어들지 않으며, 다른 사람이 가격을 지불하지 않았다고 해서 그 사람을 소비의 혜택으로부터 배제할 수 없다. 공공재의 특징은 비경합성(non-rivalry)과 비배제성(non-exhaustion)으로 요약된다. 먼저 소비에 있어 비경합성이란 일단 공급재가 공급되었을 경우 추가적으로 다른 한 사람이 공공재의 소비에 참여하는 데 드는 비용이 '0'임을 의미(한계비용=0)한다. 따라서 이러한 재화를 시장에 맡길 경우 과소공급(undersupply), 과소소비(underconsumption)를 발생시킨다. 둘째, 비배제성은 공공재에 대한 대가를 지불하지 않은 사람을 공공재의 소비

로부터 배제하는 것이 불가능 하거나 혹은 바람직하지 않은 특성을 의미(한계비용>0)한다. 즉, 무임승차자의 문제(free rider problem)를 발생시킨다. 비경합성과 비배제성으로 인해 공공재는 시장에서 아예 공급이 되지 않거나 공급이 된다고 하더라도 그 양이 불충분하기 마련이다.

혼잡재 또는 요금재(toll goods)란 것도 있다. 소비에 있어서 비경합성이 존재하지만 소비에 대한 대가를 지불하지 않은 사람을 배제할 수 있는 재화를 의미한다. 극장, 유료다리, 프로야구 경기장 등의 사례를 들 수 있다. 요금재가 소비에 있어 비경합적인 것은 혼잡(congestion)이 발생하지 않았을 때이다. 유료다리와 같이 지나치게 많은 사람들이 소비에 참여하게 되면 혼잡으로 인해 개인이 얻게 되는 한계편익이 급격히 줄어들게 된다.

공유재(또는 공유자원, common-pool resources)라는 것도 있다. 소비는 경합적이지만 대가를 지불하지 않았다고 해서 소비자를 배제할 수 없는 재화를 말한다. 예를 들면 낚시터, 유전, 가스, 지하수, 목초지 등이다. 공유재의 비극(the tragedy of the commons)이 발생하게 되므로 공유재의 효율적인 사용을 위해 정부 개입을 필요로 한다. 정부는 개인 간 그리고 시간의 흐름에 따른 자원의 사용이나 소비를 규제함으로써 집단구성원 공통의 이익을 극대화할 수 있도록 조정하는 역할을 담당한다.[2]

---

2 1968년 12월 13일자 「사이언스」에 실렸던 하딘(G. J. Hardin)의 논문이 원전이다. 하딘은 "공유지의 비극"에서 개인주의적 사리사욕은 결국 공동체 전체를 파국으로 몰고 간다는 것을 다음과 같이 이야기하고 있다. 한 목초지가 모두에게 개방되어 있다. 즉 그 목초지는 공유지이다. 소를 키우는 사람들은 거기에서 저마다 가능한 한 많은 소를 키우려고 할 것이다. 공유지에 내재된 논리는 비극을 낳게 되어 있다. 왜냐하면 소를 키우는 사람들이 합리적인 사람들이라면, 최대한의 이익을 추구할 것이기 때문이다. 암암리에 혹은 의식적이든 무의식적이든 그들 각자는 "나의 소를 한 마리씩 더 늘려가면 나에게 얼마나 효용이 생길까?"라는 질문을 던질 것이다. 소를 한 마리 늘리게 되면 일장일단의 효용이 있다. ① 긍정적 요소는 한 마리의 소의 증가라는 것이다. 왜냐하면 그가 그 소를 팔면 거의 +1이라는 효용이 있을 테니까. ② 부정적 요소는 소가 한 마리 더 늘어나면 그만큼 풀을 많이 뜯어먹게 된다는 것이다. 그러나 나에게 돌아오는 과도한 방목의 효과는 모든 소를 키우는 사람들과 함께 나눠 가지게 된다. 즉 소를 키우는 사람이 n명이라면 나에게 돌아오는 손해는 -1/n밖에 안 된다. 따라서 합리적으로 계산을 해보면, 소를 키우는 사람은 소를 한 마리 더 키우는 게 낫다. 따라서 또 한 마리 더 키우고, 또 한 마리 더 키우고…. 그러나 마침내 계산하는 날이 왔을 때, 우리는 눈앞에 벌어진 사실을 보고 기겁을 할 것이다. 그 많은 나머지 소는 다 어디로 간 것일까. 아마도 과도한 방목으로 풀이 없어서 굶어 죽었거나 소가 소를 잡아먹은 결과일 것이다. 공유지의 비극은 우리에게 남을 희생시켜서라도 끊임없이 자기 이익과 권리의 극대화를 추구할 경우, 결과적으로 자신을 포함한 공동체 전부가 피해를 입게 된다는 교훈을 준다. [네이버 지식백과] 공유지의 비극 [The tragedy of the commons] (철학사전, 2009, 중원문화)

2. 외부효과

한 개인이나 기업의 경제적 행위가 제3자에게 혜택을 주거나 손해를 입히면서도 대가를 받거나 혹은 대가를 주지 않는 경우, 외부효과가 존재한다고 한다. 외부효과는 방향성에 따라 긍정적인 것과 부정적인 것으로 나뉜다. 먼저 긍정적 외부효과(positive externalities)는 다른 사람에게 혜택을 주면서도 대가를 받지 못하는 경우이다. 예를 들면 독감 예방접종, 과수원과 양봉업자의 사례가 이에 해당한다. 사회적으로 바람직한 수준보다 낮은 수준에서 생산 및 소비 활동이 이루어짐으로써 불충분한 자원의 배분을 야기한다. 한편 부정적 외부효과(negative externalities)는 다른 사람에게 손해를 입히면서도 대가를 지불하지 않는 경우이다. 예컨대 매연, 공장폐수와 하천오염을 생각할 수 있다. 사회적으로 바람직한 수준보다 높은 수준에서 생산 및 소비 활동이 이루어짐으로써 지나치게 많은 양의 자원 배분이 야기되는 상황을 말한다.3

3. 경쟁실패

시장에서 기업 간 경쟁이 없으면, 최저비용보다 높은 수준에서 생산 활동을 영위하는 독점기업이 발생하여 비효율이 야기된다. 규모의 경제(increasing returns to scale)로 인해 소규모 기업보다 대규모 기업이 유리하게 되어, 자연독점(natural monopoly) 현상이 발생하기도 한다. 자연독점 현상은 전기, 철도, 통신 산업 등 네트워크 부문에서 주로 나타난다. 독점시장을 개선하기 위해서 정부가 개입하지만, 시장에 대한 정부 개입이 반드시 바람직한 결과를 초래하는 것은 아니다.

---

3 '거래비용(transaction cost)'이란 경제용어를 만든 노벨경제학상 수상자 로널드 코스(Ronald H. Coase)가 향년 102세를 일기로 지난 2013년 9월 2일 별세했다. 영국 태생인 코스는 리버풀대와 런던정경대, 미국 버지니아대 등에서 교수로 일했고 지난 1964년부터 시카고대 법학전문대학원(로스쿨)에서 경제학을 가르쳤다. 코스는 지난 1937년 논문 '기업의 본질'에서 회사 크기를 결정하는 요인으로 거래비용이라는 개념을 처음 선보였다. 거래비용은 계약 이전 정보수집, 계약체결, 계약 준수 등 모든 상업 비용을 뜻한다. 이는 생산과 운송 비용만 취급하던 기존 미시경제학의 틀을 뛰어넘은 것으로 회사법·계약법과 금융제도 혁신에 기여했다. 코스는 거래비용과 재산권 연구 등 공로를 인정받아 지난 1991년 노벨경제학상을 받았다. 외부효과를 논의할 때 빠짐없이 등장하는 인물이 코스이다.

(1) 불완전시장과 불완전정보
(Incomplete markets and imperfect information)

시장에서 자원이 효율적으로 배분되기 위해서는 모든 재화에 대하여 시장이
존재하고 그에 따라 가격이 형성되어야 한다. 그러나 어떤 재화에 대해서는 시장
이 매우 불완전하게 존재하기도 한다. 대표적인 불완전시장으로 보험시장이 있으
며, 역선택(adverse selection)과 도덕적 해이(moral hazard)를 발생시킨다. 역선택과
도덕적 해이 등에 의하여 시장이 존재하지 않는 경우 정부가 개입해 시장을 창출
하거나 조정하는 역할을 담당한다. 한편 불완전한 정보는 시장이 완전경쟁상태에
있기 위해서는 모든 소비자가 시장에 존재하는 재화와 그 가격에 대해서 완벽한
정보를 가지고 있어야 하지만, 현실에서 개인들이 경제적 결정을 하기 위하여 필
요한 정보를 획득하는 데 시간이 걸리고 비용이 발생하므로 비효율적인 자원배분
이 초래되는 경우에 해당한다.4

4 역선택은 불완전한 정보에 기초하여 행동하기 때문에 발생하는 비정상적인 선택이다. 정보의 격차
가 존재하는 시장에서는 도리어 품질이 낮은 상품이 선택되는 가격 왜곡 현상으로 자기선택 또는
반대선택이라고도 한다. 어느 한쪽만이 정보를 가지고 있기 때문에 발생하는 것으로 결과적으로
정상 이상의 이득을 챙기거나 타인에게 정상 이상의 손해 또는 비용을 전가하는 행위 일반을 가리
킨다. 역선택은 주로 중고차시장, 노동시장, 보험시장 등을 설명할 때 주로 이용된다. 이러한 예는
보험시장에서 자주 발생된다. 보험사고의 발생가능성이 높은 사람이 보험에 가입하려 하기 때문에
결과적으로 보험회사는 보험금을 지급할 확률이 높은 사람들과 계약할 경우가 많기 때문에 손해를
당하게 된다. 노동시장에서는 이미 책정되어 있는 평균 임금에 대하여 실제로 능력이 우수한 사람
은 만족을 못하고 능력이 떨어지는 사람은 만족하게 된다. 따라서 평균 임금을 제시했을때 우수
인력은 이를 거부함으로써 고용은 능력이 떨어지는 사람과 이루어질 가능성이 높아진다. 중고차시
장을 예를 들면, 중고차를 파는 사람은 사는 사람에 비해 그 차에 대해서 더 많은 정보를 가지고
있다. 따라서 자신의 차가 결점이 많다면 이미 정해진 중고차 시장가격이 만족스럽기 때문에 시장
에 자신의 차를 내놓게 되지만 질 좋은 차를 가진 사람은 자신의 차의 성능에 비해 평균적으로 책
정된 시장가격이 만족스럽지 못하기 때문에 차를 시장에 내놓지 않으려고 한다. 결과적으로 시장
에는 질이 안 좋은 차가 상대적으로 더 많아지므로 구매자는 품질이 좋은 상품보다 역으로 품질이
낮은 상품을 선택할 가능성이 높아진다. 이것이 역선택 이론이며 이러한 시장을 개살구 시장
(Lemon)이라고 한다. 이는 1970년 역선택 이론을 처음 제시한 애컬로프(George A. Akerlof)의
'레몬시장 이론(Market for Lemons)'이란 논문에서 쓰인 용어로 여기서 쓰인 '레몬' 이란 우리나라
의 '빛 좋은 개살구'처럼 겉만 멀쩡한 물건을 가리킨다. 그렇기 때문에 우리나라에서는 레몬 시장
을 '개살구 시장'이라고 부른다(naver 지식사전).
'도덕적 해이'를 뜻하는 모럴해저드(Moral Hazard)는 원래 보험시장에서 사용됐던 용어이다. 화재
보험에 가입한 보험가입자가 보험에 들지 않았더라면 다 했을 화재 예방에 대한 주의 의무를 게을
리 함으로써 오히려 화재가 발생하여 보험회사가 보험료를 지불하게 되는 경우가 있다. 만일 보험
회사가 보험가입자의 화재예방노력을 하나 하나 모두 파악할 수 있다면 화재예방 노력에 따라 보
험료를 다르게 적용하거나 보험가입 자체를 거부할 수 있겠지만 현실적으로는 불가능한 일이다.
이렇게 보험회사가 보험가입자를 개별적으로 다 파악할 수 없는 이러한 상황을 '정보의 비대칭'이
라고 하며, 이같이 어느 한쪽이 상대방을 충분히 파악할 수 없는 정보의 비대칭 상황하에서는 항
상 도덕적 해이가 발생할 소지가 있다. 경제학적으로 '도덕적 해이'란 정보의 비대칭이 존재하는
상황에서 주인(principal)이 대리인(agent)의 행동을 완전히 관찰할 수 없을 때 대리인이 자신의

(2) 경제안정화(Economic Stabilization)

정부는 높은 실업률 감소, 구매력 감소와 금융시장 왜곡 요인인 인플레이션 통제, 경제 성장 및 삶의 질 증진을 위한 거시경제의 안정화를 추구하는 역할을 담당한다. 통화정책(monetary policy: 통화량 조절과 이자율정책)과 재정정책(fiscal policies: 세입세출 변화)을 통하여 시장실패를 교정하고자 한다. 그러나 국가재원을 활용한 후진국 정부의 결정은 심각한 경제 문제를 야기할 수도 있다. 최근의 세계금융위기와 PIIGS(Portugal, Ireland, Italy, Greece, and Spain) 사례를 통해서 경제안정화가 얼마나 어려운 기능인가를 실감하고 있다.[5]

개방경제에서 정부는 가계소비, 기업투자, 정부지출, 수출입 등 총수요를 조절하여 경제를 안정시킨다. 총수요가 부족하여 경기침체와 실업이 우려되면 세수를 줄여 민간 수요를 살리거나 직접 정부지출을 늘려 부족한 총수요를 메운다. 반대로 총수요가 넘쳐 인플레이션이 우려될 때에는 세수를 늘리거나 정부지출을 줄여 총수요를 억제한다. 이러한 조치를 일컬어 재량적 재정정책이라고 한다.

한편 정부가 일부러 개입되지 않더라도 총수요가 급증하면 이를 자동적으로 억제하고, 부족하면 자동적으로 보충하는 재정의 내재적인 제도적 장치가 있다.

효용을 극대화하는 과정에서 나타난다. 예를 들어 노동자가 감시가 소홀할 때 일을 열심히 하지 않는 것, 보험을 든 자가 보험을 들고 나서 사고에 대비한 주의를 덜 하는 것, 의사가 의료 보험금을 많이 타내기 위해 과잉진료를 하는 것 등 이 모든 것이 도덕적 해이에 해당한다. 여기서 기업가, 보험회사, 의료보험기관이 주인이고 노동자, 보험에 가입한 자, 의사가 대리인이지만 어떤 수직적인 신분 관계를 의미하는 것이 아니라 단지 서로의 목적하는 바가 다르다는 것을 나타낼 뿐이다. 모럴 해저드의 결과로 나타나는 것이 역선택(adverse selection)이다. 고금리를 제시하는 부실 금융기관에 고객이 예금을 맡기는 것은 대표적인 모럴 해저드에 해당한다.

5 원래 1997년부터 PIGS라 하여 포르투갈·이탈리아·그리스·스페인을 가리키는 용어로 사용되었는데, 이들 국가 그룹은 '올리브 벨트(the Olive Belt)' 또는 '클럽 메드(Club Med)'라고도 불렸다. PIGS는 2007년 재정 적자와 외채로 인하여 경제위기 상황에 처한 포르투갈·아일랜드·그리스·스페인을 가리키는 용어로 조정되었다(공교롭게도 아일랜드의 머리글자가 I이기에 PIGS라는 용어를 그대로 유지했다). 그 이후 이탈리아까지 포함시켜 PIIGS라고 하였다. 특히 2009년 말부터 2010년 초에 이르러 PIGS 또는 PIIGS라는 용어가 널리 사용되었다. '돼지(pig)'를 연상시키는 이 용어는 미국의 투자기관과 언론에서 모멸적인 의미를 담아 사용하였는데 이들 국가의 경제 운용에 대한 불신감이 투영되어 있다고 볼 수 있다. 그런 이유로 이 용어의 사용에 대한 해당 국가의 반발을 불러일으키기도 하였다. 이들 국가의 공통점은 2007년부터 2010년에 이르기까지 과도한 국가 부채와 재정 적자, 높은 실업률 등으로 인하여 심각한 경제적 위기 상황에 처하였다는 점이다. 특히 그리스는 2010년 초 국가부도 위기에 직면하는 최악의 상황에 봉착하여 같은 해 5월 유럽연합(EU)과 국제통화기금(IMF)의 구제금융을 받은 바 있다. 2010년 4월 국제신용평가사 S&P는 그리스와 포르투갈에 이어 스페인의 국가신용등급을 하향조정하였으며, 이탈리아와 아일랜드 역시 재정 상황이 좋지 않았다. 이로 인하여 유로화가 급락하고 세계 금융시장이 출렁거리자 유로존 국가들이 연쇄적으로 부도사태를 맞을 수도 있다는 우려가 확산되면서 세계경제의 새로운 불안요인으로 떠올랐다(네이버 백과사전).

이를 재정의 자동안정장치(built-in stabilizer)라고 한다. 예컨대 누진세율 구조를 갖는 소득세의 경우 경기가 호황일 때는 높은 소득세율이 적용되어 가계소비를 억제하고, 불황일 때는 낮은 소득세율이 적용되어 민간소득과 소비 감소폭을 줄이게 된다. 고용보험의 경우도 경기가 호황일 때는 실업자가 줄어드는 만큼 실업수당 지급액도 줄어 총수요가 감소되는 반면, 불황에서는 실업자가 많아져 실업수당 지급액도 커지기 때문에 총수요를 진작하는 데 도움이 된다. 이처럼 재정은 정책과 제도를 잘 운영하면 경제를 안정화시키는 데 중요한 역할을 한다. 또한 재정을 건전하게 관리하면서 확장적으로 운영한다면 경제성장에 크게 기여할 수 있다.

경제개방화가 빨라지는 환경에서는 대외 경제여건에 따라 국내 경기가 큰 폭으로 움직이는 탓에 금리와 같은 금융 정책만으로 거시경제를 안정화하는 데는 한계가 있다. 이러한 상황에서는 재정의 경제안정화 역할이 더욱 절실해진다. 예컨대 1997~1998년 외환위기 당시 경기침체를 벗어나는 데 재정이 결정적 역할을 하자 재정의 경제안정화 기능의 중요성에 대한 인식이 확산되었다. 중기재정계획의 도입으로 전년도 예산 편성의 굴레에서 벗어나 중기적 시계에서 경기변동을 감안한 재정수지 관리가 가능하게 되었고 따라서 재정의 경제안정화 기능도 더욱 강화되었다.[6]

6 세계 경제학계가 '국가부채'를 둘러싼 논쟁으로 후끈 달아오르고 있다. 노벨경제학상 수상자 등 세계 석학들이 대거 뛰어들었다. 쟁점은 '국가부채가 경제 성장의 적(敵)인가' 여부다. 논점이 분명한 만큼 학자들 간의 전선도 뚜렷하다. 이른바 '긴축파'와 '성장파'다. 긴축파의 대표 논객은 케네스 로고프와 카르멘 라인하트 하버드대 교수다. 성장파에는 노벨경제학상 수상자인 폴 크루그먼 프린스턴대 교수가 버티고 있다. 로고프 쪽은 "국가부채가 많았을 때 성장률이 낮아진 것은 역사가 증명하는 사실"이라고 주장한다. 정부 빚이 성장을 가로막는다는 얘기다. 크루그먼 쪽은 거꾸로 "경기침체(저성장) 때문에 국가 빚이 늘어나는 것"이라고 반박한다. 긴축론자들이 인과관계를 잘못 읽었다는 지적이다. 논쟁은 미국과 유럽 등의 재정위기와 직결돼 있다. 독일 앙겔라 메르켈 총리와 미국 공화당, 영국 데이비드 캐머런 총리 등은 로고프 주장에 동조한다. 반면에 미국 버락 오바마 대통령과 프랑스 프랑수아 올랑드 대통령, 이탈리아 엔리코 레타 총리 등은 크루그먼 편이다. 로고프와 메르켈 등은 "당장 힘들더라도 빚을 줄여야 나중에 더 큰 성장을 지속할 수 있다"고 강조한다. 반면에 크루그먼과 올랑드 등은 "긴축이 경제 자체를 무너뜨릴 수 있다"고 받아치고 있다. 로고프 교수 등은 미국·독일·한국 등 20개 나라 국가부채 데이터와 성장률을 비교·분석한 결과를 근거로 "국내총생산(GDP)과 견준 국가부채 비율이 90%가 넘으면 성장률이 가파르게 떨어졌다"고 주장했다. 이른바 '로고프-라인하트 절벽'이다. 미국 매사추세츠대 경제학과 박사과정 학생인 로버트 헌든이 로고프 교수 등이 과거 통계 데이터를 누락 또는 생략한 사실을 발견했다. 이를 바탕으로 헌든의 지도교수인 로버트 폴린 등이 로고프 반박 논문을 2013년 4월 발표했다. 바로 '많은 공공부채가 지속적으로 성장을 가로막는가(Does High Public Debt Consistently Stifle Economic Growth? A Critique of Reinhart and Rogof)'였다.

4. 재분배(Redistribution)

재화가 시장에서 효율적으로 공급되었다고 해도 사회 구성원의 소득까지 공정하게 분배되리라는 보장은 없다. 예컨대 가치있는 재화나 서비스를 효율적으로 생산해도 유능하고 수완 좋은 몇 사람이 모두 차지할 수도 있는 일이다. 그러나 소득이 지나치게 불평등하게 분배되면 실업자나 빈곤계층이 생겨나고 범죄나 시위가 일어나서 사회적 외부비용이 발생한다. 이런 까닭에 소득 재분배 과정에 정부가 개입하게 된다. 정부는 우선 세입 측면에서 소득세, 상속세, 증여세 등에 누진세율을 적용하여 고소득자에게 조세 부담을 무겁게 지우고 있다. 또한 세출 측면에서는 기초생활보장, 의무교육, 보금자리 주택 지원 등을 통해 사회적 취약계층을 지원한다.

소득 재분배를 위한 재정 개입의 범위와 수준, 그리고 방법론은 시대별, 나라별로 다르겠지만 급격하게 변하는 최근의 산업 구조와 고용 형태, 고령화로 인한 소득 불평등 심화 현상을 볼 때 재정의 소득 재분배 기능은 사회 통합과 지속가능한 성장을 위한 필수 기능이다. 정부는 국민이 최소한의 인간다운 삶을 영위할 수 있도록 자원 재배분 프로그램이나 시스템을 운영한다. 정부는 재분배를 위하여 누진세 적용, 저소득 가정을 위한 직접소득보조(direct income payment)와 의료보조 그리고 실업급여(unemployment benefit program)와 같은 사회 보조 서비스(social assistance services)를 시행한다. 그러나 미국은 소득재분배에 대해 다른 국가에 비하여 소극적이며, 그 결과 미국의 고소득층과 저소득층의 소득 격차는 타 선진국과 비교할 때보다 더 크게 벌어지고 있다.

재분배기능은 주로 복지분야에 집중되는데 우리나라도 요즘 한창 복지논쟁이 뜨겁다. 무상급식으로부터 시작하여, 반값등록금과 무상보육까지 복지논쟁이 계속되고 있고 이는 보편적 복지와 선택적 복지의 견해 차이로 요약해볼 수 있다. 무상으로 모든 사람에게 혜택을 부여하는 보편적 복지와 저소득층에게만 선택과 집중 혜택을 주는 선택적 복지 간의 논쟁이 급식문제, 보육문제, 의료문제, 급기야는 대학등록금문제로까지 연계되고 있다.

공평하다는 것 그리고 정의롭다는 것은 가치판단이 개입되기 때문에 일의적으로 정의하는 것은 불가능하다. 데이비드 존스턴(2011)의 '정의의 역사'는 "이 땅에 정의가 도래하고 악과 사악을 타파하여 강한 자들이 약한 자들을 억누르지 못하게 하고…" 함무라비 법전의 유명한 문구로 시작한다. 그러나 고대의 정의는 '보복'과 '복수'였다. 이른바 '상호성(reciprocity)'이다. 준만큼 받는다는 원리다. 보복으로서의 정의 혹은 상호성 개념은 중근동지역을 중심으로 고대 사회에 널리 퍼졌으며 이후로도 강한 생명력을 발휘하는 개념이다. 상호성을 배격한 것은 그리스 철학이다. 플라톤은 정의란 세속적 관심사가 아니라 궁극적 관심사라고 봤다. 주고받는 것이 아니라 궁극적으로 추구해야 할 가치라는 것이었다. 이 같은 사상이 탄생하게 된 배경에는 상업과 도시국가, 민주정치 발전이 밑거름이 됐다. 하지만 아리스토텔레스를 비롯한 그리스 철학자들은 인간은 절대로 동등하지 않다고 생각했다. 정의 개념이 보편적으로 적용된 것은 고대 로마시대다. 키케로는 '정의는 타고나는 것'이라며 정의는 인간 사이에 보편적으로 존재한다고 믿었다. "안내자의 도움을 받으면 미덕을 성취하지 못할 국가도 없고 미덕을 개발하지 못할 사람도 없다"는 주장이다. 이 같은 정의 개념은 신 앞에 모든 인간은 동등하다는 기독교 사상의 전파와 함께 확산됐다. 이런 인식은 '인간들은 사회적 세계를 자신들의 의도대로 형성해 나갈 수 있다'는 소피스트들의 생각과 함께 이후 사상사에 큰 영향을 미쳤다. 서구에서 정의 개념은 17세기 홉스를 거치면서 "모든 인간은 능력에 관계없이 똑같은 가치를 지니고 있기 때문에 정의의 문제에서 평등하게 고려되어야 한다"는 칸트의 주장과 "다양한 계층의 인간들의 능력과 성격에 나타나는 차이는 거의 사회적 산물, 교육 기회의 산물, 노동의 구체적 분화의 산물"이라는 아담 스미스의 주장으로 갈린다. 특히 '사회 안에서 일궈진 거의 모든 부(富)는 단순히 개인들의 생산물을 하나하나 모은 것이 아니라 사회적 산물'이라는 아담 스미스의 통찰은 정의 개념이 '사회정의'로 이어지는 계기를 제공했다.

존 롤스의 공정으로서의 정의이론에 관한 결정 중 가장 두드러진 것이 차등의 원칙이다. 구성원이 100명인 사회를 가정해보자. 구성원들 각자의 행복을 사회적 기본재 지수로 측정이 가능하다고 하자. 척도는 1에서 10까지로 표시되고 10은 가장 높은 수준의 행복, 1은 가장 낮은 수준의 행복을 나타낸다. 이제 한 사회가 두 가지 대안적인 기본 구조를 놓고 선택을 해야 하는 상황에 직면해 있다고 하자. 이 경우 기본구조 A에서는 사회구성원 100명 중 25%가 사회적 기본재 9의 몫을, 50%가 6의 몫을, 25%가 3의 몫을 각각 즐기고 있다. 이러한 구조라면 구성원들의 집합적 행복은 $600 = [(25 * 9) + (50 * 6) + (25 * 3)]$이 된다. 반면 기본구조 B에서는 $525 = [(25 * 7) + (50 * 5) + (25 * 4)]$가 되는 경우를 상정해보자. 이럴 경우 사회적 및 경제적 불평등은 사회에서 가장 취약한 사람들에게 가장 이로 워야 한다는 차등의 원칙에 따르면 이 사회는 기본구조 A의 집합적 행복이 더 높 더라도 가장 취약한 계층이 더 많은 것을 누릴 수 있는 기본구조 B를 택해야 한 다는 것이다. 과연 여러분의 견해는 어떠한가.

Ⅱ. 정부의 역할변화와 민영화(Privatization)

우리는 앞에서 시장이 실패하게 되면 정부가 이를 보완하는 역할을 담당하게 되게 되는바 이러한 경우를 공공재, 외부효과, 불완전경쟁과 불완전정보 등 경쟁 실패, 그리고 재분배로 나누어 살펴보았다. 그럼에도 불구하고 정부도 실패하는 경우가 있다. 정부도 시장과 마찬가지로 전지전능하지 않으며 정부를 구성하는 관료들이 올바르게 의사결정을 하도록 하는 유인이 제대로 작동하기 어렵기 때문 이다. 아울러 정부에 영향력을 행사하는 집단들이 정부의 의사결정을 왜곡할 수 있고 또 실제로 이러한 사례를 우리는 종종 보곤 하기 때문에 오늘날 지구상의 모든 경제는 시장과 정부의 조합에 의해 경제활동을 조절해 나간다. 시장과 정부 의 역할 분담은 역사적으로도 변화해왔고 나라에 따라서도 문화적 토양에 따라 매우 다양한 형태를 보인다. 서구의 경우 16세기 말부터 18세기까지는 정부가 시 장과 자본주의를 육성하는 중상주의시대를, 아담 스미스의 고전적 자유방임주의 시대에는 치안과 국방만을 국가가 담당하도록 하는 야경국가 또는 값싼 정부 (cheap government)로 대표되기도 한다. 1930년대에는 세계대공황에 대처하고 두 번의 세계대전을 거치면서 케이지안들의 주장대로 정부개입이 확대되고 1980년 대 이후에는 신자유주의의 등장으로 정부역할축소와 시장기능강화가 주류를 이 룬다. 그리고 2008년 세계 경제위기 이후에는 다시 정부의 역할이 강조되면서 미 국 등에서는 '월가를 점령하라(Occupy the Wall Street)'는 주장이 등장하고 있다.

이러한 시장과 정부의 역할변화는 민영화의 사례를 통해 살펴볼 수 있다. 민 영화란 국가 및 지방자치단체가 특정 기업에 대해 갖는 법적 소유권을 주식 매각 등의 방법을 통해 민간부문으로 이전하는 것을 말한다. 넓은 의미에서는 외부계 약, 민간의 사회간접자본시설 공급, 공공서비스사업에 대한 민간 참여 허용 등을 모두 포함하나, 좁은 의미에서는 공기업에 대한 정부 소유 주식의 50% 이상을 민간 소유로 전환시키는 것을 의미한다. 민영화의 의미는 국가와 지역에 따라 다른 의미로 사용되기도 한다. 국가 경제에서 정부부문의 비중이 낮은 미국에서는 민영화를, 정부가 직접 공급하던 공공서비스를 민간으로 하여금 공급하도록 하는 민간위탁으로 이해한다. 반면에 미국 이외의 국가들은 민영화를 정부가 보유하고 있는 자산 등을 민간에 매각하는 등 국가 경제에서 정부가 차지하는 비중을 줄이는 개념으로 이해하고 민간위탁을 민영화의 한 유형으로 본다. 대표적인 민영화의 형태는 시장실패를 야기하지 않을 정부 소유 기업의 민간이전, 전기, 통신 등 자연독점력을 가진 정부 소유 기업의 민간이전, 그리고 계약을 통한 민간위탁으로 나누어 볼 수 있다.

1. 민영화를 찬성하는 논거와 반대하는 논거

민영화의 논거로는 작은 정부, 운영 효율성 제고와 고객에 대한 대응성 향상, 매각대금확보를 통한 재정확충, 그리고 서비스 수행을 위한 적절한 인력이나 전문가 부족, 운영의 유연성 확보, 빠른 프로그램 운영, 혁신 속도 증진 및 서비스 질 향상 등을 꼽는다. 특히 기술이 발전하면서 네트워크산업의 자연독점력이 떨어지게 됨에 따라 통신, 석유 및 석유 화학, 가스, 자동차, 전력, 항공, 철강 산업 분야 등에서 민영화가 논의되었다. 도로, 공항, 우편서비스, 학교의 민영화는 전화나 석유화학 기업의 민영화보다 더 많은 사회적 · 정치적 · 경제적인 논쟁거리를 야기한다. 이러한 서비스는 다른 산업에 비해서 공공성과 외부효과를 가지고 있기 때문이다. 민영화를 해야 한다고 주장하는 쪽의 이유로는 방만한 운영, 정부 고위직 또는 선거 기여자의 낙하산인사로 활용(공기업의 감사, 이사, 사장선임), 싸고 질 좋은 서비스(수도, 전기, 철도, 고속도로 등), 경쟁 유도로 인한 품질향상 등을 꼽는다.

반면에 민영화를 반대하는 쪽의 이유로는 실패했을 때 오는 경제적 타격이 엄청날 수 있는 결과를 염려한다. 실제로 미국의 몇몇 주의 수도사업을 민영화한 결과 많은 영세사업자가 우후죽순으로 참가하여 결국 2배 이상 비싼 가격에 질나쁜 수돗물을 공급하는 경우를 경험하기도 했다. 많은 기업이 도산하고 남은 기업마저 적자를 기록하여 시설투자를 할 수 없는 상태에 이르는 경우를 걱정하는 논거이다. 결국 민영화 찬반논쟁은 개별 공기업의 시장성, 공공성, 시장의 성숙정도 등을 판단해 논의해야 할 사안이라 하겠다.

2. 생산과 공급(Production/Provision)

미국에서 민영화와 관련된 이슈는 생산-공급의 개념으로 나눠진다. 서비스의 공급은 정부가 효용을 보장하기 위해서 개입하거나 서비스의 재원을 제공하는 것으로 정부에 의한 생산이 반드시 수반되어야 하는 것은 아니라는 것이다. 생산은 정부부처에서 할 수도 있지만 민간기업(영리/비영리), 또는 다른 정부에서 할 수도 있으며 이를 구매해서 당해 서비스가 공급되도록 하면 된다는 것이다.

정부와 민간의 생산-공급 유형은 첫째, 정부가 생산하고 직접 공급하는 경우이다. 폭설 사후 처리를 위해서 부처의 관리하에 시공무원이 동원되고, 부처의 장비와 물품을 사용한다. 둘째, 정부가 서비스를 공급하지만 민간이 생산하는 경우이다. 정부가 재산세를 계산하기 위해 민간 평가회사를 고용해 부동산의 가치를 측정하기도 한다. 셋째, 민간이 공급하고 정부가 생산하는 경우도 있다. 자동차 경주가 있는 날 경주로를 소유한 회사가 임시 교통통제서비스에 드는 비용을 시에 지불한다. 마지막으로 민간이 공급하고 민간이 생산하는 경우이다. 민간제조업체가 경비 인력을 이용해 자신의 회사를 순찰한다.

일부에서는 민영화를 통하여 정부 재정 부담을 덜 수 있다고 주장하지만, 민간기업이 공공재를 만족스러운 수준으로 제공할 수 있을 것이라고 기계적으로 기대해서는 안 된다. 민영화는 재정문제에 대한 일반적이고 완벽한 해결책이 아니다. 공공재가 민간에서 효율적으로 공급되지 못하는 것을 또 다른 의미에서 비효율적인 정부 공급이 대체하기 마련이지만, 시장 인센티브를 활용하는 것은 정부에 의한 공급을 효율화하는 데 도움이 된다.

3. 개인의 선호와 사회적 의사결정

개인적 선택이 사회적 선택으로 바뀌는 논리는 세 가지 간단한 주장에 근거를 두고 있다. 첫째, 개인은 자신의 행복에 대해 가장 좋은 판단을 가지고 있고, 일반적으로 자신의 행복을 증진시키기 위해 행동한다. 둘째, 사회적 후생은 사회를 구성하는 개인의 후생에 기반을 둔다. 셋째, 파레토 최적기준(Pareto criterion),

즉 정책으로 인해 적어도 한 사람이라도 더 나아지고 나빠지는 사람은 없을 때, 전체로서 사회가 바람직한 상태라는 것이다.

공공선택학파의 거장인 뷰캐넌과 툴록의 집단 의사결정 비용에 대한 이해도 필요하다. 어떤 의사결정방법이든 의사결정에는 결정비용(합의하는 데 필요한 시간과 노력)과 외부비용(원하지 않는 결정을 수용해야 하는 비효용)을 수반할 수밖에 없다. 의사결정방법을 선택하는 데 있어 외부비용뿐만 아니라 의사결정비용까지 고려되어야 한다는 점을 밝혀냈다는 데 의의가 있다.

필요가 단순한 욕망보다 우선되어야 하며 따라서 더욱 많은 정부활동을 요구한다. 툴록(Gordon Tullock)의 사적 욕망과 공공수단(Private wants, pubic means)은 민간시장과 정부 둘 다 필요하지만, 사적 욕망이 우선시 해야 한다든가, 정부가 하는 일은 욕망보다 필요를 충족시키는 것이라고 암시하는 도덕적 원리가 있다는 말은 옳지 않다. 시장지상주의나 정부지상주의와 같은 선험적 원리에 의존하기보다는, 외부성이 개인과 집합체 중 어떤 방식에 의해 더 잘 해결되는지를 면밀히 비교해 나가는 방식이 필요한 것이다.

Ⅲ. 정치, 대표, 의사결정

대의민주주의하에서 집합적 의사결정의 비합리성을 이야기 해보자. 공공지출, 수입 증대 등의 의사결정이 반드시 기계적 합리성을 가지는 것은 아니다. 의사결정과정에서 개인적 이익, 이익단체, 정당 등이 개입하기 마련이기 때문이다. 대표성의 과정을 탐구하기 위해 다운즈(A. Downs)가 만든 분석틀은 이러한 의사결정과정에서 영향을 미치는 요소를 이해하는 데 도움이 된다. 우선 민주주의에서 정당은 임금이나 권력, 명성을 유지하기 위해 표를 얻는 것이 목적이라고 가정한다. 이때 정보 부족(정당은 시민들이 무엇을 원하는지 모르고, 시민들은 정부가 하는 일을 모름)과 정보를 획득하는 데 드는 높은 비용으로 인해 정보결핍이 나타나고 이는 시민들의 선호가 표로 구현되는 것을 어렵게 한다.

정치적 의사결정인 간접민주주의 대표과정(representative process)의 결과에 있어서 소수의 사람들이 정부 행위에 영향을 미치므로 일반인들보다 정치적으로 중요하다. 영향력 있는 전문가들이 등장하고, 이들 중 일부는 대표가 된다. 이들은 정부를 설득하여 이득을 얻고, 이들에 의해 배포된 정보는 단지 자신들에게 유리한 정부를 유지하기 위한 제한된 정보일 수밖에 없다. 합리적 정부는 이들을 배제해야 하나 실제로는 그러지 못한 것이 현실이다. 불완전한 정보가 문제다. 정당은 유권자를 설득하기 위해 필요한 가치 있는 정보를 획득하기 위해서는 경제적 재원이 필요하게 된다. 정당의 경제적 재원의 필요성은 집권 여당이 뇌물에 취약한 구조를 형성하도록 만든다. 정보를 획득한 정당은 유권자의 지지로 권력을 얻게 되고, 정당의 정치적 영향력은 사회적 가치의 불균등을 야기하게 된다. 이러한 과정이 반복되어 사회적 불균등이 고착화되기도 한다.

로비(Lobby)는 완벽한 정보의 부재에 대한 합리적인 반응이지만 이익의 중요한 불균형성은 로비과정에 영향을 미치기도 한다. 보조금을 마련하는 데는 전체 납세자가 부담하나, 편익은 일부에서 취하게 되며, 로비에 사용되는 비용보다 편익이 높으므로 기업들은 로비를 하게 된다. 로비는 두 가지 형태로 나타난다. 먼저 개인 로비로 전형적인 로비이며 사교성이 뛰어난 개인이 의장, 입법가 등과 개별 접촉하여 공공정책수행 등에서 원하는 계약을 체결한다. 또한 대중로비(grassroots lobbying)도 있는데 편지, 전화, 이메일, 팩스 등과 같은 집합적 행위를 통한 로비로 대중 캠페인이 대표적이며 통신기술의 발달로 점차 활성화되고 있다.

합리적 무지(rational ignorance)에 대한 이해도 필요하다. 시민들이 선거를 위해 정보를 획득하고자 노력하는 것은 오히려 비합리적인 행위가 된다. 정보획득과 투표는 관련이 없으며 정보를 가지고 투표를 하더라도, 더 많은 사람이 정보 없이 투표한다면 결국 정보없이 투표한 사람들이 선거에서 이기게 되므로 투표자는 정보획득을 위한 노력을 하지 않게 된다. 유권자들은 순수한 즐거움을 포함하여 여타의 동기로 인해 정보획득을 통해 투표한다.

우리는 선호 강도(intensity of preference)에 대한 개념도 이해해야 한다. 일반 선거에서 특정 이슈에 있어 선호 강도를 측정할 방법이 없다. 선호 강도에 따라 교환 투표를 조정할 수 있는바, 가령 어느 의원이 B이슈에는 관심이 있고 A이슈에는 관심이 없다고 하더라도, B이슈에 대한 다른 의원의 찬성투표를 유도하기 위하여 A이슈에 찬성투표할 수 있다. 이러한 투표거래(logrolling)로 인해 자원 낭비가 나타날 수 있다.

Ⅳ. 정부 간 계층구조

미국의 정부 계층구조는 우리와 마찬가지로 셋이지만 그 기능은 매우 다르다. 일반적으로 우리는 연방정부는 중앙정부, 주정부는 시도, 기초정부는 시군구라고 쉽게 매칭을 시키지만 실제로는 우리의 중앙정부 기능은 연방정부와 주정부의 중간쯤으로 이해하면 얼추 맞다. 미국은 공공재 공급, 조세 징수, 자금 차입 권한을 가진 연방, 주, 기초자치단체를 포함한 약 86,000개 이상의 정부가 있는 반면 우리는 17개 시도 광역자치단체와 227개의 시군구 기초자치단체가 구성되어 있다(2013.12 현재). 우리는 미국과 같은 연방제 국가와는 달리 영국, 프랑스와 같은 단일형 정부간구조(intergovernmental relations)를 취하고 있다. 단일형 정부는 중앙정부 행정부가 많은 권한을 가지고 있고, 비록 의회가 일부 권한을 가지긴 하나 대부분 정부안을 승인하는 정도에 그친다. 지방 세입 및 세출과 관련하여 지방정부는 중앙정부의 승인을 받는다. 영국, 벨기에, 프랑스, 네덜란드, 노르웨이, 폴란드 등이 이에 속한다.

반면에 연방정부체제는 하위 단위 정부들이 조세 등의 의사결정과 관련하여 독립성을 가진다. 미국의 하위단위 정부들은 재정 정책과 기타 사항을 독립적으로 결정할 수 있는 전권을 가지고 있다. 실제로 연방정부는 주정부들이 모여 정한 연방헌법에 의해 위임된 기능만을 수행하고 그 밖의 기능은 주정부의 권한이다. 아르헨티나, 호주, 오스트레일리아, 브라질, 캐나다, 독일, 인도, 멕시코, 러시아 연방이 이에 속한다.

미국의 연방헌법은 카운티, 시, 빌리지, 타운 등의 지방정부에 대하여 어떠한 규정도 두고 있지 않다(연방 헌법상 연방정부는 지방정부에 대한 명시적인 통제 권한을 부여하지 않음). 지방정부에 대한 통제는 주정부의 권한이며(연방 수정헌법 제10조) 주와 지방 간의 관계는 단일적이어서 지방정부들이 주정부로부터 독립할 권한이 없으며, 시티, 카운티, 타운, 타운십 등과 같은 지방정부단위들도 주정부의 창조물로서 주의 통제하에 있다. 딜론의 법칙(Dillon's Rule)에 의해 주정부의 지방정부에 대한 권한의 강화, 지방정부에 대한 권한과 책임의 부여는 전적으로 주의회의 재량에 속하고, 지방정부는 법률에 의하지 않고는 어떠한 행위도 할 수 없으며, 어떠한 계약도 체결할 수 없고, 어떠한 의무도 부담할 수 없으므로 결국, 지방정부는 주정부의 관료조직과 같은 위치가 된다. 반면에 홈룰운동(Home Rule Movement)은 미국의 자치헌장제도로 이해하면 된다. 시의회가 스스로 자율적인 헌장을 마련하여 활용하는 제도로서 주정부가 금지하지 않는 경우 지방정부가 자율적으로 행위할 수 있다는 적극적인 해석으로 지방정부의 자율성을 보다 강조하고 있다.

반면 우리나라의 지방자치, 분권 수준은 중앙정부와 국회에서 1991년 의사결정을 통해 진행되었다. 재정분권도 중앙 재정 주도형에서 중앙과 지방의 균형 쪽으로 변화되고 있다. 지방자치가 실시된 이후에도 지방교부세와 국고보조금을 강화하고 새로운 보조금을 신설하는 강한 보조금 주도 정책과 국세를 중요시하는 국세 주도 정책이 자리하고 있다. 지방자치가 실시된 이후 신설된 보조금제도는 지속적으로 신설 확대된 반면 지방의 과세권신장이나 중앙 지방간 세원배분체계 측면에서 괄목할 만한 개편조치는 단행되지 않고 있다.

 ## V. 공공기관과 재정

정부의 서비스는 지방자치단체와 함께 공공기관을 통해 전달되는 경우가 많다. 공공기관은 이러한 정부위탁사업을 주로 수행하는 준정부기관과 함께 공기업으로 구성된다. 공기업의 정부소유에 대한 가장 중요한 질문은 '왜 공기업을 국가에서 소유하고 운영해야 하는가'이며, 이에 대한 비교적 명확한 사례는 비상업적 활동 추구라는 명확한 목적을 가지고 설립된 공공기관에 의해 제공된다. 공기업은 종종 민간분야보다 높은 기업의 사회적 책임수준을 기대하나, 그것이 국가소유권에 대한 결정적 요인은 아니다. 최우선 사항은 공공의 이익을 진정으로 대표하는 절차를 통하여 공기업을 설립해야 하며, 투명성과 책임성을 충분히 보장하여야 한다. 남아있는 주요 이슈는 비상업적 우선순위를 가지고 있지만 그럼에도 불구하고 경쟁구도의 시장에서 운영되는 공기업의 영향이다. OECD의 공기업 가이드라인에서는 상업성 및 비상업성 우선순위에 대해 기업목표와 기업윤리의 관점으로 권고하고 있다.

EU 및 OECD 국가들을 중심으로 공기업의 비상업적 활동과 공공기관의 지배구조에 대한 관심이 증대하고 있다. 궁극적으로 수익사업 활동을 하는 공공기관들은 민간 기업들과 같이 일반 기업법에 적용받도록 법적으로 기업화하는 것이 경쟁중립성(level play field) 확보의 요체라고 보고 있다. 하지만, 정부의 모든 사업 활동들이 기업화에 적당한 것도 아니며, 또 정부사업들을 모두 기업화하는 것이 경쟁중립성 문제의 해결책은 아니다. 예를 들어, 자체수익사업과 정부의 정책 사업을 동시에 수행하는 공기업의 경우 구조적으로 공공부문과 기업부문의 분리를 고려할 수 있으나, 기술, 자본설비, 인적자원의 분리한계 등으로 실제로는 불가능한 경우가 많다. 결국 정부의 정책 사업을 수행하는 시장형 공기업의 부문은 가능한 한 줄여나가고 있지만 그렇다 하더라도 상당수 공기업의 경우는 정부의 재정지원을 통해 정부정책사업을 수행하고 있다.

정부재정과 공기업 운영과의 관계는 민간기업과 공정경쟁의 차원에서 접근하는 것이 바람직하며, 공기업의 비상업적 활동을 분리하는 것이 자원배분 왜곡을 줄이는 방안이 될 것이다. 해외사례 조사에 따르면 공기업의 공익성 추구를 위한 부분(Public Service Obligation)은 구분회계를 통해 재정으로 보전하고 있으며 나라마다 보전의 수준은 차이가 난다. 하지만 이러한 부분이 전체 매출에서 차지하는 비중은 미미한 수준이기 때문에 제도단위로 재정의 범위를 설정하는 것이 글로벌 표준이라 할 수 있다. 원가보상율 50% 이상인 공기업 중에서도 대규모 정부정책사업을 위탁 수행함에 따라 기관부채가 급증한 경우 정책사업에서 비롯된 부채를 일반정부의 범위에 포함시켜야 하는지의 이슈에서 문제의식이 출발한다. 결론적으로 주요국에서 공기업은 주로 상업성 목적(commercial priority)을 추구하며 비상업적 목적(non-commercial priority)을 추구하는 경우는 많지 않고, 비상업적 목적 사업(비수익사업)을 수행하는 경우에도 공기업의 부채를 정부의 부채로 인식하는 경우는 찾아볼 수 없다는 것이다.

공기업과 일반정부에 속하는 준정부기관을 잘 구분하여 지정·관리하는 것이 중요하며 일단 공기업에 속하는 기관에 대해서는 기관의 의사결정 및 재무책임에 있어 독립성과 자율성을 충분히 보장하여야 한다. 국제표준으로 제시되는 ESA (European System of national and regional Accounts)의 50% 규칙을 엄격하게 적용하고 정부가 정책사업으로 추진하는 비상업적 활동에 대해서는 시장가격을 보상함으로써 기관의 재무부담을 지우지 않는 것이 중요하다. 우리나라 토지주택공사나 수자원공사와 같이 비수익 정책사업을 수행하는 것은 주요 선진국가들의 경우 주로 일반정부 내의 공공기관이나 지방정부 수준에서 공급되고 있으며, 전환국의 경우에는 일부 사례를 확인할 수 있다. 국제적인 기준을 적용할 때 이들을 일반정부로 구분하기 어려울 것이며, 차제에 이들에 대한 정책사업에 대한 재정에서의 보상방법을 원가보상기준에서 매출기준으로 전환하면, 현재의 논란에서 벗어날 수 있을 것으로 판단된다. 국제표준에 따른 일반정부와 공기업을 구분하는 기준은 시장에서 사업을 운용하느냐(sales financing) 혹은 정부재정에 의존해 사업을 수행하느냐(tax financing)에 달려있다. 공기업이 정책사업을 수행하는 경우 적자를 보전해주는 의미에서 지급되는 보조금은 매출액에서 원천적으로 제외하여 50% 규칙을 적용하게 된다. 부채조달에 의한 사업비조달(debt financing)의 경우도 결국 그 원금과 이자를 공기업의 향후 매출을 통해 보전하는 경우 재정이 개입할 여지는 별로 없다.

우리나라 공공기관에서 정책사업을 수행하는 현황을 조사한 결과에 따르면 수입구조분석(수입재원과 지출결산)과 수행사업분석(법적 근거 및 실질적 의사결정권한) 결과 정부대행성격의 정책사업이라는 개념이 모호하며 판단기준이 일의적으로 이루어지기 어렵다. 그럼에도 불구하고 우리나라 대부분의 SOC 및 토목·건설산업 분야 공기업(예를 들면 도로공사, 토지주택공사, 수자원공사)에서 정부정책사업을 수행하고 있다. 따라서 차제에 정부정책사업을 가격기제를 활용하는 방식과 원가보상 방식으로 구분하고 후자에 대해서는 매출에서 제외하는 방법을 적용하되 전액 보상의 원칙을 견지하도록 하는 것이 바람직하다.

Ⅵ. 요약 및 소결

시장과 정부, 민영화, 정부구조 등의 내용을 통해 세금을 통한 정부예산지출을 통한 정부의 의사결정이 쉽지 않다는 것을 알 수 있다. 정부의 서비스는 비경합성과 비배제성(독차지할 수 없음)의 특징 때문에 판매가 불가능하고 따라서 정부의 의사결정 구조는 시장에 의한 수요와 공급의 법칙이 아니라 정치적인 과정을 거칠 수밖에 없다. 일반적으로 합리적인 선택을 돕는 시장기제(market test)를 활용하는 것이 어렵다는 이야기다. 대의제 민주주의하에서 재정은 단순하지 않다. 정부는 공공 선호에 대한 정부의 대응과 무시된 소수의 의사에 대해서도 판단해야 한다. 예산과 재정의 집행기능은 주로 지방정부와 공공기관을 활용하지만 각국 정부에 따라 다르게 나타나곤 한다.

재정관리의 기본원칙

재정의 범위[1]

 **I.** 왜 재정범위가 중요한가?

●●● 최근 우리 정부의 화두는 단연 복지확대라고 할 수 있다. 시장과 정부가 함께 기능하는 혼합경제에서 복지가 확대될 때 정부의 역할은 재정지원만이 아니라 가격과 질 관련 정보 공시, 인프라 등 민간서비스 공급의 품질관리 및 감독 등이 함께 균형을 맞춰야 하지만 그래도 가장 관건이 되는 부분은 재정지원의 규모가 된다. 유럽과 미국 등에서도 재정위기가 금융위기, 나아가 경제위기를 가속화시키는 모습이 나타나는 가운데 정부부채가 GDP의 일정수준이 넘어설 경우 경제성장을 저해하는 문턱(threshold)이 존재하는가를 가지고 논란이 벌어지는 등 재정범위에 대한 관심이 집중되고 있다.[2]

정부의 재정정책을 거시적 관점에서 제대로 평가할 수 있기 위해서는 재정통

---

1 본 장은 국회예산정책처의 예산정책연구 제2권 제2호에 실린 '국제기준에 따른 재정범위의 설정: 국가채무와 국민부담률을 중심으로'의 내용을 담고 있다.

2 하버드대학의 Carmen Reinhart and Kenneth Rogoff 교수가 주장한 GDP대비 부채비율이 90%를 넘어설 경우 고용 및 경제성장에 의미있는 저해를 가져온다는 'This time is different: Eight centuries folly' 책과 이어진 논문에 대해 매사추세츠대학의 박사과정생이 자료의 재검토를 통해 통계오류가 있음을 밝히고 이를 노벨경제학상 수상자이자 프린스턴대학 교수인 Paul Krugman이 미디어에 논의를 본격적으로 확대하면서 재정긴축정책에 대한 효과가 전세계적 관심을 끌고 있다 (Business Insider, 2013.5.26). Krugman의 주장은 인과관계가 오히려 반대방향 즉, 고용 및 경제성장의 부진이 재정적자를 낳고 이 부분이 축적되어 높은 부채비율을 초래한다는 것이다. 정책시사점과 관련 정부의 역할에 많은 논란이 계속되고 있다.

계의 범위가 명확해야 한다. 즉, 어디까지가 정부책임인가에 대한 논의다. 또한 글로벌 환경을 감안할 때 국제비교가능성도 중요한 기준이 될 것이다. 현재 국가 재정 및 정책결과의 상황을 정확하게 분석·판단·활용하고 나아가 향후 재정정책 의사결정에 도움을 주기 위해서는 재정통계의 범위를 분명히 하는 것이 중요한 과제가 된다. 정부의 간여수단이 주로 규제와 재정이라고 할 때 어디까지를 정부로 볼 것인가는 정부정책의 효과를 평가하는 데 매우 중요한 경계설정에 관한 문제이다.[3]

우리나라는 2008년도 이전의 경우 국가채무를 중앙정부와 지방정부 및 3개 기금(공공자금관리기금, 외국환평형기금, 국민주택기금)이 발행한 국채를 합산한 금액으로 산정했다. 세계금융위기가 발발한 2008년도 예산상의 국가채무는 317.1조원 수준이었으며 이는 GDP대비 32.7%로 2006년도 OECD 평균인 77%에 비해 현저히 낮았다. 2012년 말 현재에도 일반회계와 특별회계 결산기준으로 총세입은 282.4조원, 총세출은 274.8조원, 공공자금관리기금 등 65개 기금의 수입액과 지출액이 각각 399.1조원, 국가채무는 443.8조원으로 GDP대비 34.9%로 증가했다. 물론 중앙정부와 지방정부를 합한 일반정부를 기준으로 OECD 국가전체의 평균부채비율은 102.9%라는 점에 우리나라는 상대적으로 건전한 재정구조를 유지하고 있다고 할 수 있다.

하지만, 국가채무 범위를 확대하여, GDP대비 국가채무(A), 기금부채(B), 국민연금기금 잠재부채(책임준비금 부족액)(C), 통화안정증권 발행잔액(D), 공공기관 부채(E)를 모두 합한 광의의 국가부채(A+B+C+D+E)는 2006년도 1,142조원 수준이며, GDP를 이미 초과(134.7%)한 것으로 나타난다는 주장도 제기되었다(박재완, 2007). 이러한 논의는 결국 새로운 국제지침의 발표와 국제비교가 가능한 통계산출필요에 따라 공공부문 재정통계라는 개념을 도입하게 만드는 데 일조했다(한국조세연구원, 2013). 국가채무의 통계는 국가 간 재정관행의 차이로 인해 시계열 확보 및 국제비교가능성을 통한 표준화가 중요한 규범이 된다.

지출을 충당하는 수입의 부족분이 쌓여 국가채무가 된다는 점에서 재정수입에 대한 범위도 논의의 대상이 된다. 전통적인 의미의 조세 및 사회보장기여금 부담의 합(국민부담)을 명목 GDP로 나눈 백분율인 국민부담률은 2007년 28.7%를

---

3 이 부분에서 우리는 재정학의 기본적인 네 가지 질문 중 하나인 정부정책의 직접효과와 간접효과는 어떠한가를 반추할 필요가 있다. 언제 개입하는지, 어떻게 개입하는지, 그리고 어떠한 수단을 선택할 것인지와 함께 공공경제학의 근간이 되는 연구주제를 구성한다.

기록하여, OECD 주요 회원국의 평균 국민부담률인 35.2%(2005년)에 비해서 크게 낮은 수준이었다. 이명박정부를 거치면서 국민부담률은 다소 낮아져 2012년 26.5% 수준으로 OECD 평균인 33.8%(2010년 기준 자료로 우리나라의 2010년 자료는 25.1%) 보다는 매우 낮은 수준으로 파악된다.

그러나 조세성 부담금을 포함하는 "대안적 국민부담 지표"를 통한 실질국민 부담률은 당시 29.7%에 달한다는 주장도 있다(박재완, 2007). 아울러 여전히 대안적 국민부담 지표의 계산에 있어서의 조세성 부담금 기준의 자의성 및 객관성의 결여, 상이한 부담금 체계에 따른 국가 간 비교곤란성 때문에 국민부담률의 한계를 보완하는 정보 자료의 확대가 필요하다는 주장에도 나름 설득력이 있다.

본 장에서는 최근(2013년 7월 공청회) 정부에서 국제기준에 따른 통계산출을 통해 국가 간 비교가능한 재정통계를 준비하는 차원에서 공공부문 부채통계를 발표하겠다는 정책을 감안, 재정의 범위를 다시 한 번 생각해보고자 한다. 재정에 영향을 줄 수 있는 다양한 정보를 투명하게 공개하는 것도 필요하지만 이미 상장되어 민간기업과 경쟁하는 글로벌 공기업의 부채를 모두 공공부문의 부채라는 차원에서 재정의 범위에 포함하는 것이 타당한지에 대해서는 논란의 여지가 있기 때문이다. 차제에 재정의 범위관련 논의를 분명히 할 필요가 있다.

본 장은 다음과 같이 구성되었다. 먼저 재정통계의 범위와 국가채무 현황을 살펴보고 이어 국제지침을 중심으로 환경의 변화를 살펴본 뒤 재정범위의 재검토 그리고 국민부담의 재검토 순으로 논의를 이어간다.

Ⅱ. 재정통계범위와 국가채무

1. 현황

지금까지 정부는 국가채무(Debt)를 중앙정부와 지방정부 및 3개 기금(공공자금 관리기금, 외국환평형기금, 국민주택기금)이 발행한 국채를 합산한 금액으로 발표해왔다. 다시 말해 예산회계 체제하에서 우리나라의 국가채무통계는 포괄범위로서 일반정부(중앙정부와 지방정부 포함, 공기업 제외)의 직접적인 상환의무를 부담하는 확정채무를 의미하며 국공채와 차입금, 국고채무부담행위가 포함된다. 최근에는 일반회계 세입 세출, 65개 기금 수입지출을 모두 포함하여 재정수지를 계산하고 국가부채 규모를 산출하고 있다. 이때 국가재정법에서는 중앙관서의 장이 관리·운용하는 회계 또는 기금이 부담하는 금전채무를 중앙정부채무 그리고 지방정부를 포함 국가채무가 계산된다.

국가채무는 일정시점을 기준으로 그때까지 발생한 재정적자의 총합으로 저량(stock)의 개념이다. 따라서 재정적자의 누적은 국가채무의 증가를 초래한다. 현재는 IMF GFS(Government Finance Statistics)1986 기준에 따라 국가채무를 일반정부(중앙정부와 지방정부)가 직접적으로 원리금 상환의무를 지는 확정채무로 이해한다. 보증채무, 사회보장기금의 준비금 부족액, 중앙은행 채무(통안증권발행고), 공기업 채무 등은 제외되고 있는 것이다. 그러나 한국조세연구원(2006, 2013)과 국회예산정책처(2007, 2011) 등에서는 재정건전성을 유지하기 위해 보증채무, 공기업부채, 민간관리기금부채, 연금채무(준비금 부족분) 등을 광의의 국가채무로 규정하고 모니터링할 것을 지속적으로 권고해왔다.

이에 따라 정부는 2011회계연도 결산부터 발생주의 복식부기 회계제도를 도입하고 재정통계체계를 개편함에 따라 새로운 국가부채 개념이 추가되었다. 기존 현금주의 방식의 국가채무 이외에 발생주의에 따른 재무제표상 부채, 최신 국제기준(2001 GFS)에 따른 일반정부 부채가 추가되었으며, 이들은 각각 회계기준, 포괄범위, 채무 구성항목 등에서 차이가 있다.

일반정부 부채는 최신 국제기준에 따라 산출되며, 국가채무 항목 외에 예수금, 미지급금, 선수금 등 발생주의 항목을 추가로 포함한다. 일반정부 부채는 중앙정부와 지방자치단체의 모든 회계·기금 및 비영리 공공기관을 포괄한다.

국가회계법에 따라 발생주의 복식부기 회계기준으로 산출되며 국가채무 항목 외에 충당부채가 포함된다. 공무원·군인연금 충당부채가 포함되어 재무제표상 부채가 세 가지 채무 중 가장 규모가 크다. 결국 세 종류의 국가채무가 발표되는 바 첫째, 국가채무관리보고서는 현행과 같이 현금주의 국가채무기준으로 작성하고 둘째, 일반정부부채는 국가 간 재정건전성 비교용도로 활용하며 셋째, 재무제표상 부채는 우리나라의 재정상태를 정확히 파악하게 하고 잠재적인 재정위험요인을 분석하기 위함이다.

표 2-1 2011년 기준 3가지 국가채무(부채) 비교

구분	현금주의 국가채무 '86GFS기준	발생주의 일반정부 부채 '01GFS 기준	발생주의 재무제표상 부채
근거	국가재정법 제91조	국제기준	국가회계법 제14조
인식기준	현금주의	발생주의	발생주의
중앙정부	일반회계 특별회계(18개) 정부관리기금(40개)	일반회계 특별회계(18개) 정부관리기금(40개) 공공기관관리기금(24개) 비영리공공기관(151개)	일반회계 특별회계(18개) 정부관리기금(40개) 공공기관관리기금(24개)
지방정부	일반회계(244개) 특별회계(2,183개) 기금(2,409개) 교육비특별회계(16개)	일반회계(244개) 특별회계(2,183개) 기금(2,409개) 교육비특별회계(16개) 비영리공공기관(83개)	제외
규모	420.5조원	468.6조원	773.5조원

자료: 기획재정부, 2013.

2. 국가채무의 성질별 분류

국가채무(중앙정부)는 금융성 채무와 적자성 채무로 구분된다.

금융성 채무는 주로 외환시장에서의 원/달러 환율 급락에 따른 외환시장 안정용이나 서민주택 안정, 그리고 농어촌 구조개선을 위한 융자재원 마련을 위한 국채발행에 따른 것이다. 한편 적자성 채무는 주로 공적자금 상환을 위한 정부보증채무의 국채 전환, 일반회계 적자보전에 따른 재원조달, 국고채무부담행위 등에 따른 것이다.

2012년 국가채무(중앙정부)는 2011년대비 22.3조원 증가한 425.1조원(GDP

표 2-2 국가채무 규모와 증감 추이 (단위: 조원, %)

구분	2002	2006	2008	2010	2011	2012
국가채무(C=A+B) (GDP 대비)	133.6 (19.5)	282.8 (33.4)	297.9 (29.0)	373.8 (31.9)	402.8 (32.6)	425.1 (33.4)
금융성 채무(A)	90.6	162.9	176.4	199.0	213.6	223.1
적자성 채무(B)	43.0	119.9	132.6	193.3	206.9	202.0

자료: 기획재정부 각 연도 채무보고서.

재정의 범위

표 2-3 2012년 국가채무 결산결과 (단위: 조원, %)

	2011년결산	2012년 결산	증 감
국가채무(①+②)	420.5	443.8	23.3
(GDP 대비)	(34.0)	(34.9)	(△0.9%p)
▪중앙정부(①)	402.8	425.1	22.3
(GDP 대비)	(32.6)	(33.4)	(0.8%p)
– 국채	397.1	420.0	22.9
– 차입금	2.5	2.3	△0.2
– 국고채무부담행위	3.3	2.8	△0.5
▪지방정부(②)	17.6	18.7	1.1

주: 지방정부의 전체 채무 중 중앙정부에 대한 채무를 제외한 금액.
자료: 기획재정부(2013).

33.4%) 수준이다. 국가채무의 증가는 외환시장 안정용 국채발행 10.0조원, 일반회계 국채발행 7.4조원 등에 주로 기인한다. 국가채무 425.1조원 중 향후 국민들의 부담으로 상환해야 하는 적자성 채무는 47.5% 수준인 202조원이며, 나머지 52.5% 수준인 223.1조원은 외화자산, 융자채권 등 자산이 있는 금융성 채무이다. 지방정부 포함시 국가채무는 443.8조원으로 GDP대비 34.9%에 달한다.

3. 재정수지 추이

GDP대비 통합재정수지는 2000년 이후 흑자가 지속되고 있으며, 2012년에도 GDP대비 1.5%의 흑자로 나타나고 있다. GDP대비 관리대상수지는 2000년 이후 소폭의 적자를 나타내고 있는데, 2012년에는 △1.4%의 적자를 시현했다. 아직까지 국민연금의 적립금이 지급분을 크게 초과하고 있다는 이야기다. e–나라지표를 활용, 시계열을 확장하면 통합재정수지는 1993년 흑자를 기록한 후 안정세를 유지했으나 외환위기 직후(1998~99) 경제회복을 위한 적극적 재정정책에 따라 재정적자로 반전했다. 2000년 이후 경제회복에 따른 세입증가, 국민연금 등 사회보장성 기금흑자 증가에 따라 균형기조를 회복한 것이다. 관리대상수지 역시 1997년 외환위기 극복과정에서 적극적 재정정책에 따라 적자를 시현했으나 2000년 이후 안정세를 유지해왔다. 2008년 글로벌 금융위기 이후 다시 적극적 재정정책으로 재정수지 적자수준이 확대되었으나 재정건전화 노력으로 위기 이전 수준으

표 2-4 재정수지 추이   (단위: 조원, %)

구분	2002	2006	2008	2010	2011	2012
통합재정수지 (GDP대비)	22.7 (3.3)	6 (0.7)	15.8 (1.5)	16.7 (1.4)	18.6 (1.5)	18.5 (1.5)
사회보장기금수지	17.6	14.4	27.5	29.7	32.1	35.9
관리대상수지 (GDP대비)	5.1 (0.7)	△8.4 (△0.9)	△11.7 (△1.1)	△13 (△1.1)	△13.5 (△1.1)	△17.4 (△1.4)

주: 시계열에는 나타나지 않으나 통합수지와 관리대상수지 각각 2007년에는 상한(GDP대비 비율
　　기준 3.8과 0.7)을, 그리고 2009년에는 하한(-1.7과 -4.1)을 기록.
자료: 기획재정부, 각 회계연도 국가결산결과.

로 회복되었다.

4. 국가채무 국제비교

우리나라의 국가채무는 OECD 국가들과 비교할 때 아직까지 낮은 수준으로
볼 수 있다. 2012년 우리나라의 GDP대비 국가채무는 34.9%로 OECD 평균 국가
채무 비율 108.8%에 비해 매우 낮은 수준이다. 국가 간 채무수준을 비교할 때는
국가채무의 절대규모보다는 GDP대비 국가채무비율을 사용하는 것이 바람직하다
(OECD, 2013).

표 2-5 국가채무의 국제비교

한국	미국	일본	독일	프랑스	영국	OECD 평균
34.8	106.3	219.1	89.2	109.7	103.9	108.8

자료: OECD, Economic Outlook, No. 92 ('13.5), 한국 정부통계.

5. 최근 증가추이

우리나라의 국가채무는 1997년 외환위기 이후 급격한 증가 추세를 보이고 있
으며, 상승추세는 지금까지도 계속되고 있다. 특히 2003년 이후에는 공적자금의
국채전환 및 외환시장안정용 국채발행 증가 등으로 그 증가 속도가 가속화되고

그림 2-1 우리나라 국가채무추이

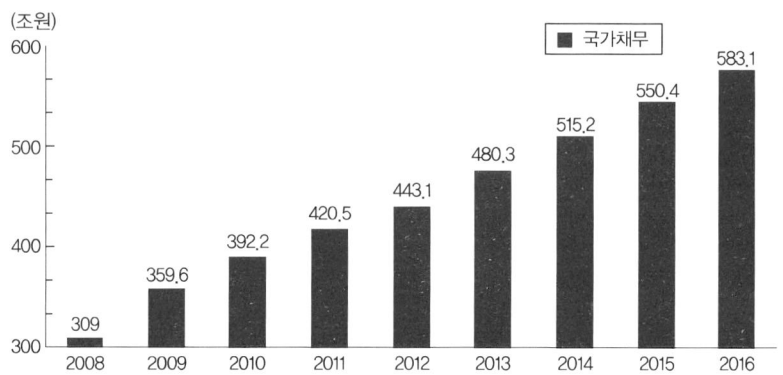

자료: 기획재정부 e-나라지표.

있다. GDP대비 국가채무는 2002년 19.5%에서 2012년 34.9%로 빠른 속도로 증가하고 있다. 기획재정부 e-나라지표에 의하면 2013년 추경을 반영한 2013년 480.3조원 수준으로 늘어났다가 2017년 이후에는 균형재정을 통해 부채증가 속도가 둔화될 것으로 전망하고 있다.

그러나 우리 국가재정은 향후 세수증가율은 둔화되는 가운데 복지지출, 남북한관련 지출이 빠르게 늘어남에 따라 중장기적으로 재정소요의 급증이 우려되는 상황이다. 여기에다 환율안정을 위한 외국환평형기금채권의 발행이 급증하고 있고, 향후 원화절상 기조가 지속될 경우 외국환평형기금채권의 발행으로 인한 국가채무 증가 우려가 가중될 전망이다. 과도한 국가채무는 거시경제의 안정을 저해하고, 국민경제에 부담을 주며, 재정운영의 탄력성을 약화시킨다. 또한 국가재정의 건전성과 지속가능성을 저해하게 됨에 따라 현재와 같은 급격한 국가채무의 증가속도에 유의하면서 재정의 안정적인 운용에 중점을 둘 필요가 있다는 점에서 국가채무의 범위 및 나아가 재정통계의 범위를 명확히 하는 과제는 매우 중요한 의미를 지닌다.

Ⅲ. 제도적 환경의 변화

정부는 경제·사회 환경 변화에 대응한 국가채무의 효율적 관리를 위하여 지금까지의 국가채무통계의 문제점을 분석하고, 발생주의회계의 도입에 따른 국가부채의 개념, 포괄범위에 대한 대안을 마련하기로 정책을 정하고 2011년 결산부터 적용하고 있다. 현재 국가에서 공표하는 채무범위는 IMF기준을 사용하는데 이 기준은 국가 및 지방자치단체가 갚아야 할 금액으로 차입금, 국·공채, 국고채무부담행위를 말하고 정부보증채무와 같은 우발채무, 공기업 부채 및 IMF 차입과 같은 통화당국의 채무 등은 포함되지 않고 있다. 또한 재정통계는 IMF의 GFS (Government Finance Statistics)1986의 기준에 따라 금융성 기금을 제외한 정부의 모든 회계(일반회계, 특별회계 및 기금)의 현금수지기준의 통합재정수지를 작성하고 연도 말에 지방자치단체와 합산하여 산출하고 있다.

IMF GFS2001에서는 정부재정통계를 발생주의 회계에 의하여 작성함과 아울러 재정의 범위를 공공기관까지 확대할 것을 권고하고 있다. 이에 따라 국가회계는 2011년부터 발생주의 회계를 채택하고 있고 나아가서 2014년부터는 주요 외국보다도 선도적으로 공공부문 재정통계를 산출할 계획을 천명하고 있는 상황이다.

현행 국가재정법에 따른 예산결산과 국가회계법상 재무결산의 재정범위는 일반회계, 특별회계, 기금으로 동일하게 정의되어 있다. 다만 국가재정법과 동시행령에서 "대통령령이 정하는 회계 또는 기금"이라 함은 중앙관서의 장이 관리·운용하지 않는 회계 또는 기금을 말한다고 명시적으로 민간기금을 제외하고 있다. 따라서 국가재정법과 국가회계법상의 국가채무의 범위가 차이가 난다. 결국 국가회계법상의 국가채무범위에 따르면 민간기금의 확정채무, 예를 들어 중소기업진흥 및 산업기반기금이 발행하는 중산채, 예보와 자산관리공사의 구조조정채권에 대한 포함여부가 논란이 되는바, 이에 대한 심도있는 논의가 필요하다. 국회예산정책처(2011)에서도 기금은 독자적으로 법률상 책임을 지고 거래를 수행할 수 없을 뿐만 아니라 자신의 명의로 부채를 부담할 수도 없어 별도의 제도단위 (institution)가 될 수 없으므로 이를 관리주체별로 구분하여 시장성테스트를 실시하는 것은 적절하지 못하다고 지적하고 있다.

1. 재무결산도입과 국제비교기준

현재의 채무통계는 과거 기준인 GFS1986을 준용하여 금융성 기금을 제외한 통합수지 공시 및 통계산출을 하고 있다. GFS1986기준은 현금주의 결산, 정부의 기능중심으로 재정통계를 산출하며 금융성 활동은 제외하고 있다. 그러나 GFS2001 기준은 발생주의 결산, 제도단위 중심으로 재정통계산출, 지방정부, 준정부기관, 비금융공기업, 금융공기업을 포괄하는 공공부문 통계산출을 권고하고 있다. 우리 나라도 국가회계법 도입으로 GFS2001 매뉴얼에 따른 발생주의 통계산출시 준정 부기관과 공기업의 일부를 포괄하는 방향으로 국가채무기준을 3가지로 구분해 발표하고 있다.

기금회계가 중앙정부 통합재무제표 작성범위에 포함되면서 준정부기관 및 공 기업에 대해서도 공공부문 부채통계에 포함하도록 GFS2001에서 규정하고 있으 나 우리나라의 경우 공기업범위를 객관적으로 선정하는 데 어려움을 겪고 있다. 국회예산정책처(2011)에서도 정부의 재정통계개편이 결과적으로 국제기구에 제출 하는 재정통계개편의 의미로 국가채무 범위, 처리방식 등에 대해서는 합리적 개 선방안을 제시하지 못한 것으로 평가하고 있다.

2. 국가채무통계산출 방식

협의의 국가채무는 중앙정부의 d-Brain시스템과 지방정부통합시스템(e-호조) 을 통해 분기별로 산출하고 지방정부 자료 포함은 연단위로 산출된다. 중앙정부 의 통합수지에 일반회계, 기업특별회계, 기타특별회계, 비금융성기금이 포함된다. 수입, 지출, 순융자 중심으로 현금주의 방식을 택하고 있다.

2011년결산부터 발생주의 및 복식부기가 도입되면서 금융성기금과 외국환평 형기금이 포함되었다. 현행 통합수지에는 금융성 기금(10) 중 보증관련 기금(7), 저축예금관련 기금(1)은 금융성활동으로 제외되고 있다. 우편사업특별회계, 우체 국예금특별회계 등 기업특별회계와 우체국보험특별회계 기타특별회계는 GFS1986 에서는 금융활동으로 제외하도록 하였지만 우리는 포함하고 있다. 국회예산정책처(2011)도 우정사업본부가 관리하는 3개 특별회계에 대해서는 미래창조과학부라는 중앙행정기관의 소속기관이며, 기관장의 임명, 예산, 우정재산 및 이익잉여금의 활용 등 자율성에 대해 국가의 강한 통제를 받고 있다는 점에서 준기업으로 보아 제외하는 것은 문제가 있다고 지적하고 있다.

한편 준정부기관 및 공기업이 수행하는 정부성격 기능은 포함하지 아니한다. GFS2001은 통합재정정보 범위를 정부의 경제적 기능을 수행하며 재정정책에 뚜렷한 영향을 미치는 실체(entity) 중심으로 개편하고, 발생주의와 저량, 유량개념을 도입하고 있다. 제도단위 중심인 경우 금융성기금도 포함, 통화금융기관인 한국은행도 포함된다.

표 2-6 재정범위관련 국제기준

구분	GFS1986	GFS2001	SNA2008	ESA 95
부채범위결정기준	일반정부와 비금융 공기업 포괄 정부기능기준	제도단위 실질적 통제가능성 사업의 공공성 활동의 시장성	제도단위 실질적 통제가능성 사업의 공공성 활동의 시장성	제도단위 실질적 통제가능성 사업의 공공성 활동의 시장성
제도단위의 의미	개념정의 없음	자산의 명의로 부채부담능력 경제적 실체	자산의 명의로 부채부담능력 경제적 실체	의사결정의 자율성 완벽한 회계자료
실질적 통제가능성 의미	명확한 개념정의 없음	전반적 정책 또는 사업을 결정할 능력(이 사회임면권, 중대한 영향력 행사가능한 자금제공)	정책이나 계획을 정부의도대로 결정할 능력 보유	정부가 일반정책을 결정하는 능력보유
사업의 공공성 의미	개념정의 없음	정부의 경제적 기능 수행	구성원간의 상호부조성격의 제도단위는 제외	공공의 이익을 위한 공급
활동의 시장성	개념정의 없음	경제적으로 의미있는 가격으로 서비스 제공	경제적으로 의미있는 가격으로 서비스 제공	시장적 기능 가격을 생산비용의 50% 이상이 매출액으로 보전

3. 공공부문 포괄범위

최근 정부는 공공부문 재정통계범위 설정에 있어 국제적으로 비교가 가능한 통계 작성을 위해 '지배성'을 기준으로 공공부문의 포괄범위 설정에 대한 논의를 재개했다. 기존 시장성 기준에 따라 일반정부 통계에서 제외되었던 공기업들을 추가하여 공공부문 범위를 완성하기로 한 것이다. 2011년 재정통계 개편시, 국제기준에 따라 원가보상률 50%와 특수기준을 사용하여 일반정부와 공기업을 구분한 바 있는데 정부정책사업을 대행하는 공기업의 사업관련 부채의 처리문제 등으로 논란이 있었다.

실제적으로 현재 일반정부 범위에 더해 공공기관운영에관한법률 대상 모든 공공기관과 지방공기업법 대상 공공기관(지분율 50% 미만인 협의의 제 3섹터 33개 제외)과, 한국은행의 국민계정 통계상의 공공기관 범위를 포괄하는 범주를 선택하기로 했다. 2012년 기준 일반정부 범위에 포함되어 있는 233개 비영리공공기관(중앙 150개, 지방 83개)에서 정부의 지배성 기준을 만족하는 184개의 공기업(public corporation)과 2012년에 신설된 22개 기관들이 추가되어, 중앙·지방정부와 439개의 공공기관으로 이루어진 공공부문(public sector)을 구성한 것이다. 중앙 302개(공공기관운영에관한법률 295개, 한은 등 기타 7개), 지방 137개(지방공기업법)가 모두 포함되었다.

표 2-7 공공부문의 범위

	관리목적 공공기관	통계목적 공공부문			
		계(A+B)	일반정부(A)	공기업(B)	'12년신설(C)
1. 중앙	295	302	150	134	18
2. 지방	137	137	83	50	4
계(1+2)	432	439	233	184	22

자료: 기획재정부 2013.7. 공공부문 재정통계산출방안 공청회 자료집.

기존의 「공공기관운영에관한법률」과 「지방공기업법」상의 공기업에다 한국은행의 국민계정상의 분류에서 공기업으로 분류하는 한은, 금감원, 산은지주, 산은, 기은, KBS, EBS의 7개 기관이 추가적으로 포함되었다. 국내 재정통계를 산출하는 기관 간 불일치의 문제를 원천적으로 해결하기로 한 것이다.

IV. 국가채무 범위의 추가적 검토

지금까지 정부는 국가채무로 중앙정부와 지방정부 및 3개 기금(공공자금관리기금, 외국환평형기금, 국민주택기금)이 발행한 국채만 합산한 금액을 발표해왔다. 그러나 IMF의 통합재정에 포함되며 정부가 관리주체인 61개 기금의 부채에서 정부가 발표한 국가채무에 이미 산입된 공공자금관리기금, 외국환평형기금, 국민주택기금의 국채와 기금 간 내부거래 금액을 차감한 경우, 국가채무는 2002년 172.2조원에서 2006년 372.9조원으로 200.7조원, 116.6% 증가한 것으로 나타난다는 주장이 있었다. 이에 따를 경우 GDP대비 국가채무의 비율도 2002년 25.2%에서 2006년 44.0%로 급등해 OECD 평균의 절반수준을 상회하게 된다는 점에서 이슈를 제기한 것이다.

여기에다 지금의 군인연금 및 공무원연금처럼, 장래에 적자 상태로 전환되어 국고 지원이 불가피한 국민연금기금의 책임준비금 부족액만 포함하더라도, 2002년 105.4조원에서 2006년 200.9조원으로 급등해 GDP의 23.7%를 차지하는 것으로 보고하고 있다. 아울러 「공공기관의 운영에 관한 법률」에 의해 관리되고 있는 298개 주요 공공기관이 공시한 부채와, 국가채무에는 포함되지 않으나 선진국에서는 국채 발행으로 대응하는 물가안정을 위해 한국은행이 발행한 통화안정증권의 잔액을 더할 경우, 국가가 관리해야 할 공공채무는 2002년 662.2조원에서 2006년 1,142.4조원으로 급증해 GDP를 이미 초과(134.7%)한다는 지적이었다(박재완, 2007).

그러나 국가채무범위를 재검토할 때 「국가재정법」과 「국가회계법」상의 범위의 차이를 조정하는 과제가 선결되어야 하고 그것도 총액개념이 아닌 순계개념이 도입되어야 한다는 점을 분명히 해야 한다. 국가회계기준(복식부기 발생주의 원칙의 채택)에 따른 국가부채통계에서는 기금부채, 국민연금 책임준비금 부족액, 임대형 민자사업(BTL), 우발채무 충당금 등의 포함여부를 결정하게 될 것으로 판단된다. 「국가회계법」의 시행으로 당장 국가채무에서 범위가 확대되는 것은 군인연금, 공무원연금 등 교환거래적 부채성 충당금, 민간기금부채, 임대형 민자사업(BTL) 등이 될 것으로 생각된다. 국민연금 등 사회보험 책임준비금 부족액, 우발채무 등은 추가적인 논의가 필요한 사항이라 하겠다.

GFS2001매뉴얼과 관련해서 통안증권 등 한국은행의 부채, 공공기관의 부채 포함여부에 대해서는 재정범위, 규모와 관련하여 잠재성 공공부채로 관리하여 모니터링을 해나가는 방식으로 재정건전성 제고를 도모하는 것이 필요하다. 국가채무의 통계는 시계열 확보 및 국제비교가능성을 통한 표준화가 중요한 규범이 되므로 전통적인 국가채무의 범위 유지는 당분간 필요할 것으로 판단된다. 국가 간의 재정관행의 차이로 인한 항목의 누락 등의 문제는 복식부기 발생주의 원칙에 따른 재무결산으로 대부분 해결될 것으로 전망된다.

이러한 판단은 2013년 7월 공청회에서 그대로 반영되었다. 공공부문의 범위 문제는 원천적으로 해결했으나 연금충당부채의 산정, 내부거래의 제거 등에 대해서는 향후과제로 남겼다. 우선 연금제도는 사회보장제도와 고용관련제도로 분류된다. 사회보장제도에 속하는 연금제도는 미래의 지급약정에 대해 통계적으로 부채로 인식하지 않고 암묵적 우발부채로 분류한다. 국민연금과 같은 미래 지급의무는 대상제도단위를 명시하고 순계규모를 비망항목에 부기하도록 권고하고 있다. 고용관련제도의 연금수급권을 비롯한 연금지급의무는 각 제도단위의 채무로 계상된다. SNA(System of National Accounts)2008는 첫째, 연금지급의무 결정에 있어서 정부가 산정공식을 자의적으로 변경할 수 있는 경우 둘째, 인구전반을 대상으로 하는 경우 셋째, 사회보장제도에 가까운 경우 정부 재정상태표에 포함시킬 필요가 적은 것으로 해석하고 있다. 우리는 공무원연금과 군인연금 충당부채는 일반정부 범위 국가재무제표상 충당부채로 공표하고 있고 사학연금과 국민연금 충당부채는 EU국가의 사례를 감안, 부기하는 방식을 채택하고 있다. 적절한 선택으로 평가된다.

보증채무의 경우 일반적으로 우발부채로서 비망항목에 부기하는 것이 원칙이다. 우리는 2010년 「국가재정법」 개정으로 매년 국가보증채무관리계획을 작성, 국회에 제출하고 있다. 국가보증채무는 미확정채무로서 확정채무인 국가채무에는 포함되지 않는다. 공공부문 부채산출시 정부보증채무, 공기업 지급보증 등 대부분의 보증채무가 포함된다. 다만 민간부문에 대한 보증은 우발부채로 다른 부채와 일률적인 합산보다는 별도의 부기가 원칙이다.

내부거래 제거와 관련해서는 정부는 2012년 재정통계 개편시 국민연금 등이 보유하는 국채를 내부거래로 보아 제외하되, 부기하여 공개하도록 개편한 바 있다. 국민연금 보유국채는 시장을 통한 간접거래로 보아 국가채무에 포함시켜왔는 바, 사회보장제도로 별도 부기대상으로 충당부채를 계상하지 않는 것과 일관성을 유지, 부기대상으로 공개하는 것이 적절할 것으로 본다.

요컨대 재정범위에 대한 논란의 핵심은 재정범위를 일반회계, 특별회계, 기금 등과 같은 펀드단위가 아니라 통제력 기준의 기관단위, 즉 제도단위로 규정해야 한다는 것이다. 이러한 주장은 시장의 의사결정에 따르는 기업부문과 정치의 의 사결정기제를 따르는 준정부기관의 차이를 반영한 것으로 시장에서는 선택의 논 리가 작동하지만 정치에서는 계약의 논리가 작동함을 감안한 것이라 할 수 있다 (옥동석, 2012).

V. 재정통계범위와 국민부담

1. 조세부담률과 국민부담률

조세부담은 국세와 지방세의 합으로 정의되며, 조세부담률은 이를 경상 GDP 로 나눈 백분율이다. 정부의 조세수입은 일반정부부문이 수취하는 강제적 이전을 의미한다. 우리나라의 조세부담률은 2008년 이후에 약간 하락한 경우를 제외하고 는 2000년 이래 대체로 19~21%대에서 안정적인 모습을 보이다가 최근 그 상승 폭이 둔화되고 있다. 조금 더 시계를 확장하면 1970년대 초반 상승기를 거쳐 1976년 이후 20여 년간 연간 16~18% 수준을 유지하다가 다시 2000년 이후 상승 세를 지속, 2007년 21%에 도달했다. 다시 하락기를 경험, 2010년 19.3%까지 낮 아졌다가 다시 상승세로 전환, 2012년에는 20.2%에 이른다.

국민부담은 조세 및 사회보장기여금 부담의 합으로 정의되며, 국민부담률은 이를 명목 GDP로 나눈 백분율이다. 사회보장기여금은 고용보험, 산재보험, 국민 연금 기여금, 보훈기금, 사립학교교원연금기금, 군인연금기금, 공무원연금기금, 건강보험 등 제 보험과 연금 등이 포함된다. 우리나라의 국민부담률은 1988년 이 후 지속적으로 증가하여 2007년 26.5%에 달했으나 2008년 이후 조세부담 경감과 상승으로 2012년 2008년과 동일한 수준을 유지하고 있다.

표 2-8 우리나라의 조세부담률과 국민부담률

	2000	2005	2006	2009	2010	2011	2012	2013
조세부담률	18.8	18.9	19.7	19.7	19.3	19.8	20.2	19.9
국민부담률	22.6	24.0	26.5	25.5	25.1	25.9	26.5	26.3

주: 2013년은 전망치.
자료: 기획재정부.

우리나라의 조세부담률은 OECD 회원국들과 비교해 볼 때 낮은 수준이다. OECD 주요 회원국들의 평균 조세부담률인 24.6%(2009년 기준)에 비해서는 크게 낮은 것으로 나타난다. 특히 28.3%인 영국과 29.4%인 이탈리아는 매우 높은 것으로 나타났으나, 일본과 미국은 각각 15.9%와 18.3%로 우리나라에 비해서 낮은 수준이다. 국민부담률에다 국가부채를 포함한 총재정규모는 유럽국가는 물론 일본과 미국에 비해서도 상당히 작은 수준임을 알 수 있다.

표 2-9 주요국의 재정규모 비교 (단위: %)

구분	한국	일본	미국	독일	영국	이탈리아	프랑스	OECD
조세부담률(A)	19.3	15.9	18.3	22.1	28.3	29.4	26.3	24.6
사회보장부담률(B)	5.7	11.0	6.5	14.2	6.7	13.6	16.6	9.2
국민부담률(C=A+B)	25.1	26.9	24.8	36.3	35.0	43.0	42.9	33.8
재정수지(D)	1.4 (−1.1)	−8.7	−10.6	−3.3	−10.3	−4.5	−7.0	−8.2
총재정규모(C−D)	23.7 (26.2)	35.6	35.4	39.6	45.3	47.5	49.9	42.0

자료: OECD database 2011, 안종석 외(2011) 재인용.

2. 부담률 통계의 한계

조세부담률은 정부수입 가운데 조세만을 국민부담으로 파악하여 측정하고 있으나, 조세와 유사한 성격, 강제성, 비대가성, 비상환성을 갖는 여타 국민부담 부분을 고려하지 못하는 문제를 내포하고 있다. 복지국가 및 고령화사회로의 이행으로 인하여 최근 급격히 증가하고 있는 사회보장기여금은 강제가입을 원칙으로 하고 있고 국민에게 상당한 부담으로 작용하고 있음에도 현재 세법상의 조세가 아니기 때문에 조세부담률에 반영되지 않는다.

유사한 성격의 국민부담이 국가에 따라 조세의 형식을 취할 수도 있고 조세 이외의 형식을 취할 수도 있기 때문에 국가 간 비교에 있어서 서로 다른 대상을 비교하는 문제가 발생할 수 있다. 현재 우리나라에는 강제성, 비상환성, 비대가성 이라는 GFS의 조세개념에 해당하는 준조세들이 많이 존재하고 있다(옥동석, 2004). 실제로 도시국가인 싱가포르를 제외하고는 "우리나라가 부담금을 통해 조성하고 있는 재원에 대해 (미국, 일본 등) 조사 국가들은 대부분 조세를 통해 이러한 재원을 조성하고 있다(손원익 외, 2004: 447). 병역의무와 같이 선진국에는 존재하지 않으나 민간부문이 현금 혹은 현물이 아닌 노동으로 부담하는 부분과, 의무교육과 같이 선진국에 비해서 정부가 제공하는 서비스가 적어서 민간부문이 부담하여야 하는 부분과 같이 국민의 부담으로 작용하면서 조세부담률에는 제외되는 것들이 있다 (박재완, 2007).

한국조세연구원(2012)에 의하면 2011년 결산기준「부담금관리기본법」상 관리 대상 부담금은 총 97개 14.5조원 수준에 달하는바 국민부담 차원에서 부과의 타 당성이 부족한 경우, 성격이 유사한 경우 등 개선의 여지가 상당히 있는 것으로 평가하고 있다.

그림 2-2 우리나라 부담금 규모

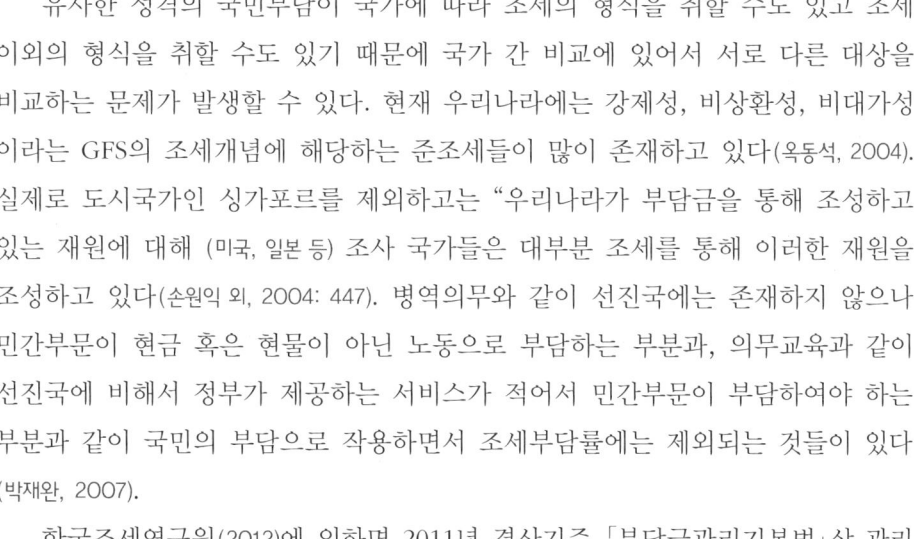

자료: 기획재정부 e-나라지표.

박재완(2007)은 OECD 기준에 따라 정부가 발표하는 국민부담률이 다음과 같 은 한계가 있기 때문에 OECD 회원국과 직접 비교하는 것이 적절하지 않다고 지적하고 국민부담에 대한 다양한 추가적인 요소들을 고려해야 한다고 했다. 첫째, 100개에 달하는 각종 법정부담금 둘째, 선진국과 달리 학부모가 부담하는 공교육 납입금(중등학교 입학금, 수업료, 학교운영지원비, 교과서 구입비 등) 및 공영방송 수신료 셋째, 선진국과 달리 징병제를 채택하면서도 사병들(현역 사병, 공익근무요원, 전투경찰, 상근예비역 등)이 제공하는 노동력에 대해 적절한 보상을 하지 않고 개인적인 부담으로 전가 넷째, 국민연금보험의 재정이 고갈되지 않도록 하는 데에 필요한 적정 연금보험료를 당장 거두지 않고 미래세대의 부담으로 이연 다섯째, 면허료 등 행정요금과 적십자회비와 같이 사실상 반강제성을 띠는 각종 성금·기부금 등이 포함되어야 한다는 주장이다.

3. 조세성 부담금에 대한 검토

(1) 기준

OECD(1998)는 조세를 일반정부가 반대급부 없이 강제적으로 징수하는 금액으로 정의하면서, 다음과 같은 기준을 제시하고 있다. 첫째, 비대가성이다. 부과금을 낸 자가 공공서비스 혜택을 받지 못하거나, 비례하여 제공받지 못하는 경우다. 요금(fees), 사용자 부담금(user charge) 등의 경우 수혜자가 서비스의 비용에 대해 대가를 지불하는 경우 세금이 아니나, 다음의 경우에는 대가성이 없는 것으로 보고 조세로 분류한다. 사용자의 지불액이 서비스 제공에 드는 비용을 과도하게 초과할 경우, 징수액을 지불하는 자가 이득의 수혜대상이 아닌 경우, 면허가 발행됨에도 불구하고 정부가 보상으로서 특별한 서비스를 제공하지 않는 경우, 이득이 징수액에 비해 과도하게 적은 경우 등이 여기에 해당된다.

둘째, 부과주체 및 귀속처가 일반정부인 경우다. 부담금의 부과주체가 일반정부(중앙정부·지자체)이며, 부담금이 일반정부로 귀속되는 경우를 말한다. 일반정부에는 중앙정부와 그의 실효적인 통제하에 있는 기관들, 지방정부들, 특정 사회보장기구들과 독립적 정부 단위들로 구성된다. 재정독점에 따른 이익은 조세로 분류되나, 공기업이나 비정부기구 등이 징수하는 금액은 강제성이 있는 경우에도 조세로 분류하지 않는다. 또한 자발적 기여금이나 정부에 지급하는 것이 아닌 사회보장기여금은 세금으로 분류되지 않는다.

이런 기준에도 불구하고 이러한 기준을 실제로 적용할 때 조세 여부를 판단하는 것은 매우 어렵다. OECD 기준은 "국제 비교를 위한 국가 간 통일성이 바람직하다는 점과 요금이나 부담금 액수의 규모가 비교적 작다는 점을 고려할 때 양자를 구분하는 요금(fee)이나 부담금(charge)을 조세의 범위에 포함시킬 것인가에 대해서는 각국의 개별적인 판단에 따르기보다는 국제적으로 통용되는 관행을 따르는 것이 필요하다"고 지적하고 있다.4 따라서, 구체적인 부담금의 유형을 판단할 때에는 추가적인 기준이 필요하다. 행정수요의 신규 발생의 원인을 제공한 자에게 정부가 행정서비스 제공에 필요한 비용을 보전하기 위하여 부과하는 부담금은 대가성이 있는 것으로 판단할 수 있다. 비용부담자와 편익수혜자의 연계가 밀접하면 대가성이 있으므로 조세가 아니라고 판단하나, 광범위한 의미에서 약간의 연계가 이루어지면 대가성이 없으므로 조세로 판단한다. 정부가 특정 행위의 억제를 위하여 부과하는 부담금이나 원칙적으로 금지된 행위에 대해서 허용하면서 그에 대하여 부과하는 부담금의 경우는 벌금성 부담금으로 파악하여 조세에 해당하지 않는 것으로 판단할 수 있다. 정부가 특정인에게 별도의 행정서비스는 제공하지 않으면서 단순히 배타적인 권리를 인정하고 이로부터 취득한 수익에 대해서 부과하는 부담금은 대가성이 없는 것으로 판단할 수 있다. 비상시를 대비하여 미리 재원을 조성하거나 조직을 운영할 목적으로 재원을 조성하기 위하여 부과하는 부담금은 그 재원으로 징수대상자를 위하여 서비스를 제공할 것이므로 대가성이 있는 것으로 판단할 수 있을 것이다.

(2) 대안

현재 국민부담률에 추가하여 조세성 부담금으로 분류되는 부담금들을 추가해서 '대안적 국민부담률' 지표를 새로이 작성할 필요가 있다. 우리나라는 OECD 국가들에 비해서 부담금의 비중이 크고 이들 가운데에는 OECD 기준으로 조세에 해당하는 부담금들의 비중이 상당한 정도에 이르렀으나 이들 조세성 부담금들이 조세부담률이나 국민부담률의 계산에서 제외되어 온 것이 사실이다. 이렇게 조세성 부담금을 포함하는 '대안적 국민부담률' 지표의 작성은 OECD 국가들과의 보다 적절한 비교를 가능하게 한다는 점에 의의가 있다.

---

4 OECD(1985)에 의하면 조세는 다음과 같이 정의된다. "the term 'taxes' is confined to compulsory, unrequited payments to general government". 여기서 우리는 강제성, 직접적 수혜와 연계가 되지 아니하는 비대가성, 그리고 일반정부의 수입이라는 조세의 세 가지 요소를 확인할 수 있다.

(3) 한계

'대안적 국민부담률'은 OECD의 조세기준에 입각해서 우리나라의 조세성 부담금을 포함하는 새로운 지표이나, OECD가 밝힌 바와 같이 구체적인 부담금의 성격을 규명해서 조세성 부담금인지 여부를 명확하게 판단하기에는 한계가 있다. 따라서, 이 역시 어느 정도의 자의성을 띠고 있기 때문에 논쟁의 여지가 있을 수 있다. 국가마다 서로 다른 부담금을 운용하고 있기 때문에 각 국가들로 하여금 조세성 부담금을 판단하여 '대안적 국민부담률'을 산정하게 하는 것이 적절하지 않을 수도 있다. 그럼에도 불구하고 외국의 경우 부담금 활용이 크지 않고 그 액수도 미미하다는 점에 주목하여 '대안적 국민부담률'을 외국의 국민부담률과 비교할 수는 있을 것으로 생각된다. 정부에서도 이러한 문제를 의식해 부담금운용심의위원회를 구성하여 부담금제도개선방안에 불필요한 국민부담 경감, 부담금 징수율 제고, 납부자 권익보호 강화, 성격이 유사한 부담금 통합 등을 포함시키고 정기적 점검 및 평가를 통해 부담금제도를 지속적으로 개선해 나갈 계획을 천명하고 있다(기획재정부, 2012).

Ⅵ. 결론

우리는 지금까지 정부의 국민경제 관여수준을 지출측면에서 그리고 국민부담 수준에서 비판적인 시각 그리고 글로벌 표준의 차원에서 비교가능성에 초점을 두고 재정의 범위 그리고 국가부채규모에 대해 살펴봤다. 감귤이 회수를 지나면 탱자가 된다고 했다. 결국 전달체계의 효율성 및 효과성을 포함한 국민에 대한 서비스 수준과 이를 조달하기 위한 조세 및 부채 수준을 국제적으로 비교하는 부분은 매우 어렵다는 점을 다시 한 번 확인할 수 있었다.

그럼에도 불구하고 우리는 왜 지금 국가재정통계작성의 국제기준이 변화하는지에 주목할 필요가 있다. 재정활동의 영역을 보다 포괄적으로 정의함으로써, 잠재적인 정부의 관여부분을 파악하려는 것이다. 이러한 추세는 전통적인 국가채무(national debt) 대신 보다 넓은 개념의 일반정부부채(general government liability)가 국가 간 재정상태를 비교하는 지표로서 타당성이 높다는 점을 반영한 것이다. 유럽의 재정위기가 전세계 경제를 침체국면으로 몰고 가는 것과 같이 전세계의 경제환경이 급속도로 네트워크화하고 있다는 점에서 비교가 어렵다고 해서 이를 외면하기는 힘든 상황이 되고 있다. 따라서 세계은행, OECD, IMF 등 9개의 주요 국제기구가 공동작업을 통해 공공부문 채무통계 작성지침(public sector debt statistics guide)을 마련했고 이를 우리나라도 받아들이기로 했다. 유럽연합의 국가회계체계(ESA: european system of national and regional accounts) 기준, 즉 원가보상률 50% 기준, UN의 2008 국민계정체계(SNA: system of national accounts) 역시 이러한 50% 기준을 통해 일반정부와 공기업을 구분하고 있는바, 기준적용에 있어 국가별 논란이 계속되어 왔다. 이러한 부분을 인식하고 차제에 지배력(정부통제 여부)을 기준으로 공기업을 포함 모든 공공부문의 부채를 공시하고 국제비교하기로 결정한 것이다(옥동석, 2012; 박정수 외, 2011).

한국토지주택공사와 한국수자원공사와 같이 국가정책사업을 상당한 비중으로 수행하는 공기업을 운용하고 있는 우리나라로서는 논란을 불식시킬 수 있는 좋은 여건을 맞이했다고 볼 수 있다. 2012년 말 기준으로 공기업의 부채가 353.7조원 수준이고 준정부기관과 기타공공기관을 모두 합할 경우 493.4조원에 달한다. 정부의 2012회계연도 결산결과 지방정부채무를 포함한 국가채무가 443.8조원, 일반정부 기준 부채가 468.6조원이라고 할 때 단순하게 계산해 공공부문의 부채는 822.3조와 962.0조원 사이 어느 수준으로 추정이 가능하다. 12년결산기준 GDP 1,272.5조원을 활용한 공공부문 부채비율은 64.6~75.6%의 범위 내에 있는 것으로 볼 수 있다. 조영무(2013)가 지적하고 있는 공공부문 부채비율 75.2%는 본 추정의 상한치(upper bound)에 해당함을 알 수 있다. 그러나 이 수치는 준정부기관 전체와 상당수의 기타공공기관(265개 중 151개 포함)이 이중 계산되었다는 점을 감안하면 대략 70% 남짓이 적절한 추정으로 사료된다. 국제적으로도 일본(308.2%), 캐나다(154.8%), 호주(89%)보다는 낮은 상태이지만 멕시코(38.7%), 인도네시아(33.1%) 등 보다는 크게 높은 수준이라는 점을 확인할 수 있다.

올바른 재정정책을 수립하기 위해서는 재정건전성의 현 위치 그리고 앞으로의 중장기적인 정확한 전망이 가능해야 한다. 현재 우리나라의 재정건전성 수준은 현금주의 국가채무로 볼 때는 매우 건전하지만 발생주의 일반정부 부채에 논란의 여지가 있는 공기업부채를 더한 공공부문의 부채로 판단할 때 주요국들에 비해 부채비율이 높지 않다고 해서 재정건전성을 과신할 수 있는 수준은 아닌 것으로 판단된다. 더욱이 공공기관 부채의 증가추세가 우려스럽고 여기에 최근의 복지재정수요 증가추세를 감안하면 더더욱 정부의 관여수준 확대에 엄정한 기준을 적용해야 한다는 데 국민적 공감대를 형성해 나갈 필요가 있다. 이제는 정부 사업을 공기업에게 떠안기는 준재정활동에 대해 보다 엄격한 준칙과 구분회계의 적용 그리고 면밀한 감시가 필요하다.

원인을 잘못 진단하면 처방도 그르치게 마련이다. 핵가족화와 고령화는 실제보다 분배지표가 더 나쁜 것으로 보이는 착시효과를 유발한다(박재완, 2013). 재정 정책결정에 있어서도 냉철한 이성에 의한 것이기보다 정치적인 의사결정이 우려 되는 부분이 많다. 장기적으로 정치의 영역이 여타 영역을 잠식해 정책적 합리성이 아닌 정치적 고려가 정책결정을 좌우하게 될 우려가 높다(윤희숙 외, 2013. 8). 우리나라의 경우 초고령화 및 저출산, 그리고 보육, 교육, 의료, 연금 등 소위 복지 수요의 폭발에다 저렴한 공공서비스 및 지속적인 미래 대비 중장기 투자 필요성이 겹치는 구조적 요인으로 재정악화에 대한 우려가 높은 상황이다. 우리는 소규모 개방경제로 재정건전성이 우려될 경우 바로 경제위기로 치달을 수 있다는 점을 잊지 말아야 한다. 재정의 범위는 국제비교가 가능한 수준으로 관리되어야 하며 편익은 비용과 함께 고민되어야 한다는 점을 강조하고자 한다.

03
CHAPTER

정부회계

Ⅰ. 회계의 개념

●●● 정부회계를 이야기하기 전에 기업회계를 이해하는 것이 필요하다. 정부회계이건 기업회계이건 회계(accounting)는 정보체계(information system)이며, 사업(business)의 언어라는 점에서 사업관련 의사결정에 필요한 정보를 제공하는 기능을 담당한다. 회계의 목적은 경제적 자료를 경제사회체제 내의 수많은 사용자집단을 위해 경제적 거래내역을 요약, 보고, 해석하여 제공함으로써 오렌지와 레몬, 오렌지와 사과를 비교하기 위해 표준화된 정보를 제공할 수 있게 한다. 회계의 기능은 회계정보 사용자의 요구되는 정보유형에 따라 신뢰성 있는 정보를 제공하고 건전한 투자의사결정지원을 담당한다.

재무회계(financial accounting)는 이러한 정보를 회사(business entity) 안과 밖의 정보 사용자에게 제공하는데 주로 회고적 기록이며 통제와 책임성의 확보가 목적이다. 재무회계의 사용자는 CEO를 비롯한 관리자, 주주, 금융기관, 정부부서, 일반투자자를 망라한 이해관계인이라고 할 수 있다. 재무회계는 화폐단위를 기본으로 하는 원가주의를 채택한다. 비용인식 시점을 기준으로 현금주의와 발생주의(감가상각이 포함됨), 그리고 수정발생주의로 구분된다.

먼저 현금주의(cash basis)란 비용인식시점을 현금에 초점을 맞춰 현금이 들어오거나 나갈 때 거래가 기록된다. 재화나 서비스는 대가가 지불된 때에 소비되는 것으로 간주한다. 따라서 현금이 수납된 때에 수익 또는 수입이 이루어진 것으로 보고 현금이 지출된 경우에 비용 또는 지출이 이루어진 것으로 본다. 현금주의는 가장 이해가 쉽고 측정이 확실하며 자의적인 회계가 불가능하여 통제가 용이한 장점이 있다. 반면, 자산과 부채 및 자본을 인식하지 않기 때문에 이들 자산과 부채를 파악하기 위해서는 별도의 장부를 기록해야 한다. 다시 말해서 지출성격의 인건비와 같은 소모성 경비와 토지매입과 같은 자본비용지출을 구분하지 않아 재정건전성이나 성과측정에 도움이 되는 정보제공에 한계가 있다.

한편 발생주의(accrual basis) 회계방식은 기업회계에서 사용하는 기준으로 재무자원을 포함한 모든 경제적 자원의 변동이 일어날 때, 즉 거래가 발생할 때 인식하는 방법을 말한다. 따라서 수익은 경제적 자원이 획득된 때 또는 받을 수 있는 권리가 확정된 때 인식하고 비용은 발생한 때 인식한다. 결국 현금의 수납이나 지출과는 관계없이 수익, 비용이 발생한 때 거래를 기록하게 된다. 발생주의 회계의 장점은 자산과 부채에 대한 정보를 재무보고에 포함하고 있어 실상을 반영할 수 있으며 따라서 이들에 대한 관리를 더 효율적으로 할 수 있고 기간별 성과비교가 가능하며 원가에 기반한 성과측정이 가능해진다. 반면에 현금주의 회계처리에 비해 복잡한 절차가 요구되므로 여전히 많은 나라 정부회계에서는 현금주의 회계처리를 유지하고 있다.

수정발생주의(modified accrual basis)는 발생주의에 대한 수정된 형태의 인식기준을 적용한다. 모든 경제적 자원을 인식하는 발생주의와는 달리 재무적 자원의 변동에 대해서만 인식하는 방법으로 절충하는 방식이다. 재무적 자원을 인식할 때 수익은 측정가능하고 지출을 위해 사용가능할 때 인식하며 비용도 측정가능하고 재무적 부채가 발생할 때 인식하게 된다. 비용의 인식에 있어 감가상각배분 등은 비용으로 인식하지 않고 재고자산도 구입당시 비용으로 간주되거나 (purchase method), 소비될 때 비용으로 간주하기도(consumption method) 한다.

재무회계는 주기(fiscal year)와 연속성을 지니며 원칙적으로 보수주의를 견지하고 최소비용개념(minimum risk)을 강조한다. 물론 측정단위는 화폐기준이 된다. 원화표시가 기본이지만 한국석유공사와 같이 국제거래가 주 내용인 경우 달러표시를 채택할 수도 있다.

반면에 관리회계(managerial accounting)는 기업의 관리과정에 있어서 의사결정을 돕는 재무자료를 제공할 목적으로, 과거 재무자료뿐만 아니라 미래의 추정자료를 제공한다. 현금관리, 새로운 제품이나 서비스의 가격설정, 재무회계와 중복이 있으나 관리목적을 위한 추가정보제공, 관리에의 '유용성'이 기준이 된다.

재무회계원칙으로 일반적으로 받아들여지는 회계기준(GAAP: Generally Accepted Accounting Principle)은 상시적으로 진화하는 상거래 현상을 반영한다. 자연법이 아니라 거래환경 및 기법에 적용하는, 일반적인 수용성이 기준이 된다. 미국의 경우 FASB(재무회계표준이사회), GASB(정부회계표준이사회), AICPA(공인회계사회), SEC(증권거래위원회), IRS(국세청) 등이 주요 관련 기준제정기관이 된다. 국제회계기준위원회(IASB)는 국제회계기준(IFRS)을 개발하고 개정할 때 이용할 수 있는 완전하고 업데이트된 개념체계를 구축함으로써 재무보고를 개선할 목적으로 재무보고를 위한 개념체계의 개정작업을 진행하고 있다.

우리나라에는 한국회계기준원이 설치되어 있다. 한국회계기준원(KAI)은 우리나라 기업재무보고와 외부감사인의 감사가 통일성과 객관성을 유지할 수 있는 회계처리기준의 제정에 관한 업무를 수행하기 위하여 1999년 9월에 독립된 민간기구로 설립되었다. 2000년 7월부터 「주식회사의 외부감사에 관한 법률」에 의거하여 우리나라 회계처리 기준의 제정, 개정, 해석, 질의회신 및 이와 관련된 제반업무를 수행하며, 회계처리기준에 관한 사항을 심의·의결하기 위하여 관계전문가로 구성된 회계기준위원회(KASB)를 두고 있다. 한편 정부회계기준을 위해서는 자문기구로 기획재정부에 정부회계기준위원회가 설치되어 있다. 동위원회는 정부회계기준의 제정 또는 개정에 관한 사항 및 국가와 지방자치단체 사이의 정부회계제도 상호연계에 관한 사항을 심의하여 자문한다.

또한 정부회계 관련해서 국가회계기준센터(NASC)가 기획재정부의 국고지원으로 2010년 7월 26일 한국공인회계사회 부설로 설립되었다가 한국조세재정연구원으로 소속을 변경하도록 했다. 정부는 국가와 지방자치단체에 적용되는 회계제도를 모두 기업방식의 복식부기 회계로 전환하였는바, 이러한 회계제도의 개혁은 정부재정관리에 있어서 혁신적인 변화의 하나로 평가된다. 따라서 새로운 회계제도 변경에 따라 발생되는 여러 관련사항에 대한 연구와 함께 변경된 회계제도에 맞는 많은 조치들이 필요하게 되었다. 이러한 전문적인 사항을 연구하고 새로운 회계제도가 조속히 정착이 될 수 있도록 하기 위하여 국가회계기준센터가 만들어진 것이다. 국가회계기준센터는 기획재정부의 국가회계시스템의 정착을 지원하기 위하여 국가회계기준에 대한 실무해석·질의회신 검토, 국가회계제도에 관한 선진제도 조사·연구, 그리고 회계담당 공직자들에 대한 교육 등을 주 임무로 하여 운영하고 있다.

재무회계주체는 자영업자, 기업, 정부, 자치단체, 학교, 단체, 병원, 교회를 망라해 회계주체(accounting entities)를 구성하는 모든 기관, 나아가서 한 회계주체가 여러 회계단위를 가질 수도 있다. 결국 회계는 외부자(outsiders)를 위한 경영성과에 대한 정확한 재무정보제공, 수익성, 재무건전도를 공시하여 정확한 의사결정을 지원하는 기능을 담당한다.

정부와 기업의 차이는 곧 정부회계와 기업회계의 차이로 나타난다. 존재의 이유가 이윤추구인 기업과 국가전체의 질서유지 및 공공이익추구 목적의 정부는, 다른 말로 해서 국민복지증진이라는 차원에서 근본적인 차이점을 찾을 수 있다. 이러한 차이는 곧 활동재원의 차이로 귀결되는바, 기업은 판매수입이 주 수입원인데 반해 정부는 정부의 강제력에 의한 세금을 기본적인 재원으로 하여 살림을 산다. 그러나 최근 들어 정부의 영역이 확장되면서 공기업, 준정부기관, 민관합동의 제3섹터 등의 활동재원은 이 두 부문의 성격이 혼합되어 나타나고 있음을 우리가 잘 알고 있는 바다. 회계 역시 이러한 거래의 실체를 반영하여야 한다는 점에서 정부회계의 모습도 기업회계의 모습과 매우 유사한 형식을 따라가고 있는 추세라 하겠다.

그림 3-1 사용자들을 위한 정보의 제공자로서 회계

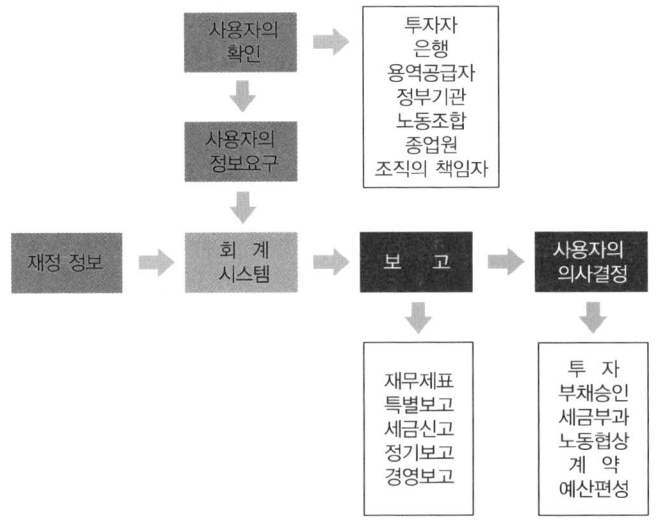

그림 3-2 재무회계와 관리회계

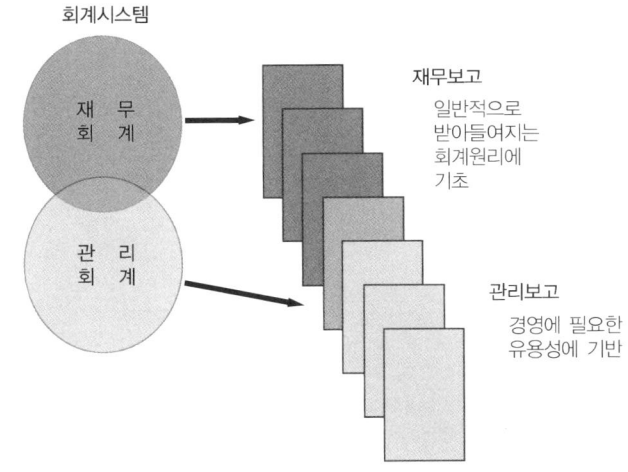

  Ⅱ. 현금주의와 발생주의 회계기준

　회계기준으로서의 현금주의와 발생주의는 조직에서 일어나는 거래에 대해 인식하는 시점에 의해 구분한다. 현금주의 기준(cash basis)은 현금을 수취하거나 지급한 시점에 거래를 인식하는 방식이다. 현금을 수취했을 때 수익으로 인식하고, 현금을 지불했을 때 비용으로 인식한다. 따라서 현금주의에서는 재화와 용역을 제공했다고 하더라도 현금으로 회수되지 않는 동안은 수익으로 계상하지 않고, 재화와 용역을 제공받았다 하더라도 현금으로 지급되기 전에는 비용으로 계상하지 않는다.

　발생주의 기준(accrual basis)은 현금의 수불과는 관계없이 거래가 발생된 시점에 거래를 인식하는 방식이다. 실질적으로 수익이 획득되거나 지출 또는 비용이 발생한 시점을 기준으로 한다. 따라서 선급비용과 선급수익은 현금주의에서는 수익과 비용으로 인식하는 데 반해 발생주의에서는 자산과 부채로 인식한다. 미지급비용과 미수수익은 현금주의에서는 인식되지 않는 데 반해 발생주의에서는 부채와 자산으로 인식된다. 감가상각과 대손상각은 현금주의에서는 인식되지 않으며, 발생주의에서는 비용으로 인식된다.

표 3-1 현금주의와 발생주의의 차이점

구분	현금주의	발생주의
거래의 해석과 분류	현금 수불의 측면	쌍방 흐름(이원거래 개념) 측면
수익비용의 인식 기준	현금의 수취·지출	수익의 획득/비용의 발생
선급비용·선급수익	수익·비용으로 인식	자산과 부채로 인식
미지급비용·미수수익	인식 안 됨	부채와 자산으로 인식
감가상각, 대손상각, 제품보증비, 퇴직급여충당금	인식 안 됨	비용으로 인식
상환이자지급액	지급 시기에 비용으로 인식	기간별 인식
무상거래	인식 안 됨	이중거래로 인식
정보 활용원	개별 자료 우선	통합 자료 우선
추가 정보 요구	별도 작업 필요	기본 시스템에 존재
적용 예	가계부, 비영리 공공부문	기업, 일부 비영리부문

그런데 인식 기준에 의한 구분은 현금주의와 발생주의라는 대립적인 두 가지 기준만이 있는 것은 아니다. 오히려 순수한 현금주의와 완전발생주의 기준을 양 극단으로 한 연속선상에 여러 기준이 있는 것으로 보는 것이 타당하다. 국제회계연맹(IFAC: International Federation of Accounting)의 공공부문위원회(Public Sector Committee, 1991: 13-16)는 현금주의 기준, 수정현금주의 기준, 수정발생주의 기준, 발생주의 기준으로 구분하고 있다.[1]

수정현금주의는 현금 기준의 조건을 약간 완화시킨 것으로서 보통 현금뿐만 아니라 경상적 재무자원의 흐름에 초점을 맞춘다. 수정현금주의 기준은 회계 기간이 끝나도 며칠 동안의 유예 기간을 두어 회계 기한 중에 마치지 못한 지출 혹은 수입에 대해 유예 기간에 지출 또는 수납하는 것을 허용한다. 따라서 우리나라는 출납정리 기간이 마련되어 있어서 엄밀하게는 수정현금주의가 적용되고 있다고 볼 수 있다.

수정발생주의는 일반적으로 현금과 경상적 재무자원뿐만 아니라 장기 재무자원까지도 인식하며, 현금의 수납 및 지급 시점이 아니라 이들의 거래가 발생한 시점에 비용과 수익을 인식한다. 그러나 여러 해 동안 편익을 제공하게 될 물리적 자산이 자산으로 인식되지 못하고 당해 연도에 소비되는 것으로 비용 처리된

---

1 수정발생주의 기준을 축소수정발생주의, 순수수정발생주의, 확장수정발생주의로 구분하기도 한다 (후데야 이사무, 1999: 85).

다는 점에서 완전발생주의 기준과 다르다.

이렇게 회계기준은 현금주의와 발생주의를 양축으로 해서 중간의 연속선상에 여러 가지 기준이 있다. 회계정보 측면에서 발생주의 기준이 현금주의 기준보다 훨씬 유용한 정보를 산출하게 되지만 조직의 특성 또는 제도 도입의 제약 조건을 고려해 수정발생주의 기준을 채택할 수 있다. 실제로 미국의 공인회계사회는 수정발생주의 기준을 정부형 기금에 가장 효과적인 기준으로 제시하고 있다. 현재 완전발생주의 기준을 적용하고 있는 국가는 뉴질랜드, 영국, 호주이다.

우리나라는 현금주의 회계를 '예산회계', 발생주의 회계를 '재무회계'라고 부른다. 현재 우리나라의 예산회계는 거래를 현금의 수취나 지급시기로 인식하는 것은 아니며, 재무적 자원인 현금을 회계측정대상으로 하는 것을 의미한다. 현금주의하에서도 지출원인행위 기준이나 권리의무 확정 기준에 의하여 기록하게 된다. 따라서 우리나라의 예산회계는 수정현금주의 기준을 적용한다고 볼 수 있다.

그런데 예산회계는 예산의 관리 및 통제에는 매우 편리한 과학적인 회계시스템이라고 할 수 있으나 자원의 효율적 사용이나 자산 및 부채 관리에 관한 회계정보 제공에는 부족한 점이 많다. 이러한 사유로 영미형 정부회계 국가들부터 발생주의 정부회계를 도입하기 시작하였다. 국가채무에 관한 정보도 기본적으로 현금주의 기준에 의한 채무정보를 산출하지만 발생주의 기준을 적용할 때 좀 더 정밀한 정보를 얻을 수 있다.

 Ⅲ. 회계원리(accounting principles)

1. 회계의 기초

회계의 형식에는 단식부기와 복식부기의 두 가지 방법이 있다. 먼저 단식부기란 회계거래 및 재산계산을 단순히 한쪽 측면에서 파악하는 방법이다. 모든 거래는 이중성이 있고 바로 이 이중성이 복식부기의 원리가 되는데 어떤 거래가 발생하면 원인과 결과의 관점에서 이중으로 기록하는 것을 원칙으로 하게 된다. 단식부기는 이러한 이중성에 대한 고려없이 발생사실만 기록하는 방식이다. 이에 비해 복식부기는 모든 회계거래를 원인과 결과에 따라 차변(Debit)과 대변(Credit)의 양편에 기록하는 이중기록으로 이를 복식부기의 대차평균의 원리(principle of equilibrium)라 한다. 이는 자기통제의 기능으로 작용한다. 거래를 집계하게 되면 차변과 대변의 합계가 동일해야 하는데 만일 그렇지 못한 경우 잘못 처리된 것으로 나타난다. 이 부분이 복식부기의 원리이다.

복식부기를 채택하기 위해서는 현금주의회계에서 발생주의회계로 전환하는 것이 필수적이다. 따라서 발생주의 회계로 전환하였다는 것은 복식부기방식에 의해 회계처리가 되고 있음을 전제한다. 단식부기와 현금주의, 그리고 복식부기와 발생주의가 등식이라는 것은 항상 타당하지는 않지만 통상 발생주의 회계와 복식부기는 병행된다.

회계방정식은 자산(asset), 부채(liability), 그리고 자본(owners' equity)으로 구성된다. 즉, 자산＝부채＋자본, 또는 자산－부채＝자본이라는 등식에서 출발한다. 여기서 자산이란 과거 사건의 결과에 의해 회계실체에 의해 통제되고 또한 그로부터 미래 경제적 효익이나 서비스의 잠재력이 회계실체로의 유입이 기대되는 자원을 말한다. 일반적으로 자산계정으로는 현금과 예금, 물품, 채권, 유가증권, 건물, 토지 등이 있다.

부채는 과거의 사건(거래)으로부터 일어나는 회계실체의 현재의 의무로서 이를 상환하기 위해서는 경제적 효익이나 용역잠재력을 가진 자원의 유출을 가져오는 것으로 정의된다. 부채계정의 예로는 미지급금, 차입금, 퇴직충당금 등이 있다.

기업회계에서의 자본은 부채와 함께 자금조달재원이 된다. 기업의 소유주나 주주가 자기의 자금을 자본형태로 사업에 투자하는 것이다. 이에 비해 정부회계에서는 자산과 부채의 차액을 순자산(net asset)으로 표현한다. 정부의 순자산은 조달재원과는 무관한 개념으로 계산편의를 위해 설정된 과목이다. 민간기업의 경우 자본은 자본금과 잉여금 계정으로 나누어 설정하며, 정부회계의 경우에는 보고목적에 따라 고정순자산, 특정순자산 및 일반순자산으로 구분하여 사용한다.

수익(revenue)계정은 회계실체의 순자산이 증가하는 것을 나타내는 계정으로 조세수입이 중요한 수익계정이다. 비용(expense)계정은 회계실체의 순자산이 감소하는 것을 나타내는 계정으로 인건비, 물품비 등 다양한 비용계정을 설정할 수 있다.

따라서 기업회계에서는 대차대조표 등식을 자산＝부채＋자본으로 표기되지만 정부회계에서는 자산－부채＝순자산으로 보게 된다. 대차대조표(balance sheet)는 자산의 합계가 부채와 자본의 합계와 일치함을 나타낸다.

회계의 기초개념을 살펴보자. 먼저 복식부기시스템에서는 거래가 발생하면 이를 체계적으로 기록하기 위해 계정(accounts)을 이용한다. 예를 들어 현금의 입출금과 함께 잔액을 계산하기 위해 현금계정을 설정하여 기록하고, 차입금의 증감과 잔액을 계산하기 위해 차입금계정을 설정하여 기록한다. 계정은 회계기록의 중심이 되며 계정을 집합해둔 장부를 원장(ledger)이라고 한다. 계정은 이름과 함께 계정의 번호가 있어 집계를 쉽게 하도록 되어 있으며 그 계정의 증가와 감소를 별도의 칸인 차변과 대변으로 나누어 기록한 후 남은 잔액을 표시하도록 되어 있다. 이때 차변과 대변이라는 용어는 회계의 발전과 함께 나타난 것으로 어떤 계정이든지 계정의 왼쪽을 차변(debits)이라고 부르고 계정의 오른편을 대변(credits)이라고 부른다. T계정, 분개장(journal), 분개(journalizing), 총계정원장(ledger), 전기(posting) 등의 개념을 이해할 필요가 있다.

손익계산서(income statements)는 회계기간 동안의 순손익을 계산, 이익잉여금을 구하는 첫 번째로 작성되는 재무제표라고 할 수 있다. 현금흐름계산서(cash flow statements)는 현금잔고의 중요성을 알려준다. 계정(accounts)은 경제적인 거래내역을 자산계정, 부채계정, 자본계정의 증감으로 기록하게 된다. 자산계정은 현금, 토지, 소모품, 미수금, 선급급 등으로 구성되며 부채계정은 미지급금, 단기부채, 장기부채 등으로 그리고 자본계정은 납입자본, 매출수익, 비용 등으로 구성된다.

(1) 분개의 법칙

차변과 대변은 각 계정의 증가와 감소를 기록하기 위해 구분한 칸인데, 어느 경우에는 차변에 기록하고 어느 경우에는 대변에 기록하는가 하는 것은 회계기록의 첫걸음으로 매우 중요하다. 회계방정식대로 특정의 거래가 발생하면 그 거래의 성격을 파악하여 자산의 증가는 차변에 기록하고 부채와 순자산의 증가는 대변에 기록하도록 하고 있다. 회계에서는 이처럼 거래가 발생한 경우 어떤 계정의 어느 쪽에 기록한 것인지를 명령하는 기록을 분개(journalizing)라고 한다. 분개는 복식부기(double entry accounting)의 원리에 따라 하나의 경제적 거래내역을 차변과 대변에 함께 기록하여 잔고를 일치시킴으로써 자기점검기능을 보유한다. 계정의 특성은 계정명, 차변, 대변의 3요소로 구성된다.

임시계정인 매출수익은 자본을 증가시키고, 비용은 자본을 감소시키므로 다음과 같은 원리로 기록하게 된다. 정상적 잔고(normal balances)는 다음과 같이 나타난다.

	계정	증가	감소	정상잔고
	자산	차변	대변	차변
	부채	대변	차변	대변
자본	납입자본	대변	차변	대변
	수익	대변	차변	대변
	비용	차변	대변	차변

시산표(trial balance)는 계정의 잔고를 종합하여 차변과 대변이 일치함을 입증하는 용도로 사용된다. 일시적 계정과 영구적 계정은 수익과 비용, 손익계정을 나타내는 것이 일시적 계정, 그리고 자산, 부채, 자본 등 대차대조표계정, 이익잉여금으로 전환되어 회계연도를 초월해 보존되는 것을 영구적 계정이라고 한다. 회계연도 말에는 결산분개(closing)와 재무제표(financial statements)를 작성하게 된다.

(2) 회계의 순환과정

회계는 회계실체의 재무상태에 변동이 생기면 이를 분석하여 기록하는 것으로부터 시작해 재무제표를 작성하고 장부를 마감하는 일련의 과정을 거치는데 이를 회계의 순환과정이라고 한다. 회계의 순환과정은 거래의 발생순서별로 분개하고 이를 원장의 각 계정에 전기한 후 재무제표를 작성하는 것으로 이루어진다. 회계기록에 대해 분개가 이루어지면 이에 의해서 각각의 계정에 변동내용을 기록하는데 이를 원장에 전기(posting)한다고 한다. 원장(ledger)이란 자산, 부채, 순자산, 수익 및 비용의 각 계정을 모아놓은 장부를 말한다. 원장은 총계정원장과 보조원장으로 구성된다. 총계정원장은 계정과목표(chart of accounts)에 있는 모든 계정을 포함한 원장을 말한다. 보조원장은 총계정원장의 특정계정의 세부내역을 정리하기 위한 원장이다.

시산표(trial balance)란 원장의 각 계정에 기록된 차변합계 금액과 대변합계금액 그리고 잔액을 하나의 표로 모은 것을 말한다. 시산표는 재무제표가 아니며 단지 원장에 기록된 전체계정의 차변금액과 대변금액이 일치하는가를 확인하기 위해 작성한다. 일반적으로 결산을 위해서는 결산수정분개를 하기 전에 각 계정의 잔액을 확인하고 결산수정분개를 한 후에는 어떻게 변동되는지를 살펴보기 위해 시산표를 작성한다. 시산표의 차변잔액에는 자산 및 비용이, 그리고 대변잔액에는 부채, 순자산 및 수익이 표시된다.

회계순환의 마지막 과정은 결산 및 재무제표의 작성이다. 결산이란 회계기말에 발생주의에 의한 수정분개를 하고, 1년의 장부를 마감하며, 재무제표를 작성하는 것을 말한다. 수정분개는 크게 이연항목과 발생항목으로 구분한다. 이연항목이란 예를 들어 임차료를 미리 지급한 경우 이를 비용이 아니라 선급비용이라는 자산으로 기록하는 수정분개유형이다. 발생항목이란 예를 들어 차입금에 대한 이자 발생액을 미지급비용이라는 부채로 기록하는 수정분개유형이다. 수정분개가 끝나면 수정후시산표를 작성하고 재무재표의 작성과 함께 장부를 마감하는 것으로 결산작업과 회계순환과정이 마무리된다.

(3) 재무제표

정부의 재정상태와 재정운영에 대한 총체적인 보고서를 재무보고서라고 한다. 재무보고의 중심은 재무제표(financial statements)이지만, 이외에도 결산총평, 필수보충정보 및 부속명세서가 포함된다. 재무제표는 정부의 재정상태와 재정운영현황을 표시하는 중요 보고서로 국가회계는 재무제표로 재정상태표, 재정운영표 및 순자산변동표를 규정하고 있다. 재정운영표의 재정운영결과는 순자산변동표의 재정운영결과로 표시되며, 순자산변동표의 기말순자산은 재정상태표의 순자산으로 나타난다.

재정운영표는 기업회계의 손익계산서(income statement)에 해당하는 것으로 회계기간 동안의 재정운영결과를 나타내므로 기간을 표시하지만, 재정상태표는 기업회계의 대차대조표(balance sheet)에 해당하는 것으로 일정시점에 있어서의 재무상태를 나타내므로 시점을 명시하게 된다. 순자산변동표는 회계기간 동안의 순자산 변동내역을 나타내므로 기간을 표시한다.

2. 재무제표 체계

(1) 재무제표의 의의

우리는 앞에서 재무제표(financial statements)란 기업의 거래를 측정·기록·분류·요약해 작성되는 회계보고서를 말한다고 했다. 기업의 재무제표에는 대차대조표, 손익계산서, 이익잉여금처분계산서, 현금흐름표가 포함된다.

정부회계의 재무제표는 기업의 재무제표와 크게 다르지 않으나 정부와 기업의 특성의 차이에서 비롯된 차이점이 있다. 특히 영리를 목적으로 하지 않는 정부회계의 경우 기업의 손익계산서를 그대로 사용할 수는 없다. 외국의 예를 보면 재무제표의 명칭을 기업과 다르게 칭하고 있는 것을 볼 수 있는데, 특히 손익계산서의 명칭은 전혀 다르게 표기하고 있다. 그리고 재무제표에 현금주의에서 산출된 예산집행 결과표를 포함하고 있는 경우가 많다. 정부회계의 기본 재무제표에 공통적으로 포함되는 것은 대차대조표, 활동(운영)보고서, 현금흐름표이다.

우리나라 중앙정부의 재무제표는 재정상태보고서, 재정운영보고서, 순자산변동보고서, 기타 대통령령으로 정하는 서류로 구성된다(국가회계법 제16조). 지방정부의 재무제표는 재정상태보고서, 재정운영보고서, 현금흐름보고서, 순자산변동보고서로 구성된다(지방자치단체회계기준 제8조).[2]

표 3-2 외국 정부의 재무제표

국가	재무제표
미국 연방정부	대차대조표, 순비용보고서, 순자산변동보고서, 재원조달보고서, 예산자원보고서
미국 지방정부	정부형 펀드: 대차대조표, 활동보고서, 현금흐름표 사업형 펀드: 순자산보고서, 수익, 비용, 펀드순자산 변동보고서, 현금흐름표
영국 중앙정부	자원집행요약표(Schedule 1), 운영비용보고서(Schedule 2), 대차대조표(Schedule 3), 현금흐름표(Schedule 4), 부처 전략목표별 자원명세표(Schedule 5)
호주 중앙정부	대차대조표, 운영보고서, 현금흐름표
뉴질랜드 중앙정부	재정성과보고서, 재정상태표, 지분변동표, 현금흐름표, 채무상황표, 계약상황명세서, 우발채무보고서, 비승인 지출, 비용, 채무보고서, 비상지출보고서, 신탁재산보고서, 회계정책보고서

---

2 재무제표는 주석을 포함한다.

표 3-3 중앙정부와 지방정부의 재무제표

구분	재무제표
중앙정부	– 재정상태보고서 – 재정운영보고서 – 순자산변동보고서 – 기타 대통령령으로 정하는 서류
지방정부	– 재정상태보고서 – 재정운영보고서 – 현금흐름보고서 – 순자산변동보고서

(2) 재무제표의 작성 원칙

여기서는 정부회계기준이 확정되어 시행되고 있는 중앙정부와 지방정부를 중심으로 논의한다.

첫째, 재무제표는 통합재무제표로 작성한다. 정부 전체의 재정을 파악하기 위해 개별 회계 단위의 재무제표를 연결한 통합재무제표를 작성해야 한다. 통합은 일반회계, 기타 특별회계, 기금회계 및 기업특별회계의 회계 실체 전체를 대상으로 한다. 지방자치단체 회계기준 제9조에는 "보고 실체의 재무제표는 일반회계, 기타 특별회계, 기금회계 및 지방공기업특별회계의 유형별 재무제표를 통합하여 작성한다"고 규정하고 있다. 그리고 통합 재무제표에는 회계 실체별 재무제표를 첨부한다.

그런데 재무제표의 통합 방식은 ① 연결, ② 합산, ③ 병기의 세 가지 방식이 있다. 연결이란 서로 다른 회계 실체 간의 내부거래를 상계·제거해 통합하는 방법이다. 합산은 서로 다른 회계 실체 간의 내부거래를 상계하지 아니하고 동일 또는 유사한 과목의 금액을 단순히 합계해 표시하는 방법이다. 병기란 서로 다른 회계 실체 간의 내부거래를 상계하지 아니하고 각 실체의 재무제표를 나란히 표기하는 방법을 말한다.

현재 지방자치단체 회계의 경우 개별 회계 단위 간의 내부거래를 상계 제거하는 연결의 방식에 의해 통합재무제표를 작성한다. 지방자치단체 회계기준 제9조에는 "기타 특별회계, 기금회계 및 지방공기업특별회계의 유형별 재무제표는 해당 유형에 속한 개별 회계 실체의 재무제표를 합산하되 내부거래를 제거하여 작성한다"고 규정하고 있다. 그런데 지방자치단체 전체의 통합재무제표 작성시에 동일한 유형의 회계 실체 간에는 연결의 방식에 의하지만 성격이 상이한 회계 실체 간에는 합산 또는 병기의 방식에 의할 수 있다. 이 경우 통합재무제표는 다열(multi-column)의 형식으로 표시한다.

둘째, 재무제표는 당해 회계연도분과 직전 회계연도분을 비교하는 형식으로 작성되어야 한다. 비교식으로 작성되는 양 회계연도의 재무제표는 계속성의 원칙에 의해 작성되어야 하며, 회계정책상의 변화 등 회계 변경이 발생한 경우에는 그 내용을 주석으로 충분히 공시해야 한다.

(3) 재정상태보고서

재정상태보고서는 기업의 대차대조표(balance sheet)에 해당한다. 대차대조표란 일정 시점(t)에서의 기업의 재무 상태를 나타내는 표이다. 이때 재무 상태란 기업의 재산 상태, 즉 자산·부채·자본의 상태를 말한다. 그리고 재무 상태는 일정 시점이라는 특정 시점에서 측정되므로, 저량(貯量, stock) 개념에 의해 측정된다.

대차대조표의 구조는 "자산＝부채＋자본"의 회계 등식으로 구성된다. 따라서 대차대조표는 기업의 경제적 자원(자산), 경제적 의무(부채), 잔여 지분(자본)을 표시하는 회계보고서이다.

정부회계에서는 대차대조표를 재정상태보고서(statement of financial position)라고 부른다. 재정상태보고서는 특정 시점의 정부 재정상태를 나타내는 재무제표로 자산, 부채 및 순자산으로 구성된다. 재정상태보고서에서는 자산 총계에서 부채 총계를 차감한 잔액을 순자산(net asset)으로 표시해 기업의 자본과는 다른 특성을 보여준다. 재정상태보고서는 정부의 자산과 부채의 내역 및 상호 관계를 체계적으로 나타냄으로써 실질적인 공공 서비스의 공급 능력을 보여 주는 데 목적이 있다.

재정상태보고서를 표시하는 서식은 계정식과 보고식이 있다. 계정식(account form)은 차변에 자산, 대변에 부채와 자본을 배열하는 계정 형식이다. 보고식(report form)은 자산, 부채, 순자산의 순서로 연속 표시하는 방식이다. 정부회계는 보고식 형식을 택하고 있다.

그림 3-3 재정상태보고서의 구조

차변	대변
자산	부채
	순자산

재정상태보고서 배열은 유동성 배열법을 채택하고 있다. 유동성 배열법은 현금으로의 전환 가능성을 기준으로 유동 항목으로부터 고정 항목의 순으로 배열하는 방식이다. 이것은 정부의 자산 유동성 정도에 대한 정보를 제공하기 위한 것이다. 또한 자산 및 부채는 총액에 의해 기재함을 원칙으로 하고, 자산의 항목과 부채 또는 순자산의 항목을 상계함으로써 그 전부 또는 일부를 재정상태보고서에서 제외해서는 안 된다.

(4) 재정운영보고서

재정운영보고서는 기업의 손익계산서(income statement; profit and loss statement)에 해당된다. 손익계산서는 일정 기간(t_1-t_2)의 기업의 경영 성과를 나타내는 표이다. 이것은 수익과 비용이라는 경영 활동의 흐름을 일정 기간 집계해 나타낸 유량(流量, flow) 개념의 계산서이다. 손익계산서의 구조는 수익·비용·순이익의 세 기본 요소로 구성되며, '수익－비용＝순이익'의 등식이 성립한다. 재정운영보고서는 '수익－비용＝운영 차액'의 등식이 적용된다.

정부회계의 경우 이윤 극대화를 목표로 하는 기업회계의 손익계산서와는 성격이 다른 방식으로 구성된다. 정부회계에서는 명칭을 재정운영보고서(statement of financial operations)라고 부른다. 따라서 재정운영보고서는 회계연도(1. 1~12. 31) 기간 동안 정부 운영에 대한 이익과 손실의 산정이 아닌 수익과 비용의 내역을 일정 기준에 따라 체계적으로 보여주는 데 목적이 있다. 따라서 재정운영보고서에 나타난 수익과 비용의 차액(운영 차액)을 정부의 운영 성과로 판단하는 것은 문제가 있다. 정부회계는 특성상 민간기업과 달리 수입과 지출이 개별적인 연계성을 가진다고 보기 어렵기 때문에 수익과 비용의 대응 원칙(matching principle)이 적용되지 않는다.

그림 3-4 재정운영보고서의 구조

차변	대변
비용 운영 차액	수익

재정운영보고서의 작성 기준을 보면 다음과 같다(국가회계기준 제24~31조). 첫째, 모든 수익과 비용은 발생주의 원칙에 따라 거래나 사건이 발생한 기간에 보고한다. 그리고 수익과 비용은 총액에 의해 기재함을 원칙으로 하고 수익 항목과 비용 항목을 직접 상계해서는 아니 된다. 둘째, 수익과 비용은 그 발생 원천에 따라 명확하게 분류해야 하며 해당 항목의 중요성에 따라 별도의 과목으로 표시하거나 다른 과목과 통합해 표시할 수 있다. 해당 항목의 중요성은 금액 및 질적 요소를 고려해 판단해야 한다. 셋째, 행정 활동과 관련한 비용 산출을 위한 계산 및 배부 기준 등에 관한 사항은 기획재정부 장관이 정하는 원가 계산 준칙에 따른다.

(5) 현금흐름보고서

현금흐름보고서(statement of cash flows)란 정부의 현금흐름을 나타내는 표로서 일정 기간의 현금의 원천(유입)과 사용(유출)을 표시해 준다. 즉, 현금흐름보고서는 현금자원의 변동에 관한 정보를 보여준다. 현금흐름보고서는 발생주의로 작성되는 재정상태보고서(대차대조표)와 재정운영보고서(손익계산서)에 대해, 현금주의로 작성하여 현금흐름 정보를 보고하는 표이다.

현금흐름보고서는 경상 활동, 투자 활동 및 재무 활동으로 구성된다. 경상 활동은 보고 실체의 행정 서비스와 관련된 활동을 말하며 투자 활동과 재무 활동에 속하지 아니하는 거래를 모두 포함한다. 투자 활동은 자금의 융자와 회수, 출자금·일반유형자산·주민편의시설·사회기반시설 및 무형자산의 취득과 처분 활동 등을 말한다. 재무 활동은 자금의 차입 및 상환 활동, 지방채의 발행 및 상환 활동 등을 말한다.

현금흐름보고서의 작성 기준은 다음과 같다(지방자치단체 회계기준 제37조). 첫째, 현금흐름보고서는 회계연도 중의 순현금흐름에 회계연도 초의 현금을 가산해 회계연도 말 현재의 현금을 산출하는 형식으로 표시한다. 둘째, 현금의 유입과 유출은 회계연도 중의 증가 또는 감소를 상계하지 아니하고 각각 총액으로 기재한다. 다만, 거래가 빈번해 총금액이 크고 단기간에 만기가 도래하는 경우에는 순증감액으로 기재할 수 있다. 셋째, 현물출자로 인한 유형자산 등의 취득, 유형자산의 교환 등 현금의 유입과 유출이 없는 거래 중 중요한 거래에 대해서는 주석으로 공시한다. 그리고 경상 활동으로 인한 현금흐름은 직접법에 의해 작성함을 원칙으로 한다. 직접법이라 함은 현금유입액은 원천별로, 현금유출액은 용도별로 분류해 직접 표시하는 방법을 말한다.3 현금흐름표의 수입액 합계와 지출액 합계는 세입세출결산서의 수입 총계 및 지출 총계와 일치한다. 국가회계기준에서는 현금흐름표는 재무제표의 구성요소에서 제외되고 있음에 유의할 필요가 있다.

(6) 순자산변동보고서

순자산변동보고서(statement of changes in net asset)는 회계연도(1.1~12. 31) 기간 동안 순자산의 증감 내역을 보여주는 재무제표로 재정 운영에 따른 운영 차액 및 기타 순자산의 변동을 포함한다. 정부회계의 경우 기업과 같은 자본금 또는 지분 개념이 존재하지 않으므로 자산에서 부채를 차감한 잔여액 개념을 순자산 개념으로 사용한다. '순자산＝자산－부채'의 형태로 표시한다.

순자산변동보고서는 기초순자산, 운영보고서의 수익과 비용의 차이인 운영 차액, 순자산의 증가, 순자산의 감소 및 기말순자산으로 구성된다. 기초순자산은 전기 순자산변동보고서의 기말순자산이며 전년도까지 순자산의 누계치를 표시한다. 순자산의 증가와 감소는 경상거래를 제외한 자본거래로 인한 순자산의 증감 내역을 의미한다.

순자산의 증가 사항은 전기오류 수정이익, 관리 전환에 의한 자산증가, 기부채납에 의한 자산증가, 기타 순자산의 증가 등을 포함한다. 순자산의 감소 사항은 전기오류 수정손실, 관리전환에 의한 자산감소, 기타 순자산의 감소 등을 포함한다. 그리고 기말 순자산은 기초순자산에 당기의 운영 차액과 순자산의 증감을 가감해 산정한 것으로 재정상태보고서의 기말 현재 순자산과 일치한다.

---

3 간접법은 재정운영보고서의 운영 차액을 기초로 해서 현금유출입을 초래하지 않은 항목을 조정해 계산하는 방식이다. 직접법이 간접법보다 현금흐름 정보를 충실히 제공하는 장점이 있다. 그러나 직접법은 자료를 구하기가 어려워 기업들은 채택하지 않는 경향이 있으나 정부회계의 경우 현재 개발된 회계시스템이 계산을 용이하게 해주어 채택하고 있다.

3. 통합 재무보고서

통합 재무보고서(government-wide financial statements)란 중앙관서나 국가, 또는 지방자치단체의 재정상태 및 정책이나 사업 활동의 원가 등 전체 윤곽을 알기 위하여 각종 특별회계나 기금 등 회계실체를 통합(entity-wide)하여 재무제표를 작성하는 것을 말한다.

통합 재무제표를 작성할 때에는 각 기금이나 회계 간 또는 회계실체 간 자산 또는 부채의 과대표시(grossing-up), 수익 또는 비용을 중복(doubling-up)하여 표시하는 것을 방지하기 위하여 통합되는 각 회계단위 및 회계실체 간 거래는 제거되고 회계과목도 공통항목으로 재분류되어야 한다. 정부회계의 통합 재무제표는 기업회계의 연결 재무제표(consolidated financial statement)와 기본원리나 회계기법상으로는 같다.

기업회계에서 연결 재무제표는 특정 회사가 다른 회사를 지배할 때와 같이 비록 상호 독립적인 법인격을 가졌다 하더라도 경제적으로 하나의 기업과 같은 종합적·유기적 관계, 즉 연결 관계에 있을 때 이러한 회사들을 일괄하여 단일 기업으로 보고 작성한 재무제표로 연결 대차대조표와 연결 손익계산서가 있다. 연결 대차대조표는 모·자회사의 ① 자본의 상계제거 ② 대차의 제거 ③ 이익의 제거 및 ④ 모·자회사의 자산, 부채, 자본금의 합병정리 절차로 작성하고 연결 손익계산서는 지배회사의 손익계산서를 기초로 하고 여기에 지배·종속회사 간 및 종속회사 상호 간의 거래액 및 미실현 손익을 상계제거하여 작성한다. 즉, 내부거래의 상계제거와 내부거래에서 발생한 미실현 손익을 제거한다.

정부회계에서는 통합 재무제표와 유사한 결합 재무제표가 있는데 결합 재무제표(combined financial statements)란 같은 종류의 기금을 그대로 단순 합산하거나 예산회계와 재무회계의 재무제표를 계정과목 성질별로 분류하여 집계한 재무제표를 말한다. 우리나라의 경우 예산회계하에서 기금은 자산과 부채 및 자본을 단순 집계하여 총괄적인 현황을 설명하는 것이다.

정부회계에서는 성질이 다른 다수의 기금이 존재하기 때문에 다수의 회계실체를 하나의 회계실체로 보아 모두 통합하는 데는 그 범위가 문제가 된다. 지방자치단체의 경우에는 비교적 간단하나 중앙정부의 경우 통합범위가 명백하지 않고 아직은 각 나라마다 다른 기준을 사용하고 있다(정부재정의 범위에 대해서는 제2장의 논의를 상기하자).

우리나라의 경우 각 중앙관서의 장은 그 소관에 속하는 일반회계 및 특별회계와 기금을 대상으로 국가 통합재무보고서를 작성하도록 하고 있다. 이때의 기금은 국가기금은 물론 민간기금을 포함하여 소관에 속한 기금을 통합하여 작성하여야 한다. 또한 정부 전체의 통합 재무제표에서는 위 각 중앙관서의 장이 작성한 통합재무제표를 작성대상으로 하고 있다.4 즉, 일반회계와 특별회계 및 기금 등을 모든 대상으로 하고 있다.

위 국가 통합 재무보고서에는 지방자치단체의 회계가 포함되지 않고 있다. 또한 특수법인에 해당하는 한국은행과 통화안정목적으로 설정된 통화안정기금은 위 통합범위에서 제외되고 있으며 정부투자기관은 물론 기타 공적단체도 포함되지 않는다.

Ⅳ. 국가회계의 실제

2009회계연도부터 재정 전부문에 발생주의·복식부기 회계제도를 전면 도입함에 따라 국가 재정활동의 모든 거래를 발생사실에 따라 복식부기방식으로 회계처리하도록 국가회계기준(기획재정부령)을 마련하여 시행하고 있다. 이에 따라 모든 중앙관서(50개)와 기금(62개)은 지금까지의 현금주의·단식부기 회계처리방식에 추가하여 재정부문의 모든 거래를 발생주의·복식부기방식으로 회계처리하고 재무제표를 작성하고 있다.

국가회계기준은 일반원칙, 재무제표 및 자산·부채 평가방법 등을 규정하고 있다. 각 기금별, 중앙관서별, 국가전체의 재정에 관한 유용한 정보가 산출될 수 있도록 신뢰성, 간단·명료성, 비교가능성 등 회계처리의 일반원칙을 규정하고 있고 재정상태 및 재정운영결과를 종합적·체계적으로 파악하기 위해 재무제표를 작성하고 있다. 재정상태표는 기업회계의 대차대조표와 같은 개념으로 종합적인 재정상태를 자산, 부채 및 순자산으로 표시된다. 재정운영표는 기업회계의 손익계산서와 같은 개념으로 각 기금별, 중앙관서별, 국가전체의 정책·사업원가 등

4 국가회계법 제18조 및 제19조

전반적인 재정운영결과를 산출한다. 순자산변동표는 기업회계의 자본변동표와 같은 개념으로 국가의 재정건전성 분석과 현황파악을 위해 순자산의 크기와 변동내역을 표시한다.

국가가 소유 또는 부담하는 자산과 부채를 실질적 가치로 평가하기 위한 객관적 평가기준을 마련하고 있다. 국가가 소유한 채권, 장·단기대여금 등은 회수가능성을 고려하여 대손충당금을 설정한다. 건물, 기계장치 등은 경제적 효익 또는 공공서비스 제공기간에 걸쳐 정액법 등을 적용하여 감가상각을 실시한다.

발생주의·복식부기 회계제도 도입을 위한 「국가회계기준」이 시행됨에 따라, 재무제표를 통해 재정상태 및 재정운영현황을 종합적·체계적으로 파악함으로써 재정건전성 등 유용한 재정정보를 생산·제공하며 프로그램(정책사업)별 원가계산 및 성과측정을 통해 재정사업에 대한 성과평가의 실효성이 강화되었다. 복식부기 회계제도를 통한 검증기능으로 재정정보의 신뢰성 제고 및 내부통제 기능이 강화되며 재무제표 작성을 통해 국가자산의 지속적·체계적 관리를 위한 기반이 마련될 것으로 기대하고 있다.

1. 국가회계가 채택하고 있는 발생주의 복식부기 회계제도 개요

앞에서 살펴본 바와 같이 국가회계는 현금주의방식이 아니라 발생주의원칙에 따라 회계를 기록한다. 즉, 회계처리에 있어서 경제적·재무적 거래나 사건을 인식하게 되는 시점에 따라 구분한다. 발생주의 회계에서는 경제적·재무적 자원의 변동이 발생하는 시점에서 거래로 인식하고 회계처리(기업회계 방식)한다. 반면에 현금주의 회계에서는 현금의 수입·지출이 일어날 때 거래로 인식하여 회계처리(현행 세입세출 결산방식)한다.

국가회계는 단식부기회계가 아니라 복식부기회계방식에 따라 기록한다. 이는 거래를 장부에 기록하는 방식에 따른 구분으로 복식부기는 경제적 거래나 사건이 발생할 때 자산·부채, 수익·비용의 변동을 서로 연계시켜 동시에 기록·관리한다. 반면에 단식부기는 수입·지출의 결과만을 기록(금전출납부식)한다.

단식부기
수입·지출 사실만을 기록
- 자산·부채는 별도로 비망 기록
- 산출정보가 부정확, 누락될 가능성
(수입·지출 내역이 자산·부채 증감과 미연계)

복식부기
수입·지출을 자산·부채와 연계 기록
- 자산·부채 변동을 동시에 기록
- 대차일치원리에 따라 거래누락시 자동 파악
(수입·지출 내역이 자산·부채 증감과 연계)

현금주의
현금출납 시점에 기록
- 현금출납이 있어야 기록
- 취득 당시 가치로 기록 후 금액 불변
(예: 투자목적의 유가증권 가격하락시 하락분을 반영하지 않아 실제가치 왜곡)

발생주의
거래발생 시점에 기록
- 현금출납이 없더라도 거래 발생시 기록
- 실제 가치로 자산·부채 표시
(예: 투자목적의 유가증권 가격하락시 하락분을 순자산 변동으로 처리하여 반영)

현금주의·단식부기와 발생주의·복식부기 사례비교

사례 1 비용발생 ⇔ 자산감소

• 공무원 급여를 현금으로 3억원 지급시

(현금주의·단식부기)

지출(세출)
인건비 3억원

⇔

(발생주의·복식부기)

비용(발생)	자산(감소)
공무원급여 3억원	현금3억원

급여 지출은 현금(자산)감소와 비용(인건비)발생으로 구분하여 회계처리하고 자산감소는 재정상태표에 반영, 비용발생은 재정운영표에 반영하게 된다.

사례 2 자산증가 ⇔ 자산감소, 수익발생

• 장부가액 100억원의 토지를 120억원에 매각(매각이익 20억)

(현금주의·단식부기)

수입(세입)
매각대금 120억원

⇔

(발생주의·복식부기)

자산(증가)	자산(감소) 수익(발생)
현금 120억원	토지 100억원 처분이익 20억원

현금수입을 원인별로 매각대와 수익으로 구분하여 회계처리하며 자산변동과 수익발생 내역을 동시에 재무제표에 반영한다.

사례 3 자산증가 ⇔ 자산감소

- 건물신축: 금년투자 150억원(기투자 100억원, 총투자 250억원)

(현금주의·단식부기)   (발생주의·복식부기)

지출(세출)
공사비 150억원

자산(증가)	자산(감소)
건물 150억원	현금 150억원
↓	↓
건물 250억원	현금 250억원

⇔

기투자 100억원 자동파악 불가

(연도 간 독립회계)   (연도간 누적처리)

장기계속사업의 연도 간 소요 재원을 명확히 파악할 수 있는 장점이 있다.

2. 발생주의 복식부기 회계제도 도입의 효과

첫째, 국가 재정 전반에 대한 종합적인 파악 및 관리가 가능해진다. 국가 전체의 재정현황을 종합적·체계적으로 파악하여 재정에 관한 유용한 정보를 생산·제공할 수 있다.

종전	복식부기·발생주의회계 도입
- 세입·세출, 기금, 채권·채무가 개별적으로 결산되어 국가 자산·부채의 일괄적 파악이 곤란 - 순자산에 대한 정보가 제공되지 않아 재정건전성에 대한 현황 파악이 어려움	- 국가자산 및 부채를 재무제표에 나타내어 재정현황을 종합적으로 파악 - 순자산 규모가 산출되어 재정건전성 관련 각종 지표 및 분석이 가능해짐

둘째, 성과 중심의 재정 운용 체계 구축이 가능하다. 사업별 투입원가정보를 산출하여 성과 중심의 재정운영 체계를 구축할 수 있는 기반을 마련할 수 있다.

종전	복식부기·발생주의 회계 도입
- 예산집행의 적법성 등 투입통제 중심으로 재정을 운용 - 정책사업별 지출내역만 제공되고 사업성과는 파악하기 어려움 - 회계·기금별로 결산되며, 부처별 통합결산은 작성되지 아니함	- 예산집행의 효율성 등 성과중심으로 재정을 운용 - 정책사업별 투입원가정보가 산출되어 사업별 성과 파악이 가능 - 중앙관서 단위로 재무제표가 작성되어 중앙관서의 책임성 강화

셋째, 투명하고 양질의 국가 재정정보 제공이 가능해진다. 국민과 정책당국 그리고 국제기구 등 국가재정 정보이용자에게 투명하고 양질의 재정정보 제공이라는 가장 중요한 서비스를 갖게 되는 장점이 있다.

종전	복식부기·발생주의 회계 도입
- 예산대비 결산의 통제가 주된 목적으로 결산자료를 통한 체계적인 재무분석이 어려움 - 단식부기의 한계로 인하여 회계기록의 정확성 검증 어려움	- 체계적이고 표준적인 재무제표를 통해 정보이용자의 국가재정정보에 대한 접근이 쉬워짐 - 복식부기회계의 도입에 따른 회계기록의 자동검증 기능 강화

3. 결산보고서 구성 및 체계의 변경

국가재정법·국가회계법 간 결산관련 규정에 따라 국가재정법은 결산보고서의 작성·제출절차 및 일정을 규정하고 국가회계법은 결산보고서의 구성·내용, 작성절차·방법을 규정한다.

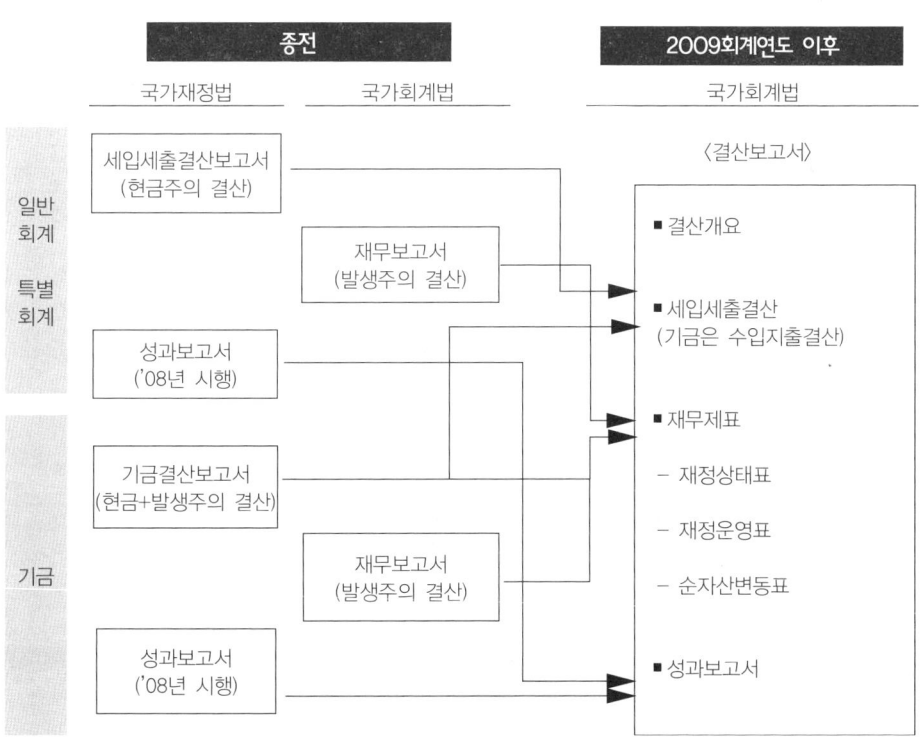

67

국가회계 기준(규정) 개요

제1장 총 칙

국가회계기준의 목적, 적용범위 및 재무제표의 종류와 신뢰성 있는 재정정보 산출을 위한 회계처리의 기본원칙 등을 규정

- (재무제표) 재정상태표, 재정운영표 및 순자산변동표
- (적용범위) 일반회계, 특별회계(18개) 및 기금(62개)
- (기본원칙) 신뢰성, 간단·명료성, 비교가능성, 중요성 및 실질우선의 원칙 등

제2장 재정상태표

국가 자산·부채의 현황 등 재정의 상태를 종합적·체계적으로 나타내는 재무제표로서 자산, 부채 및 순자산(=자산−부채)으로 구성

- 자산과 부채의 정의, 인식(재무제표 계상)기준 등을 규정
  - 자산은 공공서비스를 제공하거나 장래 현금흐름을 창출할 수 있는 자원으로 정의
  - 부채는 미래의 자원의 유출 또는 사용이 예상되는 의무로 정의
- 회계과목은 유동성 정도에 따라 배열하고 국가재정의 특수성을 반영하여 별도의 분류과목(사회기반시설 등)을 설정
  - 자산 구분: 유동자산, 투자자산, 일반유형자산, 사회기반시설 및 무형자산
  - 부채 구분: 유동부채, 장기차입부채 및 장기충당부채

제3장 재정운영표

정책이나 사업의 원가 등 재정운영결과를 표시하는 재무제표로서 수익과 비용으로 구성

- 수익과 비용의 정의, 인식기준 등을 규정
  - 수익은 재화 또는 용역의 제공대가 또는 법령에 따라 납부의무가 있는 금품 등의 수납 등에 따른 순자산의 증가를 의미
    (인식기준의 예시)

조세수익: 자진신고 또는 부과고지한 때 인식

부담금 수익: 국가의 청구권이 확정되는 때 인식

- 비용은 재화·용역의 제공 등으로 인해 자원의 유출이나 사용에 따른 순
  자산의 감소를 의미

• 각 기금별, 중앙관서별, 국가전체의 정책·사업 원가나 전반적인 재정운영
  결과가 산출될 수 있도록 함

- 프로그램순원가(프로그램총원가-관련수익)에서 관리운영비, 비배분비용·수익
  을 감가하여 재정운영순원가를 산출

- 이에 해당부처에 귀속되는 직접적인 반대급부 없는 비교환수익 등을 차
  감하여 재정운영결과를 산출

<재정운영표의 표시방법>

	Ⅰ. 프로그램순원가	■ 정책, 사업 등에 투입한 원가에서 수익을 차감
(+)	Ⅱ. 관리운영비	■ 정책·사업을 위한 지원비 등
(+)	Ⅲ. 비배분비용	■ 프로그램에 직접적으로 대응하기 어려운 수익·비용 등
(−)	Ⅳ. 비배분수익	
=	Ⅴ. 재정운영순원가	
(+/−)	Ⅵ. 비교환수익 등	■ 직접적 대가없이 발생하는 수익 등
=	Ⅶ. 재정운영결과	

제 4 장   자산·부채 평가

자산은 기업회계의 경우처럼 취득원가(또는 회수가능가액)로 평가하되,

• 공공부문에 특수한 자산은 다른 평가방법*을 적용할 수 있도록 함

  * 사회기반시설(SOC자산)은 별도의 감가상각을 하지 않고, 유지·보수에 투
    입되는 비용을 감가상각비용으로 대체할 수 있음

부채는 만기의 상환가액을 원칙으로 하되, 장기금전대차거래 등에 따른 채무
등은 현재가치로 평가

<주요 자산·부채 평가방법>

대상 자산·부채	평가방법
유가증권	취득원가를 원칙으로 평가하되, 투자목적으로 보유하는 유가증권은 공정가액*으로 평가
대여금	회수가능성 여부를 고려하여 대손충당금을 설정
유형자산, 무형자산	자산가액을 정액법 등을 통해 내용연수 기간 동안 감가상각하여 원가배분
국채	액면가액과 발행가액의 차이를 국채할인(할증)발행차금으로 계상
외화 자산·부채	화폐성 외화자산·부채는 기말 현재 환율로 환산
장기 채권·채무	현재가치평가(미래 회수가액에 대한 시간가치 평가)
모든 자산	자산의 가치가 현저히 하락(진부화, 물리적 손상 등)할 경우 자산가액을 감액

* 공정가액: 합리적인 판단력과 거래의사가 있는 독립된 당사자 간에 거래될 수 있는 교환가격을 의미.

제5장 순자산변동표

순자산변동표는 회계연도 동안 순자산의 변동내역을 나타내는 재무제표로서

• 순자산 증감이 재정운영(손익)에 따른 것인지, 재원의 조달·이전(국고수입 등)에 따른 것인지 구분되도록 함

제6장 필수보충정보 등

재무제표의 내용을 보완하고 정보이용자의 이해를 돕는 데 필요한 정보를 필수보충정보,* 주석 등을 통해 제공

* 주요 회계정책, 유산자산의 관리현황, 국세징수활동표 등

V. 재정정보

1. 재정정보체계의 문제점

(1) 최근의 재정통계 개편

앞 장에서 살펴본 바와 같이 재정통계 개편에서 가장 중요한 변화는 통계기준

을 IMF의 「GFSM(Government Finance Statistics Manual)1986」에서 「GFSM2001」로 전환한 것이다. 통계기준의 전환에 따라 회계기준과 정부포괄범위가 수정되었다. 회계기준을 현금기준에서 발생주의로 전환하여 미지급금, 선수금, 예수금 등 현금기준에서 제외되었던 부채항목이 새로운 부채항목으로 나타나게 되었다. 또한 정부 포괄범위를 일반정부로 설정하고 공공기관에 대한 시장성 기준을 적용하여 일반정부로의 포함 여부를 결정하였다. 시장성은 원가보상률을 의미(판매액/생산원가)하며 50%가 넘지 않을 경우 일반정부, 50% 초과시 공기업으로 분류된다. 또한 구조조정기구(KAMCO 등), 사회보장기구(국민건강보험공단 등), 정부가 유일한 고객인 기관(근로복지공단 등)도 일반정부로 분류했다.

그동안 논쟁이 되었던 국민연금의 충당부채는 「GFSM2001」의 기준에 따라 사회보장기금에 해당되므로 국가부채에는 포함하지 않고 직역연금 또한 포함하

표 3-4 재정통계 개편에 의한 변화

구분		개편 전	개편 후
통계기준		1986 GFSM	2001 GFSM
회계기준		현금주의	발생주의
포괄범위		기능중심	제도단위
국제 기구 제출용	일반정부	**중앙정부** – 일반회계 – 18개 특별회계 – 64개 기금 중 11개 기금 제외 (금융성 기금 및 외국환평형기금 제외, 재정수지 산출시)	– 일반회계 – 15개 특별회계(우정사업본부 관련 3개 특별회계 제외) – 64개 기금 중 원가보상률 50% 초과하는 4개의 민간관리기금(사학연금기금, 사학진흥기금, 국민체육진흥기금, 주택금융신용보증기금) 제외한 60개 기금
		지방정부 – 일반회계, 특별회계, 기금	– 제도단위, 원가보상률에 따라 일반회계, 특별회계, 기금별 일반정부 포함여부 결정
		공공기관 – 제외	– 공운법에 의해 지정된 282개 공공기관 중 시장성 테스트를 통해 136개를 제외한 146개 기관 포함 – 131개 지방공기업 중 시장성 테스트를 통해 일부 포함 예정
	공적연금 충당부채	– 고려 없음	– 공적연금 충당부채는 부채로 계상하지 않고 부기
	연금 보유국채	– 국민연금 등 연금 보유국채는 국가채무 포함	– 국민연금 보유국채는 내부거래로 보아 제외
예산(재 정관리 용통계)		– 변화 없음(현금주의 기준) – 국가재정법에 의한 국가채무 규정(국채, 차입금, 국고채무부담행위 등)을 그대로 적용	
결산		– 국가회계법에 의한 결산보고서의 작성은 변화 없음	

정부회계

지 않았다. 지방정부 재정통계도 원칙적으로 중앙정부와 동일한 기준을 마련하여 개편한다고 했다.

그러나 이러한 기준에 의한 재정통계는 IMF 등에 제출하여 국제비교용으로만 활용하고 국가재정운용계획, 국가채무관리계획 등에 활용되는 재정관리용 통계는 현행과 같이 현금주의로 별도 관리·운영하고 있다.

이와 같은 재정통계 개편은 이전보다 국제기준에 조금 더 부합한다는 점에서 환영할 만한 변화이지만 여전히 미흡한 개편이라는 비판이 많다. 첫째, 이번 재정통계 개편은 IMF 등 국제기구에 정기적으로 제출하기 위한 것이며 국내 재정정책을 위한 것이 아니다. 재정운용에 대한 국민적 신뢰를 얻기 위해서는 정확한 재정정보의 생산, 축적, 공개가 필요하다. 따라서 이번 개편은 미래에 국민이 부담해야 하는 국가채무 규모에 대한 불안감을 해소하기에는 미흡하다. 둘째, 국가채무의 실질적인 규모에 대해 제기되어 온 정부보증채무와 4대 공적연금의 책임준비금 부족분, 준정부기관 및 공기업 부채에 대한 명확한 처리 기준과 국민에 대한 공개방식 등을 제시하지 못했다. 셋째, 예산과 결산상 통합재정통계의 일관성을 확보하는 문제를 해결하지 못했다. 재정규모를 표현하는 총계, 순계, 총수입, 총지출, 통합재정수입, 통합재정지출 등 다양한 기준의 통계가 사용되고 있으나 이에 대한 일관성 있는 기준을 제시하지 못했다(권오성, 2013).

(2) 재정통계의 문제점

우리나라 재정통계는 기획재정부, 안전행정부, 통계청, 국회, 한국은행 등 여러 기관에서 발간하고 있다. 중앙정부, 지방정부, 공공기관 등 그 대상에 따라 주무부처가 통계를 수집·생산·발표하고 있는 분산된 관리 형태를 취하고 있으며 대부분의 통계자료는 연간 발간되고 있다. 그러나 발행하는 기관에 따라 발행된 시기에 따라 통계수치에 차이가 있다. <표 3−5>는 2013년도 중앙정부의 재정규모를 각 자료별로 제시한 것이다.

표 3-5 자료별 2013년도 중앙정부 재정통계   (단위: 조 원)

자료	총수입	총지출	통합 재정수지	관리 재정수지
나라살림예산개요	372.6	342.0	30.6	△4.7
국가재정운용계획	373.1	342.5	30.6	
예산안	373.1	342.5	30.6	△4.8
예산안분석시리즈	373.1	342.5	30.6	△4.8
중기 경제전망 재정분석	359.5	342.6	16.9	
한눈에 보는 대한민국재정	372.6	342.0	30.6	△4.7
대한민국재정	360.8	349.0	11.8	△23.4

자료: 권오성, 2013 재인용.

총수입, 총지출, 통합재정수지, 관리재정수지 등 모든 항목이 발표되는 자료에 따라 그 값에 차이가 있다. 특히 기획재정부 발표 자료와 국회 예산정책처 발표 자료가 상이하다. 더군다나 동일한 기관에서 발표한 자료에서도 차이가 발견된다. 마찬가지로 국가채무통계 수치도 자료에 따라 차이가 있음을 확인할 수 있다. 아래의 <표 3-6>은 각 보고서별 국가채무 수치를 정리해 놓은 것이다.

표 3-6 자료별 국가채무 통계   (단위: 조 원)

자료	2011	2012	2013
나라살림예산개요			464.6
예산안			464.8
국가채무관리계획	420.5	445.2	464.8
국가채무관리보고서	402.8		
예산안분석시리즈_종합	420.5	445.9	464.8
회계연도결산분석시리즈 (회계연도결산총괄)	420.7	443.7	
중기 경제전망 재정분석		445.2	
한눈에 보는 대한민국재정		445.9	464.6
대한민국재정			480.4

자료: 권오성, 2013 재인용.

통계자료의 부족한 일관성은 지방재정과 관련된 통계의 경우 더욱 심각한 상

표 3-7 자료별 이전재원 규모 (단위: 조 원)

자료	2012			2013		
	국고 보조금	지방 교부세	지방교육재정 교부금	국고 보조금	지방 교부세	지방교육재정 교부금
행정안전통계연보		32.0				
한눈에 보는 대한민국재정	34.3	33.0	38.5	36.8	35.5	41.1
대한민국재정	32.0	29.2	42.3	34.2	31.5	41.1
중기지방교육 재정전망			38.4			42.1

자료: 권오성, 2013 재인용.

황이다. 2012~2013년도 국고보조금, 지방교부세, 그리고 지방교육재정교부금 등의 이전재원 규모를 나타낸 <표 3-7>을 살펴보면, 각 항목에 대한 자료별 이전재원의 규모는 2013년도 지방교육재정교부금의 경우를 제외한다면 모두 다른 수치를 제시하고 있다는 것을 확인할 수 있다.

이와 같이 일관성이 결여된 재정통계가 발표되는 이유는 재정통계를 수집·생산하는 데 있어서 각 지표에 대한 명확한 기준을 공동으로 사용하지 않기 때문이다. 또한, 대부분의 지출 및 채무 통계자료가 연중 1회 발행되고 세부항목에 대해서는 공개하고 있지 않아서 공개되는 재정정보의 양과 질의 수준이 미흡하다.

재정정보는 재정활동의 전 과정에서 발생하는 각종 자료를 체계적으로 분류하여 의미 있는 수준으로 구현하는 것을 의미한다. 그리고 이러한 재정정보는 국가의 주요 정책결정이나 국민들의 알권리를 위하여 투명하게 공개되어야 한다. OECD 재정투명성기구와 같은 국제기구에서는 선거 전 재정보고서 발간을 통해 정치권이나 국민들에게 재정상황을 정확히 알려 무분별한 선거공약 남발을 사전에 경고하도록 권고하고 있다. 따라서 재정정보는 형식적인 공개가 아니라 의미 있는 수준에서 상시적으로 투명하게 공개되어야 한다.

2. 예산, 회계, 정보시스템의 연계

자료(data)는 적절한 체계로 정보화(informatization) 수준으로 활용되어야 그 의미가 있다. 예산, 조세, 정부회계제도는 재정관리정보시스템을 통해 이해관계자들에게 의사결정 지원의 역할을 제대로 수행할 때 그 존재의 이유가 있다 하겠다. 이제 중앙정부의 디지털예산회계정보시스템(d-brain)과 지방정부의 e-호조가 제대로 그 역할을 수행할 수 있는 전제를 정리함으로써 재정관리에 대한 총정리를 해보자.

우리는 재정관리를 정부가 고유의 역할을 수행하기 위해 필요한 재원을 조달하고 지출하는 활동이라 정의하고 재정활동을 통해 자원배분의 조정, 소득재분배 및 경제안정화를 실현한다고 배웠다. 행정서비스나 사회간접자본시설 등 공공재를 공급하고 외부효과가 있는 재화의 공급조정을 담당한다. 모든 국민이 인간적인 삶을 누릴 수 있도록 소득재분배를 담당하며 소득세, 상속세 등에 누진세율을 적용하는 등의 정책수단을 활용한다. 거시경제운용에 있어서 총수요를 조절하여 안정화를 도모한다. 재정의 자동안정장치(built-in-stabilizer)를 활용한다.

국가의 재정정책을 효과적으로 실현하기 위해서는 경제자원의 적절한 운용이 필요하다. 이를 위해 재정관리가 계획-조직-통제의 순환활동을 통해 수행된다. 재정활동에 대한 계획으로는 국가재정운용계획과 같은 중기계획과 예산 및 국유재산, 물품관리계획 등 단년도 계획이 있다. 계획을 실행하고 정책목적을 달성하기 위해 수입관리, 지출관리, 국유재산관리, 물품관리, 국가채권 관리, 국가채무관리와 같은 활동들이 운용된다. 계획대비 실적의 차이 원인을 규명하고 차기계획에 반영하기 위해 세입세출결산, 국유재산 물품결산, 국가채권 및 채무결산, 기금결산, 재무결산이 수행된다.

재정관리 활동 중 계획단계에서의 활동은 국가재정운용계획수립, 단년도 예산수립 및 국유재산관리계획 수립 등이 있다. 이 중 단년도 예산수립의 중요성이 매우 크고 정부 재정혁신의 일환으로 프로그램예산제도가 도입되었다. 동일한 정책목표를 달성하기 위한 사업묶음인 프로그램은 독립적으로 수행되는 최소단위의 세부활동 또는 이를 그룹화한 사업그룹으로 구성된다. 프로그램예산체계는 분야-부문-정책사업(프로그램)-단위사업(activity)-예산품목으로 구성되어 있다.

예산회계와 재무회계는 산출대상 보고서에 차이가 존재하며 재정관리 활동 중 주로 조직단계와 통제단계에서 적용되며 그 영역의 차이는 통제단계 중 예산결정과정과 재무결산과정에서 발생한다. 결국 예산수립, 집행, 결산 등 모든 재정과정의 정보를 산출하고 보고하는 절차는 예산회계에 기준하며 내외부 정보이용자를 위해 거래를 인식하고 측정하며 기록하여 재무제표를 작성하는 목적의 재무정보를 산출하고 보고하는 절차가 재무회계인 것이다. 정부회계는 설치목적에 따라 일반회계, 특별회계 및 기금으로 구분된다. 각 회계별로 관리주체 및 내용이 상이하며 산출대상 예산결산서 또한 차이가 존재한다. 최근까지 정부의 결산은 각 부처의 회계별로 수행되어 금액이 산출되고 각 회계별 통합결산은 내부거래가 제거되지 않은 회계별 금액의 단순합산으로 산출되고 있다.

국가의 자산 및 부채 항목은 개별 법령에서 각각 정의되고 문화재, 전비품, SOC재산 등이 국가자산으로 인식되는 등 민간과 차이가 존재한다. 국가의 소관부처의 특성에 따라 자산 및 부채항목의 구성이 달라지며 국가 전체 부처 중 교육부, 국방부, 기획재정부, 국토교통부 등 소수의 특정부처에 자산이 집중되어 있다. 국제기준(GFSM2001)에 따라 재정통계를 산출하도록 규정한 국가회계기준 제정으로 금융성 기금, 공기업의 상당부분이 포함되며, 기업회계기준 등에 따라 회계처리가 수행되는 문제점을 해결하고 통일성 있는 재정통계산출이 가능해졌다.

「국가재정법」과 「국가회계법」의 병존으로 산출되는 보고서의 종류가 크게 증가했고 보고대상의 중복, 산출정보의 유용성 측면에서 보고서체계 정립 및 산출정보의 보다 명확한 정의가 필요하다. 국가채무에 관한 계산서 등은 재무제표에 대한 주석 및 부속명세서의 내용과 중복되며 기금결산보고서 및 기업회계결산서는 대부분 재무결산서에서 정보를 산출할 수 있는 등 보고서 간 중복문제가 발생하고 있다. 현재 작성되는 기금결산보고서 등은 산출정보가 유용하게 활용되는데 한계가 존재한다. 또한 「국가회계법」에 따라 작성되는 재무결산서의 세부보고서 내용에도 보다 명확한 정의가 요구된다. 산출정보에 대해 명확하게 정의함으로써 의미있는 정보가 포함된 보고서를 마련하고 보고서 간 중복문제를 해결 보고서를 체계화함으로써 유용성을 제고할 수 있다. 국가재정프로세스 진행과정에서 활용가능한 정보가 포함되어야 하고 그 정보를 통해 다시 국가재정프로세스로 환류할 수 있어야 유용한 보고서라 할 수 있다.

국가재정운용은 총량적 재정규율의 확립, 예산배분의 효율성, 예산운용의 기술적 효율성의 3대 기조를 고려하여 정책을 수행함으로써 자원의 효율적 분배, 거시경제의 안정화 및 소득과 부의 재분배라는 재정의 3대 목표를 달성할 수 있다. 재정지표는 국가의 정책적 의사결정에 계량적 정보로 그 역할을 수행해야 한다. 예를 들어 재정건전성 지표로서 통합재정수지, 국가부채규모, 지속가능성 지표로 향후 국가부채의 전망 등을 들 수 있다. 현행 재정지표는 정보의 유용성 측면에 한계가 있고 산출정보의 다양화, 상세화를 통해 기존 재정지표를 보완하고 정책의사결정에 유용한 재정지표가 개발되어야 한다.

유용한 재정지표는 재정건전성, 효율성, 그리고 재정활동으로 달성된 서비스의 성과를 나타낼 수 있어야 한다. 이때 주로 활용할 수 있는 선진국의 사례로는 영국, 뉴질랜드, 미국 등 앵글로색슨계의 재정관리지표가 우리에게 시사점을 줄 수 있을 것으로 보인다. 미국의 프로그램예산체계 및 평가제도(PART: Program Assessment Rating Tool), 영국의 자원예산제도(resource budgeting), 뉴질랜드의 발생주의 예산 및 성과측정 등에서 재정분석 및 관리에 필요한 개념 및 시스템을 확인할 수 있다. 결국 프로그램 원가 및 성과관리 정보를 통한 책임성 강화, 회계제도 자체가 아니라 자원의 효율적 배분에 초점을 두어야 한다는 점, 각 정부부처와 지방자치 단체 및 공공기관 등에 일관성 있게 적용할 수 있는 회계기준의 정비가 중요한 정책과제로 도출된다. 각 선진국의 정부의 재정관리정보시스템을 살펴보면 각 정부기관별로 새로운 재정관리시스템을 도입함에 따라 통합에 장기간의 시간이 소요되고 비효율의 문제를 나타낸 미국의 사례, 이에 반해 자국에 적합한 발생주의 회계제도 및 수정현금주의 예산제도를 채택해 중앙정부 중심의 단일 재정관리시스템을 구축한 프랑스의 사례에서 좋은 시사점을 얻을 수 있다. 활용성에 초점을 맞출 때 정부 3.0 시대에 적합한 재정정보관리가 가능해진다.

02
PART

예산과 지출관리

예산과정의 논리

● ● ● 1970년대 이후 많은 OECD 국가들은 지속적인 국가부채의 증가로 인해 어려움을 겪어 왔다. 이러한 국가부채의 증가원인으로 지목된 것들 중의 하나는 예산과정(budget process)을 둘러싼 정치환경이다. 예산과정이란 행정부의 예산편성, 입법부의 예산심의 및 의결, 그리고 예산집행으로 이어지는 일련의 흐름에 적용되는 각종 규칙과 절차를 의미한다. 유럽국가들의 예산과정에 대한 비교연구 결과를 바탕으로 von Hagen and Harden(1996)은 재정건전화 정책의 성공가능성은 예산과정의 집권화(centralization)에 달려 있다고 결론짓고 있다.

최근 정부개혁에 관한 논의가 실질적으로 이루어지기 위해서는 관리시스템이 혁신되어야 하며 이러한 관리시스템의 혁신에는 전자정부 등 정보통신기술(ICT: information and communication technology)의 뒷받침이 매우 중요하다. OECD 및 세계은행, 그리고 UN 등 국제기구에서도 정부개혁을 말이 아니라 실제로 이루기 위해서는 관리과정이 바뀌어야 하고 이러한 관리과정은 예산의 편성 및 집행 등과 불가분의 관계가 있다고 한다(OECD, 2000).

I. 예산과 관리

우리는 미국의 중앙예산기관이 관리예산처(Office of Management and Budget)라는 점에 주목할 필요가 있다. 원래 미국의 예산담당기관은 재무부 산하의 예산실(Bureau of the Budget)이었는데 대통령 직속인 백악관(Executive Office of the President) 소속으로 이동하였고 나중에 관리기능이 추가되면서 관리예산처라고 명칭이 변경되었다. 관리예산처는 명칭 그대로 관리와 예산이 결합하여 정부운영개혁을 총괄하는 하나의 기관을 형성하고 있다.

관리는 목표 또는 나아가서 기관의 임무(mission) 또는 존재근거를 가장 효과적이고 효율적으로 달성하려는 체계적이고 합리적인 노력을 말하며 계획과 통제가 가장 중요한 기능이다. 계획과 통제는 또한 예산의 가장 중요한 기능의 하나이며 회계연도와 회계단위로 이루어진다는 점에서 예산과 관리과정이 불가분의

그림 4-1 예산관리의 종합적 역할

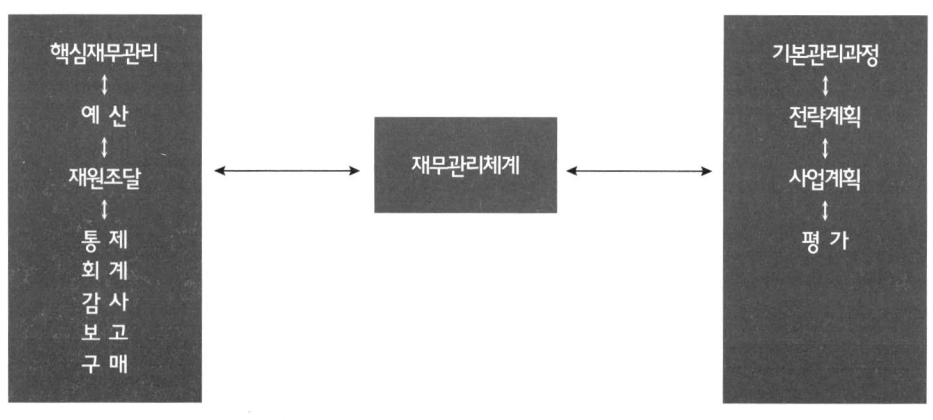

1. 전략계획이란 추구하고자 하는 목표, 목적, 그리고 우선순위를 부여하는 것
2. 사업계획은 정해진 기간 동안 선택된 목적과 우선순위를 달성하기 위해 가장 적절한 사업을 선택하는 것
3. 예산은 정해진 기간 내에 선택된 목적과 우선순위를 달성하기 위해 구체적이고 자세한 금전적인 실행계획을 세우고 이를 실행하는 것
4. 재원조달은 사업계획을 수행하기 위한 수입을 조달하는 것
5. 통제는 실행계획에 따라 계획된 대로 사업들이 추진되고 있는가를 점검하는 것
6. 평가는 정해진 목적과 목표와 실제 산출결과를 비교하여 적합성 및 효용성을 측정하는 것

관계에 있을 수밖에 없음을 <그림 4-1>을 통해 알 수 있다.

　　예산개혁을 이야기할 때 예산과 관리를 분리시켜 생각하는 경우 예산집행은 자금에 관한 기법 정도로 좁게 생각하는 경우가 많으나 예산을 관리와 연결시키지 않으면 관리를 올바로 이해하지 못한 것이며 예산에 대한 이해도 부족하다고 볼 수 있다. 바람직한 정부 재정관리 시스템은 관리를 강조하고 예산집행은 관리를 위한 중요한 수단이므로 성과관리 및 결과의 달성에 대한 책임성의 확보를 강조한다.

　　관리를 개선하거나 강화하려고 할 때 예산집행은 매우 중요한 역할을 할 수 있다. 관리개혁(management reform)은 크게는 대통령, 작게는 단위부서 장의 적극적인 주도하에 추진 가능한 개념으로 예산담당부서는 조직의 장으로 하여금 이러한 임무를 수행하도록 자극하고 감독하며 보조하는 역할을 수행한다. 관리개혁은 달성하기 어려운 목표이며 일정시점에 완성되기보다는 계속되는 과정이고 조직이 존속하는 한 영원히 추구되어야 하는 과정이라 할 수 있다. 예산을 수단으로 사용하지 않고 관리개혁을 수행하는 것은 현실과 괴리된 도상연습에 불과하기 쉽다.

Ⅱ. 예산과정의 단계

　　대부분의 나라에서 예산과정은 네 단계로 나누어진다(<표 4-1> 참조). 첫째 단계인 행정부의 예산편성 단계(행정부 단계)는 입법부에 예산안이 제출됨으로써 마감된다. 둘째 단계인 입법부의 예산심의 및 의결단계(입법부 단계)는 예산의 확정과 동시에 마감된다. 셋째 단계는 예산이 집행되고 필요시 추가경정예산이 마련되기도 하는 예산집행 단계이다. 넷째 단계는 감사원의 감사 등이 이루어지는 사후적 통제 단계이다. 특정 시점에서 보면 이러한 여러 단계가 한꺼번에 진행되기도 한다.

　　예산과정에는 각 단계별로 여러 주체가 참여하게 된다. 첫째, 행정부 단계는 통상적으로 행정부 내부에서만 이루어진다. 일선부처는 재무부(우리나라의 경우 기획재정부)에 예산요구액을 제시하며, 재무부는 이를 취합·검토·정리하여 예산안을 편성한다. 행정부 단계가 마무리될 즈음에는 총예산규모, 관서별 예산, 총세입규모, 그리고 세율과 과세대상 등에 대한 행정부 내부의 의견이 확정된다. 이 과정에서 재무장관(우리나라의 경우 기획재정부 장관)이 거의 모든 업무를 주관한다. 그러나 재무장

표 4-1 예산과정의 단계별 주요 활동

단 계	활 동
	행정부단계
1	예산목표와 지침의 설정
2	예산요구서 작성
3	예산요구서 취합
4	예산요구 검토 및 조정
5	최종 예산안 작성
	입법부 단계
1	예산심의, 수정, 결의
2	상원과 하원 사이의 의견절충
3	행정부의 동의
	예산집행 및 수정 단계
1	예산집행
2	추가경정예산을 통한 예산수정
	사후적 통제와 책임성 확보

자료: von Hagen and Harden(1995).

그림 4-2 예산과정 단계의 중첩

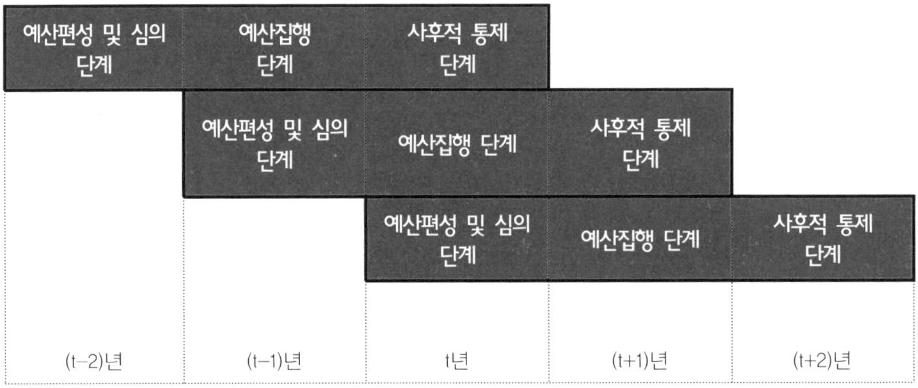

자료: von Hagen and Harden(1995).

관의 위상이나 영향력은 나라마다 차이가 있다.

둘째, 입법부 단계에서는 행정부와 입법부 사이에 예산에 관한 협의가 이루어진다. 대부분의 나라에서 입법부는 예산안 전체를 거부하거나 일부를 개정할 수 있는 권한을 가진다.

셋째, 예산집행 단계에서 예산집행은 일차적으로 일선행정부서가 담당하나,

예산부서가 부분적으로 개입하기도 한다. 한편, 추가경정예산은 입법부의 승인을 받아야 한다.

대부분의 정부활동은 특정집단을 대상으로 이루어지는 반면, 그에 필요한 자금은 일반 국민에게 부과되는 세금으로 조달된다. 이러한 정부활동의 수혜자와 비용부담자 사이의 불일치로 인해 정책결정자들은 재정지출의 증가로 인한 순한계편익(net marginal benefit)을 과대추정하는 경향이 있다. 이에 따라 정부지출은 사회적 한계비용과 한계편익이 같아지는 수준 이상으로 확대된다. 이는 일종의 공유재의 비극(tragedy of commons)에 해당한다. 이 문제는 예산과정의 각 단계에서 발생하며, 과도한 지출과 재정적자를 초래하게 된다.

공유재의 비극을 발생시키는 정책결정자들이란 입법부의 의원들과 일선부처의 장관들을 말한다. 이들은 각자 봉사해야 할 대상 또는 지지기반(constituency)을 가지고 있다. 의원들의 경우 지역구민이, 장관들의 경우 담당부처가 지지기반에 해당한다. 또 의원들이나 장관들이 이해집단으로부터 영향을 받을 때에는 이들 이해집단도 지지기반에 포함된다. 정책결정자들은 자신의 지지기반을 위해 더 많은 예산을 확보하려고 노력하게 된다. 또 많은 예산을 자신의 영향력하에 두고 있다는 사실 자체로부터 개인적 효용을 얻기도 한다.[1] 공유재의 비극은 여기에서 발생한다.

von Hagen and Harden(1995)에 따르면, 공유재의 비극을 치유하기 위해서는 예산과정을 집권화해야 한다. 집권화는 행정부 예산편성단계에서부터 예산집행단계에 이르기까지 예산과정의 각 단계에서 추진될 수 있다. 아래에서는 각 단계별 집권화 방안을 살펴보기로 한다.

Ⅲ. 예산편성단계의 집권화

예산편성단계의 집권화는 목표관리방식(target-based approach) 또는 전략적 우위방식(strategy dominance-based approach)을 택할 수 있다. 목표관리방식은 행정부가 내부협의를 거쳐 수치화된 예산목표를 설정하고 이를 준수하는 방식이다.

---

[1] 이에 대해서는 Niskanen(1971)이 공공선택이론의 관점에서 이미 논의한 바 있다.

모든 부처가 참여하는 협의과정을 통해 각 부처의 예산상한선에 대한 합의가 이루어지면, 이 상한선은 행정부 단계가 끝날 때까지 제약조건으로 부과된다.[2]

전략적 우위방식에서는 재무장관에게 특별한 권한이 부여된다. 종종 재무장관은 개별 부처의 장관과 1대 1로 협의하고 예산요구를 조정하여 예산안을 확정할 수 있는 권한을 가진다. 그렇지 않은 경우, 즉 여러 부처가 함께 모여 협의하는 경우에는 재무장관이 강력한 조정자로서 의제를 설정하고 회의를 주재하는 역할을 담당하게 되며, 전체 합의사항에 대해 거부권을 행사할 권한을 갖기도 한다.

집권화를 위해서는 목표관리방식과 전략적 우위방식 가운데 하나를 선택할 수 있다. 어느 것을 선택하는가는 정부의 형태에 따라 결정되는 경향이 있다. 단일정부(원내 다수당으로만 구성된 정부)에서는 모두 같은 당의 의원들로 내각이 구성되므로 장관들 사이에 이념이나 정책노선의 차이가 크지 않으며, 따라서 예산편성 권한을 재무장관에게 위임하는 것이 효율적이다.[3] 이에 따라 단일정부는 전략적 우위방식을 택하는 경우가 많다. 반면, 연립정부에서는 정책노선이나 예산배분에 대해 서로 다른 의견을 가진 장관들로 내각이 구성되므로 어느 특정 정당 출신의 재무장관에게 예산편성 권한을 위임하는 일이 쉽지 않다. 이에 따라 연립정부는 목표관리방식을 택하는 경우가 많다.[4]

<표 4-2>에 따르면, 예산편성단계의 집권화는 세 가지 유형으로 분류될 수 있다. 첫째는 전략적으로 집권화된 과정(strategically centralized procedure)이다. 여기에서는 강력하고 집권화된 힘이 예산과정 전반을 이끌게 된다. 둘째는 제한적으로 분권화된 과정(guided decentralized procedure)이다. 여기에서는 전략적 집권화 과정에서보다는 약하나 여전히 강한 집권화된 힘이 예산과정 참여자들을 이끌게 된다. 셋째는 분권화된 과정(decentralized procedure)으로서 집권화를 유도하는 중요한 장치가 마련되어 있지 않은 과정이다. 우리나라의 총액배분 자율편성(top-down) 방식의 예산편성 유형은 전략적 집권화 유형에서 제한된 분권화 유형으로 변화하는 와중으로 설명이 가능하다.

---

2 목표관리방식은 쉽게 설명하면 거시예산 즉, 성장률, 물가, 환율, 실업률 등 거시경제변수에 기초하여 전체 예산규모를 결정하고 프로그램별로 규모를 할당하는 전형적인 총액배분방식(top-down budgeting)으로 설명할 수 있다.

3 물론 이러한 설명은 웨스트민스터 형태, 즉 영국 등 의원내각제에 보다 적합한 논의이다. 그러나 우리나라와 같은 대통령 중심제 형태에서도 전략적 우위 및 목표중심관리의 차별화는 의미가 있다.

4 Hallerberg and von Hagen(1999)은 선거제도(소선거구제 또는 비례대표제)에 따라 정부의 형태와 예산과정 집권화의 방법이 결정된다고 주장한다.

표 4-2 예산편성단계의 집권화

	유형		
	전략적 집권화	제한된 분권화	분권화
	참여자		
예산목표 및 편성지침	A 유형: 수상 또는 재무장관이 예산목표를 설정 B 유형: 집단적 협의를 통해 예산목표를 설정	재무장관의 제안 또는 재무장관이 제공한 정보를 바탕으로 강하나 변경가능한 지침을 내각이 설정	내각이 어떠한 목표도 설정하지 않음
예산요구	일선부처		
예산요구 취합	재무장관이 1대 1로 개별 장관들로부터 취합	재무장관은 일선부처 장관과 내각 사이의 중재자로서 예산요구를 취합	재무장관은 단순히 예산요구를 취합
예산요구 검토 및 조정	수상 또는 고위 내각 소위원회	고위 내각 소위원회 또는 내각	내각
예산안 확정	내각		

자료: von Hagen and Harden(1995).

 Ⅳ. **예산집행단계의 집권화**

예산집행단계에서 집권화는 일선부처의 지출에 예산이 실제로 얼마나 많은 제약을 가하는가, 그리고 재무장관이 이러한 제약을 얼마나 강제할 수 있는가에 따라 달라진다. 아무리 행정부 단계와 입법부 단계에서 집권화가 이루어졌다 하더라도, 예산집행단계에서 일선부처가 마음대로 자금을 쓸 수 있다면 과도한 재정지출과 재정적자가 나타나게 된다.

예산의 구속력이 얼마나 강한가를 판단하기 위해, 첫째, 일선부처가 예산을 초과하여 지출할 수 있는 가능성을 살펴볼 수 있다(〈표 4-3〉 참조). 만일 큰 폭의 초과지출이 허용된다면, 이는 예산의 구속력이 약하다는 것을 의미한다. 여기에서는 재무장관의 역할이 매우 중요하다. 재무장관이 연도 중의 세출을 면밀히 감시하고 통제할 수 있는 권한을 갖는다면 예산의 구속력은 커지게 된다.

둘째, 일선부처가 예산항목 간에 자금을 얼마나 쉽게 이용 또는 전용5할 수

5 이용은 입법과목(장·관·항) 사이에, 전용은 행정과목(세항, 목 등) 사이에 예산을 융통하여 사용하는 것을 말한다.

표 4-3 예산집행단계의 집권화

	유형		
	집권화	제한적 분권화	분권화
지출관리	승인을 받은 후에야 예산집행이 가능. 현금기준 집행한도가 일선부처에 부과됨 재무장관은 지출을 금지할 수 있음	승인을 받은 후에야 예산집행이 가능하거나 현금기준 집행한도가 일선부처에 부과됨	승인을 받은 후에야 예산집행이 가능하거나 일선부처가 전적인 자율권을 가짐
예산이용과 전용	章 내에서만 가능	章 내에서는 무한정 가능 章 간에는 재무장관의 승인이 필요	무제한 가능
추가경정 예산	새로운 입법부 승인이 필요하며 거의 추경이 이루어지지 않음	새로운 입법부 승인이 필요하나 자주 추경이 이루어짐	재무장관의 승인만으로 가능

자료: von Hagen and Harden(1995).

있는가를 살펴볼 수 있다. 이용 또는 전용이 매우 쉽다는 것은 예산집행단계에서 일선부처가 당초 예산과는 다른 목적을 위해 다른 우선순위에 따라 자금을 사용할 수 있음을 의미한다. 유사한 문제는 예산의 이월과 관련해서도 발생한다. 즉, 일선부처가 특정 연도에 배정된 예산을 다른 연도에 사용할 수 있다면 집권화는 약화된다.

셋째, 회계연도 중에 얼마나 자주 추가경정예산이 편성되는가를 살펴볼 수 있다. 추경예산의 편성이 관례적으로 이루어진다면, 정부는 당초 예산이 아무리 긴축적인 것이었더라도 추경예산을 통해 예산을 쉽게 증액시킬 수 있다. 이에 따라 과도한 재정지출과 재정적자가 초래될 수 있다.

V. 예산집행과 성과통제

예산집행은 예산배정과 자금공급이라는 선행조건이 충족되어야 소기의 사업성과를 달성할 수 있다. 예산배정은 예산을 계획대로 집행할 수 있도록 허용하는 일종의 승인이며, 일반적으로 회계연도를 일정단위로 구분하여 매 단위마다 적정한 액수를 할당하는데 할당속도의 완급에 따라 거시경제에 미치는 효과가 달리 발생하기 때문에 경기부양을 위해 조기배정하는 경우가 많다. 예산배정은 배정시 예산을 증액 또는 삭감하거나, 예비비로서의 예산배정, 사전통제역할을 통해 선행조건이 충족된 후에 배정을 하기도 한다.

정부는 회계연도가 경과하면서 수입이 발생하기 때문에 지출총액을 한꺼번에 할당할 수는 없다. 중앙예산기구는 배정과 자금공급을 통해 예산집행의 완급을 조절함으로써 예산을 거시경제정책의 도구로 사용하지만 글로벌화된 경제체제 하에서의 재정정책은 과거와는 달리 한계가 많다.

정보통신기술의 발달로 사업집행기관의 예산집행내역에 대한 정보를 실시간 획득할 수 있게 됨에 따라 중앙예산기관은 자금을 직접적으로 통제하지 않더라도 원하는 성과에 따른 통제가 가능해졌다. 따라서 예산배정과 자금공급에 관하여 과거의 통제지향적 제도에서 탈피하여 의회에서 승인된 예산총액의 범위 내에서 자금이 확보되는 대로 자금을 공급하고 정보시스템에 의해 예산집행을 감시함으로써 분권화된 예산집행이 이루어진다.

예산집행의 감시를 위해서는 집행내용의 상세한 추적이 필요한데 신경망같이 정교한 정보시스템이 요구되며 현재의 추세는 세입추계, 세출예측, 회계, 감사, 성과평가가 망라된 통합재정관리시스템(Integrated Financial Management System)을 활용하는 방향이다. 이러한 정보시스템이 이루어지면 예산기구는 사업부서의 협조없이 단독으로 예산집행과정에 대한 정보를 수시로 획득할 수 있게 된다.

예산집행에서 중요한 것은 주기적으로 집행내역에 대한 중간보고가 필요하다는 점인데 기계적인 수치보고에 치우친 보고서가 아니라 관리상의 문제 또는 사업의 성과를 달성하는 데 걸림돌이 되는 문제를 적시에 치유하는 정책보고서 형태가 바람직하다.

참고　예산법률주의

　　최근 재정민주주의 논의와 관련 예산법률주의에 대한 관심이 높다. 재정민주주의는 재정통제의 권한이 국민에게 있고 따라서 재정에 대한 헌법적 통제를 통해 일반적으로 행정부의 자의적인 재정운용(예산편성 및 집행)을 방지하고 나라살림에 대한 의사결정에 주민참여와 국회의 권한을 보장하려는 형태로 나타난다. 물론 이를 지나치게 강조하는 경우 예산집행의 경직성이 높아 환경변화에 적응이 어렵고 오히려 비효율과 국민부담으로 작용할 수도 있기에 균형이 중요하다. 이의 일환으로 주장되는 것이 예산을 법률로 제정하여 예산에 법률적 효력을 부여하고 법률의 형태로 편성하는 예산법률주의이다. 예산을 법률의 형태로 제정하면 무엇이 달라지는가. 예산의 형식을 법률로 할 경우 법의 발의와 제정에 관한 사항은 모두 입법부 소관이기 때문에 예산법률주의의 도입은 국회의 예산편성으로 연결된다는 논리에 기초해 국회의 예산통제권 강화를 동일시하곤 한다.

우리는 여기서 실질적인 의미에서 예산을 법으로 간주하게 되는 경우 무엇이 달라져야 하는가에 초점을 맞춰 살펴보자. 예산편성권이 국회로 가야 한다는 주장이 첫 번째로 생각해볼 수 있는 차이점이다. 미국과 일본을 예외로 하면 OECD 대부분의 나라에서 예산법률주의를 택하고 있음에도 불구하고 예산편성은 집행을 담당하는 행정부에서 담당하는 것이 일반적이다. 집행을 담당하고 따라서 실무적 세부사항과 소요비용을 제일 잘 아는 행정부에서 국정계획을 수립하고 이를 수행하는 데 얼마의 비용이 드니(예산안), 재정에 대한 권한(power of the purse)을 가진 국민의 대표인 국회에 이를 승인해 달라고 요청하는 것이 3권분립의 취지에서 보면 당연한 것으로 인식된다.

헌법개정 자문위원회가 지출승인법 제정 또는 세출위원회 설치 등 부대적인 제도적 장치를 마련하면서 예산법률주의를 채택하자고 제안했다. 그러나 주요국의 예산제도를 살펴보면 예산법률주의는 예산을 법으로 간주하는 것일 뿐, 그 이상의 의미를 부여하기는 어렵다(한국조세연구원, 2010). 예산법률주의를 채택하고 있는 국가들에서도 실제 예산제도가 시현되는 모습은 국가별로 큰 차이를 보이고 있다. 미국식 예산제도로의 변화가 예산법률주의 도입에 종속되거나 연계된 사안은 아닌 것이다.

표 4-4 목표관리방식과 전략적 우위방식

목표관리방식	전략적 우위방식
행정부의 예산안 편성단계	
총지출규모 및 적자규모에 대한 목표를 설정. 부처간 의견충돌시 총지출규모는 변함이 없이 부처간 예산을 재배분	수상과 재무장관이 총지출규모를 정하고 재무장관은 수상의 대리인으로서 이를 강제하는 역할을 수행. 재무장관은 개별 부처와 의견조율을 하며 부처 간에는 의견조율이 없음. 고위 각료회담 또는 수상이 부처 간 예산배분을 최종 결정
의회의 예산 심의 및 확정단계	
지출을 증대시킬 경우 그에 상응하여 세입을 증대시키거나 장별로 투표	의회는 정부 예산안의 지출총액을 증대시킬 수 없음. 어느 분야의 지출을 증대시킬 경우 다른 분야의 지출을 감축시켜야 함. 장별로 투표. 정부는 의회해산 등의 수단으로 의회의 투표과정에 영향력 행사
예산 집행단계	
재무장관은 현금기준의 지출상한을 부과하며 예산배정 및 집행 허가권을 보유. 예산전용은 재무장관의 허가를 받아야 함. 긴급상황을 제외하고는 추경편성이 불가	좌동

자료: von Hagen and Harden(1995).

<표 4-4>는 예산과정 집권화를 위한 두 가지 전략, 즉, 목표관리방식과 전략적 우위방식을 비교하여 보여준다. 이러한 집권화의 개념적 정리를 바탕으로 von Hagen and Harden(1995)은 유럽국가들의 집권화 정도를 측정할 수 있는 지표를 개발하였다. 이들의 분석에 따르면, 집권화의 정도와 재정건전성 사이에는 매우 유의한 관계가 존재한다. 유럽국가들 가운데 영국, 프랑스, 독일은 전략적 우위방식을 택하는 대표적인 나라들이다. 그리고 덴마크는 목표관리방식을 택하는 대표적인 나라이다. 어떠한 방식을 택하든 예산과정의 집권화 정도가 높은 이들 나라에서는 부채비율(국가부채/GDP)이 낮고 재정적자도 작은 편이다. 반면, 매우 분권적인 예산과정을 가지고 있는 이탈리아, 벨기에, 그리스, 아일랜드, 포르투갈, 스페인은 부채비율이 높고 재정적자 역시 매우 크다는 점을 알 수 있다.6

그림 4-3 OECD 국가들의 재정악화 규모(GDP대비 부채비중)

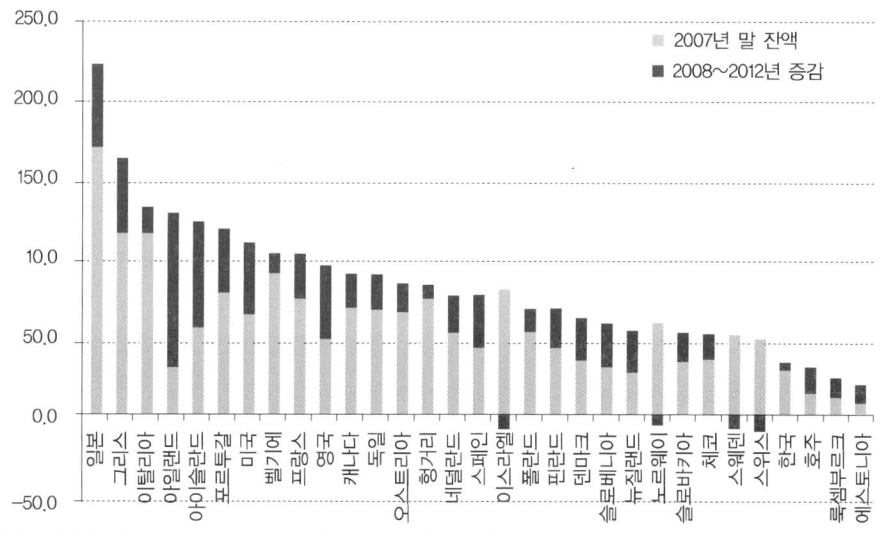

자료: OECD Economic Outlook 89 database(2011.5).

6 실제로 이들 나라는 PIIGS(포르투갈, 아일랜드, 이탈리아, 그리스, 스페인)로 대표되는 재정위기를 겪고 있다. 재정 및 국가채무 문제가 이들 국가에 유독 크게 부각되고 있는 것은 무엇보다 앞을 내다봐도 호전될 가능성이 낮기 때문이다. 이들 5개국 중 이탈리아(-5.3%. 이하 2009년 기준)를 제외한 4개국의 국내총생산(GDP) 대비 재정적자 비율은 10%를 오르내리고 있다. 더욱이 GDP대비 국가채무 비율에서 그리스와 이탈리아는 이미 100%를 넘어섰으며, 포르투갈과 아일랜드가 60~70%대이지만 빠르게 치솟고 있다. 스페인이 50%대로 낮은 편이지만 실업률이 최근 20.7%를 기록, 유로존 평균의 2배를 넘으면서 유럽 내 최고수준을 보이고 있다. 5명 중 1명이 실업인 나라에서 세금을 거둬들여 재정을 꾸리고 국가채무를 줄이기는 거의 불가능한 수준이다. 결국 재정위기를 감당하지 못할 경우 유럽안정화기금 및 국제통화기금(IMF)의 구제금융을 받아 급한 불을 끄고 있다. 그러나 재정 및 국가채무가 지속가능한 수준으로 정상화되려면 중장기적으로 재정 및 국가채무 건전화 계획을 세우고 허리띠를 졸라매야 가능할 것으로 보인다.

Ⅵ. 예산안 OECD 준칙[7]

1. 예산안

(1) 예산

예산은 정부의 가장 중요한 정책문서이다. 따라서 예산은 종합적이어야 하고 모든 정부의 수입과 지출을 포괄하여 정부사업 간 비교 및 상충관계의 측정이 가능해야 한다. 정부의 예산안은 충분한 시간을 두고 의회에 제출되어 충분한 심의가 이루어져야 한다. 최소한 예산회계연도 시작 3개월 전에는 제출되어야 하고 회계연도 시작 전에 통과되어야 한다.

예산과 부속서류는 각각의 수입과 지출프로그램에 대해 자세한 내용이 포함되어야 한다. 성과목표를 포함한 성과자료가 지출프로그램에 실질적으로 나타나야 한다. 다음 회계연도 이후 최소한 2년간의 수입과 지출이 나타나는 중기적 시각이 포함되어야 하며 마찬가지로 현 예산안은 과거 예측과 조정되어야 하며 모든 의미있는 차이는 설명되어야 한다.

실제 과거연도 수입과 지출의 비교정보와 현재 연도의 예측수정이 각 사업별로 이루어져야 한다. 유사한 비교정보가 성과자료에 있어서도 나타나야 한다. 영구 법률(authorizing legislation)에 의해 수입과 지출이 수권된 경우 그 금액이 다른 수입 지출과 함께 정보목적으로 예산에 표시되어야 한다. 세출은 총계로 표시되어야 하며 징수기관에 의해 특정목적이나 통제시스템에 의해 충당되는 목적세나 사용자부담금이라 하더라도 각각 분리하여 명시적으로 계상되어야 한다.

세출은 소관 행정기관에 따라 구분되며 보완적으로 경제적, 그리고 기능적 분류도 활용된다. 예산은 정부의 금융자산 및 부채, 비금융자산, 공무원연금충당금과 상황부채(contingent liabilities)에 대한 종합적 내역을 포함해야 한다.

(2) 예산안제출 전 보고

예산안제출 전 보고(pre-budget report)는 예산총계에 대한 논의를 활성화하고

---

7 아래 내용은 2002년에 출간된 OECD Journal on Budgeting의 내용을 정리한 것이다.

국민경제와의 상호관계에 대해 설명한다. 이를 통해 적정한 예산추정이 가능해진다. 동 보고는 예산안제출 한달 전에는 공개되어야 한다. 동 보고에서는 향후 예산, 적어도 다가오는 2년간 정부의 장기경제 및 재정정책목표와 정부의 경제 및 재정정책방향에 대해 명시적으로 서술해야 한다. 총수입규모, 지출규모, 적자 또는 흑자 및 부채규모를 나타내야 한다. 이때 사용한 경제적 가정은 반드시 명기하여야 한다.

(3) 월간보고

월간보고는 예산집행의 진도를 나타낸다. 각 월 종료 후 4주 이내에 공개되어야 한다. 각 월의 수입과 지출규모 및 현재 잔액을 나타낸다. 예측치와 실적치의 비교가 이루어져야 하며 당초예측과 수정예측은 분리되어 명기하여야 한다. 실적과 함께 논의가 이루어져야 하고 예측과 실적에 상당한 차이가 있는 경우 이에 대한 설명이 수반되어야 한다. 세출은 소관별로 구분하고 보완적인 정보로 경제적 기능적 구분이 이루어져야 한다. 정부부채에 관한 정보 역시 포함되어야 한다.

(4) 반기보고

반기보고는 적어도 향후 2년간과 금년의 예산성과에 대한 예측을 포함하는 예산집행의 종합적인 최근화(update)가 포함된다. 반기가 지난 후 6주 내에 보고가 공개되어야 한다. 예산이 기초한 거시경제적 가정이 재검토되고 예산상의 변화가 가져올 영향을 공개한다. 반기보고는 정부의 금융자산과 부채, 비금융자산, 공무원연금충당금, 상황부채 등에 대한 종합적인 논의가 포함되어야 한다. 예산에 영향을 미치는 상황변화나 정부의 의사결정에 따른 영향은 모두 공개되어야 한다.

(5) 연차보고

연차보고는 정부의 책임성을 나타내는 핵심적인 자료이다. 동 보고는 감사원에 의해 감사되어야 하고 회계연도 종료 후 6개월 내에 공개한다. 연차보고는 의회에 의해 수권된 수입과 지출규모를 준수했음을 보이며 기간 내 결산내역은 별도로 보고되어야 한다. 연차보고의 형식은 예산형식과 동일해야 한다. 연차보고와 부속서류는 성과타깃과 실제 결과를 비교하는 비금융 성과정보를 포함하여야 한다. 과거의 수입과 지출규모에 대한 비교정보와 비금융성과의 비교정보도 역시 제공되어야 한다.

세출은 총계로 표시되고 목적세와 사용자부담금은 분명하게 분리하여 계상되어야 한다. 세출은 소관별로 구분하고 보완적인 정보로 경제적·기능적 구분이 이루어져야 한다. 연차보고는 정부의 금융자산, 금융부채, 비금융 자산, 연금부채와 상황부채에 관한 정보 역시 포함되어야 한다.

(6) 장기보고

장기보고는 현 정부 정책의 장기간 지속가능성을 평가한다. 동 보고는 5년을 주기로 공개되거나 수입과 지출의 실질적인 주요변동이 있는 경우 이루어진다. 인구학적 변화, 즉 고령화인구나 기타 장기간에 걸쳐 잠재적인 개발 등의 예산에 미치는 영향을 평가한다. 동 보고에 포함된 근 가정들은 명시적으로 그리고 상식적인 시나리오의 범위 내에서 작성되어야 한다.

2. 구체적 내용

(1) 거시경제적 가정

예산에 내포된 핵심경제가정의 전망으로부터 차이가 나는 것은 중요한 정부 재정의 위험요소가 된다. 모든 핵심 경제가정은 명백하게 공개되어야 한다. GDP 성장률, GDP성장의 구성, 고용과 실업률, 경상수지, 물가상승률 및 이자율 등에 대한 전망을 포함한다. 위와 같은 핵심경제가정의 변화가 예산에 미치는 영향에 대하여 민감도분석이 이루어져야 한다.

(2) 조세지출

조세지출은 특정활동에 대한 조세측면에서의 우대, 즉 감면에 따른 조세수입 손실 추정비용을 말한다. 핵심적인 조세감면의 추정비용은 예산에 보완정보로 공개되어야 한다. 실질적으로 예산상의 의사결정을 나타내기 위해, 일반지출 내역에 더해 특정기능분야에 대한 조세지출에 대한 내역이 포함되어야 한다.[8]

---

8 조세지출은 정부가 개인이나 기업에게 재정지원을 하는 방법인 비과세·감면·공제 등 원칙적으로 내야 하지만 정책적 감면조치에 따라 내지 않는 세금을 말하며, 사실상 직접적인 예산지출과 같은 효과를 거둔다는 점에서 조세지출예산이라고 한다. 이는 조세감면에 따른 조세형평성을 제고하기

(3) 금융부채 및 금융자산

모든 금융부채와 금융자산은 예산, 반기보고, 그리고 연차보고상에 공개되어야 한다. 월간 부채내역 역시 월간보고에서 공개되어야 한다. 부채는 기간별, 통화별, 그리고 고정 또는 변동이자율의 적용여부, 그리고 조기상환가능여부에 따라 구분되어야 한다. 금융자산은 현금, 상장주식, 회사채권 등으로 유형별로 구분하여 기록되어야 한다. 금융자산은 시장가치로 평가되어야 한다. 부채관리수단, 예컨대 선물, 또는 스왑 등도 공개되어야 한다. 예산에 있어서 이자율과 환율의 변동으로 인한 금융비용의 영향에 대한 민감도분석이 수반되어야 한다.

(4) 비금융자산

비금융자산은 부동산과 장비를 포함하여 모두 공개되어야 한다. 비금융자산은 발생주의회계 및 예산기준으로 인식된다. 이러한 자산의 평가 및 적절한 감가상각률의 선택이 이루어지며 완전 공개되어야 한다. 완전발생주의기준이 적용되지 않는 부분에 대해서는 자산의 목록이 관리되고 요약정보가 예산, 반기 및 연차보고에 포함되어야 한다.

(5) 연금부채(employee pension obligations)

공무원연금부채 역시 예산, 반기보고, 연차보고에 공개되어야 한다. 연금부채는 과거 서비스로부터 발생한 편익과 이러한 편익에 대해 정부가 부담한 부분 간의 차이를 말한다. 연금부채를 산정하는 핵심 할인율 등에 대한 가정도 공개되어야 한다. 공무원 연금부채와 관련된 모든 자산의 평가 역시 시장가격으로 이루어져야 한다.

(6) 상황부채(contingent liabilities)

상황부채는 예산상의 영향이 일어날 수도 있고 그렇지 않을 수도 있는 미래 사태에 의존하는 경우의 부채를 말한다. 일상적인 예를 들면 정부의 보증채무, 보

위하여 정부가 국회에 다음연도 예산안을 제출할 때 조세감면대상 명세서를 함께 제출하여 보다 명확한 감시와 감독이 가능하도록 하는 제도이다. 우리나라도 2011년도 예산부터 조세지출예산제도를 도입, 운영하고 있다.

험사업, 그리고 정부에 대한 법적 소송 등이다. 모든 유의미한 상황부채는 예산, 반기보고, 연차보고 그리고 재무제표에 공개되어야 한다. 가능한 부분에 대해서는 상황부채의 총규모가 공개되어야 하며 특성에 기초한 주요 항목별로 구분하여, 항목별 상황실현의 역사적 정보를 공개해야 한다. 상황부채의 규모를 산정하기 곤란한 경우는 주석에 항목을 열거하고 설명하여야 한다.

Ⅶ. 재정관리 연계체계 구축

국가재정정보시스템(d-brain)을 중심으로 재정관련 모든 정보시스템을 연계하여 예산편성과 자금집행 등 재정운영관리를 실시간 처리되도록 연계처리하는 것이 예산관리시스템의 혁신에 매우 중요한 과제가 된다. 예산편성·심의·확정된 예산정보를 국가재정정보시스템과 연계하고 예산배정자료가 결산시스템과 실시간으로 연계되어 자금계획에 반영될 수 있도록, 기획재정부의 재정정보시스템과 연계되어야 한다. 현행 재정정보시스템과 연계·운영 중인 한국은행 국고금관리시스템 역시 국가재정정보시스템과 실시간으로 연동하는 것이 매우 중요하다.

최근 운영 중인 재정정보시스템은 재정의 경기대응기능 및 자금수지계획과 연계하여 운용 가능한 국고여유자금 분석·운용계획을 수립하고, 금융기관과 연계하여 운용실적(금융기관·운용형태별)이 실시간으로 파악되도록 국고여유자금관리시스템을 개발하였다. 자금의 확보·공급 및 국채발행·상환 등의 공공자금관리기금 업무와 국채발행 대행기관에서 국채발행·상환 자료를 통합적으로 관리하는 정보시스템을 보완·구축한 것이다.

현재 운영 중인 재정정보시스템의 주요기능으로는 첫째, 거시경제예측(Macro Economic Forecasting), 거시경제운용 Framework를 들 수 있다. GNP, 통화증가율, 중앙정부 적자 등 외부의 경제관련 기본자료를 수집하여, 세출 및 자원계획 수립을 지원한다.

둘째, 예산수립(Budget Preparation)과 관련하여 예산지침, 예산편성, 예산관리 기능을 수행한다. 각 부처로부터 예산요구 자료를 수집·통합하여, 부처 간 조정을 위한 기초문서 작성에 활용된다. 각 부처의 예산 요청 및 추정수입을 기록·유지하고 예산관련단계(예산수립, 승인, 변경 등)에서 변화를 기록한다. 예산요구 평가를 위한 기초자료(인력요소, 유지, 운영비용 등)를 검색하고 생성한다. 자본지출 평가를 위한 사업의 현황 자료를 관리한다. 총수입, 총투자, 총지출 및 총수입 간의 재정수지 등 예측을 담당한다.

셋째, 예산집행, 회계 및 결산보고(Budget Execution, Accounting, Fiscal Reporting)를 담당한다. 진행 중인 사업의 실제 지출상황을 파악하기 위한 예산집행, 모니터링 및 조정 프로세스를 수행한다. 전반적인 예산구현 프로세스를 모니터, 평가하고 결산보고서를 생성한다. 적절한 수행사업 관리를 위해 각 부처에 재무정보를 제공한다.

넷째, 부채관리(Debt Management)로 차관, 공채발행 등 국가채무의 재원 및 종류별 정보 등을 지속적으로 제공한다.

다섯째, 회계감사(Auditing) 기능으로 재정상의 처리과정에 대한 분석과 정밀조사를 담당한다. 총괄적인 정부의 우선순위에 따른 공공자금의 효율적 집행여부와 정부 정책과 절차의 준수여부를 확인한다.

마지막으로 현금관리(Cash Management) 및 자금관리를 담당한다. 통화량 예측, 통화량 감시, 통화요구량 예측 등의 기능을 수행하고 정부의 유동자산과 현금

그림 4-4 IMF의 TRM 모델

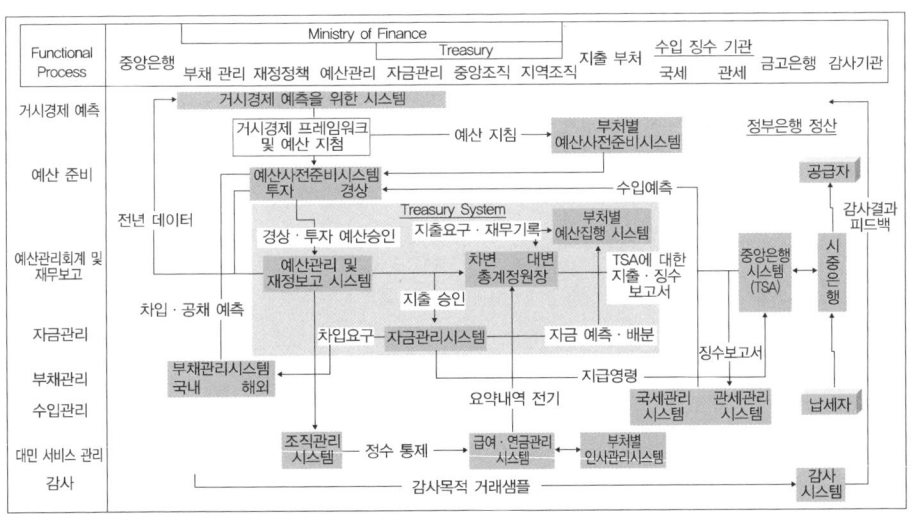

자료: IMF & World Bank, Treasury Reference Model, 2001.

요구량 등 현황 정보를 제공한다.

 ## VIII. 예산관리시스템의 개혁과제

1. 기본 전제

미국(대통령제)과 영국(의원내각제)의 경우 재정관리시스템 면에서 우리나라에 많은 시사점을 줄 수 있으나 두 국가의 재정집행제도는 기본 방향 면에서 우리나라와는 다소 차이가 있다. 첫째는 이들의 역사성(path dependency)이 다르다는 점이다. 미국과 영국은 그동안 방만하게 유지되어 온 재정관리를 두 국가 공히 성과라는 측면에 초점을 두고 다년도 예산관리 체제를 유지해 오고 있다. 따라서 단년도 예산제도이면서 성과개념보다는 투입위주의 예산제도를 가지고 있는 우리나라에는 단기적으로 적용하기에는 어려운 점이 없지 않다. 그러나 우리나라도 장기적으로는 성과위주의 예산제도를 견지해야 한다는 명제를 놓고 보면 시사하는 바가 크다.

둘째는 양 국가 공히 사회간접자본 투자가 예산에서 차지하는 비중이 크지 않다는 점이다. 그간의 산업화 과정에서 사회간접자본 투자는 거의 이루어져 있기 때문에 우리나라와 같은 비중을 차지하지 않고 사회복지비 지출이 대부분을 차지하고 있다. 그 결과 재정정책을 통해서 경기에 대응할 수 있는 범위는 우리나라보다 훨씬 적다고 할 수 있다.

미국과 영국은 대표적인 영미법계통으로 의회와 사법부의 역할이 우리와 비교하기 어려울 정도로 중요하다. 미국의 경우 13개세출법안 이외에 복지관련 법률 등으로 인한 경직성 경비가 70~80%에 달한다는 점도 주의해야 할 차이점이다. 경기조절을 위한 진도관리라는 개념이 적용되기 어려운 시스템이라는 이야기다. 특히 정보화 투자 등 사회간접자본(SOC) 투자에 있어서 정부예산이 점하는 비중 역시 우리와 비교가 되지 않을 정도로 민간비중이 큰 것도 이러한 차이를 낳는 중요한 요인 중 하나가 될 것이다.

우리나라와 같이 경제개발관련 예산비중이 높은 나라와 미국 및 영국과 같이 복지예산의 비중이 큰 나라하고 단순하게 비교하는 것은 문제가 있을 수 있다. 이들 나라에서는 오히려 재정적자관리가 보다 중요해서 추가경정예산을 편성할 것인가에 관심이 모아지고 있고 거시진도관리보다는 성과관리에 정책의 핵심역량을 집중하고 있기 때문이다. 주요 사업의 경우도 미국의 경우 20% 정도의 사업을 모니터링하고 있지만 이 역시 질관리나 성과관리 위주임을 알 수 있다. 모니터링의 주요 과제도 규제완화나 제도개선을 통해 계획한 성과를 달성하는 데 걸림돌이 있다면 이를 제거하는 데 주안점이 있다.

2. 예산관리의 기본목표 및 방향 재검토
: 성과중심적 재정집행의 장기적 검토

지금처럼 예산현액의 몇 %를 상반기에 집중 집행하도록 하는 재정집행제도는 재고를 해야 한다. 조기집행을 통해 얻고자 하는 목표가 무엇인지 검토하고 이러한 조기재정집행제도가 실제 성과를 거두고 있는지 검토해야 한다. 인위적인 경기부양을 위한 것이 목표라면 실제로 그러한 목표가 달성되고 있는지 실증적으로 분석해 볼 필요가 있다. 농림식품부의 대표적인 사업인 농민후계자 사업과 국토해양부의 도로건설사업 조기집행의 경우를 볼 때 당초 의도한 성과가 나타나고 있는지는 실로 의문스럽다.

오히려 재정 투입액의 몇 %를 일정 기간 내에 집행해야 한다는 목표에 집착해서 성과는 전혀 고려되지 않고 있으며 시장질서 왜곡과 부작용, 편법만 늘고 있는 실정이다. 계수상으로는 집행성과가 있다고 하겠지만 일선 현장에서는 전혀 의도하지 않는 부작용이 지나치게 많다. 단순히 얼마나 많은 예산이 일정 기간 내에 집행되었고 이것이 예산현액의 몇 %인가 하는 것이 중요한 것이 아니라 사업을 통해 어떤 결과를 의도하고 있으며 어느 정도의 효과를 거두고 있는지를 보는 제도로 바뀌어야 한다.

이러한 취지의 예산제도를 택하고 있는 나라는 영국 등 주요 OECD 국가들이며 3년의 기간 동안 각 부처의 사업목표 및 타깃이 정해지고 매년 이 타깃을 기준으로 성과가 측정되며 이를 기준으로 집행성과가 모니터링 되는 제도를 운영하고 있다. 영국의 재무성 담당자의 말처럼 인위적인 경기부양효과에는 신뢰를 하지 않으며 오히려 다년도 예산을 통해서 거시경제적인 목표를 달성해 나간다고 하는 점에서 재정집행의 기본방향을 예산제도 개혁과 관련지어 검토하는 것이 필요할 것이다.

이를 위해서는 예산제도의 근본을 재정립할 필요가 있으며(다년도 예산제도, 성과중심 예산제도 등) 예산항목을 통폐합하고 전용 및 이월의 폭을 확대하는 등 부처의 예산운영상의 자율성을 크게 강화하는 방향으로 나가야 할 것이다. 예산항목 자체는 산출물 중심으로 재편성하고 지출성과를 쉽게 측정할 수 있도록 하며(가령 영국처럼, 75세 이상 노인들의 암 사망자 수를 3년 후까지 10% 감소시킴 등) 동시에 사업의 집행과정도 성과중심의 보고체계를 확립하는 방향으로 나가야 한다.

3. 장기적 발전방향

(1) 관리와 연계한 예산개혁

예산제도 개혁은 관리개혁(management reform)과 분리되어서는 안 된다. 미국의 OMB사례 그리고 영국의 재무성의 사례에서 볼 수 있듯이 예산은 관리의 수단이라는 점에서 서로 유기적으로 연계되어 있기 때문에 개혁도 총체적인 틀 속에서 이루어져야 한다. 신공공관리적 관점에서 기업의 전사적자원관리(Enterprise Resource Planning) 차원의 예산제도개혁이 이루어져야 한다.9 예를 들어 현재와 같은 순환보직이 보편화된 관료제하에서는 예산개혁도 한계를 가질 수밖에 없다. 예산편성을 담당한 관리자가 예산집행시 바뀌어 버리는 경우 예산평가의 가장 중요한 책임성이 확보되기 어렵기 때문이다.

(2) 새로운 프로그램예산구조의 설계

과거 품목별 예산구조하에서는 사업의 평가와 책임의 체계적인 실현이 어렵다는 문제점이 있다. 즉 기관—장—관—항—세항—세세항—목에 기초하여 편성되는 현행 예산제도를 전면적으로 수정하여 개별 예산이 궁극적으로 추구하는 목표달성을 평가하여 책임을 추궁할 수 있는 산출을 기준으로 하는 프로그램예산제

---

9 기업 전체를 경영자원의 효과적 이용이라는 관점에서 통합적으로 관리하고 경영의 효율화를 기하기 위한 수단이다. 쉽게 말해 정보의 통합을 위해 기업의 모든 자원을 최적으로 관리하자는 개념으로 기업자원관리 혹은 업무 통합관리라고 볼 수 있다. 좁은 의미에서는 통합적인 컴퓨터 데이터베이스를 구축해 회사의 자금, 회계, 구매, 생산, 판매 등 모든 업무의 흐름을 효율적으로 자동 조절해주는 전산 시스템을 뜻하기도 한다. 기업 전반의 업무 프로세스를 통합적으로 관리, 경영상태를 실시간으로 파악하고 정보를 공유하게 함으로써 빠르고 투명한 업무처리의 실현을 목적으로 한다.

표 4-5 미국 IT투자 예산의 형식

Code	Entry	Total Investment			Percentage		Stedy State		
		PY	CY	BY	Financial	IT Security	PY	CY	By
123-45-00-00 -00-0000-00	Agency. Total IT Investment Portfolio(sum of all parts 1,2,3,4)	X	X	X			X	X	X
123-45-01-00 -00-0000-00	Part 1. IT Systems by Mission Area(subtotal for all mission areas under part 1)	X	X	X			X	X	X
123-45-01-01- 01-0000-00	Title of mission area and subtotal for all major and small projects under the mission area	X	X	X			X	X	X
123-45-01-01- 01-1010-00	Major project title and total investment	X	X	X	X	X	X	X	X
123-45-01-01- 10-1010-04	Funding Source	X	X	X			X	X	X
123-45-01-01- 01-1010-09	Funding Source subtotal	X	X	X			X	X	X
123-45-01-01- 02-0000-00	Small/other project and total investment	X	X	X	X	X			
123-45-02-00 -00-0000-00	Part 2. IT Infrastructure and Office Automation (subtotal for all investments under part 2)	X	X	X			X	X	X
123-45-02-01 -01-1010-00	Major project title and total investment	X	X	X	X	X	X	X	X
123-45-02-01 -02-0000-00	Small/other project and total investment	X	X	X	X	X			
123-45-03-00 -00-0000-00	Part 3. Enterprise Architecture and Planning (subtotal for all investments under part 3)	X	X	X			X	X	X
123-45-03-01 -01-1010-00	Major project title and total investment	X	X	X	X	X	X	X	X
123-45-03-01 -02-0000-00	Small/other project and total investment	X	X	X	X	X			
123-45-04-00 -00-0000-00	Part 4. Grants Management (subtotal for all investments under part 4)	X	X	X			X	X	X
123-45-04-00 -01-1010-00	Major project title and total investment	X	CY	BY	X	X	X	CY	By
123-45-04-01 -02-0000-00	Small/other project and total investment	X	X	X	X	X			

주: ×는 그 유형의 투자가 필요하다는 것을 나타냄.

도를 도입했다. 그러나 실제 성과평가의 수준과 프로그램 수준의 불일치로 예산과 관리의 연계가 어려운 실정이다. 실제 운영에 있어서도 장-관-항-세항-세세항이 분야-부문-프로그램-단위사업-세부사업으로 전환되는 데 그치는 한계를 보이고 있다.

예산코드를 보다 체계화하고 사업계획과 연계하여 보다 많은 정보를 제공하고 예산의 효율적 집행이 가능하게 하도록 전면적으로 재설계할 필요가 있다. <표 4-5>에 나타나 있는 미국의 Circular No. A-11의 사례(IT투자예산)에서 볼 수 있듯이 예산편성과 심의 절차에 참고할 수 있는 보다 구체적이고 체계적인 정보를 사업부서에서 제공하도록 해야 한다.

(3) 성과주의 예산의 정착

성과주의 예산은 예산우선순위를 결정할 때 도식적이고 과거 반복적인 관행적 편성에서 벗어나 체계적이고 합리적인 분석에 의하도록 하는 장점이 있다. 보다 적극적으로 비용편익분석을 의사결정의 보조수단으로 사용하는 것도 고려해야 한다. 미래의 예산편성에 반드시 과거의 예산집행에 대한 평가를 반영한다. 예산의 사후평가는 효과성과 효율성을 평가하되 편성과정에서 적절한 관련정보를 모두 반영하고 필요한 절차를 모두 거쳤는지 조사하는 것도 필요하다. 사후평가는 책임을 추궁함으로써 책임관료제를 구현해야 한다. 예산편성과정과 평가단계만이 아니라 예산집행과정도 면밀하게 추적하여 의도한 성과를 거둘 수 있도록 해야 한다.

성과주의예산이 적용되는 단위로서는 사업, 산출, 조직이 있는데 다른 부문의 개혁과 연계하여 추진하되 가장 우리의 상황에 적합한 단위를 선택해야 한다. 책임단위의 성과를 계량적 지표에 의해 평가할 수 있는 분야에만 성과평가를 적용하고 그 이외의 분야에 대해서는 성과평가결과를 유인의 수단으로 사용해야 한다. 계량지표만으로 성과평가가 불가능한 분야에 있어서는 비계량지표와 서술정보도 허용해서 계량지표의 한계를 극복해야 한다. 다만 이런 경우에는 비계량지표의 주관성으로 인하여 성과평가정보를 예산편성에 반영하거나 책임을 추궁하는 데 한계가 있기 때문에 유인의 수단으로만 사용해야 하는 것이다.

(4) 사업 집행관리 전담 독립기관 설치방안

영국의 경우, 조달청(Office of Government Commerce)의 주요 사업 위험관리로 인하여 연 10억 파운드(약 2조원)의 예산을 절감하고 있다. 주요 사업의 지연을 막고 사업집행과정에서 생기는 위험부담을 사전에 예측하고 조치를 취함으로써 많은 예산을 절감하고 있다. 재정집행과정 대상 사업 선정에 있어서도 우리나라의 경우에는 단지 사업비 규모를 기준으로 선정하고 있으나 영국의 경우에는 해당 사업의 사업비 규모, 사업의 복잡성, 정치적 민감성, 이해관계자의 수 및 성격 등 여러 가지 기준을 이용한 위험도 측정을 통하여 각 사업의 위험도 수준(risk level)을 정한다. 이를 기초로 대상 사업을 선정하며 위험도 수준에 따라 검토팀의 수나 선정과정이 상이하다. 아울러 선정사업 범위를 계속 넓혀 가고 있는 점은 이 제도의 장점이 많다는 것을 보여주고 있다. 우리나라의 경우도 영국의 OGC를 벤치마킹할 필요성이 있다고 생각되며 독립부서를 신설하는 방안, 또는 공무원 및 전문가들로 구성되는 조직의 설치도 검토할 필요성이 있다.

검토 대상이 되는 사업에 대해서 사업의 생애주기(lifecycle)를 설정하고 주요 결정포인트마다 집중적인 사업 집행 검토를 받게 하는 Gateway Review Process는 주요 사업의 성공적 집행관리를 위하여 큰 의의가 있는 것으로 평가된다. 따라서 각 집행단계별로 검토결과 시정조치를 취하게 하고 그렇지 아니한 경우 다음 단계로 넘어가지 못하게 함으로써 실적가치에 의한 관리시스템이 구축될 필요가 있다. 예산은 편성단계만이 아니라 집행을 포함한 전 과정을 통해 관리되어야 성과가 담보될 수 있다.

05
CHAPTER

예산심사[1]

●●● 우리나라 국회에 대한 낮은 신뢰 또는 불신의 비용은 과연 얼마나 될까? A 신문에서 우리나라의 불신비용이 연 80조원에 달한다고 해서 우리를 놀라게 한 적이 있다. 최근 들어 조금씩 개선되고 있지만 일반 국민들의 눈과 귀에 비춰지는 국회의 가치는 나라살림의 지킴이로 자리매김하지 못하고 있다는 평가를 받는다(국회예산정책처, 2012). 2012년 세계경제포럼(WEF) 국가경쟁력평가를 보면 우리의 국가경쟁력 순위는 19위이지만 이 중 제도적 요인점수는 전체 144개 국가 중 62위, 특히 정치인에 대한 공공의 신뢰는 117위로 매우 취약한 수준이다. 중앙정부를 견제하는 국회도 그렇지만 지방정부를 견제하는 지방의회로 가면 불신의 수준은 더욱 심각하다. 어떤 고위공무원은 지방의회는 가치를 창출하기보다는 오히려 비용을 일으키는 주범으로 간주한다. 국회는 과연 얼마나 다를까? 물론 우리의 일천한 국회의 역사를 이야기할 수도 있겠다. 그러나 1948년 5월 31일부터 활동을 시작한 제헌국회로부터 따지면 65년간의 학습이 이루어졌다고 할 때 현재 수준이 그리 높지 않은 부분에 대해서는 지금까지와는 다른 접근(제도개선)이 필요함을 말해준다.

　행정부의 경우 예산과 재정개혁 이후 국가재정운용계획에 의한 중기재정계획이나 총액배분 자율편성(top-down)제도에 의하여 예산요구 정도가 제도 도입 이전보다 대폭 감소하고 세출 구조조정 등으로 예산요구 증가율이 점차 둔화되는

---

1 본 장은 이화여대 사회과학연구소의 사회과학연구논총 제29호에 실린 "국회 예산심사제도 평가와 개선방안"의 내용을 주로 담고 있다.

경향을 보이고 있다(윤영진, 2008). 하지만 국회는 아직도 예산을 심의하고 결정하는 과정에서 미시예산(micro-budgeting)에 의한 과거 상향식(bottom-up) 제도와 절차를 그대로 운영하고 있고, 예산을 정쟁의 대상으로 이용하는 등 새로운 예산제도에 대한 국회의 진정한 역할을 보여주지 못하고 있다. 뿐만 아니라 국회예산심의의 전문성 제고를 위해 국회예산결산특별위원회를 상설화에서 나아가 상임위화 하여야 한다는 논의가 지난 10여 년간 지속적으로 이루어져왔는데 과연 무엇이 달라졌는가.

왜 진전이 없을까? 본 장에서는 예산과 재정개혁이 실시된 2004년 이후, 행정부의 독주를 견제하고 국가의 재원을 효율적으로 배분하며 목표를 달성하기 위한 국회의 전문적 역할에 대한 현주소 진단과 함께 제도개선방안을 고찰하고자 한다. 예산 심의과정에서 국회가 거시예산과 재정개혁에 대하여 올바른 이해를 하고 전문성을 통해 심사와 적절한 견제의 역할을 하고 있는지 살펴보고 거시총량심사 및 전략재원배분을 일상적인 예산심사와 구분하는 방안과 예산심사를 충실화할 수 있는 제도적 장치를 마련하는 대안을 모색하기로 한다.

본 장은 다음과 같이 구성되어 있다. 먼저 문헌조사 등을 통해 예산심사제도와 관행에 대해 입법거버넌스의 관점에서 선행연구를 입체적으로 재조명해 문제의 핵심을 도출한다. 이에 기초해 예산심사의 현황진단을 통해 거시예산전문성부족 및 환경변화에 따라가지 못하는 제도의 부조화를 논의한다. 마지막으로 이를 타개할 수 있는 제도적 보완장치를 살펴보기로 한다.

I. 예산심사제도와 관행

1. 예산심사제도와 입법거버넌스

예산심사제도는 의원내각제와 대통령중심제를 골간으로 크게 다르게 나타난다. 강력한 의원내각제에서는 행정부와 국회 간의 권력분립이 엄격하지 않고 내각과 의회는 서로 협력하는 형태를 띠는 반면 순수 대통령중심제에서는 반대로 행정부와 국회의 권력분립이 매우 엄격하다. 따라서 대통령중심제하에서 국회의 행정부에 대한 예산심의과정 통제의 수준은 높은 편이며 입법부에도 재정 관련 정보를 수집·분석하는 인적, 물적 자원을 확보하고 있고 예산심의과정에 영향력을 미치는 16개의 소관 상임위원회들이 존재한다.

국회의 재정권한이 행정부와의 권력분립 정도와 상당부분 정적(+)인 선형관계를 보이지만 이는 결코 완전하고 안정적인 관계라고 할 수 없으며 국가별로 차이가 있다. 그리고 예산과정에 대한 국회와 행정부의 영향력 행사 정도는 특정 정부형태와 연관짓기보다는 개별국가가 지닌 특수요인들의 영향력을 감안하여 판단하는 것이 중요하다. 우리나라의 대통령중심제 정치체제를 감안할 때 예산심의에 있어서 중기재정계획, 총액배분 자율예산편성제도, 성과관리 등의 이행에 많은 어려움이 예상되었고 실제 제대로 운영이 되고 있는가에 대해서는 합격점을 받기 어렵다는 평가를 받는다(서갑수, 2013).

국회는 헌법이 부여한 예산편성 및 심사 권한을 가지고 또 행사하고 있다. 이 과정에서 국회의 역할은 재정권한을 당파적 이해나 우선순위가 아닌, 국가와 시민사회의 이해를 반영하도록 하는 것과 재정규율이 유지되도록 하는 데 있다. 실제, 국회는 나라살림의 지킴이(gate keeper)로서의 역할에서 나아가서 재정규율을 강조하고 재정배분을 개선하며 공공부문의 재정운용이 보다 효율적으로 관리되도록 유도하는 데 초점이 맞춰져야 하고 이를 위해서는 새로운 입법거버넌스 모형(행정부–국회간 관계모형)이 모색되어야 한다. 이러한 모형이 성공하기 위해서는 다른 무엇보다도 국회의 예산심의 등 재정이슈를 다루는 능력 즉, 전문성이 제고되어야 한다.

이러한 국회의 역량제고(competence empowerment)는 예산결산특별위원회를 강화하고 전문적인 연구인력을 확보하며 감사원의 능력을 향상시키고 충실한 예산주기와 과정에 대한 공개를 통한 일반대중의 관심 등 투입을 권장하는 것을 통해 달성될 수 있다. 이를 위한 많은 노력이 있어 왔으나 성과는 미흡한 것이 사실이다.

우리나라의 경우 경제위기에 대응하는 과정에서 사회안전망을 확충하기 위해 노력을 기울여왔고 이에 따라 복지분야에 대한 재정지출이 빠르게 증가하고 있다. 한편 잠재성장률이 낮아지는 추세에서 저출산 고령화가 빠르게 진행되고 있어 재정의 지속가능성을 확보하는 데 어려움을 겪을 것으로 전망된다. 최근 엄격한 재정규율의 준수보다는 중기에 걸친 탄력적인 재정균형으로 행정부의 재정운용방식이 바뀌어가고 있고 이러한 내용이 재정개혁으로 나타난다. 따라서 입법부가 수행하는 재정통제의 중요성은 더욱 커지고 있다.

지난 2004년 이후 행정부 중심으로 국가재정운용계획의 수립, 일정규모 이상 사업의 예비타당성조사제도의 도입, 총액배분 자율편성제도, 디지털 예산회계시스템 구축, 기금에 대한 국회의 통제강화, 조기결산제도를 통한 결산결과의 예산환류체계 확보, 재정사업 자율평가제도 등의 개혁이 이루어져 왔다. 이러한 제도들이 취지대로 운영되기 위해서는 국회의 역할이 매우 중요하다. 단순한 재정통제의 기능에서 나아가 건전한 협력자, 조정자로서의 역할이 기대되고 있는 것이다. 재정건전성의 확보와 재정규율의 준수는 결국 국민부담의 경감으로 귀착된다는 점에서 국회의 예산심의관련 전문성 제고와 정치경제적 행태를 통제할 수 있는 제도적 기반의 마련에 서둘러야 할 때라 하겠다.

국회예산정책처나 입법조사처와 같은 국회기관들이 제공하는 중립적인 분석정보가 국회에서의 충실한 예산심의를 지원하리라는 추론과 선진국에서의 경험은 설득력이 있다. 이들 기관들의 지속적이고 심층연구에 기초한 분석은 겉돌기쉬운 국회에서의 예산심의를 기술적인 지식에 기초하게 한다는 점에서 기여하게된다.

이러한 맥락에서 입법거버넌스의 새로운 모색은 예산심의과정의 효율성을 제고하고, 재정의 지속가능성을 강화할 수 있는 방법이 될 수 있다. 입법거버넌스는 예산지출의 정당성을 확보하기 위한 출발점이 되기 때문이다. 예산과정에 있어서 국회의 역할은 시대의 변화에 따라 달라질 것으로 보인다. 미래의 행정부와 국회간의 관계는 전통적인 의미의 통제와 간섭이라기보다는 발전적 거버넌스를 위한 협력과 견제의 균형을 요구하고 있다. 미래의 메가트랜드는 기존 시간과 공간의 틀을 깨는 글로벌 시장의 출현, 정치 이데올로기의 극한 대립 약화 및 다양화 등으로 특징되는 정치 분야에서 일어나는 급격한 변화를 내포할 것으로 보인다. 이와 같이 유비쿼터스 시대에 펼쳐지는 메가트랜드가 근본적 환경변화 속에서 진행된다는 점에서 이에 부응하는 입법거버넌스의 예산심의관련 역할전환이 기대되는 것이다.

정치의 수단과 목표 및 활동의 장의 변화, 정치 행위자들이 벌이는 게임과 그 결과의 변화, 정치 행위자의 성격과 형태의 변화를 감안해야 한다. 이를 통해 지배구조(governance)의 근본적 변화가 발생할 수 있기 때문이다. 정책수요의 불확

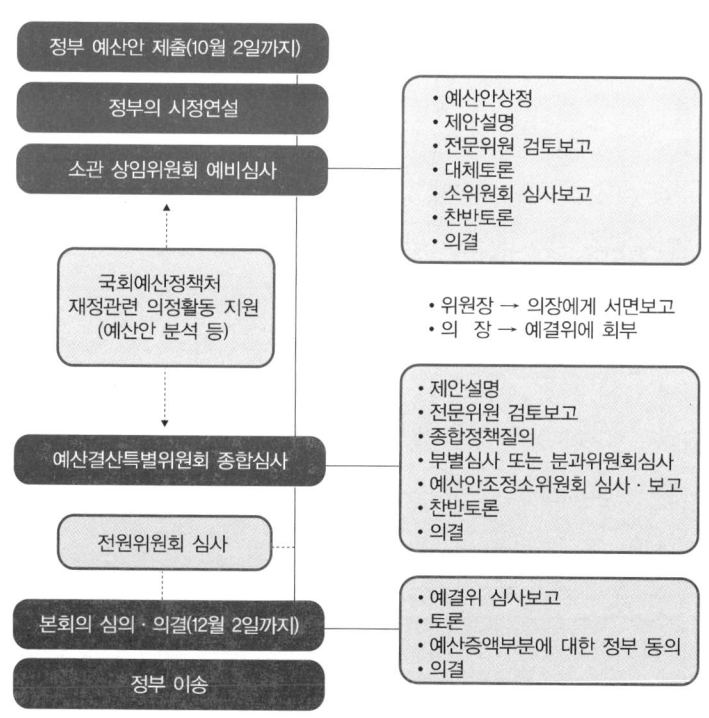

실성과 복잡성이 증가하고 나아가 공공부문과 민간부문과의 경계가 흐려질 가능성이 크다. 정치와 행정의 연계가 가속화되고 시민사회가 정치와 행정의 영역 속에 침투하게 될 전망이므로 국회도 사안에 따라 공동 발걸음을 요구받게 될 것으로 보인다. 중요한 것은 대통령제, 의원내각제 등 정치체제의 차이에도 불구하고 이러한 역할을 잘 수행하기 위해서는 국회의 인적, 물적, 그리고 제도적 자원의 충실화가 필요조건이라는 점이다.

2. 예산심사에 대한 선행연구 분석

예산(budget)은 정부정책을 효율적으로 달성하기 위한 정책결정과정(정병욱, 2011)으로 한 회계연도[2]에 있어서 국가의 세입·세출에 대한 예정계획이다. 이러한 예산결정과정은 예산편성, 심의, 집행, 결산 및 회계검사의 일정한 주기를 가

그림 5-1 **국회 예산안 심의과정**

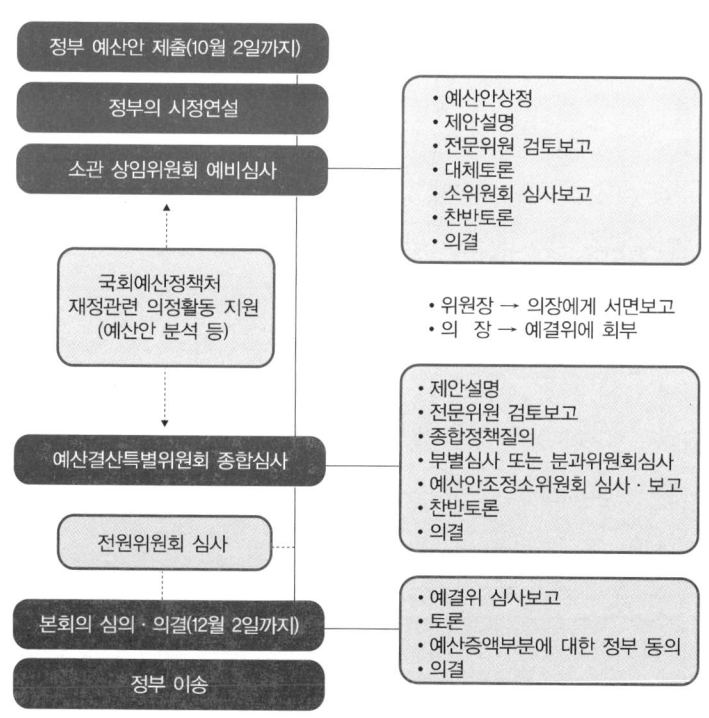

---

2 예산이 효력을 갖는 일정기간을 회계연도(fiscal year or budget year)라고 하며, 국가마다 조금씩 다르지만 우리정부의 회계연도는 1월 1일 시작하여 12월 31일에 종료하는 구조이다.

지고 반복되는데 이러한 예산결정과정에는 다양한 행위자들이 참여하여 영향력을 행사한다. 그 중에서도 가장 밀접한 관련을 가지는 것이 예산을 편성하고 집행하는 행정부와 예산을 심의해서 확정하는 입법부이다. <그림 5-1>은 국회의 예산안심사과정을 설명하고 있다.

예산결정과정에서 행정부와 입법부의 관계는 정부형태에 따라 다양하게 나타난다. 대통령제의 경우 삼권분립에 기초하여 행정부와 입법부가 예산결정과정에서 대등한 영향력을 가지고 있어 예산심의 과정에서 입법부의 영향력이 강력하다. 하지만 의원내각제의 경우 행정권과 입법권의 영향력을 구분하기에 애매하고, 예산편성과 관련한 법제도의 정비, 예산 통제의 권한이 행정부에 있어 입법부의 예산심의 권한이 약하다는 특징을 가지고 있다. 이렇게 예산심의 과정에서 정치체제의 성격이 대통령 중심제와 의원내각제에 따라 엄격성이 구분될 수는 있지만, 최근 입법부의 예산심의 과정은 예산규모가 크고 전문기술성이 강하기 때문에 정치제체에 따라 큰 변화를 보이지 않는다고 설명하고 있다(이종수·윤영진 외, 2008).

우리나라 예산과정의 경우 재정민주주의[3]를 실현하기 위한 헌법상 권력분립의 원칙에 기반하여 운영된다. 헌법 제54조[4]에 의하면 정부는 회계연도마다 예산안을 편성하고, 국회는 국가의 예산안을 심의·확정하는 고유권한을 갖는다. 즉, 행정부는 헌법, 국회법, 국가재정법에 따라 일정한 형식을 갖추어 예산안을 편성하고, 입법부인 국회는 헌법, 국회법, 기타 법률에 의거하여 예산안을 심의·확정하며, 이를 행정부가 집행하도록 되어 있어 국가재정에 있어 권력분립의 원칙을 구현하고 있다.

이 중 예산심의 과정은 행정부에 대한 입법부의 견제라는 삼권분립에 기초한 대표적 과정의 하나로서, 예산심의는 입법부가 국민들의 대리인으로 국민들이 제공한 한정된 재원을 자원의 효율성을 극대화하는 방향으로 대안을 모색하여 예산안을 편성, 배분하고 있는지 조사·검토·분석하여 행정부를 견제하고 감시하는

---

3 헌법에 규정된 재정민주주의 차원에서 국회의 재정에 관한 권한은 다음과 같다: 예산심의권, 재정입법권, 국회의 정부 재정행위에 대한 동의권과 승인권, 결산심사권(김철수, 1993; 753-755).
4 헌법 제54조 ① 국회는 국가의 예산안을 심의·확정한다. ② 정부는 회계연도마다 예산안을 편성하여 회계연도 개시 90일 전까지 국회에 제출하고, 국회는 회계연도 개시 30일 전까지 이를 의결하여야 한다. ③ 새로운 회계연도가 개시될 때까지 예산안이 의결되지 못한 때에는 정부는 국회에서 예산안이 의결될 때까지 다음의 목적을 위한 경비는 전년도 예산에 준하여 집행할 수 있다.
   1. 헌법이나 법률에 의하여 설치된 기관 또는 시설의 유지·운영
   2. 법률상 지출의무의 이행
   3. 이미 예산으로 승인된 사업의 계속

과정(윤성식, 2003)으로 재정민주주의의 중요한 제도적 장치라고 할 수 있다.

앞서 설명한 것과 같이 재정운용의 효율성과 투명성을 마련하기 위한 제도적 정책은 마련되어 있지만, 현대 정부에서 정책이 전문화될수록 입법부의 독립적 통제가 어렵게 되는 것이 OECD를 비롯한 세계적 추세이다(Schick, 2002; 박정수, 2007). 특히 지금까지 우리나라의 예산과정에서 예산 및 재정운용을 주도한 것은 행정부이고, 국회는 미세한 조정자로서의 소극적 역할만을 담당해왔기 때문에 행정부에 대한 적절한 견제와 통제자로서의 위상이 확립되지 못했다. 따라서 향후 재정의 건전성을 확보하고, 재정운용의 효율성을 구축하기 위해서는 재정민주주의가 확립되어야 하는데, 그 중심에 있는 것이 바로 예산심의과정에서 국회의 역할이다.

박정수(2007)는 대통령 중심제나 연방제국가 및 분권화된 단방제 국가에서 이루어지는 재정개혁이 의원내각제나 집권화된 단방제 국가에 비해 다양하고 점진적이며 제한된 범위에서 이루어진다면서, 우리나라의 정치체제를 감안할 때, 재정개혁의 이행에 많은 어려움이 예상된다고 설명하였다. 따라서 국회는 재정의 지킴이(gate keeper)로서의 역할에서 더 나아가 재정규율을 지키고 재정배분을 개선하며 재정운용의 효율성을 유도하는 데 초점을 맞춰 새로운 역할을 모색해야 하며 이를 위해서는 국회의 전문성이 제고되어야 한다고 주장하였다. 그렇다면 국회의 예산과 재정개혁에 대한 전문성과 효율성을 달성하려면 어떻게 해야 하는가?

Schick(1973)는 입법부가 새로운 방법보다는 관습적 방식에 익숙하고 개혁에 관심이 별로 없어 이전의 예산제도개혁이 실패하였다며, 예산과 재정개혁이 유지되고 성공하기 위해서는 입법부와 대통령의 끊임없는 관심과 지지가 필요하다고 주장하였다. 즉, 국회의 예산과 재정개혁에 대한 정확한 이해와 합리적 의사결정이 선행되어야 예산과정에서 행정부에 대한 적절한 견제와 통제기제가 작동될 수 있다는 것이다. 국회 스스로 재정건전성과 자원배분, 경제성장에 대한 정확성과 전문성을 확보하고 무절제한 예산증가에 대한 제도적 장치를 마련하여 예산심사에 참여해야 예산과 재정개혁을 성공적으로 구축하고, 효율성을 확보하여 국민의 정부신뢰를 획득할 수 있는 것이다.

하지만 현실적으로 예산심의 참여자인 국회는 예산과 재정개혁에 대한 정확한 이해를 보이지 못하고 있는 것으로 평가된다. 지역구나 이익단체의 표심을 의식한 선심성 예산관행이 여전하고, 부실한 예산심의로 인한 수박겉핥기 식의 예산심의를 되풀이하고 있다. OECD를 비롯한 선진국은 재정의 건전성, 투명성, 효율성을 확보하기 위해 예산과 재정개혁[5]을 추진하는 과정에서 입법부의 새로운 역할과 노력을 모색하고 있다(박정수, 2007). 따라서 우리나라 국회가 예산심의 과

표 5-1 예산심의 문제점과 영향요인: 선행연구분석

	참여자의 형태	정치환경적 요인	예산심사의 제도적 요인	시간적 제약	전문보좌 기관 미흡
김운태(1989)			O	O	O
오연천(1988)	O	O			
강신택(1992)	O				O
이종익(1992)	O	O	O	O	
임병규(1985)	O	O	O	O	O
강영소(1993)		O	O	O	
황윤원(1993)	O	O	O	O	O
박종구(1994)	O		O	O	
함성득(1996)		O			O
임동욱(2002)	O	O	O	O	O
신해룡(1997)			O	O	O
김민전(1999)	O	O	O	O	O
강정석(2010)			O	O	O
오영균(2003)	O	O			
강장석(2010)		O	O	O	
국경복(2012)		O	O	O	O
서갑수(2013)		O	O	O	
조택(2013)		O	O	O	
빈도(18)	9	13	14	14	10

자료: 정병욱(2011) 재구성 및 보완.

5 OECD는 "효율적 예산과정을 위한 제도적 장치"로서 중기재정계획, 신중하고 보수적인 경제전망, 하향식(Top-down) 예산편성제도, 예산당국의 투입규제(Input control) 완화, 성과 또는 결과 중시 재정운용, 예산의 투명성, 재정위험관리를 위한 현대적 재무관리기법의 7가지 방안을 제시하였다(박용주, 2007).

정에서 입법부의 역할을 확립하고, 재정 민주주의를 확립하며, 신뢰성을 제고하기 위한 노력이 필요하다. 우선 예산심의 관련 선행연구를 일별해보자. 생각보다는 많은 연구들이 진행되었음을 알 수 있다. 예산과정과 제도개선, 그리고 특히 예결위와 전문보좌기구의 확충 등의 연구가 주를 이룬다.

　　<표 5-1>에서는 선행연구에서 지적한 예산심의의 문제점과 영향요인을 정리해보았다. 특히 정치환경적 요인, 예산심의제도적 요인, 시간적 제약, 그리고 전문보좌기관 미흡으로 나누어 살펴본 결과 특히 제도적 요인과 시간적 제약이 가장 많은 빈도로 분석되고 있음을 알 수 있다. 따라서 본 장에서도 이러한 두 가지 영향요인에 초점을 맞춰 평가와 개선대안에 대한 논의를 진행하고자한다.

II. 예산심사 현황에 대한 진단

1. 예결특위 예산심사 거시전문성 부족

　　국회의 거시예산심의 현황을 분석하기 위해 2004년 예산심의부터 2011년 예산심의 내역까지 8년간의 자료를 수집하였다. 연구방법은 국회 예산결산특별위원회의 회의록을 word cloud 기법을 활용하는 '내용분석 방법(content analysis)'을 사용하였다.[6] 거시예산과 재정개혁이 정부예산에 반영되어 국회의 예산심의를 받기 시작한 것이 2004년도 예산심의부터이기 때문에 '2004년부터 2011년까지' 8년 동안 국회가 얼마나 거시예산과 재정개혁에 관심과 전문성을 가지고 예산심의에 참여하고 있는지 분석하였다.

　　예산결산특별위원회의 종합심사 중 '종합정책질의'를 그 대상으로 했다. 국회의 예산심의 과정 중에서 예산결산특별위원회의 종합정책질의 내용에 초점을 맞춘 이유는 거시예산에 대한 의원들의 이해와 전문성을 분석하고 평가하기 위함이다. 따라서 개별 예산 사업에 대한 질의가 아닌 국가 재정 전반의 관점에서 거시적이고 총괄적인 예산안에 대한 내용을 다루는 종합정책질의 내용을 바탕으로 분

---

6 박정수·신혜리(2013) 거시예산개혁과 재정개혁 이후 예산심의과정에서 나타난 행태분석, 의정연구, 38권

석하였다.[7]

　분석결과에 따르면 거시예산과 관련한 부분 중 의원들의 질의가 가장 많이 이루어진 부분은 재정건전성과 국가채무에 관한 부분이었으며, 경제성장률에 대한 질의가 그 다음으로 많이 이루어지는 것으로 나타났다. 반면 의원들은 상대적으로 경제정책이나 세입·세출분야에 대한 관심은 적은 것으로 나타났다. 또한, 질의에 있어서도 거시예산에 대한 질의가 형식적으로 이루어지는 부분이 많은 것으로 나타났다. 총액배분자율편성제도와 같은 경우, 제도 도입 초기에는 많은 의원들이 관심을 가지고 있었으나, 이후에는 이 제도에 대한 관심이 줄어들고 있는 것으로 나타났는데, 이는 우리나라 국회가 아직까지도 과거의 상향식 예산관행에 의하여 예산심의를 하고 있는 것으로 해석될 수 있다.

　대부분의 질의가 상임위원회에서 이루어져야 할 개별사업, 미시예산에 대한 질의나 지역사업 유치를 위한 지역예산에 대한 내용이 주를 이루고 있으며, 예산결산특별위원회의 예산심의의 본 취지를 잘 살리지 못하고 있었다. 이는 의원들이 예산에 대한 이해와 전문성이 부족하기 때문으로 의원들의 예산에 대한 이해와 전문성이 부족한 이유는 다음과 같이 분석되었다. 첫째, 의원들은 예산결산특별위원회의 예산심사를 상임위원회의 예산심사와 같은 과정으로 인식하기 때문으로 생각된다. 예산심의 과정이 상임위원회의 예비심사 이후 예산결산특별위원회의 심사가 이루어지다 보니 미시예산에 대한 심사 행태가 예산결산특별위원회에서도 이어지는 것이다. 둘째, 예산심사가 다른 의정활동과는 달리 전문성을 요구하는 분야(이원희 외, 2004)이다보니 거시적 측면의 복잡하고 어려운 분야보다는 눈에 쉽게 보이고 이해할 수 있는 미시예산에 더 관심을 보이는 것으로 추측된다. 셋째, 예산결산특별위원회의 임기가 단년도로 일정기간에만 이루어지다 보니 예산에 대한 이해를 위한 시간이 부족하고 연속성이 없어 의원들 스스로도 이를 위한 노력이 부족한 것으로 판단된다. 이러한 예산심의 과정에서 의원들의 거시예산과 재정개혁에 대한 이해와 전문성 부족은 예산을 편성하여 집행하는 행정부에 대한 견제와 감시의 기능을 약화시키는 것으로 이에 대한 제도의 개선이 필요하다는 시사점을 얻는다.

---

7 예산결산특별위원회의 예산심사 과정 중 종합정책질의는 예산의 총체적이고, 거시적인 부분, 재정에 대한 전망이나 정책에 대해 질의하는 부분에 해당된다(강장석, 2012).

2. 환경변화와 괴리된 제도의 부조화

재정규모의 큰 폭의 확대는 국회 예산심사권의 한계를 초래한다. 재정규모는 2013년 예산 기준 302.1조원으로 1970년 대비 581배나 증가했다. 통합재정 규모로 볼 때 1970년 5,200억원에서 (1980년) 8.46조원 → (1990년) 34.04조원 → (2000년) 129.28조원 → (2010년) 254.23조원 → (2013년 예산기준) 302.1조원으로 늘어나고 있다. 통합재정은 총지출(2013년 예산 342.0조원)에서 융자회수 및 기업특별회계 영업수입을 차감한 수치이다. 1970~2010년까지 연평균 16.7% 증가하고 있다.

국경복 외(2012)는 국회의 예산심사권 한계 노출로 인해 거시예산에 대한 전문성 부족 및 형식적 심사가 이루어짐을 지적하고 있다. 국회와 행정부 간 정보의 비대칭성과 예결위원의 상임위 겸임 등에 따라 예산심사의 전문성 부족이 가장 중요한 이유로 꼽는다. 상임위와 예결위의 이중심의와 국회의 예산안 수정비율이 낮게 나타나고 예결위 교체율이 80% 수준에 이르는 등 국회 예산심의가 형식적 심사에 그치는 문제가 초래되고 있다. 구체적으로 <표 5-2>는 상임위의 예비심사가 삭감보다는 증액위주로 이루어짐을, 그리고 <표 5-3>은 이렇게 증액된 부분이 예결위 계수조정소위에서 매우 부분적으로 반영됨을 알 수 있다.

표 5-2 최근 10년간 상임위원회의 세출예산안 예비심사 결과   (단위: 억원)

회계연도	정부예산안	삭감(A)	증액(B)	증감(B-A)	증감률
2003	1,116,580	△790	27,485	26,695	2.4%
2004	1,175,429	△3,793	82,140	78,348	6.7%
2005	1,315,110	△18,363	78,259	59,896	4.6%
2006	1,765,255	△937	24,129	14,761	0.8%
2007	1,781,116	△1,134	37,962	26,623	1.5%
2008	1,962,484	△7,112	35,719	28,606	1.5%
2009	2,176,111	△12,658	126,803	114,146	5.2%
2010	2,533,545	△6,566	82,230	75,663	3.0%
2011	2,644,629	△11,254	36,029	24,775	0.9%
2012	2,832,152	△19,762	108,460	88,698	3.1%

주: 1. 기금을 제외한 세출예산기준.
  2. 2011년은 국토해양위원회와 교육과학기술위원회가 예비심사를 마치지 못하여 미반영.
자료: 「2010 심의개요」(국회예산결산특별위원회, 2011)를 바탕으로 2011년·2012년 자료를 보완.

표 5-3 상임위원회에서 증액된 예산의 예산결산특별위원회 조정소위원회 반영현황

(단위: 억원)

회계연도	상임위 증액금액(A)	조정소위 반영금액(B)	반영비율 (B/A)
2000	2,527,587	73,107	2.9%
2001	4,116,600	398,200	9.7%
2002	3,010,600	856,000	28.4%
2003	2,748,473	154,961	5.6%
2004	8,214,054	663,256	8.1%
2005	7,825,923	515,435	6.6
2006	2,412,899	1,089,427	45.2%
2007	3,796,200	3,524,200	92.8%
2008	3,571,875	531,738	14.9%
2009	12,680,336	1,632,683	12.9%

주: 1. 2005년 조정소위 반영금액은 교육양여금 회계이관분 3조 9,772억원을 제외한 수치임.
  2. 2010년도 예산안은 조정소위원회 심사를 거치지 않았음.
자료: 「2010 심의개요」(국회예산결산특별위원회, 2011)를 바탕으로 일부 수정·보완.

표 5-4 국회 예산결산특별위원회 위원교체율

국회	연도	전년도 예산결산특별위원회 위원/총원				위원교체율
		여당	야당	기타	계	
18대	2009	4/29	2/15	2/6	8/50	84%
	2010	5/29	1/14	2/7	8/50	84%
	2011	7/29	2/15	2/6	11/50	78%

자료: 대한민국국회, 국회경과보고서 각 연도.

실제로 상임위에서 삭감된 부분은 거의 그대로 반영되지만 증액부분에 대해서는 전면적인 재심사가 이루어지기 때문이다. 그리고 <표 5-4>는 예결위원의 임기가 80%가량 1년에 불과함을 나타낸다. 겸임형식의 현행 예결위원 선임방식에다 80%가 넘는 교체 관행으로는 전문성의 축적을 기대하기 어렵다.

둘째, 충분한 심사기간을 확보하지 못하는 것도 문제다. 헌법에 규정되어 있는 짧은 법정 심사기간, 즉 60일은 미국(8개월), 영국(4개월), 일본(70일)에 비해 짧으며 국정감사가 함께 이루어짐에 따라 예결위의 실질적 심사기간은 20일 내외로 나타난다. 상임위 예비심사, 국정감사 및 법률안 심사 등에 따른 예결위 활동 제

116

그림 5-2 각 국의 예산안 심의 기간

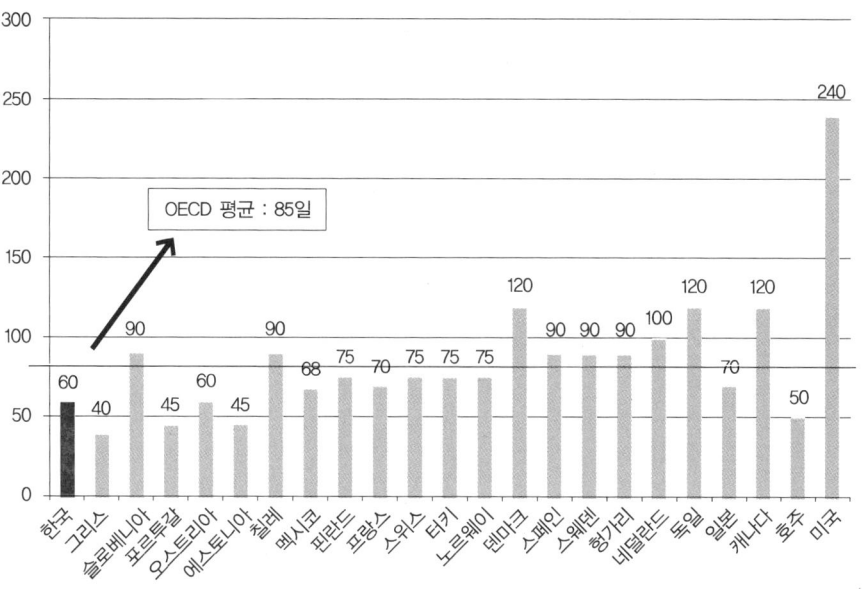

표 5-5 예산일정의 변경 추이

시 기	예산안 편성지침	부처의 예산요구	예산안 국회제출	예산안 국회의결
1957[주]~1962	–		정기회 개최초 (9월 1일)	회계연도 개시 전
1963~1972 (예산회계법 제정, 5차 개헌)	3월 말	5월 말	회계연도개시 120일 전	회계연도개시 30일 전
1972~2006 (7차 개헌)			회계연도개시 90일 전	
2007~현재 (국가재정법 제정)	4월 말	6월 말		

주: 1957년 이전에는 회계연도가 1월 1일부터 12월 31일이 아니었음.

약도 문제로 지적된다. 예결위 회의일수는 소위를 포함해서 2010년 17일, 2011년 24일, 2012년 20일에 그치고 있다. 국회의 예산안 심의·확정기간은 당초 4개월에서 5차 개헌으로 3개월, 7차 개헌으로 2개월로 단축되어 오늘에 이른다.

현행 심의기간과 동일했던 1973년 이후 40년간의 국회심의 일정에 대한 분석결과, 국회의 예산심의 기간은 평균 63.3일이었으며, 예산안 의결시한이 준수되지 못한 1990년 이후는 평균 68.8일 수준이었다. 상임위 예비심사와 예결위 심사에 85%의 시일을 소요하고 있는데, 많은 전문가들이 2단계 심사의 중복 등 비효율성을 지적한다. 더군다나 최근 국회는 심의업무 과다가 아닌 다양한 정치적인 이유 등으로 헌법상의 최종의결 시한을 준수하고 있지 못하다. 국회 의결시한을 앞당겼던 제5차 개헌(1962.12.26) 이후인 1966~1971년의 6년 중 5개년이나 법정시한을 넘겨 예산안이 의결되었다. 이후 20년 가까이 예산안 의결시한이 준수되었으나, 1990년 이후 최근까지 23년 중 4개년을 제외한 19개년이나 다시 법정시한을 넘겨 예산안이 의결되고 있다. 급기야는 2013년 예산과 2014년 예산은 각각 2013년 1월 1일 새벽과 2014년 1월 1일이 되어서야 통과되었다. 국회의원에 대한 설문조사결과(조택 외, 2013)에 의하면 예산심의에 있어 가장 큰 문제가 바로 예산심의기간의 부족으로 나타나고 있다.

<표 5-6>에는 1973년 이후 국회의 예산심의 기간에 대한 시계열 분석을 나타내고 있다. 지난 40년간의 예산심의에 소요된 평균 기간은 63.3일이었으며 법정기한을 7.3일 초과하고 있는 것으로 나타난다. 1990년 이후 즉, 민주화 이후 국회의 입김이 강해지기 시작하면서 이 기간은 총 소요기간은 68.8일, 그리고 법정기한 초과일수도 14.3일로 나타나 개선이 필요함을 알 수 있다. 또 하나의 중요한 문제는 예산심의의 실질적 영향력을 행사하는 11인의 계소조정소위 구성에 걸리는 기간이 정부제출 이후 거의 두달 가까이 소요되는 문제도 지적되어야 한다.

셋째, 국회 예산심사권의 투명성·책임성 결여도 문제다. 최근 증액예산의 밀실심사(소위 쪽지 예산)에 대한 비판적인 여론으로 국회의 예산심사권에 대한 불신 초래 및 투명성·책임성에 대한 문제점을 지적할 수 있다. 최근 김태일(2013)에서 볼 수 있듯이 좋은예산센터 등 시민단체의 활동으로 계수조정소위의 역할이 공개적으로 논의되고 있다.

과거 제도개선의 효과도 미흡한 것으로 지적된다. 2000년 「국회법」 개정을 통해 예산에 대한 국회의 연중 통제를 목적으로 예결특위를 상설화하였으나, 실제 예산심사 구조에 있어 이전과 큰 차이를 보이지 않고 있다. 2012년 동 법을 개정(일명 "국회선진화법")해서 예산안의 법정시한 내 처리 가능성이 제고되었으나, 상기 제시된 문제점의 본질적 해결방안으로 기대하기 어렵다는 생각이다. 국회선진화법은 "예산안 본회의 자동부의"(12월 1일 자동부의)를 신설하되, 예산안 조기제출(현행 10월 2일)을 위한 국가재정법 개정을 선행조건으로 하고 있다. 이 부분 역시 2013년 4월 개정이 이루어져 예산 및 국가재정운용계획 등 재정관련 자료의 국회

표 5-6 1973년 이후 국회의 예산심의·확정 일자에 대한 분석

회계연도	정부제출	일①	계수조정소위구성	일②	예결위처리	일③	본회의처리	①~③	법정기한	초과
1974	73.10. 4	55	73.11.28	4	73.12. 2	0	73.12. 2	59	73.12. 2	0
1975	74.10. 2	58	74.11.29	1	74.11.30	1	74.12. 1	60	74.12. 2	−1
1976	75.10. 2	57	75.11.28	3	75.12. 1	1	75.12. 2	61	75.12. 2	0
1977	76.10. 2	53	76.11.24	3	76.11.27	5	76.12. 2	61	76.12. 2	0
1978	77. 9.30	61	77.11.30	1	77.12. 1	1	77.12. 2	63	77.12. 2	0
1979	78.10. 2	36	78.11. 7	2	79.11. 9	5	78.11.14	43	78.12. 2	−18
1980	79. 9.29	61	−	−	79.11.29	2	79.12. 1	63	79.12. 2	−1
1982	81. 9.30	56	81.11.25	5	81.11.30	2	81.12. 2	63	81.12. 2	0
1983	82. 9.30	54	82.11.23	6	82.11.29	3	82.12. 2	63	82.12. 2	0
1984	83. 9.30	56	83.11.25	6	83.12. 1	1	83.12. 2	63	83.12. 2	0
1985	84. 9.28	61	84.11.28	3	84.12. 1	0	84.12. 1	64	84.12. 2	−1
1986	85. 9.30	60	85.11.29	3	85.12. 2	0	85.12. 2	63	85.12. 2	0
1987	86. 9.30	56	86.11.25	7	87.12. 2	0	86.12. 2	63	86.12. 2	0
1988	87. 9.30	28	87.10.28	2	87.10.30	0	87.10.30	30	87.12. 2	−32
1989	88. 9.30	59	88.11.28	4	88.12. 2	0	88.12. 2	63	88.12. 2	0
1990	89. 9.29	69	89.12. 7	8	89.12.19	0	89.12.19	77	89.12. 2	17
1991	90. 9.28	78	90.12.15	3	90.12.18	0	90.12.18	81	90.12. 2	16
1992	91.10. 2	55	91.11.26	7	91.12. 3	0	91.12. 3	62	91.12. 2	1
1993	92.10. 2	37	92.11. 8	10	92.11.18	2	92.11.20	49	92.12. 2	−12
1994	93. 9.28	65	미구성		93.12. 2	5	93.12. 7	70	93.12. 2	5
1995	94.10. 1	62	94.12. 2	0	94.12. 2	0	94.12. 2	62	94.12. 2	0
1996	95.10. 2	56	95.11.27	5	95.12. 2	0	95.12. 2	61	95.12. 2	0
1997	96.10. 2	59	96.11.30	12	96.12.12	1	96.12.13	72	96.12. 2	11
1998	97.10. 1	42	97.11.12	6	97.11.18	0	97.11.18	48	97.12. 2	−14
1999	98.10. 2	59	98.11.30	8	98.12. 8	1	98.12. 9	68	98.12. 2	7
2000	99.10. 2	67	99.12. 8	10	99.12.18	0	99.12.18	77	99.12. 2	16
2001	00.12. 2	12	00.12.14	12	00.12.26	1	00.12.27	25	00.12. 2	25
2002	01. 9.28	40	01.12. 7	14	01.12.21	6	01.12.27	60	01.12. 2	25
2003	02.10. 1	31	02.11. 1	7	02.11. 8	0	02.11. 8	38	02.12. 2	6
2004	03. 9.30	80	03.12.19	11	03.12.30	0	03.12.30	91	03.12. 2	28
2005	04.10. 2	65	04.12. 6	25	04.12.31	0	04.12.31	90	04.12. 2	29
2006	05. 9.30	56	05.11.25	5	05.12.30	0	05.12.30	61	05.12. 2	28
2007	06. 9.29	62	06.11.30	27	06.12.27	0	06.12.27	89	06.12. 2	25
2008	07.10. 1	46	07.11.16	12	07.12.28	0	07.12.28	58	07.12. 2	26
2009	08.10. 2	56	08.11.28	15	08.12.13	0	08.12.13	71	08.12. 2	11
2010	09.10. 1	76	09.12.17	14	09.12.31	0	09.12.31	90	09.12. 2	29
2011	10.10. 1	59	10.11.30	8	10.12. 8	0	10.12. 8	67	10.12. 2	6
2012	11. 9.30	47	11.11.16	45	11.12.31	0	11.12.31	92	11.12. 2	29
2013	12. 9.30	57	12.11.26	36	13. 1. 1	0	13. 1. 1	93	12.12. 2	30
평균	53.7		8.8		1.0			63.3		7.3
90~	55.7		12.5		0.7			68.8		14.3

제출 시기가 회계연도 개시 90일 전에서 120일 전으로 앞당겨졌다. 그럼에도 불구하고 예산은 합의의 산물이라는 점에서 과거의 행태가 급격하게 달라질 것으로 기대하는 것은 무리이다.

Ⅲ. 예산심사 개선방안

1. 거시총량심사의 전문성 제고를 위한 제도개선

정부 예산편성권에 대한 국회의 민주적·효율적 견제는 매우 중요한 과제이다. 헌법상 보장된 국회의 입법권은 최근 강화된 반면, 예산심의확정권은 상대적으로 형식적인 측면이 있다. 제16대국회(1996년) 이후 의원입법 통과 건수(대안반영 포함)가 정부제출법안 통과 건수보다 많아졌으며, 지난 18대국회에서는 4배(의원입법 4,890건, 정부입법 1,288건)에 가까울 정도로 늘었다. 방대한 정부의 재정권한을 대의기관인 국회가 효율적으로 견제함으로써 재정민주주의를 구현할 필요가 있다. 특히 최근 복지수요 증가 등에 따른 재정조달 부담에다 기초노령연금, 4대 중증질환, 보육 및 양육비의 정부부담 증가로 국회차원에서 합리적·효율적인 예산배분에 대한 역할 강화가 강조되고 있다.

최근 합리적 국가채무관리도 강조된다. 유럽 재정위기 등에 따라 최근 재정건전성에 대한 중요성이 부각되고 있다. 2008년 309.0조원이던 국가부채가 2013 예산에서는 464.6조원으로 늘었고 추경을 감안하면 이 규모는 더욱 늘어나 480조원에 이른다. 국회가 거시적 안목으로 재정건전성의 제도화를 논의하는 하나의 대안으로 재정총량(거시예산)에 대한 심의를 위해 별도의 전문성을 확보한 상임위원회를 신설하는 방안을 생각해볼 수 있다. 스웨덴 등 많은 나라의 사전예산제도와 같은 형식으로 재정총량위원회(가칭)에서 거시재정결의안(macro budget resolution)을 작성하고 이를 본회의에서 채택하여 상임위별 한도를 설정하는 제도를 도입하는 방안이다. 재정총량위원회는 예산결산위원회를 상임위화 해서 거시총량심사의 역할을 부여하는 방안으로 각 교섭단체 대표의원, 정책위 의장단, 세입법률을 담당하는 기획재정위원회위원 등으로 구성하는 방안을 고려할 수 있다.

그림 5-3 예산심사의 새로운 절차

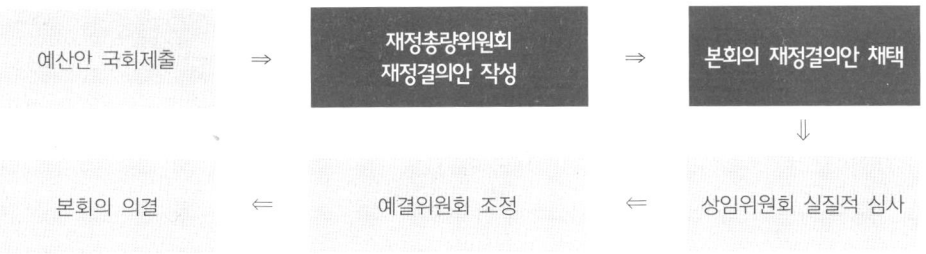

표 5-7 국회의 예산심사 절차 현행 및 개선안 비교

현 행			개 선 안		
단계	심사내용	기간	단계	심사내용	기간
예산안 제출 전	국가재정운용계획 수립방향 국회 보고	9월 초	예산안 제출 전	국가재정운용계획 수립방향 국회 보고	6월 30일
예산안 제출	–	회계연도 90일 전	예산안 제출	–	회계연도 120일 전
〈신 설〉			재정총량 위원회	재정결의안 작성	회계연도 90일 전
〈신 설〉			본회의	재정결의안 채택	
상임 위원회	소관 예산안 예비심사	60일간	상임 위원회	할당된 재원배분 한도 내 소관 예산안 실질적 심사	회계연도 60일 전
예결 위원회	상임위 예비심사를 바탕으로 종합심사		예결 위원회	상임위 심사결과의 재정결의안 준수여부 점검	11월 30일 까지
본회의	예산안 최종 의결	회계연도 30일 전	본회의	예산안 최종 의결	회계연도 30일 전

자료: 국경복 외(2012) 재인용.

2. 예결위 상임위 전환

10여 년간 논의를 진행해 온 예결위원회를 상임위화하기 위해서는 소관 상임위와 예결위의 합리적 역할 조정이 관건이다. 현행 제도의 문제점으로 현재 예산안 심사는 소관 상임위 예비심사, 예결위 종합심사로 구분되는바, 상임위의 예비심사뿐만 아니라 예결위의 종합심사 또한 미시적 심사에 그치고 있어 중복에 따른 예산안 심사의 비효율성이 발생하고 있다는 점을 밝혔다. 또한, 상임위 감액사항은 예결위에서 대부분 수용되고 있으나, 상임위의 증액요구에 대해 예결위에서 특별한 원칙없이 전면재심사를 하는 추세는 개선되어야 한다.

미국[8]과 같이 지출을 성격에 따라 구분하여 의무지출(2013년 예산기준 158.8조원, 46.4%)은 상임위, 재량지출은 예결위에서 심사하는 방안도 검토할 수 있다. 국회 예산심사에 총량배분(top-down) 제도를 도입함으로써 분권화된 의사결정체계를 구축하는 방안이 실효성을 갖게 해야 한다.

국회법 제57조제2항에 따라 상임위원회는 상설소위원회를 둘 수 있으며, 동 조 제8항에 따라 예결위는 분과위원회를 구성할 수 있다. 예산심사의 전문성 확 보를 위해 5~6개의 상설소위 또는 분과위원회 체제로 운영하는 방안을 검토할 필요가 있다. 현재 국가예산은 복지, SOC, 교육, 국방 등 12개 분야로 구분되므 로, 이를 5~6개의 소위체제로 운영하여 심도있는 예산심사가 필요하다.

예산결산위원회를 상임위화하는 경우 소관(부처) 문제도 검토되어야 한다. 제 18대국회 제출법안으로 홍재형·남경필·권영진 의원이 예결위 상임위 법안을 각 각 대표발의했었다. 예결위 소관을 권영진 의원 안은 예·결산으로 규정하여 소관 부처를 별도로 두지 않은 반면, 홍재형 의원 안은 기재부와 감사원 소관업무 중 일부, 남경필 의원 안은 기재부 소관업무 중 일부를 예결위 소관으로 규정한 바 있다. 실천가능성을 감안하면 예결위도 소관부처를 두도록 하는 것이 현실적으로 생각된다.

재정 관련 법률안 심사권의 예결위 부여 여부도 검토가 필요하다. 예결산 심 사와 재정관련 법률안의 심의 연계를 통해 재정제도의 체계적 개선이 가능하다는 장점이 있는 반면, 예결위 비대화, 2개 상임위(예결위, 기재위)의 1개 부처(기획재정부) 소 관에 따른 상임위 간 일정충돌 및 정책결정의 최종성 문제 등의 우려도 존재한다.

구체적 방안으로 다음의 세 가지 대안을 검토할 수 있다. 첫째, 현행처럼 재 정 관련 법률 및 세입법안 등을 기재위 소관으로 하는 방안, 둘째, 세입법안은 기 재위 소관으로 하되, 국가재정법·보조금법·국가회계법 등 재정 관련 법률만 예 결위 소관으로 하는 방안, 셋째, 세입관련 법안을 포함한 모든 재정관련 법률을 예결위 소관으로 하는 방안이다. 역시 둘째 대안이 현실적으로 판단된다.

다음은 예결위원 정수 및 겸임금지 여부이다. 예결위의 업무영역 및 역할 등 을 고려하여 적정 수의 위원 배정이 필요(30인 내외, 현재 최대 상임위인 문화체육관광방송통신

---

8 예산위원회(양당대표, 세입위원회, 세출위원회, 상임위원회의 대표로 구성)에서 예산의 총량과 분 야별 한도를 정하는 예산결의안을 작성하고, 각 상임위는 입법을 통하여 의무지출을 결정하며, 세 출위원회는 12개 소위원회에서 각 분야의 재량지출을 심사(12개의 세출법안 작성)한다.

위원회 수준)하다. 단, 분야별 소위를 5~6개 이상 구성시 정수 증대가 필요하며, 겸임을 제한하는 경우 다른 상임위원회 정수 변동이 수반되므로, 전반적 정수 조정이 필요하다.[9]

국회운영위, 여성위, 정보위를 제외한 기타 상임위 겸임은 금지하는 것이 필요하다. 겸임 제한을 통해 연중 상시 예결위 활동의 보장, 전문성 확보 및 예산안 심사기간의 실질적 확대를 가능하도록 해야 한다. 예결위를 상임위로 전환시 제기되는 문제로 예결위의 권한 비대화로 타 상임위와 불균형, 즉 상원이 될 것이라는 우려가 대두된다. 국회 심의방식에 top－down 제도를 도입할 경우 상임위 예비심사의 권한이 오히려 강화되는 긍정적인 측면이 있다는 점을 부각시킬 필요가 있다.

행정부 업무부담 과중도 생각된다. 예결위 연중 상시 활동에 따라 업무보고 등 행정부 업무부담이 증가할 것이라는 점이다. 특히, 정부부처의 세종시 이전 및 공공기관의 지방 이전으로 대국회 업무량이 대폭 증가하는 부분에 대한 우려다. 그러나 행정부 내에서는 부처이기주의로 인해 업무조정이 어려운 반면, 국회차원에서 거시적으로 심도있는 논의를 통해 합리적인 조정이 가능한 긍정적인 측면이 더 큼을 강조할 필요가 있다. 아래는 조택 외(2013)에서 조사한 의원들의 인식조사결과인바, 여야를 막론하고 예결위의 상임위화에는 다수가 찬성하고 있고 주된 이유는 예산의 전문성과 생애주기관리 용이를 들고 있다.

표 5-8 예산결산특별위원회 상임위원회화 찬성 이유   (단위: %)

	여당의원	야당의원
전체	100	100
예산의 생애주기 관리 용의	13.9	21.1
정부예산 편성에 적합	8.3	2.6
예산 및 결산 심사의 전문성 및 독립성 제고	72.2	76.3
법안심사권 확보 용이	0.0	0.0
기타	5.6	0.0

자료: 조택 외(2013) 재인용.

---

9 타 위원회 겸임을 허용하지 않는 미국(세출위원회)·프랑스(재정위원회)·독일(예산위원회)의 위원 수는 각각 50인, 83인, 41인(전체 의원수 대비 비중은 각각 10.4%, 14.4%, 6.6%)이다.

3. 심의기간의 연장 및 공개 확대

첫째, 예산안 제출시기의 조정이 필요하다. 예산안의 법정심의 기간은 1948년 제정헌법의 120일에서 1962년 90일, 1972년 60일로 단축된 상태로 현재까지 유지되고 있다. 「국가재정법」 개정을 통해 예산안 제출시기를 현행 회계연도 개시 90일 전에서 120일 전까지로 앞당길 필요가 있다. 지난 국회선진화법(예산안 본회의 자동부의, 시행일 2013년 5월) 의결시 부대의견상 선행조건인 예산안 조기제출 제도화가 필요하다는 점이다. 국회 심의 대상 증가로 인한 예산심사기간 확대가 필요해진 점을 강조할 필요가 있다. 2001년 「기금관리기본법」 개정으로 60여 개 기금의 기금운용계획안이 심의대상에 추가되었고 이후 「국가재정법」 개정을 통해 국가재정운용계획·국가채무관리계획·조세지출예산서·성인지예산서 등이 추가되었다.

2012년 10월에 실시된 예산안 조기제출을 위한 국가재정법개정안 공청회에서 전문가들의 의견은 첨예하게 갈렸다. 정기국회에서는 예산안 처리 이외에 국정감사(30일 소요), 교섭단체 대표연설 및 대정부 질문 등의 일정도 소화하므로, 현행 심의기간을 효율적으로 활용할 경우 심의기간의 연장없이도 거시예산 등 심의가 가능하며 현행 헌법의 명문상 법률로 개정이 어렵다는 의견이 제시되었다. 다른 한편으로는 국가재정법을 개정하여 정부 예산안의 국회 제출 시한을 "회계연도 개시 90일 전까지"에서 "회계연도 개시 120일 전까지"로 앞당기려는 노력은 헌법의 취지를 감안 전체적으로 위헌이라고 보기 어려우며 목적론적 해석이 가능하다는 의견도 제시되었다. 결국 제도적 접근이 필요한 사안으로 생각된다.

둘째, 예결위 회의 공개 및 증액심사를 제도화할 필요가 있다. 「국회법」, 「국가재정법」 등의 개정을 통해 예결위의 심사방법, 감액 및 증액의 범위 등 명확한 규정을 마련할 필요가 있다. 예결위 회의의 공개범위를 확대할 필요가 있다. 「국회법」 제57조 제5항(소위원회 회의 공개원칙) 및 제69조 제4항(소위원회 속기록 작성 의무화)에 따라 회의공개 원칙 준수가 필요하다. 첨예한 이해관계 대립 등에 따라 회의 공개가 어려운 경우에는 「국회법」 제57조 제5항 단서에 따라 소위원회 의결로 비공개 가능하도록 할 필요가 있다. 소위원회에서 증액심사도 제도화한다. 소위에서 증액심사를 제도화함으로써 밀실심사라는 오명을 해소할 필요가 있다.

Ⅳ. 요약

　　선진국을 중심으로 진행된 예산과 재정개혁이 우리나라에도 도입되어 2004
년 예산안심사부터 거시예산에 의한 재정편성과 5년 단위 국가재정운용계획, 총
액배분 자율편성제도, 성과관리제도, 디지털예산회계시스템을 도입·추진함에 따
라 이 제도에 대한 예산관련 담당기관의 전반적인 이해와 관심이 요구되고 있다.
특히 국가의 재정 통제권을 부여받은 국회는 재정민주주의의 실현과 국민신뢰를
구축하기 위하여 거시예산과 재정개혁 제도에 대한 이해와 전문성이 크게 요구되
고 있다.

　　본 장은 거시예산과 재정개혁 도입 이후 국회가 예산심의 과정에서 얼마나
재정개혁의 중요성을 이해하고 전문성을 가지고 임하는지에 대해 분석·평가하였
으며, 그 결과를 요약하면 다음과 같다. 첫째, 예산결산특별위원회의 예산심의에
참여하는 의원들도 거시예산이나 재정개혁보다 미시예산이나 지역예산에 더 치
중하고 있다. 이는 기존연구에서 제시하였던 결과와 마찬가지로 우리나라 예산결
산특별위원회의 예산심의가 정쟁으로부터 자유롭지 못하며, 상임위원회의 미시예
산심사 행태를 반복하며, 국회가 아직까지도 과거의 예산관행을 지속하고 있는
것을 나타낸다. 둘째, 예산심의에서 상임위는 물론 예결위 위원들의 행정부에 대
한 재정통제 역할이 미흡한 것으로 분석됐다. 거시예산에 대한 심의에서 이에 대
한 이해와 행정부에 대한 견제자로서의 역할이 미흡한 이유는 상임위와 예결위의
심사가 중복적으로 이루어지고 있다는 점, 예결위의 전문성이 떨어지는 점, 절대
적인 심의기간이 부족한 점 등을 들 수 있다.

　　이러한 분석결과에 기초하여 국회는 아직까지 거시예산과 재정개혁에 대한
이해와 전문성이 부족한 실정이며, 과거의 관행적 예산심사와 지역예산과 같은
선심성 예산심의 활동으로 많은 문제점을 드러내고 있는 것으로 평가했다. 따라
서 예산심의 과정에서 개선되어야 할 정책적 과제를 시사점으로 정리하면 다음과
같다.

　　첫째, 재정총량 및 전략적 재원배분 심사와 사업별·미시적 심사가 조화를 이
루는 심사체계를 구축할 필요가 있다. 국회도 총액배분자율심사(top-down) 방식을

도입하여 상임위원회의 과다증액요구를 방지하고 상임위원회가 소관부문 혹은 부처별 배정한도액 범위 내에서 책임있고 자율적인 심사권을 행사할 수 있어야 한다.

둘째, 재정을 중기적 시각에서 총량을 결정하고 분야별 한도액을 배분하기 위해 재정총량위원회설치가 필요하다. 재정총량위원회는 거시경제지표, 총수입액, 총지출액, 재정적자 또는 흑자규모, 국채발행총액의 결정뿐만 아니라 분야별, 부처별 재원배분의 한도액을 결정하며, 의무지출과 재량지출의 구분과 관리방안 등을 정한다. 또한 조정지침을 정하여 각 상임위원회가 재량권한의 범위 내에서 조정지침을 준수하면서 심사할 수 있도록 가이드라인을 제시한다.

셋째, 각 상임위원회는 재정결의안에서 부여받은 한도액과 조정지침을 준수하면서 책임성에 기초를 둔 실질적인 예산심사권을 부여받는다. 상임위원회로 전환된 예산결산위원회는 각 상임위원회가 심사한 결과가 재정의 한도액을 초과했는지 여부와 조정지침을 준수했는지 여부를 점검하고 필요한 경우에 이를 강제로 조정한다. 또한 법률로 지출을 강제하는 의무지출사업에 대한 재정추계의 적정성, 상임위원회의 과소계상 여부 등을 점검하고 최종 조정한다.

넷째, 국회가 예산안 심사를 총액배분자율심사로 전환하기 위하여 현재 회계연도 개시 90일 전까지 제출하도록 되어있는 국가재정법 등 규정을 회계연도 120일 전에 해당하는 9월 2일까지 제출하도록 예산안 제출시기를 조정할 필요가 있으며, 국가재정운용계획 수립방향 보고 시점을 현재의 9월 초에서 국무위원 재정전략회의가 끝난 후인 6월 30일로 조정할 필요가 있다.10 이와 같이 함으로써 국회는 충분한 심사기한을 확보할 수 있다. 국회가 헌법이 정한 시한인 12월 2일까지 예산안 심사를 마치기 위하여 재정총량위원회와 본회의 재정결의안 채택, 상임위원회 심사, 예결위원회의 조정 및 본회의 의결 기한을 각각 30일씩 단계별로 설정할 필요가 있다.

다섯째, 국회의 신뢰회복을 위해서는 투명성 수준의 제고가 급선무라 하겠다. 현재 예결위 계수조정소위원회의 비공개 관행은 서둘러 개선되어야 한다. 이제는 국회가 움직여야 할 때다.

---

10 2013년 4월 22일 기획재정위원회 의결을 통해 국가재정법 등에 예산안 단계적 조기제출('14년 100일 전, '15년 110일 전, '16년 120일 전)을 명시하는 개정이 이루어졌다.

06
CHAPTER
예산구조

●●●한 나라의 예산편성과정은 개방형 경제에 있어서 세계경제의 흐름 속에서 거시경제 전망을 전제로 수입을 추정하고 이와 함께 지출계획을 세우는 것을 말한다.1 중앙정부와 지방정부의 재정계획을 예산이라 할 때 일반회계, 특별회계 및 기금으로 구성되며 총수입이 총지출에 미치지 못하는 경우 적자예산이라고 하며 적자가 누적되면 국가부채로 쌓이게 된다. 지출계획은 곧 재원배분의 방향을 나타내는 것으로 기능별, 성질별, 부처소관별로 구분하여 나타낼 수 있다. 재정운용 여건부터 예산의 구조를 하나씩 살펴보자.

I. 재정운용 여건

향후 세계경제는 유럽지역 국가채무위기의 영향 등으로 성장세가 둔화될 전망이며, 성장경로의 불확실성 또한 높은 상황이다. 미국, 유럽 등 선진국은 재정긴축의 영향으로 경제의 회복세가 약화될 전망이며, 중국 등 신흥국은 내수를 중심으로 견고한 성장세를 유지할 전망이지만 선진국 경제의 회복세 약화가 신흥국

---

1 예산(budget)의 어원은 라틴어의 "bulga"에서 찾아지며 이는 가죽가방이란 어휘로 영국에 와서 영국 재무장관이 다음 해의 예산발표를 하기 전 영국수상의 공식 관저인 다우닝가 11번지의 계단에서 미디어를 위한 사진포즈를 취할 때 연설문을 빨간 가방에 넣는 관행에서 유래되었다고 한다. 역사적으로 어원은 실제 가방과 연설의 매개체에서 찾을 수 있다고 한다.

의 수출증가세 둔화 등으로 파급될 우려가 있다.

우리나라의 2013년 경제성장률은 2010년 6.3%, 2011년 3.7% 2012년 2.0%에 이어 2% 후반대를 기록할 것으로 보인다. 이러한 경제성장률의 감소는 민간소비 와 설비투자의 증가율이 낮아진 가운데 건설투자 감소가 큰 역할을 하고 있다. 2012년 들어서 경기침체가 더욱 심화되면서 그동안 건전재정의 버팀목이었던 세 수기반이 약화되었고 이와 연쇄된 재정의 경기부양 필요성과 최근 들어 더욱 높

표 6-1 예산편성기준 경제지표별 전망치 및 실적치

구분	2011년			2012년		
	전망 (A)	실적 (B)	차이 (B-A)	전망 (C)	실적 (D)	차이 (D-C)
경상성장률(%)	8.2	5.3	△2.9	7.6	3.0	△4.6
실질성장률(%)	4.5	3.7	△0.8	4.5	2.0	△2.5
GDP Deflator(%)	3.5	1.5	△2.0	3.0	1.0	△2.0
명목임금 상승률(%)	3.6	1.0	△2.6	5.5	5.3	△0.2
민간소비 증가율(%)	3.4	2.4	△1.0	3.9	1.7	△2.2
수출(억$)	5,625	5,552	△73	6,115	5,479	△636
수입(억$)	5,332	5,244	△88	5,895	5,196	△699
환율(원/$)	1,150	1,108	△42	1,070	1,127	57
회사채이자율 (3년만기 AA-기준, %)	4.5	4.4	△0.1	5.0	3.8	△1.2

자료: 예결위 검토보고 재인용.

표 6-2 2012년 재정수지현황   (단위: 조원)

구분	2011 실적(A)	2012		증 감		2013 계획
		계획(B)	실적(C)	전년대비 (C-A)	계획대비 (C-B)	
▪ 총수입 (a)	323.0	343.5	341.8	18.8	△1.7	360.8
▪ 총지출 (b)	304.4	325.4	323.3	18.9	△2.1	349.0
▪ 통합재정수지(c=a-b)	18.6	18.1	18.5	△0.1	0.4	11.8
▪ 사회보험성기금수지(d)	32.1	32.4	35.9	3.8	3.5	△35.2
▪ 관리재정수지(c-d)	△13.5	△14.3	△17.4	△3.9	△3.1	△23.4

자료: 기획재정부.

그림 6-1 2001~2013년 재정수지 추이 　　　　　　　　　　　　(단위: 조원)

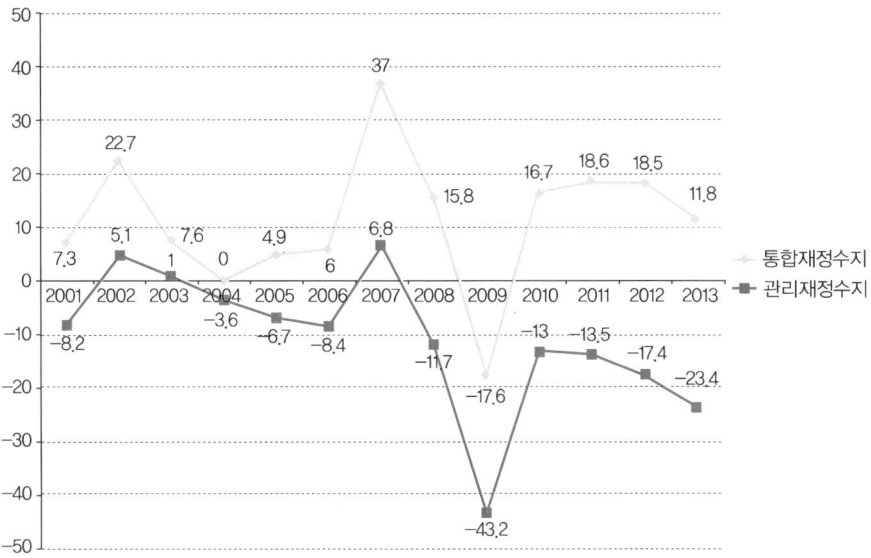

주: 2001~2012년은 결산 기준, 2013년은 추경예산 기준.
자료: 예결위 검토보고 재인용.

아진 복지에 대한 국민적 기대수준은 2009년 대규모 재정확대의 여파로부터 아직 회복되지 않은 우리 재정에는 상당한 부담요인이라고 볼 수 있다. 예산편성시 가정했던 거시변수가 크게 나빠졌음에 주목할 필요가 있다. 우선 경제성장률을 4.5%로 상정했으나 실현 성장률은 2.0%에 불과했다. 따라서 세수전망도 낙관적으로 이루어졌으며 실제 부가가치세 등이 예산보다 적게 징수되었다.

　재정수지의 경우 2009년 글로벌 금융위기로 위한 경기침체 및 이를 극복하기 위한 적극적인 재정지출로 인하여 통합재정수지는 △17.6조원(GDP대비 △1.7%), 관리재정수지는 △43.2조원(GDP대비 △4.1%)까지 악화되었다가 2010년에는 통합재정수지(16.7조원)와 관리재정수지(△13.0조원)가 일시적으로 회복되었으나 2011년부터 다시 악화되는 추세에 있다. 특히, 2013년에 들어서는 7분기 연속 전기 대비 성장률이 1%를 하회하고, 취업자 증가세가 둔화되는 등 경기침체로 인해 수입결손이 △12.0조원에 달하고 있다. 더욱이, 실질적인 국민 부담으로 귀결되는 적자성 채무의 증가 속도가 금융성 채무의 증가 속도보다 상대적으로 빠른 것으로 나타나고 있다. 적자성 채무 중 2012년 말 기준 잔액이 202.0조원에 이르는 일반회계 적자국채의 경우, 2007~2012년 연평균증가율이 국가채무 전체 증가율 및 적자성 채무 증가율을 크게 웃도는 27.9%에 이를 정도로 급속하게 증가하고 있다는 점에서 최근의 재정수지 악화가 국가채무의 급격한 증가로 이어지고 재정건전성을 위협하는 주요한 요인으로 작용하고 있음을 알 수 있다.

향후 중기 재정운용 방향은 총수입·총지출 양 측면에 대한 재정규율 강화를 통해 재정건전성을 조기에 회복하되, 잠재성장률 제고를 위한 재원배분 조정 노력을 지속함으로써 지속성장을 담보해야 한다. 재정건전성 악화에 따른 대내외 위험요인과 저출산·고령화, 남북통일 등 재정건전성 회복에 대한 중장기적 위협요소를 고려할 때, 균형재정을 조기에 달성하는 것이 긴요하다. 2013~2017년 중기 재정총량 목표를 설정하고 이를 달성하기 위한 강력한 세출구조 조정 및 적극적 세입기반 확대 방안을 마련할 필요가 있다. 한편 지속성장을 위해서는 그동안 저하된 잠재성장률을 제고하여야 하며, 이를 위해 경제시스템의 효율성 제고를 위한 정책노력을 경주할 필요가 있다. 과거 대내외 경험으로 볼 때 금융위기 이후 거시경제가 정상화되더라도 잠재성장률은 일정부분 훼손될 것으로 예상된다. 우리나라 잠재성장률은 1980년대 후반부터 하락해오고 있으며, 금융위기 이후 최근 기준으로는 4%대 중반을 하회하고 있는 것으로 분석된다. 향후에는 인구구조 변화에 크게 영향을 받음으로써 잠재성장률이 지속적으로 하락할 것으로 예상된다.

1. 대내외 경제여건 및 전망

(1) 세계경제 현황 및 전망

우리나라는 수출이 GDP의 절반을 차지, 2012년 수출의 경제성장 기여율 51%(부가가치 유발기준)[2]를 고려할 때 대외의존도가 높은 소규모 개방경제로서 해외 동향에 대한 정책적 고려가 필요하다. 최근에도 세계경제는 개도국을 중심으로 완만한 회복세를 지속하고 있으나, 일부 국가의 재정위기 가능성이 재차 부각되는 등 하방위험도 크게 확대되고 있다. 미국 등 선진국들의 고용이 다소 개선되고 있으며 수출과 소비의 개선이 진행되면서 경기 회복세가 점차 확산되는 모습을 보이고는 있다. 다만 재정 문제가 확대되고 있는 유로경제의 경우, 회복세는 상대적으로 부진한 상황이다. 세계경제의 완만한 회복에 대한 전망이 우세한 가운데 위험요인이 곳곳에 상존하는 상황이다. 세계경제는 2014년 4.0%의 성장을

---

2 한국무역협회 국제무역연구원 <Trade Focus> vol.12 No.48, 2013, p. 4.

표 6-3 OECD 국가의 경제 전망(%)

	2012	2013		2014	
		12. 11월	13. 5월	12. 11월	13. 5월
세계 GDP 성장률[1]	3.0	3.4	3.1	4.2	4.0
OECD 국가	1.4	1.4	1.2	2.3	2.3
미 국	2.2	2.0	1.9	2.8	2.8
유 로	△0.5	△0.1	△0.6	1.3	1.1
일 본	2.0	0.7	1.6	0.8	1.4
세계교역증가율	2.7	4.7	3.6	6.8	5.8
OECD 실업률	8.0	8.2	8.1	8.0	8.0
OECD 물가상승률[2]	2.1	1.7	1.5	1.9	1.9
OECD 재정수지(對GDP)	△5.7	△4.6	△4.3	△3.6	△3.8

주: 1) PPP환율 기준 2) 민간소비 디플레이터
자료: 기획재정부 보도자료(2013. 5).

전망하고 있다.3

(2) 대내여건

1) 경제적 환경

글로벌 경기의 개선, 정부의 경기회복 노력이 성공적으로 이루어진다면 경제성장 기조가 회복될 수 있을 것으로 보인다. 국내 경제성장률은 2013년 2.8%4로 전망되나 대외여건 개선에 따른 수출호조 및 민간소비, 투자의 점진적 회복에 힘입어 다소 증가할 것으로 예상된다. 그러나 주요 예측기관의 경제성장률 전망치가 기획재정부의 2014년 경제성장률 3.9%에 못미치는 곳이 많아 목표성장률을 달성하기 위해서는 정부와 시장의 동반자적인 노력이 필요한 실정이다.

국가채무 규모 및 GDP대비 국가채무 비율 측면에서 우리나라는 다른 OECD 국가들보다 양호한 편이지만 그 증가세가 빠른 편이며, 국가채무의 개념상 포함되지 않은 공공기관 부채가 존재한다는 점에서 관리가 요구된다. 경제여건의 악화로 세입증가세가 둔화되고 있는 반면, 선진국 수준의 복지서비스를 유

3 기획재정부 보도자료 "OECD 경제전망(Economic outlook) 발표" 2013.5.29.
4 한국은행, 2013~2014년 경제전망, 2013.10.

표 6-4 각 연도 경제성장률 예상치와 실제 경제성장률 (단위: %)

	05년	06년	07년	08년	09년	10년	11년	12년	13년
정부예상치	5.0	5.0	4.6	5.0	4.0	4.0	5.0	4.5	4.0
예산정책처	4.5	4.7	4.3	4.8	3.7	3.8	3.9	3.5	3.5
실제성장률	4.0	5.2	5.1	2.3	0.3	6.3	3.7	2.0	2.8

자료: '05년~'13년 대한민국 정부 예산안.

그림 6-2 2004~2017년 국가채무 규모 및 GDP대비 국가채무 비율

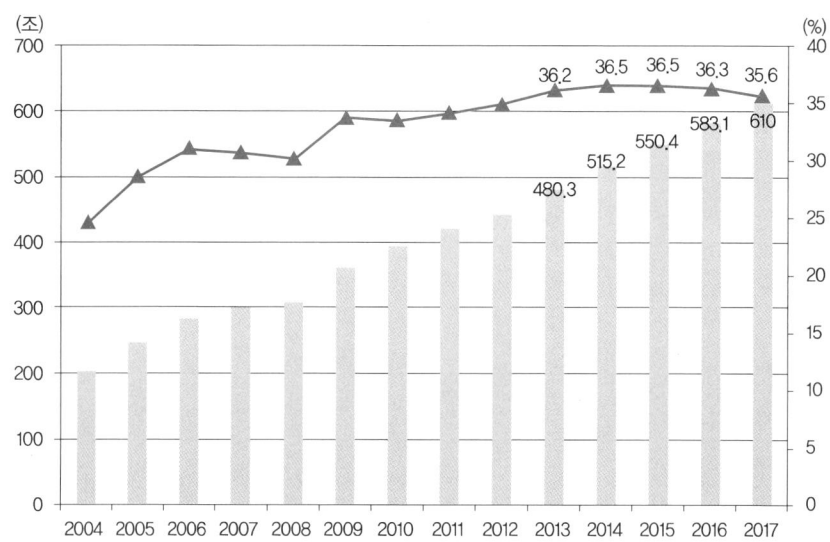

주: 2014년도 이후는 국가재정운용계획상 전망치.
자료: 2013~2017년 국가채무관리계획(2013). p. 8.

지하기 위해서는 세출증가요인이 뚜렷하다. 공공기관의 부채는 2011년 국가채무 규모를 초과, 공공기관 부채를 포함한 국가채무는 2014년 GDP의 75.3% 수준으로 상승할 전망이다. 공공기관의 부채는 해당 채무의 불이행시 결국 정부 부담으로 작용한다. 발생주의 회계상 공무원, 군인연금 등의 부담규모가 상당한 점을 고려했을 때 국가채무의 체계적 관리가 요구된다.

가계부채의 증가추세는 완화되는 것으로 보이나 여전히 주시할 필요가 있다. 2013년 2분기 가계부채규모는 927조로 전년대비 2.32% 증가한바, 2분기 자료인 점을 감안했을 때 2012년도와 유사한 추세이며 2011년 이전보다 증가세가 둔화된 것으로 보인다. 그러나 부동산 경기부양정책에 따라 주택담보대출이 증가할

표 6-5 공공기관(41개) 부채 현황 및 전망과 이를 고려한 국가채무규모 및 GDP대비 비율

표 6-5 공공기관(41개) 부채 현황 및 전망과 이를 고려한 국가채무규모 및 GDP대비 비율

	2010	2011	2012	2013	2014	2015	2016	2017
국가채무(A)	392.2	420.5	443.1	480.3	515.2	550.4	583.1	610
공공기관 부채(B)	383.8	439.9	472.9	520.3	548.1	556.1	564.2	572.8
A+B	776	860.4	916	1000.6	1063.3	1106.5	1147.3	1182.8
GDP 대비 비율	66.1	69.6	71.9	75.4	75.3	73.4	71.4	69.0

자료: 2013년 공공기관 중장기 재무관리계획, p. 7, 2013.9. 바탕으로 재구성.

유인이 존재하므로 향후 가계부채의 증가에 의한 경기불안요인이 상주한다. 2013년 10월 은행의 가계대출 증가규모가 확대(13.9월+0.9조원→10월+2.8조원)되고 있고 주택담보대출(모기지론양도 포함)(+1.1조원 → +2.1조원)도 주택거래량이 늘어나면서 상당폭 증가하고 있다.5 국민의 처분가능 소득증가율이 가계부채 증가율보다 지속적으로 하회함에 따라 가계부채 문제가 심각해지고 있음을 알 수 있다.

2) 사회적 환경

평균수명 증가와 출산율 저하로 전반적인 인구구조가 고령화되고 있으며 이러한 경향은 더욱 심화될 것으로 예상된다. 한국은 2007년 고령화사회(전체인구 대비 65세 이상 인구 비율이 7% 이상)에 도달, 2017년 고령사회(해당 비율이 14% 이상), 2026년 초고령사회(해당 비율이 20% 이상)에 도달할 것으로 예측된다.6 다른 나라와 비교해서도 그 속도가 매우 빠른 편임을 알 수 있다. 노동인구 및 국민저축의 감소로 성장동력이 약화될 우려가 높다. 또한 국민연금, 국민건강보험 등의 사회복지지출이 증가할 가능성이 높고 일자리의 배분이나 사회복지재원의 부담을 둘러싸고 세대 간 갈등 문제가 발생될 수 있다.

양극화의 심화로 소득재분배에 대한 사회적 요구가 강해지고, 각종 복지정책에 대한 수요 증가가 뚜렷하다. 한국의 지니계수는 상승추세를 보이고 있으며, 이는 소득재분배가 악화되고 있다는 것을 의미한다. 조세 및 소득이전(Taxes and transfer) 전과 후의 지니계수 격차는 소득재분배정책의 효과를 나타내는 지표가 될 수 있다.

5 한국은행, 2013년 10월 중 금융시장 동향, 2013.11.13.
6 일본 국립사회보장 인구문제연구소, 「인구통계자료집」, 2010.

표 6-6 인구고령화 속도 국제비교

	도달연도			증가소요연수	
	7% (고령화)	14% (고령)	20% (초고령)	7%→14%	14%→20%
일본	1970	1994	2005	24	11
프랑스	1864	1979	2018	115	39
영국	1929	1975	2028	46	53
미국	1942	2014	2032	72	18
한국	2000	2017	2026	17	9

자료: 일본 국립사회보장·인구문제연구소, 「인구통계자료집」, 2010. (재인용: 통계청 e－나라지표)

그림 6-3 2006~2011 대한민국의 지니계수

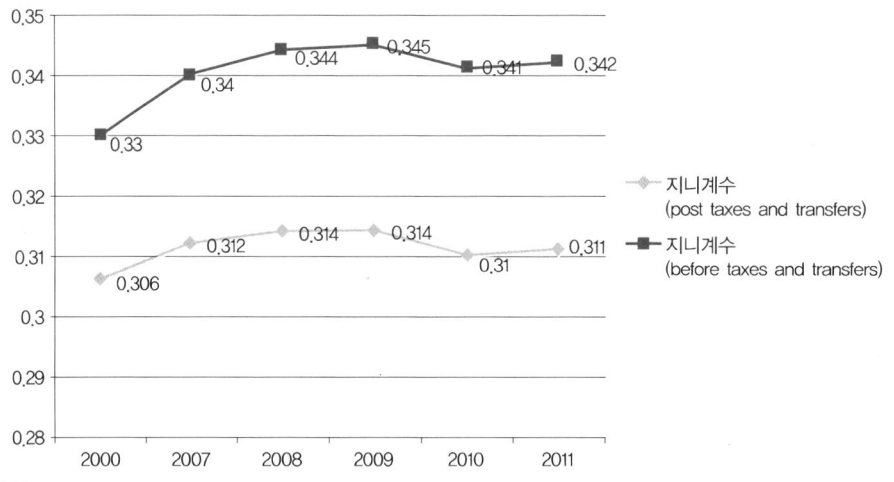

자료: OECD Statistics.

우리나라의 경우 다른 나라에 비해 지니계수 격차가 낮은 수치를 보이는데,
이는 우리의 소득재분배정책이 효과적이지 않음을 의미한다. 소득재분배의 악화
는 계층 간 갈등 야기, 사회의 안정성 저해, 터널효과(Tunnel effect)를 일으켜 장기
적인 성장을 저해할 가능성이 있다.[7]

7 한국경제, '허쉬만 터널효과'의 교훈, 2009.06.15. 경제 발전의 초기에는 소득 불평등을 어느 정도
  용인하지만, 경제 발전이 이루어져도 그 분배가 고르게 이루어지지 않으면 정치 사회적 불안을 초
  래하여 경제 발전의 원동력을 상실할 우려가 있다는 주장을 터널에서의 교통 지체에 비유하여 설
  명한 이론이다. 즉 후진국의 침체를 터널 속 자동차의 정체 현상으로 비유하면, 발전 초기에는 두
  차선 중 어느 차선 하나가 움직이면 다른 차선에 기다리는 사람도 자기 차선이 곧 움직이리라는

표 6-7 2006~2011 OECD 주요국 간 소득재분배 이전(before taxes and transfers) 및
이후(after taxes and transfers) 지니계수 격차[주]

	2006	2007	2008	2009	2010	2011	평균
한국	0.024	0.028	0.030	0.031	0.031	0.031	0.029
프랑스	..	..	0.190	0.200	0.202	..	0.197
독일	..	..	0.207	0.205	0.206	..	0.206
스페인	0.138	0.138	0.145	0.160	0.169	..	0.150
스웨덴	..	..	0.166	0.175	0.172	..	0.171
미국	..	..	0.108	..	0.119	..	0.114

주: 표에서 '..'로 표시된 부분은 해당 기간 OECD의 지니계수 조사가 행해지지 않았음을 의미.
자료: OECD Statistics.

(3) 전망의 위험요인

1) 재정악화

심각한 경제위기와 이에 대응한 적극적 확대 재정정책의 실시로 재정이 급속히 악화되고 있다. 최근 세계 각국 정부가 동시에 2차 세계대전 이후 가장 심각한 재정악화를 경험 중이며 선진국일수록 재정악화 문제가 심각한 수준이다. IMF의 추정에 따르면 G20 선진국 평균 재정적자 규모는 2007년 GDP대비 1.9%에서 2009년 9.7%로 악화되고, 2014년에도 재정적자 규모가 5.3%에 달할 전망이다. 반면, G20 개도국은 재정수지가 균형에서 2009년 5.1% 적자로 악화되지만 2014년 적자 규모가 1.3%로 감소되는 등 상대적으로 양호할 전망이며, 정부부채비율도 40% 미만의 낮은 수준에서 안정화될 것으로 보인다.

그리스, 스페인, 포르투갈 등 PIIGS 국가들의 재정위기는 금융위기 이후 세계경제 회복의 커다란 위협요인으로 대두될 전망이다. 금융위기 대응에 따른 정부지출 증대와 경기침체에 따른 세수 감소로 인해 이들 국가들은 대규모 재정적자를 기록하였으며 정부부채도 급속하게 증가하고 있다. 이들 국가의 재정적자는 향후 세계경제의 회복과 함께 강력한 구조조정을 전제하더라도 당분간 지속될 전

기대에 부풀게 되지만, 계속 한 차선만 움직이고 자신이 서 있는 차선의 정체가 계속되면 기대에서 오는 좌절감으로 불만이 쌓여 차량 소통을 규제하는 교통 경찰을 무시하고 교통 법규를 무시하게 되어 터널 속은 더욱 정체가 심해진다는 이론이다. 어떤 사회에 불로 소득이 만연하면 국민들은 상대적 빈곤을 느끼게 된다. 그러면서 경제, 사회적으로 불평등이 심한 나라라고 생각하게 된다. 이것은 그 자체로서도 매우 중대한 문제이며 국민적 일체감을 형성하고 국력을 신장시키는 데에도 결정적인 장애가 될 수 있다. 경제학자인 허쉬만이 개발 도상국이 저개발 상태에서 선진국에 이르는 과정을 긴 터널을 빠져나가는 것에 비유하면서 생겨난 말이다. [네이버 지식백과]

망이다. 우리나라의 경우 재정악화규모가 과거추이에 비해서는 매우 큰 편이지만, 주요 선진국에 비해서는 상대적으로 양호한 편이다. IMF의 보고서에서 우리나라 재정수지 및 국가채무수준이 매우 양호한 것으로 평가하고 있고 OECD의 보고서에서도 재정수지 개선압력이 매우 낮고 따라서 재정건전성 강화를 위한 특별한 조치가 요구되지 않는다고 평가하면서, 다만 경기가 안정화됨에 따라 중기 재정운용계획에 따른 균형재정을 달성하기 위해 정부지출감소를 권고하고 있다.

2) 잠재성장률의 하락

경제위기 이전에도 저출산 고령화로 인해 성장잠재력이 저하되고 있었고 경제위기는 단기적으로 잠재성장률을 하락시키며, 중장기 성장추세에 대해서도 부정적인 영향을 미친다. 단기적 영향으로는 투자 및 고용 등 생산요소의 공급이 빠르게 위축되면서 잠재성장률이 하락하고 있다. 장기적 영향으로 경제위기는 주로 총요소생산성 하락 경로를 통해 잠재성장률을 둔화시키는 요인으로 작용하게 된다.

투자위험이 높아 경기상황에 민감한 연구개발투자가 급격히 위축되면서 기술혁신과 생산성 향상의 기회를 상실할 수 있다. 위기 이후 금융중개 기능이 약화되고 위험에 대한 프리미엄이 높아지는 경향이 있으며, 결국 효율적인 자원배분을 저해하게 된다. 경제위기시 노동시장에 진입하지 못한 인력의 경우 인적자본 축적에 실패하게 되며 장기적으로도 영향을 받게 될 수 있다.

한편 위기로 인한 경기침체가 생산성 향상의 계기로 작용하면서 경제성장에 긍정적 영향을 줄 수도 있다. 경기침체시 한계기업 퇴출 및 비효율적 부문의 축소로 인해 평균적인 생산성이 향상되는 '창조적 파괴과정'이 작동할 수 있기 때문이다. 우리나라의 경우 이러한 효과를 기대하기 위해서는 위기 당시 대책으로 추진된 중소기업 등에 대한 자금지원을 정상화하면서 구조조정을 적극적으로 추진해야 한다. 위기 이후 잠재성장률이 대부분의 경우 하락하였다는 점을 감안할 때 세계경제의 잠재성장률 자체가 금융위기로 인해 다소 하락했을 가능성이 높은 상황이며 우리나라의 잠재성장률도 최소한 단기적으로 둔화되었을 가능성이 높다. 따라서 성장률을 낙관적으로 설정할 경우 경제 운용에 있어서 재정 건전성, 물가 등에 중기적인 부담으로 작용할 수 있다는 점이 정책 수립과정에서 고려될 필요가 있다.

Ⅱ. 예산구조

1. 예산

국가재정법 제19조(예산의 구성)에 의하면 예산은 예산총칙, 세입세출예산, 계속비, 명시이월비, 국고채무부담행위로 구성되어 있다.

(1) 예산총칙

예산총칙에는 세입세출예산, 계속비, 명시이월비와 국고채무부담행위에 관한 총괄적 규정과 함께 국채 또는 차입금의 한도액, 재정증권의 발행과 일시차입금의 최고액, 기타 예산집행에 관하여 필요한 사항 등이 규정된다. 2013년 세입세출예산 중 일반회계는 236조 2,253억원, 특별회계는 62조 1,804억원이다. 재해복구 국고채무부담행위 한도액은 1조 3,000억원이며, 일반회계 재해대책 예비비 사용에 준하여 집행한다.

한국은행으로부터 일시차입하거나 재정증권을 발행할 수 있는 최고한도액은 통합계정의 경우 30조원, 양곡관리특별회계 2조원, 공공자금관리기금 8조원, 국유재산관리기금은 3천억원이다. 2013년 국민주택기금의 차입 또는 국채발행한도액은 11조 5천억원, 공공자금관리기금은 80조원, 외국환평형기금 한도액은 10억 달러이다. 목적예비비는 2조 8천억원으로 예비비 총액의 71.8%에 해당한다.

(2) 세입세출예산

세입세출예산은 한 회계연도의 모든 수입과 지출 예정액이 구체적으로 표시된다. 세입세출예산은 독립기관 및 중앙관서의 소관별로 구분한 후 소관 내에서 일반회계와 특별회계로 구분된다. 2012년 기준 세입예산총액은 총 282.7조원이다. 일반회계 세입예산은 223.1조원, 특별회계 세입예산은 59.5조원이다. 국세수입(일반회계, 특별회계 포함)은 205.8조원이다.

표 6-8 연도별 경상GDP와 국세수입 추이 (단위: 조원, %)

	2007	2008	2009	2010	2011	2012	평균증가율
경상GDP	975	1,026.5	1,065	1,172.8	1,250.5	1,334.4	6.6
국세수입	161.5	167.3	164.5	177.7	187.6	205.8	7.0
비중	16.6	16.3	15.4	15.2	15.0	15.4	–

표 6-9 2012년 세입예산 국세수입 구성 (단위: 억원)

국세	2,057,575
일반회계	1,972,755
내국세	1,661,454
소득세	457,699
법인세	445,458
상속증여세	36,879
부가가치세	568,016
개별소비세	60,377
증권거래세	42,480
인지세	6,108
과년도수입	44,437
교통·에너지·환경세	136,863
교육세	47,696
종합부동산세	10,631
관세	116,111
특별회계	84,820
주세	29,481
농어촌특별세	55,339

2012년 세출예산은 총 282.7조원이다. 일반회계 세출예산은 223.1조원, 특별회계 세출예산은 59.5조원이다.

예비비는 예기치 못한 긴급한 지출수요에 대비하여 일정금액을 계상해 놓은 경비이므로 총액으로 국회의 의결을 얻어 필요할 때 사용하도록 하는 것이다. 예비비는 일반예비비와 목적예비비로 구분된다. 일반예비비는 사용용도가 제한되지 않은 예비비로서 일반회계 예산총액의 100분의 1 이내로 편성하며 목적예비비는 매년 예산총칙에서 용도를 제한하는 예비비를 말한다. 2012년 일반예비비 1조 2천억원과 목적예비비 1조 2천억원이 계상되었다. 목적예비비는 재해대책비(재해복구 국고채무부담행위 상환액 및 전염병 예방·대책비 포함), 인건비(국민건강보험 부담금, 연금부담금 등 연동경비 포함), 환율변동으로 인한 원화부족액 보전경비, 레바논·아이티·소말리아 해외 파병경비에만 사용하도록 용도를 제한하였다.

표 6-10 2012년 회계별 세출예산 구성   (단위: 억원)

일반회계	2,231,384
특별회계	595,490
농어촌구조개선	136,814
교통시설	150,101
등기	2,494
교도작업	420
에너지및자원사업	46,946
환경개선	43,640
우체국보험	7,038
광역·지역발전	94,085
주한미군기지이전	3,850
행정중심복합도시건설	8,028
국방·군사시설이전	5,317
혁신도시건설	8,986
아시아문화중심도시조성	990
양곡관리	14,287
책임운영기관	7,759
조달	2,547
우편사업	36,992
우체국예금	25,197

계속비란 완성에 수년도를 요하는 공사나 제조 및 연구개발사업에 있어서 그 경비총액과 연부액을 정하여 미리 국회의 의결을 얻은 범위 안에서 수년도에 걸쳐 지출할 수 있도록 한 것이다. 계속비 제도는 사업추진의 일관성과 안정적인 재원확보를 가능하게 해주고 중장기적인 관점에서 사업을 시행할 수 있는 장점이 있다. 따라서 대형건설 사업뿐만 아니라 연구개발사업 등도 계속사업으로 편성할 수 있다. 2012년 계속비 예산의 총 사업비는 31조 9,293억원, 2012년 연부액은 4조 292억원이다. 2012년에 추진되는 계속비 예산 사업내역을 살펴보면, 국토해양부, 대법원, 환경부 등 총 3개 부처에 24개 사업으로 국토해양부 22개 사업, 대법원 국유재산관리기금 1개 사업, 환경부 1개 사업으로 구성되어 있다.

명시이월비는 세출예산 중 경비의 성질상 연도 내에 지출을 끝내지 못할 것이 예측되는 때에는 그 취지를 세입세출예산에 명시하여 미리 국회의 승인을 얻은 후 다음 연도에 이월하여 사용할 수 있는 항목이다. 명시이월비는 원칙적으로 명시이월 승인을 얻은 다음 연도에 한하여 집행할 수 있다는 점에서 2년 이상 5년간 집행할 수 있는 계속비와 차이가 있다. 또한 명시이월비는 당초예산 편성시 계상하므로 추진하는 과정에서 불가피한 사유가 있어 지출하지 못하여 출납폐쇄기간 이후에 결정되는 사고이월과 차이가 있다. 2012년 명시이월비 내역으로는 국방부 정책기획 및 국제협력 사업과 방위사업청 항공기, 성능계량 등 설계지연에 의한 현물 군사건설사업지연, 해외여건변동으로 인한 외자장비도입 지연 및 신장비 개발지연의 사유를 제시하였다.

국고채무부담행위는 법률에 따른 것과 세출예산금액 또는 계속비 총액의 범위 안의 것 외에 채무를 부담하는 행위를 하는 때에는 미리 예산으로 국회의 의결을 얻도록 하고 있는데 사항마다 그 필요한 이유를 명백히 하고 그 행위를 할 연도 및 상환연도와 채무부담행위의 금액을 표시하도록 되어 있다. 2012년 국고채무부담행위 내역으로는 국방부 급식, 장비유지등 경상운영비, 해양경찰청 대형함정 등의 일반회계와 국토해양부 교통시설 특별회계 일반국도 건설과 국도대체우회도로 건설 등이 계상되었다.

최근의 예산구성은 나라살림이라고 해서 기금운용계획을 포함하고 국가재정운용계획의 형태로 표현되는 재정운용방향이 포함된다. 먼저 예산안 및 기금운용계획안에 대한 대통령의 시정연설과 기획재정부장관의 제안설명이 이루어진다. 다음은 나라살림개요로서 종합적인 재정운용여건, 세입규모, 지출규모, 재정수지 및 국가채무를 표현한다. 재정운용방향으로 재원배분방향, 24대 중점추진과제, 주요 분야별 재원배분을 수록한다. 이어 R&D분야, 산업·중소기업 및 에너지분야, SOC분야 등 12개 분야로 나눠 분야별 투자계획을 수록한다. 이어 구체적인 예산 및 기금운용계획의 순서로 나라살림이 구성된다.

2. 기금

2012년 기금 수는 총 65개로, 사업성 기금 44개, 사회보험성 기금 6개, 계정성 기금 5개, 금융성 기금 10개로 구성되어 있다. 정부내부수입 등을 포함한 기금수입은 379조 4,581억원이며, 사업비와 기금운영비 지출은 89조 1,291억원이다. 차이부분은 정부내부지출 159조 3,145억원과 여유자금운용 131조 253억원으로 설명된다. 수입은 자체수입 125조원, 정부내부수입 68.7조원, 차입금 98.7조원, 여유자금 회수 87.2조원 등으로 구성된다. 지출은 사업비로 86.8조원, 기금운영비로 2.3조원인바, 사업비로 사회보험성 기금에서 41.2조원, 금융성·계정성기금에서 8.6조원, 사업성 기금에서 37.1조원 지출 계획이 반영되었다.

	기금명	사업비	기금운영비	정부내부지출	여유자금운용
사업성	과학기술진흥	1,007	9	344	39
	관광진흥개발	6,088	6	600	457
	국민건강증진	18,717	1	385	1,109
	국민주택	165,557	5	159,752	46,986
	국민체육진흥	7,120	224	–	2,138
	국유재산관리	9,618	18	50	–
	국제교류	493	126	–	383
	군인복지	4,745	–	–	3,131
	근로복지진흥	667	108	1,313	2,360
	금강수계관리	928	17	–	29
	낙동강수계관리	1,995	33	–	43
	남북협력	10,060	56	5,321	701
	농산물가격안정	22,023	625	–	3,509
	농어업재해재보험	80	7	–	2,543
	농지관리	8,933	575	5,000	2,137
	대외경제협력	6,277	85	121	330
	문화예술진흥	1,099	256	–	1,314
	문화재보호	1,098	2	–	202
	방사성폐기물관리	1,737	427	1,500	5,499
	방송통신발전	5,339	38	200	2,682
	범죄피해자보호	565	1	–	67
	보훈	1,222	13	4	4,655
	사학진흥	2,453	42	719	788
	석면피해구제	83	18	–	44
	수산발전	5,723	15	36	1,017
	순국선열애국지사사업	60	2	–	557
	쌀소득보전변동직접지불	620	76	118	1,371
	언론진흥	231	10	–	320
	여성발전	1,041	–	15	43
	영산강·섬진강수계관리	696	12	–	65
	영화발전	1,021	96	–	1,761
	원자력연구개발	1,751	39	–	305
	응급의료	1,989	1	–	390
	임금채권보장	2,717	102	300	2,380
	자유무역협정이행지원	5,700	35	–	3,376
	장애인고용촉진및직업재활	1,830	459	227	6,495
	전력산업기반	15,764	92	2,000	534
	정보통신진흥	6,723	167	2,000	6,270
	중소기업창업및진흥	35,050	809	37,543	1,465
	지역신문발전	105	7	–	3,981
	청소년육성	620	1	–	4,118
	축산발전	6,879	35	56	21,974
	특정물질사용합리화	42	5	–	2,407
	한강수계관리	4,252	73	–	11,298
계정성	공공자금관리	2,533	1	1,128,528	73,402
	공적자금상환	47	–	22,393	142
	복권	19,976	17	14,707	253
	양곡증권정리	–	–	4,300	215
	외국환평형	–	5	102,567	835

금융성	구조조정	–	144	6,158	7,370
	기술신용보증	12,577	1,551	1,500	108
	농림수산업자신용보증	2,775	583	–	155
	농어가목돈마련저축장려	972	–		22
	무역보험	9,275	968	–	4,346
	부실채권정리	2,981	1,613	18,745	99,762
	산업기반신용보증	188	105	–	692,808
	신용보증	29,630	3,199	3,500	304
	예금보험기금채권상환	479	153	69,613	1,131,366
	주택금융신용보증	4,197	623	322	476
사회보험성	고용보험	60,049	1,021		2,233
	공무원연금	125,615	905	208	36,934
	국민연금	120,335	4,070	–	83
	군인연금	25,066	5		4,383
	사립학교교직원연금	35,798	774	–	259,079
	산업재해보상보험및예방	44,644	2,861	3,000	361,652

3. 임대형 민자사업(BTL) 한도액

정부는 사회기반시설에 대한 민간투자법에 따라 2012년 실시할 임대형 민자사업(BTL)의 총한도액을 7,565억원으로 하고 이 중 국가사업의 한도액은 5,920억원, 국고에서 보조하는 지방자치단체사업의 한도액은 1,285억원이며, 사업추진과정에서 예측할 수 없는 지출에 충당하기 위한 예비한도액은 360억원이다. 대상시설별로는 국가사업은 국립대학교시설, 공공보건의료시설, 지자체사업으로는 하수관거시설이 반영되었다.

4. 정책이슈

(1) 총수입

재정수입은 회계와 기금별로 독립적으로 설명할 수도 있고 회계와 기금을 모두 합해 총수입으로 설명할 수도 있다. 우리나라의 중앙재정은 1개의 일반회계, 5개의 기업특별회계, 13개의 기타특별회계, 그리고 64개의 기금으로 구성되어 있다. 모든 회계와 기금의 수입을 단순 합산할 경우 회계 간 전출입 금액 등을 중복계상하여 실제의 재정수입 전체보다 커지는 문제가 발생한다. 총수입은 중앙 재정의 실제 수입규모를 파악하기 위해 회계 및 기금 간 내부거래 등을 제외하고 산출한다. 여러 기업으로 구성된 기업집단이 그룹전체의 규모를 파악하기 위해 기업 간 내부거래를 제외한 연결 재무제표를 만드는 것과 유사하다.

(2) 총지출

정부의 재정규모는 포괄범위 및 회계기준에 따라 통합재정규모, 총지출규모, 일반정부 재정규모 등으로 정의될 수 있다. 먼저 IMF 기준인 통합재정규모는 예산과 기금 등 정부부문 지출규모에서 채무상환 등을 차감한 순수한 재정활동의 규모를 말한다 즉, 경상지출과 자본지출에 순융자를 더한 규모이다. 한편 총지출규모는 국민의 입장에서 느끼는 정부지출규모이며 통합재정규모가 순수한 재정활동 규모를 측정하기 위해 융자거래와 기업특별회계를 순계개념으로 파악하는 것과 달리 총계개념으로 파악한다. 한편 일반정부 재정규모는 중앙정부와 지방정부 및 비영리공공기관의 모든 재정활동을 포함하는 것으로 각국은 국민계정 작성기준(System of National Accounts)에 따라 작성한다. 우리나라는 한국은행이 통계작성을 담당하며 OECD에서 각국의 공식통계를 취합 발표하고 있다. 현재 일반정부 재정규모에는 중앙 및 지방정부의 일반회계, 특별회계, 기금과 비영리공공기관 등이 포함되지만 공기업은 제외된다.

(3) 관리대상수지

관리대상수지는 통합재정수지 중 사회보장성기금과 공적자금상환기금 출연원금 소요(2003~2006년까지)를 제외한 재정수지를 말한다. 사회보장성기금은 국민연금, 사학연금, 산업재해보상보험기금과 고용보험기금을 포함한다. 지속적으로 증가하고 있는 사회보장성기금 흑자는 장래 연금급여지급에 대비하여 적립되고 있으므로 재정의 건전성을 제대로 평가하기 위해서는 이를 제외할 필요가 있다. 특히 우리나라는 국민연금이 초기단계로 대규모 흑자를 시현하고 있고, 실제 국가채무의 증가와 관리대상수지가 밀접한 연관관계가 있음을 감안할 때 재정지표로서 관리대상수지의 유용성이 높다.

재정수지의 경우 2009년 글로벌 금융위기로 인한 경기침체 및 이를 극복하기 위한 적극적인 재정지출로 인하여 통합재정수지는 △17.6조원(GDP 대비 △1.7%), 관리재정수지는 △43.2조원(GDP 대비 △4.1%)까지 악화되었다가 2010년에는 통합재정수지(16.7조원)와 관리재정수지(△13.0조원)가 일시적으로 회복되었으나 2011년부터 다시 악화되는 추세에 있다. 특히, 2013년에 들어서는 7분기 연속 전기 대비 성장률이 1%를 하회하고, 취업자 증가세가 둔화되는 등 경기침체로 인해 수입결손이 △12.0조원에 달한다. 더욱이, 실질적인 국민 부담으로 귀결되는 적자성 채무의 증가 속도가 금융성 채무의 증가 속도보다 상대적으로 빠른 것으로 나타나고 있다. 적자성 채무 중 2012년 말 기준 잔액이 202.0조원에 이르는 일반회계 적자국채의 경우, 2007~2012년 연평균증가율이 국가채무 전체 증가율 및 적자성 채무 증가율을 크게 웃도는 27.9%에 이를 정도로 급속하게 증가하고 있다는 점에서 최근의 재정수지 악화가 국가채무의 급격한 증가로 이어지고 재정건전성을 위협하는 주요한 요인으로 작용하고 있다.

(4) 재정운용방향

정부는 매년 새해 예산을 편성하면서 재정운용의 방향을 제시한다. 2012년 예산을 예로 들어보자. 2012년 예산은 일자리확충에 역점을 두었다. 일자리 창출을 복지와 경제성장의 핵심 연결고리로 설정, 일을 중심으로 일―성장―복지의 선순환구조가 정립되도록 할 계획이다. 청년 창업 활성화, 3단계(재학―구직―취업) 고졸자 취업지원, 문화·관광·글로벌 일자리, 사회서비스 일자리 등 4대 핵심 일자리 확충을 통하여 일하는 복지를 지향한다.

또한 2012년 예산은 서민·중산층의 맞춤형 복지를 늘린 예산이다. 삶의 질 향상을 위한 생애주기별·수혜대상별 맞춤형 복지에 우선순위를 둔다. 생애주기별 맞춤형복지는 보육, 교육, 문화, 주거 및 의료 등 핵심복지서비스에 중점을 두었다. 수혜대상별 맞춤형 복지를 위해 저소득층, 장애인, 다문화가족, 농어업인, 장병과 전·의경, 국가유공자의 삶의 질을 높일 계획이다. 재정의 지속가능성을 고려하여 서민·중산층 위주로 꼭 필요한 사람에게 꼭 필요한 복지서비스를 제공함으로써 복지포퓰리즘과는 차별화한다.

셋째는 경제활력과 미래를 위해 투자한 예산이다. 지역경제 활성화 및 내수 기반확대, 나아가 지속성장 기반 구축을 위한 투자도 강조한다. 지역경제활성화 효과가 큰 SOC투자는 적정수준을 유지하고 수질개선 및 지역경제 뒷받침을 위한 하수관거 등 환경투자를 확대하였다. 중소기업 정책자금을 확대하는 등 중소기업과 소상공인 지원을 강화하고, 서비스산업 선진화를 통해 내수기반을 확대할 계획이다. 미래를 위한 투자로는 저탄소 녹색사회, 녹색산업 구축을 위해 공공부문에 전기차를 보급하고, 공공기관 LED 조명 교체 확대 등을 통해 녹색산업의 신성장동력화를 지원한다.

2013년 국가재정운용계획에서 제시하는 재정지출 계획을 보면, 2013~2017 기간 중 재정지출 증가율을 재정수입 증가율(5.0%)보다 1.5%p 낮은 수준인 연평 균 3.5% 수준으로 관리하는 것으로 계획하고 있다. 이는 2012~2016년 국가재정 운용계획의 연평균 4.6%보다 낮은 수준으로, 향후 재정건전성의 단계적 회복을 위한 지속적인 지출 효율화 노력을 반영한 결과라고 정부는 설명하고 있다. 그러 나 2014년 예산안의 총지출 357.7조원은 2012년 국가재정운용계획에서 밝힌 2014년 총지출 357.5조원보다 오히려 0.2조원 증가한 것으로 나타난다. 마찬가지 로, 2012년 국가재정운용계획에서 밝힌 2014년 총수입, 관리재정수지 및 국가채 무 규모와 실제 2014년 예산안상의 그 규모를 비교해보면, 2013년 국가재정운용 계획이 낙관적인 전망을 하고 있음을 알 수 있는바, 정부는 국가재정운용계획의 신뢰성이 저하되지 않도록 현실적인 재정총량 관리계획을 제시하여야 할 것이다.

한편 기획재정부는 2014예산안을 세 마리 토끼를 한꺼번에 잡는 예산으로 설 명한다. 경기회복세가 부진한 대내외환경을 감안해 경제활력회복과 성장잠재력 확충, 일자리 창출, 그리고 서민생활 안정과 삶의 질 제고를 함께 고려했다고 한 다. 그러나 다음과 같은 비판에서 자유롭기 어렵다. 예산안 편성의 기초가 된 내 년 경제성장률 3.9%부터가 낙관적이다. 저성장 기조가 고착화되고 있는 시점에서 현실과 동떨어진 전망이라는 비판을 받는다. 정부가 2017년까지 국가부채 비율을 현 수준인 36%대로 유지하겠다는 계획도 의문이다. 기존 복지제도만 유지해도 재 정부담이 상당한 현실에서 공약가계부에 반영된 복지과제를 증세없이 확대하면서 부채비율까지 유지하겠다는 것은 논리적이지 않다.

2014년도 예산안은 복지 중심의 대선공약을 지키고 경제도 살리겠다는 상충 되는 목표를 모두 맞추려다 보니 우선순위와 원칙이 흐려질 수밖에 없다. 이도저 도 아닌 어정쩡한 예산이라는 지적이 나오는 이유다. 기초노령연금의 수급자격을 모든 노인에서 소득을 연계하고 다시 국민연금을 연계해서 지속가능성을 높인 부 분, 무상보육을 위한 국고보조금 예산지원을 올해 대비 10%p 인상하는 데 그치고 있고 국가장학금을 늘리는 부분에 있어서도 당초 공약을 다 충족하지 못하는 모 습을 보이고 있다. 다른 한편으로는 공약가계부 135조원의 새로운 재정소요를 감 당하기 위해 이 중 80조원 SOC예산을 중심으로 과감한 구조조정 및 사업조정을 통해 마련하기로 했으나 결국 경제활성화의 명분으로 SOC예산도 4대강을 제외하고는 평년 수준보다 확대하는 것으로 편성되었다.

(5) 의무지출

의무지출은 재정지출 중 법률에 따라 지출의무가 발생하고 법령에 따라 지출 규모가 결정되는 법정지출 및 이자지출로서 의무지출의 범위는 지방교부세, 지방 교육재정교부금 등 법률에 의해 지출의무와 지출규모가 결정되는 지출과 국제조 약 또는 국제법규에 따라 발생되는 지출, 그리고 국채 및 차입금 등에 대한 이자 지출이 해당된다. 의무지출은 경기변화로 세입여건과 같은 경제상황변화에 따라 지출규모를 탄력적으로 조정하기 어렵다는 점에서 중장기 재정건전성 확보에 부 담을 초래할 수 있다.

국회예산정책처는 의무지출 사업을 교부금, 복지, 농림, 이자상환 및 기타의 5개 분야로 구분하고 있다. 정부는 2013~2017년 기간 중 의무지출은 연평균 6.9% 증가할 것으로 전망하고 있는데, 이는 같은 기간 전체 재정지출 증가율 3.5%의 약 2배 수준이다. 실제로 2010년부터 2014년까지의 연평균 의무지출 증 가율이 6.9%라는 점[8]에서 정부가 제시하는 의무지출 증가율 전망치는 실제에 가 깝다고 할 수 있다. 이에 따라 전체 재정지출에서 의무지출이 차지하는 비중은 2010년 44.2%, 2014년 47.2%에서 2017년 51.7%까지 확대될 전망이다.

2013년 국가재정운용계획에 따르면, 의무지출 중 가장 규모가 큰 지방이전재 원(지방교부세, 지방교육재정 교부금)은 내국세 수입 증가 추세에 따라 연평균 5.7% 증가 할 전망이며, 복지분야 법정지출은 기초연금(27.8%), 장애인연금(18.3%) 등이 각각 빠르게 증가하면서 연평균 9.1% 증가할 전망이다. 한편 이자지출은 국가채무 증 가 추세에 따라 연평균 3.9% 증가할 전망이다.

8 각 연도 의무지출 증가율은 2011년 9.0%, 2012년 6.9%, 2013년 5.1%, 2014년 6.4%임.

Ⅲ. 재정건전성 확보 및 성장잠재력 확충을 위한 정책방향

1. 재정건전성 확보

우리나라 국가채무의 GDP대비 비중은 상당히 빠른 속도로 증가하는 추세를 보이고 있다. 공적자금 상환 및 사회복지지출 급증 등으로 인해 국가채무의 GDP 대비 비중은 2006년 들어 30%를 초과하기 시작하였으며, 2008년 이후 금융위기에 대응한 적극적 재정대응으로 재정수지가 빠르게 악화되면서 국가채무가 2014년에는 36.5%에 달할 전망이다.

이와 같은 재정건전성 악화는 위기대응능력 및 대외신인도 저하 등의 대내외 위험요인을 배태한다. 세계 금융시장 통합으로 국내경제의 대외 취약성이 높아지는 상황에서 재정건전성 악화는 위기발생의 가능성을 사전적으로 높일 뿐 아니라, 위기발생시 적절한 대응을 어렵게 한다. 재정건전성은 해당 정부의 전반적 경제운영능력에 대한 대표적 지표로 인식되는 경향이 있다. 한편 국가채무 누적으로 인한 이자지출 증가는 신축적 재정운용의 여지를 축소하고 국민소득 증대를 저해하게 된다. 교육, R&D 등의 생산적 부문으로의 재원배분에 어려움이 따를 뿐 아니라, 소득분배 악화, 인구고령화, 남북경협 증대 등에 대한 재정의 역할을 제대로 수행하지 못할 가능성이 있다. 이자지출 증가로 인한 생산적 재정투자의 감소는 정부 및 경제 전체의 총저축 감소로 이어지고, 자본축적 둔화 및 경상수

표 6-12 2013-2017년 국가재정운용계획 재정총량 규모 현황 (단위: 조원, %)

	2012	2013~2017년 국가재정운용계획				
		2013	2014	2015	2016	2017
통합재정수지	18.5	11.8	13.1	23.7	28.9	37.6
(GDP대비, %)	(1.5)	(0.9)	(0.9)	(0.6)	(1.8)	(2.2)
관리대상수지	△17.4	△23.4	△25.9	△17.0	△14.1	△7.4
(GDP대비, %)	(△1.4)	(△1.8)	(△1.8)	(△1.1)	(△0.9)	(△0.4)
국가채무	443.1	480.3	515.2	550.4	583.1	610.0
(GDP대비, %)	(34.8)	(36.2)	(36.5)	(36.5)	(36.3)	(35.6)

147

지 적자 누적으로 인해 장기적으로 국민소득 증대를 저해한다. 또한 저출산·고령화 및 남북통일과 관련한 우리나라 특유의 문제로 인해 재정건전성에 대한 중·장기적 위협요인이 상당 수준임을 고려할 필요가 있다. 저출산 및 인구고령화에 따라 건강보험, 연금 등 사회복지 관련지출 압력이 증가하는 반면, 잠재성장률 하락으로 인한 세수증가율 감소가 예상되기 때문이다. 인구구조 변화를 고려한 장기 재정추계 결과(조세연)에 따르면, 현행 사회복지제도가 유지되고 조세부담률이 기존 중기계획상의 2013년 수준으로 유지되는 경우 국가채무의 GDP대비 비중은 2050년 116%에 도달할 전망이다.

남북한의 인구 및 경제력 차이를 감안할 때, 통일관련 재정소요는 과거 독일이 경험한 수준보다 훨씬 큰 규모가 될 것이다. 북한 주민들에게 기초생활보장 등의 남한 사회보장제도를 적용할 경우 복지지출이 크게 증가할 것이며, 도로·철도·항만 등의 사회간접자본과 행정자산 구축에도 상당한 재정투입이 소요될 전망이다. 이상의 재정건전성 악화에 따른 대내외 위험요인과 재정건전성 회복에 대한 중장기적 위협요소를 고려할 때, 균형재정을 조기에 달성하는 것이 매우 긴요한 시점이다. 재정건전성을 조속히 회복하지 못할 경우 1970년대 이후 선진국들이 재정적자의 늪에서 헤어나지 못하고 다양한 위험요인에 노출된 경험을 되풀이할 가능성이 높다. 1970년대 중반 제1차 석유파동 이후 선진국들은 만성적인 재정적자를 경험하였는데, 이는 잠재성장률 과다 추정과 더불어 조기에 재정균형을 회복하지 못한 것에 기인한다.

(1) 중기 재정총량 목표 설정과 재정준칙 실효화

중기 재정총량 목표를 달성하기 위해서는 강력한 세출구조조정 및 세입기반 확대를 위한 적극적 정책노력이 긴요하다. 부문별 지출한도에 대한 명확한 재정규율의 도입이 필요하며 재량적 지출증가 가능성이 큰바, 재량지출에 대한 지출한도를 설정할 필요가 있다. 국가재정운용계획의 시계(time horizon)에 대한 명확한 기준과 함께 기속정도에 대한 기준이 마련될 필요가 있다. 이제는 재정규율을 법제화해야 할 시점이다.

(2) 세출구조 조정

재정사업 자율평가제도의 정착 및 확대를 통해 평가결과를 예산편성에 반영하여 재정운용의 효율성을 제고해야 한다. 재정사업 자율평가제도는 사업목적의 명확성, 타사업과의 유사·중복성 등을 점검하기 위해 2005년부터 도입하였다. 그러나 성과관리단위와 프로그램 예산체계의 단위 불일치로 인한 성과와 예산의 연계 부족, 성과지표 개선 노력 부족 등 근본적인 성과관리제도의 실효성은 아직 미흡한 수준이다. 향후 성과계획서 및 성과보고서에 대한 적절성 검증 강화, 성과관리와 예산상 사업단위 강화, 평가결과의 예산반영 원칙 마련 등 지속적인 제도개선 노력이 필요하다. 2011년부터 도입된 조세지출예산제도(tax expenditure budget)를 적극 활용하여 비과세·감면을 포함한 실질적인 재정지출 총량을 기초로 재원배분전략을 마련할 필요가 있다. 특정 계층 및 부문에 대한 과도한 지원이 이루어지거나 조세지출의 만성화로 세입기반을 잠식하는 등의 문제를 합리적으로 조정할 수 있을 것으로 예상된다. 경제사업부문은 시장기능에 최대한 맡기고 정부는 시장실패가 존재하는 부분에만 개입함으로써 경제사업지출을 단계적으로 축소할 필요가 있다. 선진국 대비 여전히 높은 수준을 기록하고 있는 총지출 대비 경제사업부문의 비중은 향후 성장동력 확충을 위한 R&D 및 고령화에 따른 사회복지 지출 증가를 고려할 때 서서히 감소해 나갈 필요가 있다.

한편, 경제사업의 축소가 경제성장에 미칠 부정적인 영향을 고려하여 BTO, BTL 등 민간투자제도를 적극 활용하되 민자사업이 미래의 재정이나 국민에 과도한 부담으로 작용하지 않도록 민자사업 적격성 조사를 강화해야 한다. 재정사업의 예비타당성 조사시 민자사업으로의 추진 가능성을 검토하여 재정과 민자사업의 연계성을 강화하는 제도를 마련할 필요가 있다. LH공사를 비롯한 공공기관의 주요사업에 대해서도 예비타당성 조사를 확대할 필요가 있다. 공공기관과 지방정부 공기업부문의 재정규율 강화와 공시투명성을 지속적으로 제고시켜야 한다. 지방재정 및 지방교육재정구조가 국가와 지방 간의 합리적 재정관계에 기초한 가격

표 6-13 기능별 세출 국제비교 (단위: %)

	일반공공행정	국방	공공질서/안전	경제	환경	주택	보건	문화	교육	사회보장
한국	13.6	16.0	5.1	40.0	1.1	1.8	11.3	1.4	6.5	3.1
미국	10.2	18.9	1.5	6.0	0.0	3.1	24.4	0.2	3.5	32.2
OECD	24.5	5.9	4.0	14.2	0.7	1.2	9.2	1.7	10.6	27.8

자료: OECD Factbook, 2013.

기제를 적극적으로 활용하고 중앙은 한 발 물러난 이선에서 안전판과 조정의 역할을 수행하는 역할 분담이 필요하다.

(3) 세입기반 확대

감세 정책의 지속적인 추진 여부를 원점에서 재검토하고 소득파악 제고 등의 세무행정 강화를 통해 세수기반을 확대하며 비과세·감면의 합리적 조정이 필요하다. 금융위기에 대응하여 마련된 서민생활보호 및 일자리지원 등 한시적인 비과세·감면을 예정대로 종료하는 것이 필요하다. 향후 비과세·감면은 재정지출 측면을 고려함과 동시에 제로베이스에서 재검토하여 그 목적이 분명한 경우에만 존치하고 범위와 수준을 엄격히 관리함으로써 세입기반 침해를 최소화해야 한다. 비과세·감면 규모는 최근 급증하는 모습을 보이고 있는바, 경제활성화 및 중산서민지원 대책 등 불가피한 측면이 있었으나 국가재정법에서 규정한 국세감면비율 한도를 초과하고 있다는 점에서 주의가 요구된다.

부담금 운용 및 평가체계를 개선하여 투명하고 공정한 부담금 제도 운용을 기함으로써 국민 부담이 최소화되도록 할 필요가 있다. 최근의 부담금 징수 규모를 감안할 때 부담금 운용, 평가, 신설, 폐지 등에 관한 제도 및 실태 점검을 상례화할 필요가 있다. 과도한 부담금의 증가는 국민과 기업의 경제활동을 제약하는 문제뿐 아니라, 귀속주체별 운용의 적절성과 효율성이 제고되어야 한다. 결과적으로 준조세로 운영되는 공공기관의 기능 및 운용의 평가를 통해 존치 여부를 결정한다면, 준조세 부담 감소, 민간 이양을 통한 경쟁체제 구축과 행정규제 감소를 통해 서비스 산업의 발전과 소비자 후생증진을 도모할 수 있을 것이다.

이러한 준조세 문제를 해결하기 위해 '작고 효율적인 정부' 구현이 원칙이 되어야 한다. 우선, 기금과 특별회계의 정비가 필요하며, 그 다음으로 공공기관의 설립 심사 강화 및 민영화를 통한 경쟁체제 확립, 제반 법률과 규제 정비가 이루어져야 한다. 법정준조세 중에는 부과요건과 산정기준 등을 시행령 등의 하위법령에 위임하거나, 부과요건이 투명하지 않고, 부담금을 제외하면 사용내역이 거의 공개되지 않는 법정준조세가 있다. 따라서 부과기준, 대상 및 절차를 객관적으로 투명해야 하고 이를 위해 부과근거와 부과기준은 원칙적으로 법령에 의해 구체적으로 그 범위를 제한해야 한다.

(4) 재정건전성 제고를 위한 시스템 구축

1) 국가재정운용계획의 실효성 제고

국가재정운용계획에 재정규율을 명확히 규정하는 한편, 국가재정운용계획의 운용결과를 사후적으로 평가·점검하는 제도를 도입하는 것이 필요하다. 국가재정운용계획에서 설정된 중기재정목표를 효과적으로 달성하기 위한 재정규율(예: 연도별 지출상한)을 명확히 규정하고, 단년도 예산편성시 이를 준수하도록 의무화해야 한다. 거시경제, 세입 및 세출전망의 근거를 구체적으로 제시하고, 사후적으로 실적과 전망 사이의 차이를 경제적 요인(예: 성장률 변동)과 정책적 요인(예: 재정지출 소요 법률의 제정)으로 분해하여 공표할 필요가 있다.

2) 장기 재정전망 보고서 발간

재정의 지속가능성 측면에서 저출산·고령화 등을 고려한 장기재정전망 보고서를 정기적으로 발간할 필요가 있다. 국가재정운용계획의 경우 시계가 제한적이므로 인구구조변화, 남북통일, 기후변화 등 중대한 장기요인들이 재정건전성에 미치는 영향을 포함하기에는 한계가 있다. 특히 보건복지노동 등 향후 심대한 지

표 6-14 주요국의 장기재정운용계획

국가	법적 의무	시계	빈도
호주	Charter of Budget Honesty, 1998	40년	최소 매3년
캐나다	–	40년	미정
덴마크	EU Stability and Growth Pact	2070년까지	매년
독일	EU Stability and Growth Pact	2050년까지	최소 매4년
한국	–	25년	미정
네덜란드	EU Stability and Growth Pact	2100년까지	미정
뉴질랜드	Public Finance Act, 1989	40년	최소 매4년
노르웨이	–	50년	최소 매4년
스웨덴	EU Stability and Growth Pact	2060년까지	매년
스위스	–	50년	최소 매4년
영국	Code for Fiscal Stability, 1998	50년	매년
미국	–	75년	1~3년

자료: OECD, Policy Brief, 2009.10.

출증가가 예상되는 분야에 대한 신뢰성 있는 장기추계가 필요한 상황이다. 주요 선진국의 경우 장기운용계획을 통해 미래의 재정충격에 대한 법적·제도적 완충장치를 선제적으로 마련하고 국민적 이해를 도모하고 있다. 재정소요 장기추계를 토대로 한 재정의 지속가능성 평가(fiscal sustainability assessment)는 재정위험 사전 방지에 도움이 될 것으로 판단된다.

3) 국가채무 관리의 효율성 제고

국가채무관리계획서를 확대 개편하여 우발 채무 및 잠재적 채무에 대한 상세한 내용까지 포괄하도록 할 필요가 있다. 국가재정법에 따라 정부는 매년 국가채무관리계획서는 국가채무에 대한 상세한 설명과 더불어 잠재적 채무 등 다양한 재정위험 현황을 제시할 필요가 있다. 예컨대, 미국 연방정부 대통령예산안의 일부로 발간되는 'Analytical Perspectives'와 비슷한 수준으로 작성하는 것을 검토하자. 국채시장의 체질 개선을 통해 재정자금을 안정적이고 저비용으로 조달하고 금융시장의 안정을 도모해야 한다.

정부의 장기재정전망에 따르면 국가채무비율은 2050년에는 OECD 평균(103.0%)보다 높은 GDP대비 137.7%에 이를 것이라고 한다. 국회예산정책처의 전망도 비슷해 2060년 218.6%로 확대되고 2034년 이후 재정의 지속가능성 확보에 어려움을 예상하고 있다. 1957년 이후 출생한 세대는 정부로부터 받는 편익보다 조세부담이 더 커 현행 재정부담의 세대 간 불균형문제가 심각해질 것으로 전망된다. 이러한 구조적 변화에 대한 전망은 IMF의 재정감시(Fiscal Monitor) 최근호(2013 April)에서도 확인이 가능하다.

표 6-15 IMF의 구조적 재정지표 전망   (단위: % of GDP)

	연금지출변화 2011-2030	연금지출변화의 현재가치 2011-2050
한국	4.5	152.5
미국	1.9	43.0
G-20	1.3	32.7

자료: IMF, Fiscal Monitor, April 2013.

4) 국회차원의 예산통제 강화

재정지출을 수반하는 의원입법과 관련한 국회규칙을 제·개정하여 예측하지 못한 재정부담의 발생가능성에 대한 국회차원의 통제를 강화할 필요가 있다. 국회법은 재정지출을 수반하는 의원입법시 예결위 사전협의를 거치도록 하고 있으나 국회규칙이 부재하여 실행하고 있지 않은바, 관련규칙을 제정할 필요가 있다. 또한, 의원입법에 대해 법안비용추계서를 첨부하도록 하고 있으나, 국회규칙의 예외조항들로 인해 재정지출이 필요한 의원입법안들이 대부분 비용추계 없이 심사·의결되고 있는바, 예외조항을 축소할 필요가 있다. 더불어, 최종 의결된 법률에 대해서도 법안비용을 다시 추계하고 공표하도록 명시해야 한다. 정부입법의 경우 정부합의안이 국회 상임위 심사과정에서 크게 변질되어 추가적인 재정부담을 야기하는 사례 발생을 최소화하고, 이에 따른 추가적인 재원조달 방안을 함께 명시하도록 할 필요가 있다.

2. 성장잠재력 확충을 위한 정책방향

성장률을 높이기 위해서는 ① 총요소생산성을 크게 향상시키거나 ② 고용률을 크게 높이거나 ③ 투자율을 크게 높여야 하며 세 가지 모두 달성을 위해서는 많은 노력이 요구된다. 기존 잠재성장률 추정에서 가정한 연간 1.2% 수준의 총요소생산성 개선도 국제적으로 볼 때 낮지 않은 수준이며, 추가적인 개선을 위해서는 경제·사회 전반에 걸친 노력이 필요하다. 여러 제약여건을 감안할 때 단기간에 고용률을 크게 향상시키는 것도 쉽지 않은 과제이나 중기적으로는 여성·고령층의 고용률 증진을 통해 추진할 필요가 있다. 국제적으로 볼 때 이미 높은 수준을 기록하고 있는 투자율을 추가적으로 높이는 것도 쉽지 않은 일이다.

(1) 수출-내수 단절에 대한 정책적 대응

수출 구조의 변화에 따라 수출의 부가가치 유발계수가 하락하는 가운데 수입유발계수는 상승하면서, 수출 호조가 내수에 미치는 영향이 전반적으로 하락하고 있다. 이에 따라 과거 수출호조에 따라 내수가 활성화되는 낙수효과(trickle down)가 크게 약화되고 있다.

수출과 내수의 관계 복원을 위해 연구개발비 지원 확대 등을 통한 부품소재 및 서비스업 생산성 향상에 주력할 필요가 있으며, 대부분 중소기업인 부품업체들과 완성품 업체 간의 공정거래 확보도 지속적으로 추진해야 한다.[9]

(2) 성장-고용 선순환을 위한 재정운용

성장-고용의 선순환 구조가 약화되면서 '고용 없는 성장' 현상이 지속성장을 통해 고용 증대가 자연스럽게 수반됨을 전제로 하는 기존 방식의 거시적 재정운용으로는 고용촉진이 더 이상 여의치 않게 되었다. 고용친화적 예산제도 도입이 필요하다. 재정사업이 고용에 미치는 영향을 분석하고 이를 통해 고용증대효과를 제고하는 방향으로 예산을 편성하고 집행하는 노력이 필요하다. 거시정책 및 각종 사업들을 비교·선택하는 과정에서 일자리 창출·유지 효과를 중요한 기준으로 사용하도록 유도함으로써, 고용 중심의 국정운영을 도모하여야 한다. 고용영향평가도 타당성 조사시 정책적 고려사항에 명시적으로 포함하는 것이 필요하며 고용촉진 세제지원 개선을 통해 고용창출투자세액공제제도 실효성 재고가 바람직하다. 노동공급 및 수요 양 측면을 통한 취약계층 지원이 필요하다. 저소득 취약계층의 고용악화는 노동수요 및 공급 양 측면에 기인하기 때문이다. 취약계층에 대해서는 수요 측면의 정책지원이 보다 효과적인 것으로 논의된다(Bartik, 2001).

근로장려세제 개선을 통해 근로빈곤층의 노동시장 참가율 제고 및 소득 보전을 도모하고, 임금보조를 통해서는 기업에게 신규고용 및 고용유지 유인을 제공함으로써 저임금 근로자의 장기적 소득기반을 마련해야 한다. 재정지원 일자리사업의 효율화도 중요한 과제다. 유사사업 통폐합 및 효과성이 낮은 사업은 폐지해야 한다. 고용보험기금으로 운영되는 고용유지·촉진을 위한 각종 지원금 및 장려금 사업들에 대한 대폭적인 구조조정 실시가 필요하다. 취약계층에 대한 맞춤식 통합서비스 제공을 위한 원스톱 서비스센터 설치도 검토할 필요가 있다. 개별 수요자의 취업장애요인 및 취업능력을 진단하고 이를 통해 맞춤식 고용서비스를 통

9 공정거래위원회가 최근 삼성·현대차·SK·LG·롯데 등 10대 그룹에 대기업의 일감 몰아주기 관행의 하나인 이른바 '통행세' 실태를 바로잡고자 하고 있다. 통행세란 대기업이 중소기업과 거래할 때 제품 생산이나 거래와 무관한 계열사를 거치도록 해 중간 마진을 챙겨주는 것을 말한다. 대기업에 일반화돼 있으나 현행법상 제재 기준이 불명확한 상태다. 실제로 통행세는 대기업의 일감 몰아주기 가운데 공정위가 가장 관심을 갖는 사안이다. 공정위는 2011년 11월 광고·SI(시스템통합)·물류 등 3개 분야에 대한 대기업들의 계열사 부당 지원 현황을 조사해 발표한 바 있다. 대기업들의 통행세 관행은 이때 처음 공론화됐다. 당시 공정위는 총 7건의 통행세 사례를 확인했다고 밝혔다. 공정위에 따르면 지난해 한 대기업 계열 광고회사는 다른 계열사로부터 3억 5,000만원짜리 만찬 행사 진행을 발주받은 뒤 이 행사 진행을 다시 한 중소기업에 2억 8,000만원을 주고 맡겼다. 이 광고회사는 아무 일도 안 하고 중간에서 7,000만원을 챙긴 것이다. 공정위는 이 같은 통행세를 대기업들의 '악성' 부당 내부거래로 보고 확실히 근절하겠다는 계획이다. 이는 유통업체 판매수수료 인하 등을 통해 현 정권에서 공정위가 적극 추진해 온 경제민주화의 마지막 작업이 될 가능성이 크다.

합하여 제공하여야 한다.

(3) 중소기업 관련 예산배분의 재정립을 통한 생산성 제고

중소기업 관련 정책은 중소기업이 경제적 약자라는 인식으로 인해 "지원"을 중심으로 정책이 설계되어 왔다. 중소기업과 관련된 정책기조는 1998년 외환위기 발생 이후 중소기업 도산이 급증하는 가운데 크게 강화된 이후 거의 축소되지 않은 상황이다. 1996년에 약 2.4조원(정부예산대비 2.8%) 수준이던 중소기업 지원예산은 1998년 약 4.8조원(정부예산대비 4.2%)으로 확대된 후 규모가 크게 조정되지 못하였으며, 금융위기를 겪으면서 2009년에는 약 11.9조(정부예산대비 4.0%)로 대폭 증가하였다가 2012년 예산에서는 6.2조원 수준을 유지하고 있다. 이와 같은 지원 조치로 인해 중소기업의 진입과 퇴출이 둔화된 것으로 분석되고 있다. 특히, 신용·기술보증기금의 보증 지원 및 중소기업진흥공단의 정책금융지원이 장기화 및 거액화되면서 부실기업의 퇴출이 지연됨에 따라 부실 중소기업이 우량기업의 성장 및 한정된 자원의 효율적 사용을 저해하는 상황이 발생하고 있다. 부실기업의 연명은 고용상황 개선에도 불구하고 일부 중소기업의 경우 구인난을 호소하는 등 경제 전체의 자원 왜곡을 통해 우량 중소기업의 성장마저 저해하고 있는 것으로 판단된다. 중소기업을 "시혜"의 대상이 아닌 경제의 새로운 활력을 제공하는 경제주체로 바라보고 정책을 새롭게 설계할 시점이다. 특히, 한정된 정부의 재원을 효율적으로 활용한다는 측면에서 현재 기존 기업에 대한 지원에 상당히 치우쳐 있는 것으로 평가되는 중소기업 관련 지원 방향을 창업과 벤처 등 신규 진입을 촉진하는 방향으로 재편하여야 한다. 또한, 금융위기 이전부터 크게 증가한 기업대출이 금융부문의 부실로 이어지지 않도록 적절한 구조조정을 지속적으로 추진해야 한다.

(4) 인적자본의 질 제고

지속적인 성장을 위해서는 범정부차원에서 공교육체제의 개선과 실효성 있는 직업교육제도의 개선방안이 모색되어야 한다. 지식기반사회에서 인적자원정책의 상위목표는 양질의 인재양성을 통한 성장잠재력 확충이다. 교육비지출과 투입에 비해 낮은 교육성과를 해결하기 위해 교육의 사회적 이동성 제고 및 사회통합기능을 위한 교육정책도 병행되어야 한다.

경쟁 환경을 조성하면서 견고하고 실증적 근거에 기초한 재원배분 조정이 이루어져야 한다. 중앙정부는 생산적 방향으로 자원배분이 가능하게끔 교원양성 및 임용, 승진제도, 입시제도, 교과과정 개혁, 대학지원 및 구조조정 원칙을 견지할 필요가 있다. 유아교육비지원과 보육지원의 통합관리를 통해 타깃계층에 집중적인 수혜가 이루어져 사회안전망으로서의 역할 제고가 필요하다.

예산수단과 실제

● ●● 예산편성은 정부의 사업에 사용될 재원을 추계하고 각종 사업을 지원할 지출 규모를 확정하는 정책의 돈표 전환 작업을 말한다. 예산편성 작업은 일반적으로 행정부가 담당하고 있다. 이러한 제도를 행정부 제출 예산제도(executive budget system)라 한다. 행정 업무와 구조가 단순한 시대에는 입법부 예산제도(legislative budget system)가 사용되기도 했다.1 중앙정부의 예산편성은 대개 다음의 4단계로 이루어진다. 즉 기획재정부가 재정운영계획을 수립하고 중앙부처에 예산편성지침서를 시달하면, 각 중앙부처가 그들의 사업을 확정해서 예산요구서를 제출하게 되고, 다음으로 중앙예산기관이 각 부처의 예산요구서를 사정해 정부 예산안을 확정, 국회에 제출하게 된다.

예산편성과정을 이해하기 위해서는 기획과 예산의 연계, 그리고 커뮤니케이션을 통한 예산편성이라는 의사결정 과정을 알아야 한다. 우리나라는 대통령 중심제 국가로 예산편성과정에서 대통령과 기획재정부 예산실장(2차관 포함)의 역할이 매우 중요하다. 예를 들어 2012년 예산을 편성하는 과정에서 수많은 이해관계자가 간여하게 되는데 실제 예산안이 도출되는 과정에서 실질적인 영향을 기준으로 판단할 때 대통령의 공약 및 국정운영철학 그리고 그의 대리인으로서 예산실장의 실천의지가 가장 중요한 영향을 미친다. 이러한 내용이 고스란히 대통령의 대국회 시정연설에 녹아있음을 확인할 수 있다.

1 미국의 많은 지방정부의 경우 의회에서 예산을 편성하기도 한다. 집행부는 의회의 계약에 의한 실행을 담당하고 세금과 지출의 대상에 대해서는 주민의 대표모임인 지방의회(council)에서 정하는 경우가 많다.

내년도 예산안은 경기회복세를 확실하게 살려가기 위해 경제 활성화와 일자리창출에 가장 큰 역점을 두었습니다.

중소기업과 소상공인 지원, 농어촌 소득향상, 수출역량 강화를 위한 지원을 대폭 늘리고, 벤처·창업 생태계 조성과 고부가치 서비스산업 육성 등 미래의 먹을거리 창출을 위한 투자를 확대하였습니다.

또한 어려운 재정여건에도 불구하고 지역경제 활성화와 직결된 SOC 투자와 지방재정에 대한 지원도 편성하였습니다.

청년, 여성, 장년 등 계층별 맞춤형 일자리 창출을 지원하기 위해 스펙초월 멘토링 시스템을 도입하고, 직장어린이집 확충을 통해 여성이 안심하고 일할 수 있는 고용환경을 만들고, 임금 피크제 지원을 강화할 것입니다.

또한 현장의 근로방식을 개선하기 위해 신규 시간 선택제 일자리 창출기업에 대한 지원을 확대하고, 스마트워크 센터의 확대를 지원할 것입니다.
고용복지를 강화하기 위해 직업능력 개발을 위한 수요자 중심의 교육훈련사업을 확대하였습니다.

고용에서 가장 큰 역할을 하는 중소기업이 건실한 중견기업으로 커나갈 수 있도록 '중소기업 성장사다리 구축'을 제대로 구현하겠습니다.

앞으로 창조경제의 핵심인 업종간 융복합을 저해하는 규제를 과감하게 철폐하고, 보건과 문화, 의료, 환경, 해양, 농식품 산업 등 다양한 분야에서 좋은 아이디어가 사업화로 연결될 수 있도록 자금과 기술 지원을 대폭 확대해 나갈 것입니다.

이런 국민들의 새로운 아이디어와 기술이 국가의 성장동력으로 연결될 수 있도록 창조경제 관련 사업 예산으로 금년보다 12%가 증가한 6조 5천억 원을 투입할 예정입니다.

국민의 의지와 상상력, 기술력에 이 예산이 투입될 수 있도록 의원 여러분께서 적극 도와주시길 부탁드립니다.

노후가 불안하지 않고, 질병과 가난으로부터 보호받으며, 아이를 낳고 기르는 것이 진정한 축복이 되어야 국민행복시대의 토대가 구축될 것입니다.
이를 위해 정부는 경제적으로 어려운 어르신들의 생활 안정과 국민들의 노후 안정을 위해 내년 7월 기초연금제도 도입을 목표로 예산 5조 2천억 원을 반영하였습니다.

어려운 경제여건으로 불가피하게 해결하지 못한 부분들은 경제를 활성화시켜 지켜나갈 수 있도록 최선의 노력을 다할 것입니다.

정부는 복지 패러다임을 국민 개개인에게 필요한 시기에, 필요한 지원을 제공하는 생애주기별 맞춤형으로 전환하고 있습니다.

이를 위해 국민기초생활보장법안을 국회에 제출했습니다.
이렇게 국민의 삶을 개선하기 위해 정부는 내년도 복지예산을 확대 편성하였습니다.

내년부터 학교 내 돌봄 서비스를 대폭 강화하고, 사교육비와 대학학자금 부담을 덜어드리며, 지방대학의 육성에도 힘쓸 것입니다.

이를 위해 예산과 함께 취업 후 학자금 상환특별법, 지방대학육성에 관한 특별법 등 관련 법안이 지금 국회에 제출되어 있습니다.

이 법안들 역시 학생들을 위해 이번에 반드시 통과되어야 합니다. 의원 여러분의 적극적인 협조를 부탁드립니다.

내년에도 국민의 안전한 삶을 위해 4대악 근절 관련 예산을 올해보다 6.6% 늘렸고 재난재해 및 생활안전 예산을 3조원 수준으로 편성하였습니다.

국민 여러분이 안전하고 행복한 삶을 누리실 수 있도록 정부의 역량을 지속적으로 확대해 나가겠습니다.

이에 따라 대통령 직속으로 문화융성위원회를 설치하고, 내년에는 문화융성의 본격적 추진을 위해 문화 재정을 정부 총지출의 1.5%인 5조 3천억 원으로 증액하였습니다.

다양한 문화 인프라를 확충해서 국민 누구나 일상 속에서 문화 활동을 즐길 수 있도록 하고, 문화융성의 원천인 인문학과 전통문화 그리고 지역문화를 진흥하는데도 지원을 확대해 나갈 것입니다.

5천년의 찬란한 문화유산과 국민의 창의력, 그리고 ICT기술을 접목시킨 문화컨텐츠 산업을 적극 지원해서 국가발전의 새로운 동력을 만들어 갈 것입니다.

예산주기에 있어서 많은 과정이 이해관계자 및 참여자와의 대면 협상 및 '밀고 당기기'가 이루어진다. 그럼에도 불구하고 이러한 정치적 과정으로서의 예산편성 이전에 기초적인 예산의 토대를 마련하는 방법론과 수단에 대한 이해가 필요하다. 이 장에서는 이러한 각 예산주기의 단계별로 활용되는 방법론과 활동을 소개하기로 한다. 특히 첫째, 사업부서의 예산요구준비, 둘째, 사업부서의 요구에 대한 심의, 셋째, 최종 행정부예산의 마련 넷째, 예산집행관리 그리고 마지막으로 감사와 결산 단계를 살펴보자.

예산을 편성하고 분석하는 데 가장 기초가 되는 변수는 다음 해 경제성장률의 전망이다. 성장률의 전망치는 예산안을 마련하고 심의하며 실제 지출을 분석하는데 모두 기초가 된다. 결국 보다 정확한 경제성장률을 전망하는 것이 좋은 예산분석과 예산비용추정에 핵심 수단이 된다.

Ⅰ. 성장률 전망

예산은 미래 기간을 위해 짜는 계획이라고 할 때 본질적으로 누군가는 정부가 경제적 활동에 대한 의사결정을 하게 될 조건이라는 측면에서 미래가 어떠할 것인가를 전망해야 한다. 미래 기간에 대해 정부지출을 전망한다기보다는 정해진 미래 기간 동안 정부가 어떠한 조건하에서 운영될 것인가 하는 환경을 전망하는 것이라고 할 수 있다. 예산연도에 정부서비스에 대한 국민의 요구는 어떠할지, 이때 이러한 서비스를 공급하려면 정부는 얼마의 가격을 지불하고 생산요소를 구입할 수 있을지, 정부의 수입은 어떠할지 등에 대한 내용이다. 예산을 편성하고 분석해야 하는 사람들에게 요구되는 가장 기초적인 과업이 바로 이러한 전망치 값을 마련하는 것이다. 그러나 그리 크게 걱정할 것은 없다. 대부분의 경우 행정현장에서의 작업은 상대적으로 단순한 방법론을 활용하기 때문이다. 실제로 행정현장에는 시간, 자원, 자료 등이 별로 없다는 점에서 단순성(simplicity)은 전망을 하는 데 있어 가장 중요한 규범이 된다. 더구나, 단순성은 과정상의 투명성을 보장하는 장점도 있다. 예를 들어 보자.

무엇보다 수혜대상자 집단 규모의 증가율 전망은 얼마나 되는지가 결정되어야 한다. 행정서비스를 받는 집단의 규모가 정해져야 지출총액을 가늠할 수 있기 때문이다. 수혜대상 지역의 주민 수가 1995년 1.8백만명에서 2010년 4.5백만명으로 증가했다고 가정하자. 증가의 복리지수는 다음의 공식에 의해 도출된다.

$$R = (Y/X)^{(1/N)} - 1$$

여기서 R = 증가율
Y = 종료 시점 값
X = 초기 값
N = 기간의 수

이 경우 수혜집단 규모 증가율은 다음과 같이 결정된다.

$$R = (4.5/1.8)^{(1/15)} - 1$$

이러한 계산은 휴대폰의 앱 계산기만 있으면 또는 PC의 엑셀 프로그램을 이용하면 간단하게 이루어진다. R은 6.3%이다.

연간 증가율은 관찰 기간이 상이한 시계열자료의 변화를 비교하는 데 유용한 수단이다. 따라서 평균적인 비율변화를 검토하는 것은 도움이 되지 않는다. 예를 들어, 1985년부터 2005년까지 수혜집단규모의 변화 수준과 1983년부터 2007년까지의 총소득수준 자료를 갖고 있다고 하자. 소득이 집단규모에 비해 더 빨리 또는 느리게 증가했는가? 두 자료의 시계열범위가 다르기 때문에 시작연도와 종료연도만을 비교해서는 안 된다. 위에서 보인대로 연간 증가율을 비교해야 어느 자료군이 더 빨리 늘어나는지를 알 수 있고 이러한 분석이 의미가 있다.

단순히 여러 해 동안의 총비중변화를 총기간으로 나누면 왜 안 되는가? 대개의 경우 이는 잘못된 결과(解)를 가져다주기 때문이다. 앞에서의 자료를 다시 인용해보면 계산은 다음과 같다.

잘못된 $R = [(4.5 - 1.8)/1.8]/15 = 0.1$ 또는 10%

이것이 제대로 된 해인지를 확인하려면 1.8에서 시작해 매년 10%씩 15년을 증가시켜서 4.5라는 값이 도출되면 된다. 그러나 결과는 7.5로 나타난다. 따라서

161

평균을 활용한 계산은 틀린 R값을 도출하게 된다. 제대로 된 해인 6.3%를 사용하면 어떠한가? 같은 과정을 통해 1.8을 매년 6.3%씩 15년간 증가시키면 4.5를 얻게 된다. 빙고!

연간성장률을 분석에 활용하는 것은 유용하며 특히 단순하고 쉬운 예측을 위해서도 사용할 수 있다. 최근 과거의 추세가 계속될 것으로 기대해 가정을 하게 되면 미래성장률로 활용할 수 있다. 물론 대개의 경우 현실과는 차이가 나겠지만 이러한 가정은 유용한 결과를 도출한다. 예를 들어 특정 부서 내년 고객의 수가 궁금하다고 하자. 그 수는 과거보다는 늘어날 가능성이 높지만 얼마나 늘어나는지가 궁금해진다. 최근 과거의 추세를 단순 연장하는 방법이 적어도 괜찮은 추정치가 될 수 있다. 추가적인 정보에 의해 미세한 조정은 할 수 있지만 전혀 다른 변화를 기대하기는 어렵다. 현재 14,450명의 고객이 2005년에 대상이었고 2009년에는 17,680명으로 증가했다고 하자. 2010년의 완벽한 자료는 없고 2011년 예산을 준비하는 과정에서 예측치가 필요하게 된다. 2005년과 2009년 사이의 증가율을 계산하면

$$R = (17,680/14,450)^{(1/4)} - 1 = 5.2\%$$

이 자료로 2011년 고객수를 예측하게 된다.

2010년 고객수 $= [17,680 \times 1.052] = 18,600$
2011년 고객수 $= [18,600 \times 1.052] = 19,567$

이러한 두 번의 계산을 거치지 않고도 간단한 방정식을 활용해 해를 얻을 수도 있다. 계산기나 엑셀을 활용하면 된다.

$$C = A(1+R)^N \text{ 또는 } C = A(1+R)^N$$

여기서 C = 예측하고자 하는 미래의 값
A = 성장예측을 하게 되는 기준연도
R = 예측에 활용되는 증가율
N = 미래와 기준연도간의 차이 기간

위의 경우 $C = (17,680) \times (1.052)^2 = 19,567$

이를 통해 예측치가 도출되는 과정은 매우 단순하다. 그러나 실제로, 이러한 형식의 전망방식은 업무량의 예측과 구매에 들어가는 지불비용추계 등등 연간 예산을 편성하는 데 아주 자주 활용되게 된다. 연간 성장률을 계산하고 이를 단순 전망에 활용하는 방법을 학습하라. 예산을 편성할 때 항상 이러한 계산을 활용한다. 복잡한 계량예측 모형이 아니라 실제 현장에서는 이러한 증가율추정방법이 장기재정 전망에도 활용되고 있다. 아주 장기의 비용을 전망하는 것은 매우 한계가 있고 따라서 복잡함은 단순성장률방식에 미미한 개선만을 더하는 것이 사실이다. 뒷 부분에서 복잡한 예측방법을 학습하겠지만 지출예산을 분석하고 편성할 때 대개의 경우는 단순증가율전망방식을 활용한다.

예산신청을 할 때 단순히 직접적인 증가율방식만을 활용해서는 안 된다. 추세를 따르는 것이 곧 업무를 수행하는 것은 아니라는 점에서 실행계획을 만드는 데는 실행 조건을 전망해야 한다. 이에 따라 지출계획을 편성하게 되는 것이다.

Ⅱ. 국가재정운용계획작성

국가재정법 제7조는 정부로 하여금 매년 당해연도를 포함한 5회계연도 이상의 기간에 대한 국가재정운용계획을 수립하여 예산안과 함께 국회에 제출하도록 하고 있다. 이는 중기적 시계에서 재정을 운용함으로써 단년도 예산운용의 단점이 재정운용의 건전성 고려의 한계를 보완하고, 국가재원배분의 효율성을 제고하기 위함이다. 이러한 취지가 현실에는 어떻게 반영되는지 살펴보자.

첫째, 정부가 거시예산의 차원에서 설정한 경제성장률의 신뢰성이 검증되어야 한다. 대개 정부의 경제성장률 전망치는 희망을 반영하기 마련이다. 국회예산정책처를 중심으로 중립적이고 객관적인 파라메터를 사용한 모형을 활용, 보다 현실적인 성장률 전망치에 기반한 거시예산대안과 치열한 공방이 벌어지게 된다.

2012∼2016년 국가재정운용계획에서 밝힌 2014년 총수입, 관리재정수지 및 국가채무 규모와 2014년 예산안상의 그 규모를 비교해보면, 2013년 국가재정운

표 7-1 주요 경제전망 기관의 2014년 한국의 경제성장률 전망치

한국은행	IMF	KDI	NABO ADB	HSBC	UBS	ING그룹
3.8%	3.7%	3.6%	3.5%	3.2%	3.0%	2.6%

그림 7-1 2001~2014년 관리재정수지 변화 추이

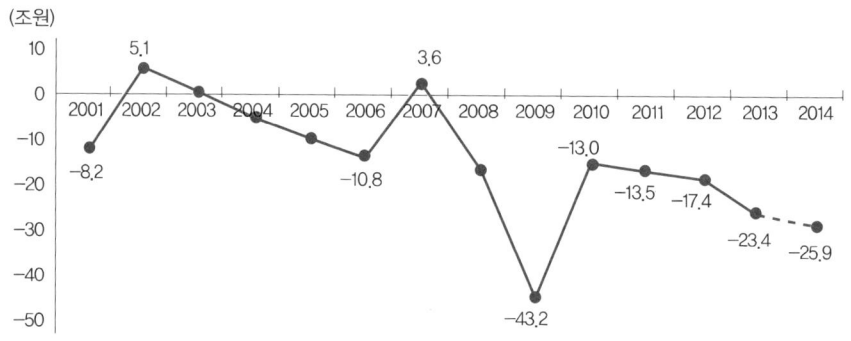

용계획이 낙관적인 전망을 하고 있음을 알 수 있는바, 국가재정운용계획의 신뢰성이 저하되지 않도록 현실적인 재정총량 관리계획으로 마련되어야 한다. 2014년 관리재정수지 적자규모는 글로벌 금융위기의 직접적 영향하에 있었던 2009년(△43.2조원)을 제외하고 가장 큰 규모인 것으로 나타나고 있다.

둘째, 전략적 재원배분과 중장기 재정건전성 관리가 강화된다. 국가재정운용계획의 도입으로 기존 단년도 예산편성에서 벗어나 전략적인 재원배분이 가능해지고 재정수 및 국가채무 등 거시재정운용의 방향을 사전에 제시함으로써 예측가능하고 안정적인 재정정책의 추진을 기할 수 있게 되었다. 2010년부터는 수입을 세입, 세외수입, 기금수입으로 세분화하고, 통합재정수지의 전망, 근거 및 관리계획을 제시하고 있다. 중장기 기금재정관리계획, 국가채무관리계획, 전년도 계획 대비 변동사항 등에 대한 평가분석보고서를 첨부서류로 함께 제출한다. 2012년부터는 재정지출을 의무지출과 재량지출로 구분하여 지출성격별로 전망근거와 관리계획 등을 제시하고 공기업과 준정부기관의 중장기 재무관리계획도 국회에 제출하고 있다. 이러한 조치로 정부는 재정규모 등 재정총량에 대한 추정의 정확성이 제고되고 중장기재정건전성 관리를 위한 국가재정운용계획의 역할 강화를 기대하고 있으나 재정규율은 엄격하게 지켜지지 못하고 있다.

표 7-2 2012년 국가재정운용계획과 2014년 예산안과의 비교 (단위: 조원, %)

	2012년 국가재정운용계획(A)	2014년 예산안(B)	차이 (B−A)
▪총수입	396.1	370.7	△25.4
(증가율, %)	(6.2)	(△0.5)	(△6.7)
− 국세수입	238.9	218.5	△20.4
▪총지출	357.5	357.7	0.2
(증가율, %)	(4.5)	(4.6)	(0.1)
▪관리재정수지	1.0	△25.9	△26.9
(GDP대비, %)	(0.1)	(△1.8)	(△1.9)
▪국가채무	470.6	515.2	44.6
(GDP대비, %)	(31.4)	(36.5)	(5.1)

2012년 들어서 경기침체가 더욱 심화되면서 그동안 건전재정의 버팀목이었던 세수기반이 약화되었고 이와 연쇄된 재정의 경기부양 필요성과 최근 들어 더욱 높아진 복지에 대한 국민적 기대수준은 2009년 대규모 재정확대의 여파로부터 아직 회복되지 않은 우리 재정에는 상당한 부담요인이라고 볼 수 있다. 선진 각국도 제로(0%) 이자율에서 나아가 마이너스 이자율을 자연스럽게 받아들이는 비상식의 상식화(new normal)가 새로운 패러다임으로 등장하고 있다.

국회예산정책처는 2014년 총수입은 정부 예산안(370.7조원)에 비해 △5.3조원 낮은 365.4조원으로 전망하고 있다. 국세수입은 213.9조원으로, 성장률 전망차이 등으로 정부 예산안(218.5조원)보다 △4.6조원 낮게 전망한다. 2014년 성장률 전망치(실질/경상)도 정부(3.9%/6.5%)와 국회예산정책처(3.5%/5.9%)의 전망에 차이가 난다. 최근 세수증감이 경기에 후행하는 경향성이 더 강해짐을 감안할 때, 2013년 기업 실적 악화 등 경기부진은 2014년 국세수입 증가를 완만하게 하는 요인으로 작용할 전망이기 때문이다.

정부차원에서 도입된 임의적 재정준칙(예산편성과정에서 매년 지출증가율을 수입증가율보다 2~3%p 낮게 유지)은 계획차원에서 어느 정도 준수되고 있지만, PAYGO 원칙[2]의 준수 없이는 재정건전성을 확보하기가 난망해보인다. 예산의 단년도 시계에서 벗

---

2 paygo 원칙은 주로 의무적 지출을 대상으로 하나의 사업이 새로 신설되기 위해서는 지출이 늘어나는 만큼 다른 사업을 축소해야 한다는 재정준칙이다. 네이버사전에 따르면 paygo는 새로운 재정 지출 사업을 추진할 때 기존 사업 지출을 줄이거나 재원대책을 의무적으로 마련해야 하는 시스템으로서, 재정건전성을 높이기 위한 재정준칙의 하나이다. 페이고의 장점은 포퓰리즘에 빠져 재정건전성을 해치는 법안의 발의를 막을 수 있다는 것이고, 반대로 단점은 정책의 유연성이 떨어진다는 점이다. [네이버 지식백과] (매일경제, 매경닷컴)

예산수립과 실제

표 7-3 중기 재정지출 계획   (단위: 조원, %)

| | 2013 | | 2014 | 2015 | 2016 | 2017 | 연평균 증가율 |
	본예산	추경					
재정지출	342.0	349.0	357.7	368.4	384.2	400.7	3.5
〈예산·기금별 구분〉							
예산지출	243.7	247.6	251.8	258.4	269.4	280.2	3.1
기금지출	98.3	101.4	105.9	110.0	114.8	120.5	4.4
〈지출성격별 구분〉							
의무지출	158.4	158.8	168.8	180.8	194.7	207.2	6.9
지방이전재원	76.6	76.6	77.4	80.9	89.3	95.8	5.7
복지분야 법정지출	62.2	62.4	69.5	77.6	82.6	88.5	9.1
이자지출	15.5	15.7	17.8	17.9	18.0	18.3	3.9
기타 의무지출	4.1	4.1	4.0	4.5	4.8	4.6	3.3
재량지출	183.6	190.2	188.9	187.6	189.6	193.5	0.4

자료: 기획재정부, 2013~2017 국가재정운용계획.

표 7-4 최근 5년간 국가재정운용계획상 국가채무 현황   (단위 : 조원, %)

구 분	2008	2009	2010	2011	2012	2013	2014	2015	2016	2017
2008~2012 (GDP대비)	317.1 (32.7)	333.8 (32.3)	355.5 (31.9)	380.2 (31.5)	407.3 (30.9)					
2009~2013 (GDP대비)		366.0 (35.6)	407.1 (36.9)	446.7 (37.6)	474.7 (37.2)	493.4 (35.9)				
2010~2014 (GDP대비)			407.2 (36.1)	436.8 (35.2)	468.1 (35.1)	485.7 (33.8)	492.2 (31.8)			
2011~2015 (GDP대비)				435.5 (35.1)	448.2 (32.8)	460.0 (31.3)	466.4 (29.6)	471.6 (27.9)		
2012~2016 (GDP대비)					445.9 (33.3)	464.8 (33.2)	470.6 (31.4)	481.2 (29.9)	487.5 (28.3)	
2013~2017 (GDP대비)						480.3 (36.2)	515.2 (36.5)	550.4 (36.5)	583.1 (36.3)	610.0 (35.6)
실제치 (GDP대비)	309.0 (30.1)	359.6 (33.8)	392.2 (33.4)	420.5 (34.0)	443.1 (34.8)	– –	– –	– –	– –	– –

자료: 국회예결위, 2014 예산안검토보고서.

어나 중장기적 시계에서 재정운용 전략과 재원배분 방향을 제시하기 위해 국가재정운용계획을 수립하고 있음에도 불구하고, 실질적인 중장기 재정운용은 국가재정운용계획대로 이루어지지 못하고 있다는 것을 의미한다. 따라서 재정준칙의 이행상황을 객관적으로 모니터링하고 평가하는 국회결산심사와 이를 활용한 예산 심의의 역할이 매우 중요하다. 주요 선진국의 경우 재정준칙을 포함한 중기재정 계획의 준수여부를 공식적으로 모니터링하고 있으며 대부분의 국가들의 경우 정기적인 보고서를 발간하여 의회에 보고하고 있다. 우리나라 재정의 안전성과 지속가능성을 확보하기 위해서 현 시점에서도 재정규율이 필요하며 향후 미래에는 재정규율이 더욱 강화될 필요가 있다. 더불어 외부적 경제충격에 신속하게 대응할 수 있는 유연한 재정정책 또한 필요한바, 재정준칙을 설계할 때 재정규율을 강화하는 동시에 예외적 상황에 신속히 대응할 수 있는 유연성 있는 준칙을 고려할 필요가 있다.

한국행정연구원(2013) 설문조사결과도 국가채무준칙이 도입되어야 한다는 의견(70%)이 압도적인 것은 최근에 이슈가 되고 있는 공공부문의 채무에 대한 불안감을 반영한 것으로 볼 수 있다. 채무준칙만 도입할 경우, 경기순행적 정책이 될 가능성이 높으므로 경기대응적 효과가 있는 구조적 재정수지준칙과 지출준칙 중에서 하나를 선택하여 채무준칙과 조합하여 도입할 필요가 있다. 그러나 구조적 재정수지준칙은 감독 및 수정이 어렵다는 단점이 있기 때문에 우리의 상황에서는 채무준칙과 지출준칙의 조합이 가장 적합할 가능성이 높다. 또한 준칙에 유연성을 부여하기 위해 공식적인 예외조항이 필요한바, 급속한 경기하락, 자연재해 등과 같은 상황에 신속하게 대처할 수 있어야 한다. 국가채무 이자지급액이 일반회계 예산의 10%를 넘어서면 원리금 부담 가중으로 재정의 경직성이 높아진다며 내년 재정적자가 25조 9천억원에 이르고 국가채무도 34조 9천억원 늘어나게 되면 재정경직성이 높아져 원리금 상환부담이 눈덩이처럼 불어날 수밖에 없다는 주장에 귀를 기울여야 한다.

다음으로 국가재정운용계획의 수립절차를 2012~2016 국가재정운용계획의 예를 들어 살펴보자. 정부는 2012~2016년 국가재정운용계획을 수립하기 위해 2011년 12월 '2012~2016년 국가재정운용계획 수립지침'을 마련하여 각 부처에 통보한다. 각 부처는 이에 따라 부처별 중기 사업계획서를 작성해 2012년 1월 말 기획재정부에 제출한다. 2월부터는 정부, 학계, 민간전문가 등이 참여하는 14개의 분야별 작업반을 구성해 운영하면서 각 분야별 정책방향과 주요 이슈에 대해 심도있는 논의를 진행한다. 또한 2012년 6월 12일부터 13일까지 기획재정부와 한국개발연구원(KDI) 공동주관으로 분야별 공개토론회를 개최하여 향후 5년간 재정

167

운용방향에 대한 각계각층의 의견을 수렴하게 된다. 2012~2016년 국가재정운용계획은 분야별 작업반, 공개토론회 및 관계부처 간 협의를 거쳐 2013년 예산안 및 기금운용기획안에 반영되며 동 계획은 재정정책자문회의 및 국무회의를 거쳐 국회에 제출된다.

국가재정운용계획의 발전과정을 살펴보면, 정부는 1982년부터 중기재정계획을 작성해왔다. 재정적자 구조를 해소하기 위해 중기재정계획을 작성하기 시작했바, 초기에는 개략적인 재정투자방향을 제시하고 예산편성시 재정당국의 내부 참고자료로만 활용되었다. 2004년부터는 중장기적 시계에서의 전략적 재정운용을 위해 국가재정운용계획을 최초로 수립하고 2007년부터 국가재정법에 제도화됨으로써 국가재정운용계획의 수립과 동 계획의 국회제출이 의무화되었다. 정부는 경제와 재정여건을 전망하여 재정수지 및 국가채무 등 5년단위 재정총량 관리목표를 설정하고 14대 분야별 재정투자계획을 제시하고 있다.

Ⅲ. 예산편성

일반적으로 예산과 관련하여 논의되는 이슈는 자원배분과 직접적으로 연관된 예산편성과정에 대한 것이 주류다. V. O. Key Jr.(1940)와 Verne B. Lewis(1952)의 탐구를 시작으로 중앙정부와 지방정부의 정책방향(policy orientation)에 따라 X라는 금액을 A라는 사업은 반영을 하고 B라는 사업은 기각하게 되는 고도의 정치적인 의사결정과정에 있어서 합리성을 제고하기 위한 다양한 시도(예산편성)가 예산이론의 핵심적인 연구대상이 되었다.[3] 예산은 사업부서 및 중앙예산기관을 중심으로 한 행정부 내의 각종 분석, 토론, 투쟁, 합의 등의 긴 협상 여정 끝에 대통령이 편성하고 국회의 심의·의결로 확정된다. 결과적으로 예산편성은 예산과정의 결과이며 종착점인 것처럼 보인다.

예산편성을 과학적으로 수행하기 위한 노력의 일환이 비용-편익분석 및

---

3 우리는 김대중·노무현정부 시절에는 분배측면(사회개발)에 예산상의 비중이 높아진 반면 이명박 정부 기간 동안은 경제개발관련 예산의 비중이 높을 것이라는 예상을 하게 된다. 하지만 실증분석의 결과는 혼돈스럽게 나타나지만 박상원(2011)의 연구에서 볼 수 있는 바와 같이 여당과 야당의 정치경제학적 이해관계에 따라 예산편성 행태가 다르게 나타난다.

PPBS(planning, programing, budgeting system)의 발전이다. PPBS의 지지자였던 Allen Schick(1966)은 예산제도에 관한 이론과 실제를 '합리성'을 추구하는 노력으로 파악하고 있다. 예산편성은 통제(control), 관리(management), 계획(planning)이라는 세 과정을 거치게 되지만, 그 중에서 가장 중시되어야 할 가치는 계획(planning)이고, 계획과 예산을 제도적으로 연결하는 PPBS가 최선의 대안이라고 주장한다. 그러나 이러한 과학적 합리적 분석은 예산과정 참여자들의 전지전능함을 가정함으로써 비현실적이고 전략적·정치적 측면을 간과하고 있다는 비판을 받는다.

점증주의 모형을 강조하는 정치과정론을 대표하는 Aaron Wildavsky에 따르면, "예산과정은 점증주의적인 방식으로 이루어질 수밖에 없다(descriptive incrementalism)"라는 것뿐만 아니라, "좋은 예산은 점증적으로 변화하는 예산이다(normative incre-mentalism)"라는 측면까지도 포함한다(Lynch, 1995: 18-21). 인간의 인지능력의 한계로 인해 매년 합리적으로 심사(계산)하는 것은 불가능한 일이므로 전년도 예산규모('base')에 기반하게 되고, 또한 예산을 둘러싼 정치적 갈등을 최소화하기 위해서는 점증적일 수밖에 없다는 것이다.

예산은 이해관계자들 간의 정치적 갈등의 부산물이다. 예산결정에서의 소폭의 예산증가분은 이해관계자들 간의 정치적 협상과정에서 상호조정을 통해 형성되는 것으로서, 예산과정 참여자들이 공정하다고 생각하는 수준('fair share')으로 결정된다. 이를 통해 예산과정 참여자들 간의 갈등을 최소화할 수 있는 것이다. 결국, 예산결정에 있어서 한계적인 소폭의 조정은 사업의 본래가치에 의해서보다 정치적 합의에 의해 결정된다는 것이다(Kettle, 1992: 70-73; Swain and Hartley, 2001: 14-15). 따라서 예산편성과정에 대한 연구는 곧 정치과정에 대한 연구가 된다.

그러나 예산운영은 예산이 통과된 후에도 완전히 종결된 것이 아니며 변할 수 있다. 경제여건이 변하고, 세입세출의 예측이 잘못되거나, 정치상황이 변하고, 지도자가 교체되고, 정책이슈의 중요성이 바뀌는 등등의 이유로 예산은 변화한다. 예산을 지탱하는 정책적 합의가 준수되도록 그리고 설정한 사업의 성과를 확실히 하면서 피할 수 없는 여건의 변화에 적응하는 것이 예산과정 전체의 과제이다. 그럼에도 불구하고 주어진 예산제약하에서 보다 더 국민후생을 증대시킬 수 있는 사업에 예산이 반영되도록 하는 이와 같은 전통적인 예산편성위주의 예산과정에 대한 탐구가 매우 중요하다.

예산수단과 실제

예산편성과정은 먼저 각 사업부서로의 예산당국에 의한 예산편성지침의 하달로부터 시작한다. 예산편성지침에는 ① 대통령의 공약사항, 즉 국민과의 약속을 실천하는 국정과제 목표가 반영되고 ② 물가상승률, 서비스 수급대상의 규모 등 예산연도의 핵심국정운영여건에 대한 전망치 ③ 예산요구서 형식 ④ 예산편성 스케줄 ⑤ 부서예산편성 총액에 대한 가이드라인(한도 또는 전년대비 증분최대치) 등의 내용이 포함된다. 매 해 4월 말에 기획재정부 재정정책자문회의와 국무회의 심의, 대통령 승인 절차를 거쳐 발표되는 예산안편성 및 기금운용계획안 작성지침의 목차는 다음 <표 7-5>와 같이 구성된다.

대통령과 예산실은 어떻게 각 사업부서들로 하여금 재정건전성을 강조하고, 기존 사업은 동결 또는 미미한 증가만을 허용하는 한편 건전한 새로운 사업을 허용하는가? 많은 경우 정부는 거시전망을 통해 흑자 또는 적자의 대강의 기본선(baseline)을 먼저 설정한다. 법 개정이 없는 경우 유지하게 되는 정책에 소요되는 비용을 추계하는 것이 기본선 추정이다. 예산당국은 물가, 고용, 사업수준 등 내년에 예측되는 조건하에서 현재 수준의 운용을 유지할 경우 기존 사업에 소요되는 경비를 수입추정치와 비교하게 된다. 물론 경우에 따라서는 보다 복잡한 계량모형이 사용되기도 하지만 앞에서 학습한 단순한 예측(전망)기법이 여기에 주로 활용된다. 이와 같은 기본적인 추정을 통해 사업부서가 새로운 사업을 제안할 수 있는지, 고용동결이 불가피한지, 자본확충과 같은 적극적·공격적 요구가 가능한지, 예산요구에 있어서 한도가 어떻게 주어지는지, 대통령이 적자나 흑자에 대해 어떠한 입장인지, 그리고 조세나 부담금의 증가와 같이 증세를 제안할지 등에 대해 지침이 주어진다.

사업부서에서는 대통령이 해당 부서의 업무와 관련 무엇을 원하는지, 3~5년의 시계를 놓고(물론 가까운 미래일수록 방점이 있다) 동 사업부서의 미래는 어떻게 이끌고 가야 할지 등을 이해하는 것으로부터 예산요구 작업이 시작된다. 이러한 지침을 통해 서비스의 방향이 설정되고 이에 따라 예산제안이 이루어진다. 기준선(baseline) 설정에 이어 재정소요점검(scorekeeping)이 활용된다. 재정소요점검은 예산안이 재정수반법률과 체계적으로 연결된다는 점에서 재정소요를 파악하고 새로이 입법된 재정수반법률이 향후 우리 재정에 미치는 영향을 총괄적으로 점검하는 과정이다.

2012년부터 작성되어 제출된 국가재정운용계획에 의무지출 증가율과 산출내

표 7-5 예산안 및 기금운용계획안 작성지침 목차

01
02
03
04
05
06
07
08
09
10
11
12
13
14
15

예산수단과 실제

역이 포함된 것을 계기로 예산사업에 대한 기준선 전망이 확산될 것으로 예상된다. 비용추계제도와 기준선 전망 작업을 보완하여 실효성 있는 재정소요점검이 본격적으로 이루어질 수 있는 제도적 기반이 마련된 것이다.

1. 예산요구

2014회계연도 예산을 요구하는 과정은 구체적으로 다음과 같다.

■ 사전 의견수렴

원칙적으로 중앙관서는 자체 심의기구를 구성·운영하여 기관 내 의견 조정 및 각종 이해단체 등의 요구를 조정한다. 전문가·지역주민 등 각계 의견을 적극 수렴한다.

■ 성과계획과 예산과목구조(프로그램 예산체계)의 연계 강화

성과중심의 재정관리체계를 확립하기 위해 성과계획과 예산과목구조의 유기적 연계를 단계적으로 확대하고 있다.

* 성과목표 ↔ 프로그램(항), 관리과제 ↔ 세항(단위사업) 간 사업명 일치
  ■ 각 부처에서는 과목구조 체계가 이에 부합되도록 세출 예산을 요구한다.

■ 첨부서류

재정지원의 타당성, 산출내역(단가, 수량) 등을 포함하는 소관 예산안 설명자료가 첨부되어야 한다. 2013~2017년까지의 세입전망과 세출소요(각 연도별 국세 및 세외수입 전망, 주요 사업별·항목별·연도별 세출소요)가 필요하다. 아울러 국가재정법 제8조에 따른 2014년도 성과계획서, 2012년도 성과보고서가 첨부된다. 국가재정법 제13조 및 제34조 제13호에 따른 회계·기금 간 여유재원의 전입·전출 명세서도 필요하다.

2. 예산협의

예산편성은 커뮤니케이션 과정이다. 중앙예산당국은 예산편성지침을 하달하고, 사업부서는 예산요구서를 제출한다. 각 사업부서 내에서도 다방면으로 커뮤니케이션이 이루어진다. 예산당국은 예산편성지침을 마련하기 위해 사업부서와 주요사항에 대해 협의한다. 이 과정에서 대통령의 공약 및 국정과제, 지출한도 등 재정규율, 향후 경제전망, 국회의 예산 결산 심의 기준 등의 제약조건을 감안하게

된다. 예산신청기관은 예산당국에게 요구서를 제출하기 전에 부처 내의 각 부서 책임자 및 핵심관리자, 나아가서 외부 전문가가 참석하는 협의회를 가져야 한다. 예산요구부서가 예산당국에게 어느 정도까지 정보를 제공하는 것이 최적일까? 요구되는 정보만 제공하는 경우하고 적극적으로 요청하지 않은 정보까지 제공하는 경우 어느 편이 더 유리할까? 예산당국의 사정담당자는 중앙예산기관 내부회의에서는 담당하는 사업부서의 용호자가 될 수 있기 때문에 가능한 한 정보를 충분히 제공하는 것이 필요하다.

특히 최근에는 재정사업자율평가 등을 통해 객관적이고 상호 공감할 수 있는 성과정보가 공유되고 있어 이러한 정보를 통해 커뮤니케이션의 폭이 깊어질 수 있다. Jones와 Euske(1991)는 사업부서와 예산당국 사이에 제한된 자원을 더 획득하기 위해 전략적 속임수가 발생하며 이를 해소하기 위해서는 예산과정에 인센티브 구조를 적절히 확립해야 한다고 주장한다. 따라서 성과우수사업에 대해서 예산 인센티브를 적극적으로 부여하는 방안을 강구하는 것이 필요하다.

다음은 예산편성과정상의 주요 협의사항이다.

1 다음 사업의 경우 적정 수준의 예산이 반영되었는지 여부

▶ 법령에 지원대상 및 조건이 명시적으로 규정된 의무적 지출

▶ 국정과제 등 국가적 차원에서 우선 추진해야 할 사업

2 사업 시행주체 간 역할 분담이 적정한지 여부

▶ 중앙관서 간 업무·기능에 중복이 발생할 가능성 여부

▶ 지자체 고유사무 또는 지자체가 자체적으로 추진해야 할 사업인지 여부
  * (예시)지방으로 이양된 사업을 국고보조로 다시 요구하는 경우 등

▶ 중앙과 지방과의 재원분담이 적정한지 여부

▶ 시장기능에 의해 공급이 가능하거나 정부개입으로 민간의 자율기능이 저해되는 사업인지 여부

3 대규모 재원이 소요되는 신규사업의 경우 여타 사업의 구조

▶ 조정계획, 추가 세입확보 등 재원대책이 마련되었는지 여부

4 예산반영을 위한 절차 및 지원기준 준수

▶ 단계적 예산반영 원칙을 준수하고, 사업 시행을 위한 준비가 충분한지 여부
  * (예시)예비타당성조사, 기본설계 등 단계적 사전절차 이행여부, 재원분담 등에 대한 관계부처 간 사전협의 등

▶ 당초 계획된 총사업비, 사업기간, 보조율, 사업수행기관 등 사업별 예산편성기준의 변경이 있었는지 여부

　* (예시) 사전협의 없이 융자사업을 국고보조나 이차보전으로 사업방식을 전환하여 예산 요구

▶ 중앙관서 간, 유사사업 간 지원조건의 형평성이 유지되는지 여부

▶ 부처 간 균형이 필요하거나 재정지출의 투명성·효율성 제고가 필요한 비목에 대한 범부처 차원의 종합조정

　* (예시) 인건비, 국외여비, 업무추진비, 특정업무경비 등

5 세출구조조정 추진

▶ 세출구조조정 원칙이 예산 요구안에 적절히 반영되었는지 여부

▶ 사업성과에 대한 평가결과를 반영하였는지 여부

　* (예시) 재정사업 자율평가(K-PART) 및 심층평가 결과 반영4

▶ 국회·감사원·시민단체 등 외부기관 지적사항 중 타당성이 인정되는 사항을 적절히 반영하였는지 여부

6 세입확보 및 재원관리 측면

▶ 예산·기금 간의 사업 이관 및 회계 분류 등에 관계되는 사항

▶ 조세·수수료 감면 등 세입의 증감에 관계되는 사항

▶ 공자기금 예탁 등 여유재원의 통합관리에 관계되는 사항

▶ 대규모 재원이 소요되는 사업에 대한 재원확보방안 제시 여부

　* (예시) 대규모 신규사업 및 기존사업의 대폭 증액시 다른 사업의 구조조정 계획, 추가 세입확보 방안 등 재원확보 방안 제시

7 기타 예산집행의 효율성 제고 등

▶ 적정예산 편성을 통한 예비비 사용 및 이·전용 최소화

　* (예시) 반복적인 예비비 사용항목은 본예산에 적정소요 반영, 연례적인 이·전용 등 집행부진 사업은 집행실적을 감안하여 편성

▶ 바우처 제도 도입 등 효율적 사업운영을 위한 제도개선 및 사업수행 방식의 전환 여부 등

---

4 재정사업자율평가제도는 2005년부터 미국의 PART(Program Assessment Rating Tool)를 벤치마킹하여 도입한 재정사업의 성과를 점검하고 그 결과를 예산편성에 활용하는 제도. 부처가 자율적으로 소관 재정사업을 매년 1/3씩 3년 주기로 평가한 결과를 재정당국이 예산심사에 활용. 현재는 기획재정부 재정위험관리위원회에서 본 평가제도와 재정사업심층평가의 결과를 심의하고 있다.

한편 신규 사업의 체크리스트는 다음과 같다.

1. 사업목적이 명확하며 추진근거가 있는가?
2. 중앙정부가 해야 하는 일인가?
3. 재정지출이 효율적인가?
4. 다른 사업과 중복 또는 유사하게 사업이 설계되지 않았는가?
5. 사업의 타당성을 객관적으로 검증하는 절차를 거쳤는가?
6. 현재의 사업방식이 가장 효율적인가?
7. 현재 추진해야 할 시급성이 있는가?
8. 사업여건은 성숙되어 있는가?
9. 투입비용 대비 효과성은 높은가?
10. 재원조달계획이 구체적으로 마련되어 있는가?
11. 집행계획이 세부적으로 마련되어 있는가?
12. 집행가능성이 높은가?
13. 민간투자사업 방식으로 추진하는 것이 적합하지는 않은가?

체크리스트의 공통질문 13개 외에 사업유형에 따라 유형별 질문을 추가하여 작성하여야 한다. 해당사업이 다수 유형의 속성을 갖거나, 다른 유형의 세부사업으로 구성되어 있을 경우는 각각의 질문을 모두 포함하여 작성한다.

사업유형	세부질문
SOC	각종 갈등요인을 점검·조정하고, 계획에 반영하였는가?
대형시설·장비	시설·장비구매의 적정시점인가?
출연·출자	대상기관의 경영상황 점검결과 적정규모의 지원인가?
지자체보조	지자체의 사업여건을 검토하였는가?

프로그램 예산체계의 분류체계 및 코드설정은 다음과 같다. "장(분야)—관(부문)—항(프로그램)—회계/기금—계정—세항(단위사업)—세부사업" 체계로 설정된다. 내부거래지출 및 보전지출사업 대해서도 일반지출과 동일한 방식으로 처리하며, 장

(분야) 및 관(부문) 선정시 복수의 장(분야)·관(부문)에 해당하는 경우 대표적인 하나의 장(분야)·관(부문)만을 기재한다.

표 7-6   프로그램 예산체계

16분야 69부문			
010. 일반공공행정 011. 입법및선거관리 012 국정운영 013 지방행정·재정지원 014 재정·금융 015 정부자원관리 016 일반행정	**050. 교육** 051 유아및초중등교육 052 고등교육 053 평생·직업교육 054 교육일반	**083 공적연금** 084 보육·가족및여성 085 노인·청소년 086 노동 087 보훈 088 주택 089 사회복지일반	**115 에너지및자원개발** 116 산업·중소기업일반 **120. 교통및물류** 121 도로 122 철도 123 도시철도 124 해운·항만 125 항공·공항 126 물류등기타
020. 공공질서및안전 021 법원및헌재 022 법무및검찰 023 경찰 024 해경 025 재난관리	**060. 문화 및 관광** 061 문화예술 062 관광 063 체육 064 문화재 065 문화및관광일반	**090. 보건** 091 보건의료 092 건강보험 093 식품의약안전	**130. 통신** 131 방송통신 132 우정
030. 외교·통일 031 통일 032 외교·통상	**070. 환경** 071 상하수도·수질 072 폐기물 073 대기 074 자연 075 해양환경 076 환경일반	**100. 농림수산** 101 농업·농촌 102 임업·산촌 103 수산·어촌 104 식품업	**140. 국토및지역개발** 141 수자원 142 지역및도시 143 산업단지 **150. 과학기술** 151 기술개발 152 과학기술연구지원 153 과학기술일반
040. 국방 041 병력운영 042 전력유지 043 방위력개선 044 병무행정	**080. 사회복지** 081 기초생활보장 082 취약계층지원	**110. 산업·중소기업및에너지** 111 산업금융지원 112 산업기술지원 113 무역및투자유치 114 산업진흥·고도화	**160. 예비비** 161 예비비

3. 성과관리와의 연계

예산과 성과관리 연계는 일반재정사업 외에 R&D투자, 그리고 정보화사업에도 적용된다. 각 중앙행정기관이 재정사업자율평가 등을 통해 생산한 성과정보는 행정기관의 예산요구안 작성, 기획재정부의 정부예산안 편성, 그리고 국회예산심의 등 3단계로 활용된다. 먼저, 각 중앙행정기관이 기획재정부에 제출하는 예산안 요구서 작성과정에서 성과계획서와 성과보고서, 그리고 재정사업자율평가 결과가 상당한 영향을 미치고 있다. 성과계획서에는 각 행정기관의 임무-비전-전략목표-성과목표 등이 포함되어 있고 재정사업자율평가에는 각 행정기관이 수행하는 재정사업에 대해 사업계획 – 사업집행 – 성과측면의 평가결과가 포함되어 있기 때문이다. 각 중앙행정기관들은 이러한 성과정보를 활용하여 사업의 우선순위, 예산 증감수준 등을 분석한 후 예산안 요구서를 작성하여 기획재정부에 제출하게 된다.

기획재정부는 정부예산안 편성과정에서 성과계획서와 재정사업자율평가 결과 등 성과정보를 예산증액과 삭감 등 예산편성과정에 직·간접적으로 연계한다. 우선, 각 행정기관이 3월 말까지 제출한 재정사업자율평가 결과를 점검·확인하는 작업을 6월 말까지 집중적으로 실시한다. 재정사업자율평가는 기획재정부가 제시한 체크리스트와 답변기준(평가지침)에 따라 각 행정기관이 자율적으로 평가하기 때문에 자체평가과정에서 행정기관별로 적용방식이 달라져 일관성과 신뢰성 있는 평가지표의 적절성 등에 대해 4~6월 동안 다시 평가하는 작업을 통해 평가결과와 등급이 최종 확정된다. 이렇게 평가등급이 최종 확정되면 기획재정부는 7월부터 시작되는 예산안 심사과정에서 매우 우수, 우수 등급을 받은 사업에 대해서는 전년예산대비 10%를 증액하고, 미흡 등급을 받은 사업에 대해서는 전년예산대비 10% 감소, 그리고 매우 미흡 등급을 받은 사업에 대해서는 전년예산대비 10%감소 또는 사업폐지를 검토하는 등 적극적으로 활용한다.

(1) 기본원칙

① 세출 구조조정 등에 기여할 수 있도록 예산과의 연계 강화
② 지속적인 재정지원 필요성이 없거나 유사·중복사업 등으로 평가받은 사업의 경우 추진여부를 재검토하여 예산 편성
③ 사업별 평가결과를 제도 개선 등에 적극 활용

(2) 예산연계기준

재정사업 자율평가는 다음과 같은 기준으로 예산과 연계된다.

평가 등급에 따라 예산 요구 및 편성에 반영한다. 평가등급은 기획재정부의 확인·점검을 거쳐 확정된 평가결과를 기준으로 한다. '매우 우수' 및 '우수' 등급 사업은 원칙적으로 예산을 증액하고 '보통' 등급 사업은 사업의 성과가 객관적으로 검증되지 않은 경우 원칙적으로 예산을 증액하지 않는다. 성과지표가 부실한 경우에는 구체적인 지표개선 계획 등을 감안하여 예산증액 허용 여부를 검토한다. '미흡' 및 '매우 미흡' 등급 사업은 수정평가를 통한 등급개선이 없는 경우 차

표 7-7 재정사업자율평가 평가지표

구분		평가지표
계획 (20)	사업계획 (10)	사업목적이 명확하고 추진방식이 효율적인가 다른 사업과 불필요하게 유사 중복되지 않는가
	성과계획 (10)	성과지표가 사업목적과 명확한 연계성을 가지고 있는가 성과지표의 목표치가 구체적이고 합리적으로 설정되었는가
관리 (30)		예산이 계획대로 집행되도록 노력하였는가 모니터링체계를 운영하여 문제점을 개선하고 있는가 사업목적을 달성하는 데 있어 효율성을 제고하였는가
성과/환류 (50)		계획된 성과지표의 목표치를 달성하였는가 사업평가 결과, 사업이 효과적으로 수행되고 있는가 평가결과 및 외부지적사항을 사업구조개선에 환류하였는가

자료: 기획재정부.

기평가 도래연도까지 10% 이상 삭감을 추진한다. 단, '매우 미흡' 등급 사업은 예산 삭감 원칙 적용과 함께 사업폐지도 검토한다. 성과지표 개선, 성과목표 달성도 등 성과정보에 중대한 변경이 있을 경우에는 평가주기 미도래시에도 수정평가를 통해 등급재조정이 가능하다. 등급에 관계없이 재정여건에 따라 동결 또는 감액 편성이 가능하며 평가결과 3회 연속 '미흡' 등급 이하 사업은 원칙적으로 폐지된다.

평가결과 제도개선 필요사항에 대해 해당부처에 시정을 권고하고 이행상황을 점검하고 있다. 미이행 사업에 대해서는 다음 평가시 감점 및 예산편성시 감액이 가능하다.

한편 재정사업 심층평가는 심층평가 결과를 반영하여 예산 요구 및 편성하고 심층평가 결과 제시된 제도개선사항을 미이행한 사업에 대해서는 예산편성시 사업폐지 또는 감액편성이 가능하다. 예산요구시 과거 심층평가 결과에 따른 이행조치 내역 제출이 요구된다.

(3) 성과계획서 작성

1) 성과계획서 작성 및 국회제출

각 중앙관서의 장은 국가재정법 제8조에 따라 예산요구서와 함께 성과계획서를 기획재정부 장관에게 제출한다. 2009회계연도 예산안부터 정부는 성과계획서를 예산안 첨부서류로 국회에 제출하고 있다(국가재정법 §34 제8호, 부칙 §4①).

2) 성과계획서 작성대상

국가재정법에 따라 예산요구서를 제출하는 모든 중앙관서의 장 및 기금관리주체는 성과계획서를 작성해야 한다. 단, 중앙관서의 장이 아닌 기금관리주체는 해당 기금으로 수행하는 재정사업에 대한 성과계획(지표, 목표치 등)을 설정하여 소관 주무 부처에 제출한다. 중앙관서의 장은 소관 회계 및 기금으로 수행하는 재정사업에 대한 성과계획 및 중앙관서의 장이 아닌 기금관리주체가 제출한 성과계획을 포함하여 부처의 성과계획서를 작성한다. 예산안 및 기금운용계획안 제출시 기획재정부장관에게 제출하고 정부안 확정 후 예산안 첨부서류로 국회에 제출된다.

3) 성과계획서 작성방법

성과계획서 작성방법, 성과목표 및 성과지표 설정방법, 성과계획서 양식 등에 대해서는 별도 지침으로 5월 초 통보된다. 각 중앙관서는 프로그램예산체계와 성과관리목표체계 연계안에 대해 기획재정부와 협의가 완료된 경우, 그 결과를 토대로 예산을 요구하게 된다. 각 중앙관서는 프로그램 예산체계와 성과관리목표체계를 최대한 일치시키도록 노력해야 한다(국가재정법 제8조 제9항).

(4) 신규사업에 대한 성과계획서와의 부합성 검증

신규사업에 대해 성과계획서상의 성과목표와의 부합성을 검증하는 절차를 도입했다.

각 부처는 신규사업의 성과계획서와의 부합성 검토결과를 예산요구와 함께 제출, 기획재정부는 예산편성시 동 검토결과를 활용한다.

표 7-8 신규사업의 성과목표와의 부합성

신규사업 예산반영기준	성과계획서와의 관련성
① 사업의 필요성	동 사업이 성과계획서상 성과목표 달성 혹은 성과부진 해소에 기여하는가
② 사업의 시급성	성과목표 달성 혹은 성과부진 해소를 위하여 사업 추진이 시급한가
③ 사업계획의 구체성	성과목표 달성 혹은 부진 해소를 위한 기여정도를 확인할 수 있을 만큼 사업 내용이 구체적인가

4. 예비타당성 조사

(1) 기본원칙

예비타당성조사 대상사업은 예산 요구에 앞서 기획재정부에 예비타당성조사

179

(이하 "예타")를 신청한다. 원칙적으로 예타결과 사업추진의 타당성이 인정된 사업에 한해 예산 반영이 가능하다.

(2) 대상사업

신규사업으로, 다음 어느 하나에 해당하는 사업은 예타 대상이 된다. 첫째, 총사업비가 500억원 이상이고 국가의 재정지원 규모가 300억원 이상인 건설사업, 정보화, 국가연구개발 사업이 해당된다. 이때 건설사업은 토목, 건축 등 건설공사가 포함된 사업을 의미하며 중기재정지출이 500억원 이상인 사회복지, 보건, 교육, 노동, 문화·관광, 환경보호, 농림해양수산, 산업·중소기업분야 사업도 대상이다. 신규사업 착수 이후 5년간 소요되는 재정지출 합계를 규모로 설정한다(10년 이내로 사업기간이 정해진 사업은 전체 사업기간 중 소요되는 재정지출 합계).

다만, 다음과 같은 사업 등은 예타 면제 대상이다(국가재정법 시행령 제13조 제②항 및 예타 운용지침 제11조 참조).

▶ 공공청사·교정시설·초중등 교육시설 및 문화재 복원사업
▶ 국가안보, 남북교류협력, 국가 간 협약·조약에 따른 사업
▶ 단순 개량 및 유지보수사업, 재해예방·복구, 안전 관련 사업
▶ 법령에 따라 설치·추진해야 하는 사업
▶ 단순 소득이전을 목적으로 하는 사업, 융자사업 등과 같이 예타 실익이 없는 사업 등

(3) 세부지침

예타 대상사업을 예산안 또는 기금운용계획안에 반영하고자 하는 경우, 전전년도까지 예타를 요구해야 한다. 매년 2회(8월, 12월) 기획재정부장관이 정하는 절차에 따라 예타 요구서를 작성·제출한다(예타 운용지침 제15조~제27조 등 참조). 예타 면제 사업으로 판단되는 사업도 예타 요구 또는 기획재정부와 사전협의를 거쳐 면제 판정 후 예산반영이 이루어진다. 예타 면제 사업이라도 필요한 경우에는 간이예타를 거쳐 적정 사업규모, 총사업비, 효율적 대안 등을 검토한다. 간이예타란 예비타당성운용지침 제13조(간이예비타당성조사)에 따르면 기획재정부장관은 필요한 경우 제11조의 규정에 의한 예비타당성조사 면제 사업에 대하여 예비타당성조사 방식에 준하여 적정 사업규모, 총사업비, 효율적 대안 등을 검토하고 그 결과를 예산편성

및 기금운용계획 수립에 반영 할 수 있다. 주무부처에서 예타요구시 간이예타를 요청하거나, 기획재정부장관 직권으로 간이예타 대상사업으로 선정이 가능하다.

국토이용중장기계획 등 해당계획에 포함된 개별사업 간 상호연계성이 큰 경우, 계획에 포함된 개별사업들에 대해 일괄예타 요구가 가능하다. 일괄예타란 예비타당성운용지침 제10조(중장기계획 등에 대한 일괄 예비타당성조사)에 따르면 철도 등의 중장기계획과 같이 해당 계획에 포함된 개별사업 간에 상호연계성이 높고 우선순위에 영향을 미칠 가능성이 있는 경우에는 계획에 포함된 개별사업들에 대하여 일괄 예비타당성조사를 실시할 수 있다. 일괄예타 요구가 없을 경우에도, 기획재정부장관 직권으로 일괄예타추진이 가능하다.

예타를 거쳐 타당성이 인정된 경우에 한해 예산 요구가 가능하지만 예타가 진행 중인 사업의 경우는 예타결과 타당성이 있을 경우를 전제하여 예산요구가 가능하다. 다만, 총사업비 2,000억원(BTL 유형인 경우는 1,000억원) 이상 사업 중 예타결과 민자사업으로 추진가능성이 있는 사업은 기획재정부장관과 협의를 거쳐 예산 요구 전에 예비 민자적격성 조사를 수행해야 한다. 예상 총사업비가 예타 대상임에도 불구하고, 총사업비를 과소계상하여 예타 없이 예산을 요구하는 일이 없어야 한다.

5. 총사업비관리

(1) 기본원칙

총사업비 관리대상 사업은 총사업비 범위 내에서 연차별 소요예산을 요구하여야 한다. 총사업비 관리대상 사업이 총사업비 변경이 필요한 경우, 예산요구시 先 총사업비 변경 後 예산반영 절차를 준수하여야 한다.

(2) 대상사업

다음 요건을 모두 충족하는 사업은 총사업비 관리대상이 된다.
- ▶ 국가의 예산 또는 기금으로 시행하는 사업
- ▶ 사업기간이 2년 이상인 사업
- ▶ 총사업비가 토목 및 정보화사업인 경우 500억원 이상, 건축사업의 경우 200억원 이상인 대규모 공공투자사업

다음 어느 하나에 해당하는 사업은 관리대상에서 제외된다.

▶ 정액으로 국고를 지원하는 사업

▶ 융자사업

▶ '사회기반시설에 대한 민간투자법'에 의한 민간투자사업

▶ 도로유지·보수, 노후 상수도 개량 등 기존 시설의 효용증진을 위한 단순개
  량 및 유지·보수 사업

(3) 세부지침

총사업비 관리대상 사업은 사업추진 단계별로 예산을 요구하여야 한다. 타당
성조사, 기본설계비, 실시설계비, 보상비, 공사비 등 사업추진 단계별로 예산을
반영한다. 설계비, 시설비, 감리비 등은 각 비목별 세부지침을 적용한다.

총사업비 관리대상 사업은 기획재정부장관과 협의를 거친 총사업비에 따라
연차별 소요액을 예산 요구하여야 한다. 총사업비는 기본계획수립, 기본설계, 실
시설계 등 각각의 단계가 완료될 때마다 반드시 기획재정부장관과 변경여부를 협
의하여야 한다. 총사업비가 종전에 비해 크게 증가되는 경우 예산안에 연차별 적
정소요가 반영될 수 있도록 사업기간 조정을 함께 검토한다. 예산소요액은 총사
업비에 반영된 금액을 초과하지 않는 범위 내에서 요구한다.

다음 연도에 완공되는 사업은 예산안에 완공소요가 반영될 수 있도록 당해연
도 6월 말까지 총사업비를 변경해야 한다. 총사업비 변경 요구시 향후 추가적인
총사업비 변경이 없도록 잔여공정에 대한 완공소요를 면밀히 분석하여 반영한다.
완공연도에는 특별한 사유가 없는 한 총사업비 변경을 불허한다.

6. 예산의 정당화(신청전략)

사업현황보고서는 인력의 증원, 예산 증액 등을 예산실 등 예산당국을 설득
하는 가장 기본적인 자료가 된다. 각 사업부서는 최대의 예산을 획득하기 위해
다양한 전략을 구사하게 된다. 예산을 정당화하는 데 사용되는 전략은 여러 가지
가 있는데 Wildavsky(1988)가 제시한 전략은 다음과 같다.

- 삭감에 대비해 증액신청
- 사정기관은 일회성 예산지출에 대해서는 관대한 경향이 있으므로 예기치

못한 이번만의 일이라고 주장
- 대통령이나 지방자치단체장의 공약사항이라고 주장
- 삭감시 심각한 반발이 예상된다고 위협
- 사업을 담당하는 신청기관이 당해 사업에 대해 더 잘 알고 있다고 주장
- 다수에 의해 중요하다고 인정받으며 실제로 많은 사람들이 지지하는 사업
  은 삭감하여 신청하고 동시에 자기가 목표로 한 사업은 더 중요한 것처럼
  이것만은 삭감하지 말아달라고 부탁
- 중요하고 지지받는 사업과 통합
- 위기를 이용하여 새로운 사업을 발굴
- 향후에 절약이 된다고 주장
- 자체 수입으로 지출을 충당할 수 있으므로 추가적인 예산소요가 없을 것
  으로 주장
- 소액의 예산으로 사업을 시작한 후 예산을 계속 증액 신청
- 이미 기각된 예산 항목을 새로운 사업으로 위장(정기예산국회 때 삭감된 사업을 추
  가경정예산 편성시 다시 신청)
- 국제적 표준에 부합하기 위해 반드시 필요하다고 주장
- 예산 금액 이상의 미래 세입이 창출될 것으로 주장
- 기각이나 삭감으로 위기 상태가 발생하면 이는 모두 예산사정 당국의 책
  임이라고 위협
- 예산을 신속하게 집행하고 추가예산을 신청

이러한 신청전략은 참여정부 이래 총액배분 자율편성(top-down budgeting)이
자리를 잡으면서 그 폭이 상당히 줄어든 것으로 나타나지만 여전히 유효한 것으
로 평가된다. 다른 한편으로 Axelrod(1995)가 주장하는 가장 좋은 전략은 객관성,
포괄적 의사결정체계를 갖춘 소요인력의 과학적 추정, 필요시설에 대한 명료한
조달계획, 정책집행수단의 개발, 업무능률성 향상을 위한 조치 강구, 비용과 지출
에 대한 추세 분석, 외부분석가의 전문적 자문 활용 등이다. 결국 문화행태적인 접
근과 합리적인 대안이 같이 마련될 때 좋은 결과를 가져오게 된다고 볼 수 있다.
예산요구에 있어서 가이드라인을 정리하면 다음과 같다. 예산요구의 합리화
를 위해서는 사업부서 인력보다 예산사정 인력이 사업의 구체적 내용을 인지하고

있기를 기대하기 어려우므로 상식적으로 잘 사용되지 않는 전문용어나 설명없이 약어를 사용하지 않는 것이 필요하다. 새로운 약어를 만들지 마라. 기본적인 표준 논리를 적용하고 문장은 짧고 설명은 단순해야 하며 주석이나 불필요한 단어는 생략해야 한다.

7. 예산사정

중앙예산기관이 예산요구를 사정할 때 기준 역할을 하는 원칙은 다음과 같다.
- 동 사업예산을 국민이 원하는가 판단
- 예산집행기관의 참여, 이해관계자의 의견수렴, 정보의 공개
- 국민이 원하는 것과 이해관계자의 의견수렴과정을 통해 확보된 정치적 합리성과 목표를 달성하는 최적대안을 비용과 편익의 관점에서 판단하는 비용-편익분석을 통해 확보되는 경제적 합리성
- 관련 법규의 준수
- 세대 간의 형평, 소득, 지역, 성별에 따른 형평
- 예산이 정책목표를 달성하는 효과성
- 선택된 대안의 효율성

이들 원칙과 함께 다음의 기준에 근거해 예산요구를 분석 검토해 예산을 사정한다.
- 객관성과 공정성
- 예산정보의 공개
- 원가분석, 생산성 분석, 비용편익분석, 비용효과분석, 세입세출예측 등
- 선택과 집중
- 제약조건하의 합리성 추구
- 중요사업의 별도 사정
- 설정된 절차와 규정에 따른 단계적 사정
- 사업의 내용에 대한 전문적 이해

Ⅳ. 예산집행

　　모든 정책과정과 마찬가지로 예산과정에 있어서도 예산집행관리가 적절한 수준(fair share)의 관심이 주어져야 하나 실제 우리나라는 물론이고 선진국에서도 예산집행에 대한 탐구는 절대적으로 부족했던 것으로 여겨진다. 그러나 최근 성과주의 예산의 강조, 그리고 총액위주의 사업예산편성이 이루어지면서 집행관리에 대한 관심이 높아지고 있으며 이는 매우 바람직한 현상으로 판단된다.

　　집행단계에서는 예산이 성립된 후에 한 항목에서 다른 항목으로 혹은 한 사업에서 다른 사업으로 자금이 어떻게 이전되는지에 관한 규칙과 지출 공식이 있다. 예산집행에서 강조되는 것은 예산이 편성되고 확정된 대로 정확히 수행하는 것이다. 바로 이런 이유에서 예산집행이라는 것이 아주 기술적이고 단순한 행정관리자나 회계사의 영역인 것으로 생각하기 쉽다. 그러나 실제로 예산집행은 중요한 의사결정이 수반된다. 왜냐하면 예산상의 행정책임의 정도가 예산집행단계에서 정해지고, 정책의 성과를 통제하는 평가가 예산집행단계에서 일어나기 때문이다.

　　예산이라는 것이 예산편성기간 동안 관계자들이 최선으로 생각하고 합의한 결과이지만 편성기간이라는 것이 시간에 쫓기는 상황이고 예산을 집행함에 따라 문제의 중요성도 변하고 행위자의 구성도 변하기에 예산은 변하기 마련이다. 종종 회계연도 내에 주요인사가 교체되는데 리더십이 바뀌면 새로운 기관장은 그의 정책을 집행하고 싶어하기에 기존의 예산을 수정하게 된다. 회계연도 동안의 일정한 융통성과 변경은 필요하고 또한 바람직한 측면이 있다. 그러나 회계연도 동안 예산이 과도하게 변하면 많은 문제가 야기될 수도 있다.

　　집행부에 예산을 집행할 수 있는 폭넓은 재량권을 부여하고 필요한 예산변경을 하도록 하면 그것은 정규 예산과정에서 허용하지 않는 부적합한 의사결정권한을 단위 사업부서장에게 부여하는 결과가 된다. 만약 사업부서의 장이 예산을 의결한 국회의 의도에 반하여 재량권을 사용하면 그 결과는 입법부와 행정부 사이의 주요 쟁점이 될 수 있다. 회계연도 내에 예산을 변경하였는데 정책과 관련이 있다면 이러한 행위는 정규 예산과정을 무력화하고 공공의 감시가 없는 제2의 예산과정

(shadowy second budget preparation process)을 만드는 것과 같다(Irene Rubin, 2000).

전자정부(Electronic Government)의 발전은 많은 경우 민원사무 등을 온라인화하여 국민들에 대한 책임성, 대응성, 그리고 투명성을 보장하려는 노력(예를 들면 서울특별시의 민원처리온라인(Online Procedure ENhancement for civil applications: OPEN) 시스템이나 중앙정부의 G4C사업 등)과 함께 재정정보시스템의 구축을 통해 재정집행관리의 합리성을 제고하려는 데서 출발한다.5 우리나라의 전자정부구축 사업 11개 중 재정정보시스템이 당연히 하나의 축을 이루고 있는 것은 이러한 맥락에서 이해할 수 있다.

잘 구축된 재정정보시스템은 예산이 편성·심의 및 의결되어 확정되면 이를 배정하고 소기의 성과를 달성할 수 있도록 모니터링하고자 하는 예산당국에게 적시에 적질의 정보를 제공한다는 점에서 예산집행관리의 매우 중요한 수단이 될 수밖에 없다. 아울러 재정의 역할이 경제의 안정적인 성장을 위한 하나의 중요한 축으로 이용되는 혼합경제하에서 거시경제운용을 위한 정보제공에도 중요한 수단이 된다. 별도의 보고서를 수시로 징구하기보다는 재정정보시스템에 의해 자동적으로 관리회계적 차원에서 필요한 정보를 획득할 수 있는 시스템을 갖추는 것이 필요하기 때문이다.

 # V. 성과관리 및 결산

1. 성과관리

정부패러다임의 변화와 혁신의 동력은 근본적으로 20세기 후반의 사회발전, 경제성장, 복지국가화, 그리고 기술진보에서 출발한다. 특히 대부분 OECD 국가의 재정악화는 공공부문 개혁의 계기가 되었다. 새로운 정책과 서비스를 위한 추가소요예산은 임시계정(기금이나 특별회계 등)으로 확보하여 왔으나 최근에는 이러한 방법도 한계에 도달해 정부의 재정압박은 더욱 심화되고 있다. 따라서 정부는 현

---

5 1999년 각광을 받고 출발한 서울시 OPEN 시스템도 이제는 6종만으로 명맥을 유지하고 있고 나머지 117종의 업무는 종합민원관리시스템, 새올행정시스템, 세움터시스템, 상수도고객관리시스템, 나라장터시스템, 서울도시계획포털 등으로 분산되었다.

재의 재정규모를 대체로 유지한 채 사회변화의 수요와 기대를 충족시켜야 하는 어려움에 직면해 있다. 비전2030이 아니더라도 보편적인 사회복지시스템에 대한 수요가 늘어나면서 공공지출이 지속적으로 증가하고 있다. 연금, 교육, 의료에 대한 지출이 완연한 증가추세를 보이고 이러한 현상은 저출산 고령화사회로 인해 더욱 가속화될 전망이다.

지속가능한 재정의 건전화라는 정책목표의 달성이 위와 같이 폭증하는 복지수요와 공급(조세부담) 한계의 괴리 속에서 전통적인 예산당국의 역할만으로는 어렵게 되고 있다. 따라서 정부의 재정성과관리 역량제고를 위한 혁신에 있어서 시스템적인 관리와 평가가 더욱 중요해졌다.

대부분의 나라들은 내부통제와 전자정부의 진전으로 재무회계감사의 부담을 덜고 사업의 효과성이나 지출의 가치감사에 집중하고 있고 외부감사의 주체로서 감사원과 국회의 관계가 핵심이다. 전통적인 공공관리가 재무적인 사전적 외부통제 중심이라면, 현대적 혁신체제는 최고감사기구의 강력한 사후 성과감사에 의해 뒷받침된다. 그럼에도 불구하고 행정부 내부의 성과관리 모니터링의 중요성은 아무리 강조해도 지나치지 않다.

총액배분 예산자율편성방식(top-down budgeting)과 같은 재정개혁이 정부가 주어진 예산의 지출초과 및 과다예산요구를 막기 위한 것이라는 점은 십분 공감하지만 외부통제의 입장에서는 투입에 기초한 성과정보를 획득하기가 더욱 어려워진 문제가 있다. 이와 함께 발생주의 회계체제와 원가주의 도입의 한계, 그리고 성과측정의 어려움에 따라 객관적인 외부통제의 일환으로서 성과감사는 말처럼 쉽지 않기 때문이다.

재정혁신이 실효성을 갖기 위해서는 잘못된 제도의 설계는 미리 궤도 수정을 해야 한다는 점, 그리고 재정의 지속가능성을 위협하는 불필요하거나 중복된 투자는 사전에 차단해야 한다는 점에서 성과관리를 통한 재정성과정보 획득의 중요성은 아무리 강조해도 지나치지 않는다. 신공공관리(new public management) 시각은, 자율과 책임은 동전의 양면이며 통제제도의 혁신은 성과관리의 담보기제로 간주한다.

각국의 재정성과평가체계는 예산제도의 변천이나 행정개혁의 수단으로 강조되고 있다. 특히 정부예산의 효율적 집행을 위한 정부의 책임성을 증대시키는 방향으로 행정개혁이 이루어졌으며, 공공관리의 일환으로 평가체계를 재구성하고 그 기능을 강화하는 추세에 있다는 점에서 한국조세연구원에 성과관리센터를 설립해 전문성을 축적해 나가는 것은 인프라구축 측면에서 매우 바람직한 것으로 생각된다. 이미 KDI가 공공투자관리센터를 설립해 예비타당성조사 및 민간투자사업에 대한 타당성 및 적격성조사를 담당하고 있다는 점에서 양 연구원의 두 센터가 조화롭게 운영해 나갈 수 있을 것으로 기대한다.

이전까지만 해도 대부분 재정성과관리라 하면 단순한 재무감사 수준의 평가에 그쳤으나, 최근 행정환경의 급속한 변화와 이에 따른 정부책임성에 대한 요구 증대로 평가체계의 변화를 불가피하게 초래하고 있다. 특히 평가기준이 산출(output)보다는 결과(outcome)에 초점이 맞춰지고 있다는 것이다. 성과평가는 종전의 프로그램평가와 구별되는데 첫째, 결과지향적으로 과정과 투입보다는 결과를 중시하는 점 둘째, 고객지향적 관점에서 성과관리 및 평가의 초점이 내부 관리의 성과로부터 대민 서비스의 효과로 옮겨가고 있으며 셋째, 평가의 정책 및 예산에 대한 환류를 중요시하고 넷째, 성과관리의 대상을 정부의 모든 업무로 확장시키려는 추세가 있다.

우리나라 재정성과평가구조는 행정부 내부평가와 국가정책에 대한 외부감사로 정책평가 체계가 이원화되고 있다. 국회소속 또는 독립적인 감사원과 행정부내 평가전담기관으로 이원화된 평가체계는, 각 기관의 자율과 분권을 보장하기 위해 자체평가기능을 중심으로 하되, 이를 총괄·조정하는 상위 평가기관으로부터 평가내용을 검토 받는 메타평가의 구조를 형성하고 있다. 우리나라의 경우 정부업무평가기본법에서 국무총리소속하에 정부업무평가위원회를 설치하고 중앙행정기관·지방자치단체·공공기관 등의 통합적인 재정성과관리체제의 구축과 자율적인 평가역량의 강화를 통하여 국정운영의 능률성·효과성 및 책임성을 향상시키는 추진기제로 설정하고 있는바, 이러한 추진체계의 발전방향에 대한 연구도 필요하다.

우리나라의 향후 재정소요는 대내외 여건변화에 따라 지속적으로 증가할 전망인 데 반해 이를 뒷받침하기 위한 재정여건은 결코 만만치 않은 상황이다. 재정지출구조도 교부금, 채무상환, 인건비, 국방비, 사회보험 등 경직성 경비비중이 증가하는 추세에 있어 실질적인 가용재원을 제약하고 있다. 따라서 재정이 제대로 역할을 수행하기 위해서는 재원조달방안에 대한 근본적인 고민과 함께 건전한 재정운용을 위한 체계적인 성과평가와 예산환류과정을 통한 지출의 효율성 제고가 중요해지고 있으므로 재정성과관리 차원의 평가가 재정사업의 성과와 책임성을 강화하는 핵심적인 수단으로 기능해야 한다.

무엇보다도 제도 시행 이후 많은 부처가 성과지표개발, 평가예산 확보노력 강화 등 성과관리에 적극적인 자세를 보이고 있는 것이 크게 달라진 모습이다. 그럼에도 불구하고 앞으로 자율평가매뉴얼의 작성, 부처실무자 교육, 통합국정평가제도상의 통합 연계 등이 중요한 과제로 등장하고 있다. 따라서 이러한 자율평가결과 등 성과정보를 한국조세재정연구원 성과관리센터에서 지표의 개발, 평가인력의 교육 등 중요한 정보자원을 축적해나가는 것이 필요하다.

참여정부의 초기 정부혁신위원회가 공공부문의 낭비와 비효율을 제거하는 기능조정, 민영화, 민간위탁 등 구조조정 작업을 등한히 하여 재정운영 효율성 제고를 위한 출범초기의 호기를 방치한 바 있다. 과거 정부개혁이 '개혁대상으로서의 공무원, 집권적·하향식 개혁, 일회적·성과과시형 개혁, 일방적·주입식 개혁'이었으며 과거 정부개혁이 인력삭감에 무리하게 치중한 것은 반성할 일이지만, 공공부문의 낭비와 비효율을 제거하겠다는 적극적 의지가 사라진 것도 문제로 지적된다.

전략적 재정배분의 중요 요소들로는 분야별 예산금액과 편성지침을 시달하는 '총액배분(top-down)'과 분야별 예산금액 내에서 편성지침을 준수하며 사업예산을 제출하는 '자율편성(bottom-up)'의 조화가 필요하다. '총액배분 자율편성'의 제도는 중앙관서의 장이 예산사업의 대체 또는 폐지를 적극적으로 도모할 유인을 제공한다. 분야별 예산금액은 예산편성의 전체 과정에서 확정적으로 고정될 수 없지만 예산사업의 대체를 적극 유도할 정도로 경직적이어야 하며 이때 재량적 사업과 의무적 사업은 구분하여야 한다.

국가의 거시경제운용과 중장기재정운용성과에 대한 평가도 필요하다. 국가재정법 제정 이전의 성과이기는 하나 외환위기 이후 재정규율이 약화되는 조짐이 보이고 있다. 조금만 경기가 악화되어도 추경을 편성하는 관행이 고착되어 추세적인 지출증가로 이어지는 것은 아닌지에 대한 우려가 제기되고 있다. 정부가 국가재정운용계획에서 제시하는 재정수지 관리목표와 정부부채 관리목표 역시 재정건전성이 악화되는 방향으로 수정되곤 했다. 또 정부가 추진하고 있는 여러 가지 사업을 고려할 때 앞으로 재정수지가 더 악화되고 정부부채도 더 늘어날 가능성이 높다. 이는 정부가 재정건전성 유지 확보에 별다른 중요성을 부여하지 않고 있다는 의심을 갖게 한다. 그러나 한 번 재정건전성이 악화되면 쉽게 회복되기 어렵다는 점을 감안하여 정부의 적극적인 재정건전성 회복을 위한 노력 및 성과부문도 평가의 대상이 되어야 한다. 선진국의 경우에도 1970년대 중반 석유파동의 여파로 재정건전성이 악화된 후 지금까지 재정적자에서 쉽게 벗어나지 못하고 있다는 점을 참고해야 할 것이다. 재정규율의 준수여부를 평가함으로써 국가재정전략기획본부로서의 성과관리 방법론 개발도 중요한 과제가 될 것이다.

2. 결산

현행 예산·결산 평가체제는 실효성이 저조하다는 평가를 받는다. 평가가 중복되고 평가결과가 차후 사업의 개선에 반영되지 못하고 있다는 지적이다. 정부가 수행하는 평가는 다양하게 수행되고 있다. 우선 평가대상도 일반회계, 특별회계, 기금, 부담금, 공공기관, 지방공기업으로 망라적이다. 평가주체 역시 기획재정부, 국무조정실, 감사원, 국회, 안전행정부 등으로 다기하며 평가방법도 예산심의, 결산심의, 감사원 회계감사, 직무감사, 기금평가단, 부담금평가단, 지방공기업평가단, 공공기관평가단 평가 등으로 나뉜다. 하지만 평가의 효율화 및 실효성 제고가 필요하다는 것이다.

우선 500억원 이상의 예산이 투입되는 대형 국책사업 추진시 의무화되어 있는 예비 타당성 조사가 유명무실해 짐에 따라 예산낭비의 주원인으로 작용하고 있다. 편익-비용 비율(Benefit-Cost Ratio)이 1 미만인데 강행한 경우가 다수인 한편 면제비율이 과다한 문제점이 있다. 예산 평가체제를 개혁하기 위해서는 평가체제 일원화 및 중앙집중관리 방안이 검토될 필요가 있다. 평가결과를 불이익(penalty)과 유인기제(incentive)로 연결하는 체제를 확립하고 기금과 공공기관, 보조금, 부담금 등의 행정부 평가를 국회의 국정감사와 연계하고 상시평가체제 구축이 필요하다. 예산의 사전평가와 더불어 사업시행 후의 사후평가 즉, 결산에 연계하고 다시 차년도 예산에 반영하는 노력이 필수적이다. 계획-집행-평가-환류(Plan, Do, Check, Action) 차원에서 평가와 환류가 보다 강조되어야 한다. 결산심사의 환류체계구축을 위해서는 사업의 타당성조사 보고서에 사업의 목표, 추진방법, 경제성, 기대효과, 파급효과, 영향평가결과 등이 사전적 관점에서 정리되어야 하고 유사사업의 결과보고를 활용해야 한다(학습조직의 관점 적용).

KDI에서 수행한 예비타당성 조사결과에 대한 예산집행결과 사업수행실적과 비교검토를 통한 지출효율화 방안은 타당성이 낮았는데 실시된 사업, 타당성이 높았는데 미실시된 사업, 그리고 예비타당성 결과 BC 비율이 양호했으나 실제 집행시 사후적으로 저조한 사업 등 대표적으로 수요추정에 사용한 파라미터가 과다 추정되는 경우 등을 면밀하게 사후분석할 필요가 있다. 부처별 자율평가결과 자료를 점검하고 KDI에서 수행한 심층평가결과의 재검토 및 이를 기초로 계속사업의 구조조정 및 지출효율화의 일관성을 확보하는 노력이 필요하다.

사업별 평가체제 구축이 중요하다. 현재 예산편성에서 결산심의에 이르기까지 정부 부처별(정확하게 이야기하면 50개 중앙관서별)로 이루어지고 있어서 부처 간 사업의 경우 중복과 낭비가 큰 문제가 있다. 따라서 부처별 예산사업 평가가 아닌 사업별 평가(program evaluation)를 통해 중복 및 낭비를 점검하고 이를 사전에 제거하는 것이 바람직할 것으로 사료된다.

비용-편익분석(cost benefit analysis)

 # I. 비용-편익분석 개념

●●● 비용—편익분석은 정해진 공공목표를 달성하기 위해 예상되는 여러 대안들 각각의 비용과 편익을 측정하고 비교평가하여 최선의 대안을 도출하는 기술적 방법이라고 할 수 있다(김동건, 2012). 특징으로는 첫째, 개별투자사업을 평가하는 경제적 분석의 하나라는 점이다. 둘째, 기업차원의 재무분석과는 달리 사회적 관점 또는 국민경제적 관점에서 비용과 편익을 파악한다. 국민경제적 관점에서의 분석이란 편익을 특정사업이 가져다주는 국민경제에 대한 공헌을 의미하고 비용은 재무적 경비의 개념이 아니라 국가자원의 낭비, 즉 기회비용(opportunity cost)을 의미한다. 셋째, 공공사업에서 추진하고 운영하는 과정에서 발생될 것으로 기대되는 모든 비용과 편익을 장기적 시각에서 종합적으로 평가한다. 넷째, 현실적인 측면을 고려한 실무적인 분석방법이다. 대안선택에 있어 정치, 사회, 문화적 제약 등 현실적인 요인에 대한 고려가 중요시된다. 다섯째, 객관적인 분석방법이다. 올바른 의사결정수단의 하나로 인정받기 위해서 여기서 제공되는 모든 정보가 객관적인 가치를 지녀야 한다. 여섯째, 효율성 중심의 경제적 합리성에 근거한 분석방법이다. 최종판단은 정책결정자에게 달려 있는 만큼 사회적, 정치적 합리성을 조화시키는 문제가 중요하다.

비용 – 편익분석은 프로젝트 결정 또는 정부 정책사업(이하 "사업")의 편익과 비용을 계산하고 비교하기 위한 체계적인 과정이다.[1] 비용 – 편익분석은 두 가지 목적이 있다고 한다. 첫째, 확실한 투자의사 결정의 타당성 분석이고 둘째, 프로젝트의 가치를 비교하기 위한 기초를 제공한다. 비용 – 편익분석의 장점은 비용과 함께 편익을 확인하기 위해 총 예상 편익에 대한 각 옵션의 총 예상 비용을 비교하여 얼마나 많은 순편익을 제공하는가를 알려준다.

비용 – 편익분석과 관련이 있지만, 비용 – 효과분석은 구별된다. 시간(서로 다른 시점에서 발생하는 경향이 있는)의 흐름을 통해 프로젝트 비용과 편익의 흐름이 화폐가치로 표현되고 있으며, 화폐의 시간가치에 대한 조정의 관점에서 일반적인 기준 즉, "순현재가치"를 강조한다. 관련되어 있지만 약간 다른 기법은 비용 – 효과분석, 비용 – 효용분석, 경제적 영향분석, 회계 영향분석 및 투자(Social Return On Investment) 분석 등이 있다.

비용 – 편익분석은 종종 특정 정책이 바람직한가 여부를 평가하는 등 민간 기업, 정부 및 공공기관에 의해 사용된다. 그것은 매몰 대안 순편익과 현재 상태를 포함하여 편익과 비용의 기대 균형의 분석이다. 비용 – 편익분석의 장점은 비용과 편익의 흐름을 보다 정확하게 예측하는 데 도움이 되며, 얼마나 다른 대안(즉, 비용 편익 비율의 관점에서 다른 정책과 우선순위)보다 나은 대안인가를 알 수 있다는 점이다. 일반적으로, 정확한 비용 – 편익분석은 공리주의적인 관점에서 후생을 증가시키는 대안을 선택하게 한다. 정확한 비용 – 편익분석을 가정할 경우 프로젝트를 집행함으로써 현재상태를 변화시키면 파레토 효율성을 증대시킬 수 있다.

비용 – 편익분석은 모든 현재와 미래의 비용과 편익의 완벽한 평가를 인식해야 하나 실제의 분석은 어렵기 때문에 비용 – 편익분석은 상대적으로 그리고 가용한 좋은 대안의 추정치를 제공하는 것으로 봐야 하며 이론과 같이 경제적 효율성과 사회복지의 측면에서 완벽성을 보장하지는 않는다.

표준적인 비용 – 편익분석의 과정은 다음과 같다.

① 프로젝트 대안의 열거

② 이해관계자의 열거

③ 측정치를 선택하고 모든 비용과 편익요소를 측정

④ 비용편익의 시간흐름에 따른 효과추정

---

1 프랑스 경제학자 Jules Dupuit가 비용 – 편익분석의 창시자로 알려져 있다.

⑤ 모든 비용과 편익을 화폐단위로 전환

⑥ 할인율의 적용

⑦ 프로젝트 대안의 순현재가치 계산

⑧ 민감도분석

⑨ 추천 대안의 채택

Ⅱ. 비용-편익분석 기법[2]

1. 의의

비용－편익분석은 의사결정의 역할을 하는 것이 아니라 의사결정자에게 정책과 관련한 정보를 제공한다. 이를 통해 의사결정자들이 경제적인 효율성을 기반으로 그들에게 바람직한 정책 대안을 선택할 수 있는 기초를 제공한다. 실제 행정현장에의 활용은 미국 연방 정부가 물 프로젝트를 다루기 위해 응용하기 시작했으며, 오늘날까지 지속적으로 이용하고 있다. 비용－편익분석은 카터와 특히 레이건, 부시 행정부에서 보편적으로 보급되었고 클린턴 대통령도 비용－편익분석위원회를 운용했다. 비용편익 법률의 통과를 위한 최근 시도에서는 의사결정 과정에서 더 큰 합리성을 가진 방법론에 대한 갈증을 나타낸다. 비용－편익분석의 기본적인 가치는 의사결정 과정에서 정치적 양상을 회피하는 것과 관계가 있다.

2. 평가기준

비용－편익분석에서의 의사결정에 관한 기본원칙은 어떠한 상황에서도 가장 큰 순편익을 제공해주는 대안을 선택하는 것이다.

1) 비용변제기간(payback period)

원금회수 기간이라고도 하며 간단하게 최초 투자비용을 회복하는 데 요구되는 시간이다. 원금회수 기간은 C/B로 간단하게 계산할 수 있는바, 여기서 C는 초

2 *Jonathan Lesser and Richard O. Zerbe, Jr.*

기투자 비용 그리고 B는 원금회수기간 동안에 발생한 순편익의 평균을 의미한다. 의사결정 기준은 원금회수 기간이 지정된 기간보다 짧을 때 프로젝트를 받아들이게 된다. 사업의 총비용을 가장 짧은 기간에 변제할 수 있는 사업이 가장 우선적으로 선정된다. 비용변제기간 기준은 사업을 선정하는 데 할인율을 적용할 필요가 없는 상황에서 주로 활용되며 민간기업에서 단기사업의 경우 주로 고려하는 기준이다.

2) 순평균수익률

순평균수익률이란 사업의 전기간에 걸쳐 발생하는 순편익의 합계를 편익이 발생하는 사업기간 전체 연수로 나눈 것이다. 순평균수익률 기준은 사업의 총연한을 중요하게 고려하므로 오히려 한계가 있다. 사업편익이 장기에 걸쳐 발생하는 공공사업에 이 기준을 적용하는 것은 곤란하다. 단기에 마무리되는 사업과 장기에 걸친 사업을 동일하게 비교하는 동 기준은 장기사업이 위주가 되는 SOC사업 등에는 적절하지 않다.

3) 자주 활용하는 평가기준

순현재가치 기준은 투자사업의 전기간에 걸쳐 발생하는 순편익의 합계를 현재가치로 환산한 값을 의미하며 이 순현재가치의 값이 클수록 경제적으로 타당성이 높은 것으로 평가한다. 경제적으로 정확한 답을 제시할지라도, 투자의 가치를 평가하기 위한 또 다른 기준이 종종 이용되기도 한다. 첫 번째는 비용편익 비율(ratio)이고, 두 번째는 내부수익률(internal rate of return: IRR)이다.

① 순현재가치

프로젝트의 순현재가치(net present value: NPV)를 결정하기 위한 식에서 B는 t 시점에서의 편익이고, C는 t 시점에서의 비용, r은 할인율이며 n은 프로젝트 수명의 끝인 시점을 의미한다. 이 식의 산술에 따라 순현재가치가 정(+)의 값으로 나타나면 프로젝트를 받아들이는 것으로 결정한다.

순현재가치의 계산공식은 다음과 같다.

$$NPV = \frac{B_0 - C_0}{(1+r)^0} + \frac{B_1 - C_1}{(1+r)^1} + \cdots + \frac{B_n - C_n}{(1+r)^n}$$

$$= \sum_{t=0}^{n} \left(\frac{B_t - C_t}{(1+r)^t} \right), \; t = 0, \; 1, \cdots, \; n$$

여기서 r은 사회적 할인율

n은 사업의 기간(연수)을 의미한다.

② 비용편익비율

비용편익비율(BCR)은 간단히 말해서 비용흐름의 현재가치에 의해 나눠진 편익흐름의 현재가치이다. 이 산술에 의해 도출된 결과가 1보다 더 크면 프로젝트를 받아들이는 것이다. 또 다른 ratio가 사용되기도 하는바 NBCR(순비용편익 비율)이며 이는 비용편익비율(BCR) − 1이다. NBCR에 의하면 0보다 큰 경우에 그 프로젝트가 받아들여진다.

$$\frac{B}{C} = \sum_{t=0}^{n} \frac{B_t}{(1+r)^t} \Big/ \sum_{t=0}^{n} \frac{C_t}{(1+r)^t}, \; t = 0, \; 1, \cdots, \; n$$

③ 내부수익률(Internal Rate of Return(IRR))

내부수익률(IRR)은 기대현금 유입액을 현재가치로 할인한 비용금액과 같아지도록 하는 이자율을 말한다. 투자사업이 원만히 진행된다는 가정하에 기대되는 예상수익률로 초기연도의 투자비용과 그 다음 해부터의 할인된 순편익의 합계가 일치되도록 하는 할인율을 의미한다. 이 내부수익률(R)이 통상적으로 사용되는 사회적 할인율보다 크면 그 투자사업의 타당성이 있는 것으로 판단한다.

$$C_0 = \frac{B_1 - C_1}{(1+R)^1} + \cdots + \frac{B_t - C_t}{(1+R)^t} + \cdots + \frac{B_n - C_n}{(1+R)^n}$$

내부수익률의 장점은 비즈니스에 있어 더 광범위하게 이용이 가능하고 순현재가치 기준보다 내부수익률의 수익률이 더 직관적이라는 점이다. 그러나 단점도 심각하다. 내부수익률은 투자자가 투자 의사결정을 위해 획득할 수 있는 수익률을 그들 내부적으로 가정하기 때문에 오답이 발생하기도 한다. 또한 내부수익률은 컴퓨터가 가장 간단한(simple) 계산을 하도록 요구한다. 마지막으로 현금흐름의 변화로 인해 복수의 내부수익률이 존재할 수 있다.

197

결론적으로 정리하면

① 단일 분석에 사용할 시 최선의 기준은 순현재가치이다.

② 다중 프로젝트를 분석할 때, 최장수 프로젝트를 위한 시간 프레임과 가장 규모가 큰 프로젝트의 예산과 시간의 크기가 조정되어야 한다.

③ 내부수익률과 원금회수 기준은 경제적인 효율을 극대화하는 것과 함께 지속적인 결과를 나타내는 것은 아니다.

④ 단일 프로젝트를 위해서는 편익비용 비율 또는 순현재가치를 이용하고, 여러 대안적 프로젝트를 비교할 때는 순현재가치의 이용을 권장한다.

3. 할인율

할인율은 자본의 사회적 기회비용(The social opportunity cost of capital)을 반영한다.

자본비용을 할인율로 사용하기 위해서는 자본의 시간선호 모두를 고려한 자본의 사회적 기회비용(종종 자본의 잠재 가격이라고 불리는)을 기반으로 한 정상 비율(correct rate)을 기초로 한다. 공적자금 투자의 평가에 적절한 할인율이란 투자에서 민간자본 혹은 민간자본에서 회수한 편익을 제외한 것을 의미한다. 정부 투자가 민간부문의 생산성 또는 이익을 향상시키면 그 편익을 민간자본으로 되돌릴 수 있다. 이 모델의 공통적인 결과로 자본의 공급이 완전히 탄력적이라면, 이때 정확한 할인율은 미래 소비를 위해 현재의 소비 변화를 꾀하는 데 사회의 집합적 의향을 반영한 시간선호의 사회적 비율을 말한다. 완전히 탄력적인 자본의 공급은 어떠한 영향도 받지 않은 할인율을 가진 펀드의 수요에 대한 대응으로 간주된다. 유사하게, 자본의 탄력적인 공급은 모든 좋은 프로젝트가 착수될 수 있음을 뜻한다. 그러나 완전탄력성의 가정은 비현실적이다.

적정할인율의 크기는 어떻게 결정되어야 할까? 만약 할인율이 너무 높으면 순현재가치가 작아지므로 사회적으로 필요한 사업이 타당하지 않은 것으로 결정될 수 있고, 반대로 너무 낮으면 불필요한 사업이 타당한 사업으로 평가될 수 있어 적정할인율의 선택이 중요하다. 우선 생각할 수 있는 것은 시장이자율, 정부국공채이자율 등으로 이들이 주로 정부 및 공공기관이 수행하는 재정사업의 사회적 할인율의 대리변수로 활용된다. 특정 사업별로 할인율을 조금씩 바꿔서 적용해보는 민감도분석(sensitivity test)을 통해 어느 수준의 할인율에서 NPV가 0이 되는가를 파악하고 이 수준보다 조금 낮은 것을 채택하는 방법이 권장되기도 한다. 결국 사회적 할인율의 결정은 공공사업의 가치를 민간사업과 어느 정도나 차별화될 것인가에 대한 선택의 문제인 것이다.

4. 가치평가(valuation)

미국 캘리포니아주의 A시 정부 사례를 들어 설명해 보자. A시의 쓰레기 트럭 구입사례 분석은 트럭의 구입 가격과 운전기사를 고용하는 비용으로 구성된다. 편익은 더 이상 쓰레기 처리를 위해 위탁계약자에게 비용을 지불하지 않는 데서 오는 예산절감분이다. 이 경우 편익과 비용은 매우 명백하다.

본 질문은 트럭의 구입이 재정상 건전할지에 관한 것이다. 이것은 적절한 현금흐름, 적절한 할인율, 데이터 가정과 평가 기준 선택의 결정 등과 같은 수많은 중요 이슈가 존재하는 문제이다. 이러한 질문에 대답하기 위해, 우리는 비용－편익분석의 기초 단계를 고려해야 한다. 첫 번째 단계는 적절한 비용과 유용성에 대하여 데이터를 수집하는 것이다. 구체적으로 트럭을 구입하는 데 60,000달러의 비용이 든다고 가정한다. 트럭의 예상 수명은 12년이며 트럭의 잔존가치는 3,000달러이다. 트럭을 구입함으로써, 시는 현재 매년 35,000달러를 지불하는 쓰레기 처리 회사와의 위탁계약을 갱신하지 않을 수 있다.

(1) 현금흐름

두 번째 단계는 각각의 대안과 관련된 매년 현금흐름을 결정하는 것이다. 초기에는 트럭 구입비용 60,000달러가 들고 이후 매년 운전자에 대한 20,000달러의 비용의 지출된다. 그리고 편익은 연간 35,000달러가 발생한다. 이에 따른 비용과 편익의 차이가 순편익으로 나타나며 마지막 12번째 해에는 매각예상수입이 반영되어 38,000달러가 절약이 됨으로써 쓰레기 처리 회사와 계약 비용 35,000달러에 대한 절감뿐 아니라 추가적인 3,000달러를 더 줄일 수 있음을 알 수 있다.

(2) 현재가치와 할인율

비용－편익분석을 위한 많은 평가 기준은 미래 이익과 비용이 다양한 프로젝트 또는 대안들에 지속적으로 바르게 비교될 수 있도록, 시가를 적용하여 분석하도록 한다. 주어진 현금흐름의 현재가치는 바로, 현재 투자된 금리를 감안한 금액의 합계이다. 예를 들면, 10% 금리에 오늘 투자된 100달러는 10달러를 각 연도에 영원히 복리로 받게 된다. 영속성을 가진 현금흐름의 현재가치를 계산하기 위해, 현금흐름의 양은 금리에 의해 나눠진다. 이 경우에 10/0.10＝100이며, 금리가 이와 같은 산식에 사용될 때 우리는 그것을 할인율이라고 부른다.

(3) 물가상승률 감안

우리가 알고 있는 현금흐름은 일반적으로 인플레이션을 감안하지 않는다. 비용－편익분석에 있어 정확한 시간가치 산정을 위해서는 인플레이션을 감안한 실질할인율을 활용한다. 현재 혹은 명목상 가치를 반영한 것을 시장 또는 명목할인율이라 한다. 예를 들어 정확한 현금흐름을 위해서는 명목할인율에 인플레이션을 감안해야 한다. 4%의 할인율을 적용한다고 하면 물가상승률 3%를 감안한 7%가 적용된다.

(4) 비용과 편익 평가

현금흐름을 설계한 후, 우리는 편익과 비용을 비교할 필요가 있다. 광범위한 측면에서 여러 다양한 평가 기준이 있는데, 이는 앞으로 살펴볼 것이다. 순현재가치(Net Present Value)는 어떤 사업의 가치를 나타내는 척도 중 하나로서, 최초 투자 시기부터 사업이 끝나는 시기까지의 연도별 순편익의 흐름을 각각 현재가치로 환산하여 합하여 구할 수 있다. 그러나 비용과 편익은 명확하게 구분되지 않는다. 따라서 가치의 경제적 이론들은 비용과 편익의 이러한 측면에 따라 개발된 것이다.

표 8-1 편익과 비용: 보상가치와 동등가치

	compensating valuation(CV)	equivalent valuation(EV)
	경제적 변화 이전	경제적 변화 이후
이득	WTP: 긍정적 변화에 따라 지불할 의향이 있는 액수 –수입에 의해 제한됨	WTA: 선행된 긍정적 변화에 따라 수용할 의향이 있는 액수 –무한할 수 있음
손실	WTA: 부정적 변화에 따른 보상으로서 수용할 의향이 있는 최소한의 액수 –무한할 수 있음	WTP: 부정적인 변화를 회피하기 위해 지불할 의향이 있는 액수 –수입에 의해 제한됨

(5) 가치의 경제적 이론

지불의사와 수용의사라는 개념을 이해해야 한다. 지불의사(WTP: willingness to pay)와 수용의사(WTA: willingness to accept)는 보상변화와 동등변화에 기초를 두고 있다. 이는 경제학적으로 개인에 있어 "정확한 효용지표"이며, 개인을 위한 완벽한 선택의 순위 제공에 사용될 수 있다.

프로젝트로부터의 편익은 달성된 이득 또는 복원된 손실일 수 있다. 프로젝트의 비용은 선행된 이득 또는 복원된 손실일 수 있다. 비용과 편익은 적절히 평가된 지불의사가치와 수용의사가치 측정의 합계이다. 그러므로 지불의사가치와 수용의사가치, 그리고 편익, 비용의 관계는 다음과 같다:

① 편익: 변화에 따른 이득을 환산한 지불의사가치와 변화에 따른 손실의 복구로 환산한 수용의사가치의 합계

② 비용: 변화에 따른 손실을 환산한 수용의사가치와 변화에 따른 선행 이득으로 계산한 지불의사가치의 합계

간단히 말해 비용과 편익의 차이는 편익은 플러스(positive)이고 비용은 마이너스(negative)이다. 이 관계는 <표 8-2>에 제시된다.

표 8-2 이득과 손실 연관 편익과 비용

	이득, 사라진 이득	손실, 보상된 손실
편익	WTP: 지불의사가 있는 최대한의 액수 (긍정적 변화에 따른 CV의 합)	WTA: 복원된 손실에 대해 수용의사가 있는 최소한의 금액 (EV의 합)
비용	WTA: 부정적 변화의 회피를 위해 지불의사가 있는 최대한의 액수 (EV의 합)	WTP: 부정적인 변화에 따른 보상으로 수용의사가 있는 최소한의 액수(CV의 합)

(6) 소비자 잉여와 생산자 잉여

동등가치와 보상가치는 생산자 잉여와 소비자 잉여로 측정되는 것이다. 일반적으로 결정 기준은 생산자와 소비자 잉여의 합계가 플러스(positive)일 때 변화를 수용할 수 있다. 동등가치와 보상가치와 같은, 소비자와 생산자 잉여는 복지 총계의 변화에 따른 수입을 측정한 것이다. 소비자 잉여는 소비자가 지불해야 할 금액 이상으로 지불할 의향이 있는 금액이다. 생산자 잉여는 가격선 아래와 공급 또는 한계비용곡선 위의 부분이다. 여러 비용-편익분석에서, 시장과 관련된 경

제적 복지는 생산자와 소비자 잉여의 합계에 의해 측정된다. 정상재의 경우 소비자 또는 생산자 잉여는 보상가치와 동등가치 사이에 있음이 판명된다.

　　비용이 항상 지출은 아니다. 어떤 행위에 의한 직접적 지출은 발생하지 않았을 지라도, 비용은 실재한다. 그것은 행위를 함으로써 발생한 비용이 바로 기회비용으로 측정된다. 기회비용은 어떤 선택을 하고 행위를 함으로써 행해지지 않은 것의 가치를 의미한다.

　　정책, 또는 프로젝트의 선택은 대안을 수반하고, 그러므로 상충관계(trade-off)가 발생한다. 경제 이론에서는 선택된 것이 최소한 선택되지 않은 것보다 바람직하다는 것을 가정한다. 그러므로 선택은 선택된 것이 최소한 선택되지 않은 것만큼의 가치가 있음을 의미한다.

　　비용-편익분석은 종종 공기 또는 물과 같이 노동시장에 포함되지 않는 상품을 제공하기 위해 사용된다. 왜냐하면 비용, 편익 모두 각각 지불의사가치 또는 수용의사가치에 의해 측정될 수 있고, 특히 환경경제학과 같은 분야에서, 지불의사가치와 수용의사가치 사이의 차이는 크게 발생하기 때문이다. 비용-편익분석에는 노동시장에 포함되지 않는 재화를 포함하기 때문에, 고려해야 하는 항목으로 무엇이 있는지 결정하면서 그 항목을 포함하기 위한 적정값과 정확하게 그들을 측정하는 것이 중요한 이슈이다.

(7) 비시장 편익과 비용측정기법

1) 만족가격 접근(Hedonic Pricing Approach)

　　종종, 시장에 속하지 않는 재화가 시장 재화의 가격에 영향을 미칠 수 있다. 그 가치의 차이는 재화의 특성에서 기인할 수 있다. 재화 특성의 차이에 따른 가치를 측정하는 방법으로 만족가격 접근(HPA)방법이 알려져 있다.

2) 조건부가치평가법(Contingent Valuation Method)

　　조건부가치평가법은 비용편익 평가 연구에 점점 광범위하게 사용되고 있다. 많은 조건부가치평가법 연구는 조사를 통하여 노동 시장에 포함되지 않는 어메니티(기분좋음, 쾌적함)의 개별적 평가를 반영하려고 했다. 조건부가치평가법 연구는 감소된 대기오염 때문에 가시성 그리고 멸종 위기 종의 보존을 위한 환경 질의 향상을 평가하려고 처음 시도되었다. 조건부가치평가법은 지불용의(WTP)를 평가함

에 있어 여러 장점을 가지고 있다. 그것은 직접적으로 지불의사가치와 수용의사
가치 모두를 평가할 수 있다는 것이다.

조건부가치평가법 연구는 3가지 기본적 사항을 요구한다. 첫째로, 조건부가
치평가법 연구는 평가대상인 환경 재화를 주의 깊게 분석해야 한다. 두 번째로,
그것은 지불(가설이거나 실제적)할 방법을 만들어야 한다. 세 번째로, 조건부가치평가
법 연구는 지불의사가치 또는 수용의사가치 값으로 지불을 변환하는 방법을 찾아
야 한다.

Ⅲ. SOC사업 비용-편익분석 사례[3]

1. 개요

먼저 대상사업의 배경 및 목적을 살펴보자. 육지와 울릉도 간의 접근성 향성
및 관광 활성화를 위해 울릉항 2단계 공사의 필요성이 대두되었다. 소득증가에
따른 여가선용 욕구의 증가, 관광패턴의 다양화에 따라 해양관광에 대한 수요가
크게 증가할 것으로 예상됨에 울릉(사동)항의 개발에 대한 타당성 분석이 시작되
었다. 사업의 내용 및 범위는 다음과 같다. 당초 총사업비 2,140억원에 대한 사업
계획이 2,763억원으로 변경되었다. 사업기간은 2010년~2015년까지 총 6년간이며
사업 주무부처는 국토해양부, 국가가 직접 수행하며 국고 100%로 시행계획이다.

한국해양수산개발원(KMI)에서는 지난 2008.2.1~2009.1.31 기간 동안 "울릉도
관광거점항 개발사업"이라는 주제로 사전타당성용역을 실시, 사회적 할인율 5.5%
를 적용하여 총 36년(조사·설계기간 1년, 공사기간 5년 등 총 6년 포함)을 분석한 결과 B/C
0.57, NPV는 −900억원으로 산정한 바 있다. 울릉(사동)항 2단계 개발사업은 지역
주민의 오랜 숙원 사업 중의 하나이며, 항만개발에 미치는 효과는 정량적으로만
산정하는 편익보다는 정성적으로 체감하는 개발효과 즉, 지역개발 효과 등 간접
편익이 크게 발생한다는 점을 강조하였다.

---

3 한국개발연구원 공공투자관리센터의 울릉항 2단계 개발사업에 대한 사례.

표 8-3 울릉(사동)항 2단계 개발사업 시설계획　　　　　　　　　　　　　　(단위: 백만원)

구분		당초		변경		비고(증감)	
		사업량	사업비	사업량	사업비	사업량	사업비
직접 공사비 (A)	① 방파제공	775m	135,070	900m	178,423	125m	43,353
	② 방파호안공(B~D구간)	235m	12,170	250m	12,668	15m	498
	③ 여객선부두	150m	6,839	150m	9,791		2,952
	④ 보안부두	300m	14,080	300m	14,378		298
	⑤ 해경부두	155m	4,091	180m	6,872	25m	2,781
	⑥ 기타구역(장래)	120m	3,382	155m	5,918	35m	2,536
	⑦ 부지조성(장래)	44,400m²	5,938	55,400m²	7,404	11,000m²	1,466
	소계(①~⑦)		181,570		235,454		53,884
	⑧ 부가가치세		18,157		23,545		5,388
	직접공사비 계(①~⑧)		199,727		258,999		59,272
	조사 설계비(B)		9,300		10,348		1,048
	부대비(C)		9,560		8,903		−657
	합계(A+B+C)		218,587		278,250		59,663
	예비비(D)(A+B+C의 10%)		21,861		27,825		5,964
	총사업비(A+B+C+D)		240,448		306,075		65,627
	해군부두 제외시 총 사업비		214,198		276,324		62,126

주: 예비타당성조사는 보안부두 및 방파호안을 제외한 사업비에 대해 시행함.

2. 기초자료 분석 및 조사의 쟁점

　　먼저 기초자료 분석을 통해 인구·경제활동인구, 산업구조와 지역 내 총생산, 관광동향 등을 파악했다. 주요쟁점으로는 우선 분석범위의 설정으로 해군부두와 해군부두 방파제 비용에 대한 비용편익 반영여부가 정해져야 한다. 수요 및 편익 추정상의 쟁점으로 5,000톤급 여객선 취항여부, 울릉(사동)항 1단계 사업과의 기능 및 편익발생의 중복가능성 제거, 관광객 수요 변화를 반영한 편익 추정, 5,000톤급 여객선 수요예측 대안의 구성 등을 고민해야 한다. 기술적 부분 및 총사업비 차원에서 2단계 항만시설 규모의 적정성 여부와, 공사비 중 공사용 재료원(석재) 수급계획 변경이 감안되어야 한다.

3. 비용 추정

　　사업비 추정에 있어서 국토해양부의 사업계획 변경 요청에 따라, 총사업비는

3,061억원(해군부두 제외시 2,763억원)으로 결정되었다. 대안1은 강원도 동해시의 석산을 적용하는 것이고, 대안2는 울릉도 내 석산을 적용하는 것이다. 예비타당성조사에서 해군부두는 제외대상이므로 해군부두를 제외한 조사·설계비를 총사업비 산정에 반영하도록 하였다(대안1: 163억원, 대안2: 123억원). 건설공사비는 대안1은 3,525억원, 대안2는 2,626억원으로 정해졌고 부대비는 정확한 산정이 어려워 계획안과 동일하게 산정하였다. 따라서 총사업비는 강원도 동해시의 석산을 적용한 대안1의 경우 4,183억원, 울릉도 내 석산 이용시 3,122억원 규모이다.

유지운영비는 일률적으로 사업 연차별 투자 누계액의 2%를 적용, 적용시기는 연차별 공사가 완공되고 운영개시일로부터 발생하는 것으로 하였다. 총 유지운영비는 계획안(변경) 48억원, 대안1 73억원, 대안2 54억원으로 추정되었다.

표 8-4 연간 유지보수비의 추정   (단위: 백만원)

구분	직접공사비	부대비	시설투자비	유지보수비 비율	연간 유지보수비
계획안(변경)	229,248	8,903	238,151	2%	4,763
대안1	352,457	11,446	363,903	2%	7,278
대안2	262,599	9,000	271,599	2%	5,432
증감(대안1)	(증)123,209	(증)2,543	(증)125,752		(증)2,515
증감(대안2)	(증)33,351	(증)97	(증)33,448		(증)669

4. 수요예측

기존 여객수요 예측자료의 검토를 기본으로 했다. 제2차 전국항만기본계획 수정계획(해양수산부, 2007)에서는 울릉(사동)항의 2단계 개발을 전제하지 않고 장래 여객수를 예측하였다. 울릉(사동)항 2단계 타당성 조사연구(대구경북연구원, 2008)는 해양수산부(2007)의 예측값을 준용하되 향후 울릉군의 관광자원의 특화개발, 관광 기반시설 확충 등으로 관광객이 증가할 것으로 예상하여 예측값을 증가시킨 바 있다. 울릉도 관광거점항 개발사업검토(KMI, 2009)는 국토해양부의 의뢰를 받아 수행된 연구로 여객수요를 해양수산부(2007)와 동일하게 예측한 바 있다.

사례분석 대상인 본 조사에서는 해양수산부(2007)의 예측자료를 활용하되(시나리오1) 이와 별도로 본 사업에서 추가 수요예측 과정을 거쳐 장래 포항－울릉 항로의 여객수요를 예측하는 (시나리오2) 두 가지 방안을 강구했다. 해양수산부(2007)

표 8-5 기존 자료의 울릉(사동)항 장래 여객수요 예측 결과 비교

구분	여객 수요(명)				연평균 증가율(%)			
	2006년	2011년	2015년	2020년	'06~'11	'11~'15	'15~'20	'06~'20
대구경북연구원 (2008), (A)	676,512	745,287	788,529	831,323	2.45	1.42	1.33	1.75
해양수산부 (2007), (B)	559,203	631,232	667,739	713,373				
차이(A-B)	117,309	114,055	120,790	117,950				

는 장래 예측범위가 2020년까지로 되어 있어 본 사업에서 경제성을 분석하는 데 필요한 2045년까지의 자료가 없는 한계가 있다. 여객수요를 항로별로 분리하는 데 어려움이 있는 바 현재 5,000톤급 여객선 투입이 거론되는 항로는 포항－울릉 항로이므로 포항－울릉 항로에 대한 여객수요를 별도로 추정해야 한다. 5,000톤급 여객선의 여객수요 예측, 화물수요 예측도 시나리오에 따라 진행했다.

5. 편익 산정

편익 설정은 선박재항비용절감, 여객 및 화물 지체시간 절감이 주요항목이다.

표 8-6 울릉(사동)항 2단계 사업에 따른 편익 항목

구분	편익 항목	편익 산정 방법
선사/화주 측면	선박재항비용 절감	용선료 절감분 산정
승객/화물 측면	여객의 지체시간 절감	여객통행시간가치 절감분 산정
	화물의 지체시간 절감	화물운송시간가치 절감분 산정
기타	항만배후부지 조성	신규 조성토지의 가치 산정
	해경 경비함 피항비용 절감	피항비용의 절감분 산정

먼저 선박재항비용 절감 편익을 살펴보면 본선 지체비용이 연간 7,390만원, 500톤급 셔틀선박의 지체비용이 1,000만원, 두 선박의 지체비용 절감에 따른 편익을 합하면 연간 8,390만원 수준이다. 시나리오1과 2간의 여객수에 차이가 적고 선박 대기시간이 같아 시나리오1과 2의 편익은 같이 계산되었다.

시나리오1과 2의 지체시간 절감 편익은 다음과 같다.

표 8-7 선박재항비용 절감 편익

연도	본선 여객수 (명)	본선회당 여객수 (명)	본선회당 탑승율 (%)	셔틀선박 왕복회수 (회)	본선 지체시간 (일)	본선 지체비용 (천원)	셔틀선박 지체비용 (천원)	편입 합계 (천원)
2016	379,188	513	48.87	1.28	30.79	73,900	10,007	83,907
2020	399,767	541	51.52	1.35	30.79	73,900	10,007	83,907
2025	427,068	578	55.04	1.44	30.79	73,900	10,007	83,907
2030	456,234	617	58.80	1.54	30.79	73,900	10,007	83,907
2035	487,391	660	62.81	1.65	30.79	73,900	10,007	83,907
2040	520,676	705	67.10	1.76	30.79	73,900	10,007	83,907
2045	556,235	753	71.68	1.88	30.79	73,900	10,007	83,907

표 8-8 여객과 화물의 지체시간 절감 편익(시나리오1, 2)

연도	여객 수송		화물 수송		합계 (천원)
	본선왕복 여객 수(명)	여객의 지체시간 절감편익(천원)	본선왕복 화물수요(톤)	화물의 지체시간 절감편익(천원)	
2016	326,639	2,215,499	5,977	1,766	2,127,265
2020	353,256	2,441,849	6,465	1,862	2,443,711
2025	386,528	2,837,286	7,073	1,720	2,839,006
2030	419,800	3,232,723	7,682	2,030	3,234,753
2035	453,072	3,628,161	8,291	2,339	3,630,500
2040	486,344	4,023,598	8,900	2,649	4,026,247
2045	519,616	4,419,035	9,509	2,959	4,421,995

연도	여객 수송		화물 수송		합계 (천원)
	본선왕복 여객 수(명)	여객의 지체시간 절감편익(천원)	본선왕복 화물수요(톤)	화물의 지체시간 절감편익(천원)	
2016	379,188	2,750,049	6,939	1,766	2,751,815
2020	399,767	2,994,628	7,316	1,862	2,996,490
2025	427,068	3,319,102	7,815	2,097	3,321,199
2030	456,234	3,665,735	8,349	2,369	3,668,104
2035	487,391	4,036,041	8,919	2,659	4,038,700
2040	520,676	4,431,635	9,528	2,969	4,434,604
2045	556,235	4,854,246	10,179	3,300	4,857,546

항만배후부지 조성 편익과 해경 경비함 피항비용 절감 편익을 더한 총편익은 다음과 같다. 시나리오1과 시나리오2가 서로 다른 부분은 여객과 화물의 지체시간 절감편익의 차이에서 발생한다.

표 8-9 편익의 합계(시나리오1의 경우)   (단위: 백만원)

연도	선박 재항비용 절감편익	여객, 화물 지체 시간 절감편익	항만배후 부지 조성편익	해결 경비함 피항 비용 절감 편익	계
2016	84	2,127	9,534	166	11,911
2020	84	2,444		166	2,694
2025	84	2,839		166	3,089
2030	84	3,235		166	3,485
2035	84	3,631		166	3,881
2040	84	4,026		166	4,276
2045	84	4,422		166	4,672

6. 경제성 분석

경제성 분석결과를 살펴보자. 경제성 분석기간은 완공 후 30년이고, 편익 최초 발생연도는 2016년, 최종 목표연도는 2045년, 사회적 할인율은 5.5%이다. 대안1의 경우 시나리오1과 2 모두 B/C 비율이 1.0보다 낮게 나타났으며, NPV 또한 음(-)의 값으로 나타나고 대안2의 경우에도 경제적 타당성을 확보하지 못하는 것으로 조사된다.

대안1, 2의 시나리오1과 2에 대한 민감도 분석 결과 총사업비와 총편익이 각각 20% 증가하거나 감소할 경우에도 여전히 경제적 타당성을 확보하지 못하는

표 8-10 경제성 분석결과

구분		할인된 비용 합계(백만원)	할인된 편익 합계(백만원)	경제성평가		
				B/C	NPV(백만원)	IRP(%)
대안 1	시나리오 1	363,170	43,318	0.12	−319,852	−
	시나리오 2	363,170	38,382	0.11	−324,788	−
대안 2	시나리오 1	271,512	43,318	0.16	−228,194	−
	시나리오 2	271,512	38,382	0.14	−233,130	−

것으로 조사되었다. 경제성 분석 결과, 최적대안의 B/C가 0.9를 상회하는 사업에 대해서는 민자연계방안을 검토할 수 있다. 본 사업은 기본안과 규모조정안 모두 B/C가 0.9 이하로 산정되었으므로 민간투자로 사업을 추진할 가능성이 낮은 것으로 나타났으며, 재무성 분석의 필요성이 낮다고 판단되어 민간투자 가능성에 대한 평가는 수행하지 아니한다.

7. 정책적 분석

지역낙후도 측면에서 본 사업의 해당지역인 경상북도는 16개 광역지자체 중 최하위권(13위)에 해당하며, 사업지역인 울릉군 또한 전체 169개 시·군 중 136위를 차지하고 있어 경상북도 및 울릉군은 매우 낙후된 지역이다. 지역경제 파급효과 측면에서 대안1의 경우 전국적으로 투입비 대비 약 2.42배에 이르는 8,365억원의 생산유발효과가 있는 것으로 추정되며, 대안2의 경우 6,245억원 생산유발효과가 있는 것으로 추정된다. 본 사업의 시행시 경제적 파급효과가 가장 크게 나타난 경북지역의 부가가치 유발액은 대안1이 1,877억원, 대안2는 지역 내 부가가치 유발액이 1,401억원으로 계산되었다. 지역경제 활성화 효과지수는 각각 0.2985%와 0.2228%로서 여타 예비타당성조사 평균치(2007년 40개 예비타당성조사 사업의 지역경제 활성화 효과지수의 평균 0.11796%)보다 높다.

정책의 일관성 및 추진의지가 감안되었다. 본 예비타당성조사 사업과 관련된 국가계획으로는 제4차 국토종합계획 수정계획(2006~2020)이 존재하며, 기본적인 방향에서 상위계획과의 상충은 존재하지 않는다. 사업의 추진의지 측면에서 사업 수행주체인 국토해양부, 시설이 입지한 울릉군은 적극적 추진의사를 표명하고 있다. 사업의 준비정도 측면에서 '울릉도와 연계한 독도 관리체제 구축'에 따르면 사동항 2단계 개발에 대한 구체적인 계획이 담겨있으며, 이를 위해 2010년까지 3,500억원의 예산을 배정하고 있다. 사업추진상 위험요인 중 재원조달 가능성 측면에서 독도지속가능위원회에서 「독도의 지속가능한 이용에 관한 법률」에 근거하여 국고지원을 통한 재원조달의 위험은 크지 않을 것으로 보이나, 현 단계에서 총사업비 규모의 변동 가능성에 따라 충분한 검토가 필요하다. 환경성 측면에서 매립공사시 토사유출로 인한 해양생태계의 변화, 장비가동으로 인한 대기오염물질 배출 등이 염려되며, 인근 지역주민의 생활환경 피해를 최소화하여야 할 것이다.

사업특수평가의 차원에서 국토수호 차원을 감안, 독도를 경비해야 할 해경함정이 동해안의 해경기지에 출발함에 따라 4시간 이상의 추가 운항시간이 소요되므로 급박한 상황에 효율적으로 대처하지 못하고 있는 점이 고려되었다. 울릉항의 역할은 해경뿐 아니라 해군의 기본적인 경계업무 수행을 위해 필요한 사업이라고 판단되었다.

8. 분석결과 종합 및 정책제언

다음은 AHP를 활용한 종합판단이다. AHP기법(analytic hierarchy process)은 의사결정시 우선순위결정에 도움을 주는 방법으로 주로 전문가를 대상으로 설문조사를 통해 중요도 가중치를 설정하는 방식이다. 울릉군 내에서 석산을 개발하는 대안2와 해양수산부(2007)의 예측값과 증가율을 사용하는 시나리오1을 사업의 최적대안으로 선정하여 분석하였다. 최적대안에 대한 경제성 분석결과, 사회적 할인율 5.5%를 적용하여 환산한 총비용의 현재가치는 2,715억원이며, 총편익의 현재가치는 433억원이다. 이에 따라 B/C 비율은 0.16이며, NPV는 −2,281억원으로 나타난다. 또한, 각 평가자들의 평가를 종합해 볼 때, 사업시행 평점이 0.451로 사업 미시행 평점인 0.549보다 낮아 사업을 시행하지 않는 것이 적절하다고 평가하고 있다.

표 8-11   AHP 평가결과

평가자	사업 시행	사업 미시행
종합	0.451	0.549
평가자 1	0.493	0.507
평가자 2	0.415	0.585
평가자 3	0.494	0.506
평가자 4	0.374	0.626
평가자 5	0.475	0.525

예비타당성 조사결과 울릉(사동)항 2단계 개발사업은 사업의 타당성이 없는 것으로 조사되었다. 경제성 분석과 정책적 분석결과를 종합하는 AHP분석시, 사업미시행이 더 높은 점수로 평가되었다. 그러나, 정책적 측면에서 바라본 사업은

일정부분 사업시행에 적합한 측면이 있어 보인다. 상위계획과의 일치성, 주무부처 및 지자체의 사업추진 의지, 사업준비 면에서 높은 추진의지가 돋보인다. 관광인프라 확충의 측면보다, 독도 영토관리 강화를 위한 독도의 모도(母島)로서 개발이 울릉(사동)항 개발이라는 지리적 특수여건의 반영이 필요하고 경제적 타당성이 미흡하므로 합리적인 건설계획 및 사업비 규모의 재검토가 필요하다.

> **기사** "사업성 없다" 평가에도 국책사업 38% 강행 〈매일경제, 2011.9.27〉
>
> 한국개발연구원(KDI)이 "사업성이 없다"는 평가를 내렸는데도 불구하고 그래도 추진된 국책사업이 10개 중 4개에 이르는 것으로 나타났다.
>
> 국회 정무위 김정(미래희망연대) 의원이 27일 기획재정부로부터 제출받은 자료에 따르면 KDI가 1999년 이후 실시한 예비타당성 조사에서 비용편익(B/C)이 1.0을 밑돈 국책사업은 249건(124조원 규모)에 달했다.
>
> 그러나 이 가운데 38%에 해당하는 94건(51조 3,000억원 규모)의 사업은 실제로 사업이 진행된 것으로 나타났다.
>
> 통상 B/C가 1.0 이상이면 사업성이 있지만, 그 미만이면 사업성이 없는 것으로 판단한다.
>
> 이 자료에 따르면 사업비 3,122억 규모의 울릉도 사동항 2단계 사업은 2009년 예비타당성 분석에서 B/C가 0.159에 불과했던 것으로 나타났다.
>
> 포항-삼척 고속도로 건설사업도 소요비용이 4조원을 웃돌았지만 2009년 조사에서 B/C가 0.210에 불과했다.
>
> 이들 두 사업은 0.5 이상이면 타당성을 확보하게 되는 최종종합평가(AHP)에서도 각각 0.451, 0.450을 받아 기준치를 넘지 못하는 것으로 나타났다.

Ⅳ. 환경복원사업의 비용편익분석 사례[4]

청계로와 청계고가도로는 서울의 도심을 관통하며 그 주변은 우리나라의 중심을 이루고 대표적인 전통시장도 있다. 청계천복원사업이란, 개발시대를 상징했던 차량중심의 도로기능을 포기하고 하천을 복원하는 것인데 이에 대한 경제적 타당성에 많은 논란이 있었다. 비용－편익분석을 통해 이러한 공공사업의 경제성

---

4 본 사례는 이영성·황기영의 청계천복원정책 비용－편익분석 재인용

을 평가하게 되는데 그 항목을 설정할 때는 사회전체적인 관점에서 비용과 편익이 증가했는지 감소했는지를 기준으로 하게 된다.

1. 분석의 전제

정확도 높은 분석을 위해, 비용－편익분석 시행에 앞서서, 청계천복원과 관련 문제의 소지가 있는 사안들에 대해 객관적인 분석의 기본방향을 설정하는 것이 선행되어야 한다.

1) 공공투자사업을 위해 공공기관이 지불하는 보상비는 '이전비용'이므로 비용으로 설정하지 않는다. 사회의 전체 부(富)는 변함이 없기 때문이다.

2) 생산요소가 가장 효율적으로 배합되었을 때를 기준으로 해서 대안별 사업비를 추정한다.

3) 우리나라처럼 실업률이 낮은 국가에서는 승수효과에 의한 경제적 파급효과를 편익으로 상정하지 않는다.

4) 공공투자사업에 따른 지가의 상승을 편익으로 계상하기 어렵다.

5) 향후 새롭게 투자하는 사업에 의해 유발되는 비용과 편익만을 대상으로 한다.

6) 원칙적으로 공공투자사업의 계획안이 실행될 때 그에 따른 비용과 편익을 분석한다.

7) 청계천 복원사업이 주변상권에 미치는 영향은 다음의 근거하에 비용/편익 항목에서 제외되었다. 공사기간 중의 소음, 먼지, 접근성 악화로 인한 주변 상권의 영업 손실은 사회적 순비용(net costs)이라고 볼 수 없다. 청계천 상권의 변화를 사회적 비용인지 편익인지를 명확하게 구분할 수 없다. 청계천 상권의 활성화가 다른 상권의 침체를 몰고 온다면 사회전체적인 영향은 "0"이 된다.

8) 청계천 주변의 일부 업종을 서울시내의 다른 지역으로 이전한다면 영업행위의 위치는 변하더라도 사회 전체적 매출액에는 큰 변화가 있다고 단정짓기 어려우므로, 이를 사회적 비용 또는 편익으로 보기 어렵다.

2. 비용편익 항목결정

청계천복원사업이 주변 상권에 미치는 영향을 비용 또는 편익의 항목에서 제외한다. 주변상권에 가져올 수 있는 긍정적인 영향도 제외한다.

표 8-12 청계천 복원사업에 따른 비용과 편익의 항목

사회적 비용	사회적 편익
1. 사업비 　청계고가/복개도로의 철거비용 　상하수도/지하매설물 정비비용 　자연형 하천 조성비용 　교량건설비, 수표교/광교의 복원비용 2. 교통혼잡(차량지체 시간비용) 3. 복원 후 유지관리 비용	1. 고가/복개도로 유지·보수비용 절감 2. 환경개선으로 인한 편익

3. 사회적 비용의 추정

사업비는 3,754억원(각종 철거비용, 정비비용, 조성비용, 복원비용 등)으로 추정된다. 교통혼잡에 의한 비용이 가장 규모가 크다. 서울시 차량흐름에 미치는 영향을 SECOMM (Seoul Congestion Management Model)모형을 이용하여 예측할 수 있다. 서울시 전체적으로 차량운행속도가 시간당 0.1km 감소하는 것으로 나타났고 청계천 복원 후 일일차량통행시간은 승용차와 지하철은 늘어났고, 버스는 감소, 차량지체에 따른 시간가치 손실비용이 매년 1,524억원, 차량지체로 인한 차량운행비용증가분이 매년 4억원으로 추정된다. 청계천복원사업을 시행하여 나타나는 교통혼잡이 가져올 사회적 비용은 총 1,528억원으로 추정되었다. 복원된 청계천의 유지관리비용은 할인율 7%하에서 현재가치로 환산하면 약 903억 정도로 나타난다.

4. 사회적 편익의 추정

두 가지의 편익추정방법을 생각할 수 있다. 첫째, 조건부가치추정법(Contingent Valuation Methods)이다. 가상시장을 만들어 소비자들에게 제시, 소비자들의 지불용의액을 설문지를 통해 조사하여 통계적으로 추정하게 된다. 단점은 생태계복원처럼 환경개선 편익이 다양할 경우 가상시장을 만드는 것이 까다롭고 피설문자들

의 이해가 제각각이어서 생태복원의 가치를 추정하기 어렵다. 둘째, 선택모형법 (choice modelling)이다. 환경편익을 구성하는 개별속성의 가치를 추정하여 생태복원에 따른 총편익을 추정할 수 있다. 실험적인 방법의 활용으로 환경구성속성들의 조합이 변화할 때 소비자들의 선호가 어떻게 변화하는지를 파악할 수 있기에, 다양한 속성으로 이루어진 환경의 가치를 보다 정확하게 추정할 수 있다. 확률효용이론(Random Utility Model)을 사용하여 소비자의 효용이나 선택에 관한 간접적인 자료에 근거하여 효용함수를 추정한다. 청계천 복원사업에 따른 환경개선편익은 다음과 같이 세 가지를 생각해볼 수 있다.

1) 청계천이 자연형 하천으로 복원되어 나타나는 편익
2) 청계천에 맑은 물이 흘러 나타나는 편익
3) 청계천변에 시민들을 위한 산책로와 휴게시설이 조성되고 역사문화가 복원되어 나타나는 편익

선택카드의 작성을 통한 설문조사에서, 피설문자가 제시된 대안 중 가장 마음에 드는 것을 선택하면 이로부터 각 속성별 가치를 추정하게 된다. 비용부담을 별도의 속성으로 포함시켜, 매년 가구당 18,000원/36,000원/54,000원/72,000원 등 수준으로 나눈다. 서울시민들은 청계천복원사업에 따른 환경편익을 향유하기 위해 가구당 매년 103,309원을 지불할 용의가 있는 것으로 나타났다. 지속가능성과 관련 있는 고유가치와 유산가치를 중시하는 경향을 보였다. 가구당지불용의가능액*전체가구수＝서울시 전체에서의 총 환경편익은 3조 2,162억원으로 나타난다. 청계고가도로의 유지보수 비용 절감분 1,000억원을 합하면 총 3조 3,162억원으로 추정된다.

5. 비용 - 편익비율(B/C Ratio) 산정 및 민감도 분석

분석기간은 2003~2027년까지 총 25년간이다. 기준을 7% 할인, 25년으로 했을 때 청계천복원사업의 편익/비용비율(B/C ratio)은 1.7965로 나타난다.

┌ 분석기간을 15년으로 줄이면 비용－편익비율은 1.6833
└ 분석기간을 30년으로 늘리면 비용－편익비율은 1.821

분석기간을 25년으로 고정하고, 할인율을 변화시켰을 때
- 할인율이 3%일 때는 1.9251
- 할인율이 20%일 때는 1.3257로 나타난다.

결론적으로 청계천복원사업의 비용 – 편익비율은 분석기간과 할인율에 따라, 낮게는 1.3257 높게는 1.9251까지 변화하였다. 분석기간이 길어질수록 총비용의 현재가치, 총편익의 현재가치, 비용 – 편익비율은 늘어났다. 할인율이 커질수록 총비용의 현재가치, 총편익의 현재가치, 비용 – 편익비율은 줄어든다.

 V. 비용 – 편익분석기법의 적용: 공공기관 예비타당성조사

공공기관 신규투자사업의 타당성에 대한 객관적이고 중립적인 조사를 통하여

그림 8-1 공공기관 예비타당성조사 평가 흐름도

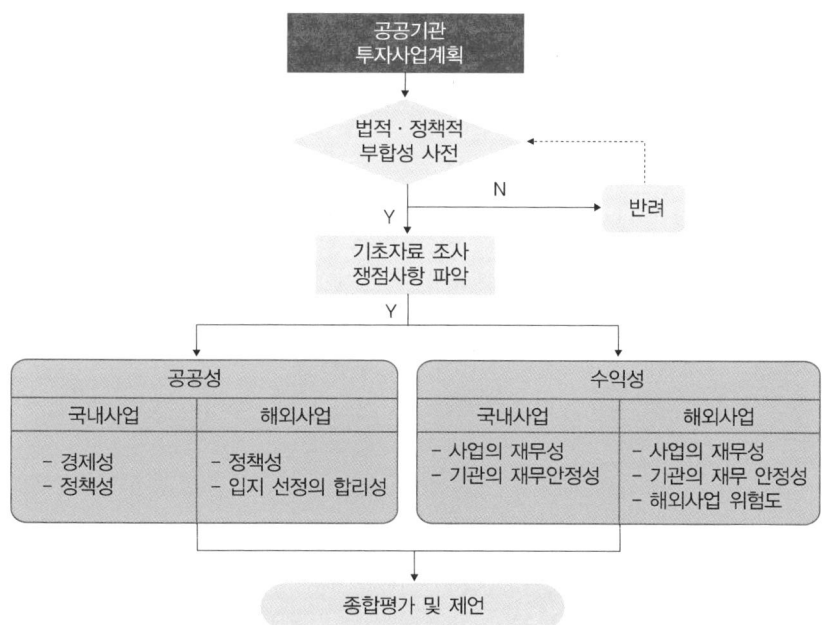

자료: 기획재정부, '2011년도 공기업·준정부기관 사업예비타당성조사 세부시행계획', 2011.

신규투자를 투명하고 공정하게 결정하도록 함으로써, 공공기관의 사업 효율성과 기관의 재무건전성을 제고하기 위해 비용−편익분석방법을 활용한다. 공공기관 예비타당성조사는 우선 사업계획이 법적·정책적 부합성을 갖추고 있는지에 관해 사전 검토를 거친 후, '공공성'과 '수익성'의 두 가지 기준을 중심으로 하여 평가하고 있다. 종합평가는 다기준분석의 일종인 계층화분석법(AHP기법)을 활용하는바, 공공성 40%와 수익성 60%의 비중을 반영한다.

대안별 평가 방법론을 비교하면 공공성과 수익성을 혼합해서 평가하는 방법과 공공성을 먼저 평가하거나 수익성을 먼저 평가하는 단계별 평가방식으로 나눠 볼 수 있다. 비용−편익분석은 경제성분석의 일환으로 공공성의 의사결정의 한 부분에 해당한다.

표 8-13 평가 방법의 대안별 비교

구분	혼합평가방식	단계별 평가방식
장점	• 사업특수평가항목 포함 가능 – 사업에 대한 비계량적 부분까지 고려 가능 • 사업에 대한 종합적 평가 가능	• 평가목적에 대한 모호성 감소
단점	• 공공성 및 수익성 분석 결과가 기준에 부합하지 않음에도 불구하고 사업의 타당성이 있는 것으로 평가 가능 • 평가결과에 대한 모호성 존재 – 공공성과 수익성 비중에 따라 평가결과가 상이하게 도출될 가능성 존재	• 종합적 평가에 어려움이 있음 – 1단계 평가 결과에 따라 사업의 타당성 여부가 대부분 결정 • 사업특수평가항목 등 정성적 부분에 대한 평가의 어려움 존재 • 공공기관의 사업 추진 가능 범위 축소 – 고유업무라고 보기는 어려우나 이를 보완해 주는 사업특성을 갖는 동시에 수익성 확보 차원에서 추진되는 사업 추진의 어려움 존재

2011년도 공공기관 예비타당성조사 평가방안별 사업타당성 분석 결과를 살펴보면 평가 방법에 따라 사업 타당성 통과율이 상이함을 알 수 있다. 혼합평가 방법에 따라 사업타당성을 평가할 경우에는 79%의 통과율을 보이는 데 비해, 단계별 평가 방법에 따라 사업타당성을 평가할 경우에는 50%의 통과율을 보이고 있다. 국내사업 및 해외사업의 평가항목 및 AHP 수행 필요성에 대해서도 논란의 여지가 있다. 국내사업에 대한 공공성 우선 평가 필요성이 문제다. 「2012년도 공기업·준정부기관 예산편성지침」의 사업비 관련 내용에서 "신규 투자사업·자본 출자 예산은 관계법령상 기관의 고유목적 사업으로 한정한다"고 제시되어 있으

그림 8-2 공공성과 수익성의 순차적 평가 모형도

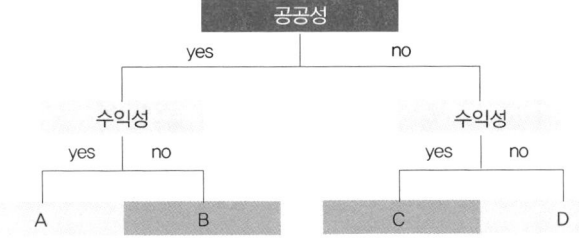

며, 공공기관은 설립목적상 '공공재 공급' 및 '공익 추구'를 고유 목적으로 하고 있다는 점에서 사업의 공공성에 대한 평가는 필요하다.

그러나 2011년 공공기관 사업 예비타당성조사 대상사업 선정 및 수행 과정에서 각 기관의 정관상에 제시된 '고유목적 사업'에 대한 규정이 불분명하여 이를 구분하는 데 어려움이 존재한다. 공공기관 사업 예비타당성조사의 필요성에서도 언급된 바와 같이 공공기관은 공익의 목적을 위하여 설립된 기관으로 기관의 1차적인 목적은 공익추구에 있다는 점에서 사업의 공공성에 대한 평가는 필요하다. 국가재정운용계획상에서도 공공기관 사업 예비타당성조사 확대 방안을 제시하고 있으며, 공공기관의 부채비율 등에 대한 내용을 포함하고 있다는 점에서 공공성에 대한 평가는 필요하다. 해외사업에 대한 수익성 우선 평가 필요성이 논란이 된다. 「2012년도 공기업·준정부기관 예산편성지침」의 사업비 관련 내용에서 "각 기관이 사업의 수익성, 타당성을 판단하여 자율적으로 결정하되, 관계법령 및 정관에 근거가 있거나 주무부처의 승인이 있는 범위 내에서 당해 기관의 핵심역량 분야와 관련한 사업에 진출한다"고 제시되어 있다는 점에서 수익성을 우선 평가하되, 관계법령 및 정관에 근거가 있어야 한다는 점에서 필요시 사업의 공공성에 대한 평가가 필요하다.

재정사업 예비타당성조사에서는 분석시 정량적 분석 결과와 정성적 분석 결과를 통합하는 어려움, 정량적 분석의 경우에도 서로 상이한 척도를 갖는 평가항목을 통합하는 어려움, 평가의 일관성과 사업의 특수성을 동시에 반영해야 하는 어려움, 종합평가에 참여하는 여러 평가자들의 의견을 종합하여 최종적인 결론을 도출하는 어려움 등이 발생하여 이에 대한 대안으로 AHP(다기준 분석 방법론) 평가방법을 적용하고 있다. 공공기관 사업의 타당성을 평가할 때, 재정사업 예비타당성조사와 유사한 어려움이 발생하게 된다.

03
PART

세입관리

09
CHAPTER

조세이론과 세입관리

 ## I. 조세의 기초이론

●●● 인류의 역사상 세금은 정부가 존재하는 한 항상 있어 왔다. 정부는 복지나 사회간접자본, 교육이나 국방 등 제반 기능을 수행하는 데 필요한 정부지출을 위해 필요한 재원을 조달해야 하기 때문이다.1 일반적으로 재원조달 수단으로는 조세 이외에도 공공요금, 사용료와 수수료와 같은 세외수입, 그리고 차입금 등이 활용되고 있지만 이 중 조세가 가장 중요한 수입원이 된다.

시대의 흐름에 따라 세원(tax base) 구성에 생긴 변화는 조세부과 대상이 되는 경제행위를 통해 살펴볼 수 있다. 전통사회에서는 화폐경제의 수준이 미약해 토지세(地租)와 인두세(poll tax)가 주요 세원이 되었다. 전통사회에서 근대사회로 진전되어 오면서 관세, 주세, 담배세와 같은 물품세가 대부분을 차지하게 되고 조세의 기능은 재정수입으로만 인식하는 모습을 보게 된다. 근대사회에는 직접세의 비중이 증가하게 되고 물품세의 부과대상도 확대되면서 경제사회 전반에 미치는 직·간접 영향을 고려하는 경향을 보인다.2

경제학자들 대부분에게 경제학의 고전 중 딱 한 권만 꼽으라고 하면 스미스

---

1 우리는 일반적으로 총이냐 버터냐라는 배분의 문제를 논의하는 과정을 예산과정이라고 했고 이러한 정부지출을 가능하게 하는 재원이 세금이다.
2 경제적·사회적 영향은 결국 효율성과 공평성의 문제로 나타나며 최근에는 환경에 미치는 영향도 소비세의 구성에 주요 쟁점이 된다.

(A. Smith)의 국부론(The Wealth of Nations)을 추천한다. 원제는 '여러 국민의 부의 성질과 원인에 관한 연구'이지만 줄여서 '국부론'이라고 부른다. 제목이 말해주듯 이 책은 여러 나라와 비교한 결과를 바탕으로 나라가 부강해지는 원인을 근본적으로 파헤치고, 그 나라와 국민의 번영을 위한 해법을 제시한다. 1776년에 출간된 국부론에도 좋은 조세제도의 요건이 나온다. 먼저 조세부담이 공평해야 하고 경제적으로 효율적이어야 하며 행정적으로 단순해야 한다는 점을 강조한다. 경제 사회여건에 따라 신축적이어야 하고 정치적으로 책임성이 높아야 하며 '누가 (who), 왜(why), 무엇을 대상(what)으로 얼마나(how much) 부담해야 하는가'가 확실해야 한다는 덕목을 꼽고 있다. 이는 현 시점에 비추어 봐도 매우 타당한 요건들이라고 하겠다.

모름지기 이상적인 조세의 조건은 다음과 같은 여섯 가지를 생각할 수 있다. 첫째, 충분한 세수확보가 가능해야 한다. 공평성도 중요하고 효율성도 중요하나 조세의 존재 이유는 정부지출을 충당함에 있다고 할 때 나라살림에 충분한 세수가 확보되어야 하고 지속가능해야 한다. 둘째, 다음은 당연히 공평한 세부담의 확보가 필요하다. 많은 경우 조세정책을 잘못 활용함으로써 정권이 위태로워지거나 무너지기도 한다. 우리는 이러한 사례를 영국의 대처정부와 미국의 독립전쟁의 원인분석에서도 찾아볼 수 있다. 철의 여인으로 불리고 영국병을 치유한 것으로 칭송받는 대처수상의 보수당정권도 주거레이트(rates) 세금을 주민부담금(community charge)이라는 인두세로 바꾸는 과정에서 민심이반을 경험했고 미국대륙의 경우도 보스톤 차 사건을 통해 독립전쟁이 시발되었음은 역사가 말해주고 있다. 뷰캐넌(J. Buchanan)과 툴록(G. Tullock)의 국민 합의의 분석(the calculus of consent: logical foundations of constitutional democracy)에서 볼 수 있듯이 조세부담의 공평성은 국민의 전반적인 동의에 달려 있다. 셋째, 경제적 효율성과 중립성이다. 조세정책으로 인해 사람들의 의사결정을 왜곡하는 정도를 최소화해야 한다. 이 부분은 조세의 전가와 귀착에 관한 문제인 동시에 사중손실(dead weight loss)로 인한 소비자 잉여와 공급자 잉여감소의 최소화에 대한 덕목이라 하겠다. 넷째, 납세자 순응 및 세무행정비용의 최소화이다. 조세부과에 불복하거나 성실납부의무를 회피하고자 하는 적극적 의미에서의 조세과정비용뿐만 아니라 성실납부하는 과정에서 수반되는 순응비용(예를 들면 법인세를 계산하기 위해 또는 종업원의 원천징수를 위한 대리비용 등 포함)과 성실납부를 담보하기 위해 존재하는 세무당국의 징수비용 및 조사비용을 포함해서 행정비용을 최소화하는 것이 필요하다. 다섯째, 정치적 책임성의 확보이다. 대표없이 과세없다는 조세민주주의 원칙에 입각, 계층별 대표성이 보장되는 조세법률주의가 요구된다. 마지막으로 거시재정의 일환으로 경기변동에의 신축적 대응이 필요하다. 정부의 경제안정화 기능을 수행하는 하나의 수단으로 경기침체시에는 적극적 재정정책(지출이 조세수입을 초과하는 적자재정)을 수행하고 경기활황시에는 소극적 재정정책(조세수입이 지출을 초과하는 흑자재정)을 수행하는 유연한 접근이 필요하다. 이러한 기능을 위해서도 소득세 누진구조 등 자동안정화장치(built in stabilizer)는 필수적이다.

1. 조세의 분류

먼저 과세주체를 기초로 해서 국가(중앙정부)가 주체인 경우 국세, 지방자치단체가 주체인 경우 지방세로 분류된다. 우리나라의 경우 국세는 내국세, 관세, 목적세로 대별되고 내국세는 직접세와 간접세로 구분된다. 지방세는 부과주체에 따라 광역자치단체 세목인 특별시·광역시·도세 그리고 기초자치단체 세목인 시·군·자치구세로 구분되며 세목의 성격에 따라 보통세와 목적세로 구분된다. 참고로 지방교육자치단체인 시도교육청의 경우 과세주체로 인정되지 않는다.

그림 9-1 우리나라 국세와 지방세 체계

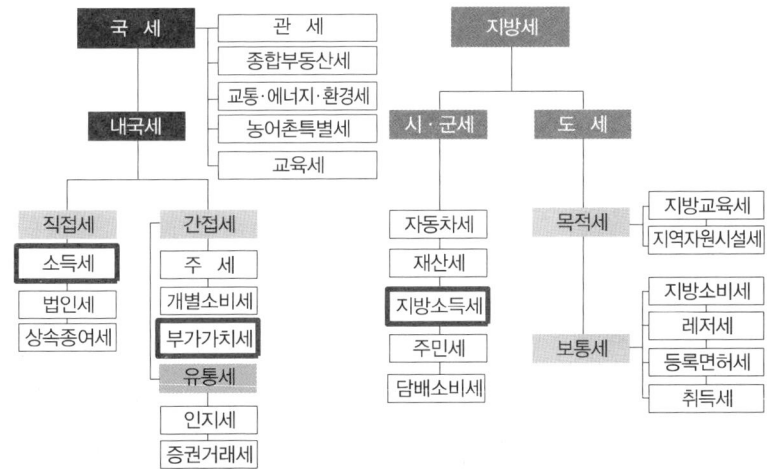

둘째, 과세대상 또는 과세표준에 따라 인세(personal tax)와 물세(in rem tax)로 분류된다. 인세는 납세자를 기준으로 과세함으로써 개인적인 부담능력을 감안할 수 있는 반면, 물세는 과세객체인 재화나 서비스를 기준으로 과세함으로써 납세자의 개인적 특성과 관계없이 부담이 이루어지게 된다.

셋째, 직접세는 소득세와 같이 납세의무자와 직접 부담하는 주체(담세자)가 동일한 조세이며 간접세는 부가가치세나 개별소비세와 같이 납세의무자가 그 부담을 다른 경제주체에게 전가할 것으로 예정하고 있는 조세를 말한다. 세법에 명시되어 있는 납세의무자와 경제적인 측면에서 해당 조세부담을 실질적으로 누가 지게 되는가는 다른 문제라고 할 수 있다. 법인세의 경우 투자된 자본이 이동하지 않는 단기의 경우 법인의 주주들이 부담하지만, 생산부문 간 자본의 이동이 가능한 장기의 경우 해당 법인의 주주만이 아니라 경제 전체의 모든 소유자, 그리고 임금이나 상품가격 변화를 통해 근로자나 소비자도 법인세의 부담을 지게 된다.

넷째, 과세표준을 화폐단위로 표시한 과세물건의 가치로 하느냐 혹은 과세물건의 수량이나 용적 등으로 하느냐에 따라 종가세(ad valorem tax)와 종량세(unit tax)로 구분할 수 있다. 과세표준을 가격으로 정하면 과세의 공평부담을 도모할 수 있는 장점이 있는 반면 가격변화에 따라 세수변동이 커지고 가격측정이 어려운 경우는 아예 종가세 활용이 불가능한 경우도 생기게 된다.

2. 공평한 조세부담

과연 조세부담을 어떻게 분배하는 것이 공평한가는 윤리적인 정의(justice)와도 연결이 되는 철학적인 문제이다. 누가 얼마나 부담하는 것이 정의로운가 하는 부분은 바람직한 분배에 대해 자유주의적 관점과 평등주의적 관점은 전혀 생각을 달리한다. 자유주의적 관점을 발전시킨 공리주의는 그 사회의 총체적 후생을 극대화할 수 있는 분배, 즉 功利의 원칙(principles of utility)이 유일한 도덕적 기준이라는 생각이다. 최대다수의 최대행복을 가져오는 분배상태란 에지워드(F. Edgeworth)에 의하면 밀(J.S. Mill)에 의해서 제시된 공평한 조세의 규칙으로서의 균등희생의 규칙(equal sacrifice rule)을 모든 사람이 한계에서 동일한 정도의 효용을 희생해야 한다는 것으로 해석한다. 만일 모든 사람의 효용함수가 동일하고 소득의 한계효용이 체감한다고 가정할 때 모든 조세수입이 전적으로 부유층에 대한 과세로써 충당되어야만 균등한 희생의 규칙을 충족시킬 수 있다는 것이다. 그러나 이러한 주장의 문제점으로 무척 불균등한 분배의 상태를 정당화시킬 가능성, 그리고 그것의 실천과정에서 개인의 권리 침해가능성과 현실적으로 불가능한 개인 간 효용비교(interpersonal utility comparison)를 전제하는 점 등을 들 수 있다.

한편 원초적 상황(original position)과 무지의 장막(veil of ignorance)에서 사회의 기본질서방향에 대해 원칙적인 합의(불편부당, 공정)를 생각할 때 사람들에 의해 선택되리라고 기대되는 정의의 원칙은 첫째, 모든 사람이 다른 사람들의 자유와 양립할 수 있는 한에서의 가장 광범위한 자유에 대해 동등한 권리 보유, 둘째, 사회적·경제적 불평등 및 정당성 인정 조건으로 ① 불평등성이 모든 사람에게 이득이 되는 것을 기대할 수 있고, ② 모든 사람에게 그 기회가 개방된 직위 및 직책과 결부되어서만 불평등성이 존재해야 한다는 최소극대화의 원칙(maximin principle)이 등장한다. 결국 공평성은 공리주의적 접근과 롤스(J. Rawls)적 접근으로 대별해 설명할 수 있다.

조세부담배분은 원칙적으로 두 가지 접근방법이 적용되는바, 첫째는 편익원칙이고 둘째는 능력원칙이다. 먼저 편익원칙(benefit principle)은 빅셀(K. Wicksell)의 자발적 교환모형에 근거해 각자가 정부서비스로부터 받는 편익이 조세부담의 분배기초가 되는 것이 타당하다는 것이다. 정부서비스가 기본적으로 배제가 가능하고 경합이 이루어지는 사적재(private goods)와는 달리 집합적 소비의 특성을 지닌다고 할 때 납세자의 자발적 협조를 기대하는 것은 매우 곤란하다. 무임승차(free rider)의 문제가 발생하기 때문이다. 객관적으로 편익의 크기 측정이 어렵고 이를 자발적으로 시현하게 만드는 것이 어렵기 때문이다. 뿐만 아니라 적절한 소득분배를 전제로 하고 있는 편익의 원칙은 원론적인 수준에서 지방자치단체의 서비스에 대해서 적용의 비교우위를 찾아볼 수 있다. 최근 공공기관의 부채문제가 불거지면서 우리나라 공공요금의 규제에 대해서도 이러한 편익원칙의 적용이 강조된다. 인위적으로 억제한 원가 이하의 공공요금은 결국 조세에 의한 일반부담으로 그 적자를 충당해야 한다는 점에서 적정한 원가보상 수준의 공공요금정책이 필요하다는 정책제언의 논거에서도 편익원칙이 활용된다.

다음은 밀(J. S. Mill)이 강조하는 동등희생(equal sacrifice) 원칙에 따른 능력이 조세부담분배의 기초가 되어야 한다는 주장이다. 기회균등을 보장하기 위해서 재분배를 위한 조세 및 지출의 운용이 가능하도록 하려면 정부지출에 의한 혜택을

조세이론과 세입관리

재원부담과 연결지어서는 안 된다는 원칙이다. 납세자들의 자발적 협조를 얻기 위해서는 국민합의의 분석에 따라 능력에 걸맞는 구체적인 부담분배원칙을 마련해야 한다는 것이다.

첫째, 수평적으로 공평해야 한다. 같은 능력을 가진 사람들은 같은 수준의 부담을 져야 한다는 원칙이다. 동일한 경제능력은 동일한 세금부담을 져야 한다는 말이다. 문제는 어떤 사람을 동일한 능력의 소유자로 간주해야 하는지에 대한 것이다. 어떠한 측면에서의 차이를 유의한 것으로 인정하느냐, 어느 정도까지 차이를 두어야 하는가는 그 사회의 일반적인 국민합의 수준에 달려 있다. 구체적으로 지하경제양성화정책을 예로 들 수 있다. 현금거래가 많이 이루어지는 성형외과나 치과의사와 같은 자영업자의 경우와 유리지갑으로 대변되는 봉급생활자가 대비되곤 한다. 박근혜정부에서 지하경제양성화를 통해 복지공약에 필요한 재원의 상당부분을 마련하겠다고 했을 때 많은 국민들이 공감한 것도 이러한 원칙에서 설명이 가능하다. 구체적으로 박근혜정부 5년간 지하경제양성화를 통해 53조원의 재원을 추가로 마련하겠다는 공약의 실천가능성(feasibility)은 차치하고 그 방향에 대해 국민들은 공감을 나타낸 것이다. 물론 이 과정에서 세무조사 대상의 확대, 금융거래정보의 과세정보로의 활용 등을 통해 납세순응 수준의 문제가 구체적으로 나타나게 된다.

둘째는 수직적 공평성이다. 더 큰 경제적 능력을 지닌 사람은 더 많은 세금을 부담해야 한다는 것이다. 최근 소득세 최고소득세율이 적용되는 구간을 3억원 초과에서 1억 5천만원 초과로 낮추는 의사결정을 하는 과정에서 특히 이러한 문제는 첨예하게 대두되었다. 얼마나 누진적으로 세금을 부담하도록 하는 것이 공평한가는 수직적 공평성의 원칙과 불가분의 관계가 있다고 하겠다. 능력원칙의 적용에는 경제적 능력의 정확한 평가가 전제되어야 한다. 경제적 복지수준이 경제적 능력의 판별기준으로 활용되는 것이 이상적이나 복지수준은 주관적이라는 데 문제가 있다. 결국 적합한 대리변수(proxy variable)를 선택해 경제적 능력을 판별해야 한다.

대리변수 후보의 첫째는 소득이다. 소득은 화폐경제하에서 다른 어떠한 비교대상보다 경제적 복지수준을 측정하는 데 비교우위를 보이지만 역시 동일한 예산집합을 다르게 취급할 가능성 때문에 한계가 있을 수밖에 없다. 소득에 대한 가장 포괄적인 정의는 헤이그-사이먼스(Haig-Simons)의 소득에 대한 정의로 일정기간 동안 이루어진 개인 소비능력의 순증가를 화폐가치로 환산한 것이다. 개인의 소비능력의 순증가는 일년 동안(꼭 일년일 필요는 없다. 일정기간 동안이면 충분하다) 이루어진 개인의 실질 소비지출에 순부가치(net worth)의 증가를 합한 것으로 나타난다. 다시 말해 소비와 저축을 모두 포함한 개념이다. 문제는 현실적으로 다양한 소득을 측정하기가 곤란하다는 것이다. 예산집합의 명확한 순위를 매길 수 없다는 점, 재산소득, 특히 미실현자본이득과 관련된 부분이 문제가 된다. 실제 거래가 이루어지지 않은 재산의 가치변화를 정확히 측정하는 것은 불가능에 가깝다. 귀속임대료(imputed rent)를 정확하게 측정하는 것도 결코 쉽지 않은 과제로 등장한다. 주택의 소유로부터 발생하는 귀속임대료는 대부분의 경우 과세대상에서 제외되고 있다. 임금률을 대리변수로 사용하는 경우 인적투자에 영향을 미치게 되며 임금을 측정하는 경우도 근로를 위해 소요되는 비용을 어떻게 측정할 것인가의 문제에 봉착하게 된다. 아울러 비근로소득과의 차이를 어떻게 인정할 것인가 하는 부분도 어려운 문제로 등장한다. 소비수준을 대리변수로 삼을 경우 선택의 결과까지를 반영하는 문제에 봉착하고, 재산을 대리변수로 활용하는 경우 부채를 제외한 순재산가치의 파악이 어렵고 현금흐름의 부족문제도 해결해야 하는 과제로 등장한다.

능력평가 기준으로서 소득이 갖는 문제는 다음과 같이 정리해 볼 수 있다. 실현된 소득에만 과세해야 하는 문제, 실질소득을 기준으로 해야 하는가의 문제, 요소소득과 이전소득의 차등과세 필요성, 귀속소득의 처리문제, 소득의 취득에 들어간 비용의 처리문제 등이 그것이다.

우리가 동등희생의 원칙이라고 할 때 희생되는 효용이 서로 같음을 의미한다. 첫째 동일한 희생의 절대량이 같은 경우를 생각해볼 수 있다. 희생의 절대량이 같아야 한다는 원칙이 반드시 누진세제(progressive tax)를 요구하지는 않는다. 만약 사람들이 소득에서 얻는 한계효용이 불변으로 유지된다면, 다시 말해 한계효용곡선이 수평선이라면 모든 사람이 똑같은 금액의 세금을 낼 때 희생의 절대량이 같아지게 되므로 인두세(poll tax)를 요구하게 된다. 둘째, 누진세를 정당화하기 위해서는 소득이 증가함에 따라 한계효용이 급격히 체감해야 한다. 동일한 희생의 비율은 만약 소득수준이 올라가도 소득의 한계효용이 체감하지 않고 같은 수준에 머문다면 정당화될 수 있는 것은 비례세가 될 것이다. 동일한 한계에서의 희생을 상정하는 경우 극단적인 누진구조가 요구된다.

누진세제에 대해서는 경제적 불평등의 감소, 편익원칙에 입각한 경제적인 능

227

력이 클수록 더 많은 혜택을 받게 된다는 점, 사회계약의 틀 안에서 누진세의 정당성을 찾고 사람들이 자발적으로 선택하게 된다는 점, 그리고 동등한 희생의 원칙에 입각한 주장이라는 관점에서 찬성의견을 형성한다. 반면에 복잡한 조세제도의 문제, 정치적 책임성의 문제, 그리고 무엇보다 경제적 효율성에 대한 부정적인 영향은 반대의 근거가 된다. 이 부분에 대해서는 '3. 효율적인 조세부담'에서 보다 자세히 살펴본다.

요컨대 동등희생 원칙에 대한 해석에 따라 누진세를 정당화하기도 하고 그렇지 않기도 한다. 동일한 효용함수 및 소득의 한계효용체감을 전제한 상황에서 조세로 인한 사회전체의 희생 극소화 차원에서 누진과세의 정당성이 주장되는바, 이를 어떻게 해석하느냐에 따라 누진세 채택 자체와 누진도의 수준 결정에 대한 논거가 확보된다.

3. 효율적인 조세부담

조세의 영향은 개인과 기업, 나아가서 사회전체의 행태를 변화시키는 것으로 나타난다. 예를 들어 1696년 중세 영국에서 부과된 창문세(window tax)의 영향은 건축구조에 결정적 영향을 미쳤는바, 조세가 경제행위에 영향을 미친 대표적인 사례로 꼽힌다. 조세는 노동의 선택, 저축의 결정, 투자행위, 위험부담행위 등 실물적·금융적 의사결정에도 영향을 미친다. 새로운 조세부과계획이 발표되는 경우 공표효과(announcement effect)를 통해서도 자원배분에 변화를 초래하게 된다.3 조세는 결국 민간부문 의사결정에 영향을 미쳐 교란(distortion)을 일으키는바, 이는 경제에 비효율성을 초래하기도 하지만 오히려 환경오염 등 민간부문의 비효율성이 피구세(Pigovian tax)를 통해 교정되기도 한다.

이러한 점에서 민간부문의 의사결정과정에서 교란을 일으키지 않는 조세로서 중립세(lump-sum tax)를 생각해 볼 수 있다. 경제주체가 경제행위를 변화시켜도 조세부담은 변화하지 않는 조세를 의미한다. 이에 가장 가까운 세금으로는 인두세(poll tax)를 상정할 수 있지만 형평성을 고려하면 현실적 의미의 중립세는 소득효과만 있고 대체효과는 없는 조세를 말한다.

---

3 이러한 효과는 최근 취득세율 영구인하 의사결정의 소급시점이 언제로 정해질 것인가에 대한 논란으로 부동산 거래 자체가 얼어붙은 것을 보아도 쉽게 짐작할 수 있다.

그림 9-2   물품세의 초과부담: 시장의 차원

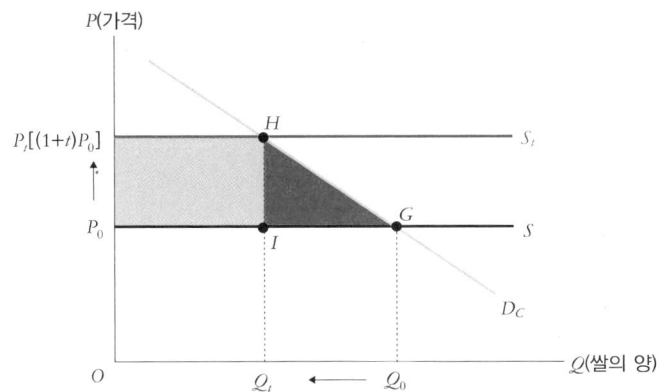

조세가 시장의 실패를 보완하는 경우는 민간부문의 경제행위에 긍정적 영향을 미치는 경우도 있다. 환경세와 에너지관련 세제의 경우 교정과세(corrective tax)의 특징을 지닌다. 소비자의 근시안적인 태도로 인한 비합리적인 결정 가능성을 보완하는 차원에서 효율성 제고가 가능하지만 여전히 소비자 주권과의 상충위험은 피하기 어렵다.

효율적 자원배분의 조건은 한계대체율과 한계생산변환율이 일치하는 경우 파레토 효율성이 달성된다. 초과부담을 이해하기 위해 가장 단순한 경우를 상정해보자. 시장의 차원을 설명하고 있는 <그림 9-2>에서 D_c는 쌀의 보상수요곡선으로 이는 소득효과(income effect)를 배제한 조세의 대체효과(substitution effect)만 나타내게 된다. 공급자가 세금만큼 가격을 올리게 되면 공급곡선이 위로 이동하고 P_oGHP_t만큼 소비자 잉여가 줄어들게 되는데 조세수입은 P_oIHP_t에 그치게 되므로 IGH만큼의 소비자 잉여 상실은 초과부담(excess burden)으로 설명된다. 이러한 초과부담은 물품세뿐만 아니라 요소시장, 즉 근로소득세에 대해서도 같은 설명이 가능하다.

다음은 개인차원에서 발생하는 물품세의 초과부담을 생각해보자. 쌀에 대해 물품세가 부과되는 경우 <그림 9-3>에서 볼 수 있듯이 예산선이 AB에서 AC로 바뀌게 되고 소비자 균형은 E에서 E'로 변화됨에 따라 세금의 크기는 선분 LE'로 나타낼 수 있다. 여기서 원래 예산선과 기울기가 같고 무차별곡선 I'에 접하는 예산선 HI를 상정하면 물품세의 영향을 소득효과와 대체효과로 구분

그림 9-3 물품세의 초과부담: 개인의 차원

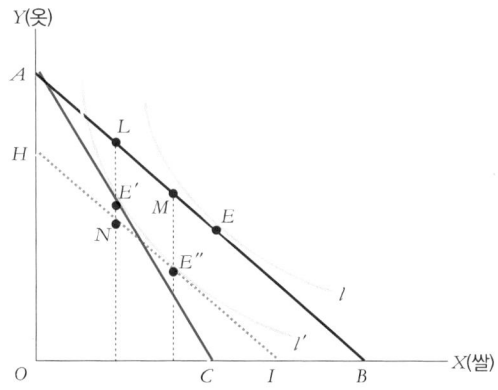

해볼 수 있다. 소득 AH만큼 감소한 것은 대등변화이므로 물품세 부과로 인한 후생손실은 조세수입에 추가해 $E'N$만큼의 초과부담이 생기게 된다. 결국 초과부담은 인위적 가격변화에 따른 대체효과에 의해 발생함을 알 수 있다.

결국 중립세가 아닌 조세는 비효율을 초래하며 비효율의 크기는 소비자 잉여의 차이, 즉 초과부담으로 측정된다. 조세의 효과는 소득효과와 대체효과로 구분되며 중립세는 소득효과만 있는 경우를 말하고, 대체효과가 크면 클수록 초과부담이 증가한다. 마찬가지로 생산자의 경우도 조세부과는 가격의 하락으로 인한 이윤감소로 측정된다. 소비세는 소득효과와 대체효과 모두를 통해 소비수준이 감소하게 된다.

4. 조세의 전가와 귀착

조세법상으로 조세납부 의무를 지고 있는 사람에게 조세부담이 귀착된다고 보는 개념이 법적 귀착(statutory incidence)이다. 반면 경제적 귀착(economic incidence)은 실제 부담자를 기준으로 하는바, 이들 간의 차이는 조세부담의 전가(shifting) 때문에 발생한다. 조세부담의 전가는 조세납부액에서 실질가처분소득의 변화폭을 뺀 규모로 나타난다. 예를 들어 법인세를 부과하는 경우 상품이나 서비스의 가격이 상승하게 되는데 이는 소비자가 법인세의 일부를 부담하는 결과로 이를 부담의 전전(forward shifting)이라 하고, 법인세 부과 결과 고용의 규모가 줄고 임금수준이 줄어드는 효과로 법인세를 부분적으로 나눠 부담하게 되는 경우

이를 부담의 후전(backward shifting)이라고 한다.

궁극적으로 조세의 부담은 개인이 질 수밖에 없다. 사람들을 어떤 기준에 의해 몇 개의 그룹으로 분류하고 조세부담이 각 그룹별로 귀착되는 패턴을 분석하는 방식을 채택하게 되는데 다음의 세 가지 부담주체를 생각해 볼 수 있다. 첫째, 기능별 소득분배(functional distribution of income)로 어떠한 생산요소를 공급하는가에 따라 구분하는 방식이다. 둘째, 계층별 소득분배(class distribution of income)로 부유층과 빈곤층 사이의 조세부담을 구분할 수 있다. 셋째, 이 밖에도 성별, 연령별, 지역별로도 구분이 가능하다. 특히 성별 조세부담의 구분은 성인지예산(gender budgeting)으로, 연령별 조세부담의 구분은 세대별 정부순지출부담 회계(generational government net expenditure-tax burden accounting)로 연금재정과 같은 거시재정분석에서 그 활용도가 높다.

조세부과시 부담은 실질가처분소득의 변화로 판단하게 되는바, 명목가처분소득의 감소를 물가수준으로 나눠서 평가해야 한다. 소득세를 부과하는 경우 분자에 변화가 발생해 실질가처분소득이 변화하는 것은 원천측(source side)의 효과이다. 총수요감소로 인한 고용효과와 같은 명목소득 자체 변화나 저축에 대한 과세가 궁극적으로 임금하락을 가져오는 경우 등 조세부과가 각 생산요소의 수요와 공급에 영향을 미쳐 생산요소 공급자가 얻는 소득이 달라지는 경우를 말한다. 한편 조세부과는 가격변화를 가져오는바, 이는 사용측(use side)의 효과를 의미하게 된다.

조세귀착에는 다음과 같은 세 가지 개념이 중요하다. 첫째, 균형예산귀착(balanced budget incidence)으로 조세징수와 지출프로그램의 효과를 묶어서 귀착을 분석하는 방법이다. 이러한 방식은 조세수입의 사용에 따라 분배적 효과가 달라지게 됨을 고려하는 장점이 있다. 둘째, 차별귀착(differential incidence)으로 정부예산을 불변으로 유지하는 가정하에 두 조세가 갖는 분배적 차이를 반영해 하나의 조세를 같은 조세수입을 가져다주는 다른 종류의 조세로 대체했을 때 어떤 분배효과가 나타나는지를 관찰하는 방식을 말한다. 셋째, 절대귀착(absolute incidence)으로 다른 조세나 지출에 아무런 변화가 없다고 가정하고 특정한 조세의 분배적 효과를 분석하는 부분균형분석방식이다. 이러한 방식은 편리하기는 하나 바람직한 방법은 아니라고 하겠다. 부분균형분석방법은 경제의 한 부분이 다른 부문과 주고받는 영향이 매우 적다고 가정하고 분석하는 것으로 시장 사이의 상호 연관관계가 무시해서는 안 될 정도로 강할 수 있어 일반균형(general equilibrium)

조세의 전가와 귀착

그림 9-4 **물품세의 귀착**

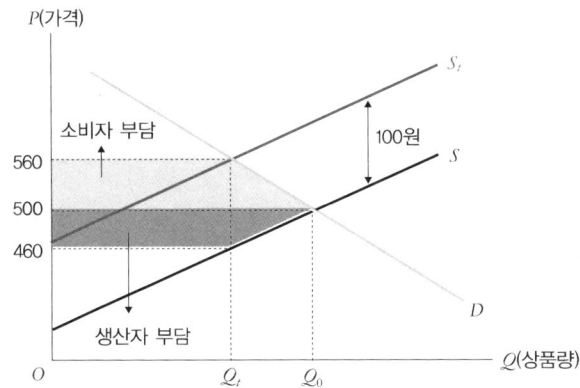

의 틀에서 분석할 필요가 있다. 또한 단기와 장기의 구분도 생각해볼 수 있다. 예를 들어 저축에 과세하는 경우 단기는 저축자의 세금부담 증가로 나타나나 장기로 가면 저축의 감소가 자본스톡의 감소로 이어지고, 이는 다시 노동에 대한 수요의 감소로 근로자에게까지 영향을 미치게 된다. 폐쇄경제와 개방경제에서의 귀착도 감안해야 한다. 경제의 규모가 작고 개방의 정도가 큰 우리나라와 같은 경제에 있어서 자본소득 과세가 실시되는 경우 세전 수익률과 세후 수익률 차이가 크게 나는 경우 대거 자본유출이 발생하게 되므로 장기로 가면 수익률 차이는 사라지게 되는 것이다.

<그림 9-4>는 물품세의 귀착을 부분균형분석의 틀로 설명하고 있다. 단위세(unit tax)를 부과하는 것으로 가정하고 납세의무가 생산자에게 귀착되는 경쟁시장을 생각해보자. 볼펜 한 자루당 100원의 세금을 부과하는 경우 가격은 500원에서 560원으로 상승하게 되고 물품세의 부담은 수요와 공급의 가격탄력성에 의존하게 된다. 공급자가 되었든 소비자가 되었든 탄력적인 부문은 그렇지 않은 부문에 비해 조세부담을 덜 수 있다는 점에서 역탄력성의 규칙, 즉 탄력성이 높으면 조세부담이 감소되는 모습을 나타낸다.

다음 <그림 9-5>에서 볼 수 있는 바와 같이 불완전경쟁시장의 경우 물품세를 부과하게 되면 수요곡선이 이동하게 되고 소비자는 더 높은 가격과 소비량 감소를 경험하게 되는 차원에서 소비자가 부담을 하게 되는 것은 경쟁시장과 차이가 없다. 여기서 유의해야 하는 부분은 공급자가 독점력을 보유해도 조세부담을 소비자에게 모두 전가시키는 것은 불가능하다는 점이다.

그림 9-5 물품세의 귀착: 독점시장

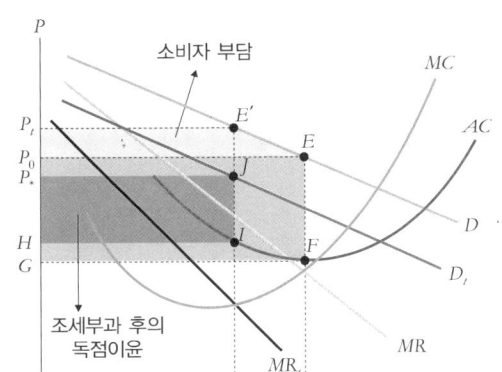

한편 토지와 같이 그 공급이 고정되어 있고 내구적인 성격을 가진 상품에 조세를 부과하는 경우 조세부담이 자본화(capitalization)되어 상품가격이 하락하게 된다. 이는 자산의 가격이 미래에 발생될 조세부담의 현재가치에 해당되는 부분만큼 하락한다는 것을 의미하는 것이다. 하지만 토지공급이 신축적이라면 완전한 의미에서의 자본화는 일어나지 않는다.

앞에서 논의한 부분균형분석을 일반균형분석의 틀로 확장하는 경우 한 상품에만 물품세를 부과하게 되면 요소집약도 차이가 클수록 상대가격비율이 더 큰 폭으로 변화한다. 조세부과대상이 된 상품에 대한 수요의 가격탄력성이 클수록 상대가격의 변화가 커진다. 요소 사이의 대체탄력성이 작을수록 상대가격의 변화가 더 크다. 원천측에서 살펴보면 물품세가 부과된 산업에서 집약적으로 사용되고 있는 생산요소 공급자에게 부담이 귀착되며 사용측에서 보면 과세되는 상품을 상대적으로 더 많이 소비하는 사람일수록 더 많은 부담을 지게 된다.

결론적으로 세금이 소비자에게 부과되는 것과 생산자에게 부과되는 것은 차이가 없으며 대신 탄력성의 크기와 경쟁시장여부에 따라 부담주체가 결정된다. 세금이 상대가격변화를 야기하며 이것이 부담주체를 결정하게 되는 것이다. 일반균형 조세귀착은 모든 산업의 대응을 감안해야 하므로 부분균형 귀착과 다르며 단기와 장기도 차이가 나게 된다.

5. 최적조세

우리는 지금까지 공평성의 차원 그리고 효율성의 차원에서 조세부담의 전가와 귀착을 중심으로 조세분석의 기초이론을 학습해보았다. 이러한 기본적인 개념과 분석의 틀은 결국 이론적으로는 최적조세구조(optimal tax structure), 즉 사회후생을 극대화할 수 있는 조세구조는 효율성의 측면과 분배의 공평성이라는 측면에서 바람직한 구조설계가 가능하다는 것이다. 하지만 현실에서는 효율성과 공평성 사이의 적절한 타협이 필요한바, 이때 가치판단이 개입되게 된다. 효율성과 공평성의 관계에 대한 지식부족, 사회제도, 경제상황, 역사적 배경 등으로 객관적이고 일반적인 해결책을 찾기는 매우 어렵다. 램지(F. Ramsey), 보아뙤(M. Boiteux) 등이 전통적 최적조세를 효율성 관점에서 접근하고 있고 분배적 측면을 감안한 최적조세이론이 등장하고 있지만 효율성 위주의 최적조세이론이 지배적인 것은 틀림없다.

현실에서는 파레토효율적인 조세구조를 찾기 힘들다는 점에서 최선(first-best)의 조세구조는 생각하기 어렵다. 전통적 최적조세이론에 따르면 최선의 방책을 찾을 수 없다는 현실을 인정하고 차선의 방책(second-best solution)을 찾는 데 주력하게 되고 이는 효율성 상실을 최소화하는 조세구조를 찾는 모습으로 나타난다. 최적조세논의와 관련해 다음의 두 가지 논의를 주목하자. 첫째, 최적물품세에 대한 논의다. 총초과부담 극소화가 상품에 대한 한계초과부담이 동일할 때 달성이 가능하므로 모든 상품의 (보상된)수요량에 똑같은 비율의 감소가 일어나도록 세율구조를 만들어야 한다는 램지규칙(Ramsey rule)이 등장한다. 이에 따르면 모든 상품에 대해 똑같은 세율을 적용하는 물품세 체계가 반드시 최적일 이유는 없게 된다.

역탄력성 규칙이라고 하는 램지규칙은 초과부담이 극소화되는 조세제도를 추구하는 경우 공평한 분배에는 무관심하게 되는 문제가 발생한다.4 분배적 측면을 고려하기 위해서는 먼저 어느 정도의 평등주의적 성향을 전제하느냐에 그 구조가 달려 있다. 평등주의적 성향이 강해질수록 램지규칙에 더 많은 수정이 필요하게 된다. 부자와 가난한 사람 사이의 소비패턴에 얼마나 차이가 있느냐도 중요한 이슈로 가난한 사람이 주로 사용하는 상품에 낮은 세율을 적용하는 것이 더 큰 재

---

4 역탄력성 법칙(inverse elasticity rule)은 상품에 적용되는 물품세의 세율이 수요의 가격탄력성에 반비례하도록 정해야 한다는 것이다.

그림 9-6   선형누진세 형태의 부의 소득세 구조

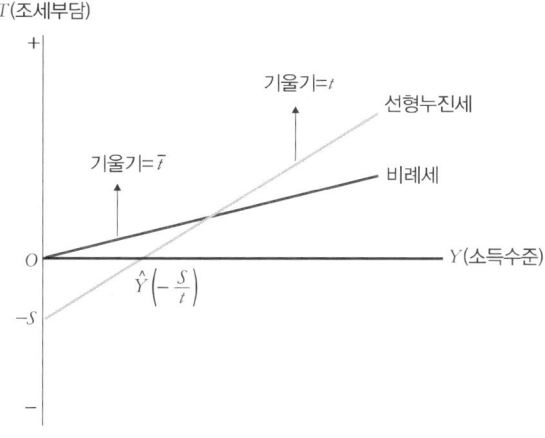

분배효과를 가져올 수 있다.

　둘째, 최적소득세의 논의다. 누진성(progressiveness)은 납세자의 소득수준이 올라감에 따라 평균세율이 올라가는 성격을 갖는 조세제도를 의미하며 초과부담은 한계세율의 제곱에 비례한다는 점에서 낮은 세율, 넓은 과세표준이 선호된다. <그림 9-6>에는 선형누진세 형태의 부의 소득세제를 나타내고 있다. 모든 사람에게 S만큼 정액보조(lump-sum grant)를 해준 후, 납세자가 번 소득에 대해 소득의 크기에 관계없이 t의 세율을 적용하는 조세제도 즉, $T = -S + tY$(조세부담액 T, 소득Y)를 생각해보자. 이때 소득이 $\hat{Y}$를 초과하는 사람만 납세, 그 이하로 떨어지면 정부로부터 보조금을 받는 부의 소득세(negative income tax)제도를 상정해 소득보장효과를 감안하게 된다.

　<그림 9-7>에서 볼 수 있듯이 선형누진세의 한계세율 t가 높을수록 초과부담은 커지며 정액증여 S가 커질수록 재분배효과 커지게 돼 적절한 최적선형누진세구조를 도출할 수 있다. 일정한 조세수입의 달성을 전제로 정액증여 즉, 복지수준을 높이기 위해서는 한계세율 높여야 한다($S => S'$, $t => t'$). 이러한 모형은 최근 우리나라의 증세없는 복지 주장의 한계를 보여주는 것으로 설명할 수 있다. 미국의 스턴(N. Stern)은 1976년 최적선형누진세를 실제로 계산해보았다. 모든 사람이 소득과 여가차원에서 같은 선호를 지니고 소득과 여가의 대체탄력성 불변을 가정했다. 최적세율은 대체탄력성의 크기와 배경이 되는 사회후생함수의 성격에

그림 9-7 최적 선형누진세 구조

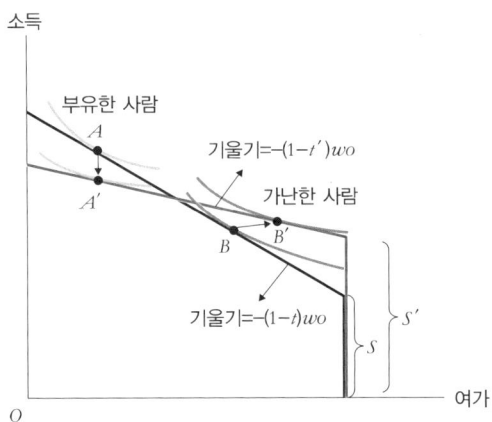

민감하게 반응하게 되는바, 사람들이 공평성에 대해 어떤 태도를 갖는지에 따라 최적세율은 달라진다. 평등성에 대한 선호가 강할수록 높은 세율을 요구하고 소득과 여가 사이 대체탄력성이 클수록 최적세율은 낮아진다. 결론적으로 극단적인 평등성 선호를 전제하지 않는 한, 선형누진세의 최적세율은 별로 높지 않게 나온다.

Ⅱ. 우리나라 조세부담의 일반적 구조

우리나라의 조세부담률은 2007년 21%까지 증가했다가 감세정책 등으로 인해 하락한 후 2012년 20.2%를 시현하고 있다. 국민부담률(조세부담률+사회보장부담률)은 2012년 26.8%까지 증가했지만 여전히 선진국에 비해 낮은 수준을 견지하고 있다. 구체적으로 사회보장부담률(GDP대비 %)의 경우 1990년 2.0%, 1996년 2.7% 수준에서 2002년 4.4%, 2008년 5.8%, 2012년에는 6.6%로 늘어나고 있다.

그림 9-8 조세부담률 추이

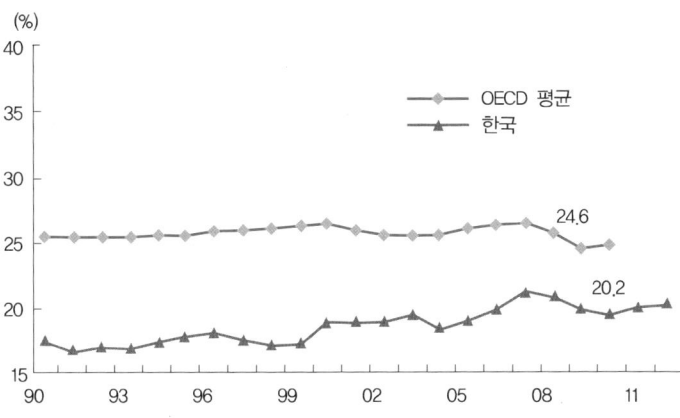

그림 9-9 국민부담률 추이

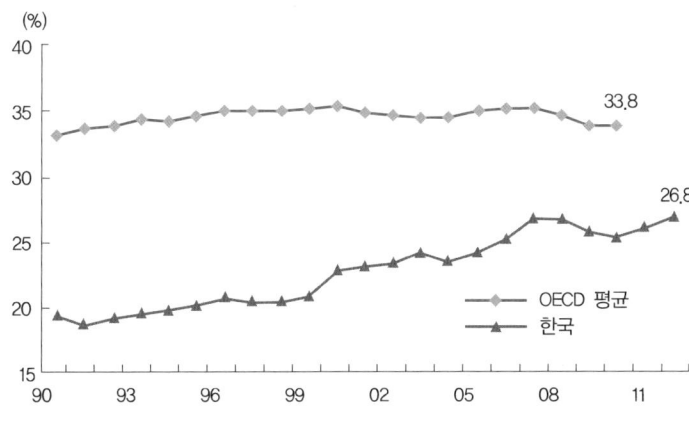

하지만 우리나라의 조세부담률은 주변경쟁국에 비해서는 다소 높은 편이다.

표 9-1 경쟁국과의 조세부담률 비교

구 분	한국	일본	싱가폴	홍콩	대만	중국	인도
조세부담률(2010년, %)	19.3	16.3	13.1	13.9	11.9	18.2	16.5

한편 조세구조를 살펴보면 OECD 평균에 비해 소득세와 일반소비세 비중은 낮고, 법인세와 재산세 비중은 높은 수준임을 알 수 있다.

표 9-2 주요국의 GDP대비 세원별 세수비중(2010년, %)

구분	소득과세	소득세	법인세	재산과세	소비과세	일반소비세	개별소비세	사회보장기여금
미국	10.8	8.1	2.7	3.2	3.7	2.0	1.7	6.4
영국	13.1	10.0	3.1	4.2	10.3	6.5	3.7	6.6
독일	10.3	8.8	1.5	0.8	10.3	7.2	3.0	14.1
프랑스	9.4	7.3	2.1	3.7	10.4	7.2	3.2	16.6
일본	8.4	5.1	3.2	2.7	4.6	2.6	2.0	11.4
한국	7.1	3.6	3.5	2.9	8.2	4.4	3.8	5.7
OECD 평균	11.3	8.4	2.9	1.8	10.4	6.9	3.5	9.1

소득세 최고세율(38.0%)은 OECD 평균(36.0%) 수준이나 각종 비과세·공제 등으로 면세자 비율이 높고 과세기반이 취약한 것이 특징이다. 참고로 근로자 면세자 비율은 2007년 43.8%, 2008년 43.2%, 2009년 40.3%이던 것이 2010년 39.0%, 2011년에는 36.1%로 낮아지는 추세를 보인다.

표 9-3 중위소득자 총소득 중 소득공제 비율

한국	미국	영국	프랑스	독일	캐나다	일본	OECD 평균
43.4%	20.5%	22.6%	26.8%	16.1%	0.0%	52.9%	18.1%

법인세는 3단계 누진세율구조로서 최고세율은 OECD 평균(23.3%)과 유사하나 최저세율(10%)은 OECD 복수세율 11개국의 평균(17.1%)에 비해 매우 낮은 실정이다. 과표구간별 세율구조는 2억원 이하는 10%, 2~200억원 이하는 20%, 그리고 200억원 초과의 경우 22%가 적용된다. 참고로 주요국의 경우 스페인 25%, 영국 20%, 일본 18%, 미국 15%, 프랑스 15%, 캐나다 11% 등 법인세는 단일세율구조를 갖는 경우가 많다.

재산과세인 부동산 세제는 '高거래세－低보유세' 구조이며 양도소득세는 높은 명목세율로 인해 정상적인 거래를 위축시키는 문제점이 지적되어 왔다. 상속증여세는 세수기여도(2012년 국세비중: 2.0%)에 비해 높은 누진세율 체계 등으로 인해 경제행위에 미치는 영향이 큰 것이 문제점으로 지적된다. 주요국의 상속세 최고세율은 한국과 일본이 50%, 영국과 프랑스가 40%, 미국 35%, 독일 30%로 나타난다.

소비과세를 살펴보면 부가가치세율(10%)은 OECD 평균(18.7%)에 비해 매우 낮고 면세범위도 넓은 특징을 지닌다. 에너지세의 경우 수송용 유류위주로 과세되어 에너지원별 조세중립성을 저해하고 있고, 주세는 고도주 세율이 상대적으로 낮은 특징을 보이고 있다. 유류세의 세부담 수준(가격대비)은 OECD 국가 중 낮은 수준(휘발유 19위, 경유 20위)을 보이고 있다. 주세율은 탁주 5%, 약주·청주 30%, 맥주·소주·위스키가 72%로 과세되고 있다.

 Ⅲ. 개별 조세론

1. 소득과세

법인세를 포함하면 우리나라 전체 조세에서 가장 큰 비중을 차지하는 소득세의 역사는 그리 오래되지 않는다. 소득에 과세를 한다는 개념은 근대의 혁신이며 매우 엄격한 전제조건이 충족되어야 한다. 화폐경제, 투명하고 엄정한 회계, 상식적으로 받아들여지는 영수증, 비용과 이윤, 그리고 신뢰할 수 있는 장부기록이 존재하는 질서있는 사회가 그것이다. 문명사회의 대부분 역사는 이러한 전제조건이 성립되지 않아 세금은 다른 기준으로 부과되곤 했다. 재산, 사회적 지위, 토지와 노예와 같은 생산수단의 소유권이 주로 활용되었다. 십일조, 첫 수확의 제공 등의 관행은 고대부터 유래하며 이들이 소득세의 원형으로 여겨진다. 하지만 순이익(net profit)이라는 개념에 기초한 정확하고 확실한 소득세 개념은 아니었다.[5]

---

5 위키피디아사전에 의하면 소득세의 기원은 동양이 서양보다 빠르다. 중국 진나라 왕망황제 때, 즉 서기 10년에 초기형태의 소득세가 전문기술노동에 대해 이윤의 10%를 시행한 적이 있고 한나라 때 다시 활용되었다고 한다. 영국에서는 3차 십자군 전쟁을 위해 헨리2세가 1188년에 십일조를 거둔 기록이 있으나 근대적 의미의 소득세는 1799년에 도입된 것으로 보인다(www. wikipedia.org). 윌리엄 핏(William Pitt the Younger)이 나폴레옹 전쟁 준비를 위해 1798년 예산에 처음 소득세를 도입했고 1799년에 시행되었다. 핏의 소득세는 연간 소득이 60파운드 이상인 경우 0.83%, 200파운드(2007년 기준 17만 파운드) 이상의 소득에 대해서는 10%가 부과되었다. 천만파운드의 세금수입을 기대했으나 실제는 6백만파운드를 간신히 넘는 수준의 징수가 이루어지는 데 그쳤다. 소득세는 1816년에 폐지되었는바, 전쟁비용 마련을 위해서 도입한 제도라는 점에서 반대론자들이 모든 과세자료폐기를 원했고 재무장관에 의해 공개적으로 태워졌으나 사본이 조세법원 지하에 보존되어 있다. 미국의 경우 소득세가 남북전쟁비용 마련을 위해 연방정부 차원에서 1861년에 도입되었다. 당시 세율은 500달러(현재 시가 기준 20,441달러) 이상의 소득에 대해 3%의 세율이 적용되었

소득세는 현재 대부분의 나라에서 활용되고 있다. 조세체계는 역진, 비례, 누진의 다양한 형태가 적용되고 있어 세율의 국가 간 비교는 쉽지 않다.6 세법은 대부분의 나라에서 지극히 복잡하며 세부담과 정부의 서비스혜택이 매우 다양해 비교를 더욱 어렵게 한다. 소득세를 일반적으로 활용하는 나라들은 원천지 기준 시스템과 주거지 기준 시스템을 활용한다. 일반적으로 거주자에 대해서는 모든 소득을, 비거주자에 대해서는 국내 소득이 과세대상이며 조세조약에 의해 다른 나라에서 과세한 부분에 대해서는 공제가 이루어진다. 개인소득과 법인소득에 대해 반드시 동일한 과세체계를 활용하는 것은 아니다. 예를 들어 프랑스는 개인소득에 대해서는 거주지 기준을 그리고 법인세에 대해서는 원천지 기준(territorial system)을 적용한다. 싱가포르는 반대이며 부르나이는 법인에 대해서는 과세가 이루어지지지만 개인소득세는 없다.

먼저 우리나라 소득세의 법적 규정을 살펴보자. 소득세는 국세이며, 직접세이다. 개인소득세와 법인소득세로 나눌 수 있는데, 법인소득세는 법인세법에 따라 법인세로 부과되므로, 소득세법에 의한 소득세는 개인소득세만을 의미한다. 소득세법에 따른 거주자와 비거주자는 소득세를 납부할 의무를 진다(1조). 거주자는 모든 소득에 대하여 과세하며, 비거주자는 국내원천소득에 대하여만 과세한다(3조). 과세소득은 종합소득(해당 연도에 발생하는 이자소득·배당소득·부동산임대소득·사업소득·근로소득·연금소득과 기타소득을 합산한 것), 퇴직소득·양도소득으로 구분하고, 원칙적으로 계속적·경상적으로 발생하는 소득을 과세대상으로 한다(4조).

일정 기간에 발생한 소득을 그 종류에 관계없이 합산하여 종합과세하는 것을 기본원칙으로 하되, 양도소득 및 퇴직소득에 대한 과세표준은 각각 구분하여 계산한다. 또 비과세소득의 소득금액, 일용근로자의 급여액, 원천징수하는 이자소득·배당소득과 직장공제회 초과반환금 등은 분리과세한다(14조).

과세 대상은 1월 1일부터 12월 31일까지 1년간의 소득금액으로 한다(5조). 납세지는 거주자는 주소지로, 비거주자는 국내사업장의 소재지로 하고(6조), 원천징

으며 이 세금은 1862년 다른 형태의 소득세로 대체되었다. 1894년 민주당 정부가 평시 소득세를 도입했는바 4,000달러(현재의 106,138달러) 이상 소득에 대해 2% 세율이 적용되었다. 결국 10%가 안 되는 가구가 과세 대상이 되었던 것이다. 자산소득에 대한 과세 문제로 다툼이 계속되다가 1913년 16차 헌법개정을 통해 소득세의 영구적 모습을 갖추게 된다.

6 누진세(progressive tax)라고 하면 과세표준의 규모가 증가할수록 세율이 증가하는 경우, 비례세(proportional tax)는 세율이 일정한 경우, 역진세(regressive tax)는 세율이 줄어드는 것을 말한다. 이때 실효세율 기준을 적용하는데 실제 과세표준, 여기서 소득이라고 할 때 소득 대비 세금부담액의 비율을 의미한다.

수의 경우는 별도의 규정에 의한다(7조). 과세 관할은 납세지를 관할하는 세무서 장 또는 지방국세청장이 담당한다(11조). 소득금액이 있는 거주자는 소득과세표준 을 해당 연도의 다음 연도 5월 1일부터 5월 31일까지 납세지 관할 세무서장에게 신고하고 납부하여야 한다(70조 내지 77조). 하지만 근로소득만 있는 경우 근무하는 직장에서 원천징수하고 연말정산함으로써 신고납부의무가 대체된다.

계산 구조는 종합소득·퇴직소득·양도소득을 구분하여 계산하고, 소득공제 (24조 내지 54조)를 한 과세표준에 기본세율(55조)을 적용하여 소득산출세액을 계산한 다. 여기에 다시 세액공제(56조 내지 59조)를 하여 소득결정세액을 계산한 뒤, 감면 세액을 공제하고 가산세(81조)를 가산하여 부과세액을 계산한다(14·15조). 부양가족 에 따른 인적 공제(50·51조)와 담세능력에 따른 누진세율(55조)의 특징이 있다.

2003년부터 기존의 고급주택 개념이 고가주택으로 변경되어 실거래 가액이 6억원을 초과하는 주택에 대해서는 양도소득세가 강화되었다.[7] 또 2006년부터 주택에 대한 양도소득세 과세 대상이 종전의 1세대 3주택 이상 보유자에서 1세대 2주택 이상으로 조정되었다. 2007년부터는 실거래 가액에 대한 과세가 전면적으 로 시행되었지만, 3년 이상 보유한 6억원 미만의 1세대 1주택에 대하여는 비과세 를 유지하고 있다. 2013년 예산국회에서 양도소득세 다주택 중과세제도는 폐지되 었다.[8]

초과누진구조형식을 취하고 있는 우리나라 소득세의 세율체계는 최고세율은

---

7 양도소득세는 자산소득과세라는 점에서 당연히 소득과세로 보아야 하지만 일반적으로는 재산의 가치평가가 수반되는 등 재산과세의 성격도 일부 지니고 있다.

8 양도소득세 중과세 폐지에 대해서 부자감세 논란이 있다. 경제정의실천시민연합에서 "빚내서 집사 라"고 투기를 조장한다는 비판을 하는 거라든지, 부동산 과세 체계 유명무실이라든지, 집부자들의 불로소득을 환수하기 위한 최소한의 조치라느니, 양도차익의 사유화를 허용한다느니, 우리나라 보 유세 실효세율이 해외에 비해 턱없이 낮다느니, 부자들을 위한 세제완화라느니, 부의 양극화를 키 운다느니 등의 논평에 대해 한 시민은 다음과 같은 글을 경실련 게시판에 올리고 있다. "경실련이 양도소득세 중과세폐지반대하는 것이 이상하지 않나요? 양도소득세라는 것이 원래는 없어도 되는 이중과세라고 볼 수 있는 세금 아닌가요? 저 같은 시민이 재테크다, 뭐다 하며 목돈 좀 벌어 보겠 다고 피땀 흘려 일하고 집 한 번 살려고 얼마나 노력을 하는데…도대체 누구를 위한 경제정의실천 시민연합입니까? 서민들이 이런 세금, 저런 세금, 이런 부담금, 저런 부담금으로 얼마나 힘들어 하 고 어려워 하고 있는데 지금 이런 논평이 이치에 맞다고 생각하세요? 시민연합이지만 진정한 시민, 서민의 생활을 몰라서 이런 말을 하는 것이지요. 그럼 경제정의실천시민연합?? 웃기네요. 정말 맨 날 이런 저런 불평만 하지 말고 대안을 제시해 보세요. 지금 경제가 어렵고 건설산업이 어려워서 서민들의 생활이 위축되고 있는 상황에서 이러한 세금이라는 것이 얼마나 서민의 삶을 더 힘들게 하고 죽고 싶게 만드는 것인지 몰라도 한참 모르는 것 같군요. 세금이라는 것이 그런 겁니다. 부자 를 위한 증세이건 서민을 위한 감세이건 간에 세금은 세금입니다. 서민을 위해서는 이런 세금이나 부담금이 없는 것이 제일 좋은 것입니다. 서민이 부자보다는 금액은 작게 낼지는 몰라도 세금이라 는 것이 서민의 삶을 옥죄고 있다는 사실, 제발 진정으로 서민을 위하는 단체가 되기를 바랍니다. 말로만 맨날 그러시지 마시고. 감사합니다"(www.ccej.or.kr).

38%, 과세표준으로 1억 5천만원 초과분이 적용대상이 된다(2014년부터 적용). 세법상 과표구간별 소득세율은 6.6~41.8%(소득세액에 10% 지방소득세 포함)다. 연간 소득액이 8,800만원을 넘으면 부담이 크게 불어나는 구조다. 4,600~8,800만원이면 26.4%를 부담하지만 8,800~1억 5,000만원이면 38.5%, 이를 초과하면 최고세율을 적용받는다.

표 9-4 우리나라 소득세 세율구조

과세표준	한계세율
1,200만원 이하	6%
1,200~4,600만원	15%
4,600~8,800만원	24%
8,800~1.5억원	35%
1.5억원 초과	38%

소득세를 과세하는 세금부과 대상은 개인 소득(임금), 자본 이득 및 사업 소득을 포함해 포괄소득의 개념이 적용된다. 소득의 다른 유형에 대한 요율체계가 다르게 마련이며 일부는 전혀 과세되지 않을 수 있다. 자본 이득(주식을 판매하는 경우를 상정해보자)은 이득이 실현되었을 때 또는 주식의 가치가 상승하는 경우와 같이 발생시 과세될 수 있다. 상당한 수준의 수익이 발생한 경우 사업 소득이 과세된다. 은행 등 금융기관 저축에 대한 이자 등의 금융소득은 개인 소득(임금과 유사)의 형태 또는 실현 자본 이득(주식을 판매하는 경우)으로 구분 과세된다. 물론 금융소득도 일정 금액(현재는 2천만원) 이상인 경우는 종합과세 대상이 된다. 노동, 기술, 또는 투자가 요구되는 경우로 한정해 개인 소득을 엄격하게 정의할 수도 있지만 횡재(windfall)를 포함해 광범위하게 정의될 수도 있다.

세율은 누진적, 역진적, 또는 비례적으로 정할 수 있다. 구간이 다양한 누진 세금은 점진적으로 더 높은 세율을 적용한다. 예를 들어, 소득의 첫 번째 천만원은 7%, 그 이상의 천만원은 10%, 그리고 그 이상은 30%로 세금이 부과되는 경우를 상정해 생각해보자. 또한, 비례 세금은 소득금액에 관계없이 같은 비율로 모든 수입을 과세한다. 역진 소득세는 1억원이 넘어서야 과세가 이루어지는 경우를 예로 들 수 있다. 누진과세는 소득 불평등을 감소시킨다.

개인 소득세와 법인 소득세는 모두 일반적으로 과세연도 종료 후 신고납부의 형태를 통해 과세가 이루어진다. 그리고 정부는 과다 납부한 사람들에게 세금을 환급하게 된다. 누진성의 최적 수준에 대한 의견 차이가 있지만 – 아담 스미스에서 마르크스에 이르기까지 – 누진구조라는 진보적인 세금의 아이디어는 거시경제와 정치학자들의 광범위한 지지를 얻고 있다.

2. 소비과세

우리는 소득과세가 순이익을 계산하기 위해서 거래내역을 증빙할 수 있는 제도적 과세기반이 필요한 근대적 세금이라고 했다. 반면에 소비과세는 재화 및 서비스의 생산, 판매, 소비과정에 부과되는 세금으로 소득의 사용측면에 부과되는 물세라는 특징을 지니고 있어 상대적으로 단순한 장점이 있다. 이러한 이유로 각종 공제제도와 같이 개인적 사정을 감안하기 어렵다는 점, 그리고 공평성의 차원에서 누진세율을 적용하는 것이 원천적으로 불가능하다는 점 등에서 개인의 능력을 감안하지 못하는 단점이 함께 존재한다. 결국 소비과세는 재화와 서비스의 거래과정에 부과되는 조세이기 때문에 행정적으로 운용하기 용이하다는 장점과 공평성을 제대로 감안하지 못하는 단점을 함께 고려해 운용하게 된다.

소비과세는 다양한 형태로 운용되고 있는데 이를 분류하는 대표적인 방법은 과세의 범위에 따른 분류와 과세단계에 따른 분류방식을 생각해볼 수 있다. 먼저 과세범위에 따른 분류는 소비세가 특정 재화나 서비스에만 부과되는가 혹은 모든 재화와 서비스에 대해 일률적으로 부과되는가에 따른 분류이다. 특정한 재화나 서비스에 대해서만 부과되는 경우 이를 개별소비세(excise tax)라고 하고 모든 재화와 서비스에 대해 일반적으로 부과되는 소비세는 일반판매세(general sales tax)라 한다.

한편 거래단계 즉, 생산과 제조, 도매, 소매를 거쳐 최종 소비자에게 이르기까지 각 단계 사이의 거래행위가 이루어지는바, 이러한 생산과 유통과정의 어느 한 단계에 대해 부과될 수 있는가 하면 생산이나 유통 모든 과정에 걸쳐 부과될 수 있다. 소매업자에게만 과세하는 소매업자판매세(retail sales tax)가 있는가 하면 거래가 이루어지는 모든 단계에 부과되는 다단계 거래세가 있으며 각 거래단계에서 이루어지는 부가가치에 대해서 부과하는 방식의 부가가치세(value added tax)가

조세이론과 세입관리

있다. 최근에는 중립적인 과세의 원칙의 적용을 통해 자원배분의 효율성을 도모하는 데 장점이 있는 부가가치세가 일반적으로 활용되고 있다.

부가가치세는 일반적으로 전단계 매입세액을 공제하는 소비형 부가가치세가 단일 세율로 부과되어 징수된다. 이러한 부가가치세는 다음과 같은 장점이 있다. 첫째, 모든 재화나 서비스에 대해 단일 세율 적용을 통해 의사결정의 왜곡을 방지해 소비자 잉여의 감소, 즉 초과부담의 최소화를 도모할 수 있다. 둘째, 다른 개별 소비세나 일반판매세와 달리 이전단계에서 납부한 세액에 대해 공제가 이루어지기 때문에 누적효과가 발생하지 않고 따라서 자원배분의 효율성을 도모할 수 있다. 셋째, 각 단계별 부가가치에 대해서만 부과하기 때문에 생산방법 선택의 왜곡을 방지할 수 있다. 넷째, 납세자 간의 상호 견제를 통해 탈세를 최소화할 수 있다. 실제로 부가가치세를 적용함에 있어서 발생하는 탈세는 일반과세와 전단계 매입세액공제라는 원칙의 예외를 감안하지 않으면 원천적으로 발생할 수 없다.

이러한 장점에도 불구하고 부가가치세는 소비과세가 지니는 부담의 역진성 문제에서 자유롭지 못하다. 각종 면세제도와 사치품 등에 대한 높은 세율의 개별 소비세 도입 등으로 어느 정도 완화는 가능하지만 조세부담의 수직적 불공평성은 생래적인 문제라 하겠다. 또한 부가가치세는 모든 단계에 걸쳐 거래를 파악해야 하는 조세행정상의 어려움이 있다. 부가가치세 납세관련 이해관계자는 모든 경제활동 관련자라고 할 수 있을 정도로 단일단계 판매세에 비해 조세행정비용이 많이 들 수밖에 없다. 지하경제양성화, 유통 혁신, 성실납세의식의 정착, 세금계산서와 장부기록의 완비 등이 모두 부가가치세와 관련된 정책과제다. 현재 부가가치세율은 10%이며 연간 매출액이 4,800만원 미만인 사업자의 경우 간이과세자로 구분해 세금계산서, 기장 등 증빙의 예외를 인정하고 있다.

부가가치세는 민간소비지출의 일정부분을 세금으로 부과하는 것으로 경제성장에 비례해 세수입이 증가하게 된다. 우리나라는 최근, 구체적으로 1990년 이후 2008년까지 부가가치세 수입증가율이 12.4%로 비교적 빠른 증가세를 보이고 있는데 이는 경제성장 이외에 세원투명화 노력에 따른 과세표준의 확대가 중요한 역할을 한 것으로 보인다. 향후 부가가치세와 관련된 주요 쟁점을 정리하면 다음과 같다(안종석 외, 2010).

첫째, 광범위한 부가가치세의 영세율 또는 면세범위를 줄여나가야 한다. 금융보험서비스의 경우 명시적으로 수수료를 수취하는 부수적 서비스를 부가가치세

과세로 전환해야 한다. 의료보건서비스와 교육서비스의 경우 면세범위를 대폭 줄이는 것이 필요하다. 민간기업과 경쟁관계에 있는 공공기관 서비스도 원칙적으로 과세대상으로 전환하고 농산물의 경우도 일정부분 과세대상으로 전환해 과세자료의 확보 및 유통질서 확립을 기해야 한다.

둘째, 복지지출 확대 등 지출소요증대에 따른 건전한 재정관리 유지를 위해서 세율인상을 고려해 볼 수 있다. 우리나라 부가가치 세율은 1977년 도입 이래 37년 넘게 단일 세율 10%를 유지해 왔다. 다른 나라와 비교할 때 세율이 가장 낮은 그룹에 속하는 만큼 세율인상의 여지는 분명히 있다. 하지만 부가가치세의 강화는 역진적이라는 지적이 따른다. 그러나 OECD, IMF 등의 연구에 따르면 부가가치세 역진성은 그다지 유의하지 않다는 점에서 과세기반확대를 통한 면세품목의 과세전환, 취약계층에 대한 이전지출의 확대와 함께 운용할 경우 충분히 고려할 수 있는 정책대안이라 하겠다.

3. 재산과세

우리는 앞에서 세금을 내는 주체는 사람이라고 했다. 과세당국이 세수를 확보하기 위해 개인 및 기업의 경제활동 어딘가에 세금을 부과하게 되는데 이를 과세기반(tax base)이라고 한다. 현대 국가에서 주요 과세기반은 소득, 소비, 그리고 보유재산의 세 가지 범주로 구분한다. 재산(property)은 앞의 두 가지 기반 즉, 소득과 소비와는 차원이 다르다. 대부분의 경제주체들이 참여하는 경제행위인 소득과 소비는 벌어들이는 돈, 쓰는 돈이 중요한 세원이 되기에 효율성과 형평성을 감안해 낮은 세율과 넓은 과세표준을 활용할 수 있게끔 풍부한 과세대상이 된다. 그러나 보유재산은 경제활동을 하는 데 있어 반드시 수반되는 것은 아니기 때문에 역사적인 설명이 필요하다. 근대 산업혁명 이전에는 소득이나 소비행위가 발달하지 못했으므로 보유재산이 풍부한 과세기반의 역할을 수행했다. 이후 경제가 발전하면서 재산보유의 역할은 과거에 비해 감소하고 있지만 여전히 소득, 소비 등과 더불어 현대 국가의 중요한 세원이 되고 있다.

재산과세(부동산과 동산을 포괄해)는 재산을 과세대상으로 하기 때문에 기본적으로 물세의 성격을 가지고 있다. 물세란 세금을 매기는 대상을 기준으로 할 때 기준으로서 인세가 사람을 기준으로 부과하는 것과 대비된다. 따라서 물세로서의 재

245

산세는 과세대상인 재산만을 고려할 뿐 그 소유자의 인적사항은 고려하지 않는 특징이 있다. 재산세는 응익의 원칙(benefit principle)과 응능의 원칙(ability principle)이 함께 적용될 수 있는 좋은 수단이 된다. 정부의 서비스 수혜를 많이 받는 사람이 더 많은 세금을 내야 한다는 측면에서 응익의 원칙은 재산세에 보다 적합하다. 보유재산이 많은 사람은 정부가 제공하는 재산권보호와 같은 서비스의 혜택을 더 많이 받기 마련이다. 물론 재산이 많은 사람은 대체적으로 세금을 부담할 능력이 큰 경우가 많다는 점에서 응능의 원칙에도 부합한다. 재산과세가 물세로서의 성격을 강조하게 되면 될수록 재산세는 지방세로 운영되기에 적합한 특징을 지니게 된다. 지방정부가 제공하는 각종 서비스 예컨대, 치안, 교육, 도로, 상하수도, 공원 등의 제공수준에 따라 재산의 가치가 달라지게 된다는 점에서 대가성을 확인할 수 있다. 거래가 아니라 보유사실을 기반으로 할 경우 재산세의 세수는 매우 안정적일 수 있으며 이러한 성격 역시 일상적인 서비스를 상정하는 지방정부의 재원으로 타당한 측면이 있다. 특히 토지나 건물과 같은 부동산의 경우를 상정하면 확인할 수 있는 또 하나의 특징은 정착적(immobility)이라는 측면이다. 경제거래를 기반으로 하는 것이 아니라 과세물건이 고정되어 있다는 점에서 재산세는 지방세로서의 적합성을 보인다.

우리나라에서도 재산과세(OECD 조세분류)는 국세는 상속증여세가 유일하고 지방세로 재산세, 지역자원시설세, 취득세, 등록면허세, 주민세 재산분이 존재한다.9 여기서 재산세는 보유과세, 취득세나 등록면허세는 거래과세의 특성을 지닌다. 재산과세이면서 인세적 성격을 지닌 종합부동산세도 2013년 예산국회에서 지방세로 전환된 바 있다.

일반적으로 우리나라 재산과세 비중(GDP대비 2.9%)이 다른 나라(OECD 평균 1.8%)에 비해 높은 것은 우리의 토지와 주택을 비롯한 부동산 가격이 상대적으로 높기 때문이다. 특히 우리나라는 전통적으로 보유과세에 비해 거래과세의 비중이 높아 지속적으로 정책과제로 등장하고 있다.10

---

9 많은 경우 양도소득세를 재산과세로 분류하기도 한다. 하지만 엄밀한 의미에서는 자본이득과세라는 점에서 금융소득과세와 마찬가지로 소득과세의 일환으로 분류하는 것이 타당하다.

10 2013년 6월 말로 취득세 감면이 종료됨과 함께 국토부 등은 4.1 부동산 대책에 이은 주택경기 활성화 후속대책으로 취득세율 영구인하의 필요성을 제기하였다. 특히 취득세 감면연장 요구와 함께 세제개편에 대한 기대감이 높아지면서 7월 이후에는 거래절벽이 현실화함에 따라 부동산 관련 종사자를 중심으로 취득세율 인하를 당연시하는 분위기가 팽배하였다. 그러나 일부 학자 및 전문가들은 실증분석을 통해 취득세율 인하의 효과가 거의 없고, 있더라도 그것은 매매시기 조정에 불과하므로 취득세율 인하가 불필요하다는 주장을 지속적으로 펴왔다. 또한 지방세의 기간세목인 취득

그림 9-10 OECD국가 부동산 과세 GDP대비 비중

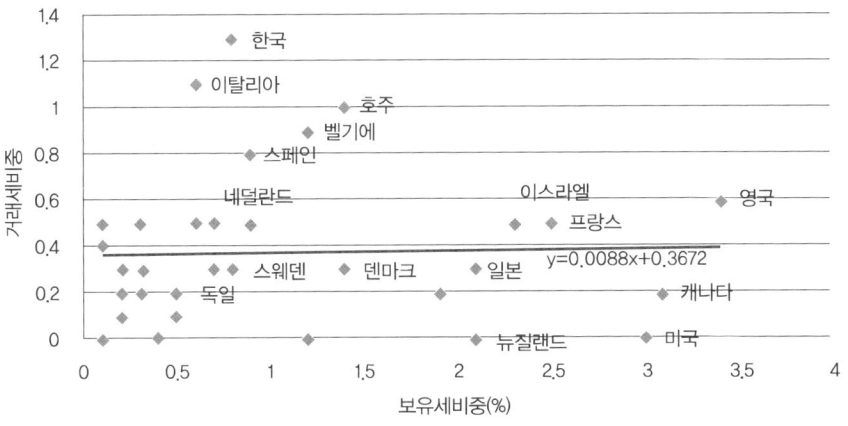

세수비중을 통해 거래세 수준을 살펴보면 우리나라의 GDP대비 부동산거래세 비중은 1.3%로 세계 최고 수준이다11(〈그림 9-10〉 참조). 우리나라는 부동산 거래세율이 국제적으로 최고수준이 아님에도 불구하고 세수비중이 높은 것은 전통적으로 부동산 보유성향이 강하고 거래가액이 높기 때문에 나타나는 현상으로 볼 수 있다.

Ⅳ. 세입관리와 세수추계

우리는 지금까지 조세의 기초이론, 우리나라의 부담구조, 그리고 개별 세수기반별 세제의 개략적 구조에 대해 학습해 보았다. 이러한 지식은 바로 세입관리의 기초가 되며 세입관리의 핵심은 세수추계작업이라 할 수 있다. 국가재정법과 지방재정법에 따라 중앙정부와 지방자치단체가 국가재정운용계획 및 중기지방재정계획을 수립하고 다음 연도 예산안편성작업을 하는 기초과정으로 그리고 국회와

세율을 뚜렷한 보전대책 마련없이 지자체와 충분한 사전검토 및 논의과정을 거치지 않은 채 인하하겠다는 데 대한 자치단체의 반발도 거세었다. 결국 취득세 인하는 효과논쟁과 정책추진 절차상의 문제점 및 지자체 반발 등에도 불구하고 연말 국회를 통과했고 세수보전을 위해 지방소비세율을 현재 5%에서 11%로 확대했다(하능식, 2013).

11 금융거래 부분인 증권거래세를 제외한 값임(증권거래세 포함시 동 비중은 1.8%임).

조세이론과 세입관리

지방의회에서 이를 심의하는 과정에 있어서 세입전망은 필수적이다. 세입전망의 그 배경에는 경제전망이 자리한다고 할 때 정확한 세입전망의 어려움은 쉽게 짐작할 수 있다.12 여기에 행정부가 전망하는 세수추계의 경우는 정권의 차원에서 다소 희망 내지는 정책의지가 반영된 경제전망에 기초하게 되는 경우가 일반적이다.

세입을 추계하는 방법으로는 다음과 같은 방식을 생각해 볼 수 있다(McKinney, 2004). 첫째, 전문가를 활용해 그들의 감(best guess or rule of thumb)에 의존하는 방법이다. 전문가의 경험, 지혜, 과거의 성공사례 등이 다른 어떠한 공식이나 명시적인 거시계량경제모형보다 정확할 수 있다는 이야기다. 물론 이들 전문가들도 나름의 회귀방정식이나 공식을 활용하지만 이를 공개적으로 밝히지는 않는다. 둘째, 시계열분석방법(time-series component approach)이다. 이 모형은 전적으로 과거의 궤적을 활용해 미래를 전망하는 기법이다. 안정적인 경제모델에서는 이와 같이 과거의 실적에 기초해 미래를 추정하는 방식의 정확성이 높을 가능성이 있다. 셋째, 회귀분석방법(regression approach)의 활용이다. 세수실적을 잘 설명할 수 있는 설명변수를 찾아 인과모형(cause-effect model)을 설계하고 이에 따라 세수실적의 원인이 되는 설명변수 파라미터의 변화에 따라 세수전망을 하게 된다. 넷째, 거시계량경제모형(macro econometric modelling approach)의 활용방법이다. 일반경제모형(CGEM: computable general equilibrium model)에 입각해 다양한 거시경제변수를 투입한 다수의 연립방정식 모형을 구축해 이에 입각해 세수전망을 하는 방식이다. 다섯째, 모의실험방식(simulation method)도 세법개정의 효과를 추정하는 데 활용된다. 소득원자료나 재정패널모형 등을 활용해 공제제도나 세율변화에 따른 세수효과를 전망하는 데 일반적으로 활용된다.

물론 진도비분석과 같이 전년도 대비 징수실적을 감안해 올해의 세수전망을 시도하는 단기적인 방법도 일선에서는 일반적으로 활용되고 있다. 현재 정부와 국회예산정책처 등에서는 일반적으로 회귀분석방법과 거시계량경제모형을 혼합해 활용하고 있다. 다음은 세목별로 세수추정의 개요를 알아보도록 한다(국회예산정책처, 2011).

소득세의 경우 단일 세목으로 추계하는 것이 아니라 종합소득, 근로소득, 이

---

12 경제전망과 관련해 우스개처럼 이야기하는 말이 있다. 첫째, 가능한 한 전망을 하지 마라, 둘째, 반드시 해야 한다면 가능한 한 장기전망을 하라. 셋째, 반드시 단기전망을 해야 한다면 자주 전망치를 수정하라. 이러한 이야기는 얼마나 경제가 복잡하고 다양한 변수에 의해 결정되는가 하는 점을 웅변하고 있다.

자소득, 배당소득, 연금소득, 기타소득 등으로 세원의 특성별로 세분하여 추계하는 방식을 통해 정확도를 높일 수 있다. 경상GDP 이외에도 명목임금, 취업자수, 주택매매, 개인예금, 금리, 환율 등을 설명변수로 추가하여 회귀방정식에 활용한다.

　법인세의 경우도 단일세목으로 추정하기보다는 세분화해 기업이윤을 세원으로 하는 신고분과 법인의 금융소득을 세원으로 하는 원천분으로 구분해 추계하는 것이 정확도 차원에서 바람직하다. 신고분의 경우 설명변수로 경상GDP, 환율, 회사채금리 등을 사용하고 시계열문제의 해결과 예측력제고를 위해 단순회귀방정식 모형(OLS: Ordinary Least Square)에서 탈피, 단위근과 공적분 검정을 통해 오차수정모형(ECM: Error Correction Model)으로 추정한다. 원천분의 경우 법인의 예금과 채권잔액을 경상GDP와 회사채금리로 따로 추정하고 이를 토대로 전망한 뒤, 금리변화율을 적용하기도 한다.

　부가가치세의 경우도 설명변수와 추정모형의 다양화가 시도되고 있다. 경상GDP와 민간소비의 선택문제, 총수입과 총수출, 설비투자의 함수 설정, 단일식을 벗어나 국내분과 수입분 등 세분화된 방정식으로 추정하는 방법, 수준변수가 아니라 차분변수(difference variable)를 활용한 방법 등이 고려된다. 개별소비세의 경우 유류분과 기타분을 구분하여 추정하고 과세대상 유종별 소비량을 설명변수로 활용한다. 주세는 대표적 설명변수를 선정하는 과정에서 맥주세율을 맥주출고량으로 대체해 사용하기도 한다.

　재산과세의 일환인 상속증여세수는 상속세와 증여세를 분리해 추계하고 토지의 공시지가 및 전년도 증여세수를 설명변수로 사용하여 경상GDP와 함께 사용한다. 종합부동산세수는 서울지역 아파트 및 수도권지역토지의 공시가격변동률 추이를 활용한다. 지방자치단체의 주력 세목인 취득세, 등록면허세, 재산세 등도 경상GDP 변수의 설명력이 가장 높은 것으로 나타난다. 다만 시차변수의 활용 등 모형을 보다 정치화하려는 노력이 요구된다(성명재·박노욱, 2003).

V. 조세지출예산

정부는 국가재정법 제34조 및 동법 제27조[13]에 따라 2011년도 예산안 이후 조세지출예산서를 작성해 국회에 제출하고 있다. 조세지출예산제도[14]는 조세정책 및 재정운용의 투명성과 효율성을 증진하기 위하여 각종 비과세·감면 등 조세특례를 통한 재정지원 현황을 예산의 기능별 분류에 따라 작성하여 공개하고 이를 세출예산과 연계함으로써 국가재원배분은 물론 재정지원 수단의 효과성을 비교·평가하는 등 예산심사 등에 직접 활용하기 위한 제도이며 음(−)의 보조금명세라고 할 수 있다.

연도별 국세감면액은 2012년 33조 3,809억원 수준이나 2014년에는 33조 1,694억원으로 줄어들 전망이다. 연도별 국세감면율은 2012년 14.1%, 2013년 13.8%이며, 2014년에는 13.2%로 지속적으로 하락할 전망이다.

조세지출의 수혜자를 크게 개인과 기업으로 나누어 보면, 2014년도 조세지출 총액 33조 1,694억원 중 구분곤란을 제외하고 개인에 21조 5,077억원(64.8%), 기업에 10조 8,557억원(32.7%) 지출될 것으로 전망된다. 분야별로는 산업·중소기업 및 에너지, 농림수산, 사회복지, 보건 등 4개 분야의 감면액이 전체의 85%를 차지한다. 산업(34%), 사회복지(24.2%), 농림수산(16.3%), 보건(10.9)의 순이다.

현재 조세지출제도는 다음과 같은 특징을 지닌다. 첫째, 2013년도까지 조세특례제한법상의 비과세·감면(전체의 54.6% 비중)만을 조세지출로 보고 분석한 반면, 전체 조세지출의 약 45%를 차지하는 개별세법상의 조세지출(기존 '비망'항목)을 포함한 국세감면 전체를 대상으로 확대하고 있다. 둘째, 조세지출 관리 강화를 위하여 그동안 추정곤란 등의 사유로 조세지출예산서 작성 대상에서 제외되었던 농수산물 의제매입세액공제(2013년 2조 3,818억원), 연금저축 소득공제(8,891억원), 국민연금

---

13 제27조(조세지출예산서의 작성) ① 기획재정부장관은 조세감면·비과세·소득공제·세액공제·우대세율적용 또는 과세이연(課稅移延) 등 조세특례에 따른 재정지원(이하 "조세지출"이라 한다)의 직전 회계연도 실적과 당해 회계연도 및 다음 회계연도의 추정금액을 기능별·세목별로 분석한 보고서(이하 "조세지출예산서"라 한다)를 작성하여야 한다.
14 현행 「국가재정법」은 조세지출을 "조세감면·비과세·소득공제·세액공제·우대세율적용 또는 과세이연 등 조세특례에 따른 재정지원"이라고 규정하고 있고, OECD(1996)는 조세지출의 개념을 "조세체계상 일반적인 원칙인 기준조세체계(benchmark tax system)를 벗어난 것"으로 규정하고 있다.

표 9-5 연도별 국세감면 추이(2012~2014년)   (단위: 억원, %)

구분	2012년 (실적)	비중	2013년 (잠정)	비중	2014년 (전망)	비중
국세감면액 (A)	333,809 (301,141)	100.0	336,272 (299,865)	100.0	331,694 (298,212)	100.0
조특법상 조세지출	189,395	56.7	181,534	54.0	181,241	54.6
개별세법상 조세지출	140,073	42.0	152,418	45.3	149,427	45.0
경과조치에 따른 조세지출	4,341	1.3	2,320	0.7	1,026	0.3
국세수입총액 (B)	2,030,149		2,103,981		2,184,991	
국세감면율[A/(A+B)]	14.1 (12.9)		13.8 (12.5)		13.2 (12.0)	
국세감면율 법정한도	14.8 (13.6)		14.8 (13.6)		14.7 (13.4)	

주: 괄호 안 숫자는 농·수산물 의제매입세액공제 등 국세감면규모 변동 효과를 제거한 국세감
    면액 및 국세감면율이고 국세감면율 법정한도＝직전 3년 평균 국세감면율＋0.5%p
자료: 국회예결위, 2014년도 예산총괄검토보고서, 2013.

보험료 소득공제(1조 3,473억원) 등 연간 약 4.3조원에 이르는 규모의 항목이 추가되
었다. 셋째, 소득공제에 따른 국세감면액 산출의 정확성을 높이기 위하여 단일 실
효세율이 아닌 소득구간 계층별 실효세율을 적용하는 등 소득공제액 산출방법을
개선함에 따라 이중집계되었던 부분을 제거하였다. 그럼에도 불구하고, 조세지출
과 예산사업 간의 중복적 지원과 관련하여 근본적인 개선이 필요하다.

    정부는 조세지출－예산사업 간 중복지원 조정·연계를 위하여 ① 정부보조금·
융자금은 세액공제 대상에서 제외하는 방안, ② 조세지출－예산사업이 상호보완
적 정책조합을 이루는 경우 현행체계 유지 및 통합성과평가방안, ③ 보육·국가장
학금 등 고소득층까지 예산지원 확대사업은 세제혜택을 저소득층 위주로 재설계
(소득→세액공제)하겠다는 계획을 밝히고 있다. 세제실과 예산실 간의 역할 구분으로
인하여 그 효과를 연계하기는 쉽지 않을 것으로 보지만, 중장기적 관점에서 특정
정책목적 달성을 위하여 재정사업 또는 재정지출 혹은 양자 결합 중 어떤 정책수
단이 효율적이고 효과적인지 결정하기 위해서는 반드시 이를 연계하여 통합관리
할 필요가 있고, 또한 특정 분야에 대한 투자규모 산정시 통합적 관점에서의 적
정규모 산정 및 양자 간의 중복 조정 등도 가능할 것이다.

    이와 같이 조세지출예산제도는 조세지출의 방만함을 예방하고 효과적으로 조
세지출을 추진할 수 있다. 하지만 조세지출의 효과 및 크기를 측정하기 어렵고

조세지출의 범주를 규정하기 어려우며 경제적인 효과를 측정하기 어려운 단점이 있다. 향후 세입관리의 방향이 조세감면의 총량한도를 설정하고, 그 한도 내에서 우선순위로 정비대상을 선정하는 실천적인 방안을 강구할 뿐만 아니라 비과세·감면 정비, 지하경제 양성화, 금융소득 과세 강화 등 공정·공평과세 실현을 통한 세수확대를 지속해 나가야 한다는 점에서 지속적인 개혁노력이 경주되어야 할 영역이다.

조세개혁

 I. 서론

●●● 1980년대 이후 OECD 국가들에 있어서 근본적인 조세개혁이 실시됨에 따라 21세기 조세체계는 1980년대 이후와는 매우 다른 모습을 보이고 있다. 복잡한 현행 조세체계는 납세자나 과세당국 모두에게 이해하기 어려워 정부에게는 징수비용을 증가시키며 납세자에게는 납세협력비용을 가중시킬 뿐만 아니라, 보다 정교해진 조세회피수단 개발에 대한 유인을 확대시키고 있다. 나아가서 한층 더 정교화하는 조세회피를 막기 위하여 더욱 세분화된 법규가 필요하게 되고 이로 인해 조세체계는 더욱 복잡해지는 것이 사실이다. 최근 영국의 전체적인 조세행정 및 납세협력비용은 GDP의 1.5%로 추정되며 이 중 2/3는 납세협력비용으로 보고되고 있다.[1] 이는 농림수산업의 비중과 비슷한 규모로 조세산업(tax industry)의 효율화가 국가경쟁력 제고에 매우 중요하다는 점을 시사한다.

조세체계의 복잡성을 측정하기는 매우 어려우나 세법의 분량으로 간접측정이 가능하다. 1954년 이래로 지난 40년간 미국의 내국세입법은 두 배로 늘어났고, 캐나다는 1971년과 1994년 사이에 세 배, 유사기간 동안 네덜란드도 두 배로 증가하였다. 단지 프랑스만이 30년 전과 비교하여 거의 같은 수준을 유지하고 있는

---

1 Sandford, Cedric, *Tax Compliance Costs: Measurement and Policy*, London: Fiscal Publications, 1995.

것으로 파악된다.[2]

　　최근 OECD 국가들은 조세개혁을 통하여 조세체계의 단순화를 위한 체계적인 방식으로 복잡성을 줄이려는 시도를 하고 있다. 호주는 1993년에 납세협력비용을 줄이기 위하여 3년에 걸친 세법개정(tax law improvement program) 작업에 착수하여 법규를 보다 명료하게 전면 개정하여 조세법규의 분량을 기존의 50%로 축소하였다. 뉴질랜드와 영국에서도 소득세제를 개편하려는 유사한 개혁이 시작되었고 아일랜드에서는 1967년 이후 최초로 세법통합을 위한 개혁이 진행되고 있다. 미국에서의 단일세율체계(flat tax) 도입논의도 이러한 조류의 일환으로 파악할 수 있다. 그러나 단순해진 세법이 가져올 편익이 개혁의 집행비용과 기존 법에 익숙함의 손실(적응비용)을 능가하는지 판단하기는 매우 어려운 것이 사실이다.

　　우리나라도 국세에 이어 지방세 분야에서도 세법 쉽게 새로 쓰기 정책이 본격 추진되고 있다. 본장에서는 향후 조세개혁의 방향을 조망하기 위하여 1980년대 이후의 OECD 국가들에 있어서 조세체계의 변천을 특징별로 정리하고 이러한 특징들이 초래한 문제점과 앞으로 해결되어야 하는 정책과제를 정리하고자 한다.

 # II. 1980년대 후반 이후 조세체계 변화의 특징

1. 조세부담의 지속적인 증가에서 안정화로

　　OECD 국가들의 장기적인 조세부담의 가중을 해소하려는 노력에도 불구하고 1965년 25.4%, 1980년대 GDP의 30~33%로부터 1990년대에는 33~35%로 늘어났고 2000년 35.2%를 꼭짓점으로 해 2010년에는 다시 33.8%로 조세부담률은 지속적으로 증가하다가 금융위기 등으로 인해 다시 줄어들고 있다. 조세부담의 증가가 보편적 현상이라 하더라도 국가 간에는 상당한 차이가 있는바, 벨기에, 체코, 덴마크, 핀란드, 네덜란드, 스웨덴의 조세부담률은 GDP의 45%를 초과하나 호주, 일본, 멕시코, 터키, 미국은 GDP의 30% 미만으로 상대적으로 작은 정부의

2 Tax Law Review Committee, *Interim Report on Tax Legislation*, London: Institute for Fiscal Studies, 1996.

표 10-1 개인소득세 최고한계세율의 변화추이

	1986	1990	2012
호주	57	47	47.5
오스트리아	62	50	50
벨기에	72	55	53.7
캐나다	34	29	48
덴마크	45	40	60.2
핀란드	51	43	49
프랑스	65	57	50.7
독일	56	53	47.5
그리스	63	50	49
아이슬란드	38.5	33	46.2
아일랜드	58	53	48
이탈리아	62	50	48.6
일본	70	50	50
룩셈부르크	57	56	41.3
네덜란드	72	60	52
뉴질랜드	57	33	33
노르웨이	40	20	40
포르투갈	61	40	49
스페인	66	56	52
스웨덴	50	20	56.6
스위스	13	13	41.7
터키	50	50	35.7
영국	60	40	50
미국	50	28	41.9

주: 캐나다, 핀란드, 아이슬란드, 노르웨이, 스웨덴, 스위스, 미국에서는 주·지방정부 수준에서도
   개인소득세를 부과하고 있으며 1986년과 1990년 자료는 중앙정부만 보고. 우리나라는 2012년
   현재 41.8%.
자료: OECD Tax Database.

형태를 취하고 있다.[3] 최근 Tanzi(1996)는 이들 작은 정부형태의 국가들의 경쟁력
이 큰 정부형태의 국가군보다 더 높다는 점을 보여주면서 생산성과 정부의 크기
간에 역비례의 관계가 있음을 강조하였다.

---

3 조세부담률이 높은 경우 초과부담이 더욱 높아질 수밖에 없다. 세금이 두 배 증가하면 초과부담은
  4배 증가하는 것이다. 덴마크, 핀란드, 스웨덴 등 북구의 조세부담률이 상대적으로 높은 것은 인구
  수가 그리 많지 않다는 점이 고려되어야 한다. 천만명이 채 되지 않는 인구규모하에서는 고부담고
  복지형태의 조세체계를 운영해도 초과부담이 상대적으로 덜 문제가 될 수 있다. 반면 5천만명의
  인구를 보유한 우리나라가 이들 북구모형을 벤치마킹하는 데는 초과부담의 문제를 고려하지 않을
  수 없다. 오히려 독일 등의 보수조합주의 복지레짐을 벤치마킹해 중부담 중복지형태의 조세체계 –
  지출체계를 지향해야 한다는 목소리가 설득력을 얻고 있다.

2. 소득세 최고세율의 인하

개인소득세 최고한계세율의 급격한 상승은 저축과 노동 의욕을 저하시키고 경제적 왜곡의 원인이 될 뿐만 아니라 나아가서 조세회피수단(tax loophole)을 활용할 동기를 제공하여 실제로는 한계세율이 낮아지는 효과를 유발하게 된다. 따라서 결과적으로 더 높은 세율이 더 많은 조세수입으로 이어지는 것은 아니다. <표 10-1>에서 볼 수 있듯이 터키를 제외한 20개국은 최고한계세율을 최근 10년간 평균 10% 포인트 정도 인하하였다. 이러한 인하는 주로 1980년대 후반에 일어났고 1990년대와 2000년대에는 안정적인 추이를 시현하고 있다. 실제로 1994년 OECD 평균은 49.3%였으며 2010년에는 41.5%로 법정최고세율이 낮아지고 있음을 알 수 있다.

3. 소득세 과세표준의 확대

각국들은 과세표준의 확대를 통해 최고한계세율의 인하로 인한 세수입의 부족을 보전하였다. 호주, 핀란드, 뉴질랜드, 영국 등에서는 부대혜택(fringe benefits)에 대한 소득세 부과를 확대했으며 핀란드, 아일랜드, 영국 등에서는 주택대부이자상환(mortgage interest payments)에 대한 감면을 축소했고 미국도 1986년 조세개혁에서 감면의 범위를 축소하였다. 이러한 조세감면은 소비, 저축 및 투자에 대한 의사결정을 왜곡시킬 수 있으며 조세체계의 복잡성을 증대시키는 등, 정부의 직접지출 혹은 규제조치에 비하여 투명성이 부족하기 때문에 이해집단의 기득권 고수노력으로 한시성이 무시되는 경향이 있다.

이러한 문제를 해결하기 위해 호주, 벨기에, 핀란드, 프랑스, 네덜란드, 아일랜드, 이탈리아, 포르투갈 등은 1980년대를 통해 조세지출예산제도(tax expenditure accounts)를 도입했고 조세지출로 일실한 조세수입의 규모를 추정하는 보고서가 14개 OECD 국가에서 작성되었다. 최고세율의 인하와 함께 감면축소 등 과세표준이 확대됨에 따라 개인소득세 수입이 현저하게 감소하지는 않았으며 OECD 국가들의 개인소득세 수입은 1980년의 GDP의 11.3%와 비교하여 2010년에는 평균 9% 수준으로 줄어들고 있는 것으로 나타났다.

4. 세율구간의 축소(A Flatter Income Tax)

OECD 국가들은 소득세 최고세율을 인하하였을 뿐만 아니라 세율구간(brackets)의 수도 축소하는 방향으로 소득세율체계를 재조정하였다. 보다 작은 수의 한계세율이 반드시 누진도가 완화된 소득세제를 의미하지는 않으나 조세체계가 단순해지는 효과는 분명하다. 1980년대 후반에 세율구간의 수가 10개 이상에서 최근에 5개 미만으로 줄었다. 1990년대에는 프랑스, 그리스, 아일랜드, 룩셈부르크 등의 국가가 그들의 세율구조를 단순화하였으나 아이슬란드, 영국, 미국은 오히려 이전보다 복잡해지는 모습을 나타내고 있다.

표 10-2 개인소득세 과세구간의 수 변화추이

	1986	1990	2012
호주	5	4	5
오스트리아	10	5	4
벨기에	12	7	5
캐나다	10	3	4
덴마크	3	3	2
핀란드	11	6	5
프랑스	12	12	6
그리스	18	9	8
아이슬란드	3	1	3
아일랜드	3	3	2
이탈리아	9	7	5
일본	15	5	6
룩셈부르크	21	24	18
네덜란드	9	3	4
뉴질랜드	6	2	4
노르웨이	8	2	3
스페인	34	16	7
스웨덴	10	1	3
스위스	6	6	10
터키	6	6	4
영국	6	2	3
미국	14	2	6

자료: OECD Tax Database.

5. 조세구조의 변화

개인소득세에서 부가가치세와 같은 일반소비세 전환으로 대표되는 조세구조의 변화가 1980년대와 1990년대 초반을 통해 많은 나라들에서 논의되었다. 소비세로의 전환은 저축에 있어 세전·세후수익률의 차이를 줄임으로써 저축에 대한 유인을 증가시키고 조세회피를 곤란하게 하며 순소득이 증가됨으로써 근로동기를 개선할 것이라고 주장되어 왔다. 그러나 실제는 그렇지 않을 수도 있다. 납세자들이, 주어진 임금하에서 높은 소비세율이 소비여력을 줄인다는 것을 알게 되면 그들의 근로동기에 대한 효과는 소득세부과와 동일할 것이다. 게다가 일반소비세(general consumption tax)는 보통 저소득자들에게 보다 무거운 조세부담을 지운다는 점에서 개인소득세보다 역진적이며 호주, 캐나다, 일본에서는 소비세도입에 대한 납세자의 저항이 상당했다. 또한 어떤 재화가 비과세되거나 저율과세될 경우 비효율이 발생하며 결과적으로 소비자의 선택을 왜곡시킨다. <표 10-3>을 통해 일반소비세로의 이전이 개인소득세와 법인세의 감소보다는 주로 재화와 용역에 대한 개별소비세의 대체로 이루어졌음을 확인할 수 있다.

표 10-3 OECD 국가들의 조세체계변화(총세입에서 차지하는 비중)

세목	1965	1970	1975	1980	1985	1990	2010
개인소득세	26	28	31	32	30	30	24
법인소득세	9	9	8	7	8	8	9
사회보장기여금	19	21	25	25	25	25	26
재산세	8	7	6	5	5	5	5
일반소비세	12	13	13	14	16	17	20
개별소비세	24	22	17	17	16	15	11
기타	2	2	2	2	2	3	3

자료: OECD, *Revenue Statistics*, 각 연도

6. 부가가치세의 확산

부가가치세의 확산이 매우 두드러져 현재 OECD 국가 중 부가가치세를 도입하지 않고 있는 나라는 미국과 호주뿐이다. 일반소비세수입의 증가는 주로 도·소매매상세의 부가가치세로의 대체로 이루어졌다. 그리스, 스페인, 포르투갈은 EU에 가입한 1980년대에 부가가치세를 도입했고(가입조건) 캐나다, 아이슬랜드, 일본, 뉴질랜

표 10-4 OECD 국가들의 부가가치세제

	부가가치세 도입연도	도입초기 표준세율	2012 현재 표준세율
오스트리아	1973	16	20
벨기에	1971	18	21
캐나다	1991	7	5
덴마크	1967	10	25
핀란드	1969	11.1	23
프랑스	1964	20	19.6
독일	1968	10	19
그리스	1987	16	23
아이슬란드	1989	22	25.5
아일랜드	1972	16.4	23
이탈리아	1973	12	21
일본	1989	3	5
룩셈부르크	1970	8	15
멕시코	1960	10	16
네덜란드	1969	12	19
뉴질랜드	1986	10	15
노르웨이	1970	20	25
포르투갈	1986	16	23
스페인	1986	12	18
스웨덴	1969	11.1	25
스위스	1995	6.5	8
터키	1985	10	18
영국	1973	10	20
OECD 평균	–	–	18.7

자료: OECD, *Consumption Tax Trends*, 각 연도.

드, 스위스 등도 최근에 도입하였다. 일반소비세의 비중증대는 일단 부가가치세가 도입되기만 하면 세율이 인상되는 경향 때문으로 분석된다. 최초 도입시에는 표준세율의 평균이 12.5%였으나 현재는 평균 18% 수준에 이른다(〈표 10-4〉 참조).

7. 부가가치세 과세표준의 확대

모든 국가들이 금융, 부동산임대, 의료, 교육, 자선, 도박 등의 많은 서비스를 과세대상에서 제외시키고 있고 서적, 신문, 교통, 식료품과 같은 재화와 용역에는 보다 낮은 세율 또는 영세율을 적용하고 있다. 그러나 최근 일부 국가들에서는 부가가치세의 과세표준을 더욱 확대하기 위하여 감면대상을 축소하고 있으며 이는 소비자지출행태의 왜곡을 줄이고 경제의 효율성을 증가시키는 순기능을 하고 있다. 뉴질랜드와 일본은 표준세율에 비해 비교적 큰 규모의 부가가치세 수입을

표 10-5 부가가치세수, 표준세율 및 과세표준 추정, 2009

	표준세율	부가가치세수 비중 (% of GDP)
오스트리아	20	8.1
벨기에	21	7.0
캐나다	5	4.3
덴마크	25	10.1
핀란드	23	8.6
프랑스	19.6	7.1
독일	19	7.5
그리스	23	6.7
아이슬란드	25.5	8
아일랜드	23	6.4
이탈리아	21	5.7
일본	5	4.4
룩셈부르크	15	6.4
멕시코	16	3.4
네덜란드	19	7
뉴질랜드	15	8.7
노르웨이	25	8
포르투갈	23	7.1
스페인	18	4
스웨덴	25	9.8
스위스	8	3.7
터키	18	4.9
영국	20	5.7

자료: OECD, Consumption Tax Trends, 2012.
_____, Revenue Statistics, 2012.

올리고 있는 반면 벨기에, 아일랜드, 이탈리아, 스페인, 스웨덴은 비교적 세수규모가 작은 것으로 나타나는바, 이는 부가가치세 과세대상의 범위에 기인한 차이로 분석된다.

8. 사회보장기여금의 증가

사회보장기여금도 증가추세에 있다. 1994년에는 개인소득세수입 정도로 규모가 증대되었으며 OECD 국가 중 16개국에서는 소득세수입보다 사회보장기여금의 비중이 더 크게 나타난다. 이러한 변화는 높은 수준의 실업에 따른 사회보장지출의 압력, 노령인구의 증가, 부양자녀 없는 노부부의 증대와 같은 사회적 변화를 반영하는 것으로 핀란드, 프랑스, 그리스, 노르웨이, 포르투갈 등에서는 지출증대가 크게 나타나 이를 보전하기 위한 기여금 갹출의 증대가 이루어지고 있다.

9. 개인소득세의 추세를 따르는 법인소득세

법인세의 경향도 개인소득세를 따라 과세표준은 확대되고 세율은 축소되고 있다. 특정지역이나 특정부문을 위한 유인제도, 투자세액공제제도 그리고 재산관련 조세감면 등을 포함한 다양한 유인제도들이 호주, 오스트리아, 핀란드, 아이슬란드, 포르투갈, 스페인, 미국 등의 국가에서 제한되거나 폐지되었다. 그리고 조세목적을 위한 감가상각도 경제적인 감가상각(기업회계 기준)에 좀 더 가까이 접근되었다. <표 10−6>은 1980년대 중반 이후 중앙정부 법인세 기본세율이 평균적으로 10% 포인트 낮아졌음을 나타내고 있다. 2000년 OECD 평균 법정 법인세율은 32.6%였으나 2011년에는 25.4%로 낮아지고 있다.

표 10-6 중앙정부 법인세의 표준세율, 1986-2013

	1986	1995	2013
호주	49	33	30
오스트리아	30	34	25
벨기에	45	39	33,99
캐나다	36	29	15
덴마크	50	34	25
핀란드	33	25	24.5
프랑스	45	33	34.4
독일	56	45/30	15,825
그리스	49	35/40	26
아이슬란드	51	33	20
아일랜드	50	40	12.5
이탈리아	36	36	27.5
일본	43	38	28,05
룩셈부르크	40	33	22,47
네덜란드	42	35	25
뉴질랜드	45	33	28
노르웨이	28	19	28
포르투갈	42/47	36	25
스페인	35	35	30
스웨덴	52	28	22
스위스	4−10	4−10	8.5
터키	46	25	20
영국	35	33	23
미국	46	35	35

주: 오스트리아, 캐나다, 핀란드, 독일, 이탈리아, 일본, 노르웨이, 포르투갈, 스위스, 미국은 주·지방정부 수준에서도 법인세를 부과하고 있음.
자료: OECD Tax Database.

Ⅲ. 쟁점과 정책과제

1. 소득분배

조세격차(tax wedge) 개념을 활용하면 1980년대와 1990년대, 그리고 2000년대 조세개혁의 효과에 대한 우려를 잘 나타낸다.[4] 1978년도와 1992년을 비교하여 보면 캐나다, 덴마크, 네덜란드, 프랑스에서 저소득계층에 대한 조세부담이 급격하게 상승하였고 노르웨이, 스웨덴에서는 모든 그룹에 대하여 조세부담이 하락했으나 저소득계층의 하락폭이 고소득계층의 하락폭보다 적었으며 미국, 독일에서는 저소득계층에 대한 조세부담은 증가했으나 고소득층에 대하여는 오히려 하락했다. 이러한 변화의 결과는 많은 OECD 국가들 사이에서 소득분배의 격차가 확대되고 있음을 보여주는 것이며 조세구조의 누진도가 약해졌음을 의미한다.

호주와 미국에서는 가장 가난한 60%의 인구가 전체 조세의 약 1/4을 부담하며 캐나다, 영국에서는 28.5%를 지불하고 있는 반면 아일랜드, 노르웨이, 네덜란드, 스웨덴은 약 36%로 가장 큰 수치를 나타낸다. 이러한 수치들은 조세부과 전 소득분포에 기인한다. 북미와 영국에 있어 조세부과 전의 소득분포는 북유럽이 상대적으로 균등한 분배보다 더 격차가 커서 두 국가 그룹 간의 조세체계가 유사하게 누진적이라 하더라도 저소득층에 의하여 부담되는 조세비중이 상대적으로 적을 수밖에 없다.

평균유효세율은 법정최고세율과는 크게 차이가 난다. 소득세, 고용주와 함께 부담하는 국민연금(사회보장기여금)을 포함한 총조세격차로 측정한 단일소득자와 두 자녀를 부양하는 세대주 간의 세전과 세후 부담차이는 2010년 상당히 개선되는 모습이다. 2000년 대비 2010년에는 평균적으로 2.7%의 차이가 난다. 최근에는 미국의 근로소득장려세제(earned income tax credit)와 유사한 제도를 대부분 OECD 국가들이 도입하고 있으며 저숙련노동자의 노동 인센티브를 높이는 소위 making

---

4 조세격차는 실질세부담으로도 번역되며 세전과 세후의 차이를 나타낸다. 위키피디아에 따르면 조세격차는 다음과 같이 정의된다: "The tax wedge is the deviation from equilibrium price/quantity as a result of a taxation, which results in consumers paying more, and suppliers receiving less."

work pay(MWP) 제도가 확산되고 있다.

2. 환경문제

오존층의 파괴, 지구 온난화, 자동차 매연 및 먼지, 산성비 등의 과학적 증거가 규명되면서 1980년대 후반 환경문제가 중요한 관심거리로 등장하였다. 환경세는 행정규제 이상의 많은 장점을 가지고 있으며 가장 효과적인 방법으로 공해를 줄이게 하는 시장유인제도이다. 또한 환경세 부담을 줄이기 위하여 공해를 줄일 수 있는 신기술을 개발하거나 혁신하는 데 계속적인 유인을 제공하며 규제와 달리 환경세 부과는 재정적자를 줄일 수 있는 조세수입을 발생시켜 다른 부문의 조세부담을 줄일 수 있는 장점이 있다. 그러나 위와 같은 장점에도 불구하고 성공적인 환경세 개혁사례는 아직까지 찾아볼 수 없으며 OECD 각국 정부들은 오염물질에 직접적인 환경세를 부과하기보다 규제정책에 의존하고 있는 실정이다. 덴마크, 네덜란드, 노르웨이의 환경세수입은 전체 조세수입의 1% 미만에 불과함을 알 수 있다. 환경관련 조세부담은 1996년 이래 GDP의 2~3%에 머무르고 있다. 대부분은 연료에서 징수되며 탄소세 형식이 대부분이다. 19개국에서 무연휘발유에 대한 휘발유세의 역차별, 촉매장치의 부착 혹은 연료효율적인 자동차에 대한 자동차세의 역차별 등 기존세제의 차별화가 활용되고 있으며 오스트리아 등에서는 유연휘발유의 사용금지와 같은 행정규제가 활발히 운용되고 있다. 이들은 환경에 영향을 주지만 과세표준이 환경오염원과 직접적으로 관련되어 있지 않으므로 진정한 환경세는 아니다. 상당한 조세수입 잠재성을 가진 유일한 환경세는 탄소세이나 국내산업 경쟁력의 약화라는 장애물이 존재하고 국제적인 합의가 이루어지지 않고 있어 향후의 과제로 남겨져 있다.

3. 저축문제

가계저축과 관련하여서는 높은 저축률이 투자를 촉진하고 따라서 장기적인 경제성장을 뒷받침한다는 논의가 주조를 이루고 있다. 그러나 OECD[5]에 따르면 "조세 수준이 가계저축 수준에 일반적으로 영향을 미친다는 명확한 증거는 없으

5 OECD, *Taxation and Household Saving*, 1994.

며 조세유인이 가계저축을 부양하기 위해 사용되더라도 국민저축 증대효과는 미미하며 유인책으로 발생하는 정부조세수입의 손실이 공공저축을 감소시켜 가계저축의 증가를 상쇄시킬 수 있다."

저축유형 간의 배분문제도 중요하다. 대부분의 국가에서 저축유형에 따른 세부담이 상이하므로 기대수익률과 위험도와 같은 경제적 요인에 따라 저축수단을 선택하는 것이 아니라 세금우대혜택 여부에 따라 금전적으로 보다 우월한 저축수단을 선택하는 경향이 나타난다. 문제는 경제적 특성이 아니라 조세조치에 따라 저축수단(savings vehicles)이 선택되므로 시장이 왜곡되고 투자배분이 비효율적으로 이루어진다는 점이다.

저축과 관련하여 지출세(expenditure tax)는 현재와 미래의 소비(저축)를 모두 동일한 세율로 부과하여 중립적인 데 반해 포괄적 소득세(comprehensive income tax)는 현재소비보다 미래소비를 중과함으로써 미래소비에 대하여 차별적인 문제가 있다. 연금, 주택, 주식, 은행예금의 4가지 저축수단에 대한 한계실효세율(marginal effective tax rate)을 비교해 보면 캐나다, 프랑스, 영국, 미국 4개국에서는 연금이 가장 관대하고, 다음이 주택, 주식, 은행예금 순이며 독일에서는 연금이 지출세적 조치를 받아 한계실효세율이 0이며 주택에 대해서는 매우 높은 수준의 보조금을 주고 있다.

모든 국가에 있어서 여러 저축수단에 대한 조세부과조치에는 많은 차이가 있으나 최근 일부 국가들은 서로 다른 저축수단에 대한 조세부과조치 사이의 차이를 줄이기 위해 제도개혁을 단행하였다. 덴마크, 핀란드, 노르웨이, 스웨덴 등의 국가들은 자본소득을 단일세율로 비례과세하는 방향으로 조세체계를 전환하였고, 핀란드에서는 25%의 분리단일세율체계(separate flat tax)가 자본소득에 도입되었으며, 저축성 예금에 대한 감면제도는 폐지하였다. 노르웨이에서는 이자, 귀속소득(imputed income from owner-occupation), 배당 등은 28%의 단일세율로 부과되게 되었다.

최근의 개혁에도 불구하고 대부분의 국가들은 여전히 다양한 세율로 여러 저축수단에 조세를 부과하고 있어 향후 일정한도 내의 저축에 대해 비과세 또는 감면저축상품을 도입하거나 자본소득에 대한 단일과세를 통하여 보다 중립적인 체제로 전환할 것으로 보인다.

4. 투자문제

최근의 법인세개혁으로도 기업의 투자에 대한 비유인적 요소(disincentives)와 투자자금의 조달방식 및 투자형태에 대한 왜곡을 제거하지 못하고 있다. 투자에 대한 조세효과를 측정하는 표준적인 방법인 한계실효조세부담(marginal effective tax wedges)을 살펴보면 단연 차입이 가장 조세효율적인 금융형태임을 알 수 있다. 예컨대 독일에 있어서 차입을 통하는 경우 요구되는 수익률은, 명목이자지불의 손금산입으로 주식발행에 의하는 경우의 절반수준으로 줄어든다.

미국은 소위 고전적 법인세체계를 취하고 있어 배당에 대한 이중과세조정이 이루어지지 않아 결과적으로 유보이익(retained earning)과 신주발행에 대한 조세부담(tax wedge)이 동일하지만 다른 나라의 경우에는 배당에 대한 이중과세조정이 이루어지고 있다. 이중과세조정방법 중 프랑스와 영국에서는 귀속법(imputation system)이, 독일에서는 배당과 유보이익이 다른 세율로 부과되는 분리세율체계(split-rate system)가 활용되고 있다.

평균적으로 각국은 기업 투자에 대하여 자본비용에 약 1.5%에 해당하는 부담(disincentive)이 존재하며 조세로 인한 투자에 있어서의 편의(biases)를 개선하기 위하여 많은 연구가 이루어지고 있어 투자가 경제성장에 미치는 영향을 감안하면 이에 대한 개혁이 향후 이루어질 것으로 전망된다.

5. 실업문제

저임금 근로자의 근로유인, 특히 돌볼 자녀가 있는 경우 사회정책과 노동정책은 상충하기 쉽다. 조세와 부조체계(benefit system)는 다음 세 가지 형태로 노동시장 문제의 원인이 될 수 있다. 첫째, 실업수당이 노동소득에 비하여 높은 실업함정문제가 있다. 실업수당의 삭감은 취업유인을 증가시키나 이러한 처방의 사회적 비용은 현실적으로 수용이 곤란하다. 둘째, 빈곤함정으로 저임금 근로자들은 노동시간의 증대, 파트타임 노동, 보다 높은 임금을 받기 위하여 교육과 훈련에 투자할 직접적이고 금전적인 유인이 거의 없다. 셋째, 근로소득세의 부과는 고용비용을 증가시키고 고용을 감소시킨다. 그러나 근로소득세의 경감은 저임금 근로자를 대상으로 한 경우라도 비용이 크다. 저임금 근로자에 대한 근로소득세의 경감은 여타 부문의 조세로 대체되거나 공공지출의 삭감 혹은 고임금소득자에게 조세부담을 재배분하는 현상을 초래할 수밖에 없다.

또한 사회보장기여금도 저임금 근로자에게 상대적으로 부담이 크다. 기여금의 한계설정(ceilings)은 고소득 근로자에 대하여는 한계세율이 0이나 저소득자에게는 양(positive)의 값으로 나타난다. 따라서 고용주는 새로운 근로자를 채용하기보다는 기존의 근로자로 하여금 초과근무하게 할 유인이 있다.

노동에 대한 유인으로 고용조건부 세액공제(employment-conditional tax credits)와 단기간의 근로수당(in-work benefits for short)이 활용된다. 이러한 유인제도는 근로소득이 증가함에 따라 혜택을 배제함으로써 저소득 근로자가 대상이 되고 대개 부양할 어린이가 있는 가족에 한정하여 운영된다. 영국의 가족공제(Family Credit), 미국의 부의 소득세제(Earned Income Tax Credit), 그리고 아일랜드의 가족소득보조(Family Income Supplement) 제도 등이 운영되고 있으며 영국과 미국의 실증분석결과 근로동기를 향상시키는 데 효과가 있는 것으로 평가되고 있다. 따라서 덴마크, 우리나라 등에도 확산되었다.

6. 세계화

지역블럭화(EU, NAFTA)의 진전, 투자에 대한 제한의 철폐, 통신기술의 발달 등이 국가경제통합의 속도를 가속시키고 있다. 세계화는 자본의 지리적인 이동을 증대시키고 기업의 투자동기를 향상시켜 저축과 자본의 국제적 배분이 개선되고 효율화되는 효과를 초래한다. 과세표준의 유동성이 급격하게 증가하고 투자와 금융과 같은 기업의 의사결정이 국가별 조세의 차이에 보다 민감해졌으며 이는 자본에 대한 고율의 조세부과가 불가능하게 된 것을 의미하고, <표 10-3>과 <표 10-6>의 법인세 위상축소도 이의 일환으로 설명할 수 있다.

경제통합은 다른 조세의 과세표준에도 영향을 줄 수 있다. 국경을 넘나드는 거래는 개별소비세와 부가가치세율 차이에 영향을 주어 덴마크와 캐나다는 주세와 담배세를 삭감하지 않을 수 없었다. EU는 이러한 문제를 개선하기 위하여 최소세율의 개별소비세와 부가가치세를 부과하고 있다.

최근 조세정책에 있어서 가장 중요한 변화는 새로운 통신기술의 발달이라 할수 있다. 특히 인터넷은 이전의 기술진보보다 훨씬 더 빠르게 상거래를 개혁시키는 범세계적인 "초고속 정보고속도로(information superhighway)"를 창조하고 있다. 특정지역과 경제적 활동의 연계를 약화시키는 기술변화에 따라 정주성(residency) 과 원천성(source)과 같은 전통적인 조세개념을 적용시키기가 어려워진 것이다. 재정적 정주성(fiscal residency)은 물리적인 위치, 기업의 위치 및 효과적인 통제 지역이라는 기준에 의거하여 결정되나 "초고속 정보고속도로"에 의하여 제공되는 경영과 서비스의 통제는 동 개념으로 결정되기가 어렵게 되었다.

여러 나라에 걸쳐 일어난 활동의 이익과 손실을 배분하는 데 과세당국의 어려움이 발생하게 되었다. 과세당국이 언제 어디서 과세대상이 되는 행위가 발생하는지 식별할 수 있는 새로운 기장, 신고 등의 혁신이 필요하며 이는 납세자의 비밀보호와 과세당국의 수요를 균형있게 해결하여야 하는 중요한 과제로 대두되고 있다.6

---

6 한 나라에 금융 위기가 발생하면 지구 반대편의 멀쩡한 다른 나라가 덩달아 위기를 겪는 일이 종종 있다. 세계가 자본의 자유로운 유출입을 허용하는 하나의 거대한 금융 시스템에 속해 있기 때문이다. 이런 글로벌 금융 위기의 전이를 방지하기 위한 수단으로 자주 언급되는 게 '토빈세(稅)', 즉 금융거래세다.
노벨 경제학상을 받은 미국 예일대학교의 고(故) 제임스 토빈(James Tobin) 교수가 처음 주장한 세금이다. 토빈은 국경을 넘나드는 국제 투기 자본(핫 머니)의 폐해가 크다고 봤다. 경제기반과 관계없이 핫머니가 특정국의 외환·채권·파생상품을 대규모로 사고팔면서 그 나라의 통화 가치가 급등락하고 금융 위기가 발생하는 상황은 막아야 한다는 생각이었다.
토빈은 급격한 환율 변동을 막기 위한 방안으로 외환 거래와 외환 거래가 수반되는 주식·채권·파생상품 등 증권 거래에 세금을 부과하자고 제안했다. 세금은 재화나 용역에 대해서 부과하는 것이 일반적이지만, 금융거래에도 '금융거래세'를 부과하자고 한 것이다. 토빈은 금융거래세를 도입하면 정부가 막대한 재정 수입을 거두는 효과도 있다고 했다. 이보다 앞서 1930년대에 경제학자 케인스는 투기적 주식거래는 비생산적이며 경제의 효율성을 저해하므로 금융거래세 부과를 통해 투기를 억제하자고 주장했다.
그러나 자본의 유출입이 자유로운 현 금융 시스템에서는 한 국가가 토빈세를 부과하기 시작하면 국제 자본은 세금이 없는 국가로 이전할 가능성이 매우 크다. 또 여러 국가가 동시에 토빈세를 도입한다 해도 금융거래가 전반적으로 감소하는 데 따른 부작용이 더 클 수도 있다. 이런 맹점 때문에 토빈세에 대해서는 오랜 기간 찬반양론이 분분했고 국제무대에서 본격적인 논의가 이뤄지지 않았다.
현재 영국과 한국 등이 주식거래에 거래세를 부과하고 있으며, 대만은 파생상품의 거래에도 세금을 부과하고 있다. 하지만 미국은 1960년대 중반까지 주식거래에 거래세를 부과하다가 폐지했고, 스웨덴·일본 등은 1980년대 주식과 채권의 파생상품에 거래세를 부과했다가 폐지했다. 스웨덴은 토빈세가 도입되면서 주식거래의 상당량이 영국으로 옮아갔다. 또 금융거래가 급감하면서 세수 증대 효과도 기대에 크게 못 미쳤다.
2008년 글로벌 금융 위기가 발생하면서 유럽을 중심으로 위기의 진앙인 금융 부문에 대한 규제를 강화해야 한다는 목소리가 커졌고 이에 따라 국제사회에서 토빈세가 재조명되기 시작한 것이다. EU 전체의 도입이 어려워지면서 2012년 10월 독일과 프랑스 등 11개 국가가 우선적으로 토빈세를 도입하기로 합의했지만 회원국 간 이견으로 시행 시기가 계속 늦춰지고 있다. 다만 프랑스와 이탈리아는 최근 일부 주식과 금융거래에 대해 토빈세를 도입했다.
우리나라는 기본적으로 무역 의존도가 매우 높은 동시에 국제 자본의 자유로운 유출입을 허용하는 개방형 경제다. 이는 '양날의 칼'로 작용할 수 있다. 그만큼 수출이 활발하고 금융시장에서 자금 조달이 용이한 반면, 급격한 자본의 유출입 사태가 일어날 가능성도 높다. 특히 글로벌 위기시에 극

Ⅳ. 장기적 조세개혁

1980년대 이후 2010년대 초반까지의 조세정책의 변화는 다음과 같이 다섯 가지로 요약할 수 있다. 첫째, 개인소득세 최고세율의 인하 둘째, 법인세율의 전반적인 인하 셋째, 소득세 과세표준의 확대 넷째, 부가가치세의 국제적 확산 다섯째, 부가가치세율의 인상이 그것이다. 이러한 변화들을 다음과 같은 세 가지 환경변화가 주요 동인이 되었다. 첫째, 세계화로 자본이동이 국제적으로 보다 쉬워지고 세율격차에 대한 부담이 커졌으며 이윤(profits)과 같이 과세표준을 식별하기 어려운 것보다 소비와 수익(earnings)같이 식별이 용이한 조세의 비중이 커지게 되었다. 둘째, 조세징수기술의 발달로 세무공무원이나 대리인비용은 증가하는 데 비해 컴퓨터가 거래자료의 수집을 획기적으로 용이하게 하였다. 셋째, 조세의 자원배분 왜곡(fiscal distortion)효과의 제거에 대한 요청과 보다 중립적인 조세체계로 전환수요가 그것이다.

이러한 추세와 요망은 앞으로도 계속될 것으로 보이며 향후 조세개혁을 통해 변화가 예상되는 주요한 영역으로는 첫째, 다양한 저축의 양태에 대하여 보다 중립적인 조세체계로 전환 둘째, 환경친화적인 세제를 도입하기 위한 추가적인 노력 셋째, 조세개혁에 따른 소득분배의 영향에 대한 배려 넷째, 투자에 대해 보다 중립적인 조세체계로의 전환 다섯째, 실업과 노동시장에 대한 조세의 영향에 대한 배려를 들 수 있다.

우리나라에 있어서도 기본적으로 예상되는 조세개혁의 분야는 이와 유사하나 우리의 낮은 납세협력수준과 같은 조세환경을 감안할 때 부가가치세제의 정착 및 조세지출예산제도의 도입이 특히 강조되어야 할 것으로 보인다. 조세체계의 단순화에 대해서는 아무리 강조해도 지나치지 않을 것이나 과소비와 같은 자원의 낭

심한 환율 변동으로 경제에 심각한 타격을 받을 수 있다. 이에 따라 정부는 단기적 자본 이동을 통제하는 수단에 관심을 큰 것으로 알려졌다. 외국인의 채권 투자에 대한 면세 혜택을 없애면서 사실상 세금 부과 효과를 내는 정책을 시행했고, 은행의 선물환 거래에 한도를 부여하거나 무분별한 외화 차입에 부담금을 물리는 등의 방식으로 간접적인 외환 규제수단을 확보하려 하고 있다. 반면 정부는 토빈세 도입에는 신중한 입장이다. 한국만 도입할 경우 국제 자본이 다른 나라로 이동해 득보다 실이 클 수 있기 때문이다. 결국 토빈세 도입 여부는 국제적 논의 상황과 국내 금융시장의 특수성을 감안해 장기적 논의를 거쳐 결정될 것으로 보인다(조선일보, 2013. 9. 6).

비와 경제성장의 저해, 그리고 소득분배의 불평등에 대한 고려로서 프랭크(Robert Frank)가 주장하는 승자전취사회(winner-take-all society)[7]에 대비한 특별소비세제(progressive consumption tax)의 정비에도 귀를 기울여야 할 것으로 판단된다.

V. 단기적 조세개혁

정부는 「2013년 세법개정안」에서 OECD 회원국 평균에 비해 소득세와 일반소비세의 세수 비중이 낮고, 법인세와 재산세의 비중은 높기 때문에 소득세와 소비과세 비중을 높이고 법인세와 재산과세는 성장친화적으로 조정해야 한다고 발표했다.

그러나 소득세수의 비중이 낮은 것은 소득세 최고세율이 낮을 뿐만 아니라 적용 소득구간이 너무 높아 고소득자의 과세비중이 작고, 개발연대 시기 이후 낮은 임금수준을 지원하기 위해 다양한 소득공제제도가 활용되어 세금을 내지 않는 비과세자 비중이 크기 때문이다. 고소득 자영업자를 중심으로 탈세가 만연되어 있으며, 고소득자와 고액자산가에게 주는 비과세감면 혜택이 크기 때문이며 자영업자의 높은 비중과 낮은 노동소득분배율도 소득세수의 비중을 낮추는 요인으로 거론된다.

법인세의 비중이 높은 이유는 대기업으로의 경제력 집중, 낮은 노동소득분배율, 법인세율과 소득세율의 차이로 인한 법인의 선호 등으로 법인세 과세대상이 크기 때문이지 개별기업의 세부담률이 높기 때문은 아니다. 지방세를 포함한 법인세 법정 최고세율을 보면 2013년 현재 24.2%로 영국(23.0%)과 스웨덴(22.0%)보다는 다소 높지만, 일본(37.0%), 미국(39.1%), 독일(30.2%), 프랑스(34.4%)에 비해서는 크게 낮음을 알 수 있다. 또한 세계은행의 발표에 따르면 2011년 우리나라 기업들의 총조세부담률(영업이익에서 차지하는 법인세와 고용주 사회보장기여금의 비중)은 29.8%로 OECD 회원국 평균(42.5%)은 물론 중국(63.7%), 일본(50.0%), 미국(46.7%), 독일(46.8%), 프랑스(65.7%), 스웨덴(53.0%) 등 주요 국가에 비해서도 크게 낮은 수준이다.

---

7 Frank, Robert H. and Philip J. Cook, *The Winner-Take-All Society*, New York: The Free Press, 1995.

표 10-7　2014년 세목별 국세수입 예산안　　　　　　　　　　　　　　　　(단위: 억원)

구분	'13년 예산(추경)	'14년 예산(안)	'13년 추경예산대비	
			증감	%
총국세	2,103,981	2,184,991	81,010	3.9
[일반회계]	2,028,898	2,112,966	84,068	4.1
내국세	1,737,630	1,816,502	78,872	4.5
소득세	497,802	542,393	44,591	9.0
법인세	459,621	460,181	560	0.1
상속증여세	47,328	46,655	△673	△1.4
부가가치세	566,120	607,814	41,694	7.4
개별소비세	58,507	57,817	△690	△1.2
증권거래세	45,388	39,890	△5,498	△12.1
인지세	6,419	6,983	564	8.8
과년도수입	56,445	54,769	△1,676	△3.0
교통에너지환경세	130,005	134,808	4,803	3.7
관세	102,691	105,538	2,847	2.8
교육세	47,622	44,727	△2,895	△6.1
종합부동산세	10,950	11,391	441	4.0
[특별회계]	75,083	72,025	△3,058	△4.1
주세	30,348	30,067	△281	△0.9
농어촌특별세	44,735	41,958	△2,777	△6.2

표 10-8　조세수입 구조(2010년)　　　　　　　　　　　　　　　　(단위: GDP대비 %)

	소득세		재산세			소비세	사회보장기여금	
	개인 소득세	법인 소득세	전체	부동산 보유세	금융자본 거래세		근로자	고용주
스칸디나비아형	14.92	4.72	1.35	0.79	0.29	13.45	2.36	5.89
앵글로색슨형	9.71	3.36	2.83	2.32	0.38	8.78	1.56	2.16
서유럽형	9.28	2.09	1.90	1.02	0.50	11.23	5.29	7.65
남유럽형	7.16	2.46	1.56	0.55	0.72	11.02	2.97	6.97
한국	3.59	3.48	2.86	0.79	1.80	8.50	2.39	2.49
OECD 평균	8.42	2.90	1.77	1.05	0.42	10.96	3.21	5.30
한국/OECD	42.6	120.0	161.6	75.2	428.6	77.6	74.5	47.1

주: 앵글로색슨형(호주, 캐나다, 아일랜드, 뉴질랜드, 영국, 미국), 스칸디나비아형(덴마크, 핀란드, 노르웨이, 스웨덴), 서유럽형(오스트리아, 벨기에, 프랑스, 독일, 네덜란드), 남유럽형(그리스, 이탈리아, 포르투갈, 스페인).

자료: OECD, *Statistics Database*.

표 10-9 개인소득세 및 법인세 실효세율의 국제비교 (단위: %)

	개인소득세(2012년)			법인세(2011년)			
	개인소득세	근로자 사회보장세	고용주 사회보장세	총실효 세부담률	법인세율a)	사회보장세	기타세율
한국	17.1	5.4	6.3	29.8	15.2	13.2	1.4
일본	15.2	13.1	13.8	50.0	26.9	17.4	5.6
미국	18.7	7.3	7.7	46.7	27.6	10.0	9.0
영국	24.1	7.3	12.2	35.5	22.2	10.2	3.1
스웨덴	36.3	0.0	31.4	53.0	15.7	35.5	1.9
덴마크	42.1	0.2	0.4	27.7	20.0	3.6	4.0
독일	28.3	15.5	14.8	46.8	18.9	21.9	5.9
프랑스	20.0	22.0	41.0	65.7	8.2	51.7	5.7
그리스	30.0	16.5	28.6	44.6	11.0	32.2	1.3
이탈리아	35.6	9.6	17.0	68.3	22.9	43.4	2.0
OECD 평균	26.0	8.3	16.7	42.5	15.7	23.1	3.7

주: 1) 개인소득세 및 사회보장세의 실효세율은 조세감면 전 과세대상소득 대비 개인소득세 또는 사회보장세의 비율로서 개인소득이 USD 10만 달러인 무자녀 독신자를 기준으로 산출한 수치.
   2) 실효법인세율은 IFC와 세계은행에서 조사한 중견기업(medium-sized firm)의 실효세율이며, 총실효부담률은 기업이윤 대비 조세와 각종 강제기여금의 비율.
자료: KPMG(2012), International Finance Corporation and The World Bank(2013)

선진국형 저성장 기조로의 진입과 고용없는 성장, 양극화와 분배구조의 악화 등을 고려할 때 중장기적으로는 조세 및 재정지출의 재분배기능과 국가재정건전성을 강화하면서 단기적으로는 경기침체에 탄력적으로 대응해야 한다. 조세 및 재정지출의 재분배기능을 강화하기 위해서는 조세체계의 누진성을 높이고, 사회보험 및 국민기초생활보장제도의 사각지대 해소 등 사회안전망을 보다 촘촘하게 구축해야 한다. 국가재정건전성을 회복하기 위해서는 재정지출의 효율화와 전달체계의 개선을 통해 예산의 낭비요인을 제거하고, 적극적으로는 조세체계의 수평적 공평성과 수직적 공평성을 복원해야 한다.

1. 소득세

먼저 종합소득세 최고 과표구간의 하향조정과 세율인상을 검토할 필요가 있다. 최고 과표 기준선 하향조정의 필요성에 대해 수긍하지만, 중·저위 과표구간의 세율인상도 매우 시급한 것이 사실이다. 최고세율 인상과 과표조정보다 소득공제의 세액공제 전환이 효율성 측면에서 더 우월하고 세수확대 효과도 더 강하다. 따라서 단기적으로 세액공제 전환을 확대하고 중기적으로 최고 과표구간 하향 조정하며 장기적으로 모든 과표구간의 세율 인상 필요성이 있는 것으로 판단된다.

다음으로 주식양도차익 전면 과세에 대한 검토가 필요하다. 조세형평성 차원에서 전면 과세하는 방안이 필요하다. 가계저축 급감에도 불구하고 이자소득에 대해서는 여전히 과세하면서 주식투자에 대해 관대한 정책을 유지하는 것은 정책적 측면에서 설득력이 거의 없다. 단 전면과세의 연착률(soft-landing)을 위해서는 제도의 미세조정(fine-tuning)에 높은 주의가 요구된다. 기본공제 수준의 결정, 행정비용의 최소화(일정수준 이하 소득은 원천징수로 과세 종료), 증권거래세 존치 문제(원칙적으로 폐지가 적합) 검토가 필요하다.

또한 파생상품에 대한 거래세 부과(장기적으로 양도차익세 전환)도 필요하다. 주식양도차익 과세의 전례를 고려할 때, 선 거래세 후 양도차익과세 방식은 재고될 필요가 있다. 가능한 한 조기에 과세를 하되, 거래세 대신 양도차익과세가 조세의 형평성과 효율성 측면(시장 충격, 거래 왜곡)에서 더 적합할 것으로 보인다.

종교인 소득 기타소득 과세도 바람직한 것으로 평가된다. 종교인 소득에 대한 최초 과세라는 점이 강조될 필요가 있다. 종교인 과세의 의의는 세수효과 측면보다는 조세형평성 제고와 소득양성화에 있다. 제도의 안착과 조세저항 완화를 위해 도입초기에는 기타소득으로 과세하고, 세원이 어느 정도 안정화되고 투명화되면 필요경비율을 점차 줄여나간 후 궁극적으로 과세를 정상화하는 방안이 필요하다.

2. 법인세

조세정책 방향에 대한 최근의 논의 중 법인세 분야는 서로 상반된 의견이 가장 첨예하게 대립하고 있으며, 혼란이 계속해서 가중되고 있는 상태이다. 경제적 효율성과 정치적 형평성, 미래의 성장과 현재의 복지후생, 그리고 대기업 국제경쟁력의 제고와 보호 및 지원이 필요한 중소기업의 강조가 그것이다. 법인세 개편 방향에 대한 양측의 의견은 모두 일견 뚜렷한 정책적 목적과 이를 실현하기 위해 필요한 정책 수단을 제시하고 있어 판단이 쉽지 않으나, 역사적 경험과 실증적 근거를 포함하는 검증(hard evidence)에 의해 입증된 경제 이론을 중심으로 어느 방향이 우리가 직면한 경제적 문제를 극복하는 데 더 실효성이 큰가를 판단할 수 있다고 생각한다. 단기적 경제현상의 문제에 대한 대증적인 접근법보다는 구조적인 문제를 개선해 나가는 것이 중요하다. 단순히 대기업이라는 이유만으로 감면을 줄이거나 세부담을 인상하기보다는 전체 경제에 부정적인 외부효과(negative externality)를 초래하는 경우에 세제상 불리한 조치를 부과하는 방향이 필요하다. 대기업의 국민경제적 기여도 감소를 이유로 이들 기업의 세부담을 인상하고 그 재원을 복지확대에 활용하는 것은 경제현실의 본질적인 문제를 해결하지 못한다. 법인세 증세를 통한 복지를 일시적으로만 확대할 뿐이며 영구적인 복지확대의 선순환 구조를 창출하기 매우 어렵기 때문이다. 법인소득에 대한 누진과세의 강화는 소득재분배에 직접적으로 기여할 수 없으며, 중장기적으로 오히려 분배를 악화시킬 가능성마저 있다.

국민경제 발전을 위한 대기업의 역할 전환에 대해 생각해본다. 먼저 경제적 효율성 측면이다. 경제성장의 핵심은 투자와 고용의 증가이고, 투자와 고용의 주체는 기업이다. 우리나라와 같은 소규모개방경제에서 수출위주의 글로벌 거대기업의 성장은 그 자체가 국민경제 성장의 중요한 요소이며, 국민경제 내 여타 부문에도 긍정적인 기여를 한다. 다음으로 정치적 형평성 차원이다. 대기업의 성장 배경의 단초는 정부정책에 의한 국내시장의 보호(유치산업보호론)와 인적·물적 자원의 집중(수출대기업 불균형 성장이론)에 있다. 국민경제 내 가계와 기업 부문 간 소득격차의 심화로 인해 대기업 위주의 전통적인 성장전략은 더 이상 유효하지 않다. 소수 거대기업의 경영권이 총수에게 집중된 지배구조로 인해 법인소득을 유사 개인소득으로 간주하게 만들고 있다. 대기업 성장을 통해 국민경제의 외형을 단순히 확대하려는 노력 대신, 성장의 질을 제고하는 것에 주력하는 포용적 성장 전략의 채택이 필요하다. 전통적 관점의 성장전략을 수정하고, 이에 맞게 기업조세지원 제도를 전환하는 것이 바람직하다.

법인세제 개편방향은 단순한 생산설비의 확충보다는 양질의 고용 기회를 확대하는 기업에 조세지원을 확대하는 것이 되어야 한다. 투자세액공제제도의 제한적인 적용과 공제방식의 변경이 필요하다. 기업 내 보유자금의 일정부분을 초과하는 설비투자에 대해서만 세액공제를 인정한다. 비정규직 의존적인 고용에는 조세지원을 삭감하고, 비정규직의 정규직 전환에 조세지원을 집중한다. 경제력의 집중을 완화하기 위한 조세제도(상호출자제한대상에 속하는 기업들에 대한 조세지원의 재검토, 공정거래법을 위배하는 기업들에 한해 기존에 제공된 조세혜택의 환수)를 긍정적으로 검토한다.

　　법인부문 내 재원의 재투자와 복지의 지속적 확대가 필요하다. 글로벌 경제 리스크의 상존과 국내경제의 부진 및 잠재성장률 하락으로 인해 기업의 보수적 경영이 과거에 비해 두드러지고 있다. 낙관적이지 않은 국내외 경제적 여건은 국민경제의 미래 성장을 위해 대기업의 역할이 더욱 중요해지고 있다. 투자기회의 감소와 기술개발의 어려움으로 인해 활용이 보류되고 있는 재원의 활용처를 현시점의 소비에 집중하는 것은 재고되어야 한다. 경제적 취약계층의 증가와 중산층 기반의 약화로 인해 복지정책 확대는 불가피하고, 소득이 상대적으로 빠르게 증가한 법인부문에게서 필요재원의 일부를 조달할 수밖에 없다. 복지의 확대는 고용자원의 보호와 질적 개선을 통해 직접적으로 경제성장에 기여한다. 법인세 부담의 인상은 법인소득의 일부를 복지재원으로 전용하게 하여 현재의 후생수준을 높일 수 있으나, 이는 복지확대 정책의 효과적인 수단이 될 수 없다. 법인세의 복지재원화는 일시적으로 고용자원의 보존과 개선에 기여하더라도 고용의 기회를 확대하기보다는 고용의 기회를 축소시키기에 유지가능하지 못한 방법이기 때문이다. 설비와 기술개발에 재투자하는 그 효과가 비록 과거에 비해 작고 더디게 나타난다 해도 미래성장에 직결되기에 법인세 세원의 확대를 통해 복지비용 분담에 대해 기여할 수 있으며, 복지확대의 선순환 구조로 연결될 가능성이 있다. 일회적 또는 일시적인 법인세율 인상이 현실적인 제반 여건상 불가피한 경우도 있을 수 있으나, 이러한 방식은 대표적인 정책방향(benchmark policy)이 될 수는 없다.

　　대기업 중과세와 중소기업 세부담 경감에 대해서도 검토가 필요하다. 글로벌 경제위기 이후 다른 세목의 세율은 모두 오르고 있는 데 반해 법인세율은 동시다발적, 지속적으로 하락하고 있다. 이러한 현상은 경제위기를 타개할 수 있는 사실상 가장 강력하고 유일한 수단은 법인 부문의 활성화와 국제경쟁력 제고에 있다는 것을 웅변한다. 대기업의 조세감면 또는 감세혜택 비중은 그동안의 조세지원이 대기업에 과도하게 집중되어 있음을 보여주고 있다. 대기업의 적용 세율을 인상하고 조세감면을 축소하는 한편, 경영 및 투자 자금이 부족한 중소기업의 세부담은 낮게 유지하고 조세지원은 늘려야 한다. 법인의 소득수준에 따른 누진적인 법인세율 적용은 조세형평성을 제고하는 직접적인 수단이 될 수 없으며, 소득의 재분배를 촉진하지 못한다. 중소기업의 주주에는 고액자산가도 많으며, 재벌기업의 주주에는 서민형 투자가도 많은 것이 사실이다. 개인소득세와 달리 법인은 다양한 조세회피 수단이 있어, 종업원인 근로자나 소비자인 가계에 세부담을 전가시키는 것이 가능하고 궁극적으로 높은 자본이동성을 통해 해외로 이전이 가능하여, 소득의 재분배를 오히려 악화시킬 수 있다.

따라서 법인세율 인상보다는 감면제도의 축소가 바람직하다. 복지확대를 위한 추가적인 재원마련을 가계부문에서만 조달한다는 것은 현실적으로 불가능하며 바람직하지도 않기에, 법인부문 특히 저축의 여력이 있는 대기업 부문에서 일정정도 재원분담에 참여하는 것이 필요하다. 재원분담의 일차적인 방법은 대기업의 주요 감면제도 축소에서 찾는 것이 바람직하며, 단순히 감면의 규모를 현재보다 줄이는 것보다는 감면의 방법과 대상 측면에서 정책의 전환이 요구된다. 법인세율의 인상과 같은 항구적 세부담의 증가는 일시적인 세수확대에 비해 국민경제적 비효율이 더 크기에 이에 대한 검토는 신중히 이루어져야 하며, 가능하다면 최종적인 단계에서 한시적인 수단으로만 활용하는 것이 바람직하다. 법인세를 통한 복지재원 마련은 세율인상보다 세원확대가 더 적절한 방법이다.

세무행정

●●●○ 누구나 사람들은 본능적으로 세금내기를 싫어한다. 열심히 일해 돈을 벌어서 사고 싶은 것을 사거나 재산을 모으는 데 사용할 수 있는 현금을 때로는 만져보기도 전에 때로는 강제징수라는 절차를 통해서 세금을 내게 되므로 국가나 지방자치단체에 빼앗기는 기분이 들기 때문이다. 우리의 조세부담률을 20% 남짓으로 볼 때 매년 3월 3일을 납세자의 날로 우수납세자를 포상하는 기념식을 거행하고 있지만 1년 12달 중 두 달 이상은 자기 자신을 위해서 일하는 것이 아니라 정부를 위해 일하는 셈으로 납세자의 입장에서 보면 이날이 세금으로부터 해방되는 '조세해방의 날'이라는 풍자도 있다.

그럼에도 불구하고 사회안전망의 구축 등 정부의 역할은 인정할 수밖에 없으므로 법에 의해 강제로 능력에 따라 또는 혜택을 보는 데 따라 세금을 부담한다. 따라서 한 나라 조세정책의 가장 중요한 미션 중의 하나가 세부담의 공평성을 어떻게 확보하는가가 된다. 많은 나라들의 역사상의 경험을 통해 이러한 세부담의 공평성과 관련해 발생한 사회적 갈등으로 전쟁을 치르거나 정권이 바뀌는 모습을 어렵지 않게 발견하는 이유도 이러한 사람들의 본성에서 찾을 수 있다.

세금을 잘 걷는 원칙에 대해서 아담 스미스는 정확하게 지금으로부터 237년 전인 1776년에 이미 「국부론」에서 공평성, 명확성, 간편성, 경제성이라는 4대원칙을 천명하고 있다. 따라서 모든 사람들이 능력과 소유하고 있는 과세기반(means)에 따라 세금 부담을 해야 한다는 데에는 이견이 없다.

우리나라의 조세제도 및 행정은 이러한 원칙에 비해 어떤 수준일까? 최근 재산세 과세표준이 되는 토지 및 건물가격과 과세표준 현실화율이 급격하게 상승하고 국세인 종합부동산세까지 신설되고 금융소득종합과세의 기준금액이 4천만원에서 2천만원으로 낮아지면서 세금폭탄이라는 용어까지 나올 정도로 재산에 대한 세부담은 크게 늘어나고 있다.[1] 세부담의 공평성 측면에서 판단하면 역진적이거나 비례적인 소비세부담이 느는 것보다는 누진적인 재산세부담이 느는 것이 공평성 측면에서 더 나은 대안이라고 할 수 있지만 세금을 더 내서 좋을 사람은 없다는 점에서, 그리고 급격하게 세부담이 늘어나는 것에 대한 불만들이 많다. 다른 한편으로는 최근 복지재정수요가 급증하면서 재원대책으로 증세논의가 끊이지 않는 것도 사실이다. 지난 정부에서 법인세와 소득세를 중심으로 감면을 통해 경기활성화를 유도한 부분에 대해 부자감세라고 비판하면서 부자증세를 외치는 목소리도 작지 않다.

한편 공평성하면 가장 먼저 머리에 떠오르는 것은 근로소득자와 자영업자의 세부담 차이로 흔히 유리지갑의 문제로 이야기되기도 하는 수평적 공평성은 얼마나 나아졌을까? 최근 한국조세연구원의 보고서에 따르면 자영업자의 법정 세부담률은 근로자에 비해 2배 이상 높지만 자영업자의 탈세로 실제 세부담은 근로자가 15%나 더 많은 것으로 나타났다. 가계소득자료를 분석해 본 결과 근로자의 실질 세부담은 3.35%인 데 비해 자영업자는 2.90%로 나타난 것이다. 자영업자 사업소득이 실제 소득의 70% 내외로 추정되므로 실제 세부담 차이는 더 클 것이라는 뜻이다. 이는 자영업자의 소득파악이 제대로 되지 않기 때문이며 자영업자는 소득이 비교적 투명하게 드러나는 근로자와 달리 과표양성화율이 낮다는 점에서 세부담 격차를 축소하는 수단을 강구하는 것이 시급하다는 점을 다시 한번 확인할 수 있다.

각종 공제제도를 통해 근로자의 세부담을 낮추는 현행 세제는 암묵적으로 모

---

1 종합부동산세는 지방세인 재산세와 별도로 6억원 이상 주택과 일정액 이상 토지에 과세되는 국세(國稅·중앙정부 세금)로 2003년 투기 억제책으로 도입돼 2005년부터 시행됐고, 2005년 8·31 대책에서 대폭 강화됐다. 집값을 잡는 데 효과를 보았으나 일부 지역 주민들이 소송을 제기하는 등 조세 저항도 심하다. 2013년 종합부동산세 납부 대상자는 24만 7,000명이며, 부과된 세금은 총 1조 3,687억원으로 집계됐다. 종합부동산세는 매년 6월 1일 기준으로 개인별로 공시가격이 주택(아파트, 다가구·단독주택)은 6억원(1세대 1주택자는 9억원) 초과, 나대지·잡종지 등은 5억원 초과, 상가·사무실의 부속토지 등은 80억원 초과할 경우 부과되는 세금이다. 2014년부터 국세였던 종합부동산세가 지방세로 전환되어 국세청이 아닌 지방자치단체에서 부과, 징수한다. 하지만 납세자의 과세 요건이나 납부 기간 등은 이전과 동일하다.

든 자영업자가 탈세를 한다는 가정을 하고 있는 것으로 탈세를 고착화시킬 우려가 있다. 자영업자의 과표양성화를 위해서는 우선 '간이과세제도'나 '기장의무 면제'와 같은 각종 특례 제도를 줄여야 한다. 현재 일정 매출액 이하 사업체는 매출입 내역 신고 의무와 장부 기재 의무를 면제받고 있다. 영세사업자의 편의를 봐준다는 취지다. 그러나 이들과 거래하는 멀쩡한 중견기업들까지 탈세창구로 악용하고 있는 것이 우리 현실이다. 신용카드영수증과 현금영수증의 성공사례에서 볼 수 있듯이 사업자는 예외없이 기장을 의무화하고 세무조사를 강화하는 본질적 노력을 지속적으로 추진하는 것이 더딘 것 같아도 분명한 가야 할 길이다. 공평과세는 획기적으로 혁신되는 과제라기보다는 점진적이지만 총체적인 접근이 필요한 과제라는 점을 잊지 말자. 조세제도만큼이나 중요한 것이 세무행정이라는 점을.

세무행정의 선진화는 납세협력 및 행정 효율성, 책임성, 그리고 내부구성원의 사기를 증진시키려는 계획적인 노력이다. 일반적인 개혁전략들은 자발적인 납세협력의 개선 및 탈세·조세회피 사례를 효과적으로 추적하고 공정하게 처리하는 것에 세무행정자원을 집중시키는 것으로 나타난다.

국민의 정부와 참여정부를 거치면서 세정당국은 세무행정개혁의 청사진을 제시하고 이의 실천에 앞장서왔다. 혁신적인 구조조정의 단행, 납세자 중심의 기능별조직으로의 개편, IT를 활용한 선진화된 납세서비스 등은 매우 시의적절한 조치라 생각된다. 그러나 이러한 하드웨어적인 개혁으로 우리의 고질적으로 저조한 납세의식 및 뿌리깊은 세정당국에 대한 불신이 하루아침에 달라질 것으로 보는 것은 무리가 있다.

이명박 정부는 경제활성화 목표에 맞춰 세무조사를 줄이겠다고 했고 박근혜 정부는 지하경제를 양성화한다고 세무조사를 확대한다고 한다. 세무조사는 정책기능이 아니라 성실납세를 담보하는 납세순응도 제고를 위한 행정행위이어야 한다. 과거에 기업을 손볼 때나 부동산을 잡겠다고 세무조사를 하던 잘못된 관행이 있어왔다. 세무조사를 포함해서 세무행정을 선진국 수준으로 높일 수 있는 방안에는 어떤 것이 있을까.

세무조사 대상의 확대 및 과학화, 그리고 영수증을 반드시 주고받을 수 있도록 하는 공공부문 및 기업의 거래유인, 가계부문의 신용카드이용의 활성화, 범사회적인 기초과세자료인 거래의 근거를 전산시스템을 통해 제공받을 수 있는 과세자료 인프라의 구축, 세무공무원의 사기관리에 체계적인 노력을 경주하여야 한다.

결국 중요한 것은 납세자 서비스 세정의 선진화와 근거과세의 정착이라는 결과(outcome)이다. 국세청은 현재 조직개편과 같이 하드웨어적으로 기울이고 있는 다양한 측면에서의 노력과 같은 투입(input) 중심의 개혁에서 한 단계(next steps) 넘어서서 결과 중심의 평가를 받아야 한다. 납세자의 과세당국에 대한 신뢰수준이 얼마나 높아졌는지, 근거과세의 비율이 얼마나 향상되었는지, 그리고 소득계층 간 및 유형 간 세부담의 형평성이 얼마나 나아졌는지, 지하경제 또는 탈루비율이 얼마나 줄어들었는지로 평가되어야 한다.

시장경제체제하에서 국가의 장기적인 발전을 담보하는 것은 가계와 기업 등 각 경제주체들의 생산성이라 할 수 있다. 생산성을 높이기 위한 경제활동 유인은 결국 이들의 노력에 따른 경제적 보상이라는 재산권보호와 함께 이 관계의 안정성 즉, 분배의 공정성이라고 할 수 있다. 세무행정의 선진화는 사회통합 및 국가 신뢰도에 직접적인 관련이 있으며 분배의 공정성을 유지하면서 효율적으로 재정수입을 조달하게 하는 매우 중요한 과제인 것이다. 세무행정은 조세정책과 함께 시장경제를 건전하게 이끄는 수레의 양 바퀴라는 점을 명심해야 한다.

세금을 거두면서 한편 납세자를 즐겁게 하는 것은
사랑을 하면서 영리하기를 바라는 것과 마찬가지로
인간의 본성에는 적합하지 않다.
(Edmund Burke, 1774년)

세상에 훌륭한 세금이란 존재하지 않는다.
(Winston Churchill, 1874년~1965년)

징세의 기술은 저항을 가장 적게 하면서
최대한의 거위털을 뽑는 데 있다.
(Jean Baptiste Colbert, 1619년~1683년)

Ⅰ. 세정선진화는 영원한 과제인가

부패로부터 여전히 자유롭지 못한 세정당국의 문제를 가장 먼저 거론하게 된다. 최근까지 다수의 국세청장이 구속되는 사태를 통해 다시 한번 우리나라가 부패한 나라임을 확인하게 되어 성실한 대부분의 납세자들은 분노를 느끼게 된다. 국제투명성기구(TI: Transparency International) 발표의 신뢰성에 대한 의문을 논외로 하면, 우리나라 세무공무원을 포함한 공무원 및 정치인들의 부패는 국제적으로 여전히 위험수위에 머무르고 있음을 알 수 있다. 2012년 부패인식지수(corruption perception index) 45위 그리고 2013년 46위는 경제규모 13위에 전혀 걸맞지 않는 수준이며 부패지수의 절대적인 수준도 1995년에 비해 크게 나아지지 않고 있다. 실제로 각 연도의 부패지수의 절대수준을 비교하는 것은 비교대상이 다르기 때문에 문제가 있기는 하지만 1995년 4.2, 1999년 3.8에서 2012년에는 5.6, 2013년 5.5로 다소 진전이 있기는 해도 여전히 낮은 수준이다. 더욱이 한국기업들은 뇌물 공여인식지수(bribery payers perception index)에서도 세계 주요 28개 수출국 가운데 13번째로, 국제교역을 하면서 뇌물을 많이 준 것으로 평가되는 불명예에서 벗어나지 못하고 있다.

부패와 경제성장과의 관계는 부패와 국민경제의 수준과의 관계만큼 분명하지는 않다. 실제 장근호(1997), 박정수(2006), 차문중·김병연(2013)에 의하면 반부패 수준과 1인당 국내총생산과의 관계는 상관계수가 0.8~0.9에 이르나 부패도와 경제성장률의 상관관계는 −0.03으로 서로 상관이 없는 것으로 나타나지만 이는 경제성장에 영향을 미치는 다른 요인들 때문인 것으로 보인다. 특히 관료주의(bureaucracy)와 부정부패의 상관관계가 매우 높아 직접 영향을 미치는 것으로 보고하고 있다. 부정부패를 은폐하고 특권을 계속 유지하기 위해서 많은 규제조치를 시행하고 행정절차를 복잡하게 만드는 것이 결국 부패를 영속화시키는 것이라는 지적이다.

부패는 경제의 자원배분을 왜곡시켜 생산의 비효율을 증가시키며 시장의 자본임대율을 왜곡시킨다. 뇌물의 한계편익이 한계비용을 능가하여 뇌물수수를 통해 진입과 같은 경제 행위를 추구할 경우 시장의 자본임대율은 정상임대율보다 낮아진다. 진입을 위해 필요한 자본에 대한 수요 자체가 감소하기 때문이다. 또한 부패에 의한 진입비용이 존재할 경우 진입기업들은 정상상태와는 다른 조업 결정을 내리게 된다. 주어진 부패 수준과 이에 따른 비용과 편익을 고려하여 내리는 생산량의 수준은 정상 수준에서의 생산량보다 전반적으로 낮게 나타난다. 당국의 비호를 받는 기업만 진입하고 생존할 수 있게 됨에 따라 기업의 수 자체도 감소하므로 결과적으로 경제 내의 생산량은 감소하고 가격은 상승하게 된다. 부패의 비용이 소비자에게 전가되는 것이다.

부패가 경제성장에 미치는 영향은 선형적(비례적)으로 나타나지 않을 가능성이 높다. 부패와 경제성장은 음의 관계가 발견되었으며 그 계수는 유의한 것으로 나타났다. 부패가 경제성장에 미치는 총효과 중 직간접 효과의 기여도를 나눠보면 전체 중 39%는 부패가 직접적으로 성장에 영향을 주는 효과로 나타났다. 그리고 나머지 61%는 부패가 투자와 무역, 그리고 인적자본과 같은 성장동력을 통해 간접적으로 경제성장에 영향을 주는 효과이다. 다시 말해서 부패지수의 1단위 감소는 투자변화율을 증가시키고 무역을 증진시키며 인적자본의 수준을 향상시켜 경제수준을 약 0.64% 포인트 상승시킬 수 있다(차문중·김병연, 2013).

우리나라의 제도적 경쟁력이 부패뿐 아니라 전반적으로 낮으며, 동시에 세계 각국의 제도적 변수들의 상관관계가 매우 높게 나타났다. 따라서 부패를 격리되고 독립된 하나의 변수로 인식하는 것보다는 사회 제도 전체적인 틀에서 파악하는 것이 중요하다고 하겠다. 부패가 경제성장에 미치는 함의 역시 동일한 맥락에서 해석될 필요가 있다. 이는 선진국으로 도약하는 데 필요한 생산활동을 통한 이윤추구보다는 지대추구에 자원이 동원된다는 점에서 부패는 효율성을 저해할 수밖에 없으며 경제발전을 저해한다는 것으로 이러한 논리는 조세행정에도 그대로 적용된다.

과세자료 보유현황 및 소득파악률로도 살펴볼 수 있다. 과세자료가 필요한 경제활동인구 1,989만명 중 국세청이 과세자료를 확보하고 있는 인원은 1,510만명 수준으로 자료보유율은 75.9% 수준(2005년 기준)이라고 한다. 과세자료가 필요한 인원은 경제활동인구 2,342만 명에서 실업자와 무급가족종사자 등 353만명을 제외한 1,989만명 수준이다. 한편 과세자료를 확보하지 못한 계층은 약 478만 명 수준으로 근로자 415만명, 자영업자 63만명 수준이다.

자영업자의 소득파악률 수준은 50~60% 내외로 추정된다. 미시자료를 이용

그림 11-1 **국민소득과 부패지수**

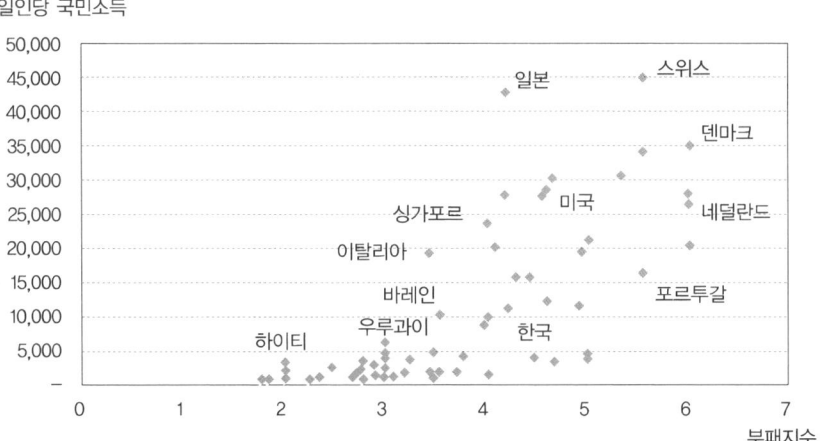

자료: 차문중(2009), Political Risk Service Group, World Bank 자료에서 재구성.

한 성명재(2005), 노영훈·김현숙(2005), 전병목·안종석(2005) 등의 연구결과 1990년대 후반 이후 소득파악률은 50% 내외 수준임을 보고하고 있다.

복잡한 현행 조세체계는 납세자나 과세당국 모두에게 이해하기 어려워 정부에게는 징수비용을 증가시키며 납세자에게는 납세협력비용을 가중시킬 뿐만 아니라, 보다 정교해진 조세회피수단 개발에 대한 유인을 확대시키고 있다. 나아가서 한층 더 정교화하는 조세회피를 막기 위하여 더욱 세분화된 법규가 필요하게 되고 이로 인해 조세체계는 더욱 복잡해지는 것이 사실이다. 최근 영국의 전체적인 조세행정 및 납세협력비용은 GDP의 1.5%로 추정되며 이 중 2/3는 납세협력비용으로 보고되고 있다.[2]

우리나라의 납세협력비용은 곽태원(1994)에 의하면 원천징수, 법인세, 부가가치세에 있어서 각각 납세액의 0.1~8.7%, 0.4~7.7%, 0.1~0.9%로 추정되는바, 상당한 규모의 비용(compliance cost)이 지출되고 있다는 점에서 영국의 경우와 맥을 같이 한다. 세정당국과 납세자 간의 정보비대칭의 극복문제는 부정의 방지와도 직결되는 사안으로 우리나라의 경우 매년 세법이 바뀌고 용어 또한 일상언어와 크게 다르며 납세협력절차도 매우 복잡하다는 점에서 OECD 국가들의 세법단순화 개혁작업은 시사하는 바가 매우 크다.

---

2 Sandford, Cedric, *Tax Compliance Costs: Measurement and Policy*, London: Fiscal Publications, 1995.

세정개혁은 영원한 숙제인가? 최근 국세청은 다시 한번 개혁작업이 한창이다. 세정개혁은 이명박 정부나 박근혜정부에서 시작된 것도 아니며 그리고 이것이 한시적인 성과에 연연해서도 안 되는 과제이다. 1966년 국세청이 개청된 이래 끊임없이 추진되어 온 과제이면서도 아직까지 국민의 피부에 와 닿는 그리고 국민이 신뢰하는 세정과는 거리가 있는 한 세정개혁은 꾸준히 추진되어야 한다. 개혁은 대대적인 홍보와 치장을 수반하게 마련이나 지금은 말의 성찬이나 개혁의 신화 (myth)에서 벗어나 실천적인 한걸음 한걸음이 중요하며 개혁의 논리 및 원칙에 충실한 점진적인 개혁이 되어야 한다. 따라서 본 장에서는 다가오는 21세기를 대비한 조세행정개혁의 방향을 조망하기 위하여 바람직한 조세원칙, 특히 조세행정의 원칙을 되짚어 보고자 한다. 이에 비추어 세무행정 현황을 진단한 뒤 향후 세정개혁의 방향과 앞으로 해결되어야 하는 정책과제를 중심으로 제시해 보자.

Ⅱ. 바람직한 세무행정의 원칙

1. 조세정책과 조세행정은 한 몸

정책은 일반적으로 법과 제도로 표현되며 훌륭한 제도의 전제조건은 훌륭한 정책의 집행으로, 한 국가의 조세제도의 적정성은 조세정책 및 조세행정의 수준을 통해 평가할 수 있다. 일반적으로 한 국가의 조세제도는 다음의 두 가지 측면에서 살펴볼 수 있다.

첫째, 성문법적인 측면으로, 세법(tax laws) 및 시행령, 시행규칙, 통칙 등 각종 처리규정(tax regulations)이 적정한가 여부이다. 다음은 실효성 측면으로, 탈세, 조세회피, 잘못된 세법 적용, 세무공무원의 부패 등에 의해 초래되는 모든 행정문제를 고려한 경제적 현실에 기초한 평가이다.

조세행정이 최적(optimal) 상태로 운영되고 세법 및 법규가 명확한 국가의 경우, 조세제도에 대한 성문법적 측면과 실효성 측면은 큰 차이가 없게 된다. 조세제도의 수준이 높은 국가의 소득세는 소득개념을 명확히 정의하고 측정할 수 있는 모형개발을 통해 세금을 부과하며, 세법은 소득으로부터 효과적으로 세금을 징수할 수 있는 훌륭한 지표를 제공하게 된다. 아울러 조세행정 역시 세법의 함의를 왜곡하지 않게 된다.

그러나 일반적으로 중립을 가정하는 조세행정이 대부분 개도국의 경우 최적으로 운영되지 못하며, 경우에 따라서 이러한 비효율성이 세법의 함의를 상당히 왜곡할 수 있다. 비효율적 조세행정은 첫째, 세수감소를 초래하고 둘째, 조세제도의 중립성 상실 및 의도하지 않은 결과를 초래하며 셋째, 정직한 납세자와 탈세자 간의 다양한 종류의 불공평한 결과를 초래하게 된다. 결국 이러한 불완전한 조세행정은 정부의 조세정책의 전통적인 목표(자원분배, 소득재분배, 경기안정화 및 성장)에 왜곡된 영향을 미치게 되는 것이다.

비효율적인 조세행정을 야기하는 원인으로는 복잡한 세법규정 및 잦은 개편을 들 수 있다. 세법이 지나치게 복잡하고 애매한 경우 납세자들이 명료한 정보를 제공받기 어렵게 되고 이와 아울러 세무공무원과 납세자 간의 정보수준의 차이로 인해 세법해석이 달라질 수 있으며 이로 인해 행정적 문제가 야기되기도 한다. 그리고 세법자체는 명확할 수 있으나 이를 준수하도록 하기 위한 납세자들의 유인체계가 잘못 짜여질 수 있다. 즉, 세금의 지연납부나 무신고, 탈세 등에 대한 벌금수준이 너무 낮아 납세자들이 세금을 기한 이후에 납부하거나 탈세하는 것에 대해 큰 부담을 갖지 않게 된다.

조세행정상의 문제로 자원의 부족과 세무공무원의 전문성이나 사기 부족을 들 수 있다. 조세행정이 효율적이려면, 징세관련 예산 및 인원이 충분해야 하며, IT 등 주어진 자원을 효율적으로 활용하여야 한다. 납세자가 자발적으로 순응하게 하기 위해서는 납세홍보 및 교육과 아울러 납세서비스의 증진과 함께 적정수준의 조사가 담보되어야 한다. 조세행정에 있어서 가장 중요한 목표는 자발적인 납세협력(voluntary compliance) 수준의 제고이며 이러한 자발적인 납세협력의 수준을 제고하기 위해서는 불성실한 납세자에 대한 적절한 사후제재와 성실한 납세자에 대한 서비스의 확충이 가장 중요한 과제로 등장한다. 조세행정에 있어서 새로운 기술의 활용 및 흐름에 대한 새로운 사고의 중요성이 강조된다. 조세행정의 환경을 이루는 경제거래의 변화속도 및 양태가 급변하고 있고 조세행정의 내부적 또는 외부적 측면에서의 정보기술보급이 확대되어 감에 따라 새로운 정보기술의 활용을 업무전반의 개혁에 활용하는 BPR(business process re-engineering)이 중요해진다. 과거에 있어 조세정책은 부과할 세금을 결정하는 '결정요인'에 불과하였으며, 정책입안자들의 입법취지를 뒷받침하는 행정수단을 마련하고 계획하는 것은 세무공무원의 몫이어서 '행정과 정책' 간에 긴밀한 관련성이 적었으나, 최근 조세의 부담 및 복잡성이 커지고 납세자에 미치는 영향이 늘어나면서 행정과 정책의 관계는 긴밀하게 되고 이러한 의미에서 Bird와 de Jantscher(1992)는 개도국에 있어서 조세행정이야말로 조세정책이라고 갈파하고 있는 것이다.

2. 조세행정의 원칙

Adam Smith(1776)는 국부론에서 처음으로 네 가지 조세행정의 규범(Canons of Taxation)을 제시하였다. 첫째, 형평성(equity)으로 모든 사람은 능력에 따라 비례적으로 과세되어야 한다는 것이고, 둘째, 명료성(certainty)으로 납세자는 납세시기, 방법, 그리고 납부세액을 정확히 알 수 있어야 한다는 것이다. 셋째, 편리성(convenience)으로, 건전한 납세자가 납세와 관련하여 겪는 불편은 최소화되어야 하며 납세협력비용은 가능한 한 적어야 한다는 것이며 넷째, 경제성(economy)으로 세금징수비용도 가능한 한 낮아야 한다. 과세미달이나 징세비에도 미치지 못하는 과세행위, 또는 심사나 심판청구, 나아가서 사법부 등을 통해 구제될 것을 알면서도 감사에 대비하여 무리하게 세금을 부과하는 행위 등은 조세행정비용을 과다하게 하는 문제가 있다. 활용하지도 않는 과세자료의 과다한 입력, 또는 BPR을 수반하지 않는 전산화 등도 경제성원칙에 어긋나는 행태로 지적할 수 있다.

건전한 조세행정의 목적은 위에서 살펴본 조세의 원칙에 기초하여 당사자 입장에 따른 관점으로 재정리해 볼 수 있다. 첫째, 정부와 세무당국의 측면에서 실효성(effective) 있고 효율적(efficient)인 행정이 되어야 하며, 둘째, 납세자 및 국민의 입장에서는 명확하고 간단하며 공평한(equity) 행정이 되어야 한다. 셋째, 우리가 간과하기 쉬운 원칙의 하나로 세무공무원의 입장에서 사기(motivation)가 높은 세정이 되어야 한다. 조세행정의 성패가 결국 세무공무원의 사기를 어떻게 관리하여 효율적인 행정, 공평한 세정이 되도록 동기부여 하는가 하는 문제에 달려 있다고 해도 과언이 아니기 때문이다.

3. 바람직한 조세행정의 필요조건

바람직한 조세행정을 위해서는 단순하고 명료한 세법, 엄정한 법의 집행(enforcement), 동기부여(motivation)가 적절하게 이루어지는 인사, 정보기술의 입체적인 활용, 납세자의 신뢰회복과 부정부패방지가 중요하다. 탈세 및 조세회피행동이 유발되지 않도록 공정하고 투명한 방법으로 신고, 조사, 징수의 조세행정 전과정이 일관성을 유지할 수 있는 세법을 만드는 것이 필요하다. 물론 현대와 같이 파생금융상품의 등장 및 새로운 거래기법(e-commerce)의 등장 등 급변하는 환경하에서 세법에 모든 내용을 담는 것은 불가능하다. 그러나 납세자의 권리와 관계되는 규제, 법의 집행, 권리보호 및 구제 등에 관한 내용은 분명하게 법에 규정되어야 한다. 중요한 것은 납세자의 권리와 효율적인 징세행정 간의 균형이다. 자발적인 납세협력(voluntary compliance)을 확보하기 위해서는 법의 엄정한 집행이 담보가 되어야 한다는 점에서 최소한의 기장의무와 보관의무, 조사시 정보제공의무, 강제징수규정, 가산세 및 가산금 규정(civil penalties), 조세범칙관련 규정(criminal penalties) 등이 경제환경의 변화에 부응하여 조정되어야 한다. 허점(loophole)이 발견되면 이를 즉시 메우고 새로운 경제거래에 따라 적절히 수정되어야 하고, 사법부의 판단 및 해석을 적절히 반영하여야 한다.

일반적으로 형평성과 단순성 또는 효율성은 상충되는 경우가 많다. 특히 부가가치세의 특례제도는 극명하게 수직적 형평성의 고려가 단순성을 희생시키는 경우이나 보다 효과적이고 효율적인 세정의 집행을 위해서, 그리고 납세협력비용의 감축과 수평적인 형평성의 제고를 위해서, 탈세를 방지하고 세제의 안정성을 유지하기 위해서 보다 단순한 제도로 개선하는 것이 필요하다.

납세자의 과세당국에 대한 신뢰성의 회복과 부정부패의 방지야말로 세정의 목표 중 가장 중요한 것 중의 하나이다. 가장 경제적인 징세방법이 자발적인 납세협력이다. 왜 나는 내는데 저 사람은 내지 않는 걸까?라는 질문에서 자유로울 수 있어야 공공재 생산에 필요한 재원을 강제징수하는 데에 따른 저항을 줄일 수 있으며 이러한 경향은 우리의 경우 더 큰 것으로 나타나고 있다(〈표 11-1〉 참조). 납세자로부터의 신뢰를 얻지 못하는 결과는 탈세로 나타난다. 기장의무의 해태, 무신고 또는 과소신고, 무납부, 나아가서는 고의적인 장부조작 등으로 나타나는 납세자의 탈세는 세법이 단순할수록, 납세자에 대한 서비스의 수준이 높을수록, 구

표 11-1 이웃의 정직한 납세에 대한 믿음이 성실납세 행위에 미치는 효과비교　(단위: %)

	매우 영향력이 큼	다소 영향력이 있음	거의 영향력이 없음	전혀 영향력 없음
한국(2007년)	7.7	52.3	36.3	3.7
미국(IRSOB)	21.0	21.0	19.0	33.0

자료: 한국조세연구원, 2007.

제절차가 적정할수록, 과세당국의 태도가 정당할수록 줄어든다. 구체적인 행동강령(code of practice)의 제정과 이해관계 상충시의 처리규정 완비와 같은 행정기준의 명확화와 함께 가산세 규정에서 이의 실효성 제고를 위해 처벌의 정도를 현실화하는 것과 같은 차원에서 세무공무원의 부정(광의의 직권남용(malpractice) 포함)에 대한 처벌의 강도를 적정하게 설정하는 것이 중요하다.

Ⅲ. 납세협력비용과 납세순응

1. 납세협력비용이란?

　　납세협력비용이란 조세제도의 요구를 충족시키는 과정에서 민간부문이 부담하는 전체 비용 가운데 직접적으로 납부한 세금과 조세제도의 비중립성, 즉 자원배분의 왜곡효과로 발생하는 초과부담(deadweight loss)을 제외한 모든 비용을 말한다. 최근 정부의 규제로 인한 기업들의 행정적 부담을 추정하는 방법으로 활발하게 사용되는 표준비용모형을 조세제도에 적용하여 납세협력비용(compliance cost)을 추정하는 것이 가능하다. 추정대상이 되는 납세협력비용은 민간부문이 조세제도가 부과하는 의무를 이행하는 과정에서 부담하는 행정적인 비용을 말한다.

　　1990년대 중반 이후 납세협력비용은 기업경쟁력, 더 나아가 국가경쟁력 차원에서 OECD 주요국 사이에서 새롭게 주목을 받기 시작했다. 영국, 독일 등 주요국가들의 기업이 부담하는 조세로 인한 행정부담은 GDP의 0.5~1% 정도로 추산한다.

　　박명호·정재호(2008)는 2007년 기준 법인사업자와 개인사업자에 의한 총납세협력비용을 약 7.01조원으로 추정하고 있다. 이는 GDP대비 0.78% 수준으로 납세협력비용 발생에 큰 비중을 차지하는 법인사업자와 개인사업자만을 대상으로 했기 때문에 비사업자 등을 고려하면 전체적인 납세협력비용은 이보다 클 것으로 예상된다.

2. 납세협력비용 감축을 위한 정책방향

첫째, 피터 드러커가 이야기한 바와 같이 측정할 수 없는 것은 개선할 수 없다.[3] 납세협력비용 감축성과를 주기적으로 측정해야 한다. 단기적인 시각이 아니라 5년 정도의 중장기적인 계획과 행정간소화 노력을 공식화해 지속적이고 공개적으로 감축을 시도하는 것이 필요하다.

둘째, 납세협력비용의 체계적인 감축을 위해서는 향후 각종 세제 및 세정관련 법 제정 및 개정시 납세협력비용에 미치는 효과의 추정을 법적으로 의무화할 필요가 있다. 납세협력비용은 민간이 부담하는 행정적 비용의 일부분이고, 납세협력비용을 유발하는 업무 중 일부는 세법 외의 법규정에 의한 업무와도 중복되는 부분이 존재하기 때문에 타 행정부처와 공동으로 대응방안을 마련하는 범부처적 접근이 필요하다.

셋째, 전자세금계산서제도가 대부분의 사업자에 대해 납세협력비용을 감축시키는 효과가 있는 것으로 생각되지만 일부 사업자의 경우 호환성 문제로 종이 세금계산서를 재발급하는 경우도 많다고 한다. 어떤 시스템을 사용하더라도 서로 호환이 순조롭게 될 수 있도록 표준화시키는 작업이 필요하다.

넷째, 연말정산 관련 납세협력비용이 상당하기 때문에 연말정산 간소화서비스를 고도화하고 정확성을 제고하는 노력을 기울일 필요가 있다.

3. 납세순응 제고방안

우리나라의 납세순응 실태는 통계청의 자료를 사용한 탈세수준 추정연구를 통해 대략적으로 파악할 수 있다. 법인세 조사 및 개인소득세 세무조사 결과를 토대로 분석한 연구(박명호·송헌재, 2012)를 보면, 탈루 수준이 상당한 것으로 보고하고 있다. 조사대상이 된 영세한 법인이나 개인은 소득의 절반 이상을 탈루하고

---

3 피터 드러커 외, 성과측정, 21세기북스, 현대경제연구원 옮김, 1999.

01
02
03
04
05
06
07
08
09
10
11
12
13
14
15

세무행정

있는 것으로 나타난다. 자영업자의 소득탈루율을 추정한 김봉근 등(2008)과 박명호(2010)의 연구에 따르면, 2000년 이후 대체로 40%대보다는 작은 수준이고 조금씩 감소하는 경향을 보여준다.

납세순응도 제고를 위해서는 세율, 적발확률, 가산세율과 같은 조세정책변수의 역할뿐만 아니라 개편과정에서의 절차적 민주성 확보를 위한 노력, 그리고 납세윤리 교육 및 홍보, 서비스 강화 등 납세순응행위에 영향을 주는 비금전적 요인 측면에도 노력이 필요하다.

저비용 고효율을 추구하는 새로운 과세인프라 체계로의 전환을 모색해야 한다. 과다한 조세운용비용을 유발하지만 그 효과에 한계가 있는 현행 실물거래 증빙 중심의 과세인프라로부터 금융거래자료, 고액현금거래보고 자료 등을 활용하는 새로운 과세인프라 체계를 구축해야 한다. 물론 과세당국에 개인사생활 정보가 과도하게 집중되는 문제점에 대해서는 대비책이 마련되어야 한다.

국세청은 '특정금융거래정보 보고 및 이용에 관한 법률(FIU법)'의 개정에 따라 금융정보분석원(FIU) 정보를 조세탈루 조사와 징수 업무에 활용할 수 있게 됨에 따라 차명거래와 변칙적 현금거래를 통한 세금탈루 행위에 대한 검증을 강화하겠다고 밝히고 있다. 특히 대기업의 현금거래 회계 투명성과 대재산가의 고액현금 증여 등에 대한 세무조사를 통해 세부담의 형평성을 높인다는 방침이다. 또 체납처분을 회피하기 위해 해외에 재산을 숨겨두고 해외를 빈번하게 드나드는 체납자 등 지능적 수법으로 재산을 은닉하고 호화·사치 생활을 누리는 고액체납자의 현금거래를 추적하겠다고 한다. 국세청은 기존에 구축된 실물거래 과세인프라를 바탕으로 FIU 정보를 활용해 금융거래 중심의 과세인프라를 확충할 수 있을 것이라고 기대했다. 한편 국세청은 그동안에도 FIU 정보를 조세범칙 혐의 확인을 위한 세무조사 등 한정적인 범위에서만 활용했으며 2013년에도 고소득 자영업자, 민생침해사범, 대기업·대재산가, 역외탈세자 등에 FIU 정보를 활용해 지난 8월까지 2,600억원의 세금을 추징했는바, 앞으로 이런 추징액이 더 늘어날 것이라는 전망이다(조선일보, 2013.11.13).

4. 신용카드 활성화정책의 효과

역사적으로 우리나라는 현금거래의 관행이 뿌리 깊어 공평과세의 구현에 큰 장애물이 되어 왔으나 신용카드 활성화정책의 도입을 계기로 자영업자 과표양성화에 상당한 효과를 본 것으로 평가된다. 과거 1990년대 말까지만 해도 봉급생활자의 유리지갑에 비해 자영업자의 과표양성화율은 대개 30~50% 정도에 불과한 것으로 추정되곤 했다. 이에 정부는 1999년 9월부터 신용카드 등 이용금액에 대한 소득공제제도를 도입하고 2000년 1월부터 신용카드영수증 복권제도를 도입했다. 신용카드 활성화정책은 자영업자의 과표양성화율 제고에 크게 기여해 세수증대를 가져왔으며 종합소득세 납세인원 증가 등으로 인해 봉급생활자와의 세부담 형평성 문제도 크게 개선되었다. 실제로 신용카드 활성화정책이 도입되기 전인 1998년에는 신용카드 이용실적이 약 63조 5,500억원 수준이던 것이, 2010년에는 약 493조 8,300억원으로 7.8배 증가한 것으로 나타난다.

신용카드 활성화정책을 통해 자영업자의 소득파악을 위한 과세인프라가 확충되고, 간편장부제도의 도입, 무기장가산세의 인상 등 기장확대 노력으로 인해 기장신고인원이 크게 증가한 것으로 나타난다. 실제로 기장신고비율이 1999년 43.35%이던 것이 2009년에는 59.4%로 상승한 것에 주목할 필요가 있다. 신용카드 활성화정책이 시행된 2000~2009년 동안의 부가가치세 과세표준은 연평균 9.74%씩 늘어나고 있음을 알 수 있다. 반면 간이과세자의 경우 신용카드 활성화정책의 예외 영역으로 과표현실화 수준이 연평균 0.31% 증가에 그쳐 크게 차이가 남을 확인할 수 있다.

특히 2000~2009년 동안 법인사업자의 소비자상대 현금수입업종 신고인원의 연평균 증가율을 보면 음식업이 10.44%로 가장 높았고 서비스업이 6.52%, 소매업이 5.90% 순으로 나타난다. 일반사업자의 소비자상대 현금수입업종의 연평균 증가율도 음식업이 11.42%로 가장 높았고, 이어서 숙박업 6.36%, 소매업 4.5%, 서비스업 4.36% 순으로 나타난다. 연평균 과세표준 증가율도 음식업이 20.96%로 가장 높았고, 숙박업이 14.05%, 소매업 9.5%, 서비스업 6.37%의 순으로 나타나고 있다. 이는 신용카드 활성화정책이 법인사업자에 비해 상대적으로 소매업, 음식숙박업, 기타서비스의 비중이 높은 일반사업자의 과표양성화에 더욱 큰 영향을 미친 결과로 추정된다(김재진, 2012).

Ⅳ. 세무행정 개혁방안

1. 세무행정 개혁의 배경

최근 세정당국에서는 급격한 세정환경의 변화와 국정전반의 개혁추진에 부응하여 세정상의 잘못된 오랜 관행 등 고질적 문제를 척결하고 선진세정의 기틀을 마련하기 위하여 국세행정의 운영·조직·제도 등의 총체적인 개혁을 추진하기로 하였다. 우선 세정에 대한 국민만족도를 높이기 위해 고객만족(CS)과 품질관리(TQM) 개념을 도입하는 등 납세자 중심의 체제로 전환하기로 하였다. 건전한 납세문화의 고양, 자발적인 납세협력의 유도와 과세의 공정성을 통하여 계층 간·업종 간 세부담의 불균형을 시정하며, 국제기준에 적합한 과세기준으로의 정비와 21세기 정보화 시대에 부응하는 국세행정의 지식경영체계를 구축하고자 한다고 밝히고 있다(국세청, 1999).

이를 위해 지속적 자정노력으로 세정의 투명성을 제고하고 신뢰받는 공직체계를 확립하며 급변하는 세정환경 속에서 공평과세의 실현과 납세서비스의 확충이라는 세정에 대한 시대적 요구에 부응하기 위하여 1930년대 이래의 세목별 조직을 납세자 중심의 기능별 선진행정조직 체제로 일대 전환을 단행하여 새로운 출발을 다짐하고 있다. 문제는 이러한 국세청의 개혁 노력이 10여 년이 지난 2013년 현재에도 거의 유사한 방안을 논의하고 있다는 점이다.

역대 국세청장이 취임할 때마다 세정개혁을 다짐했지만 얼마 지나지 않아 흐지부지되고 말았다. 쉬운 일은 아닐 것이다. 국세청은 정부 내에서 가장 결집력이 강한 조직이다. 또 한번 국세행정 전반에 대한 지속적·종합적 개혁 추진을 위해 민간 전문가 중심의 국세행정개혁위원회가 발족됐다(2013. 8. 29). 국세행정개혁위원회가 조직 내부에서 따돌림당하며 겉돌기만 하다 아무 성과 없이 끝날 수도 있다. '작지만 효율적인 국세청'이라는 비전이 '빈말'로 끝나지 않아야 한다.

서울지방국세청 조사국 직원들이 기업들로부터 수억원의 뇌물을 받아 나눠가진 사실이 적발됐다. 국세청의 심장부에서 조직폭력배의 행태나 다름없는 비리가 행해진 것이다. 이들 조사1국 전·현직 직원 9명이 세무조사 대상 7개 기업으로부터 2009년부터 2011년 사이에 챙긴 금품은 3억 1,600만원어치에 이른다고 한다. 국세청 직원이 개별 비리로 적발된 경우는 종종 있었지만 팀 전체가 한통속으로 비리에 연루되는 지경에 이르렀다니 놀라울 뿐이다. 경찰이 밝힌 수법은 혀를 내두르게 한다. 국세청 직원이 세무조사 중이던 기업의 직원과 접선해 5만원권 현찰이 든 쇼핑백을 건네받아서는 팀원 전체가 돈을 나눠 가진 것으로 드러났다. 인사이동으로 팀원이 바뀌어도 이런 관행은 계속됐을 정도라고 한다. 돈을 건넨 기업은 그해 세무조사에서 자진 신고한 내용이 그대로 받아들여지는 등 편의를 받았다고 하니 고양이에게 생선가게를 맡긴 꼴이다. 국세청 안에 지하경제가 있다고 해도 할 말이 없게 됐다.

조용해질 만하면 터져 나오는 국세청 비리는 국민을 허탈하고 분노하게 만든다. 지난해 국회 국정감사 자료를 보면 2010년부터 2년 6개월 사이 세무조사를 빌미로 금품을 받았다가 감찰에 적발된 국세청 직원은 115명이고 이들이 받은 금품이 39억원어치에 이른다고 한다. 국세청이 신뢰를 얻기 위해 많은 노력을 기울였다고 하나 국민의 시선은 따가울 수밖에 없다. 일부 국세청 고위 간부들의 경우 재임중 세무조사를 했던 기업으로부터 퇴직 뒤에 거액의 자문료를 받는 후불제 뇌물을 받은 사례도 있다. 국세청 출신 세무사가 기업에서 선임료를 받아 이를 국세청 직원에게 넘기는 등 비리 수법은 다양하다(조선일보, 2013. 3. 16).

2. 향후 세정발전방향

위와 같은 국세행정의 현주소와 세정당국이 천명하고 있는 개혁방안을 감안할 때 이제는 구호나 치장보다는 실천이 필요한 시점임을 알 수 있다. 따라서 여기서는 세정개혁방안에도 천명되어 있는 투명하고 공평한 세정을 만들기 위한 구체적인 소프트웨어 중심의 개혁방안을 국세행정의 과정을 중심으로 하여 살펴보기로 한다. 명시적인 목표도달 시점의 제시를 통한 각 과제의 실질적인 추진이 긴요하다.

(1) 부과의 투명화

첫째, 법적 제도의 단순화가 중요하다. 신고업무 및 절차의 난해성과 복잡성은 기본적으로 조세제도의 난해성과 복잡성에 기인하므로 신고업무 단순화를 위해서는 소득세법 등 각 세법 자체를 간단하고 명료하게 개정할 필요가 있다. 세법용어의 순화 및 감면조항의 축소 등 예외를 최소화하는 방향으로 세법을 다시 써서 납세순응을 쉽게 하고 정보비대칭문제를 극복할 수 있도록 하여야 한다.

둘째, 구체적인 시한을 정하여 신고서식의 정비와 제출서류의 간소화가 보다 전향적으로 추진되어야 한다. 계획만이 아니라 실제로 소득세, 부가가치세 등 각종 세법의 복잡한 신고서식을 납세자 스스로가 작성하여 신고할 수 있도록 신고서식을 간소화하고, 전산입력에 편리하도록 하여야 한다. 구체적으로 향후 3년 정도의 기간을 정하여 세목별 또는 납세자 집단별로 서식개선작업에 총력을 기울여 추진하고 이의 성과에 대해 평가받도록 하는 것이 필요하다. 복식부기의무자의 경우에도 불필요한 첨부서식은 폐지하여야 할 것이다.

셋째, 신고방법의 다양화로 세무서에 직접 와서 신고하는 체제에서 우편신고제와 병행하여 전산신고(electronic filing)의 획기적인 발전방안을 강구할 필요가 있다. 물론 현재에도 국세당국에서 전산신고를 도입하고 있으나 실적은 갈 길이 먼 실정이다.[4] 이는 납세자의 납세비용 절감뿐만 아니라 투명한 세정확립에도 크게 기여할 수 있을 것으로 판단된다. 전산신고 및 전화를 이용한 간편신고의 확대 등을 통해 신고에 수반되는 납세협력비용을 줄이는 방안이 적극 검토되어야 할 것이다. 구체적으로 향후 3년간 전산신고의 목표비율 등을 제시하는 것이 필요하다.

한편 기장의무를 성실하게 수행하는 납세자에 대한 획기적인 인센티브를 부여하며, 기장의무를 강제하기 위하여 영세한 납세자를 제외하고는 불이행시 특단의 가산세를 부과하여야 한다. 유인인센티브와 함께 가산세 중과의 연차계획을 세워 집행의 실효성을 기하여야 할 것이다. 성실신고에 의한 자발적인 납세순응도의 제고를 통한 공평하고 정직한 납세문화를 계도하고 신고납부제도의 정착을 위해서 각종 기준율과 표준율을 폐지하여야 한다. 부가가치세에 대한 표준신고율 폐지와 소득세의 각종 신고기준율의 폐지가 이루어져야 한다. 무기장에 대한 중가산세제도의 신설과 세무조사수준의 제고를 통한 성실신고의 담보를 확보할 수 있도록 전산화의 획기적인 증대와 세무대리인의 활용이 증대되어야 한다. 동 과

---

4 물론 개인소득세의 경우 홈택스시스템과 연말정산간소화시스템의 활용률은 상당히 높은 수준이다. 그러나 법인세의 경우와 자영업자의 경우 세무대리인을 통한 신고가 주를 이루고 있다.

제도 역시 향후 3~5년의 중기계획을 세워 동 기간에 도달할 수 있는 기장비율로 측정되는 성과를 미리 설정하고 점진적으로 추진하는 것이 필요하다.

세금계산서 수수의 문란은 기본적으로 무자료상과 영세사업자들에 대한 특례제도에 기인한다고 하였다. 과세특례제도는 당초 소규모 영세사업자들에 대한 납세편의를 위해 도입되었으나, 납세자들의 잘못된 납세관행 및 제도적인 보완점 미약 등의 원인으로 인해 과표의 현실화율이 낮고 무자료거래, 과표은폐 또는 축소, 무기장 거래, 세금계산서 수수 문란 등의 문제점을 안고 있다고 지적했다. 따라서 위장과세특례자들에 대한 색출 및 처벌을 강화하고 세정의 강화를 통해 과세특례자의 비율을 대폭 축소하는 방안을 강구하여야 하며 이는 소득세의 과표현실화와도 깊은 관련이 있으므로 더욱 신중해야 할 것이다. 매입측면에서는, 가능한 범위 내에서 유통구조를 단순화·대형화시킴으로써 무자료거래를 원천적으로 봉쇄할 수 있는 방안을 모색해야 하는바, 일례로 농산물의 경우를 보면 현재에는 유통구조가 매우 복잡다기하지만 농협 등 대형유통업자를 통하도록 하는 등 과표가 100% 노출되는 유통업자 등을 통해 거래가 이루어지도록 함으로써 무자료거래를 원천적으로 봉쇄할 수 있는 조치가 필요하다.

기본적으로 세금계산서의 수취유인을 증대하기 위해서는 현행 부가가치세법을 개정하여 현행 간이과세자를 일반과세자로 전환하는 것이 시급하다. 일반과세자와 소액부징수제도의 이원화만으로 단순화하는 것이 바람직하다. 이와 아울러 현행 근로소득자에게 적용되고 있는 신용카드영수증의 수수금액의 일부를 소득공제하는 규정을 유지하여 단기적으로는 소득세액의 일부를 희생하더라도 신용카드수수의 인센티브를 견지하는 것이 바람직할 것이다.5

(2) 조사범위의 확대 및 방법의 과학화

납세의무자가 장부 및 증빙서류를 비치하지 않았거나 비치한 장부 등이 소득금액의 계산에 부적절한 경우와 장부 등이 과세관청의 세무조사를 위하여 제출되지 않은 경우 추계과세요건에 해당된다. 현행추계방법의 개선은 영세사업자의 경우 표준경비율·매출총이익률 등에 의한 부분추계방법의 도입을 고려하여 볼 필요가 있다. 일정규모 이상의 사업자의 경우 표준소득률에 의한 추계방법을 폐지

---

5 정부는 한동안 사업자들의 수입 파악을 위해 장려하던 신용카드 소득공제부분을 어느 정도 성숙되었다는 판단에서 매년 소득공제 반영비율을 줄여나가고 있다.

표 11-2 주요 세목별 세무조사건수와 비율의 추이   (단위: 건수, %)

	1988	1997	2010
소득세	11,206	9,276	3,624
	(5.3)	(0.7)	(0.1)
법인세	2,931	4,882	4,430
	(5.6)	(2.7)	(1.01)
부가가치세	5,687	5,220	4,704
	(0.2)	(0.3)	(0.09)

주: 소득세, 법인세, 부가가치세의 조사건수는 각각 종합소득세 조사, 법인세 조사, 부가가치세
　　순수 부가가치세 세무조사건수를 의미함.
자료: 국세청, 「국세통계연보」, 각 연도.

하고 순재산증감법·소비액법(생활비추계법)·예금증가액법 등 가능한 모든 방법을
동원하여 소득금액을 추계하여야 할 것이다. 미국에서는 성실도 표본조사(taxpayer
compliance measurement program)에 의해 전산조사대상선정계획(discriminant function)
을 매년 수정하고 있는바, 이는 우리에게 시사하는 바가 크다. 그리고 소득의 탈
루가 많은 납세의무자, 예를 들면 매출누락이 많거나 의외로 소득률이 높은 사업
자가 고의로 추계에 의한 신고 또는 과세를 선택하는 풍조를 단절하기 위하여 엄
정한 조사범위의 확대가 필요하다.

　　현행 세무조사는 성실신고의 담보가 되기는 너무나도 미흡한 수준이다. 종합
소득세, 법인세, 부가가치세의 조사대상 납세자의 비율이 지나치게 낮음을 <표
11－2>에서 알 수 있다. 소득세와 법인세의 경우 십년 전에 비해 조사대상자의
비율이 상당한 수준으로 떨어졌음을 알 수 있는바, 이는 세무부조리 문제를 사전
적으로 방지한다는 측면에서 세무조사대상의 범위를 매년 축소하고 있고 여기에
과도한 과세자료의 처리에 치여 세무조사업무가 소홀해지고 있는 데 기인한다.
물론 새로운 조직개편을 통해 세무조사공무원의 인력이 두 배로 늘어난 것은 긍
정적인 것으로 평가되나 이러한 단기적이고 형식적인 조사에서 탈피하기 위해서
는 정보기술(IT)의 적극적인 활용이 긴요하다. 엄청난 규모의 지하경제의 상존과
납세자의 상당한 비중을 점하는 과세특례 및 과세미달자의 존재는 보다 다양하고
과학적인 세무조사기법의 선진화의 필요성을 시사한다. 조사대상의 범위확대와
관련하여서도 구체적인 목표를 제시하고 이의 달성정도로 개혁의 성과를 평가받
도록 하는 것이 필요하다.

　　세무조사의 목표는 납세협력을 고의로 회피하는 납세자를 처벌하기보다는 납

세자의 자발적인 납세협력을 유도하는 것이어야 한다는 점에서 현재의 세무조사 비율은 대폭 상향조정되어야 하며 이를 위해서는 납세자를 여러 개의 집단으로 나누어 분석하는 시장분할접근방법(market segmentation approach)을 과감히 활용하여야 한다. 유사한 성질의 납세자를 동일한 집단으로 분류하여 다양한 세무조사기법을 발전시켜야 한다. 탈세가 만연한 나라에서는 세무조사가 소수 납세자에 의한 완전무결한 납세보다는 다수의 납세자에 의한 개선된 납세협력을 목표로 삼아야 한다는 점에서 전산분석을 통한 조사가 보다 강화되어야 한다. IT를 통한 조사대상의 선정에 대한 납세자의 신뢰야말로 조사대상의 선정에 대한 정치적 영향력이나 부정의 개재에 대한 의구심을 해소할 수 있는 좋은 방안이 된다.

과세당국이 경기상황이나 세수여건에 따라 징세노력을 증가시키거나 감소시키는 것은 바람직하지 않다. 세수확보측면에서도 그렇고 세입의 경기조절기능측면에서도 그렇다. 세정과 세제의 투명성을 높임으로써 과세당국이 재량을 발휘할 여지를 줄이고, 과세당국은 가능한 최대의 세수를 확보하도록 당국의 임무를 설정하고 유인체계를 구축해야 한다. 무엇보다 세무조사 절차규정을 법령화하고, 세무조사 선정과정 및 그 결과의 공개를 강화하는 등 세무조사의 투명성을 높임으로써 과세당국의 재량의 여지를 줄이는 일이 우선적으로 추진되어야 한다(심혜정, 2012).

(3) 징수의 효율화 및 공평화

IMF 외환위기 이후 과거에도 고질적이었던 체납수준은 한층 문제가 되고 있다. 납세의무자가 부과된 세액을 납부하지 않는 것이 체납이며 이를 강제하는 절차가 강제징수제도(enforcement system)이다. 징수의 전문성을 제고할 수 있는 징수과의 독립은 이루어졌으나 조사과의 직원과는 달리 업무의 만족도가 높지 않으므로 이에 대한 사기제고방안의 강구와 함께 자발적 납세를 증대시킬 수 있는 제도의 활용이 긴요하다. 우선 체납의 발생이 이루어지는 원천을 차단하기 위해 사업자 등록증 신청시 GIRO(계좌번호)를 포함하도록 하여 환급은 물론 징수행정이 큰 도움이 될 수 있다. 자동전화징수체계(automated collection system)를 활용하여 주소와 재산의 확인, 미신고, 무납부의 문제를 해결하도록 하고 독촉을 하는 방법은 자발적 협력수준을 제고하는 데 효과가 있을 것으로 기대된다. 체납정리의 효율화를 위해 민간위탁을 생각해볼 수 있다. 핵심기능이라기보다는 부대기능이고 세무공무원의 인센티브에도 영향을 미치지 않으므로 자산관리공사처럼 민간전문기관에 위탁하는 방안을 고려할 수 있으나 압류 등 공권력을 위탁하여야 하는 문제가 선결되어야 한다.

(4) 세무공무원 사기관리방안

세무공무원의 인사행정(채용, 급여관리, 업무환경, 승진, 그리고 훈련)의 많은 부분이 정부 전체적인 차원에서 이루어지므로 차별화가 쉽지 않은 것도 사실이다. 그러나 수당단가의 현실화, 성과와 연계한 보상, 전문성에 대한 적절한 보상과 같은 부문에 있어서 국세청은 특별보상체계(special payments scheme)를 구축할 필요가 있으며 이는 미국, 영국의 사례에서도 쉽게 발견할 수 있다. 예외에 대한 비판이 없는 것은 아니지만 항상 우리는 투입과 산출, 그리고 보상의 가치(value for money)를 판단하여야 한다. 훈련에 대한 중요성도 보다 강조되어야 한다. 형식적인 훈련에 그치는 것이 아니라 투자로서의 훈련, 정보기술의 체화를 위한 심층적인 조사기법에 대한 훈련, 국제조세와 관련한 어학연수 등이 강조되어야 한다. 공정한 채용 및 심도있는 훈련, 적정한 보상, 쾌적한 근무환경과 같은 직접적인 사기진작을 위한 정책도 중요하지만, 공정한 승진인사 및 신뢰받는 관리, 전문성을 존중하는 근무환경 등이야말로 보이지 않는 간접적인 사기요인(hygine factor)이 된다.

3. 결론

신고납부제하에서 과세의 형평성은 결국 사업소득자의 납세성실도 제고로 달성되며 이를 위해서는 법·제도적인 정비와 행정적인 개혁노력이 병행되어야 한다. 법과 제도적인 정비는 부가가치세법의 개정을 통한 간이과세의 폐지, 금융소득 종합과세의 확대, 과세자료의 체계적인 관리, 기장 및 세금계산서 수수유인과 처벌규정의 강화, 그리고 신고납부절차 및 서식의 간편화·단순화, 정보기술의 획기적인 활용을 통한 국세행정의 BPR 등이 중요하다. 근거과세가 정착되기 위해서는 기장하는 사업자가 그렇지 않은 사업자보다 조세행정상 우대받는 메커니즘이 구비되어야 하고, 처지에 맞게 쉽고 간단하게 기장할 수 있는 편의를 도모해야 한다. 조세행정의 측면에서는 엄정한 조사대상의 확대로 성실한 신고를 담보하여야 하는바, 전산조사의 획기적인 확충 등의 중요성을 강조하였다.

조세행정개혁은 납세협력 및 행정적 효율성, 책임성, 그리고 사기를 증진시키려는 계획적인 노력이라고 했다. 일반적인 개혁전략들은 자발적인 납세협력의 개선 및 탈세·조세회피 사례를 효과적으로 추적하고 공정하게 처리하는 것에 세무행정자원을 집중시키는 것으로 나타난다. 박근혜 정부 들어와서 세정당국은 발빠른 개혁의 청사진을 제시하고 이의 실천에 앞장서고 있다. 혁신적인 구조조정의 단행, 납세자 중심의 기능별조직으로의 개편, 부조리발생의 근원적 차단 등은 매우 시의적절한 조치라 생각된다. 그러나 이러한 하드웨어적인 개혁으로 우리의 고질적으로 저조한 납세의식 및 뿌리깊은 세정당국에 대한 불신이 하루아침에 달라질 것으로 보는 것은 무리가 있다. 보다 중요한 것은 개혁의 신화(myth)에 빠져 말의 성찬 및 홍보에만 치중하기보다는 실질적으로 근거과세가 가능하고, 투명·공정한 세무조사가 이루어질 수 있는 소프트웨어의 확충이라고 하겠다.

세무조사 대상의 확대 및 과학화, 그리고 영수증을 반드시 주고받을 수 있도록 하는 공공부문 및 기업의 거래유인, 가계부문의 신용카드이용의 활성화, 범사회적인 기초과세자료인 거래의 근거를 전산시스템을 통해 제공받을 수 있는 과세자료 인프라의 구축, 세무공무원의 사기관리에 체계적인 노력을 경주하여야 한다. 구체적인 과제를 시한을 정한 목표관리 중심으로 하나씩 점진적으로 추진해 나갈 때 납세자의 신뢰도는 제고될 수 있을 것으로 판단된다. 세정개혁은 논리(logic)로써 단계적으로 접근하여야 하는 사회적인 산물인 것이다.

결국 중요한 것은 납세자 서비스 세정의 선진화와 근거과세의 정착이라는 결과(outcome)로서의 개혁의 성과로 현재 국세청에서 조직개편과 같이 하드웨어적으로 기울이고 있는 다양한 측면에서의 노력과 같은 투입(input) 중심의 개혁에서 한 단계(next steps) 넘어서서 결과 중심의 평가를 받는 것이다. 납세자의 과세당국에 대한 신뢰수준이 얼마나 높아졌는지, 근거과세의 비율이 얼마나 향상되었는지, 그리고 소득계층 간 및 유형 간 세부담의 형평성이 얼마나 나아졌는지, 지하경제 또는 탈루비율이 얼마나 줄어들었는지로 평가받으려는 자세를 갖추는 것이 매우 중요하다.

아울러 납세자의 의식전환도 함께 이루어져야 한다. 세정당국의 실질적인 BPR과 함께 경실련, 납세연을 비롯한 예산감시 및 납세자보호관련 시민단체들이 "세금 제대로 납부하기"의 범시민운동을 전개하여야 한다. 세금을 제대로 납부하지 않은 사람은 공직에 출마할 수 없도록 하는 입법청원, 위장가맹점의 영수증을

299

교부하는 현금수입업종의 경우 고발을 하고 영수증을 발급하지 않는 업소에 대해서는 불매운동을 벌이는 등 NGO 중심의 국민운동을 세정개혁과 병행하여 진행한다면 근거과세의 확립도 달성불가능한 신화만은 아닌 것이다.

04
PART

재정관리 현안

지방재정

I. 서론

●●● 지방분권, 특히 재정분권은 1980년대 후반 이후, 특히 1991년 지방자치가 실시된 이후 본격적으로 우리나라의 화두가 되어왔다. 지방재정을 재정분권, 즉 중앙과 지방정부 간의 재정지출 규모의 변화에 중점을 둔다면 재정분권은 지방자치의 출범초기와 노무현정부시기에 상대적으로 강화된 것으로 보인다. 재정분권이 진행되면서 중앙과 지방정부 간 재정관계는 무게 중심이 지방으로 이동하게 되는 것을 의미한다. 중앙과 지방을 합한 국가재정에서 지방재정지출이 차지하는 비중이 1990년대의 30~40%에서 2010년대 초반 이후 50%대로 크게 높아진 사실과 지방재정에서 이전재정이 차지하는 비중이 1990년대 초의 20%대 초반에서 2000년대 초반 이후 30~40% 수준으로 급증하고 있다.

참여정부는 선분권 후보완을 구호로 내세우면서 분권을 핵심 정책가치로 출범하였으나 실제 지난 2003년 이래 기대했던 분권화의 효익(benefit)은 찾아보기 어려운 것으로 생각된다. 이어지는 이명박정부에서도 큰 진전이 없는 것은 마찬가지다. 왜 그럴까? 참여정부는 정권 출범 초기부터 지방분권과 국가균형발전을 정권의 핵심적 사업으로 채택하여 지방분권정책을 의욕적으로 추진했다. 정부혁신지방분권위원회의 설립·운용, 국가균형발전특별위원회의 설립·운용, 지방분권특별법과 국가균형특별법을 제정하기도 했다. 특히 2003년 7월 4일에는 지방분권

표 12-1 재정분권 로드맵

4대 과제	현황 및 문제점	개선방향
1. 지방재정력 확충 및 불균형 완화	지방재정의 영세성 및 구조적 취약 – 지방교부세의 기본재정수요 충족률이 76.4%에 불과 자치단체 간 재정력 격차심화 – 세원불균형으로 재정규모 격차 심각	지방재정기반의 확충 – 지방교부세 법정률 인상 – 국세의 지방세 이양 지역 간 재정격차 완화 – 지방교부세 산정방식 개선 – 지방양여금제도의 개선 – 자치구 재원조정제도 개선
2. 지방세정제도의 개선	탄력세율 활용 미흡 자치단체의 자구노력 부족 – 과표현실화, 체납세 징수노력 등 법 및 제도에 의한 세수잠식 – 지방세·비과세 감면 종류와 규모 과다 – 비과세, 감면세액이 지방세수의 10% 상회	과세 자주권의 확대 – 지역개발세 과세대상 확대 – 탄력세율 적용 활성화 자치단체의 자구노력 강화 – 재산세·종토세의 과표현실화 – 체납세의 징수강화 비과세 감면제도의 개선
3. 지방재정의 자율성 강화	비효율적인 국고보조금 운영 지방예산 편성 및 운영에 대한 과도한 관여 – 지방예산편성지침 문제 – 기채승인권 문제 등	국고보조금 제도의 개선 – 보조금사업의 정비 및 자주재원화 – 포괄보조금제 운영 재정운영의 자율성 확보 – 지방예산편성지침 폐지 – 지방채 개별승인제도 폐지
4. 지방재정운영의 투명성·건전성 확보	지방재정의 책임성 부족 – 재정운영, 재정성과에 대한 사후관리 시스템 미흡 – 사후통제장치 미흡에 따른 재정운영의 투명성 저하 건전재정 운영을 위한 유인체계 미흡	지방재정분석 및 진단제도의 강화 투명한 재정운영성 확보 – 복식부기제도의 도입 – 재정출납관 독립성 강화 – 지방채 발행시 신용평가제 도입 검토 합리적 유인체계 마련 – 지방교부세 인센티브 확대

자료: 정부혁신지방분권위원회, 「참여정부 지방분권 추진 로드맵」(2003. 7. 4).

의 비전과 방향 그리고 지방분권 추진 로드맵을 발표하면서 7대 분야 20개 과제를 제시한 바 있다.[1] 이 중 두 번째가 획기적 재정분권의 추진이며 주요과제로 지방재정력의 확충 및 불균형완화, 지방세정제도 개선, 지방재정의 자율성 강화, 지방재정운용의 투명성 및 건전성 확보라는 4대과제를 선정했다.

오우츠(Oates, 1972)의 분권화 정리(Decentralization theorem)에 따르면, 지역별로 서로 다른 주민들의 선호와 환경을 반영하여 차별화된 공공서비스를 제공한다면 모든 지역에 대해 일률적으로 공공서비스를 제공하는 경우에 비해 사회적 후생

---

[1] 지방분권전문위원회는 지방분권추진을 위한 7대 기본방향으로 중앙–지방정부 간 권한 재배분, 획기적 재정분권의 추진, 지방정부의 자치행정역량강화, 지방의정 활성화 및 선거제도 개선, 지방정부의 책임성 강화, 시민사회의 활성화, 협력적 정부 간 관계정립을 선정하였다.

수준을 높일 수 있다고 한다. 지방정부는 지방주민들의 선호에 민감하게 반응하는데, 지방정부가 주민들의 선호를 만족시키는 능력은 주민들의 이동성에 의해 증진된다는 것이다. 즉 주민들은 발로 하는 투표(vote with their feet)를 통해 자신들에게 가장 바람직한 재정 패키지(fiscal package)를 제공하는 지방을 주거지로 선택하게 된다.[2] 따라서 지역주민들에 대한 지방정부의 책임성 있는 대응성(responsiveness)과 잠재적인 재정자원의 이동성을 통하여, 또는 허시만(Hirschman)의 투표와 이탈(voice and exit) 기제를 통하여 주민들은 시장에서 사적재를 선택할 때와 마찬가지로 한계비용과 한계수입을 일치시키는 수준에서 공공서비스를 소비함으로써 자원배분의 효율성은 증진된다는 주장이다(Oates, 1993; Hirschman, 1970 and Bailey, 1999).

그러므로 배분상의 효율성 증진은 재정분권의 요체라고 할 수 있다. 재정분권에 의해 공공부문이 수행하는 지출의 책임이 주민과 보다 가까이 있는 지방정부에게 주어짐에 따라 지출과 수입 간의 연계가 강화되며, 지방정부와 납세자이자 유권자인 주민들 간의 연계가 비용부담의 측면에서 강화됨으로써 정책결정에 있어서의 재정적 책임성(accountability)과 투명성이 증진된다. 이러한 논의는 지방재정이론의 핵심을 이루는 동시에 미국이나 캐나다 등 오래전부터 연방주의를 채택해왔던 선진국들에 있어서 이른바 재정적 연방주의(fiscal federalism)의 이론적 근거가 되어왔다. 이러한 논의가 우리나라와 같이 단방제 체제하에 전통적인 집권화 형태의 정부운영을 해 온 경우 어떠한 시사점을 주는가?

본 장에서는 재정분권이 정부규모, 정부의 책임성, 자원배분의 효율성에 미치는 영향을 살펴보고 우리나라 정부의 재정분권 노력을 실증적으로 분석해보기로 한다. 의사결정권한의 이전이라는 관점에서 분권화 노력을 평가하고 향후 재정분권화를 위한 적정세입구조, 특히 지방교부세제도의 구조적 역할 전환 모색에 필요한 이슈를 점검하는 기회를 갖고자 한다.

적정 재정분권화와 관련해서 경제학자들은 재정분권의 핵심적인 의의를 효율성의 증진에 두고 있다. Oates(1972)의 분권화 정리는 이를 잘 요약하고 있는데, "각 공공서비스는 그 공급에 있어서 편익과 비용을 내부화할 수 있는 최소한의 지리적 범주를 관할하는 지방정부에 의해 제공되어야 한다"는 것이다. 분권화된 시스템하에서는 지방정부 간 경쟁을 통해 효율성이 높아진다. 공공재의 공급에

---

2 재정패키지는 기본적으로 수입과 지출 측면에서 지방세와 이전재정, 지출측면에서 경상지출과 자본지출, 또는 산업, 교육, SOC, 치안 등 기능별 구분 등의 구조로 정의된다.

있어서 비용을 반영하는 지방세에 의해 재원이 조달된다면 개인들은 자신들이 원하는 재정적 패키지(fiscal package, 비용과 편익의 조합)를 제공하는 지역을 '쇼핑'함으로써 '발로 하는 투표(vote with their feet)'를 하게 된다(Tiebout 1956).3 따라서 분권화된 시스템하에서는 공공적인 자원을 보다 효과적으로 사용한다는 측면에서 지방정부 간 경쟁이 촉진된다. 이는 예산극대화를 추구하는 관료제하의 지방정부의 행위에 제약조건으로 작용함으로써 지방정부의 과도한 과세권을 제한하는 지역 간 경쟁을 촉진시킨다고 지적된다(Brennan and Buchanan, 1980).

과연 우리나라의 분권화 수준은 어느 정도나 될까? 이와 관련한 기존 연구는 그리 많지 않다. 안종석·박정수(1996)는 세입분권화 수준과 세출분권화 수준을 나눠 살펴볼 필요가 있음을 강조했고 양 측면 모두 지방교부세라는 일반보조금의 처리에 따라 그 수준이 달라질 수 있음을 밝혔다. 박기백·김현아(2005)는 우리나라 교육재정을 포함한 지방정부의 세입과 세출이 전체 정부의 세입과 세출에서 차지하는 비중으로 분권화 지수를 구하고 있는데, 2003년의 경우 세입측면은 23.5%, 그리고 세출측면에서는 50.3%의 분권화 수준을 보이고 있다고 밝히고 있다. 이영·현진권(2006)은 재정분권의 지표로 재정자립도의 한계를 감안해 재정분권 수준을 측정한 결과 우리나라의 세입분권 수준이 국제 간 비교해 결코 낮지 않다고 한다. 최병호(2007)는 국세위주의 조세구조를 유지한 채 이전재원을 통해 분권을 촉진한 구조 탓에 바람직하지 못한 지방재정상 관행이 유발된 것으로 진단하고 있다. 모든 지방정부가 중앙정부를 바라보는 상황에서 중앙정부는 각자를 조금씩 만족시키는 갈라먹기 식으로 이전재원을 배분하고자 하는 경향이 나타났고 결과적으로 재정분권의 근거인 효율성을 찾아볼 수 없다는 것이다.

정부 간 재정관계 구조변화는 국가의 정치적·정책적 의사결정에 따른 제도적 산물로 우리나라는 지방자치가 실시된 이후 신설된 보조금 주도정책과 국세를 중요시하는 국세 주도정책이 자리하고 있다(임성일, 2012). 보조금제도는 지속적으로 신설되고 확대된 반면, 지방의 과세권 신장이나 중앙과 지방 간 세원배분체계 측면에서 괄목할 만한 개편조치는 찾아보기 어렵다. 이는 지난 20여 년간 국세와 지방세 간 배분이 약 8 : 2의 국세편중 구조에서 거의 변화가 없었던 사실에서 잘 알 수 있다. 이러한 재정분권 수단의 불균형 활용정책은 시간의 경과와 더불어

---

3 물론 Tiebout는 이를 위한 전제로 거래비용의 0, 즉 비용 없는 이동성, 완전정보, 무수한 정부, 지방세는 배당수입에만 의존해 거주지 선택과 고용기회와의 관계 없음, 외부효과(spillover effect)의 전무 등을 강조했다.

지방재정의 중앙의존구조를 심화시키고 재정의 자율성과 독립성을 제약하는 요인으로 작용하고 있다.

면적, GDP, 인종·종교의 다양성, 민주화 수준, 청렴도, 거버넌스 수준 등을 감안할 때 우리의 세출분권은 말할 것도 없고 세입분권 수준도 낮지 않다면 우리의 단방제형태 정부계층 간 구조(intergovernmental relations)를 고려하면 세입분권 측면에서 시사하는 바는 무엇일까? 우리나라 지방정부의 연성적 예산제약(soft budget constraint)을 감안할 때 도덕적 해이나 전략적 행동을 막을 수 있는 방법은 과연 없는 것인가?

본 장에서는 이러한 재정분권화에 대한 이론적 논의, 실증적 분석에 기초해 우리나라 재정분권의 적정세입세출구조, 특히 대표적 이전재원인 지방교부세제도의 재구조화를 모색해 보고자 한다. 특히 재정제도는 맥락적인 환경이 중요한바, 우리나라의 역사적·제도적 환경을 감안한 적정세입구조로 전환하기 위한 지방교부세제도의 개선과제를 도출하고자 한다. 물론 이러한 지방교부세제도의 재구조화 논의는 본 장에서 독창적으로 제시하는 것은 아니다. 1990년대와 2000년대를 거치면서 성숙한 우리의 지방재정분권화의 토대 위에서 이제는 이러한 재구조화를 실현할 수 있는 기반이 어느 정도 구축되었다는 판단에 기반한다.

Ⅱ. 재정분권화 이론

1995년 민선 단체장의 등장은 우리나라 지방정치와 행정의 일대 혁신이자 패러다임의 전환이라는 의미를 갖는다. 즉, 행정의 관치 패러다임에서 민치 패러다임으로의 전환인 것이다. 민치 패러다임하에서는 주민에의 대응성(responsiveness)이 높아지고 서비스 행정이 중심이 된다. 우리 산업이 제조업 중심에서 서비스업 중심으로 이동하는 것과 맥을 같이한다.

민선 단체장의 출범은 행정의 흐름을 주민 중심으로 바꾸는 계기가 되었다. 민원인 불편 해소, 주민 삶의 질 제고, 소외계층 배려, 지역경제 활성화 등에 역점을 두는 등 행정을 서비스로 인식하기 시작하였다. 이러한 인식 변화는 민원 발생 후 대응하는 기존 사후(ex post) 서비스에서 미리 민원 발생을 예방하는 사전

(ex ante) 서비스, 즉 기획기능을 강조한다. 다른 한편 부정적 측면도 나타나고 있다. 자치단체장의 책임성 및 전문성 부족과 지방토호와의 유착, 전시행정의 과다, 무분별한 지역개발 등이 그러한 예이다.4 그러나 이러한 부정적인 측면이 민치 패러다임의 효용성을 상쇄하지는 못한다.

민선 단체장 등장의 이면에는 시민사회의 성장이라는 또 다른 축이 있다. 한국 사회는 1990년대 이후 급격한 시민사회의 성장을 경험하였다. 시민단체의 양적 팽창과 더불어 사회적 영향력이 크게 증대하였다. 이러한 현상은 다시 한번 행정개념의 변화를 초래하는 의미를 갖는다. 최근에 많이 논의되고 있는 뉴 거버넌스(new governance) 개념이 바로 그것이다. 뉴 거버넌스란 다양한 의미로 사용되고 있지만 정부기관과 비정부기구들이 상호 신뢰의 기반 위에 협조하는 서비스 연계망을 형성해 공공서비스 공급에 서로 참여하는 활동을 의미하는바, 시민참여 행정의 한 모습이다. 그러나 시민사회에도 두 얼굴이 존재한다. 참여를 통한 대응성, 책임성 등에서의 긍정적 측면과 더불어 집단 이기주의 또는 대중 영합주의와 같은 부정적 측면이 그것이다. 중앙정부는 이러한 지방자치의 환경을 지나치게 우려해 구호와는 달리 실질적 지방분권에 인색한 행태를 보이고 있다. 이것이 21세기 우리나라 자치행정이 직면한 현실적 위협요인이자 도전으로 다가서고 있다.

1. 재정분권이론과 재정연방주의 이론

선진국들에서의 지방정부 권한 변천은 변화 요구나 우발적 사건에 대한 대응으로 중앙정부가 지방정부의 권한을 확장시키기도 하고, 축소시키기도 하였으며, 이때 지방정부의 역할 및 권한 범위는 상위기관의 위임 범위 안에서 결정되었다. 영국은 1929년 실업 해결을 위해 지방정부에게 적극적인 복지권한을 부여하였으나, 1934년 중앙정부가 이 권한을 다시 거둬들였고, 미국은 1902년 재정 수입의 82%를 지방정부가 사용하였으나, 최근에는 45%에 불과한 수준으로 정부계층 간

---

4 경기도는 평택 황해경제자유구역에 카지노 유치를 추진하고 있다. 도박을 좋아하는 중국 관광객 유치를 위해 카지노 설립이 필요하며 13억 중국과 가까운 지리적 이점을 이용해야 한다는 것이다. 카지노 도시 마카오는 경기도 오산보다 면적이 작고 인구도 53만명에 불과하지만 연간 2,700만명의 관광객이 찾아 1인당 국민소득이 3만 5,000달러에 이르는 점에 착안 지역경제 활성화를 위해 관광산업 추진에 적극 나서고 있는 것이다. 현재 제주·전북·전남 등지에서도 카지노를 추진하고 있어 치열한 경합이 예상되는바, 주민을 위한 건강한 산업이라고 하기는 어렵지만 지방경제 살리기의 일환으로 지방의 자구노력이 본격화되고 있는 한 단면이라 하겠다(조선일보, 2008. 4. 23).

역할이 달라지는 모습을 보인다. 역사적 사건들이 지방정부 역할 규정에 대한 결정적 요인을 보여주기도 한다. 호주의 지방정부 역할이 개인에 대한 서비스(services to property)와 같이 소극적으로 규정된 계기는 19세기 지방정부에게 권한을 위임했었던 영국에 대한 저항과 재정 지출에 대한 반감에서 기인하며 뉴질랜드도 유사한 모습을 보인다. 프랑스의 경우 지방의회와 중앙정부가 협력적(collaborative) 권한 연대(interlinking of responsibilities)를 가짐으로써 서로의 역할 분담이 모호하게 되기도 한다.

경제학자들은 다양한 이론적·경험적 연구(theoretical and empirical literature)를 발전시켜 나갔고, 이를 두 가지 연구 방법으로 나누어 살펴볼 수 있다. 첫째는 재정 연방주의(fiscal federalist) 접근법이다. 정부의 다계층 체계(multi-level system of government) 안에서 재정 지출 기능을 분권화하여 효율성과 형평성을 강화하고자 하는 관점이다. 이 관점에 따르면 정부계층 각각의 다수(multi-unit)의 정부는 단지 자기 관할 시민들을 위한 재화와 서비스 전달자로 간주한다. 본 모형의 유용성에도 불구하고 특정 서비스에 대한 편익(benefits)의 범위를 정의하기 어렵고, 편익을 주는 특정 관할을 확정하기 어려우며, 지역에 따라 서로 다른 서비스를 제공하게 되므로 동질의 서비스를 공급할 수 없는 한계를 보인다.

다음은 시장실패 패러다임이다. 시장실패 패러다임은 경제의 최적상태를 추구하는 정책 담당자들(public policy makers)에게 유용한 지침을 제공한다. 시장경제에서 공공부문을 위한 경제의 우선적 역할 확정과 분권화된 경제정책 결정 과정에서의 시장과 정부부문을 비교할 수 있도록 함으로써 지방정부의 경제 역할을 정립하는 데 도움을 준다.

다계층 체제에서 지방정부의 우선적 역할과 기능 문제에 있어 시장실패와 정부실패 패러다임의 적용은 다음과 같이 정당화될 수 있다. 먼저 아담 스미스의 보이지 않는 손(invisible hands)에 따라 경쟁적으로 분권화된 시장에서 개인적 경제 주체들에 의한 이익추구는 사회적 합리성(socially rational)이나 파레토 최적(Pareto optimal) 상태를 달성한다. 다만 외부효과(externalities), 불완전시장(imperfect markets), 정보비대칭(information asymmetric), 공공재(public goods)와 같은 시장실패로 인해 정부개입(intervention)을 초래한다. Tiebout(1956)는 연방체제에서 광역과 지방정부 간의 경쟁은 지방 공공재와 서비스의 효율적 공급 때문만이 아니라 지방 공공재에 대한 선호를 가진 지방 공동체의 지지를 확보하기 위해 발생한다고 했다. 지방 공공재의 소비자들은 자신들의 선호를 지방 공공재 배분에 투영하기 위해 투표한다.

(1) 재정연방주의와 지방정부의 기능

재정연방주의(fiscal federalism)란 각기 다른 정부들 중에서 재정적 기능의 분화에 관한 경제적 이론의 규명과 다른 국가들의 공공부문의 조직과 역할을 설명하기 위한 이론적 구조에 관한 범위를 다수 정부의 경제적 분석으로 정의한다. 연방주의 경제 이론이 직면한 문제들은 연방, 주, 지방정부 수준에 적절히 배분될 때 가장 잘 해결될 수 있다고 보며, 가장 적절한 수준의 정부단위를 찾고자 한다. 정부 기능의 최적 분배는 물론 성과를 강화할 수 있는 수직적 구조도 함께 고려한다. 재정연방주의자들은 다음의 네 가지 근원적 질문을 고민한다.

첫째, 재정권력은 중앙정부보다 지방정부에 분배되어야 하는가?

둘째, 하위 정부의 가장 적절한 규모는 어느 수준인가?

셋째, 어떻게 광역과 기초 지방정부에 재정을 지원할 것인가?

넷째, 중앙정부에 의해 통제되어야 하는 광역과 기초 지방정부 활동의 범위는 어느 수준인가?

공공재의 공급 규모를 결정하고 각 재화의 편익을 내재화하는 Oates(1972)의 대응원칙(correspondence principle)에 따르면 공공재는 가장 낮은(주민에게서 가까운 최하위의) 단계의 정부에 의해 공급되는 것이 바람직하다. 연방 체계에서 편익 지역 개념은 기능 분배를 위한 중요한 개념이며 대부분의 공공재가 시민에게 편익을 줄 수 있는 지형적 제한을 받지만, 경우에 따라서는 국방과 통화 정책과 같이 전국이 대상이 될 수도 있다. 만약 공간적 편익 지역이 제한되어 있다면 공공재는 그 지역 거주자로만 확정된다. Stigler(1982)도 지방정부는 시민들에게 보다 가깝기 때문에 유권자들의 요구에 보다 효율적으로 대처하고, 지방 공공재의 선택에 있어 보다 유리하다고 지적한다. 상위정부는 보다 우월한 분배와 재배분, 안정화 기능에서 정당성을 얻을 수 있다고 한다.

재정 연방주의는 공동체의 최적 규모에 관한 답을 제시한다. 정부의 최적 규모는 공공재 공급에 있어 1인당 비용을 최소화하는 곳에서 나타난다. 사회적 비용과 사회적 편익이 동일할 때 정부의 최적 규모를 알 수 있다.

Oates의 공공부문 분권화의 세 가지 경제적 특성을 살펴보자. 중앙과 지방의 중첩관할은 공공재 수요에 있어 공간적 변수에 보다 쉽게 반응한다. 서로 다른 관할 간의 경쟁과 시민 이동가능성은 단기적 생산 효율성과 장기적·역동적 효율성을 강화한다. 분권화된 정부 체계는 공공 프로그램의 비용에 있어 명확한 인식을 하기 때문에 보다 나은 공공 의사결정을 유도할 수 있다. King(1984)은 Oates 등 많은 연구자들이 정부의 능력을 강조하고 특히 관할 간에 서로 다른 서비스 제공을 가능케 하는 지방정부를 강조하였고, 경제적 효율성은 시민들의 선호를 가장 잘 반영하는 공공재의 공급에 의해 최적화됨을 주장한다. 지방정부는 중앙 정부보다 유권자의 요구를 보다 더 잘 반영하며 다계층 정부를 통해 효율성을 강화할 수 있음을 주장하는바, 이는 분권화를 통해 실현된다.

또한 분권화에 대응하는 다양한 의견들이 제기되어왔다. 지방정부 유권자들 간의 초과된 재정지출을 야기하는 분권화는 재정적 환상(fiscal illusion)에 불과하다는 공공선택 이론의 등장이다. 최적의 대안보다는 중간 선호를 반영하는 중위 투표 정리(median voter theorem)와 함께 지방정부는 규모의 경제를 통한 효율성을 가지지 못하며, 경험 부족 때문에 새로운 기술에 소극적이어서 상대적으로 비효율적인 기술을 계속 사용하게 되는 단점이 있다는 주장이다.

(2) 시장실패와 지방정부 기능

경제학의 가장 중요한 통찰은 아담 스미스의 보이지 않는 손에서 유래된다. 아담 스미스의 경제인(homo economicus) 개념은 많은 스미스의 후계자를 만들었고, 오늘날은 경제인보다 더 많은 가정들이 생겨났다. 초과 이윤(excess profits)이나 준지대(quasi-rent)를 얻기 위한 위험을 감수하는 혁신가(risk-taking innovator) 모형도 등장했다. 개인의 이익추구는 사회적 효용으로 이어진다는 기본 가정은 여전히 유효하다. 아담 스미스와 그 후계자들이 개인의 이익추구가 사회적 편익으로 발전하는 것을 인지했음에도, 포지티브 섬 게임(positive sum game)은 확정된 제도적 환경에서 발생할 수 있다. 초과 이윤을 얻기 위해 다른 기업의 시장 진입을 막는 방법을 선택할 수 있고 지대추구(rent-seeking)와 같은 개인 이익추구 노력은 사회적 효용보다 사회적 비용을 더 발생시킬 수 있다.

게임 이론을 적용해 죄수의 딜레마, 제로 섬 게임, 포지티브 섬 게임을 적용할 수 있다. 시장체계는 포지티브 섬 게임을 지향하나 이것이 무력화되는 중요한 이유는 시장실패 현상이 존재하기 때문이다. 시장실패는 재화나 용역을 제공하기 위한 시장이나 시장체계의 불능으로 정의된다. 시장실패는 사회적 한계 비용이 사회적 한계 편익과 동시에 발생하지 않을 때 나타난다는 피구학파(Pigouvian)의 관점과 시장실패는 시장가격이 사회적 한계 비용과 동일하지 않을 때 발생한다는 두 가지 정의가 있다. 분배 효율성에 입각한 시장실패의 개념 정의는 유용하지만 시장의 사회적 기능을 간과했다는 비판을 받기도 한다. Wolf(1989)는 시장의 실패는 효율성이나 형평성 중 어느 하나를 결한 것으로 파악한다. 너무 복잡해지기 때문에 경제학자들은 경제 분석에서 윤리적 문제를 삼가는 경향이 있지만 형평성 문제는 실제 세계에서 중요하게 작용되며, 가장 최선의 정책 결정은 효율성보다 분배적 형평성에 있다고 보았다. 시장실패를 파레토 최적과 같이 좁게 정의한다면 여섯 가지 유형(외부효과, 비경쟁적 시장, 공공재, 정보비대칭과 불확실성, 불완전시장, 미시적 경기 변동)으로 나눌 수 있다.

1) 외부효과(Externalities)

외부효과는 대표적인 시장실패 사례로 외부효과의 문제점은 시장가격이 사회적 비용을 전부 포함하지 않는 것이고, 대표적인 예로 강물에 폐수를 방출하는 기업으로 인해 지역 어업이 타격을 입는 것(負(-)의 외부효과)과 실리콘 밸리의 집적 이익(正(+)의 외부효과)을 들 수 있다. 외부효과를 해결하기 위하여 시장가격에서 사회적 한계 비용과 편익을 동일하게 교정하는 방법이 있고, 이를 위해 전통적으로 정부가 개입해 정부가 시장 대신 생산과 규제를 수행하는 직접 개입과 세금과 보조금을 통한 간접 개입이 있다. 하지만 코즈 정리(Coase Theorem)에 의하면 외부효과는 적어도 원칙적으로는 정부 개입을 통한 교정이 필요 없다. 만약 외부효과에 의해 영향받는 당사자들 간에 효율적인 거래를 하는 데 방해요인이 없다면 사람들은 스스로 파레토 최적을 위해 협상할 것이기 때문이다. 코즈 정리의 성공적인 작동을 위해서는 거래비용(transaction costs)이 발생하면 안 된다. 외부효과로 야기된 시장실패의 첫 번째 문제점은 특정 지방정부의 수입과 지출이 다른 지방 관할까지 넘어가게 될 때 상호관할(interjurisdictional) 외부효과를 발생시키고 이는 한정된 자원의 최적배분을 막는 경우이다. 예를 들어 하천 부근 지방정부가 수질오염을 막기 위해 노력한다면 하류 지방정부는 어떠한 비용을 지불하지 않고도 효용을 얻게 된다. 상호 관할 외부효과로부터 야기된 시장실패는 외부효과를 직접적으로 다루는 지방자치단체에게 보조금을 지급하거나, 관할 구역을 충분히 확장하여 외부효과를 내부화(internalized) 시키는 방법, 영향받는 관할의 지방자치단체들이 직접 협상하여 사회적 최적화를 달성하도록 상위정부가 개입하여 해결할 수 있는 세 가지 방법이 있을 수 있다. 두 번째 문제점은 외부효과를 특정 지역에 귀속시키기 어렵다는 점이다.

2) 비경쟁적 시장(Non-competitive markets)

보이지 않는 손에서 가장 중요한 가정은 경쟁 시장의 존재이고, 만약 외부 시장에 경쟁이 없고, 독점(monopoly), 과점(oligopoly), 복점(bilateral monopoly)과 같은 시장의 불완전성이 존재한다면, 보이지 않는 손은 효율적인 자원 배분에 실패하게 된다. 정부의 경우 법체계, 면허제도, 특허법, 수입 제한과 독립된 지역이나 장거리로 인한 지형적 제한, 기술적 장벽, 규모의 경제 등이 경쟁을 막는 요인이 된다. 많은 자본이 필요하지만 이에 반해 이익이 적은 하수시설, 수도시설, 전기, 교통, 소방 분야는 정부가 기업에게 보조금을 주거나 손실을 보전해주어 기업이 계속해서 서비스를 공급하게 하는 자연독점(natural monopoly)이 발생하기도 한다. 자연독점체제에서는 시장실패와 비효율적 배분이 야기되므로 사회적 한계비용 문제를 배제하고 정부가 개입하게 된다. 자연독점에서 정부의 시장개입 방법은 정부가 직접 서비스를 생산하거나, 기업에게 보조금을 지불하여 생산하게 하거나, 보조금 지급 대신 기업이 요금을 조정할 수 있도록 허가하여 서비스를 제공하게 하는 세 가지 방법이 있다. Oates의 대응원칙과 규모의 경제를 통하여 자연독점을 조정하고 규제하고자 하는 방안이다. 특정 서비스 제공을 위하여 규모의 경제 범위를 확대하고, 지방정부는 편익 지역 안에서 규모의 경제를 시현하도록 노력한다.

3) 공공재(Public goods) 공급

재정연방주의는 서로 다른 수준의 정부들이 어떻게 공공재를 공급할 것인가에 큰 관심을 두고 있다. 공공재의 특징으로 비경합성(non-rival in consumption)과 비배재성(non-excludability)을 꼽는다. 비경합성은 어느 한 사람의 소비가 다른 사람의 소비를 위한 재화의 유용성을 감소시키지 않음을 의미하거나, 모든 사람이 동일한 재화를 사용함을 의미하고, 여기서 비경합성의 중요한 경제학적 함의는 공공재 소비자는 추가적인 비용 지불 없이 재화를 소비할 수 있다는 점이다. 동

313

시에 많은 사람이 소비함으로써 누군가의 소비가 억제되는 것은 준경합(semi-rivalrous)이라 부르고, 비순수·혼합 공공재라 할 수 있다. 비배제성은 재화의 생산자는 기술적으로나 정치적으로나 그리고 경제적으로나 개인이 재화를 소비하는 것을 막을 수 없음을 의미하고, 비용을 지불하지 않으므로 무임승차(free-riding) 문제가 발생한다. 이 외 지방정부의 입장에서 볼 때 공공재는 특정 지역에 제한적으로 편익을 미치는 지역성(localness)을 갖는다. 공공재의 특징에서 야기되는 시장실패인 지역 경제의 개방성(openness) 때문에 지방정부는 이 문제를 중앙정부보다 더 다루기 어렵다. 지역 경제 개방성은 주민 이주와 물자 이동을 포함한 중요한 파급효과를 가져왔고, 공공 지출에 있어 지방정부의 선택은 주민의 이주와 전출, 사적 영역에 대한 자원 배분에 영향을 미친다. 비배제성은 납세자로서 소비자들이 개인적 기여를 고려하지 않고 제공되는 공공재의 무임승차에 대한 믿음 때문에 공공재에 대한 인센티브가 감소하게 되어, 용의자(최수)의 딜레마(prisoners' dilemma)를 야기하였고 공공재에 대한 사회적 비용 측정을 어렵게 한다. 대응원칙에 따를 때 우선적 관할은 공공재의 지역성에 의존하게 되며, 관할지역에 우선적으로 편익이 제공된다.

4) 정보의 비대칭성과 불확실성(Asymmetric and uncertain information)

시장실패는 정보비대칭성으로 인해 역선택(adverse selection)의 문제를 발생시킨다. Akerlof(1970)는 중고차(used car)를 예로 들어 정보비대칭성을 분석하였는데, 일반적으로 판매자가 구매자보다 자동차에 대한 정보를 더 많이 가지고 있기 때문에 판매자는 구매자보다 고물 차(duds)와 문제 차(lemons)를 찾는 데 보다 숙달되어 있다. 구매자는 그들이 고물 차를 구매할 가능성이 높다는 것을 알기에 낮은 가격을 제시하게 되고, 판매자는 좋은 중고차 판매를 꺼려하여 오로지 고물 차와 별로인 차를 중점적으로 판매하게 됨으로써 시장에는 나쁜 차만 남는 즉, 별로인 차가 좋은 차를 구축(crowed out)하는 역선택의 문제가 발생한다. 정보의 비대칭성으로 인한 시장실패를 해소하여 판매자와 구매자의 정보를 동등하게 만들기 위해 정부가 개입하게 된다. 불완전한 정보로 인해 구매자가 자신의 사적 한계 편익을 계산하는 것은 어려우며, 판매자 역시 사적 한계 비용을 산정하기 어렵기에, 정부가 개입하여 피구의 사회적 한계 편익과 사회적 한계 비용의 균형을 맞추고자 한다. 정보비대칭성과 불완전성을 해결하기 위하여 연방정부 차원에서 권한 배분이 일어나는데, 가령 주택의 경우 품질, 규모, 안정 기준등과 같은 것을 미리 규정하여 불량 주택이 건설되지 않도록 예방하고, 주택 구입자들에게 보다 나은 정보를 제공하게 된다. 정보비대칭 문제에서 신약 판매나 식품정책과 같이 보다 광범위한 문제를 다루게 될 경우 연방차원과 같이 보다 상위 수준의 정부가 담당하게 된다.

5) 불완전한 시장(Incomplete and missing markets)

보이지 않는 손이 효율적으로 작동하기 위해서는 완전 경쟁시장이 필요하다. 불완전시장으로 인한 시장실패 문제는 보험시장이나 자본시장에서 주로 일어나며 충분한 공급과 소비가 이루어지지 못할 때 나타나는데, 가령 경마에서 기수(equestrian)들은 자신들의 서비스를 제공하기 위하여 정기적인 경마 경기가 있어야 한다. 정부는 불완전시장으로 인한 시장실패의 교정책임이 있으며, 일례로 1990년 호주의 작은 마을에 은행이 필요했는데, 민간은행이 들어와서 사업하기에 적절치 않았기에 지방정부가 은행 서비스를 대행함으로써 문제를 해결했다. 우리나라의 경우도 네트워크 서비스를 담당하는 우정사업본부의 경우 공익성의 차원에서 농촌지역에 지점이나 별단우체국을 설치하여 우편업무와 예금, 보험업무를 수행함으로써 불완전한 시장을 보완하고 있다.

6) 경기변동(Business cycles)

시장경제는 항상 주기적인 변동이 있는 미시적 경기변동을 겪는다. 경제활동의 미시적 파동은 정부 개입을 위한 결정적 근거(prima facie)를 낳고, 미시경제 정책이 경제에 영향을 미침에 따라 광역이나 기초 지방정부 수준에서보다는 중앙정부 수준에서 개입하게 된다. 미시경제 안정화를 위하여 중앙정부 거시경제 정책을 훼손하지 않는 범위 안에서 지방정부가 개입할 수 있다.

7) 형평성(Equity arguments)

시장실패가 분배적 효율성에 초점을 둔 좁은 관점에 기반하고 있지만, 경제적 효율성뿐만 아니라 윤리적 기준 측면에서도 고찰할 필요가 있다. 윤리적 기준은 범위가 너무 넓어 이를 파악하기가 너무 어렵고, 보편적 기준에 대한 합리적 합의에 도달하기 어렵기 때문에 경제 분석에서 다루기가 어렵다. Weimer and Vining(1999)은 세 가지 윤리 기준으로 인간 존엄성(human dignity), 형평성 향상

(increasing the equality), 제도적 가치의 보장(preserving institutional values)을 제시한다. Wolf(1989)는 평등의 기준으로 기회의 평등, 수평적 평등(같은 것은 같게), 수직적 평등(다른 것은 다르게), 마르크스 평등(능력에 따라), 구약의 평등(눈에는 눈), 신약의 평등(뺨을 돌려댐) 등을 말한다. 분배 과정의 평등, 분배 기회의 평등, 분배 성과의 평등 등 다양한 윤리적 기준이 있고 이들이 상호 충돌하는 경우가 있는바, 성과의 평등은 동일한 결과물을 받아야 하므로 가정의 평등과 기회의 평등과 배치된다.

복잡한 기준에도 불구하고 Wallis and Dollery(1999)는 지방 정책을 포함한 정부 정책에서 지침이 될 세 가지 기준을 제시하고 있다. 분배적 성과는 효율적 시장의 분배적 성과물이 사회적으로 받아들여지지 않는 부와 사유재산이라면 재분배를 위해 정부가 개입하게 된다. 가치재와 열등재(merit and demerit goods) 개념을 도입하여 가치재의 경우 보호하고(전쟁 기념관, 스포츠 광장, 개발제한구역 등) 소수 그룹에 대한 경제적 기회를 부여한다.

(3) 시장실패 패러다임에 대한 비판

시장실패 패러다임이 유용함에도 불구하고 다음의 네 가지 측면에서 비판을 받는다. 정부를 지나치게 이상화하고 있고, 차선책 이론, 거래비용 간과, 방법론적 한계가 있다는 지적이다.

1) 정부 이상화

지나치게 정부를 이상화한 것은 현실과 동떨어진다. Chang(1994)은 기존의 시장실패 이론이 정책 결정자는 시장실패의 정도를 확정할 수 있다고 가정하고, 정부는 분배적 효율성을 추구하기 위한 최선의 개입방법을 알고 있으며, 정치가와 행정가는 이기주의보다 이타주의에 근거하여 일을 한다고 가정하고 있으나, 이러한 모든 가정은 정부실패로 귀결된다. 정부실패는 시장에 대한 정부개입이 오히려 자원의 비효율적 배분으로 이어지는 현상을 말한다.

2) 차선책 이론(theory of second best)

정책 결정자가 시장실패의 범위를 알고 있고, 효율적 개입과 이타심에 근거한 동기부여를 받았다 하더라도, 성과물은 파레토 최적에 이를 수 없음을 의미한다. 차선책 이론은 만약 시장실패가 경제의 한 부분에서 발생했다면, 다른 분야의 파레토 최적을 깨지 않고 시장실패를 바로잡는 것은 이론적으로만 가능한 것이라는 점을 강조한다.

3) 거래비용(transaction costs) 간과

시장실패에 대한 최근의 비판으로 거래비용은 상품 거래에 있어 합의점에 이르기 위한 비용을 의미한다. 모든 시장거래는 거래비용을 포함하나, 이러한 비용이 가격에 포함되지 않았고, 이것이 외부효과를 발생시켜 시장실패를 야기하게 된다는 것이다.

4) 방법론(methodological underpinnings)에 대한 비판

이상적 이론과 실제 현실을 비교함으로써 방법론이 구체화되나 실제로는 그것이 어렵고 Harold Demsetz(1969)는 이를 두고 허상(nirvana)이라 비판한다.

2. 정부 간 재정조정 이론

재정의 지방분권화 추진 성과는 제도적 환경에 따라 달라진다. 예를 들면 분권화를 추진하면서 적절한 정부 간 재정 이전제도를 갖추지 않으면 빈익빈 부익부 현상으로 지역 간 격차가 크게 벌어질 수도 있다. 적절한 세입을 보장하지 않고 기능만 지방으로 이양하면 지방공공재 공급이 위축될 수 있으며, 지방정부의 부채는 지방정부의 예산제약을 완화시켜 궁극적으로 재정파탄을 야기하는 원인이 될 수도 있다.

그러므로 각급 정부에 적절한 기능을 배분하는 문제를 넘어서 정부계층 간 재정체제를 구조화하는 데 각 나라마다 진통을 겪는다. 또한 정책을 결정하고 집행하는 사람들에게 적절한 동기를 부여하는 공식·비공식적인 제도를 갖추어야 하며, 각종 규정이나 절차들은 공공사업의 비용과 혜택을 명확하게 보여주어 공무원들이 그들의 의사결정에 대해 책임을 지도록 하는 방향으로 설정되어야 한다.

Shah(1998)는 분권화를 통해 이루고자 하는 목표를 달성하기 위해서 갖추어야 할 제도적 장치들을 다음과 같이 구분하였다.

첫째, 서로 다른 정부들끼리 의견을 교환하고 정책을 조율할 수 있는 제도적 장치를 갖추어야 한다.

둘째, 정부 간 재정관계는 지방재정의 성패에 영향을 주는 가장 중요한 제도이다.

셋째, 책임성을 확보할 수 있는 제도적 장치는 분권화의 성공에 필수적이라고 할 수 있다.

넷째, 지방정부가 일을 제대로 하고 있는지, 보조금 사업이 지속되어야 하는지 등을 파악하기 위해서는 적절한 평가제도를 갖추어야 한다.

다섯째, 감사, 조사 및 통제 등 전통적인 책임성을 강화하는 제도가 유지될 필요가 있으며, 중앙정부가 지방정부를 감독하되 지역 내에서는 자율과 책임을 가지고 의사결정을 할 수 있도록 하는 제도적 장치도 갖추어야 할 것이다.

이 중 후자 세 가지는 모두 지방정부의 책임성을 확보하기 위한 제도적 장치로서 중앙정부, 지방정부, 주민 간의 원활한 정보의 흐름을 근본으로 하여 지방정부의 책임성을 제고하고 방만한 지방재정 운영을 방지하는 제도적 장치를 모색하는 데 초점을 맞추고 있다.

(1) 정부 간 재정이전

분권화의 효과는 재정제도를 어떻게 구조화하느냐에 따라 달라지는데 재정제도 중 핵심적인 것이 조세배분제도와 정부 간 재정이전체제(fiscal transfers)라고 할 수 있을 것이다. 지방재정 이론은 경제단위(economic unit)인 주민이 별다른 비용을 들이지 않고 한 지역에서 다른 지역으로 이동할 수 있다고 가정하고 있다. 그러므로 지방정부가 이동성이 큰 경제 단위에 조세를 부과하면 그 경제 단위들은 조세를 회피하기 위해 이동을 하게 되고 이는 경제적 비효율성을 초래한다. 따라서 전통적인 재정분권화이론에 의하면 지방정부는 이동성이 큰 단위에는 조세를 부과하지 말아야 한다. 그러나 실제로 주민이 이동하는 것은 자신이 납부하는 세금에만 의존하는 것이 아니라 자신이 받는 공공서비스 혜택을 포함한 재정패키지(benefit-cost package)에 의해 결정된다는 점을 인식할 필요가 있다.

Shah(1998)는 각 보조금의 목적별로 보조금 정책을 입안할 때 중요하게 고려해야 하는 원칙과 바람직한 사례, 피해야 할 방법들을 <표 12-2>와 같이 정리하였다. 지방정부의 재정적자를 보전한다는 것은 조세체계의 효율성을 유지하기 위한 보조금설계를 의미하는데, 그 방법으로는 정부 간 기능배분의 재검토, 지방정부를 위한 세금감면, 세원 공유 등을 들 수 있다. 여기서 세금감면은 지방정부가 징수한 세금에 대해 중앙정부에서 세액공제를 해 주는 방식을 의미하는 것으로 지방정부의 세원을 확대하는 효과가 있다. 세원공유의 경우에는 세목별 공유

지방재정

표 12-2　보조금의 교부원칙

보조금의 목적	보조금 형태	사례	피해야 할 관행
재정적자의 보전	· 기능의 재배분 · 세부담 경감 · 세원 공유	캐나다의 세부담경감 및 브라질, 캐나다, 파키스탄의 세원공유	사후적 적자보전 보조금, 세목별 세원 공유
지역 간 재정격차 축소	재정능력 형평화를 위한 일반 보조금	호주, 캐나다, 독일의 재정형평화 프로그램	다양한 요인들을 고려한 세입 공여
외부효과의 내재화	조건부 정률 보조금: 보조율은 외부효과와 동일	교육·의료 보조금	
국가적 최소한의 수준 유지	조건부 정액 보조금: 국가가 제시하는 수준을 달성할 것을 조건으로 보조	인도네시아의 도로와 초등교육에 대한 보조금, 콜롬비아와 칠레의 교육보조금	지출에 대한 조건만 있는 보조금, 임시(특별) 보조금
국가적으로 중요한 사업에 대한 지방의 우선순위 조정	조건부 정률 보조금: 보조율은 재정능력과 역비례	캐나다의 사회보장을 위한 정률 보조금	임시(특별) 보조금
경제안정	사회간접자본 운영을 위한 자본이전 등	자본이전에 국한하고 위험에 대한 정책적 보장을 통해 민간부문의 참여 촉진	사후 유지에 대한 조건 없이 주어지는 경제안정 보조금

자료: Shah, Anwar, "Balance, Accountability, and Responsiveness: Lessons about Decentralization," Working Paper, Washington, D.C.: The World Bank, 1998.

를 하지 않도록 해야 한다. 왜냐하면 중앙정부가 세입을 증대시킬 필요가 있을 때 공여를 하지 않는 해당 세목의 세부담만을 증대시키는 전략적 행위를 함으로써 조세체계를 왜곡시킬 가능성이 있기 때문이다. 지역 간 재정격차를 축소하기 위한 보조금은 일반보조금으로서 재정능력에 따라 배분하여야 하는데 여기서 너무 많은 요인들을 고려하는 것은 피하는 것이 바람직하다. 외부효과를 유발하는 사업에 대한 보조금은 한도를 정하지 않은 정률 보조금으로 지급하는 것이 바람직하며 국가적 최소한의 기준을 충족시키기 위해 지원하는 보조금은 정액 보조금으로서 그 기준을 충족시킬 것을 조건으로 교부하게 된다. 중요한 것은 보조금 지급의 조건이 되는 성과를 명확하게 설정하고 공정하게 평가하여 지방정부간 경쟁을 촉진해야 한다는 점이다. 또한 국가적으로 중요한 사업이 지방에서 우선순위가 낮을 경우 그 우선순위를 변경시켜 과소공급 등 외부성의 문제를 시정하기 위하여 보조금을 지급할 수 있는데, 이때는 조건부 정률 보조금을 지급하는 것이 바람직하다(안종석, 2002).

(2) 중앙정부와 지방정부 간 재정조정

지방정부의 모든 공공재 공급을 자체재원에만 의존하도록 하면 일부 공공재의 경우 국가적인 관점에서 볼 때 바람직한 수준보다 적게 공급될 가능성이 있다. 공공재는 그 포괄범위와 외부효과에 있어서 매우 다양한 성격을 갖고 있다. 어떤 공공재의 포괄범위가 기초정부보다는 크고 광역정부보다는 작은 범위의 정부에서 공급하는 것이 바람직한 경우도 있으며, 어떤 공공재의 경우는 그 파급효과가 다른 지역의 주민들에게까지 미치는 경우도 있다. 이러한 점들을 모두 고려한다면 각각의 공공재에 대해 서로 다른 범위의 정부를 형성하여 각 지방정부가 단일 또는 소수의 기능만을 수행하도록 하는 것이 가장 바람직할 것이다.5 그러나 이러한 방식을 채택할 경우 지방정부가 지나치게 많이 존재하게 되어 행정상의 낭비가 초래되며, 주민생활이 복잡해져 많은 불편을 야기하게 될 것이다. 그러므로 일부 국가에서는 특수한 기능들에 대해 그 기능만을 수행하는 독립적인 정부단위를 형성하여 운영하기도 하지만 대부분의 경우에는 한 국가 내에 두 단계 또는 세 단계의 지방정부를 형성하고 그 지방정부들로 하여금 여러 가지 복합적인 기능을 수행하도록 한다. 그러므로 지방정부가 공급하는 공공재의 파급범위가 그 지방정부의 관할범위를 넘어서는 경우 지방정부는 일반적으로 그 공공재를 국가적인 관점에서 보아 바람직한 수준보다 적게 공급하게 된다. 이는 지방정부가 공공재 공급에 대한 의사결정을 할 때 해당지역주민의 선호만을 고려할 뿐 다른 지역주민의 후생에 미치는 효과는 고려하지 않기 때문이다. 이러한 경우에는 중앙정부에서 개입하여 공공재 공급을 확대하도록 하는 것이 바람직한데, 이를 위한 수단으로 많이 이용되고 있는 방법이 중앙정부에서 지방정부에 보조금을 지급하는 것이다.

Shah(1991)에 의하면 이와 같이 중앙정부가 개입하여 지방정부의 공급을 확대하는 것이 바람직한 공공재에는 사회간접자본 등과 같이 외부효과가 뚜렷한 공공재뿐만 아니라 재분배적인 성격을 갖는 서비스도 포함된다. 전통적인 견해에 의하면 주민의 이동성이 지방자치단체의 소득분배능력을 저해하므로 소득재분배 역할은 중앙정부에서 담당하는 것이 바람직하다.

---

5 실제로 미국의 경우 우리와 같은 광역, 기초정부와 같은 일반지방정부 외에 교통, 상수도, 교육 등을 담당하는 특별행정단위로서 특별지방(special district)정부가 5만개 이상 존재한다.

정부계층 간 재정조정의 필요성은 이상적인 정부의 기능배분이 현실적으로는 거의 불가능하다는 점에서 야기된 것이나 조세배분의 측면에서도 지방정부의 재정수요를 자체재원으로만 충족시킬 경우 해결할 수 없는 문제가 발생한다. 지방세로서 갖추어야 할 조건들을 갖춘 세목이 극히 일부에 한정된다는 점에서 기인한다. 공공재의 성격을 보면 소득분배, 경제안정화, 국방 등 일부를 제외하고는 대부분이 지방 공공재의 성격을 갖고 있다. 그러므로 국가재정에서 지방재정이 차지하는 역할은 상당히 크며 경제가 발전할수록 지방재정의 중요성은 증가한다.

그러나 지방세로서 갖추어야 할 조건들에 비추어 보면 재산과세 등 일부 세목을 제외하고는 대부분의 세목이 지방세로서 적합하지 않아 지방자치단체는 자체세입만 가지고 지방자치단체를 운영하기에 충분할 만큼의 재원을 확보하기가 곤란한 것이 일반적인 현상이다. 이 문제를 해결하기 위하여 많은 국가에서 지방세가 갖추어야 할 조건의 일부를 만족시키지 못하는 세목들도 지방세에 포함시키고 있으나 이는 국가경제 전체의 효율성을 저해하는 것이어서 이러한 방법에도 한계가 있다. 그러므로 많은 국가들이 중앙정부에서 징수한 국세수입의 일부를 지방으로 이전하여 지방정부로 하여금 자체적인 공공재 공급에 사용하도록 함으로써 지방정부의 재정수요와 자체세입 간의 격차를 보충하고 있는바, 우리의 지방교부세 및 지방교육재정교부금이 여기에 해당한다.6

조세수입의 관점에서 지방정부로 하여금 자체재원만 가지고 재정을 운영하도록 할 경우 나타나는 또 다른 문제점은 지역 간 세원분포의 불균등에서 기인한다. 어느 국가든지 정도의 차이는 있으나 지역 간 경제력의 격차는 존재하기 마련이고, 따라서 징세능력에도 격차가 존재한다. 어떤 지역은 소득수준이 높아 다른 지역과 같은 세율로 과세하더라도 더 많은 세수입을 확보할 수 있는 것이다. 반면, 농촌지역(remote areas)은 규모의 경제에 도달하지 못하였거나 생산요소의 부족, 자연적인 조건 등으로 인해 공공재 공급비용이 다른 지역보다 클 수도 있으며 경우에 따라서는 인구구성상 학령아동, 노약자, 빈곤층 등의 비중이 커서 공공재 수요가 더 많은 경우도 있다. 순전히 재정력의 격차로 인해서 주민이 이주할 경우 국가경제의 효율성이 저해된다. 따라서 중앙정부는 지방재정에 개입하여 지역 간 형평성을 제고함으로써 순전히 재정적인 이유에 의한 주민의 이동을 억제하게 된다.

---

6 실제로 지방교육재정교부금은 교육목적으로만 지출하도록 하는 보조금이라는 점에서 포괄보조금으로 보는 것이 타당하다.

중앙정부가 지방정부로 재원을 이전할 때의 형평화 목적은 비슷한 세율수준으로 동등한 수준의 공공재 혜택을 받을 수 있음을 위함이다(김현아, 2007). OECD(2006)는 중앙정부와 지방정부 간 재정조정의 근거로 공공서비스 혜택의 형평성을 확보하는 것과 추가적으로 자동안정화장치로 설명하고 있다. 급격한 경기변동에 따른 고용변화 등이 발생하여 자체 세수기반이 악화되었을 경우 최소한의 지방정부 운영을 보장하도록 한다는 것이다. 또한 지역정책 등으로 인한 지방정부 간의 자본이나 노동의 지역불균형 등에 따른 왜곡을 교정하는 역할도 수행한다.

(3) Bahl and Linn의 보조금 구분

보조금 배분 시스템은 배분 풀(pool)의 크기를 결정하는 방법과 정부계층 사이에 배분을 결정하는 방법으로 구성되어 있다. Bahl and Linn(1994)은 이러한 기존의 배분 시스템을 비교 평가하여 새로운 분류를 제안하고 있다.

표 12-3 정부 간 보조금 프로그램의 대안적 형태

바람직한 단위들 사이에 배분 풀의 배분방식	총 배분 풀의 결정 방식		
	중앙 또는 주정부 조세의 일정률	임의적 결정	특정 지출에 대한 지원
징세지 원칙	A- 공동세		
공식에 의한 배분	B- 지방교부세	F	
특정사업에 대한 경비 지원	C- 지방양여금	G- 국고보조금	K- 국고보조금
임의적 배분	D	H	

자료: Bahl and Linn, 1994.

1) 공동세(The Pure Shared Tax)

A유형 보조금으로 지방 정부의 관할지역에서 세금을 걷고, 중앙 혹은 주정부는 일반적으로 총수입의 일정 부분을 공유한다. 이러한 시스템 아래에서는, 지방정부는 세율이나 과세표준(tax base)의 결정에 통제 권한이 없으므로 A유형은 정부 간 이전이기는 하지만 할당된 지방세는 아니다. 왜 분명한 국고보조금(outright grant)이나 지방세 대신에 공동세 방식을 취하는 것인가? 그 이유는 첫째, 중앙정부는 재정분권화의 실질적인 프로그램을 추진하기 위하여, 지방 세입원의 일정

부분을 안정적으로 보전하려 하고, 세입 측면에서 소득 탄력성이 높은 세원이 연방정부에게 주어져 있는 국가에서 활용될 가능성이 크다. 둘째, 중앙정부는 지방세원으로부터 조금 더 많은 자원의 동원이 필요한 것으로 간주하며 반면에 지방정부는 세무행정적 역량이 떨어지는 것으로 생각한다. 셋째, 중앙정부는 독립적인 지방세보다 공동세를 통해 수직적 재정 균형이라고 불리는 재정 통제의 라인을 열어두고 싶어 한다.

다음은 공동세의 장점과 단점을 정리한 것이다.

장점	단점

• 공식이나 임의적 할당에 비교하여 지방정부에 이전되는 규모가 예측 가능함에 따라 지방정부의 재정적 계획이 가능함
• 지방정부에게 소득과 물가상승률에 탄력적인 세입 기반에 대한 접근성을 부여하며, 지방정부에게 할당되는 세입원의 타당성을 증가시킴
• 만약 주어진 자금 사용에 대한 조건이 부과되지 않는다면, 지방정부 재량권은 순수 공동세 아래에서 분명히 증가함. 세 번째 장점은 물론, 중앙정부의 의지가 수직적 재정 균형을 함부로 변경하지 않는다는 조건하에서 가능함
	• 공동세는 경직적인 경향이 있음
	  − 정치적으로 지정된 비율(수직적 균형)의 변화가 어려움
	• 비형평성
	  − 지역에 기반을 둔 징수 세금에 따른 세입원의 보전은 높은 소득을 가진 도시 커뮤니티를 더욱 부유하게 만듦
	  − 재정역량 면에서 지역 간 불균형을 줄이려는 국가 자원의 재할당의 목적과 반대임

2) 지방교부세(Formula Grant)

일정한 공식을 근거로 적합한 지방정부에 대해 교부금(grant pool)을 배분하는 방식이다. 지방교부세는 총교부기금이 지방교부세(type B)로 정해지느냐 임의적인 방식(ad hoc type F)을 근거로 하느냐에 따라 달라질 수 있다. 재원 풀은 국세의 고정비율로 결정되는 것이 일반적이며 개별 지방자치단체에 대한 할당은 공식에 의한 것이 가장 보편적인 형태이다. 교부되는 국세의 범위는 터키의 소득세, 콜롬비아의 판매세 및 나이지리아와 필리핀에서는 거의 모든 국가세입 pool을 포함하기도 한다. 임의배분(ad hoc type)은 매년 정해지는 일정금액의 예산을 각 연도에 교부할당하거나 그 금액을 다양한 중재적 방법으로 결정한다. 다양한 공식을 활용하지만 대개 제공되는 서비스의 차이를 감안하고 인구, 면적을 결정요인으로 포함하는 경우가 일반적이다.

3) 비용변제방식(Grants to Reimburse Costs)

재원을 지방정부로 이전하는 세 번째 방법은 비용을 변제하는 형식이다(〈표 12-3〉의 type C, G, 및 K). 변제 비용 총액을 정하는 다양한 방법이 있는바, 총액 제한 시 국가세입재원의 특정 공유나 임시적 방법이 총액 고정을 위해 사용될 수 있다. 개방적 방법은 모든 적합한 비용을 변제하는 방식이며 정부가 무엇이 중요한지를 정하는 교부금은 항상 폐쇄적이고 현재의 특정 서비스 지원을 위해 사용되기도 한다. 중앙정부는 100%의 비용보다 적게 지급하므로 (수혜정부의 매칭을 요구함으로써) 인센티브의 문제를 극복하려는 시도를 하게 된다.

4) 임의적 배분방식(Ad Hoc Grants)

교부금 배분시 극단적 중앙집권화의 경우 총액규모가 중앙정부에 의해 결정되고 그 분배가 몇몇 주관적 근거로 이뤄지는 임의프로그램(type H 교부금)들로,

표 12-4 정부의 목적에 따른 다양한 교부금 형태의 적합성

목적	교부금 형태							
	A	B	C	D	F	G	H	K
중앙정부								
지방재정에 대한 통제 유지	L	L	L	–	P	P	P	P
특정기능이나 세수동원에 대한 비용 자극	–	–	P	–	–	P	P	P
지방 간 서비스 및 재정력 균등화	L	P	–	P	P	–	P	
지방세수동원 증가	–	–	P	P	–	P	–	P
지방정부								
지방재정에 대한 통제 유지	P	P	–	–	L	L	L	L
효율적 예산 기획	P	P	–	–	L	L	L	L
지방세입 흐름의 적정성 증가	P	P	P	–	L	L	L	L
공통								
행정비용 최소화	P	–	L	–	–	L	–	L

주: P=most preferred, L=least preferred, –=effect is uncertain
자료: Bahl and Linn, 1994.

1) 각각의 프로젝트에 대해 승인이 필요한 개방형(open-ended) 보조금

2) 광역정부 또는 중앙정부에 의한 임의 근거에 따라 할당된 보조금

3) 회계연도 동안 특별한 목적으로 할당된 추가 보조금 등을 들 수 있다.

임의보조금의 특징은 중앙과 지방정부 사이의 특정한 수직적 회계 균형을 지정하지 않는다는 점으로 이는 중앙정부로 하여금 재원을 가장 필요로 한 부문으로 돌릴 수 있는 최대한의 융통성을 부여하지만 지방정부의 의사결정권한을 취약하게 하며 재정계획을 불확실하게 하는 단점이 있다. 결국 주어진 국가의 상황에 따라 정부 간의 교부금 시스템이 각 나라가 적합한 시스템을 찾아가는 것처럼 끊임없이 변하는 상황하에 있는 것이다.

5) 통제의 목적

중앙정부가 지방재정에 대해 최대의 통제를 할 수 있는 방식은 총교부금이 임의로 결정되거나 비용 변제의 경우이다. 관할면적이 넓고 부유한 지방 정부들은 공동세 형식(type A)을 선호하는 데 반해 지방교부세는 공식(type B)에 의해 분배되는데 납득할 만한 지방통제만을 허용하므로 특히 작은 지방자치단체에서 선호한다. 지배적인 교부금 형태는 A, B유형인데 어느 정도 지방자치권을 허용하는 공통점을 나타낸다. B유형은 상대적으로 더 절충된 형태인데 총재원풀이 자동적으로 결정됨에도 불구하고 적합한 단체 간의 분배권한이 중앙정부의 손에 남아 있기 때문이다.

6) 균등화

중앙정부가 공공서비스나 재정력을 균등화하기 위해 교부금 제도를 이용할 때 최상의 교부금제도는 임의로 수혜집단에 분배하거나 공식(type B, D, F, H)에 의한 것이다. 특히 매력적인 것은 중앙정부가 균등화 교부금과 지방자치단체로의 분배를 매년 바꿀 수 있도록 허용하는 type H 형태이다. 중앙정부와 재정력이 열악한 지방정부가 제일 선호하지 않는 것은 공동세(type A) 형식인데 이는 균등화 패턴을 보장하는 분배의 원초적 기초를 보장하기 어렵기 때문이다.

7) 지출통제

지출촉진을 위해 선호되는 교부금은 비용변제의 경우로 type C, G, K 등이 여기에 해당된다. 이 보조금은 중앙정부가 소득 및 가격효과에 있어서 지방정부

의 행동 변화를 유도할 수 있다.

8) 효율적인 예산기획

지방정부가 예산집행과정에서 교부금 금액을 미리 예상하는 예측가능성은 매우 중요하다. 배부금액이 국세로부터의 세입에 묶여 있고 공식에 의해 결정되거나 지방 징세비율로 결정된다면(type A, B) 해당 지방정부는 비교적 정확하게 수령 예상규모를 추정할 수 있어 선호도가 높다. 하지만 그 금액이 중앙정부에 의해 임의로 정해지거나(type D, H) 승인된 비용(type C, G, K)과 같은 모호한 정의에 따른다면 재정이전의 규모예측은 매우 어려운 과제가 된다.

9) 행정비용

중앙 및 지방정부는 세입 마련에 드는 행정비용을 최소화한다는 목적을 공유한다. 예를 들면 지방교부세제도는 지방세징수비용보다 비용효율성이 나은데 중앙정부의 징수 능력이 지방정부보다 뛰어나기 때문이다. 교부제도의 창출은 관료들이 교부금의 분배와 처리를 모니터해야 하므로 배분체계가 복잡하고 돈 쓰는 것에 확인이 복잡할수록 행정비용이 더 크게 된다.

3. 지방재정의 정치경제

'주민의 이탈'과 '정책결정에의 참여'(exit and voice) 기제는 지방정부가 주민에 대한 책임성을 제고하는 근본적인 동인이 된다. 지방정부가 제공하는 재원염출－공공서비스 패키지(cost-benefit package)에 대해 불만을 가진 주민이 다른 지역으로 이동하지도 않고 불만을 표시하지도 않는다면 지방정부가 지역주민의 선호에 민감하게 반응하여 주민이 원하는 대로 공공재를 공급할 하등의 이유가 없기 때문이다.

'이탈'과 '참여'를 바탕으로 지방정부의 책임성이 제고되도록 하기 위해서는 몇 가지 전제조건이 충족되어야 한다. 그 중 첫 번째는 각급 정부의 역할과 한계에 대한 정보의 완전성이다. 즉, 지방정부가 무엇을 하는지, 그리고 어떤 일을 하지 않는지에 대해 주민들이 명확하게 인식할 수 있어야 한다.

둘째, 정부의 활동과 성과에 대해 다른 지역, 또는 다른 기관들과 비교할 수 있는 유용한 정보가 제공되어야 한다. 성공적인 분권화를 위해서는 선출된 대리인이 잘못된 행위를 할 때 그를 소환할 수 있는 제도적 장치를 갖추어야 한다. 더 많은 정보가 수집되고 더 많은 주민들에게 알려질수록 지방정부의 책임성은 강화되고 분권화의 성과는 좋아질 수 있다.

또한 불완전한 정보는 정부계층 간 책임성을 약화시킨다. 분권화의 중요한 부작용 중의 하나는 공공재 공급에 대한 믿을 만한 정보가 중앙정부의 가시권에서 사라진다는 점이다. 그러나 어떤 기능을 지방으로 이양하는 것이 그 기능에 대한 중앙정부의 책임이 없어진다는 것을 의미하지는 않는다. 그보다는 책임의 성격이 공공서비스를 직접 공급하는 데서 다른 단위 즉, 지방정부가 효율적으로 그리고 평등하게 공공재를 공급하는지 감독하고 규제하는 데 있다. 이를 위해서 지방정부에게 통일된 양식으로 예산 및 기타 재정에 대한 보고를 하게 할 필요가 있다. 중앙정부는 분권화한 기능에 대해 과거의 집행기능을 정보의 수집, 평가 및 감독, 정보의 배포 등을 담당하는 기능으로 전환하고, 특히 비교 가능한 정보를 수집하여 주민들에게 알리는 일에 중점을 두어야 할 것이다. 이러한 의미에서 복식부기 발생주의에 의한 디지털예산회계시스템의 지방재정에의 적용은 큰 의미를 갖는다.

셋째, 지방정부의 재정적 책임성을 갖추어야 한다. 이를 위해서는 먼저 지방정부의 사업을 위한 자금을 자체적으로 조달할 수 있는 제도적 여건이 갖추어져야 하며, 지방정부의 예산제약이 실제로 지방정부의 재정활동을 엄격하게 제약하는 '견고한 예산제약(hard budget constrain)'이어야 한다. 이에 대해 Oates(1999)는 지방정부의 한계적 지출은 자체세입으로 충당하여야 한다고 주장하였다. 만약 그것이 이루어지지 않을 경우 즉, 지방정부에서 사업계획을 수립하고 그 비용은 중앙정부에서 부담하는 경우 지방정부는 지방재정 운영에 대해 지역주민에게 책임을 지지 않게 된다. 실제로 그와 같은 방식으로 운영되는 사업이 많이 있는데, 주로 국가적 사업을 지방정부가 대리인의 입장에서 수행하는 경우들이나 지방정부가 고유사업을 자체적으로 추진하는 경우에는 그와 같은 방식을 적용하면 분권화의 의미가 크게 훼손된다. 이 경우 지방정부는 지역주민보다는 중앙정부의 의사를 더 중요하게 고려하며, 또한 주민들이 선출한 지방정부의 장은 재원조달에 대한 정치적 부담이 없으므로 과도하게 공공재 공급을 확대하고자 하는 동기를 갖게 된다.7

7 2012년 인천시, 용인시, 태백시, 화성시 등 다수의 지방자치단체들이 심각한 재정건전성 문제를 노

지방재정

4. 재정격차의 개념과 분류

재정조정은 재정력이 취약한 지방이 자주재원으로 충당이 어려운 지출에 충당하기 위해 중앙정부 차원에서 재정격차를 조정해주는 것이다. 여기서 재정격차의 개념을 이해하는 것이 중요하다. 여기서는 Oates(1999)의 "Federalism and Fiscal Equity"라는 논문을 통해 재정격차의 의미를 자세히 살펴보기로 한다. 먼저 정부계층 간 재정관계 문제의 특성은, 재정권을 가진 자치 단위의 지리적 한계를 포함하는 하나의 정치적 단위(political unit)에서 발생한다. 특히 중앙정부가 지니는 지방정부에 대한 재정권한은 법적(구조적)으로 광역정부로부터 독립적이기 때문에 이 문제는 중요성을 띤다. 연방주의에서는 두 개 이상의 구조적으로 독립된 재정시스템이 작동한다.8 개별정부 단위에서 재정시스템의 작동은 지리적 범위의 제한을 받는다. 만일 전통적 의미의 재정분배 기능이 독립적으로 지방정부에게 요구될 때, 지방정부 간 재정력이 동등하지 않다면 재정 불공평이 발생할 수밖에 없다(지방정부의 인구 수, 공공서비스 수행 기준, 조세부담의 차이). 이러한 차이의 본질과 범위, 그리고 격차 해소의 어려움은 연방정부의 전체적인 재정문제인 것이다.

이러한 상황은 첫째, 지속적인 산업화, 전문화, 경제 집중화에 따른, 고소득자의 특정지역 집중화 경향 특히, 운송과 커뮤니케이션의 급속한 발전에 따른 자원의 전문화로 경제성장은 보다 빨라진 반면 개인소득과 부의 불평등 수준은 점점 증가하게 된다. 이러한 불평등은 개인 간 그리고 지역 간에 발생하며, 특정 선호지역에 고소득자가 집중됨으로써 개인 간 차이는 더욱 심화된다. 둘째, 모든 수준에서의 정치적 활동의 범위 확장(이는 재정 메커니즘을 통한 경제자원 총액의 분배 전환 요구) 셋째, 사회적 서비스 공급 증가를 통한 지방정부 활동이 광범위하게 확장됨에 따라 점차 그 문제는 심각해지고 있다.

이러한 정부활동의 확장은 연방정부의 재정문제를 더욱 어렵게 만드는 요인이 되고 있다. 정부역할의 '보호' 측면, 그리고 재정시스템 작동이 '편익' 또는 '보상'에 더욱 접근하려면 부유한 지역은 정부지출 증가를 요구하는바, 모든 국가 서비스가 모든 국민에게 공평히 제공되어야 한다면, '요구'와 '재정력' 간의 불일치

출하였는데, 그 원인과 배경에 지방재정의 과도한 외부의존경향이 자리하고 있음을 간과해서는 안 된다. 지방재정의 현실은 지방자치단체가 과욕을 부려 잘못된 사업을 해서 문제가 생기더라도 항상 중앙정부가 재정지원에 나서서 문제를 해결해줄 것이라는 안이한 사고에 의해 지배되고 있다.

8 개인은 연방, 주, 지방 등 3개 또는 그 이상의 재정시스템에 의해 영향을 받게 된다. 그러나 지방정부 권한은 주정부의 파생물이므로 주정부 – 지방 간 재정시스템은 하나의 단위로 결합되어야 한다.

가 지방정부에서 발생하게 되는 것이다.

(1) '평등'에 대한 개념정의와 재정조정

이상적 형태의 재정조정은 동일한 재정능력을 가진 광역정부 간의 상대적 재정시스템의 차이를 의미한다. 만일 모든 광역정부가 대략 1인당 재정력(또는 재정잠재력; 소득과 부)이 동일하다면, 조세부담이 모두에게 동등할 필요는 없으며, 공공서비스의 보편적 수준과 분배 또한 동등할 필요가 없다. 어떤 지역은 높은 세금을 납세함으로써, 동등한 재정잠재력을 가진 다른 지역보다 높은 수준의 공공서비스를 제공받을 수 있을 것이다(이는 선택적이다). 여기에서 동등한 재정력이란 세금부담과 공공서비스 제공이라는 양 측면의 균형을 반드시 포함해야 한다. 정부계층 간 재정이전 시스템은 재정력이 불평등한 주정부에게 동등한 세율을 기반으로 동등한 서비스를 제공하기 위함이다. 이는 평균 조세부담을 통한 국가적 평균차원의 공공서비스 제공을 목표로 한다. 여기서의 현실적인 어려움은 평균 조세부담과 평균 공공서비스 기준 선정 문제와 주정부 간 '평등' 파악의 어려움으로 나타난다. 정부간 재정이전이라는 정책적 함의를 추진할 윤리적 규범, 윤리적 유인동기가 미약하다는 점이다.

(2) 동등한 이에게 동등한 대우를('equal treatment for equals')

전통적으로 평등을 규정하는 객관적 지표나 기준에 비해 주관적 또는 심리적 평등은 간과되어 온 것이 사실이다. 과세표준을 위한 가족의 규모, 소득원천, 실질적 수입효과 등은 고려했지만 지리적 차이에 의한 조세부담의 차이는 정당화되지 않는다. 비록 재정정의(fiscal justice)가 환상에 불과하다 하더라도 '동등한 처지에 있는 사람은 동등하게 취급되어야 한다(equal treatment for equals)'는 수평적 형평성이 포함되어야 하기 때문이다. 동등한 사람(equals)은 객관적 경제상황(계층)에서 동등한 사람을 의미하며, 그에 따른 재정 형평성을 의미하므로 이러한 개념정의를 사용한다면 연방주의 재정문제의 해결은 가능하게 된다. 전통적인 접근은 '평등'을 조세 측면에만 국한하고 있다. 조세부담이 유사하다면 개인 간 형평 기준도 만족하는 것으로 보았던 것이다. 그러나 이는 편익(유용성) 부문을 간과한 것으로, 평등은 공공서비스의 분배와 가치 사이의 균형과 관련된다. 재정적 잉여(fiscal residuum, 또는 재정적 차이)가 유사한 상황의 개인 간에 동등할 때만 재정구조는 공평한 것으로 받아들여진다.

정치적 구조의 적절성에 대한 정의가 필요하다. 연방정부에서 개인은 2~3개의 독립된 재정시스템의 영향을 받는데 이러한 상황에서 공평의 기준은 무엇인가? 정치적으로 본다면, 개인은 같은 단위의 지방정부에 거주할 때만이 동등한 재정 처우를 받을 수 있다는 가정이 성립된다. 이 경우 다른 지방정부 단위에 거주하는 동등한 계층의 사람은 모든 것을 동등하게 취급받게 됨을 보증받지 못한다. 따라서 재정 형평성의 원칙은 정부 단위를 넘어서는 영역으로 확장되어야 중앙정부의 재정문제 해결이 가능하다.

중앙정부는 적절한 재정 단위와 결합되어야 하며, 이러한 논쟁의 두 가지 유형은 다음과 같다. 첫째, 정치적 구조는 반드시 경제적 운용 단위(unit)를 고려해야 한다. 한 나라의 경제는 전국적 규모의 시장에 의해 자원분배된다. 만일 가격왜곡의 최소화 또는 유효한 자원에 대한 최소한의 간섭으로서의 재정시스템 작동원칙이 수용된다면 이러한 관점은 명백해진다. 동등한 자에 대한 동등한 처우는 경제적 실체에 부합하는 정치단위에 의해서만 가능해진다. 경제적으로 이질적인 지방정부를 포함하는 미국 연방구조에서 만일 재정이전이 없다면 적절한 자원 분배에 대한 간섭은 불가피해진다.

만일 지역정부 간에 재정능력이 동일하지 않다면 저소득 지역의 주민들은 고소득 지역보다 높은 세금부담과 낮은 가치의 공공서비스라는 재정압박을 받게 된다. 이 경우 재정압박이 최소화되는 지역으로의 인적, 물적 자원의 이동 유인이 발생한다. 총체적 재정구조는 지역적으로 가능한 한 중립적이어야 한다. 즉 국내 어디에 거주하느냐에 관계없이 한 개인은 대체적으로 동등한 재정적 처우를 보장받아야 하는 것이다.

미국의 경우 주정부의 재정활동이 국가경제와 완벽하게 독립적으로 수행되는 것처럼 보이지만 사실 주정부는 국가경제의 영향을 받는다. 이미 1887년 William H. Jones는 당시 중앙집권적으로 세금을 모아 주정부당 인구수로 평등하게 공유하는 시스템을 제안한 바 있다. 그러나 국가 경제의 중앙집중화는 재정적 분리, 독립을 요구하는 정부단위에는 부합되지 않는다. 이러한 부조화는 단지 재정권한의 집중화 또는 정부 간 재정조정에 의해서 제거될 수 있다.

둘째, 재정시스템 작동으로서의 정부계층 간 재정 이전문제이다. 재정시스템은 광범위하게 발생하는 소득분배의 불균형 감소에 주요 의미가 있으며, 이는 보

330

다 윤리적으로 수용되어야 한다. 만일 중앙정부 내에 다양한 경제 상황에 있는 지방정부가 있다면 형평성 원칙은 중앙정부에게 지역 간 재정이전의 기능을 요구할 것이다. 재정이전은 저소득지역 주민을 지원하는 것이므로 전통적인 형평성 기준에는 어긋나게 된다(중앙의 재정권한은 지방정부의 재정차이를 상쇄하기 위하여 동등한 사람을 동등하지 않게 처우해야 한다). 중앙 단위의 이러한 분배기능의 필요성은 그렇다고 모든 재정시스템이 하나의 권역으로 통합된다는 것을 의미하는 것은 아니다. 모든 주에서 모든 사람이 동등한 조세부담이나 공공서비스를 요구하는 것은 아니며 형평성 기준의 만족은 차이가 실질적으로 동일해질 것을 요구하는 것이다.

정부계층 간 재정이전의 정책 목표는 동등한 계층의 사람에 대한 동등한 처우를 보장함에 있다. 만일 그러하다면 개인의 거주 지역은 더 이상 중요한 영향을 미치지 않는다. 동일한 소득과 동일한 부를 소유한 개인은 단지 그가 서울이 아닌 지방에 거주한다는 이유만으로 더 심한 재정압박을 받지 않아도 된다. 비록 재정 형평성 문제 해결을 위한 재정시스템의 기능은 별 차이가 없겠지만, 다음에 제시되는 방법은 지역정부 간 재정능력 동등화(평균화)에 기초한 것으로, 앞서 다룬 재정이전이 윤리적 측면을 고려한다면 이는 그렇지 않다. 동등한 사람에 대한 동등한 처우의 이상(ideal)은 다음에 제시하는 지역정부 단위의 균등화(평등화)보다 우위에 있다.

(3) 형평성 원칙과 재정이전(transfer)과의 관계

가상적인 예를 들어 설명해보자. 여기서 가상적이라는 의미는 수치가 예시적이라는 점과 함께 정부가 100을 걷어 100을 지출한다는 가정에서도 타당하다. 정부의 세금징수에는 징수비용(administration cost)과 납세협력비용(compliance cost), 그리고 X 비효율성 등이 감안되어야 한다.[9] 따라서 본 예시에서 100을 징수해 100을 지출한다는 설정은 현실적이지는 않다.

이 사례의 경우 중앙정부는 총 3,150달러의 세금을 징수하여, 각 주민에게 525달러의 공공서비스 혜택을 제공하게 된다. 지역정부 A는 2,100달러의 세금을 징수하여, 각 주민에게 700달러의 공공서비스 혜택을 제공한다. 지역정부 B는 1,200달러의 세금을 징수하여, 각 주민에게 400달러의 공공서비스 혜택을 제공한다. 세금부담만을 보면, 각 동일수입그룹에 평등한 세율이 적용되기 때문

---

9 오쿤(A. Okun)의 새는 양동이(leaking bucket)를 생각하라.

표 12-5 시민의 세금부담 (단위: US$)

주민	X의 세수	A, B의 세수	총액
A1	1,000	1,000	2,000
A2	1,000	1,000	2,000
A3	50	100	150
B1	1,000	1,000	2,000
B2	50	100	150
B3	50	100	150

주: X: 중앙정부, A, B: 지역정부; 주민 A1, A2, B1은 기술자, A2, B2, B3는 비기술자; 기술자는 연소득 10,000달러, 비기술자는 연소득 1,000달러 가정; A, B에서의 고용조건은 같으며, 주민 6인은 기술정도 외에 다른 점에서는 유사한 것으로 가정; 중앙정부는 누진소득세율(고소득: 10%, 저소득: 5%)을 적용하며, 전체 세수가 누진소득세에서 징수되고 지역정부는 10%의 비례소득세율을 적용하며, 전체 세수가 비례소득세에서 마련됨을 가정.

에 재정구조가 공평하나, 세금의무와 혜택을 모두 고려하면 동일수입그룹의 구성원들 간 불평등이 발생하게 된다(〈표 12-6〉 참조). B1은 동일수입그룹인 A1, A2와 동일한 세율을 적용받고 중앙정부로부터 A1, A2와 동일한 서비스를 받지만 지역정부로부터는 300달러가 적은 서비스를 받게 된다. B2, B3는 혜택이 세금보다 775달러 많은 반면 A3은 1,075달러가 많다.

표 12-6 시민의 세금부담과 편익 (단위: US$)

주민	총세금	총편익	재정잉여 (fiscal gap)
A1	2,000	1,225	775
A2	2,000	1,225	775
A3	150	1,225	−1,075
B1	2,000	925	1,075
B2	150	925	−775
B3	150	925	−775

만일 A지방의 고소득자그룹에서 B지방의 고소득자그룹으로 200달러만큼의 재정이전이 이루어지면, A1, A2는 100달러만큼 재정잉여가 늘고, B1은 200달러만큼 재정적 차이가 줄어들고, 그 결과, A1, A2, B1의 재정잉여가 모두 875달러

표 12-7 시민의 세금부담과 편익-중앙정부가 고소득자만 세금을 부과하는 경우 (단위: US$)

주민	총 세금	총 편익	재정적 잉여
A1	2,050	1,225	825
A2	2,050	1,225	825
A3	100	1,225	−1,125
B1	2,050	925	1,125
B2	100	925	−825
B3	100	925	−825

로 동일해진다. A지방의 저소득자그룹(A3)에서 B지방의 저소득자그룹(B2, B3)으로 200달러만큼 재정이전이 발생하면, 3명 모두의 재정잉여가 −875달러로 동일해 진다. 따라서 A에서 B로 총 400달러가 이전되면 A와 B는 동일한 재정상태를 갖 게 되는 것이다.

한편 <표 12−7>의 경우처럼 중앙정부가 고소득자에게서만 세금을 징수하 더라도 지역정부 간 400달러의 이전으로 동일한 재정상태를 갖게 된다. 중앙정부 가 재정시스템의 누진(progressiveness)이나 재분배(redistribution) 기능을 다양하게 사용해도 지역정부 간 이전금액에 영향을 주지 않는다. 즉, 원칙적으로 중앙정부 도 동일소득그룹을 동일하게 취급하고 있기 때문에 중앙정부의 시스템만으로는 동일소득그룹 소속 지방정부 간의 불평등을 해결할 수 없음을 증명하고 있다.

지역정부가 재정시스템의 재분배 기능을 사용하게 되는 경우 이전금액에 영 향을 준다. 즉, 다른 소득그룹 간 세금 부담이나 혜택의 재분배, 또는 재정시스템 의 가용재원 총액이 변경될 때 영향을 받게 된다. A지방이 비례소득세율 대신 누

표 12-8 시민의 세금부담과 편익-A 지역 누진세율제도 채택   (단위: US$)

주민	총세금	총이익	재정잉여
A1	2,050	1,225	825
A2	2,050	1,225	825
A3	50	1,225	−1,175
B1	2,000	925	1,075
B2	150	925	−775
B3	150	925	−775

333

진소득세율을 적용하면, 고소득자인 A1, A2에게 더 큰 세금부담이 지워지며, A3의 세금부담은 0으로 낮아지게 된다. 지역정부 A, B가 전과 동일한 서비스 혜택을 분배하고, B의 세율은 전과 같다고 가정하면, 고소득자 A1, A2, B1 사이에 166.67달러의 이전(transfer)이 발생하고, 저소득자 A3, B2, B3 사이에 266.67달러의 이전이 발생한다. A에서 B로 총 433.34달러가 이전되게 된다(전에는 A에서 B로 400달러 이전).

반면, 지역정부 재정시스템이 재분배 역할을 담당하지 않고 순수하게 수익자부담원칙(benefit principle)에 의해 운영될 때에는 한계가 발생된다. 각 개인이 자기가 납부한 만큼의 혜택을 받게 되기 때문에 재정적 차이가 0이 되므로, 지역정부 간 수입 차이에 관계없이 모든 동일수입그룹 소속원은 동일한 혜택을 받고, 이전의 필요가 발생하지 않는다. 지역정부 재정시스템의 재분배 기능에 총이전금액이 영향을 받는다는 사실은 형평성 원칙의 적용을 어렵게 만든다. 지역정부의 내부 재정구조의 변화로 이전금액이 결정되기 때문에 이전시스템을 실제적으로 적용하려면 표준 지방정부 재정구조의 결정이 필요하다. 또한, 재정이전은 동일소득자 간에 발생하므로 지역정부 간의 블록이전의 경우 특정한 방법으로 이루어져야 형평성 원칙을 만족시킬 수 있다.

정부 간 재정조정 방식으로 지리적 차이에 기반한 중앙정부의 개인소득세 징수(geographically discriminatory central government personal income taxation)가 제시되고 있다. 중앙정부가 소득세율을 각 지역마다 다르게 적용하여 각 주의 재정능력의 차이를 없애고 형평성을 달성하게 하는 것이다. 위 모델에서, 중앙정부는 A1, A2에 적용한 세금을 1,000달러에서 1,100달러로 인상하고, B1에 적용한 세금을 1,000달러에서 800달러로 낮추고, A3에 적용한 세금을 50달러에서 250달러로 인상하고, B2, B3에 적용한 세금은 50달러에서 −50달러로 줄일 수 있다. 이 조정방식의 장점으로는 ① 중앙정부가 수입총액을 증가시키지 않고도 지역 간 재정이전(inter-area transfer of funds)이 가능하며,[10] ② 주정부의 재정 책임이나 독립성을 저해하지 않는다. 이 조정방식의 적용이 어려운 이유는 ① 세금의 헌법적인 통일성은 지역성을 갖는다는 전통적 믿음에 위배되기 때문이며, ② 각 개인이 공공서비스의 표준보다 세금 부담의 차이(특히 직접세)에 더 빨리 반응하여, 세금 착각

---

10 다른 재정이전 방법(보조금, 지역 간 차이를 줄이기 위한 중앙정부의 지출 등)의 경우, 적어도 초기에는 더 많은 경제적 재원이 중앙정부의 재정조정시스템을 통해 이동할 필요가 있다.

(tax illusion)으로 인한 자원분배에서의 왜곡이 발생하기 때문이다.

형평성 원칙에 따르면, 지역 간 재정이전은 더 가난한 지역을 보조해주기 위해서가 아니라, 어떤 지역의 저소득층 주민이 다른 지역의 동일소득그룹과 재정적으로 형평적인 위치에 놓일 수 있도록 그 주가 보조금을 받는 것이다. 형평성 원칙은 어떤 특정 서비스의 제공과 상관없이 지역 간 재정이전이 정당화되기 때문에, 보조금(grant in aid)의 조건(earmarking)들을 제거할 필요가 있다. 즉, 중앙정부가 재정시스템에서의 형평성을 위해 지역정부에 재정을 이전하는 것이므로, 지역정부의 지출에 대한 지침을 내려줄 이유는 없다.

보조금에 의한 재정이전의 위와 같은 문제점은 지리적 차이에 의한 소득세 징수에서는 발생하지 않는다. 지역정부가 자신의 재정시스템에서 내부적으로 발생하는 이익 외에는 받지 않기 때문에, 재정책임의 원칙이나 지역정부의 재정 독립성이 저해되지 않는다. 결론적으로, 형평성 원칙은 합리적인 정부 간 재정조정 시스템의 개발을 위한 근간이 될 수 있는 것이다.

Ⅲ. 우리나라 지방재정제도의 현황 및 특징

우리나라 정부 간 재정이전시스템 즉, 지방재정조정제도를 들여다보기 전에 전반적인 지방재정구조의 현황과 변화를 개괄적으로 살펴보자.

1. 지방재정의 구조

중앙정부와 지방정부의 조세수입 총량('12년 예산기준)은 262.4조원에 달한다. 국세와 지방세의 비중은 여전히 8 : 2 수준이지만, 중앙정부에서 지방으로 103.6조원이 이전(교부금·보조금)되는 모습이다. 결국 가용재원 비중은 중앙과 지방이 4 : 6 수준으로 역전되고 있다.

조세수입 총량을 늘리지 않는 상황에서 지자체 가용재원 확대는 국세의 지방세 이양이나 이전재원 확대로만 가능한 시스템으로 결국, 중앙정부 가용재원 축소가 불가피하게 된다.

그림 12-1 우리나라 중앙과 지방의 재정구조 개요   (12년 예산 기준)

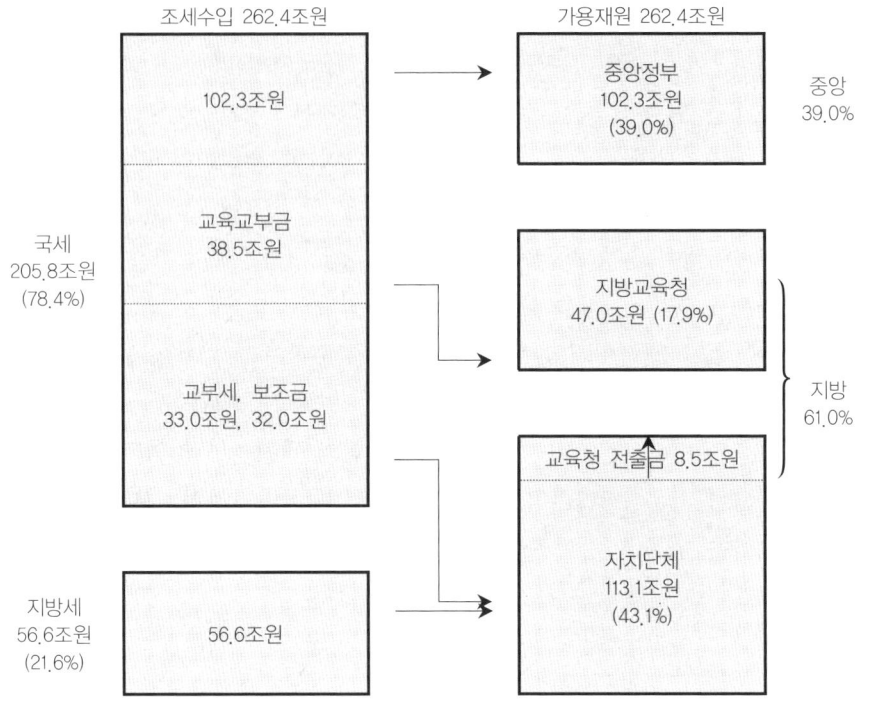

2. 지방세입의 현황

지방정부의 세입('12년)은 자체세입 56.8%(지방세 35.6%, 세외수입 21.2%), 이전재원 40.5%(교부세 19.3%, 보조금 21.2%), 지방채 등 2.6%로 구성된다.

최근 복지지출 확대 등 여건 변화에 대응하지 못하여 지자체 간 재정불균형 심화 및 재정자율성 저해 등 근본적인 문제점이 초래되고 있다. 이를 일반재원형 태인 지방세와 지방교부세로 나누어 살펴보자.

(1) 지방세

우리나라 지방재정 구조는 기본적으로 수도권 경제력 집중 등으로 인해 지방 세 확대시 지자체 간 재정불균형이 커지는 문제점을 내포한다. 국세-지방세 비중 이 지방자치 도입 이후 큰 변화없이 유지되고 있다. 국세 대 지방세의 배분은 (1991 년) 79 : 21, (2000년) 82 : 18, (2010년) 78 : 22, (2011년) 79 : 21인 것으로 나타난다. 신

표 12-9 지방자치단체 수입구조

구 분	2011	비중(%)	2012	비중(%)	증가율 (%)
계	141.0조원	100	151.1조원	100	7.1
자체수입	79.3조원	56.2	85.9조원	56.8	8.3
지방세	49.7조원	35.3	53.8조원	35.6	8.1
세외수입	29.6조원	21.0	32.1조원	21.2	8.5
의존수입	58.0조원	41.1	61.3조원	40.5	5.7
지방교부세	27.4조원	19.4	29.2조원	19.3	6.6
보조금	30.6조원	21.7	32.0조원	21.2	4.8
지방채 등	3.7조원	2.6	3.9원	2.6	5.4

장성이 낮은 부동산 과세 중심을 탈피하기 위해 지방소비세(2012년 3.0조)가 도입되었지만 수도권 배분비중 과다 등 문제점을 노정하고 있다. 참고로 2011년 수도권 배분비중을 살펴보면 지방교부세는 7.7%에 그치는 데 반해 지방소비세는 23.5%나 된다. 한편 지방세·비과세 감면비율이 지속적으로 증가, 지방세의 재원 조달 기능을 약화시키고 지방재정 책임성 실현을 저해하는 문제점도 지적된다. 비과세 감면율 변화를 2005년과 2010년을 비교해 보면 지방세는 12.8%에서 23.2%로 감면비율이 증가한 데 반해 국세는 14.4%와 14.6%로 거의 변화가 없음을 알 수 있다.

(2) 지방교부세 및 보조금

1) 지방교부세제도의 의의

안전행정부에서는 지방교부세제도를 국세수입의 일부를 지방자치단체의 행정운영에 필요한 재원으로 교부하여 그 재정을 조정함으로써 지방행정의 건전한 발전을 기하는 제도로 정의하고 있다. 지방교부세 재원은 당해연도의 내국세 총액의 19.24%에 해당하는 금액으로 구성된다. 이때 내국세에는 목적세와 다른 법률에 의하여 특별회계의 재원으로 사용되는 세목(주세)의 금액은 제외되며 전전년도 내국세의 정산액이 더해진다.

2) 지방교부세제도의 변화

지방교부세제도의 전신은 지방분여세 그것도 임시분여세제도로 창설되었다.

1962년 박정희정부가 출범하면서 지방교부세로 전환되었다가 유신을 맞아 1973년 8.3조치를 통해 법정률제도가 유보됨으로써 위기를 맞는다. 1983년 법정률이 부활된 이후 분권화가 진전되면서 법정률이 지속적으로 상승하고 있는 과정에 있다.

표 12-10 지방교부세제도의 변화

시기	제도변화
1951년	임시 지방분여세법 제정(국세 중 특정세목의 일정률 교부 34.68%)
1962년	지방교부세법 제정(법정률제 운영)
1973~1982년	"8·3 조치"로 법정률 유보(경제의안정과성장에관한대통령긴급명령)
1983년	법정률 부활(내국세의 13.27%), 증액교부금제도 신설
2000년	법정률 인상조정(내국세의 13.27%→15.0%)
2005년	법정률 인상조정(내국세의 15.0%→19.13%), 증액교부금 및 지방양여금제도 폐지, 분권지방교부세 신설
2006년	법정률 인상조정(내국세의 19.13%→19.24%), 분권지방교부세율 상향조정(내국세의 0.83%→0.94%)

3) 지방교부세의 종류

지방교부세는 보통지방교부세와 특별지방교부세, 분권지방교부세, 부동산지방교부세 등으로 구분된다. 먼저 보통교부세는 분권지방교부세액 및 종전 지방양여금 도로사업 보전분(8,500억원)을 제외한 지방교부세 총액의 96%로 구성된다. 각 지방자치단체의 기본적인 행정수준 유지를 위하여 일반 재원으로 교부된다. 지방양여금 도로사업 보전분 8,500억원은 기 시행 중인 사업의 마무리를 위한 사업비로 2011년까지 별도 지원했다.

특별지방교부세는 분권지방교부세액 및 종전 지방양여금 도로사업 보전분을 제외한 지방교부세 총액의 4%로 보통지방교부세의 산정방법으로는 포착할 수 없는 재정수요나 연도 중에 발생한 각종 재해, 공공복지시설 복구 등 예측하지 못한 특별한 재정 소요 발생시 교부한다. 한편 2005년 신설된 분권지방교부세는 내국세의 10,000분의 94(0.94%)로 국고보조사업 일부를 지방자치단체로 이양함에 따라 이양사업 추진에 필요한 재원을 보전하기 위함이며 종합부동산세 도입에 따른 부동산지방교부세도 별도로 운영하고 있다.

지방재정

4) 지방교부세 산정방식

보통지방교부세는 매년도의 기준재정수입액이 기준재정수요액에 미달하는 지방자치단체에 대하여 그 미달 규모(재정부족액)를 기초로 산정하며 산식은 아래와 같다.

$$기준재정수요액 - 기준재정수입액 = 재정부족액(조정율적용) ≒ 보통지방교부세$$

이때 기준재정수요액은 기초수요액(26개 세항목)에 보정수요액을 더하고 수요 자체노력을 감안해 결정된다. 기초수요액은 자치단체별 기본행정 수행을 위한 기본경비로서 측정단위 수치에 단위비용을 곱하여 산출된다. 한편 기준재정수입액은 기초수입액(보통세 추계액의 80%)에 보정수입액을 더하고 수입 자체노력을 감안해 결정된다. 보정수입액은 목적세 수입액의 80%, 경상세외수입액의 80%, 일반재정보전금 및 전전년도 정산분, 시도세 징수교부금, 지방세 및 경상세외수입 결산액 정산분의 60%를 반영한다. 조정률은 지방교부세총액이 재정부족액을 완전 충족치 못하므로 이를 조정하기 위한 비율(보통지방교부세총액÷재정부족액총액)이다.

특별지방교부세는 지역현안수요(총액의 50% 해당액으로 전국체전, 국제행사, 도로교량, 상하수도 등 지역현안사업비 지원)와 재해대책수요(총액의 50% 해당액으로 연도 중 각종 재해발생시 복구대책비 등 지원)로 교부된다. 분권지방교부세는 경상적 수요와 비경상적 수요를 감안해 배분한다. 경상수요는 광역단위로 재정수요액과 통계를 적용하여 산정 후, 자치단체별로는 재정수요액(예산편성액)과 재정력을 고려하여 산정하고 비경상적 수요는 자치단체별 인구수, 재정여건, 사업추진상황 등을 고려하여 산정한다.

표 12-11 지방교부세 예산추이   (단위: 조원)

구분	'07예산	'08예산	'09당초	'09추경	'10예산	'11예산	'12예산	'13예산
합계(a+b)	24.51	28.96	28.77	26.57	27.39	30.19	33.03	35.54
정률교부세(a)	22.62	25.78	27.28	25.08	26.35	29.12	31.97	34.44
보통교부세	19.84	22.77	24.09	22.08	23.24	25.78	29.19	31.45
도로보전분	0.85	0.85	0.85	0.85	0.85	0.85	–	–
특별교부세	0.83	0.95	1.00	0.92	0.97	1.07	1.22	1.31
분권교부세	1.11	1.26	1.33	1.23	1.29	1.42	1.56	1.68
부동산교부세(b)	1.89	3.18	1.49	1.49	1.05	1.07	1.06	1.10

공식에 의해 지방에 배분되는 보통교부세를 포함 총 5개 교부세로 세분화되어 복잡하게 운영 중이다.

먼저 보통교부세 규모는 지속적으로 늘고 있으나 복지지출 확대 등 여건 변화를 반영하지 못해 지자체 간 재정불균형 심화가 초래되고 있다. 재정지출의 중심이 사회기반시설, 산업 등 경제에서 복지로 빠르게 변화하고 있으나 지방교부세는 여전히 개발수요 등 경제 중심으로 배분되는 특징을 보이고 있다. 지방의 총예산대비 사회복지지출 비중은 2008년 17.3%에서 2012년 20.5%로 크게 증가하고 있다. 교부세 배분의 핵심요소는 인구·면적인데 여전히 면적 관련 비중이 커 廣域市 보다 道에 더 많이 배분되고 있다. 예를 들어 인구규모가 유사한 대전과 강원의 경우 교부세는 7배 차이가 난다. 강원도 인구는 154만명으로, 3조 98

표 12-12 시도별 재정규모(총액 및 1인당) (단위: 명, 억원, 만원)

지역	인구(천명)	총예산		자체수입		지방교부세		국고보조금	
		총액	1인당	총액	1인당	총액	1인당	총액	1인당
서울	10,237	237,118	232	206,802	202	2,293	2	21,384	21
부산	3,544	84,955	240	46,850	132	11,535	33	23,140	65
대구	2,507	57,571	230	30,001	120	9,825	39	15,532	62
인천	2,818	78,663	279	55,132	196	4,712	17	14,738	52
광주	1,466	34,095	232	17,386	119	6,237	43	9,333	64
대전	1,522	31,195	205	19,186	126	4,273	28	6,735	44
울산	1,141	28,666	251	20,922	183	2,058	18	4,886	43
경기	11,998	284,760	237	217,032	181	18,347	15	42,857	36
강원	1,538	72,391	471	22,938	149	30,098	196	17,996	117
충북	1,566	58,797	375	23,001	147	19,793	126	14,797	94
충남	2,113	87,054	412	36,226	171	25,282	120	23,897	113
전북	1,873	80,163	428	24,570	131	30,086	161	23,834	127
전남	1,911	101,211	530	27,703	145	40,109	210	31,953	167
경북	2,695	125,124	464	44,297	164	47,261	175	31,501	117
경남	3,312	119,907	362	57,606	174	30,943	93	28,050	85
제주	579	29,279	505	9,260	160	9,309	161	9,850	170

주: 시도별 인구수(행정안전부), 2012년 5월 말 현재.
    총예산, 자체수입, 지방교부세, 국고보조금, 지방채 등은 2012년 당초 예산 기준.

억원이 배분된 데 반해 대전시는 인구 152만명에 4,273억원이 배분되고 있다. 1인당 교부세 지원규모가 울산은 18만원인 반면, 전남은 210만원으로 극명한 대비를 보인다. 이에 따라 인구가 많은 대도시 및 자치구의 재정부담이 급증하고 있다. 자치구의 복지지출비중 평균이 43.5%로 시·군(18.3%)에 비해 과다한 데 비해 교부세는 광역시에만 지원, 자치구는 불교부단체로 되어 있다. 참고로 시·도별 총예산 및 1인당 예산 현황을 살펴보면 시도별 1인당 자체수입(1인당 지방세 및 세외수입 부담)은 전국이 상대적으로 고른 수준(최고 : 서울 202, 최저 : 광주 119만원, 1.7배 차이)을 보인다. 반면, 1인당 지방교부세 지원규모는 지자체별로 큰 차이(최고 : 전남 210만원, 최저 : 서울(불교부단체) 2만원, 105배 차이)를 보인다.

광역과 기초단체 간 재정여건을 비교해보자. 자치구의 복지지출 비중 평균이

표 12-13 광역과 기초자치단 재정여건 (단위 : 억원)

구분	특별·광역시와 자치구		도와 시·군	
	특별·광역시(7개)	자치구(69개)	도(9개)	시·군(159개)
총예산규모[1]	514,943	185,600	512,029	776,545
(평균)	(특별 217,829) (광역 49,519)	(2,690)	(56,892)	(시 7,051) (군 2,998)
복지지출 비중	25.2%	44.0%	25.6%	18.2%
총세입규모[2]	358,879	175,549	427,424	631,175
자체세입	254,934	63,144	166,678	187,199
(지방세목)	(9개)	(2개)	(6개)	(5개)
의존재원	98,648	112,303	254,939	439,472
(교부세지원)	(교부단체) (서울 제외)	(불교부단체)	(교부단체)	(교부단체) (수원·성남· 과천용인 제외)
지방채 및 예치금회수	5,298	101	5,808	4,506

(광역단체의 기초
지원)
	▪ 조정교부금(특별·광역시 → 자치구): 3.2조원
	  - 특별 광역시세 중 보통세의 일정률(조례)로 개정('13.1.1)
	  * 종래는 취득세의 일정률로서 서울 50, 부산 55, 대구 56, 인천 40, 광주 70,
	    대전 56, 울산 58% 수준
	▪ 재정보전금(광역시·도 → 시·군): 3.4조원
	  - 시군에서 징수하는 광역시·도세 및 지방소비세의 27%			

주: 1), 2) 총예산규모와 세입규모의 차이는 보조금·세외수입 등 자치단체 간 거래로 인한 발생
　　분에 기인.
자료: 2012년도 지방자치단체 예산개요, 행정안전부.

44.0%로 시·군(18.2%)에 비해 과다하게 많게 나타난다. 자치구는 지방세목이 적고(2개) 교부세 지원도 없는 상황에서 광역으로부터의 지원규모도 작은 수준이다. 2012년 기준으로 지방교부세 배분에서 제외되는 자치구의 경우 조정교부금(광역→자치구) 3.2조원과 지방교부세에 더해 재정보전금(광역→시군)이 교부되는 시군의 경우 3.4조원으로 비슷한 수준이다.

특별교부세는 집행에 있어서 특례규정을 적용받는다. 일반예비비는 국무회의 의결을 거치는 데 비해, 특별교부세는 안전행정부 장관 승인으로 결정되고 있다.

특별교부세를 교부하는 주된 목적은 획일적인 산정방식에 의해 교부되는 보통교부세의 미흡한 부분을 보완하고 예측할 수 없는 특별한 재정수요를 대처하기 위한 기능을 하는 데 있다. 이러한 이유로 특별교부세는 모든 자치단체에게 재원을 받을 수 있는 자격을 부여하고 있으며, 광역 및 기초자치단체는 적합한 행정절차에 따라 교부세를 신청하고 안전행정부장관의 승인을 얻은 후 재원을 교부받을 수 있게 된다.[11]

특별교부세의 교부대상은 지역현안수요, 시책수요, 재해대책수요 및 우수단체재정지원분으로 구분되며(행정안전부, 2013) 각 교부대상에 대한 세부내용은 <표 12-14>와 같다.

표 12-14 특별교부세 교부대상 및 교부기준

구분	비율	교부시기	교부기준 및 방법
지역현안수요	30%	해당 수요가 발생	• 자치단체의 지역현안사업 • 행정구역 개편에 따른 재정지원 • 사업의 적정성 등 고려하여 심사 후 지원
시책수요	20%	해당 연도 초 (조정가능)	• 국가적 장려사업 등 지원 • 전국체전 등 국가적 행사지원 • 사업계획 등 심사 후 지원
재해대책수요	50%	재해 발생 우려, 재해 발생	• 응급복구, 항구복구 및 재해예방사업 재원보전시급성, 재정여건 고려하여 지원
우수단체 재정지원	재해대책수요 잉여 예상분	10월 말	• 행·재정 실적에 근거하여 지원

자료: 지방교부세법 시행령(2013), 행정안전부(2013) 내용 재구성.

11 특별교부세 교부 신청
  * 광역자치단체: 광역자치단체장(광역시장, 도지사) → 안전행정부장관
  * 기초자치단체: 기초자치단체장(시장, 군수) → 광역자치단체장 → 안전행정부장관
 ⇒ 행정안전부장관이 교부목적의 타당성, 투자효과, 재원부담능력등을 평가하여 교부함(전상경, 2011).

교부 시기와 교부기준을 중심으로 <표 12-14>를 살펴보면 우선 우수단체 재정지원분을 제외한 특별교부세의 교부 시기는 구체적으로 정해져 있지 않으며 일년 중 지역에 특별한 현안이 발생한 경우 자치단체가 직접 신청할 수 있도록 되어 있다. 이렇게 교부 시기가 정해져 있지 않은 특성을 가진 특별교부세는 국회의 심의 대상에서도 제외된다.

다음으로 교부 기준 및 방법을 종합적으로 살펴보면 특별교부세는 교부 대상에 따라 예산이 신청되고, 예산 신청 후 지급 중앙기관의 장이 신청된 예산에 대한 필요성 및 적정성 등을 심사하여 교부하는 형태를 취하고 있다. 일반적으로 지방교부세의 재원규모결정방식은 공식에 의해 배분되고 있다는 점을 고려해 보면, 심사 및 평가를 통해 배분이 결정되는 특별교부세의 배분행태는 상대적으로 매우 임의적인 측면이 강하다는 것을 알 수 있다(김상헌·배병돌, 2002; 이원희, 2007; 전국공무원노조, 2007; 전상경, 2007; 최연태·김상헌, 2008; 허석재·권혁용, 2009).

각 항목별 교부기준을 세부적으로 검토해 보면 특히 지역현안수요분과 시책수요분의 교부기준의 모호성을 알 수 있다. 우선 재해대책수요분과 우수단체 재정지원분의 경우 '재해발생' 그리고 '우수한 행·재정 실적'과 같은 표면적으로 입증이 가능한 교부 기준이 제시되어 있다. 하지만 지역현안수요분이나 시책수요분의 교부기준을 보면 자치단체에 중요하다고 인정되는 사업 또는 자치단체에 필요하다라고 인정되는 사업에 대해 교부금을 지급하도록 명시되어 있다. 이와 같은 교부 기준은 별도로 정해져 있는 것이 아니기 때문에 지급여부를 심사 및 평가하는 평가자의 주관적 판단이나 재량이 개입될 여지가 많음을 예측해 볼 수 있다.

특별교부세의 교부기준 모호성과 관련하여 주목해 보아야 할 다른 측면은 특별교부세는 2008년까지 예산의 세부사용 내역에 대해서 공개하지 않았다는 것이다. 이와 관련하여 기존 연구에서는 특별교부세가 가지고 있는 정치적 민감성 때문에 교부기관에서 세부내역에 대한 자료를 공개하지 않는다고 설명한다(김상헌·배병돌, 2001). 이처럼 교부기준의 불명확성과 배분자료의 비공개로 인하여 국회 및 언론에서는 특별교부세의 지역 편중화에 대한 지적을 하고 있으며(김상경, 2011), 교부과정에 다른 정치적 요인들이 영향을 미치고 있음을 지적하고 있다(김석태, 2001; 김상헌·배병돌, 2002; 최연태·김상헌, 2008; 최연태·이재완, 2011).

분권교부세 역시, 보통교부세에 편입되어야 함에도 계속 분리 운영되어 지자체 재정운영 경직성 및 지속적인 국고전환 요구가 초래되고 있다. 2005년 국고보조사업 163개(1.1조원)가 지자체 이양됨에 따라 도입되었다가 2010년 이후 보통교부세로 통합하기로 했으나 2009년에 2014년까지 연장을 결정했다. 지방이양사업을 지자체 전체 재원이 아닌 분권교부세 재원으로 보전되어야 한다는 인식으로 인해 국고전환 요구가 지속되고 있다. 부동산교부세는 두 차례에 걸친 부동산 관련 세제개편으로 큰 폭의 증감을 거듭했으나 현재는 상당부분 축소 운영되어 지방세입에 부담이 되고 있다. 2004년 부동산세제 개편(종합부동산세 도입, 종합토지세 폐지, 재산세율 인하)에 따른 지방재정 보전을 위해 2005년 신설되어 최대 3조원까지 확대되었다가 2008년 종부세 개편(종부세 과세 기준 상향조정 등)에 따라 1조원 수준으로 큰 폭의 감소가 이루어졌다. 이러한 지방재정 보전을 위해서는 2009년 1.9조원 목적예비비 지원, 2010년부터 지방소비세가 도입(2010년 2.5조원→2011년 2.8조원→2012년 3.0조원)되어 오늘에 이른다. 최근 부동산경기 침체 등으로 주요 지방세원인 부동산 보유세 감소로 중앙 및 지방재정 부담이 가중되고 있다.

한편 우리나라 지방재정의 특이한 현상 중 하나가 지방재정과 지방교육재정이 분리 운영되고 있다는 점이다. 지방교육재정교부금은 내국세 증가로 지속 증가했으나 학령인구 감소추세로 1인당 순교부금이 급격히 확대되고 있다. 이에 따라 향후 대규모 소요가 예상되는 국책과제를 지방교육청이 담당할 예정이다.[12]

3~5세 누리과정에 소요되는 3.5조원(2014년), 고교무상교육 1.6조원(2014년)

표 12-15 **지방교육재정교부금 추이**   (단위: 천명, 억원, %)

	'00년	'01년	'05년	'10년	'11년	'12년	연평균 증가율
지방교육재정(A)	224,401	278,778	344,794	484,826	517,030	518,270	7.2
교부금(B)	165,662	182,159	237,367	322,980	361,390	384,473	7.3
학생수(C)	7,952	7,889	7,863	7,309	7,062	7,130	△0.9
교사수(D)	336	347	389	423	435	471	2.9
인건비(E)	111,798	142,224	213,743	268,264	280,909	309,541	8.9
학교 시설비(F)	14,332	38,345	30,510	24,230	29,733	26,246	5.2
1인당 교육투자(A/C, 만원)	2.82	3.53	4.39	6.63	7.32	7.27	8.2
1인당 교부금(B/C, 만원)	2.08	2.31	3.02	4.44	5.12	5.39	8.3
1인당 순교부금((B-F)/C, 만원)	1.9	1.82	2.63	4.11	4.70	5.02	8.4
교사 1인당 학생 수(C/D, 명)	23.6	22.7	20.2	17.28	16.23	14.82	△3.8

12 우리나라는 일반지방자치단체와는 별도로 시도 광역단위의 교육자치를 실시하고 있다.

표 12-16 지방자치단체 보조금 현황

구분	2004년 보조금 정비					2012년 보조금 수		
	소계	지방이양	균특회계 이관	보조사업 유지	'04년 종료	소계	일반+ 특별	광특13
사업수 (개, %)	533 (100.0)	163 (30.6)	126 (23.6)	233 (43.7)	11 (2.1)	749 (100.0)	488 (65.2)	261 (34.8)
예산 (조원, %)	12.7 (100.0)	1.1 (8.4)	3.6 (28.3)	7.9 (62.8)	0.6 (4.7)	32.1 (100.0)	26.1 (81.3)	6.0 (18.7)

등이 그 대상이며 교육의 질적 수준제고를 위한 신규교사 채용, 온종일 돌봄학교 등을 위해 2014년까지 총 4.9조원이 소요될 전망이다.

국고보조금은 사업수 및 규모가 지속적으로 늘고 있어 지자체 매칭비 부담으로 인해 지방재정 자율성을 저해하는 문제점이 지적된다. 2004년 국고보조금 정비로 대폭 감소했으나 이후 지속적으로 증가해 다시 일반재원인 지방교부세의 규모를 추월하고 있다.

꾸준히 지적되는 지자체의 매칭 재정부담에도 불구하고 국회, 지자체장, 부처의 요구로 경제·문화 분야의 보조 사업이 지속적으로 증가하는 추세를 보인다. 특히 2013년 기준으로 규모가 큰 국고보조사업(지자체+민간)으로는 문화 및 관광 분야 3.3조원, 산업·중소기업 및 에너지 분야 3.0조원, 교통 및 물류 분야 3.9조원, 그리고 국토및지역개발 분야 2.0조원 등이다.

지방채는 2008년 경제위기 극복을 위한 적극적 재정정책 시행 등에 따라 지방채가 증가하였으나, 여전히 중앙 대비 매우 낮은 수준을 보인다.

지방세와 이전재원의 장단점을 살펴보자. 지방소비세 등 지방세 확충은 재정 자율성을 높이지만, 세원의 수도권 집중 등으로 자치단체 간 재정력 격차가 확대될 우려가 있다. 실제로 서울시는 총세입 중 자체수입이 87.2%(지방세는 62%) 수준

---

13 중앙정부에서 지역 간의 균형적인 발전을 도모하고 재정 격차를 줄이기 위해 별도로 지원하는 예산을 말한다. 국가균형발전특별회계(균특회계)는 낙후지역 개발, 도로·항만 등 사회간접자본(SOC) 건설, 재해예방 사업지원을 위한 지역개발사업 계정(약 80%), 지역 전략산업 육성을 위한 지역혁신사업 계정(약 20%)으로 구성되었다. 2009년 4월 국가균형발전특별법을 개정, 광역경제권의 경쟁력 향상을 위해 광역·지역발전특별회계로 진화했다. 특별회계는 지역개발계정·광역발전계정·제주특별자치도계정으로 구분한다.
2013년 12월 광역·지역발전 특별회계가 지역발전 특별회계로 개편하는 내용의 '국가균형발전특별법 일부개정법률안'(대안)을 통과시켰다. 이 법안은 지역 생활권 및 경제 협력권을 신설해 기존 권역(기초 생활권 및 광역 경제권 등)을 대체하고, 지역 생활권 도입 등에 따른 지역발전 계획 체계를 개편하는 것이 골자다.

지방재정

표 12-17 중앙채무 대비 지방채 규모　　　　　　　　　　　　　　　(단위 : 조원)

	'02	'05	'08	'09	'10	'11	'12
중앙채무	126.6	238.8	297.9	346.1	373.8	402.8	426.5
(GDP대비, %)	(17.6%)	(27.6%)	(29.1%)	(32.6%)	(31.9%)	(32.6%)	(32.6%)
지방채무(교육제외)	17.1	17.4	19.0	25.6	29.0	28.2	27.9
(GDP대비, %)	(2.4%)	(2.0%)	(1.9%)	(2.4%)	(2.3%)	(2.3%)	(2.1%)

으로 세계 최고 수준이다. OECD 국가들 중 지방세입에서 지방세 비중이 45% 이상이면 상당히 높은 수준이고, 60% 이상은 OECD 국가들 중 가장 높은 수준(스웨덴과 독일 주정부 수준)에 해당된다. 이전재원 확대는 재정력 격차 완화 등 형평성 측면에서 장점이 있으나, 자율성을 훼손하는 문제가 발생해 결국 자율성 확대 또는 지역 간 격차 완화의 정책선택의 문제로 남는다.

3. 지방세출의 현황

지방자치단체 세출('12년 기준)은 사회복지(20.5%), SOC(18.7%), 행정운영경비(14.1%), 환경(10.2%) 순으로 구성된다. 중앙정부와 비교시 SOC·문화 분야의 지출비중이 높고, 복지 분야의 지출비중이 상대적으로 낮은 수준임을 알 수 있다.

분야별로 살펴보면 먼저 SOC·문화 분야는 여전히 지출비중이 높으며, 전시성·낭비성 투자가 상존하는 것으로 파악된다. 타당성이 부족한 전시성 사업을 무리하게 추진하는 경우도 다수 존재한다. 예를 들어 서울시 세빛둥둥섬 사업의 경우 민자 1,390억원으로 2011년 완공하고도 아직 개장도 못한 상황이다. 전남 강진군

그림 12-2 중앙-지방의 분야별 지출비중

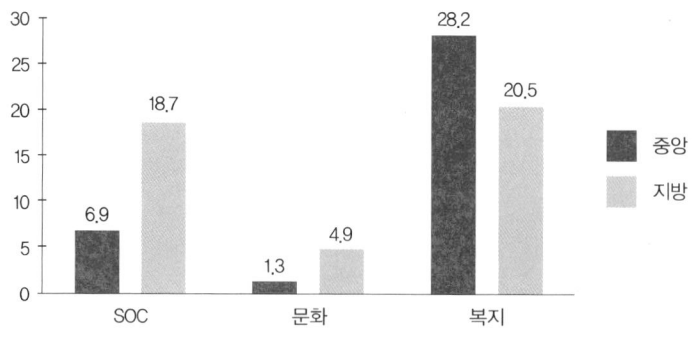

화물차 공영주차장 사업도 110억원 투자가 이루어져, 14만㎡ 규모로 지난 2011년 완공되었으나 현재 텅텅비는 상황을 보인다. 역시 전북 부안군 바둑공원사업도 국고와 지방비 230억원이 투자되었으나, 수요가 없어 용도변경을 추진 중인 것으로 나타난다.

1995년 지방자치 도입 이후 지방자치단체 축제 급증, 최근 들어 일부 구조조정 중이나 아직도 과다한 것으로 파악된다(12년 753개, 16개 광역별 평균 47.1개). 지역축제 수는 1996년 412개, 1999년 793개, 2006년 726개, 2008년 926개를 피크로 2012년에는 753개로 줄어들었다. 국회예산정책처의 분석에 따르면 지자체 행사축제 경비는 2004년 4,600억원 수준에서 2008년 8,678억원으로 늘어나고 있다. 특히 2008년 함평군은 나비엑스포로 411.8억원 적자(지출 549억원에 반해 수익은 137.2억원)를 보았다. 일부 지자체는 무리한 대규모 SOC 건설, 국제행사 유치 등으로 인해 재정위기에 직면하고 있다. 투자부실의 사례 강원도 평창군 알펜시아('10년 완공, 총사업비 1.7조원, 개발공사채무 7,933억원), 인천 월미은하레일('10년 완공, 총사업비 853억원, 부실시공으로 미운행), 아시안게임유치(주경기장 신축 5,000억원, 도시철도 공기단축('18→'14년) 2.1조원), 강원 태백의 오투리조트(4,600억원 투자사업을 무리하게 추진) 등 상당한 수준에 이른다.

행정운영경비도 논란이 된다. 호화청사 논란은 여전하며, 자체수입으로 인건비 충당도 안 되는 지자체가 다수 존재하는 등 행정비용이 방만하게 지출되고 있다는 비판에서 자유롭지 못하다. 재정여건과 관계없이 대부분 신축청사가 호화청사 논란의 대상이다. 예를 들어 군사시설인 합동참모본부(서울 용산구)에 비해 대부분 과다예산 투입이 이루어지고 있다.

표 12-18 청사신축비용 비교

신청사	연면적(㎡)	건립예산(억원)	건립단가(십만원/㎡)	준공일
합동참모본부	7만 2,082	1,921	26.7	2012.8월
경북도청	12만 5,416	4,055	32.3	2014년
서울시청	9만 788	3,800	41.9	2012.8월
성남시청	7만 5,611	3,471	45.9	2009.10월
충남도청	10만 4,982	3,277	31.2	2012.12월
용인시청	7만 9,572	1,974	24.8	2005.6월

또한 공무원 후생복지비가 조례나 운영지침에 따라 자율적으로 결정됨에 따라 중앙정부 공무원보다 높게 책정되고 있다.

표 12-19 중앙과 지방 공무원 후생복지비 비교

구 분	예산(억원)	인원(천명)	'11년 복지비		
			1인당 평균	최고	최저
국가공무원*	2,867	513	56(만원)	806(천원) (선관위)	414(천원) (외교부)
지방공무원	3,430	281	122(만원)	2,063(천원) (서울시)	824(천원) (강원도)

주: 국가공무원(군인포함) – 중앙행정기관, 헌법기관 등 총 49개 기관.

한편 자체수입(지방세+세외수입)으로 인건비 미해결단체가 41개, 16.8%에 이르는 바, 인구과소 지자체 통폐합, 인력 구조조정 등 근본적인 개선이 필요함을 알 수 있다.

표 12-20 자치단체 인건비 미해결단체 현황

	계	시·도	시	군	자치구
계	244	16	74	85	69
해결	203(83.2%)	16(100.0%)	71(95.9%)	54(63.5%)	62(89.8%)
미해결	41(16.8%)		3(4.1%)	31(36.5%)	7(10.1%)

자료: 2012년 지방자치단체 예산개요(상), 행정안전부.

한편 복지수요 증가에 따라 복지지출 비중이 증가 추세이나 복지지출 비중(20.5%)이 아직은 중앙정부(28.2%)에 비해 낮은 수준이다. 지방의 총예산대비 사회복지지출 비중은 2008년 17.3%에서 2012년 20.5%로 증가해 지방자치단체 살림에 어려움을 보태고 있다. 또한, 복지지출비중의 지자체별 편차가 매우 큰 상황이다.

우리나라는 양적인 측면에서 지방재정구조의 변화를 다음과 같이 평가할 수 있다. 지방자치제도의 시행과 함께 지방재정이 전체 재정에서 차지하는 비중은 상당히 높아졌으며, 그 이후 중앙 대 지방 재정의 비중은 교육재정을 제외할 때 대략 6 대 4의 관계를 유지해 왔다. 지방재정의 성장은 이전재원에 상당히 의존해 왔으며, 그 결과 세출부문에서는 대체로 40% 안팎의 분권 수준을 나타내고 있

표 12-21 자치단체간 복지지출의 편차

	특별·광역시	도	시	군	자치구
복지지출비중('12년)	25.2%	25.6%	20.7%	15.6%	44.0%
최고	광주 본청 (29.7%)	전북 본청 (31.3%)	충북 본청 (25.1%)	대구 달성 (28.2%)	부산 북구 (60.1%)
최저	인천 본청 (18.5%)	제주 본청 (17.6%)	충남 본청 (17.8%)	경북 울릉 (4.9%)	서울 종로구 (22.9%)

지만 지방세를 기준으로 한 세입부문의 분권수준은 20% 내외를 나타내고 있다.

세출부문에 비해 세입부문의 분권수준이 낮다는 것은 지방자치단체가 자체적인 재정지출을 함에 있어서 자체수입을 통해 해결하는 정도가 낮으며, 지방공공지출의 상당 부분이 이전재원에 의해 해결되고 있음을 의미한다. 이러한 상황은 이른바 '2할 자치'로 표현되듯이 지방자치단체가 자체적으로 재원을 마련할 수 있는 지방세의 비중이 너무 낮다는 주장의 근거가 된다. 특히 지방세가 재정수입에서 차지하는 비중이 선진국에 비하여 상당히 낮다는 점과 연계하여 지방재정 불충분성의 근거로 자주 사용되고 있다. 또한 이전재정이 지방재정에서 차지하는 역할이 과도하게 커서 지방재정의 중앙의존 정도가 높기 때문에 지방자치단체의 재정자율권이 제약된다고 주장되기도 한다.

한편 구조적인 측면에서 재정분권을 평가하는 데 있어서는 지방자치단체의 과세자주권이 자주 언급된다. 조세법률주의하에서 지방자치단체의 세목결정권과 세율결정권이 인정되지 않고 있지만, 지방세법에서는 많은 지방세에 대하여 지방자치단체가 제한된 범위 내에서 세율(탄력세율제도)을 결정할 수 있도록 하고 있다. 그렇지만 지방자치단체가 주어진 세율결정권을 행사한 경우는 매우 드물다. 이러한 점 또한 이전재원에 대한 지방재정의 의존도가 높다는 사실과 연관을 맺고 있다. 지방세가 지방재정에서 차지하는 비중이 낮기 때문에 지방자치단체들이 세율결정권을 통하여 추가적으로 확보할 수 있는 지방세 수입은 전체 지방재정 규모에 비해 적다고 생각할 수 있다. 반면 이전재원이 차지하는 비중은 높기 때문에 지방자치단체는 굳이 세율결정권을 행사하지 않아도 재정수입을 증가시킬 방법이 있음을 알고 있다고 생각할 수 있다. 보다 중요한 근본 이유는 지방정부의 한계적인 지출이 자체수입의 핵심인 지방세가 아니라 지방교부세라는 이전재정시스템(fiscal transfer system)에 의존하기 때문이라 할 수 있다.

이러한 사실은 1인당 지방교부세와 인구와의 상관관계에서도 잘 나타나는데, 지방교부세의 가장 뚜렷한 특징은 동 재원이 인구 과소지역에 집중되어 1인당 지방교부세와 인구 규모 간에 뚜렷한 역관계가 존재한다는 점이다.

1인당 지방교부세와 인구 간에 뚜렷한 역의 관계가 존재하는 이유는 두 가지 관점에서 설명될 수 있다. 첫째는, 모든 지방자치단체에게 필요한 기초적 행정비용, 즉 지방행정서비스를 공급할 때의 고정비용이 기준재정수요액에서 큰 비중을 차지하기 때문이다. 고정비용의 상대적 규모가 이처럼 큰 이유는 지자체가 책임지는 지방세출 구조가 인구가 변동하더라도 크게 변동하지 않는 구조로 되어 있기 때문이다. 구체적으로, 인구가 증가함에 따라 세출부담이 증가하는 경찰, 교육, 사회보장(의료보장, 실업보장, 기초생활보장 등)의 세출 책임이 지자체에 있는 것이 아니라 중앙정부에 있기 때문이다. 둘째는 인구가 적은 지역의 주민들이 인구가 많은 지역(대도시 및 수도권)으로 이주하고자 하는 경제적, 재정적 이유가 크기 때문이다. 즉, 인구가 적은 지역에 지방교부세를 더 많이 지원함으로써 수도권으로의 인구 유입을 간접적으로 억제시키는 효과를 지방교부세가 발휘한다. 인구가 적은 지역의 주민들이 인구가 많은 지역(대도시 및 수도권)으로 이주하고자 하는 이유는 수도권에 고용의 기회가 더 많기 때문이기도 하지만, 수도권의 교육, 문화적 환경이 다른 지역보다 우월하기 때문이다. 특히 우리나라 지방재정의 구조상, 수도권에는 인구가 많아 지자체 세입이 풍부한 대신, 세출부담은 인구가 많더라도 크게 늘어나지 않기 때문에 수도권 지자체의 재정 상황이 비수도권에 비하여 월등하게 좋은 것으로 나타난다.

4. 광역특별회계

(1) 광특회계 개요

광특회계는 일종의 포괄보조금(block grants)으로서 일반교부금(general grants)인 지방교부세와 특정교부금(specific grants)인 국고보조금과 함께 3대 이전재원의 한 축으로서의 역할을 수행하고 있다. 시·도는 지출한도 내에서 18개 포괄보조사업 중 선택하여 재원배분하고 시군구는 지출한도 내에서 해당 지역별 기초생활권 개발사업을 선택하도록 하고 있다.

국가균형발전정책을 재정적으로 뒷받침하기 위하여 2005년 예산부터 국가균

표 12-22 연도별 광역특별회계 운용규모   (단위: 억원)

구분	'05결산	'06결산	'07결산	'08결산	'09결산	'10결산	'11결산	'12예산	'13예산
계	54,930	59,067	65,860	79,738	93,522	102,493	96,537	94,085	97,314
지역개발계정	42,058	45,127	46,622	58,970	68,451	39,839	35,924	34,707	34,737
광역발전계정	12,872	13,940	15,684	16,843	20,643	58,855	56,711	55,538	59,046
제주계정			3,554	3,925	4,428	3,799	3,902	3,840	3,530

형발전특별회계를 신설했다. 2004년 1월, 「국가균형발전 특별법」 제정을 근거로 해 지자체 보조, 양여금, 토특회계 사업 중 지역밀착·균형발전 관련 사업 등을 재편, 5.5조원 규모로 시작되었다. 2010년 예산부터 기존 균형발전특별회계를 광역·지역발전특별회계로 전면 개편했다. 2009년 4월 22일, 「국가균형발전 특별법」 개정 시행으로 "광역화, 효율화, 자율화"를 기조로 新지역발전정책을 지원하게 되었다. 지역계정 200여 개 세부사업을 22개 포괄보조사업군으로 통합했다.

재원은 주세수입 전액과 일반회계·특별회계 전입금, 그리고 개발·과밀·개발제한구역보전·광역교통시설 부담금을 기초로 한다. 대상사업은 3개 계정으로 운용되는바, 지역계정(지역 SOC·농림·문화관광, 낙후지역개발사업 등), 광역계정(광역경제권 선도산업 육성 등), 그리고 제주계정(제주특별자치도 보조사업 등)이 그것이다. 연도별 규모는 (2007년) 6.6 → (2008년) 8.0 → (2009년) 9.4 → (2010년) 9.9조원 → (2011년) 9.9조원→ (2012년) 9.4조원 → (2013년) 9.7조원에 이른다.

(2) 광특회계 발전방향

첫째, 보조금 사업의 재정립이 필요하다. 2004년 대대적인 보조사업 정비 후 10년이 지난 지금 보조사업은 다시 과거수준으로 많아짐에 따라 보조사업 재정비가 시급하다.

지방으로 이양할 필요가 있거나, 포괄보조금으로 전환하여 자율권을 확대할 부분이 있는지 검토하여 보조금 재정비가 요구된다.

둘째, 광특회계의 포괄보조금적 성격을 강화하는 방안이다. 시·군·구 자율편성사업을 시도 자율편성 재원과의 통합을 통하여 시·군·구 자율편성 재원의 포괄배분 가능성을 검토할 필요가 있다. 광역발전계정 대상사업 중 자율계정(포괄보조금)으로 이관하여 지자체의 자율성을 확대할 수 있는 가능성 검토가 요구된다.

351

교육재정[1]

I. 서론

●●● 우리나라의 교육환경은 사교육의 창궐에 반해 공교육불신에 기인한 투자규모의 영세성, 그리고 직접규제방식으로 인한 시설 및 기자재의 부족 및 노후화, 과밀학급 등 질적 수준이 낮고 획일적·폐쇄적이며 학령인구위주 등으로 특징지어진다. 한편 과도한 중앙집권화로 인한 지방자치단체의 참여봉쇄로 교육재정의 대부분이 초·중등교육에 투자되고 있어 대학교육 및 연구개발, 그리고 평생학습 진작에 대한 투자가 지나치게 저조하며 이같이 열악한 교육환경하에서 국가의 장래를 책임질 유능한 인재양성을 기대하기는 어렵다.

우리의 교육행정체제는 비민주적이고 비효율적이라는 평가를 받고 있으며, 이는 파행적인 교육자치제, 교육 주체의 자율성을 무시한 각급 학교의 운영, 사립학교의 자율성을 무시한 정책, 권위적인 교육행정 풍토 등에서 쉽게 드러난다. 유학 또는 외국인학교 등으로 우리나라 공교육체제를 떠나는 학생들의 여전한 수요에서 체감할 수 있는 우리의 초·중·고등교육에 대한 불신은 획일적인 교육행정체제의 문제에서 비롯되는 것으로 판단된다.

우리나라 교육과정의 문제점은 수요자의 요구와 특성을 무시한 획일성, 과중한 학습부담에 따른 인성교육의 소홀, 수월성 교육의 상대적 무시, 사회적 수요와

---

1 본 장은 '2013-2017 국가재정운용계획 - 교육분야보고서'의 내용을 중심으로 재구성한 것이다.

괴리된 교육과정 등으로 요약된다. 최근 교권에 대한 도전, 교직에 대한 사회적 비하 및 기능적 접근, 열악한 교육환경 및 교원처우 등에 따라 교원의 사기는 최악의 상태에 이르렀으며 사기가 저하된 교사가 교육활동에 적극적으로 임할 수 없고 적극적으로 가르치지 않는 교사를 통하여 좋은 교육성과를 거둘 수 없다. 정부주도의 타율적 교육개혁과 하향식(top-down) 접근방식으로 학교현장과 교사의 주도적 교육개선 노력의 부실화와 교사의 사기저하와 교권의 위축이 작금의 학교붕괴의 가장 중요한 원인으로 꼽힌다. 우리나라 학교의 교직문화는 승진을 지향하는 노력이 중심이 되어 왔고 교사들의 교수학습방법 개선을 위한 자기 연찬과 전문성향상을 위한 노력의 부족이 지적된다. 중앙집권적 교육행정체제와 운영방식 속에서 타율 및 하향식의 교육개혁의 추진과정에서 학교와 교사들은 주도적으로 학교교육내실을 기하려는 열의와 학교에 적합한 프로그램 개발의 분위기를 조성하지 못하였다.

과중한 사교육비 부담에도 불구하고 학교교육에 대한 학부모의 만족도가 높지 않아 사교육비 부담이 더 큰 부담으로 인식되고 있으며 학교교육의 부실, 입시경쟁의 격화 등에 따라 학생의 과반수 이상이 과외교습을 받는 현 상황은 우리 사회의 고질적인 문제이다. 나아가서 이와 같은 사교육비의 증가는 우리 사회의 교육기회 균등화에 부정적 효과를 낳는 점에서도 문제로 지적된다. 조기유학 및 대치동을 중심으로 한 부동산투기열풍 등도 모두 사교육수요에 기인한다는 진단이다.

기본적으로 교육정책을 뒷받침하는 정부예산은 전체 정부예산에서 차지하는 비중이 막중하나, 인적자원의 개발이라는 성과측면에서는 투자 효율성(value for money) 면에서 교육소비자의 불만 그리고 교육으로 배출되는 인적자원에 대한 수요처인 산업계의 불만 등 많은 문제를 야기하고 있다. 초·중등 교육환경 개선, 교육의 질 제고를 위한 재원 압박이 심하여 재원활용의 효율성을 높이는 노력이 필요한 실정이다. 사부담 공교육비를 포함한 우리의 총공교육 투자 비중은 세계 최상위 수준이며, 여기에 과외비를 포함하는 경우 비교가 되지 않을 정도로 높은 수준이다.

지금까지 우리의 대학은 세계적으로 높은 대학 진학률에 따라 양적으로 팽창하여 왔으나, 외양과는 달리 실제로는 질 낮은 교육으로 취약한 경쟁력이 문제시되는 실정이다. 대학의 경쟁력을 높이기 위해서는 먼저 자율과 책임을 존립기반으로 하는 대학에 대한 자율성 확대가 이루어져야 함은 물론이다.

따라서 질적 수준이 높은 열린 평생학습사회를 구축한다는 비전 아래 다음과 같은 교육개혁이 지속적으로 추진되어야 한다. 첫째, 중앙집권적인 직접통제위주가 아니라 자율성이 대폭 확대되고 아울러 책무성이 강화되어야 한다. 둘째, 획일성이 아니라 교육의 다양화와 선택의 폭이 확대되어야 한다. 셋째, 지금까지 양적 팽창 위주에서 이제는 교육의 질 향상을 통해 국제경쟁력 강화가 이루어져야 한다. 민자유치와 해외 개방을 통한 수월성이 보다 강조되어야 한다는 것이다. 넷째, 불신에 기초한 사교육위주의 투자구조로 인한 공교육의 부실에서 탈피하여 사회통합성 제고를 위해 낙후부문에 집중적인 투자확대가 이루어져야 한다.

중앙정부 차원에서 정부부처 간 보다 유기적인 연계·협력체제를 갖추기 위해서는 교육부, 미래부 그리고 고용부의 노사관계기능을 제외한 훈련 및 고용부문을 통합하여야 한다. 인적자원개발에 직접적으로 관련된 정책 이슈뿐만 아니라 상당 규모 이상의 인적자원 투입이 요구되는 주요 정책·사업을 기획·추진함에 있어 관련 부처 간 협의와 협력이 체계적으로 이루어질 수 있어야 하나 현재의 부처의 벽은 이를 원천적으로 어렵게 하고 있기 때문이다.

교육의 핵심적인 개혁 의제 중에서 정부 역할의 대전환과 정부 행·재정 체제의 개혁이 포함되어 있는 상황에서, 교육개혁의 여러 의제들의 완급을 조정하고 균형을 맞추어 나가는 업무는 교육부와 별도로 독립된 교육개혁위원회가 수행하여야 할 것이다. 민과 관의 전문가 중심의 개혁과제발굴과 수순의 마련, 그리고 이해당사자 참여를 통한 의견수렴 등 개혁과제의 입안과 평가를 담당할 추진주체가 있어야 한다. 교육부는 물론 개혁과제의 집행주체가 되지만 교육부의 기능자체도 개혁의 대상이 되어야 한다는 점에서 대통령실에 이론과 실무를 갖춘 중단기 개혁추진주체로 교육개혁위원회가 필요하다. 현장의 자율과 책무를 제고하는 교육개혁이 되어야 하지만, 그리고 옥상옥이라는 염려가 있음에도 불구하고 과거 개발 연대에 공고화된 정책과 제도를 고쳐나가는 개혁을 장기적으로 일관된 원칙과 철학을 가지고 꾸준히 추진하여 나가는 교육개혁위원회와 같은 추진주체가 필요하다. 결국 교육재정관리도 정책의 우선순위 및 수순의 의사결정이 중심이라고 할 때 정부차원을 넘어선 국민대통합이 가능할 수 있는 입법부를 아우르는 위원회에서의 우선순위설정, 그리고 이에 기반한 교육부, 지방교육청, 대학, 이 밖의 많은 교육서비스 관계자들의 의견을 수렴하고 반영하는 기능이 되어야 한다.

본 장에서는 유·초·중등 교육을 포괄하는 재정영역을 지방교육재정, 대학과 평생학습, 직업교육을 포괄하는 고등교육재정으로 나누어 현황과 정책과제에 대해 알아보기로 한다.

Ⅱ. 지방교육재정 현황

1. 지방교육비특별회계 세입·세출 내역

유아교육 및 초·중등교육을 담당하는 지방교육재정 세입은 크게 국가지원금과 지방자치단체 지원금, 그리고 자체수입으로 구성된다. 국가지원금은 교부금과 국고보조금으로 구성되는데, 거의 대부분(99% 이상)이 교부금이며 국고보조금이 차지하는 비중은 매우 작다. 지방자치단체 지원금은 지방자치단체 일반회계에서 교육비특별회계로 전입되는 것을 말하는데, 지방교육세 전입금과 담배소비세 전입금, 시도세 전입금, 학교용지부담금, 기타 전입금으로 구성된다. 이 중 기타 전입금을 제외한 모든 전입금은 법률로 재원의 종류와 규모가 정해진 법정 전입금이며, 기타 전입금만 지방자치단체가 자율적으로 지원하는 비법정 전입금이다. 자체수입은 학생이 납부한 납입금과 재산수입 등 지방교육자치단체가 자체적으로 징수·확보하는 수입을 말한다.

<표 13-1>에서는 2011년과 2012년 지방교육재정 예산에서 수입을 각 재원별로 구분하여 구성을 살펴보았다. 2012년의 경우를 보면 총예산이 47조 7,034억원인데, 그 중 77%인 36조 7,134억원이 국가에서 지원되는 것이고, 국가지원금은 거의 대부분 교부금이다. 국고보조금은 119억원으로 교육비특별회계 세입의 0.02%에 불과하다. 지방자치단체로부터 진입되는 수입금액과 교육비특별회계 자체수입은 각각 8조 3,834억원과 2조 5,553억원으로 각각 17.6%와 5.4%를 차지하였다. 2011년과 비교해보면 교부금의 비중이 1%p 상승하였고 자치단체 이전수입과 자체수입의 비중은 각각 0.4%p, 0.5%p 하락하였다.

표 13-1 지방교육비특별회계 세입예산 (단위: 억원, %)

재원별	'12회계연도(A)	구성비	'11회계연도(B)	구성비	증감(A-B)	비율
합계	477,034	100.0	439,215	100.0	37,819	8.6
중앙정부이전수입	367,134	77.0	333,786	76.0	33,348	10.0
지방교육재정교부금	367,015	76.9	333,436	75.9	33,579	10.1
국고보조금	119	0.02	350	0.1	△231	△66.0
지방자치단체이전수입	83,834	17.6	79,155	18.0	4,679	5.9
지방교육세전입금	51,635	10.8	50,346	11.5	1,289	2.6
담배소비세전입금	5,261	1.1	5,988	1.4	△727	△12.1
시도세전입금	18,307	3.8	16,106	3.7	2,201	13.7
학교용지일반회계부담금	3,768	0.8	3,693	0.8	75	2.0
비법정이전수입	4,863	1.0	3,022	0.7	1,841	60.9
지방자치단체교육비특별회계부담수입	25,553	5.4	26,127	5.9	△574	△2.2
교수-학습활동수입	11,048	2.3	11,110	2.5	△62	△0.6
행정활동수입	187	0.04	192	0.04	△5	△2.6
자산수입	455	0.1	531	0.1	△76	△14.3
이자수입	1,403	0.3	1,341	0.3	62	4.6
잡수입 등	174	0.04	124	0.03	50	40.3
이월금 등	12,286	2.6	12,829	2.9	△543	△4.2
지방교육채	-	-	-	-	-	-
주민(기관)부담금 등 기타	513	0.1	147	0.03	366	249.0

출처: 교육과학기술부(2012c).

<표 13-2>에서는 지방교육재정의 세출예산을 정리하였다. 지방교육재정 지출에서 가장 큰 비중을 차지하는 것은 인건비로서 2012년 예산에서 총지출의 63.4%를 차지하였다. 그 외에 자산 취득비가 7.3%를 차지하였으며, 학교지원비가 22.2%를 차지하였다. 표에는 나타나지 않았지만 2010년 예산에서 인건비가 차지하는 비중은 67.6%였는데, 2011년에는 65.6%, 2012년에는 63.4%로 계속 하락하는 추세를 보여주었다. 자산취득비의 비중도 2010년 9.8%, 2011년 7.8%, 2012년 7.3%로 하락하였다. 한편 학교지원금의 비중은 2010년 17.1%에서 2011년 20.1%, 2012년 22.2%로 크게 상승하였다.

표 13-2 지방교육비특별회계 세출예산   (단위: 억원, %)

성질별	2012년(A)	구성비	2011년(B)	구성비	증감(A-B)	비율
합계	477,034	100.0	439,215	100.0	37,819	8.6
인건비	302,674	63.4	288,211	65.6	14,463	5.0
교육	184,395	38.7	178,167	40.6	6,228	3.5
행정직	27,644	5.8	26,350	6.0	1,294	4.9
기타직	12,482	2.6	10,729	2.4	1,753	16.3
복지후생지원	35,061	7.3	32,925	7.5	2,136	6.5
사립학교교직원	43,092	9.0	40,040	9.1	3,052	7.6
물건비	13,566	2.8	12,678	2.9	888	7.0
이전지출	8,120	1.7	3,514	0.8	4,606	131.1
자산취득	34,626	7.3	33,266	7.6	1,360	4.1
토지매입비	6,119	1.3	5,546	1.3	573	10.3
시설비	25,954	5.4	25,015	5.7	939	3.8
자산취득비	2,270	0.5	1,545	0.4	725	46.9
기타자산취득비	283	0.1	1,160	0.3	△877	△75.6
상환지출	9,026	1.9	8,606	2.0	420	4.9
지방교육채	1,151	0.2	1,266	0.3	△115	△9.1
민자사업지급금	7,875	1.7	7,340	1.7	535	7.3
학교지원	105,672	22.2	88,421	20.1	17,251	19.5
공립학교	81,241	17.0	70,232	16.0	11,009	15.7
사립학교	23,776	5.0	17,551	4.0	6,225	35.5
기타	655	0.1	638	0.1	17	2.7
예비비및기타	3,350	0.7	4,519	1.0	△1,169	△25.9

출처: 교육과학기술부(2012c).

2. 지방교육재정교부금 교부 현황

교부금 재원은 내국세 수입의 20.27%와 교육세 수입 전액으로 구성된다. 이 금액은 보통교부금과 특별교부금으로 구분하여 배분되는데, 보통교부금은 교육세 수입 전액과 내국세분 교부금의 96%로 구성되며, 내국세분 교부금의 4%가 특별교부금으로 배분된다. 보통교부금은 특정한 용도를 지정하지 않고 교직원 인건비 지급을 포함하여 교육청의 일반적인 재정활동에 사용하도록 지원하는 것이며, 특별교부금은 보통교부금 산정에 포함되지 않은 특별한 재정수요에 대하여 사용하도록 용도를 지정하여 지원하는 것이다.

보통교부금은 교육청별로 기준재정수요액과 기준재정수입액을 산정한 후 기준재정수요액에서 기준재정수입액을 차감한 차액을 배분한다. 기준재정수요액은 교직원 인건비 등 교육재정 수요 항목별로 교육청의 기본적인 재정수요를 산정한 것이고 기준재정수입액은 지방교육세와 법정전입금 등 교부금 외의 주요 세입항목의 수입금액을 합산한 것이다. 예외적으로 제주도 교육청의 경우에는 「제주특별자치도 설치 및 국제자유도시 조성을 위한 특별법」 제101조에 의거하여 기준재정수요액과 수입액을 산정하지 않고 보통교부금 총액의 1.57%가 배분된다.

기존재정수요액은 교직원 인건비, 학교·교육과정 운영비, 교육행정비, 교육복지지원비, 학교시설비, 유아교육비, 방과후학교사업비로 구분하여 각 항목별 측정단위와 단위비용을 산정공식에 반영하여 수요액을 산출하여 합산하고, 거기에 재정결함 보전수요와 자체노력수요 등을 합산한다. 교육복지지원비는 2013년에 기준재정수요액 측정항목으로 추가된 것으로 지역 간 균형교육비(3천억원)와 계층 간 균형교육비(1조원)로 구분하여 산정된다. 지역 간 균형교육비는 통학구역 광역화에 대한 신규사업의 지속적 증가(기숙사 신설 및 기숙사비 제공, 통학버스 운영 등)에 대처하기 위한 것이고, 수급자·다문화·탈북자 학생 지원을 비롯하여 저소득·소외계층을 지원하는 데 목적을 둔 것이다.

자체노력수요 등에는 학교기본운영비 확대, 학교·학급 통폐합 지원, 학교신설 민관협력 확대 등 12개 항목이 포함된다. 기준재정수입액은 지방세를 재원으로 하는 전입금 즉, 지방교육세와 시·도세 전입금, 담배소비세 전입금 전액과 수업료 및 입학금 수입액의 85%(읍·면 지역 및 도서벽지 학교와 전문계는 70%), 시·도의 일반회계에서 부담하도록 되어 있는 학교용지부담금 전액으로 구성된다. 2013년 지방교육재정 교부금 산정내역을 보면 기준재정수요액이 48조 4,420억원이고 기준재정수입액은 9조 4,534억원으로 수요액과 수입액의 차이가 38조 9,886억원이다. 이 금액이 제주도를 제외한 시·도에 보통교부금으로 배분되었다.

기준재정수요액의 구성을 <표 13-3>에 정리하였는데, 이 표를 자세히 살펴보면 몇 가지 특징적인 현상을 발견할 수 있다. 그 중 첫 번째는 인건비 비중이

표 13-3　보통교부금 기준재정수요액 산정내역　　　　　　　　　　　　　　(단위: 억원, %)

	2010		2011		2012		2013	
	금액	구성비	금액	구성비	금액	구성비	금액	구성비
기준재정수요 총액	410,462	100.0	424,609	100.0	451,103	100.0	484,420	100.0
교직원 인건비	275,751	67.2	284,365	67.0	293,457	65.1	307,461	63.5
학교·교육과정운영비	63,010	15.4	68,343	16.1	72,992	16.2	69,149	14.3
교육행정비	36,724	8.9	25,102	5.9	22,175	4.9	8,311	1.7
교육복지지원비	–	–	–	–	–	–	13,049	2.7
학교시설비	17,139	4.2	18,420	4.3	17,227	3.8	26,323	5.4
유아교육비	8,592	2.1	10,481	2.5	20,608	4.6	32,348	6.7
방과후학교사업비	3,069	0.7	4,219	1.0	6,248	1.4	8,269	1.7
재정결함보전	4,397	1.1	8,045	1.9	6,804	1.5	6,862	1.4
자체노력수요 등	1,780	0.4	5,634	1.3	11,133	2.6	12,648	2.6

출처: 교육부(2013), 교육과학기술부(2012b, 2011).

계속 하락하는 추세를 보여주고 있다는 점이다. 2010년에는 교직원 인건비가 기준재정수요액에서 차지하는 비중이 67.2%였는데, 2011년에는 67%, 2012년에는 65.1%, 2013년에는 63.5%로 하락하였다. 학교시설비의 비중은 2010년 4.2%, 2011년 4.3%, 2012년 3.8%로 대체로 안정적이거나 약간 하락하는 추세였다가 2013년에는 5.4%로 증가하였다.

　학교·교육과정 운영비와 교육행정비, 유아교육사업비, 방과후학교 사업비, 자체노력수요 등의 비중은 최근에 비중이 크게 변화되었다. 교육행정비의 비중은 2010년 이후 계속 줄어드는 경향을 보이다가 2013년에는 더욱 크게 줄어들었다. 특히 2013년의 교육행정비 축소 규모는 1조 3,684억원으로 신설된 교육복지비 수요를 상쇄하고도 남는 수준이다. 학교·교육과정 운영비의 비중은 2010년 15.4%에서 2012년 16.2%까지 증가하였다가 2013년에는 14.3%로 축소되었다. 유아교육비와 방과후학교 사업비가 차지하는 비중은 2010~2012년 사이에 두 배 이상이 되었고 2013년에도 기준재정수요액에서 차지하는 비중이 6.7%, 1.7%로 각각 전년대비 2.1%p, 0.3%p 증가하였다. 특히 유아교육비의 증가가 눈에 띈다. 자체노력수요 등의 비중은 2010년 0.4%이고 지급항목도 3개뿐이었던 것이 2013년에는 2.6%, 12개 항목으로 확대되었다.

결과적으로 내국세 및 교육세 수입을 기반으로 확대되는 교부금 총액과 실비를 기반으로 하고 있어 증가율이 낮은 인건비와의 격차는 기준재정수요액 산정항목 중 총액의 변화에 유연하게 대처할 수 있는 항목을 통해 흡수한 것으로 보인다. 즉, 일부 항목에 대해 기존 항목의 단위비용을 조정하거나 새로운 항목을 도입하여 기준재정수요액과 기준재정수입액의 차액이 보통교부금 총액과 일치되도록 조정하는 완충 역할을 하도록 한 것이다. 학교·교육과정 운영비, 교육행정비, 학교시설비, 유아교육사업비, 방과후학교 사업비, 자체노력수요 등이 그러한 역할을 한 것으로 보인다. 주요 시책사업이 확대됨에 따라 수요가 증대된 유아교육사업비와 방과후학교 사업비는 매년 21~97%의 증가율을 보여주었다. 그리고 자체노력수요 등은 2011년에 전년대비 216% 증가하였고, 2012년에도 105% 증가하였다. 반면 교육행정비는 2010년 이후 계속 감소세를 보였으며, 학교시설비는 감소와 증가를 반복하였다.

 Ⅲ. 지방교육재정정책과제

1. 교육여건 변화에 따른 대응

(1) 교육비 수요 감소요인

지방교육재정의 발전방향과 관련하여 이미 오래전부터 지적되어 온 중요한 여건 변화는 학생수 변화이다. <그림 13-1>에서는 인구수 변화 전망치를 근거로 향후 50년간의 초·중·고등학교 학생수를 전망해 본 것인데, 앞으로 학생수가 계속 감소하는 추세를 보여줄 것으로 전망된다. 좀 더 구체적으로 보면 앞으로 4~5년간은 학생수가 빠른 속도로 감소하여 2011년 기준 300만명을 넘는 초등학생수가 270~280만명 수준이 되고, 각각 200만명이 약간 못되는 중·고등학교 학생수는 130~140만명 수준으로 줄어들 것으로 전망된다. 이후 약 15년간은 완만한 감소세가 계속되다가 다시 빠른 속도로 학생수가 감소하여 2060년 경에는 2011년의 절반 수준이 될 것으로 전망된다.

이러한 학생수 변화 전망은 학생 1인당 교육비를 현행 수준으로 유지한다면

그림 13-1 학교급별 학생수 추계(인구 중위)

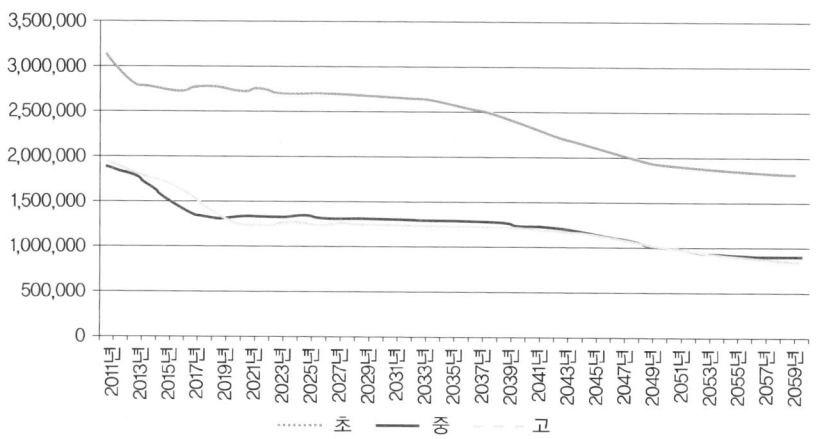

자료: 한국조세연구원 추계.

학생수가 감소함에 따라 교육비 총수요가 감소할 것이라는 점을 시사한다. 학생수가 감소되면 필요한 교원수가 감소하여 교육비 수요가 줄어들 것으로 예상되며, 두 번째는 학생수 감소에 따라 학교수가 줄어들어 학교당 지급하는 경비가 줄어들 것으로 예상되기 때문이다.

그러나, 장기적으로 그러한 방향으로의 변화가 발생할 것임을 부인하기 어렵지만, 학생수 감소에 비례하여 교육비가 줄어들 것인지에 대해서는 의문의 여지가 있다. 특히 학생수 감소가 교육비 변화에 직접적으로 반영되지 않을 수 있으며, 오히려 단기적으로는 다른 요인의 영향이 더 커서 교육비가 증가되는 결과가 나타날 수도 있다는 점에 유의할 필요가 있다. 이는 교원수와 학교수가 학생수 변화에 대응하여 비례적으로 변화할 것으로 기대되지 않기 때문이다.

교육여건을 개선하기 위하여 교원 1인당 및 학급당 학생수를 축소할 필요가 있고 이를 위해 교원의 숫자를 증대시켜야 한다면 앞으로 상당기간은 학생수가 감소함에도 불구하고 교원수는 증가되고 인건비 수요가 증가할 가능성도 있다. 또한 학교수의 경우에도 학생수 감소에 비례한 감축을 기대하기 어렵다. 지난 10년간의 변화를 보면 학생수가 감소하였음에도 불구하고 학교수는 초·중·고등학교를 종합하여 2001년 10,061개에서 2012년 11,360개로 12.9% 증가하였다(〈표 13-4〉 참조). 읍면 및 도서벽지 지역은 인구 유출에 따라 학교수가 감소하였으나 도시지역에서는 지속적인 인구유입 및 도시계획 등으로 인하여 학교수가 증가하였

표 13-4 지역별 학교수 변화 추이 (단위: 교, 분교제외)

구분	2001	2006	2007	2008	2009	2010	2011	2012
대도시	2,938	3,235	3,276	3,328	3,379	3,404	3,438	3,460
중소도시	2,521	3,071	3,128	3,226	3,296	3,344	3,404	3,443
소계	5,459	6,306	6,404	6,554	6,675	6,748	6,842	6,903
읍·면지역	4,019	3,945	3,914	3,906	3,876	3,892	3,934	3,915
도서벽지	583	625	629	620	609	597	541	542
소계	4,602	4,570	4,543	4,526	4,485	4,489	4,475	4,457
계	10,061	10,876	10,947	11,080	11,160	11,237	11,317	11,360

주: 대도시(인구 100만 초과), 중소도시(인구 5만 이상), 읍·면지역(인구 2만명 이상).
자료: 교육부.

으며, 후자가 전자보다 더 많았기 때문이다. 읍면 및 도서지역의 경우에도 소규모 학교 통폐합에 대한 저항이 강하여 학생수 감소에 비례한 빠른 속도의 학교수 감소를 기대하기는 어렵다. 교육부 통계에 의하면 소규모 학교 통폐합 실적은 목표치의 절반을 밑돈다(교육과학기술부, 2012a). 장기적으로는 학생수 변화의 상당부분이 학급수와 학교수에 반영되겠지만, 그 조정에 적지 않은 시간이 소요된다는 점은 부인할 수 없다.

(2) 교육비 수요 증대요인

학생수 변화와 함께 고려하여야 할 중요한 지방교육재정 여건의 변화는 정부의 정책방향이다. 박근혜 정부는 학교교육을 정상화시키고 공평한 교육기회를 보장하기 위한 다양한 정책을 국정과제에 포함시켜 추진 계획을 발표하였다. 그 중 중요한 것으로 교원이 교육에 전념할 수 있도록 여건을 개선하는 내용이 있으며, 공평한 교육기회의 보장과 관련해서는 방과후 돌봄서비스 제공, 유아교육비 부담 경감, 고등학교 무상교육의 단계적 실시 등이 중요 과제로 제시되어 있다. 이러한 정책과제들은 지방교육재정 수요를 증대시키는 요인이 된다.

교원이 교육에 전념할 수 있도록 여건을 개선하는 정책의 핵심은 학급당 학생수 감축과 교원 1인당 학생수 감축이다. 우리나라는 2012년 기준 학급당 학생수가 초등학교 24.3명, 중등학교 32.4명으로 각각 21.2명, 23.4명(2010년)인 OECD 국가 평균치보다 많다. 특히 중등학교에서 격차가 크다. 정부는 이러한 격차를 단

363

계적으로 축소할 계획이다. 또한 교원 1인당 학생수는 2013년 기준 초등학교 20.3명, 중등학교 18.3명인데, 2010년 OECD 국가 평균치 15.9명과 13.7명을 목표로 단계적으로 축소해 나갈 계획이다.

앞서 언급한 학생수 감소는 교원수를 감축시키는 요인이 되고, 학급당 및 교원 1인당 학생수 감축 정책은 교원수를 증가시키는 요인이 된다. 그러므로 앞으로 재정이 어떻게 변화되어 갈 지를 파악하기 위해서는 이 두 가지를 종합해서 전체적으로 교원수 및 교육재정 수요에 미치는 영향을 추정해야 한다. 이 추정을 위해서는 먼저 정책변수인 학급당 학생수 및 교원 1인당 학생수 감축에 대한 구체적인 계획이 마련되어야 할 것이다.

<그림 13-2>에서는 2020년까지 교원 1인당 학생수를 OECD 회원국의 2010년 평균치에 맞추기 위해 매년 동등한 수준의 교원을 확충한다는 가정하에 연도별 교원수 전망치를 정리하였다(그림의 중위(A)). 그림의 중위(B)는 참고지표로 현행 교원 1인당 학생수를 그대로 유지하는 경우의 교원수 변화를 보여준다. 교원 1인당 학생수를 현행대로 유지하는 경우 학생수가 감소함에 따라 교원수도 비례적으로 감소하게 된다. 그러나 OECD의 평균치를 목표로 교원 1인당 학생수를 조정하는 경우에는 조정기간(그림에서는 2020년까지) 중에는 증가요인이 감소요인을 압도하여 학생수가 감소함에도 불구하고 교원수가 증가되어야 한다.

구체적인 수치를 보면 교원수는 2013년 387,196명에서 2020년 401,426명으로 4% 정도 증가되어야 한다. 그리고 목표를 달성한 이후에는 학생수 감소에 따라 교원수가 비례적으로 감소하여 2030년에 391,951명(2013년 대비 증가율 1%), 2040년에 364,748명(-6%), 2050년에 296,510명(-23%), 2060년에 266,685명(-31%)이 될 것으로 전망된다. 교원 1인당 학생수를 현행 수준으로 유지하는 경우에는 2020년 309,789명(-16%)으로, 2030년 302,437명(-18%), 2040년 280,831명(-24%), 2050년 228,367명(-38%), 2060년 205,772명(-44%)으로 학생수 감소에 비례하여 교원수가 감소하게 된다.

고른 교육기회 보장을 위한 교육비 부담 경감 정책에는 방과후 돌봄 서비스 확대와 유아교육에 대한 지원 확대, 고등학교 무상교육 등의 정책이 포함되어 있다. 방과후 돌봄 서비스는 유치원의 돌봄 기능을 강화하는 내용과 초등학교 과정에서 수익자부담으로 운영하는 방과후 돌봄 프로그램을 연차적으로 희망하는 모든 학생에게 무료로 제공하도록 하는 내용, 추가 돌봄이 필요한 맞벌이·저소득층·

그림 13-2 교사1인당 학생수 전제에 따른 교원수(인구중위)

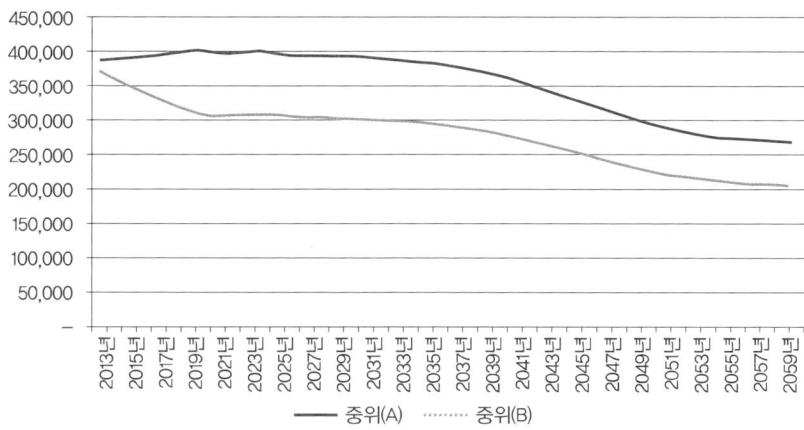

자료: 한국조세연구원 추계.

한부모 가정에게 오후 10시까지 급식 및 돌봄 서비스를 무상으로 제공하는 정책을 포함하고 있다. 지방교육비특별회계에 지원하는 지방교육재정교부금 기준재정수요액에서 책정한 금액을 기준으로 기존의 방과후학교 사업비 규모를 보면 2007년에는 478억원이었던 것이 2010년에는 3,069억원, 2013년에는 8,269억원이 되었다. 증가 속도를 보면 2010년 이후 2013년까지 매년 21.74~48.09%씩 증가하였다. 국정과제에 반영된 온종일 돌봄학교 운영계획에 따르면 앞으로 오후 5시까지 초등학생 방과후 돌봄프로그램을 무료로 운영하되, 2014년에는 1~2학년, 2015년에는 1~4학년, 2016년에는 1~6학년으로 대상을 확대하는 것으로 되어 있다. 그에 따른 재원 소요액은 2013년 3,318억원에서 2017년에는 9,870억원으로 증가할 것으로 전망된다.

　재정규모의 관점에서 더욱 중요한 것은 유아교육비 지원 확대와 고등학교 무상교육의 실시이다. 유아교육의 경우 2010년에는 지원규모가 8,592억원으로 지방교부금 기준재정수요액의 2.1%를 차지하였던 것이 매우 빠른 속도로 확대되어 2013년에는 3조 2,348억원으로 기준재정수요액의 6.7%를 차지하게 되었다. 유아교육은 초·중등교육과 달리 지금까지 제한적으로만 지원하였다가 최근에 지원대상이 크게 확대되어 보편적인 지원이 이루어지게 되었기 때문에 인구변화와 무관하게 당분간 지원대상 아동의 수가 계속 증가될 것으로 예상된다. 또한 지원규모도 계속 확대되는 추세에 있다. 박근혜 정부의 누리과정 지원 확대 계획을 보면

365

2013년에는 소득수준에 관계없이 유치원과 어린이집에 다니는 만 3, 4, 5세아 전체를 대상으로 학비 및 종일반비를 지원하나, 어린이집에 다니는 소득하위 70% 가구의 3, 4세아에 대해서는 지방비로 부담하도록 되어 있다. 2014년에는 소득하위 70% 가구의 3세아만 지방비로 부담하며, 2015년 이후에는 모든 경비를 지방교육재정교부금으로 부담하도록 되어 있다. 이 계획을 추진하기 위해서는 2014년에 1조원, 2015년에 1조원, 2015년에는 5천억원의 재원 증가(순증)가 필요한 것으로 전망된다.

고등학교 무상교육은 먼저 여러 부처에 산재되어 있는 고교 수업료 등 교육비 지원사업을 시·도 교육청 사업으로 일원화하는 방안을 마련하고, 재정여건을 고려하여 단계적으로 무상교육을 실시할 예정이다. 즉, 지역별·소득계층별·교육비 항목별로 우선순위를 설정하여 도서벽지, 저소득층 등 지원이 시급한 지역·계층에 대한 지원을 먼저 하고 우선순위가 낮은 지역·계층으로 순차적으로 확대해 갈 예정이다. 그 규모를 보면 2013년 기준으로 수업료가 2조 5천억원 정도이며, 등록금이 자율화되어 있는 특수목적고등학교를 제외한 모든 고등학교를 무상교육 대상으로 하고 입학금, 수업료, 학교운영지원비, 교과서대금을 지원한다고 가정하면 총소요재원은 연간 3조 1,700억원 정도가 될 것으로 예상된다. 그런데 이중 일부분은 이미 지원이 되고 있다. 주로 저소득층에 대한 입학금·수업료·학교운영비 지원으로서 보건복지부의 기초수급자 지원, 지방자치단체의 농어업인 자녀 지원, 시·도 교육청의 저소득층 자녀 지원이 이에 해당된다. 그 외에 교육부의 특성화고 재학생 입학금·수업료·학교운영비 지원이 있고, 각 부처와 지방자치단체, 시·도 교육청 직원의 자녀 학비보조수당도 2,100억원 정도 된다. 이 지원을 모두 합하면 2012년 기준으로 1조 1,762억원 규모가 되며, 이는 총소요재원의 37% 정도에 해당된다. 그러므로 고등학교 무상교육을 수행하기 위해서는 약 2조원의 재원 순증이 필요하며, 점진적 확대를 전제로 2014~2017년의 4년 동안 안분하면 매년 5천억원 정도의 재원 순증가가 필요하다.

(3) 요약 및 정책방향

교육복지 관련 논의에서는 국정과제에 제시된 교육복지 정책을 모두 예정된 시간 내에 수행하는 경우에 예상되는 재원규모를 추정하였다. 이 추정결과에 의하면 모든 교육여건 개선을 제외하고 유아·초·중등교육 분야의 제시된 교육복지

사업을 모두 추진하려면 2014~2016년에는 매년 1조 6천억~2조 2천억원 정도의 재원이 추가로 필요하며, 2017년에는 8천억원 정도의 추가 재원이 필요하다. 그 이후에는 교육여건 개선 외에 추가 비용이 소요되지 않을 것으로 보인다. 그리고 교육여건 개선이 중요한 역할을 하여 단기적으로는 학생수 감소라는 교육비 감소요인이 교육재정 수요에 중요한 영향을 주지 못할 것으로 보인다. 이러한 전망치에 비춰볼 때 앞으로 2~3년간은 교육비 수요 증대 요인이 감소요인보다 큰 영향을 주어 현재의 지방교육교부금만으로는 필요한 수요를 다 충족시키지 못할 것으로 예상된다.

이와 같은 재정수요 증대에 대응하는 방안으로 제일 먼저 생각할 수 있는 것은 내국세의 20.27%로 되어 있는 지방교육재정교부금 교부율을 인상하는 것이다. 그러나 교부율 인상에는 신중을 기할 필요가 있다. 그 첫 번째 이유는 교부율 인상 필요성이 단기적인 현상이라는 점이다. 앞서 학생수 감소라는 교육비 수요 감소요인과 교육여건 개선, 복지 확대 등 수요 증대 요인을 검토하였는데 학생수 감소는 앞으로 수십년간 지속되는 추세적인 변화인 데 비해 수요 증대요인은 모두 현단계에서 교육 지출 수준을 증대시키는 요소이며 추세적으로 증가하는 것은 아니다. 그러므로 이 요인들을 종합하면 교육비 수요가 단기적으로는 증가하나 장기적으로는 현수준보다 낮아질 것으로 예상된다.

이러한 상황에서 교부율을 인상하여 단기적인 교육재정 수요 증대에 대응하는 것은 바람직하지 않다. 나중에 필요에 따라 교부율을 인하하는 데 어려움이 있을 수 있으며, 이 경우 교육재정은 물론 국가재정의 효율성 저하가 우려된다. 그러므로 향후 3~4년의 전망치만을 근거로 교육재정의 장기정책방향을 설정할 것이 아니라 20~30년간의 학생수 변화 등 교육여건 변화를 고려하여 장기재정 수요를 전망하고 그 전망을 바탕으로 교부율 정책과 같은 장기적인 정책방향을 수립해야 할 것이다.

둘째, 국가재정 전체적으로 볼 때 교부율의 인상이 쉽지 않다는 점을 고려할 필요가 있다. 박근혜 정부가 민생의 안정을 중요한 정책목표로 설정하고 교육부문을 포함하여 노인, 건강 등 다양한 분야에서 복지정책을 제시하였다. 그 정책을 충실히 시행하기 위해서는 5년간 135조원의 재원이 필요하며, 그 재원을 마련하는 것이 쉽지 않은 일이라는 점은 이미 잘 알려져 있다. 특히 2013년의 경우에는 세수부족분과 경제활성화 재원을 합하여 총 17조 3천억원을 증액하는 예산의 추가경정을 하였으며, 이를 위해 15조 8천억원의 국채를 발행했다. 이러한 상황에서 소득수준 대비 교육비 지출 규모(1인당 교육비/1인당 GDP)가 선진국 수준에 뒤지지 않은 초·중등교육분야의 지출 확대를 위해 교부율을 증가시키는 것이 사회적으로 설득력을 확보하기 어려울 것으로 판단된다.

교부율 조정을 통한 대응이 곤란하다면 다른 대안으로 생각할 수 있는 것은 자금을 차입하는 방안과 지방교육재정의 범위 내에서 지출의 우선순위를 설정하여 특정 지출을 1~3년 정도 연기하거나 지출 속도를 조절하는 방법이다. 교부율을 인상하지 않는다는 전제하에서 자금을 차입하는 방법으로는 지방교육자치단체로 하여금 자금을 차입하여 사용하도록 하고 3~4년 후에 재원에 여유가 생긴 후부터 점진적으로 상환해 나가도록 하는 방법이 있다. 이전에 국가경제 위기로 인해 예상치 못한 지방교육재정 세입 감소가 발생하였을 때 이 방법을 사용한 적이 있다. 이 방법은 정부가 약속한 지출을 모두 기한 내에 수행하도록 한다는 장점이 있다. 그러나 재정건전성 악화와 채무부담 증대는 단점이 된다. 지방교육청이 과세자율권이 없어 궁극적으로 세입을 거의 모두 국가의 지원으로 조달한다는 점을 고려할 때 지방교육재정의 수지 악화와 부채 증가는 궁극적으로 국가의 재정건전성을 저해하고 국가의 신용도를 저하시키는 결과를 초래할 수 있다. 경제전망이 불확실한 상황에서 예기치 못한 경기변동에 대한 국가의 대응력을 강화하기 위해서는 국가 채무 발생 요인을 최소화시킬 필요가 있다. 이러한 관점에서 볼 때 차입을 통해 새로운 지출을 증대시키는 데는 신중을 기할 필요가 있다.

지출의 우선순위 조정은 우선순위를 설정하여 지출이 증가하는 속도를 조절함으로써 현행 교부율 내에서 차입을 하지 않고 지출계획을 소화하는 것을 의미한다. 이 방법은 국정과제상에 나타난 지출을 하지 않는 것이 아니라 시급성이 적은 사업에 대해서 시작 시점을 2~3년 이후로 연기함으로써 재정에 큰 부담을 주지 않고 계획한 사업을 모두 추진할 수 있다는 장점이 있다.

2. 지출의 우선순위 조정

교부율을 조정하지 않는다는 전제하에서 모든 재정수요를 충족시키기 위해 사업의 우선순위를 설정하거나 특정사업의 수행 속도를 조절하는 경우 그 대상이 되는 사업은 신규 지출수요 중에서 규모가 큰 ① 교원 확충, ② 유아교육 지원

확대, ③ 고등학교 무상교육, ④ 기존 사업의 폐지 또는 축소가 될 것이다. 이 중 '④ 기존사업의 조정'은 쉽지 않은 일이다. 지방교육재원의 2/3 정도가 경직성 경비인 인건비이며, 그 외에 유아교육비·교육복지비와 같이 정부의 중점 사업으로 축소가 곤란한 항목을 제외하면 조정의 여지가 별로 없다. 교부금 기준재정수요액 항목 중 교육행정비는 2010년에 3조 6,724억원이었던 것이 계속 감소하여 2013년에는 8,311억원이 되었다. 인건비 다음으로 규모가 큰 학교·교육과정 운영비는 약 7조원 정도이고 기준재정수입액에서 차지하는 비중도 14.3%(2013년)로 큰 편이다. 그러나 이것도 전년에 비해 5.26% 감소한 것이며, 2011년에 교육부의 연구용역을 통해 산출한 표준교육비의 68.3%에 불과하여 학생수 감소에 따른 조정을 능가하는 수준의 대규모 감축을 강요하기 어렵다.

①~③의 대상사업 중 우선순위나 속도조절이 필요한 분야를 선정하기 위해서는 일정한 기준이 필요한데, 재정사업의 효과성과 분배의 형평성 관점에서 보면 교원의 확충과 고등학교 무상교육이 우선적인 대상이 된다. 교원 1인당 학생수는 그동안 꾸준한 노력을 통해서 상당히 많이 개선되었다. 초등학교의 경우 우리나라가 2013년 24.3명이고 OECD 평균치가 21.2명으로 상당히 많이 좁혀졌다. 뿐만 아니라 전국 평균치를 의미하는 교원 1인당 학생수를 1명 감축하기 위해서 적지 않은 비용이 소요되는 데 비해 그것이 교육효과를 얼마나 개선할지는 의문이다. 교육여건 개선을 위해서 교원수를 증대시킨다면 OECD의 기준에 맞게 교실에서 교육을 하는 교원(teaching teacher)을 증대시켜야 하는데, 우리나라에서는 실제 교육을 담당하지 않는 교원(non-teaching teacher)의 수가 많으며, 실제 교육을 담당하지 않는 교원의 증대는 교육여건 개선에 크게 기여하지 못한다는 주장도 있다. 그러므로 양적인 목표달성보다는 질적인 개선에 중점을 두어야 할 것이다. 마지막으로 장기적인 관점에서 학생수 감소에 따른 교원의 감축 필요성도 고려할 필요가 있다. 앞의 <그림 13-2>에 의하면 목표 시점을 약간 늦추면 교원수를 증대시키지 않더라도 자연적으로 OECD 평균치에 도달할 수 있으며, 교육여건의 개선을 위하여 2020년까지 교원을 확충하더라도 2030년 이후에는 학생수 감소를 고려하여 교원수를 감축시키는 것이 불가피하다. 이를 고려한다면 교원의 확충을 서두르기보다는 긴 시간을 두고 천천히 진행하는 것이 나을 수 있다.

고등학교 무상교육의 경우 교육여건 개선과는 무관한 재분배정책이라고 할 수 있다. 고등학교 무상교육은 현재소득의 재분배보다는 돈이 없어서 교육을 받지 못하는 학생이 없이 모두 동등한 수준의 교육을 받도록 하는 기회균등에 초점이 맞춰진 재분배 정책이다. 이와 같은 기회균등의 관점에서 보면 교육비가 부담이 되어 교육을 받지 못하는 학생에게 지원의 초점이 맞춰져야 할 것이다. 이러한 관점에서 정부도 지역별·소득계층별·교육비 항목별로 우선순위를 설정하여 단계적으로 지원을 확대하겠다는 계획을 제시하였다. 특히 2014년에는 읍면·도서벽지 재학생 및 도시지역의 저소득층 자녀부터 시작하는 방안을 검토중이라고 밝혔다. 이러한 순서대로 추진하되, 현행 제도하에서 입학금과 등록금 등 비용을 부담하여 고등학교 교육을 받는 데 큰 무리가 없는 소득계층에 대한 지원은 효율성은 물론 소득재분배나 기회균등의 관점에서도 큰 효과가 없으며 오히려 역진적인 재분배효과가 나타날 수 있으므로 최대한 뒤로 연기하는 것이 바람직하다.

뿐만 아니라 지금도 지원이 꼭 필요한 저소득층에 대해서는 어느 정도 지원되고 있다는 점을 고려할 필요가 있다. 2012년 기준으로 보면 보건복지부, 시·도 교육청, 지방자치단체 주관으로 기초수급자, 농어업인 자녀, 저소득층 자녀, 특성화고 재학생에 대한 지원이 이루어지고 있으며, 그 지원규모가 9,662억원이 된다(공무원 자녀 학비보조수당 제외). 이미 지원되고 있는 금액이 입학금과 수업료의 40%에 육박하는 수준이므로 아주 시급하게 지출을 확대해야 하는 부분은 크지 않다고 할 수 있다. 그러므로 지원대상의 확대보다는 정말 지원이 필요한 자가 지원을 받고 있는지 점검하여 적절한 지원이 이루어지도록 하는 것이 더 중요한 것으로 판단된다.

3. 교부금 배분방식의 개편

2013년 기준재정수요액 산정방식을 보면 산정항목이 교직원 인건비 등 8개의 기본항목과 12개의 자체노력 등 수요 항목으로 되어 있다. 이와 같은 배분방식에 대해서는 몇 가지 문제점이 제기되는데 그 중 하나는 배분방식이 복잡하다는 점이다. 총 18개 항목의 수요가 산정되며, 각 수요항목별로 측정단위가 다르고 측정방식이 복잡하여 쉽게 이해하기 어렵다.

또한 세부항목별로 구분하여 비용을 측정하기 때문에 총액배분방식임에도 불구하고 마치 국고보조금과 같은 역할을 할 가능성이 있다는 점도 문제로 지적된다. 교부금은 시·도별 배분액이 결정되면 그 결정된 총액을 배분하고 구체적으로 어떤 용도로 사용되는지는 추적하지 않고 교육청의 자율에 맡긴다. 그러나 지나치게 세분화된 항목에 대해 구체적인 측정단위와 단가를 적용하여 수요액을 산출하다보니 교육청의 입장에서는 그 산출기준 자체가 지출에 대한 지침으로 작용할 수 있다는 것이다.[2]

그리고 배분산식에 사용되는 측정단위 중에는 교육청의 자의적 조정이 가능한 변수들이 포함되어 있어 교부금 배분액에 영향을 줄 수 있다는 점도 문제로 지적된다. 예를 들면 학생수 외에 학교수와 학급수 등이 측정단위에 포함되는데, 이는 학생수가 줄어드는데도 불구하고 교육청은 학교와 학급을 유지함으로써 교부금을 더 배분받으려는 유인을 가질 수 있음을 시사한다.

이러한 복잡하고 세분된 기준재정수요액 산정방식이 교부금 총액의 변화에 대한 수요측면에서의 탄력적인 대응을 용이하게 하여 재정운영의 효율성을 저해하는 결과를 가져올 수 있다. 지난 수년간의 변화를 보면 교부금 규모가 내국세 수입에 연동되어 빠른 속도로 증가함에도 불구하고 실비를 명확하게 계산할 수 있으며, 그에 따라 학생수 변화를 고려하지 않을 수 없는 인건비와 시설비는 그 증가 속도를 따라가지 못하였다. 그러므로 양자간 격차가 커졌고 그 격차는 다른 항목들의 조정을 통해서 흡수되었다. 그 중에는 유아교육사업비와 같이 국가의 새로운 시책사업을 흡수한 부분도 있으나 일부는 인위적인 조정인 것처럼 보이는 부분도 있다. 특히 자체노력수요 등은 2009년에 2개 항목으로 기준재정수입액에서 차지하는 비중이 0.4%였던 것이 2013년에는 12개 항목, 2.6%가 되었다. 이는 지방교육재정교부금의 운영에 있어 비효율성이 내재되어 있는 것이 아닌가 하는 의심을 품게 하는 요소가 된다. 자체수요노력 항목의 확대가 꼭 필요한 것이었는지 면밀하게 점검하고 평가해 볼 필요가 있다.

그러므로 지방교육재정의 자율성을 실질적으로 개선함과 동시에 지방재정 운영의 효율성을 저해하는 요소들을 제거하고 지역별 학생수 변화와 교부금 배분액 간의 관계를 명확하게 설정할 수 있도록 배분방식을 개선할 필요가 있다. 그 방안으로는 먼저 측정항목과 측정단위를 축소하여 단순화할 필요가 있다. 시설비, 교육복지 관련비용 등 부득이 실비를 지원해야만 하는 항목을 제외하고 대부분의 경비는 통폐합하여 학생수를 기준으로 기준재정수요액을 추정하는 것이 바람직하다. 학교수와 학급수, 교직원수를 측정단위에 포함하는 경우에는 학생수 변화에 따른 신속한 대응이 저해되므로 이들 변수는 측정단위에서 제외하는 것이 좋다.

---

2 최준렬(2011).

이러한 개선방안을 모두 충족시키는 방법으로 안종석(2012)과 같이 학생수 증가율, 1인당 GDP 증가율, 그리고 학생 1인당 교육비에 대한 정책목표 세 가지 지표를 근거로 교부금을 배분하는 방법을 생각할 수 있다. 이 방법은 지방교육재정의 자율성 제고 외에도 지출수요의 감소요인(학생수 감소)과 증가요인(경제성장, 교육환경개선 등 정책목표)을 구분하여 명확하게 교부금에 반영하므로 제도의 투명성을 제고하며 장기정책방향 수립을 용이하게 한다는 장점이 있다. 특히 감소요인으로 인해 발생한 재정 여유분을 증가 요인을 반영한 신규 사업에 활용하도록 하는 과정을 투명하게 보여줌으로써 재정운영의 효율성을 기할 수 있다.

4. 지방재정과 지방교육재정의 연계 강화

또 다른 정책이슈는 지방자치단체 재정과 교육자치단체 재정의 관계 그리고 지방교부세와 지방교육재정교부금의 관계에 관한 것이다. 현재는 교육재정을 지방자치단체 재정과 완전히 분리하여 교육재정에는 교육재정교부금을 배분하고 일반 자치단체에는 지방교부세를 배분하고 있다. 이러한 방식에 대해서는 여러 각도에서 문제가 제기되고 있는데, 그 중 하나는 지방교육자치단체인 시·도 교육청과 일반 자치단체인 시·도와의 협력 강화 필요성이다.

지방교육재정 수입 중 94.6%(2012년 예산 기준)를 국가와 지자체의 지원에 의존하고 있는데, 그 중 1%p만 지방자치단체의 자율적 지원이고 나머지는 모두 중앙정부 차원에서 결정된 것으로서, 거의 대부분 법정 지원금이다. 짧은 시간 내의 급속한 양적 팽창, 최저한의 질적 수준 유지를 위해서는 이러한 방식의 재원조달이 바람직한 측면이 있었다. 그러나 어느 정도의 양적인 팽창이 이루어졌고, 중앙정부의 획일적 정책을 통한 교육의 질적인 개선도 이루어진 상황에서는 다양성을 통한 교육의 질적 개선이 중요한 과제가 된다.3 이를 위해서는 교육재정 틀 내에서의 분권화만으로는 부족하며, 시·도의 적극적인 지원과 협력이 필요하다.

그 외에도 안종석(2000)은 정치경제학적인 측면에서 교육청에 과세권이 없어 교육정책의 결정에서 납세자의 고통이 소홀히 취급되고 결과적으로 방만한 재정운영을 초래할 가능성이 크다는 점에서, 임성일·손희준(2011)은 정부 간 재정조정제도의 통폐합을 통한 단순화 및 효율성 제고를 위하여 교육재정교부금과 지방교

---

3 김병윤·조성만(2010).

부세의 통합을 주장하였다.

2010년에 지방교육위원회와 시·도 의회의 교육상임위원회가 통합되었는데, 이는 지방교육재정의 운영과 일반 지방자치단체의 교육재원 운영에 대해서 동일한 의회에서 심의함을 의미하며, 동시에 지방교육재정을 지방재정에 통합하여 운영할 수 있는 여건이 상당히 성숙되었음을 시사한다. 반면 시도교육감은 주민의 직접선거 제도가 유지되고 있다. 후보에 대한 정보가 부족해 '깜깜이 선거'로 비판을 받고 있어 꾸준한 논쟁이 이어지고 있다.

교육재정교부금을 지방교부세에 통합하여 배분하는 것을 어렵게 만드는 중요한 요인이 있다. 가장 중요한 요인은 지방자치단체를 통하여 교육재원을 배분할 때 교육재원이 충분히 확보될 수 있을지에 대한 교육계의 우려이며, 또 다른 요인은 지방자치단체의 교육에 대한 간섭이 강화되는 데 대한 우려이다. 이러한 문제에 대해서는 중앙정부와 지방정부, 교육자치단체 차원에서 각각 적절한 대응방안을 제시하고 합의된 발전방향을 모색하기 위해 노력할 필요가 있다. 안종석(2009)은 국가와 교육자치단체 양자간 파트너십을 기반으로 꼭 필요한 경우에만 지방자치단체의 재정출연을 일방적으로 강요하는 방식의 관계를 탈피하여 국가·지방자치단체·교육자치단체 삼자간 새로운 관계를 형성할 필요가 있다는 점을 강조하였다. 즉, 국가는 전국적으로 통일된 최소한의 교육서비스 공급에 필요한 의무적인 지출을 담당하고 그 이상을 넘어서는 부문, 특히 지역별로 차별화된 교육정책 또는 지역별로 선택한 교육정책에 대해서는 지자체와 교육자치단체가 파트너십을 형성하여 지자체가 재원을 마련하고 교육단체가 정책을 수립·집행하는 방향으로 관계를 전환해야 한다는 것이다.

이와 같은 파트너십이 중요한 부분이 앞서 언급한 교원수 확충과 고등학교 무상교육이다. 교원 1인당 학생수는 지역별로 편차가 크며, 자체 재원조달 능력이 낮은 농어촌지역보다는 재원조달 능력이 양호하여 지방재정 운영에서 국가의 지원을 많이 받지 않는 대도시 지역에서 심각한 문제가 되고 있다. 그런데 지방재정 상황을 고려하지 않고 교육자치단체의 관점에서만 이 문제를 고려하여 전국적인 평균치 목표를 설정하고 그 목표를 달성하기 위해 필요에 따라 지원을 하다보면 전체적으로 재원조달 능력이 양호한 지역에 많은 재원이 배분되는 결과가 나타난다. 그러므로 이 문제에 대해서는 국가에서 비교적 완화된 최소한의 기준만을 정하여 그 기준이 충족된 후 더 높은 기준의 설정과 추진에 대해서는 지방자치단체 자율에 맡기는 것이 바람직하다. 이런 방식으로 지방자치단체의 지방교육에 대한 지원을 유도할 수 있고 지역 간 경쟁을 통한 진정한 지방자치제의 발전을 기대할 수 있을 것이다.

고등학교 무상교육의 경우에도 국가에서 완전한 무상교육을 보상하기보다는 일정한 소득수준 이하의 계층에 대한 무상교육을 국가에서 책임지고 그 이상이 되는 소득계층에 대한 지원 여부는 지방자치단체에서 자율적으로 결정하여 추진할 수 있도록 하는 것이 지방의 자율적 재정운영, 국가재정의 효율화, 지역 간 차등화를 통한 경쟁 유도 등의 관점에서 바람직하며 국가가 목표로 하는 최소한의 교육기회 보장도 할 수 있는 방법이 될 것이다.

 # Ⅳ. 고등교육 재원배분전략

우리나라의 고등교육재정의 배분전략을 모색하기 위해서는 고등교육정책의 나아갈 방향을 설정하는 것이 우선이다. 우리나라 고등교육정책의 역사는 다음과 같은 세 가지 프레임으로 정리해 볼 수 있다. 첫째는 양적 확대 먼저, 그리고 이후 질적인 심화의 수순을 밟고 있다. 둘째는 공급자 중심에서 수요자 중심으로의 정책방향의 전환이다. 향후에도 평생학습과 고등교육이 더욱더 긴밀하게 연계해가는 방향으로 진화할 것으로 볼 때 수요자 중심 정책은 더욱 진보할 것으로 보인다. 셋째는 파편적 분리형 고등교육에서 총체적 통합적 국제화 교육으로 생애주기의 관점에서 평생학습사회로의 발전이 심화되어야 할 것으로 생각된다. 고등교육 재원배분전략은 이러한 향후 고등교육 정책방향과 맥락을 같이 하는 것이 필요하다.

1. 고등교육정책의 방향성

(1) 양적 확대와 기반확충에서 질적 고양과 심화

우리나라는 해방 이후 초·중등교육에 이어 대학교육에 있어서도 양적 기회의 확대를 위해 총력을 기울여왔으며 세계 최초로 전무후무한 대학교육의 대중화

시대를 열었다. 양적 확대는 질적 훼손과 교육본질가치의 변질과 같은 여러 종류의 희생을 가져왔지만 분명 눈부신 성과임은 분명하다. 우리가 여하히 질적인 확충으로 균형을 잡는가가 향후 지속가능하며 수월성과 경쟁력을 확보하면서 다른 한편으로는 삶의 질 형평화, 인간화 시대를 열어나가는 인성교육을 조화롭게 가져가는가의 관건이다.

대학교육의 성과를 높이기 위해서 정부가 해야 할 가장 중요한 역할은 대학의 질보장체제를 구축하는 것이다. 정부는 정보공시, 자체평가, 외부평가, 그리고 이에 연계된 재정지원이라는 4가지 정책 수단을 통해 대학의 질보장체제를 구축하려는 노력을 경주하고 있다. 이러한 접근 방식은 시장친화적이면서 동시에 정부의 적극적인 역할이 포함되어 있다. 접근이 용이한 형태로 대학의 여건과 성과에 대한 정보를 공시하여 올바른 선택을 유도하고, 대학 스스로 자신의 여건과 장단점을 분석하여 향후 발전방향을 모색하도록 유도하고, 외부 평가기관에 의한 객관적이고 신뢰성 높은 인증과 평가를 통해 대학의 경쟁력을 제고시키려는 노력이 진행 중이다. 정부의 재정지원도 시장친화적인 학생과 연구자에 대한 지원을 대폭적으로 증대시키고 있으며, 교육역량강화사업과 같은 보다 대학의 자율성과 책무성을 높이는 방식의 재정지원이 이루어지고 있다.

우리나라 대학들의 경쟁력이 제고되기 위해서는 대학의 구조조정이 선행되어야 한다. 현재 우리나라 대학은 과잉공급되어 있는데, 이는 1995년 설립준칙주의 도입 이후 대학 설립이 자유로워 너무나 많은 대학이 생겨났으나 부실한 대학들의 퇴출 유인과 기제가 마련되어 있지 못하여 과잉 공급 문제가 발생하고 있는 것이다. 더욱이 저출산으로 인해 2010년 대비 2020년의 대학생 수가 12% 정도가 줄어들게 될 것으로 전망되고 있어, 대학의 과잉공급 문제는 더욱 악화될 것이다.

정부가 사립대학의 퇴출을 강요할 수는 없지만 유도할 수 있는 몇 가지 방안들이 있다. 첫째로, 정부가 부실대학을 판별하고 이들 대학에 컨설팅을 제공하는 일이다. 현재 교육부의 대학구조개혁위원회가 대학선진화위원회의 뒤를 이어 이러한 일을 담당하고 있다. 판별된 부실대학의 명단을 공개하면 구조조정이 직접적으로 유도될 것이지만, 명단 공개는 과잉금지의 원칙에 어긋나 위헌 소지가 있어 실행되지 못하고 있다.

둘째로, 정부의 대학에 대한 재정지원을 통해 대학 구조조정을 유도할 수 있다. 2011년부터는 전체 대학의 10% 정도의 대학들을 재정지원제한대학으로 지정하고, 지정된 대학들에 대해서 개인연구비나 개인학자금지원을 제외한 다른 정부의 재정지원을 제한하고 있다. 향후 '취업 후 상환 학자금 대출제도'에서 교육 여건과 성과가 낮고 대출금 상환실적이 부실한 대학들을 판정하여 이들 대학에 대해서 대출조건을 다르게 적용하는 것이 필요하다. 대출조건을 아주 차별적으로 할 필요는 크지 않다. 이러한 대학들이 식별되고 명단이 학교 선택 이전에 학생들에게 공개되는 것이 중요한 것이다.

셋째로, 현재 구축되고 있는 인증제도를 활용하여 대학의 구조조정을 유도하여야 한다. 인증제도란 대학들이 최소한의 교육 여건과 성과를 보이고 있음을 확인해 주는 것이다. 현재의 미충원율과 향후 대학 재학생의 감소를 감안한다면 대학의 10~20% 정도가 인증을 받지 못해 구조조정의 압력을 받기를 기대한다. 인증실패는 곧 대학의 입장에서 보면 퇴출하라는 판정으로 인식될 수 있기 때문에, 인증 담당 기관들은 불인증 판정에 대해서 매우 큰 부담을 가지고 있다. 대학구조개혁위원회를 통한 구조개혁 유도, 학자금 대출제도를 통한 구조개혁 유도와 유기적으로 연계시켜, 부실한 대학들에 대해 불인증판정이 실제로 이루어질 수 있도록 하여야 한다.

대학구조개혁에 있어서 지켜져야 할 중요한 원칙은 대학구조개혁이 시장친화적인 형태로 진행되어 대학자율화와 충돌하지 않도록 하여야 한다는 것이다. 구조개혁의 대상은 낮은 성과를 보이거나 파행적으로 운영되고 있는 대학이며, 정상적으로 운영되는 대학들의 자율성은 지속적으로 확대되어야 한다. 대학에 대한 평가도 정부 주도의 평가는 교육의 최저 수준을 보장하는 인증평가에 그쳐야 하며, 대학 성과에 대한 일반적인 평가는 민간에 의해 이루어지는 것이 바람직하다.

고등교육정책에서 가장 중요한 관심사는 대학의 경쟁력을 제고하는 것이다. 21세기 지식기반경제에서는 지식과 정보가 가치의 원천이며 우수한 두뇌와 창의력이 국가경쟁력의 원천이다. 세계 각국이 고등교육에 관심을 갖게 되는 이유는 대학의 경쟁력이 국가의 경쟁력을 좌우하기 때문이다. 즉, 대학은 지식기반경제 및 사회로 성공적으로 전환하기 위한 핵심적인 주체인 것이다. 미국에 비해 경쟁력이 처진다는 평가를 받는 유럽 국가들도 1990년대 이후 고등교육분야에서 미국과 대등한 위치에 도달하기 위하여 많은 노력을 기울이고 있다. 대학교육에 대한 유럽연합(European Union)의 기본 입장은 "대학의 경쟁력 제고가 개별 국가 및 유럽연합 경쟁력의 원천"이라는 것이다. 지식기반경제에서 새로운 지식을 창출하는 대학이 변화와 개혁의 핵심이 되어야 한다는 것이다. 이러한 대학의 경쟁력을 제고하기 위한 노력은 유럽연합을 중심으로 유럽고등교육권역(European Higher Education Area: EHEA)을 창설하기로 합의한 1999년 볼로냐 협약(Bologna Process)을 통하여 가시화되었다(채재은·변기용, 2007; 오정은, 2008; 조상식, 2010).

유럽에서 교육 분야는 전통적으로 국가별 다양성이 정당화되는 영역으로 간주되었으며, 유럽통합 초기과정에서도 교육 분야의 통합은 그다지 관심을 끌지 못하였다. 교육은 국가형성 또는 국민형성과 밀접하게 관련되어 있기 때문에, 각국의 역사적 전통이 반영된 유럽 국가들의 교육시스템은 구조와 내용 면에서 상당히 다양하다. 그러나 세계적인 경쟁의 심화, 지식기반사회로의 변화 등 사회·경제적 압력은 유럽연합 및 회원국들로 하여금 교육 분야의 근본적인 변화와 개혁 없이는 유럽의 국가경쟁력을 확보하기 힘들다는 절박한 상황 인식을 하도록 만들었다. 유럽연합은 첨단기술과 지식을 바탕으로 세계시장에서 확고한 위치를 확보하고, 사회·고용정책과 교육정책의 연계를 강화하여 건전한 노동시장을 창출하고자 의도하고, 이를 위하여 대학교육의 질적 심화를 추진하고 있다.

성공적인 21세기 대학교육의 패러다임은 단순한 지식암기나 훈련보다는 지식 검색 및 접근능력, 문제해결에 지식을 적용하는 능력을 기르는 학습과정이 필요하다(김영길, 2011). 새로운 패러다임에서는 정보를 새로운 지식으로 전환하고 새로운 지식을 적용하는 방법을 학습하는 것이 지식자체보다 중요하다. 정보탐색, 분석, 추론능력, 문제해결능력이 더 우선시 되는 것이다. 또한 팀워크, 창의성, 풍부한 자원활용능력, 변화적응력 등은 지식사회에서 고용주들이 중요하게 생각하는 새로운 기술이다. 질적인 심화는 자연스럽게 수요자 중심으로의 교육으로 연계된다.

나아가서 연구개발(R&D)과 교육 간의 연계를 통한 대학의 질적 심화도 중요한 재정지원프로그램으로 자리 잡아야 한다. 지금까지 대학이 교육위주로 운영이 되어 오고 소수의 대학만이 진정한 의미의 연구중심대학으로 자리 잡고 있는 현실을 감안할 때 국가 R&D 예산지원과 대학에 대한 재정지원은 연계와 통합을 통해 시너지효과를 낼 수 있어야 한다. 이를 위해서는 인위적인 국책연구기관과 특정 대학과 짝짓기를 시도하기보다는 대학의 인력과 국책연구기관의 인력 간 유연한 교류, 연구개발 사업에의 적극적인 대학인력의 참여를 유인하는 노력이 필요하다.

(2) 공급자 중심체제에서 수요자 중심체제로의 전환

국제화시대에 모든 나라들이 자국의 대학교육수준을 세계 최고 수준으로 높이려고 치열하게 경쟁을 벌이고 있다. 이것이 바로 우리가 당면한 오늘의 현실이다. 그런데 우리는 그동안 정반대방향으로의 역주행이 심했다. 세계 최고의 교육열에 기초해 대량생산의 기초는 확립했지만 세계 최고 수준의 대학을 만들려는 자유와 경쟁, 그리고 평가에 인색했고 수월성, 투명성, 책무성이 상대적으로 덜 강조되어 왔다. 대학의 80% 가량이 사립대학으로 구성되어 있고 직업교육을 담당하는 전문대학의 경우는 거의 대부분이 사립대학이다. 교육부는 과도한 규제와 간섭으로 이러한 사립대학위주의 대학교육을 이끌어 왔다.

이러한 결과는 고등교육의 재정 측면에서도 확인이 가능하다. 다른 OECD 국가들에 비해 한국의 1인당 공교육비는 매우 낮은 수준이다. 최근 들어 국가장학금을 비롯해서 정부의 고등교육예산이 크게 늘고 있는 것은 바람직한 현상으로 평가된다. 그러나 재정지원이라는 수단으로 정부가 개혁의 방향타를 좌지우지하는 것은 장기적으로 바람직하지 않다. 대학에 대한 돈 줄을 교육부가 쥐고 교육개혁이나 구조조정에 직접 나서는 것은 대학의 경쟁력에 도움이 되지 않는다. 자생력 있고 특성화된 프로그램의 개발은 대학이 알아서 추진할 사안이다. 전국적으로 획일화된 학부제의 운용, 국제대학원의 운영 등의 부실한 성과는 우리 모두가 피부로 실감하고 있다.

인류문명과 과학의 변화는 교육거버넌스의 혁신적 변화를 요구하고 있다. 오늘날 지식의 변화가 가속화되고 새로운 정보 및 지식의 생명주기는 점점 짧아지고 있다. 대학교육은 더 이상 20세기의 단순암기가 아니라 학생들이 미지의 세계를 탐구하고 불가능에 도전하며 창의력을 개발할 수 있도록 하는 것에 중점을 둔다. 따라서 암기위주의 기계적인 교육에 적합한 국가주의, 공급자 중심의 거버넌스는 시장과 수요자 중심의 체제로 전환되어야 하는 논거가 바로 여기에 있는 것이다.

그러면 수요자 중심의 대학교육은 무엇이 달라질까. 우선 대학의 유형이 다양화될 것으로 전망된다. 현재와 같은 획일적인 대형화 지향일변도, 규모의 경제 (economy of scale) 추구형 대학만의 리그가 아니라 다양한 리그의 대학들이 공존하게 될 것으로 보인다. 특성화로 무장된 여러 유형의 대학이 공존하며 잠재적인

378

대학생의 수요에 부응하고자 노력하는 모습을 보게 될 것으로 전망된다.

교육과정도 보다 시장친화적으로 바뀌게 될 것으로 보인다. 지식기반경제에서는 노동자가 로봇이 아니며 따라서 창의성과 상상력을 지니고 평생 의미를 추구하는 인격체가 된다. 한정된 역할을 수행하도록 훈련시키기 위한 교육이 아니라 사람이 지닌 모든 능력을 키워주기 위한 교육, 진정한 인간교육이 강조되게 된다. 다른 한편으로는 즉각적인 시장의 수요에 대응한 맞춤형 인재로 교육이 이루어질 것으로 보인다. 이와 같은 두 가지 상반된 수요를 다양하게 조합하는 복잡한 교육과정이 혼합되어 대학교육을 형성하게 될 것이다.

2008년 이전에는 다양한 프로그램 위주의 기관지원 형식인 대학지원사업이 활발하게 진행되었다가 이명박정부 들어와서는 학생 개인에 대한 장학금 및 학자금지원 프로그램이 대폭 확대되었다. 분명히 수요자 중심체제로 전환되고 있는 지원방향의 전환을 인식할 수 있지만 그 속도는 조절이 필요해 보인다. 한정된 자원의 제약속에서 고등교육지원사업을 수행해야 한다고 할 때 등록금지원이 지나치게 빠르게 늘고 있는 부분에 주목해야 한다.

(3) 국제화된 평생학습사회로의 진전

21세기는 국제화 및 과학기술 발전의 시대이다. 국제화는 세계의 통합을 가속화하고 가중시키고 있다. 우리는 또한 시공간의 압축을 경험하고 있다. 이는 통신기술, 교통, 경제활동을 아울러 시간적, 공간적 거리를 가속화하거나 축소시키는 기술로 인해 가능해졌다. 시간단축으로 공간의 장벽이 무너지고 과학과 기술의 급속한 발전으로 세계는 좁아지고 있으며 개별 시장이 연결되면서 글로벌 생산자와 소비자가 존재하는 세계시장이 탄생했다. 세계는 인터넷으로 연결되고 우리는 점차 작아지는 지구촌에서 살고 있다. 국제화는 점차 통합되어가는 세계경제, 새로운 정보통신기술, 국제적인 지식 네트워크의 출현, 영어의 중요한 역할 등이 큰 의미로 다가선다. 경제의 국제화로 상품과 서비스, 자본, 노동력의 흐름이 늘어나면서 국가간 밀접한 경제적 통합이 일어나고 있다.

각국 정부는 우수한 성과를 거둔 세계의 일류 대학들이 글로벌 경쟁력과 경제성장에 상당한 기여를 한다는 사실을 인식하고 있다. 대학교육은 숙련된 기술과 높은 생산성, 유연한 노동력을 육성하고 새로운 아이디어와 기술을 창조하며 적용하고 전파함으로써 각국 경제가 세계적인 경쟁력을 갖추는 데 일조한다. 세

교육재정

계적인 연구기관 설립에 박차를 가하고 있는 각국은 대학교육이 충족시킬 수 있는 광범위한 교육과 훈련을 감안하여 훌륭한 대안적 기관 설립도 고려하게 된다. 결국 대학교육은 지식축적의 기회제공에 그치는 것이 아니라 국제화 현상이 통합시킨 가시적 현실과 가상현실을 자유롭게 넘나들 수 있는 지혜를 전수해야 한다. 애플의 스티브 잡스, 페이스북의 주커버그와 같은 인재가 일으킨 국가경쟁력이 탐이 날 수밖에 없고 이러한 의미에서 각국은 대학의 경쟁력을 제고해 자국으로의 유학생유치를 늘리려는 경쟁, 특히 대학원생 등의 확대를 통해 지적 자산의 확대를 꾀하고 있다. 우리나라도 예외이기는 어렵다. 대학재정의 지원이 이러한 영역에 인센티브를 제공하는 프로그램으로 활용될 필요가 있다.

평생교육/학습은 선진국과 세계무대에서 살아남기 위한 전략으로서 인적자원개발의 의미가 더욱 강조되어야 한다. 평생학습을 위한 목표를 '경쟁력 있는 국민, 서로 신뢰하는 행복사회 만들기로 산업수요와 연계된 직업교육의 강화 및 삶의 질을 높이기 위한 평생학습 사회 실현을 목표로 한다. 직업교육을 산업계 인력수요와 긴밀하게 연계시키고 근로자가 이직을 하더라도 재취업 훈련을 체계적으로 받는 것이 가능한 제도를 마련하도록 지원시스템이 만들어져야 한다. 이 과정에서 일반시민들의 평생학습을 통한 지속적인 삶의 질 향상의 기회를 만들어 나가야 한다. 목표실현을 위한 실천과제로는 ① 산업인력 구조 고도화를 위한 직업교육체제 구축, ② 대학교와 산업체 간 협력 강화, ③ 직업교육의 내실화 및 유연성 제고, ④ 생애에 걸친 직업세계로의 효율적 이전 체제 확립, ⑤ 근로자 및 취약계층에 대한 직업교육 강화, ⑥ 평생학습사회의 기반 구축, ⑦ 평생학습 정보교류망 확충, ⑧ 평생학습 지원 강화 등이 추진될 수 있어야 한다.

 Ⅴ. 고등교육재정현황과 정책과제

1. 고등교육 재정현황

(1) 세출구조 내역

2013년 교육분야 총지출은 49.8조원이고 고등교육은 7조 7천원으로 15.4%의

표 13-5 고등교육 및 평생교육부문 예산현황 (단위: 억원)

부문 및 프로그램별	11년	12년 (A)	13년 (B)	증감액 (B-A)	증감률 (%)
고등교육 부문	49,769	62,207	76,807	14,599	23.5
국가장학금	3,313	17,500	27,750	10,250	58.6
2단계 WCU	810	-	2,741	2,741	순증
대학생 근로장학금 지원	1,095	810	1,431	621	76.6
대학교육 역량강화	870	780	793	13	1.7
지방대학 경쟁력 기반구축	351	1,792	1,984	192	10.7
산학협력 선도대학 육성	1,325	1,700	2,184	484	28.5
대학시간강사 처우개선지원	805	989	1,111	122	12.4
국립대 시설확충	791	2,712	3,756	1,044	38.5
대학구조개혁지원	3,553	80	170	90	113.0
평생·직업교육 부문	6,514	5,948	7,333	1,385	23.3
대학중심 평생학습 활성화	40	85	171	86	100.8
국제교육교류협력활성화	14	547	618	71	13.0
전문대학교육역량 강화	2,600	2,340	2,540	200	8.5
산학협력 선도전문대학 육성	80	120	150	30	25.0
특성화고 경쟁력 강화 지원	-	-	2,010	2,010	순증

비중을 차지한다. 여전히 평생·직업교육은 7천억원에 머물러 1.5%의 비중에 그친다. 최근 급격하게 증가하고 있는 부문은 국가장학금예산이다. 2011년 3,300억원 수준이던 것이 2012년 1조 7,500억원에 이어 2013년에는 2조 7,750억원이 배분되었다. 반값등록금 논쟁에 따른 고등교육재정의 가장 큰 변화라 하겠다. 아울러 국립대의 시설비 지원도 매우 큰 폭으로 늘어나고 있어 주의깊게 살펴보아야 할 대목이다. 전문대학에 대한 지원예산은 고등교육예산 항목이 아니라 직업교육부문으로 구분하고 있는 것도 특징이라 할 수 있다.

한편, 정부는 설립별로 다른 기준에 의해 고등교육재정을 지원해왔다. 국립대학에 대하여는 경상비와 시설비, 그리고 사업비를 지원해왔으나, 사립대학에 대하여는 경쟁에 의해 사업비를 지원하고 있다. 사립대학의 경우에는 운영에 필요한 경비 중 학교법인이 일정 부분을 부담하고, 나머지는 모두 학생이 부담할 수밖에 없는 구조인 반면, 국립대학의 경우에는 학생이 부담하고 난 나머지 모두를

표 13-6 고등교육 재정지원 현황(지원기관 관리운영비 제외)

구분		학교수	재학생수(명)	지원금액(천원)	비율(%)	학생 1인당 지원액(천원)
학제별	전문대학 (2, 3년제)	178	436,605	830,344,793	9.6	1,902
	대학 (4년제)	226	1,521,218	7,774,834,820	90.4	5,111
설립별	국·공립	57	495,808	5,164,339,139	60.0	10,416
	사립	347	1,462,015	3,440,840,474	40.0	2,353
총계		404	1,957,823	8,605,179,613	100	4,395

주: 1) 대학 및 전문대학에 실 지원된 금액 기준.
　　2) 대학원대학, 해외대학, 직업학교 제외.
자료: 송기창(2012) 재인용.

국가가 부담하는 구조로, 이는 결국 사립대학 학생과 국립대학 학생 간의 등록금
수준의 차이가 나타나는 원인이 되고 있다(송기창 외, 2012). 2011년 중앙정부 및 지
방자치단체의 고등교육 재정지원사업 현황을 보면, 다음 <표 13−6>에서 보는
바와 같이, 8조 9,524억원이다.4

　　4년제 대학 지원비율은 90.4%(7조 7,748억)이고, 전문대학 지원비율은 9.6%
(8,303억원)로 4년제 대학에 재정지원이 더 많이 이루어지는 것으로 나타났으며,
설립별로는 국·공립대학에 60%가, 사립대학에 40%가 지원되고 있다. 학생 1인
당 지원비는 국·공립대학 1,041만 6천원, 사립대학 235만 3천원으로 국·공립대
학 재학생이 사립대학 재학생의 4.43배를 지원받고 있다.

　　2010년 결산기준으로, 국립대학과 사립대학의 국고보조금 지원비율을 비교하
면, 국립대학은 세입결산액의 48.5%를 지원받았고, 사립대학은 12.3%만 지원받
았다. 반면, 학생 등록금 비율은 국립대학 23.7%, 사립대학 51.1%로 사립대학이
국립대학의 2배 이상 되고 있다. 국립대학 국고보조금 속에는 학생등록금 중 수
업료 납부액(약 2,734억원으로 추정)이 포함되어 있으므로, 이를 제외하면 국고보조금
비율은 45.0%다.5 한편 기획재정부가 수합한 고등교육재정지원의 현황을 교육부,

4 타부처와 지방자치단체 재정지원사업비 중에는 고등교육을 지원하기 위한 경비가 아닌, 위탁사업
　비가 다수 포함되어 있어서 모두 교육비로 보는 데는 한계가 있다.
5 국공립대학재정의 기성회비 비중은 <표 13−10>에서 볼 수 있는바와 같이 매우 크다. 이러한 기
　성회비 징수가 법적 근거가 없으므로 학생들에게 돌려줘야 한다는 사법부의 판결로 더는 유지하기
　어렵게 되었다. 따라서 기성회비를 대체할 법안이 긴요해졌다.

표 13-7 교과부, 타부처, 지자체 재정지원 현황

구분	교과부	타부처	지자체	합계
2009년	54,486 (79.6%)	10,876 (15.9%)	3,051 (4.5%)	68,413 (100%)
2010년	56,210 (79.8%)	10,115 (14.4%)	4,070 (5.8%)	70,395 (100%)

타부처, 지자체로 나누어 살펴보면 <표 13-7>과 같다.

학생 1인당 고등교육비(2009)를 기능별로 OECD 국가와 비교할 경우, 고등교육활동 자체에 투입하는 학생 1인당 경비는 8,080달러로 OECD 국가 평균의 89.8%이나, R&D 투자는 1,418달러로 33.7%에 불과한 실정이다. 학생 1인당 고등교육비를 성질별로 OECD 국가와 비교할 경우, 우리나라 고등교육기관의 경상비 비중은 83.5%, 자본적 경비의 비중은 16.5%인 반면, OECD 국가 평균 경상비 비중은 91.0%이며, 자본적 경비의 비중은 9.0%였다. OECD 국가의 경우 장기간의 교육 투자를 통해 기본적인 교육인프라가 이미 갖춰져 있어서 교육비의 대부분이 교육활동에 직접 투입되고 있다. OECD 국가 중 일본과 호주를 제외한 대부분의 국가가 자본적 경비로 10% 이하를 지출하고 있으나, 우리나라는 몇 년간 변함없이 16% 내외의 자본적 경비를 지출하고 있다. 시설비 지출이 등록금 인상의 주된 원인임을 알 수 있다. 고등교육예산의 기관지원의 논리를 획일적인 인프라 확충으로 논리를 전개하는 경우가 있는데 이는 OECD의 자본적 경비 지출구조에서 볼 수 있듯이 향후에도 지속적으로 지원해야 할 분야라고 하기 어렵다(<표 13-8> 참조). 대학의 기능을 예산차원에서 교육과 연구개발로 나누어 보면 우리의 대학에

표 13-8 학생 1인당 기능별·성질별 고등교육비 비교(2009)

국가별	기능별(US $, PPP)				성질별(%)						
					경상비						자본적 경비
	교육	기타	R&D	계	인건비			기타 경상비	계		
					교원	직원	소계				
한국	8,030	65	1,418	9,513	29.1	15.5	44.6	38.9	83.5		16.5
OECD 평균	8,944	582	4,202	13,728	38.4	23.4	61.5	29.2	91.0		9.0
한국/OECD(%)	89.8	11.2	33.7	69.3	75.8	66.2	72.5	133.2	91.8		183.3

자료: OECD(2012). Education at a Glance.

대한 연구개발지원이 크게 부족함을 알 수 있다.

고등교육에 대한 정부지출 공교육비 중 고등교육기관에 직접 지출한 교육비
는 78.0%로 OECD 평균(79.5%)보다 1.5%p 낮았으나, 민간부문에 대한 정부보조
금 비율은 22.0%로 OECD 평균(20.5%)보다 1.5%p 높았다. 최근 급증하고 있는
학생에 대한 재정지원 중 장학금 및 기타 가계지원은 OECD 국가 평균이 10.4%
인 반면, 한국은 3.0%에 불과하다. 반면, 학자금 대출은 OECD 국가 평균 9.3%보
다 높은 17.7%였다. 하지만 2012년과 2013년에 걸쳐 국가장학금이 대폭 확충되
어 장학금 및 기타 가계지원 비율이 개선되었을 것으로 예측된다. 등록금 수준은
OECD 국가 중 2위인 반면, 정부가 지출하는 고등교육비가 GDP의 0.7%로
OECD 국가의 1.1%보다 현저히 낮으므로(통계자료를 제출한 32개국 중 공동 28위임. 우리나라
보다 낮은 나라는 일본 0.5%, 영국 0.6% 두 나라뿐이며, 호주와 슬로바키아는 0.7%로 한국과 같음) 학생등
록금 부담은 여전히 과중할 것으로 분석된다.

표 13-9 고등교육단계 정부지출 유형(2009)   (단위: %)

| 구분 | 교육기관 직접지출 | 민간부문에 대한 정부보조금 | | | | GDP대비 민간부문에 대한 정부보조금 |
| | | 학생에 대한 재정지원 | | 기타 민간단체에 대한 이전지출 | 소계 | |
		장학금/기타 가계지원	학자금 대출			
한 국	78.0	3.0	17.7	1.3	22.0	0.19
OECD평균	79.5	10.4	9.3	1.6	20.5	0.29

주: 기타 민간단체에 대한 이전지출은 정부출연 교육연구기관 사업비, 산학협력 프로그램 보조금
    등이 포함됨.

(2) 세입구조 내역

고등교육기관의 세입결산 현황(2010)을 보면, 등록금 의존도는 국립 23.7%,
사립 51.1%이며, 국고보조금 수입은 국립 48.5%(입학금·수업료 제외시 45.0%), 사립
12.3%다. 사립대학의 전입금 수입은 5.5%이며, 기부금 수입은 국립과 사립 모두
1.9%에 불과하다. 사립대학의 경우, 운영수입 기준으로 등록금 의존도를 산출하
면, 74.4%에 달한다.

표 13-10 2010년도 국립대학과 사립대학 재정수입구조 비교　　　　　　　　(단위: 억원)

구분		국고보조금	기성회비	발전기금	이월금	기타	계
국립	수입액	37,225	15,493	1,430	12,646	9,987	76,781
	비중(%)	48.5	20.2	1.9	16.5	12.9	100

구분		국고보조금	법인전입금	등록금	기부금	교육부대·외 수입	기타	계
사립	수입액	31,983	14,256	132,708	4,893	21,660	54,194	259,694
	비중(%)	12.3	5.5	51.1	1.9	8.3	20.9	100

주: 1) 국립대학의 경우, 등록금 중 기성회비 비율이 약 85%이므로 국고보조금에 수업료 2,734
　　억원 포함된 것으로 추정한다면, 국립대 연간등록금 규모는 18,227억원(수입총액의
　　23.7%)으로 추정됨.
　　2) 국립대학의 경우, 일반회계, 기성회회계, 산학협력단회계, 발전기금회계 통합 수입구조
　　기준(4년제 국립대학 39개교 대상).
　　3) 일반대학, 대학원대학, 산업대학, 각종학교, 전문대학(원격대학 제외).
자료: 교육과학기술부 대학장학과 내부자료, 송기창(2012) 재인용.

표 13-11 국립대학과 사립대학의 등록금 인상 추이

구분		2002	2003	2004	2005	2006	2007	2008	2009	2010	2011	2012
국립대	등록금(천원)	2,471	2,654	2,903	3,115	3,426	3,775 (3,837*)	4,169	4,191	4,292 (4,311**)	4,351	4,112
	인상률(%)	7.5	7.5	9.5	7.3	10.1	10.3	8.7	0.5	2.4	0.9	−5.5
사립대	등록금(천원)	5,109	5,452	5,776	6,068	6,472	6,893 (6,916*)	7,380	7,410	7,531 (7,520**)	7,689	7,385
	인상률(%)	6.9	6.7	5.9	5.1	6.6	6.5	4.7	0.5	1.6	2.2	−3.9
소비자물가상승률(%)		2.8	3.5	3.6	2.8	2.2	2.5	4.7	2.8	3.0	4.0	−

주: 1) 평균등록금 산정방식의 변화: 재학생수 가중평균 방식(~'07년) → 학과수 가중평균 방
　　식('09년~'10년) → 입학정원 가중평균 방식('11년~).
　　2) * 2008년도 기준인 학과수 가중평균 방식으로 재조사한 값.
　　** 2011년도 기준인 편제정원 가중평균 방식으로 재계산한 값.
자료: 한국사학진흥재단 회계정보시스템; 통계청자료; 교육과학기술부 대학장학과 자료.

　고등교육기관 세입을 과도하게 등록금에 의존함으로써 매년 물가인상률의
2~4배 수준을 상회하는 등록금 인상을 해왔고, 이에 따라 등록금 인상을 둘러싼
갈등이 사회적 문제로 인식되어 급기야는 2010년 1월 등록금상한제 도입을 골자로
하는 고등교육법 개정이 있었다. 2008년 금융위기의 여파로 2009년부터 등록금이
동결되다시피하다가 2012년 국가장학금 지원을 계기로 등록금이 약 4% 인하되었

다. 결국 국립과 사립 공히 등록금의 수준은 2008년 수준으로 회귀하고 있다.

2. 거시적 배분방향

고등교육 예산은 증대될 필요가 있다. 민간부담에 비해 정부부담이 지나치게 낮은 편이라는 점에서 그렇다. 그러나 고등교육은 공공재로 볼 수 없으며, 외부성이 존재하기는 하나 전문성 획득을 위한 사적 투자의 성격이 가장 중요한 부분이다. 고등교육의 공공성은 이론적으로 아주 큰 것으로 보이지 않으며, 유럽의 공공성 중시 모형은 미국의 사적 투자 중시 모형보다 낮은 성과를 보이고 있고 유럽 국가들도 시장적인 요소들을 최근 많이 도입하고 있다. 고등교육에 대한 정부의 개입을 정당화하는 가장 중요한 근거는 기회형평성 보장이다. 기회형평성 보장을 효과적으로 그리고 효율적으로 하는 방법은 맞춤형 학자금 지원이다. 현재의 학자금 지원에서 중산층(4-7분위)에 대한 지원이 낮은 편으로 이에 대한 지원이 강화될 필요가 있다. 모든 사람을 대상으로 하기보다는 정부의 역할인 안전판확충에 충실해야 한다.

하지만 지원방식에는 많은 고민이 수반되어야 한다. 고등교육교부금제도는 어느 국가도 시행하지 않고 있는 제도로 낮은 형평성 제고 효과, 대학 자율성 훼손, 구조조정 저해, 과다 교육과 청년실업문제 악화, 재정 효율성 저하, 저출산 추세와의 미부합 등의 문제점을 지니고 있다. 국공립대학의 등록금 인상은 억제하며, 국립대학내의 다양성을 강화하고 지역거점대학으로서의 역할을 강화하여야 한다. 지역인재가 해당 지역 내 국공립대학에 진학하는 경우 등록금을 낮게 책정하는 것도 등록금 부담을 완화하는 하나의 방안이 될 수 있다. 전문대학의 대부분이 사립인 것은 고용과 교육훈련의 연계측면에서 상당히 심각한 문제라고 할 수 있다. 등록금부담을 완화하고 직업교육에 특성화하는 방안을 생각해볼 필요가 있다.

우리 고등교육재정의 문제는 수요와 공급의 불부합(mismatch)이라는 고등교육의 문제를 그대로 투영하고 있다. 400개가 넘는 대학, 우리나라 실업률의 세 배에 달하는 청년실업률(8%라는 통계청의 발표도 체감도와는 거리가 있다), 질적인 고도화가 필요한 연구개발 등등 대학의 현상을 그대로 인정하고 문제점을 살펴보면 정부투자 부족, 등록금의존도 과다, 여건투자 과다 및 장학금 부족, 보통교육과 국립대 지

표 13-12 OECD 국가의 학교급별 학생 1인당 교육비   (단위: US $, PPP)

국가 구분	유치원	초등학교	중등학교			고등교육기관			총계
			중학교	고등학교	계	전문대학	대학	계	
한국	6,047	6,658	7,536	11,300	9,399	6,313	10,499	9,513	8,542
미국	8,396	11,109	12,247	12,873	12,550	–	–	29,201	15,812
OECD 평균	6,670	7,719	8,854	9,755	9,312	–	–	12,967	9,252
한국/미국(%)	72.0	59.9	61.5	87.8	74.9			32.6	54.0
한국/OECD(%)	90.7	86.3	85.1	115.8	100.9		–	73.4	92.3

자료: OECD(2012), Education at a Glance－송기창(2012.10), 고등교육재정 확충을 위한 정치적
과제, 2012년 한국교육재정경제학회 추계학술대회 발표자료, p. 20에서 인용.

원 중심, 지원방식의 중복 및 다기화 등으로 정리할 수 있다. 그러나 이러한 단기적인 시각과 함께 생애주기 국가인력개발(National Human Resource Development)의 차원, 평생학습과 같은 중장기적인 시각도 함께 투영해 문제를 들여다보아야 한다.

지방교육재정과 고등교육재정의 우선순위 문제는 OECD의 자료만으로 판단하는 데는 문제가 있다(〈표 13-12〉참조).[6] 1인당 GDP대비로 봐야 할지 아니면 절대금액으로 봐야 할지 부분도 심도있는 논의가 있어야 한다. 대학재정관련 통계는 기본적으로 우리의 대학생규모가 다른 나라에 비해 지나칠 정도로 크다는 점, 그리고 사립대학의 비중이 80%를 훨씬 상회한다는 점을 감안하고 들여다봐야 한다. 이는 우리의 교육열이 뒷받침된 것으로 유·초·중등 국민부담(재정+민간)이 GDP대비 4.7 vs OECD 평균 4.0인 데 비해 고등은 2.6 vs 1.6에서 여실히 나타난다. 1인당교육비가 낮은 것은 정부부담이 지나치게 낮은 것과 함께 대학생의 수가 상대적으로 많은 것을 함께 봐야 한다.

국립과 사립이 어차피 차별화되지 않는다 하더라도 국립에 대한 지원이 사립에 비해 지나치게 많다는 점을 강조하는 것은 논의의 방향을 호도할 수 있다. 미국의 사례를 보면 우리의 국사립 차이(두 배가 조금 안 된다)보다는 훨씬 큰 차이를 보이고 있다(3.5배). 우리나라의 보통교육편중지원을 강조하고 있으나 유·초·중등교육이 학령기준으로 12년＋α인 데 비해 대학교육은 4＋α라는 점을 감안하고 보면 1.98이라는 비율은 학생 수를 감안하고 논의를 진행해야 한다(〈표 13-13〉참조). 따라서 단순히 보통교육보다는 고등교육재정지원을 늘려야 하고 그것도 법제화, 칸막이 신설이 되는 교부금제도를 통해 늘리자는 주장에는 문제가 많음을 알 수 있다.

6 지방교육과 보통교육은 모두 유·초·중등 교육을 일컫는 말로 혼용해 사용한다.

표 13-13 유·초·중등부문과 고등교육부문의 교육예산 변화 추이

연도	교육예산 규모(억원)			학생수(명)			1인당 교육 예산(천원)		
	유초중등부문(A)	고등교육부문(B)	비율(A/B)	유초중등(C)	고등교육(D)	비율(C/D)	유초중등(E=A/C)	고등교육(F=B/D)	비율(E/F)
1995	112,026	14,494	7.73	9,095,763	2,326,688	3.91	123.2	62.3	1.98
1996	132,141	21,416	6.17	8,997,460	2,526,831	3.56	146.9	84.8	1.73
1997	153,468	24,275	6.32	8,891,659	2,779,162	3.20	172.6	87.3	1.98
1998	147,893	22,892	6.46	8,730,077	2,941,139	2.97	169.4	77.8	2.18
1999	151,627	23,016	6.59	8,641,289	3,148,119	2.74	175.5	73.1	2.40
2000	164,337	29,299	5.61	8,549,865	3,363,549	2.54	192.9	87.2	2.21
2001	186,698	29,024	6.43	8,429,024	3,500,560	2.41	222.2	83.0	2.68
2002	193,753	31,303	6.19	8,375,732	3,577,447	2.34	232.1	87.5	2.65
2003	216,411	31,247	6.93	8,393,187	3,558,111	2.36	258.6	87.9	2.94
2004	229,710	32,634	7.04	8,384,228	3,555,115	2.36	274.7	91.8	2.99
2005	242,594	34,633	7.00	8,384,506	3,548,728	2.36	290.1	97.6	2.97
2006	253,024	32,840	7.70	8,368,339	3,545,774	2.36	303.2	92.7	3.27
2007	268,855	36,987	7.27	8,324,217	3,558,711	2.34	324.0	104.0	3.12
2008	310,064	43,539	7.12	8,202,037	3,562,844	2.30	870.3	122.2	3.09
2009	332,797	47,792	6.96	8,031,964	3,591,088	2.24	926.7	133.1	3.11
2010	328,762	50,548	6.50	7,822,882	3,644,158	2.15	902.2	138.7	3.03
2011	358,312	50,131	7.15	7,601,338	3,735,706	2.03	959.2	134.2	3.51
2012	385,549	62,207	6.20	7,384,788	3,728,802	1.98	1,034.0	166.8	3.13

자료: 교육과학기술부(각 연도), 교육과학기술부 소관 예산 및 기금운용계획 개요; 교육과학기술부·
    한국교육개발원, 교육통계연보(각 연도).

표 13-14 주요국 등록금 현황   (단위: US$, PPP)

구분	미국	한국	일본	뉴질랜드	아일랜드	이탈리아	포르투갈	스페인	스위스	아이슬랜드	멕시코
국·공립대학 등록금	6,312	5,193	4,602	3,031	2,800 ~ 10,000	1,289	1,259	1,052	889		
사립대학 등록금	22,852	9,366	7,247	4,177		4,741	5,094		7,342	8,433 ~ 12,650	5,218
순위 (국공립기준)	1	2	3	4	5	6	7	8	9		

자료: OECD(2012), Education at a Glance.

지속적으로 전개되어 온 국립대학회계 도입 논의, FAFSA(Free Application for Federal Student Aid)로 대학교육의 총비용과 학생의 실질부담능력을 평가할 수 있도록 국가 차원에서 고안한 표준화된 양식의 도입, 그리고 역진적인 교육비 소득공제제도를 개편하자는 논의에 대해서는 적극적으로 검토할 필요가 있다. 미래적 시각을 가지고 보면 대학 학생수의 규모도 2016년을 기점으로 크게 줄어들 전망이다. 차제에 대학의 역할, 대학의 존재의 이유, 국립대학과 사립대학의 차별성, 전문대학의 차별성 등을 분명하게 하는 고등교육 청사진에 기초해 고등교육재정과제도 논의가 이루어져야 할 것이다. 추가적으로 대학은 인력양성과 함께 미래의 경쟁력을 창도하는 연구개발이 다른 하나의 중요한 축이라는 점이 강조되어야 한다.

3. 재정규모의 확대와 구조조정의 병진

국가경쟁력 강화의 차원에서 그리고 창조경제를 끌고 갈 인적자원의 질 제고, 특히 대학교육의 질 제고는 선진 각국의 공통된 주요 관심사로 나타나고 있다. 우리나라도 과도한 사학의 비중, 과중한 등록금 의존도를 특징으로 하는 소극적 고등교육재정투자방식에서 탈피, 2009년부터 적극적으로 재정투자가 이루어짐으로써 학부모의 교육비 부담을 완화하고 국민의 교육수요에 부응하며 질적으로 우수한 고등교육서비스를 제공할 수 있는 기반을 마련해나가고 있다. 주로 우리나라 고등교육재정의 영세한 규모를 이야기할 때 OECD 평균 수준인 GDP 1%를 벤치마크 기준으로 제시하곤 했으며 실제로 박근혜 정부의 공약과 국정과제에도 정확하게 이러한 내용이 반영되었다.

국가 재정의 적정한 투자를 통한 고등교육의 질 확보가 국가경쟁력을 좌우한다는 점에서 2017년까지 고등교육재정규모를 현재의 GDP대비 0.7% 수준에서 1% 수준으로 확대해 민간부담을 낮추면서 재정투자를 통해 질 제고를 담보하려는 노력은 중요하다. 무조건 재정사업을 확대하는 것이 아니라 부담의 역진성으로 논란이 되는 교육비 소득공제제도를 폐지하는 등 구조조정을 전제로 한 재정투자의 확대가 되어야 한다.7 지원사업의 수를 늘리고 평균적인 지원 수준을 제

---

7 현재 우리나라 소득세제에서 본인은 전액, 자녀의 대학등록금은 900만원 한도에서 소득공제를 받을 수 있다. 이러한 소득공제의 혜택은 개인이 직면하는 한계세율에 비례하기 때문에 최고세율에 해당되는 고소득자의 경우 등록금의 41.8%를 돌려받는 반면 면세점 이하의 개인은 한푼도 돌려받

고하는 방식보다는 향후 고등교육정책 방향인 대학 교육 및 연구의 질, 수요자 관점, 그리고 평생학습과 인적자원의 생애주기관점에서 지원이 확대되는 선택과 집중방식의 투자증대가 되어야 한다. 교수당 학생수 감축, 시간강사 지원확대, 유비쿼터스 교육환경의 지속적 구축, 다양한 학습자 특성별로 적합한 교육방법 개발 및 우수모델 확산 등을 통한 대학교육환경의 개선은 필요하다. 하지만 교육활동의 질적 수준 제고를 위한 전통적이고 획일적인 정부주도의 재정투자와 같은 방식에서 탈피, 대학재정지원에 있어서 정부의 역할을 재구조화할 필요가 있다. 학자금 지원 및 연구개발비 지원위주의 미국 연방정부 교육예산의 구성 및 주립대학 재정지원 위주의 주정부 교육예산의 구성을 참조해 볼 때 결국 우리나라에 있어서 국립과 사립의 차별화, 국립과 사립 내에서도 특성화를 감안한 재정구조 개혁이 필요하다.

지난 2012년 10월에 실시한 대학경쟁력강화지원사업군 심층평가에 의하면 교과부의 고등교육 예산 6.3조원 중 교육·연구역량 강화 관련 사업(대학교육역량 강화, BK21 2단계, WCU 등)은 총 1.1조원 수준에 불과하고 나머지는 국립대학 경상비지원과 학자금지원으로 구성되어 있다. 주요사업평가 결과에 의하면 사업별 재정지원대학과 미지원대학 간 성과를 차별화하기 어려우며 사업별 지원대상 및 방식의 차별성이 부족하고 선택과 집중원칙의 기준에서도 미흡 판정을 받았다. 현재와 같은 단년도 및 양적지표 위주로는 근본적인 성과창출에 한계가 있으며 학문분야별 특성에 대한 고려도 미흡했다고 한다. 따라서 자발적 구조조정을 저해하지 않도록 선택과 집중원칙을 강화하고 자발적 발전전략에 따른 특성화 및 경쟁력 제고를 유도해야 한다는 진단이다. 따라서 고등교육에 대한 재정지출은 확대하되 국공립대학에 대한 통합회계형식을 전제한 지원확대, 연구개발비 및 학자금 지원의 확대 방향으로의 구조조정이 수반되어야 한다.

구조조정이 이루어져야 하는 분야는 재정지원사업구조만이 아니다. 대학의 질 보장을 위해서는 대학의 비교평가를 통해 수준 이하의 대학에 대해서 퇴출경로가 마련되어야 하며 기관의 차원만이 아니라 학과 평가를 통해 대학 내에서 학과 간 구조조정에도 같은 논리가 적용되어야 한다. 대학알리미(www.academyinfo.go.kr)를 통한 정보공시, 자체평가, 외부평가, 재정지원으로 이어지는 질보장시스템에서 정부의 적극적 역할은 당분간 지속되어야 한다. 대학협의체가 중심이 되

지 못한다. 따라서 매우 불공평한 제도라는 점에서 개선이 시급하다.

그림 13-3 발전유형별 재정지원 대상 차별화

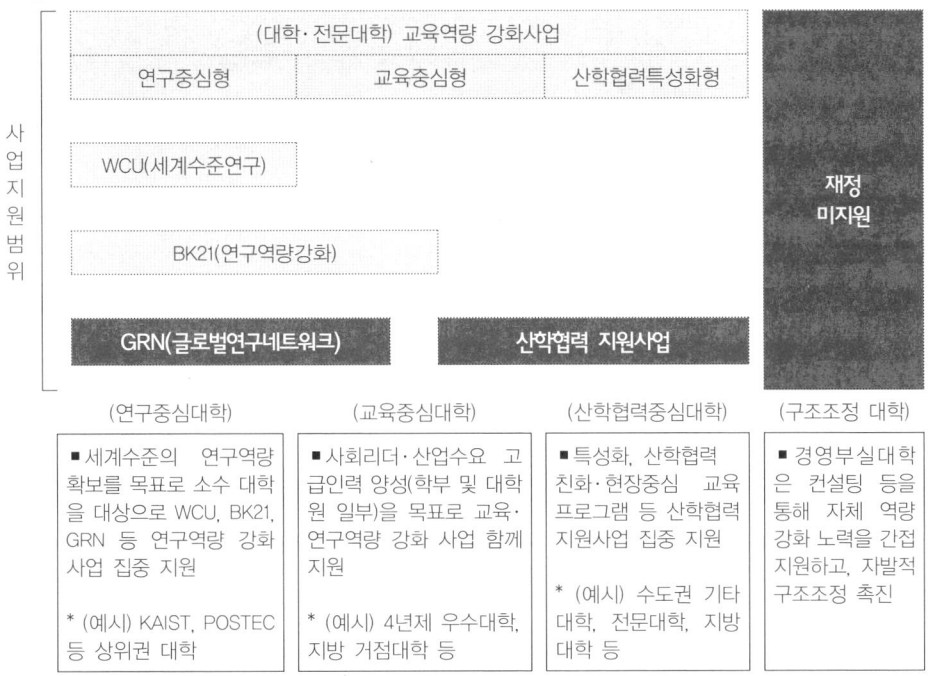

자료: 기획재정부(2012).

어 인증제도를 토대로 한 동료평가가 기본이 되어야 하지만 정부가 부실대학을 판별하고 이들 대학에 컨설팅을 제공하는 프로그램은 유지되는 것이 바람직하다. 대학자율화와 상충되는 개념일 수도 있는 정부주도의 구조조정 정책은 자율과 책임을 조화시키는 선에서 시장친화적으로 운영되는 것이 필요하다. 그럼에도 불구하고 재정지원제한대학의 선정 등 유의미한 정책수단은 당분간 유지해 가는 것이 필요하다.

4. 대학의 다양화 지원

대학 다양화는 대학별 설립목적에 충실한 특정분야 투자 활성화에 주력하는 것을 의미한다. 정부의 재정부담이 높은 국공립대학, 등록금 설정 등에 대한 규제에서도 상당한 자율의 폭이 주어지는 진정한 의미의 사립대학, 지역인재를 양성하는 직업중심대학, 그리고 구조조정 대상이 되는 질적으로 문제가 있는 대학 등으로 구분이 가능하다. 특성화는 기능, 학문분야별로 비교우위 분야를 중심으로 역량을 강화하는 것을 의미한다고 할 때 보다 다양한 대학유형이 필요하고 이는 특성화를 통해 달성이 가능하다.

국립대학재정지원방향은 대학의 책무성을 강화하고 보다 형평성 가치를 실현하는 데 초점을 맞추어야 한다. 국가적으로 육성해야 할 특정 학문분야의 프로그램을 육성하여 사립대학과 구분되는 특성화를 실현하는 데 재정지원비중을 확대해야 한다. 지역에 위치한 전문대학 중 재정력이 열악한 경우 M&A를 통해 지역 중심의 직업교육의 메카가 되도록 하는 특성화도 필요하다. 국립대학이 지역인재 양성의 거점으로 대학특성화를 추진할 수 있도록 국립대학회계특별법을 조속히 통과시켜 재정지원의 효율성을 확대할 필요가 있다. 재정자립도가 높고 교육의 질적 수준이 우수한 대학에 대해서는 지금보다 획기적으로 자율성을 보장하는 차원으로 접근하고 그렇지 못한 사립대학은 특성화를 고민해야 한다. 정부의 사립대학지원이 프로젝트 중심, 사업 중심으로 이루어지는 것은 또 하나의 획일화로의 유도라는 점에서 바람직하지 않다. 연구역량강화사업의 경우 학문 분야별 특성을 고려하여 종합지원하도록 하고 정부출연연구원과 대학간 핵심인력양성 및 연구역량 제고의 선순환구조가 확립될 수 있도록 협력을 제고해야 한다. 교육역량강화사업의 경우도 발전유형별로 차별화하고 선택과 집중원칙을 강화하며 성과연동 차등지원 원칙을 견지하는 것이 필요하다.

5. 연구개발지원의 실효성 제고

대학의 연구역량은 대학교육의 국제경쟁력과 함께 국가경쟁력에 영향을 주는 핵심요소다. 국가 R&D재정 총량규모를 지속적으로 확충해 나가되, 대학과 출연연구소가 연계하여 대학원에서 우수 대학원생을 육성하여 전문 연구인력으로 배출할 수 있는 융합구조를 구축해야 한다. 대학연구 여건 개선을 위한 정부투자를 확대해야 한다. 연구 프로젝트 단위 지원방식과 개인 연구자 지원방식만으로는 장기연구, 대규모 연구, 기초연구가 원활하게 수행되기 어려우므로 연구 인프라에 대한 장기투자계획을 수립하고 연구간접경비제도를 보완해야 한다. 교육연구활동이 왕성하고 산학협력회계 규모가 큰 대학의 경우 대학의 연구결과가 대학재정수익으로 창출되고 선순환적으로 교육에 재투자될 수 있도록 해야 한다. 연구개발비 투자에서 연구단계별, 학문분야별로 균형을 유지할 필요가 있다. 우리나라는 기초연구투자비율이 아직 낮은 편이므로 이 부분에 대한 투자를 대학에 대한 투자확대로 연결시켜야 한다. 학문분야별 연구비 격차를 완화하기 위해서는 인문사회, 복합융합학 등 시장수요에 맡기기 어려운 분야에 대한 정부연구개발투자를 지속적으로 확대할 필요가 있다. 연구개발에 연계된 교육이 활성화될 수 있도록 인력양성과 지식창조가 선순환구조를 형성하도록 지원해야 한다.

6. 형평성 제고를 위한 등록금·장학금지원

고등교육에서 지역 간, 계층 간, 집단 간 기회균등을 도모하고 저소득층의 실질적인 대학교육기회 보장을 위해 대학입학 전부터 대학재학기간, 그리고 대학졸업 이후 노동시장이행에 이르기까지 폭넓은 지원확대가 필요하다. 소외계층의 교육기회를 보장하기 위해 대학의 장애학생 편의시설, 학습지원 프로그램을 강화하고, 다문화, 탈북자, 외국인 학생 등을 위한 지원제도를 확대할 필요가 있다.

소득계층별 맞춤형 지원을 유지하는 것이 명목등록금의 일률적 인하보다 바람직한 형태이다. 형평성 제고가 목적이라면 여기에 맞는 정책수단이 동원되어야 한다. 현재 고등학교를 졸업하고 대학에 진학하지 못하는 미진학자들(2011년 기준 25~30%)에게 상대적으로 불이익이 돌아가는 획일적 명목등록금 인하정책은 형평성차원에서도 그리고 대졸 실업문제(대학알리미에 의하면 2012년 취업률은 54.8%)를 더욱 악화시킨다는 점에서도 바람직하지 않다. 소득계층별 맞춤형 학자금 지원 수준을 높여야 한다. 생활비를 포함하는 수준으로 저소득층에 대한 현재의 지원규모를 높여 대학교육지원이 실질적으로 가능하도록 한다. 중간계층에 대해서도 등록금의 절반정도를 유형Ⅰ과 유형Ⅱ 장학금의 형태로 지원하는 것이 필요하다.

7. 지방대학 중심의 차등 지원

수도권소재 대학에 비해 지방대학의 상대적 불리함을 감안, 전국을 대상으로 한 교육역량강화사업의 경우 차등적인 가중치를 부여한 지원이 필요할 수 있다. 거점 중심의 지역에 위치한 국립대학이 어느 정도는 이러한 역할을 수행하고 있지만, 지방에 소재한 직업교육으로 특성화한 사립대학에 대해서도 정부지원이 이루어질 필요가 있다. 전문대학, 사립대학, 국립대학과 같은 현재의 대학 구분에 구애받지 않고 지방대학이 지역인재를 훈련시키고 산업의 인력 수요를 감당할 수 있도록 역량강화를 위한 투자가 이뤄져야 한다.

고등교육의 지역간 형평성을 지속적으로 제고하기 위해서 지방대학 경쟁력을 강화할 필요가 있다. 지역별로 국공립대학과 사립대학 간 연계 협력을 강화하고 지방소재 국공립대학에 대한 지원을 확대하여 지역 고등교육의 안전판 역할이 강화되어야 한다.

8. 평생학습 재정지원확대

고등교육의 성격이 소수 엘리트 중심 교육에서 보편화된 교육으로 변화하면서 대학의 기능도 기존 학문연구중심대학의 보편적 모델에서 직업인력양성, 평생교육으로 점차 다양화되고 있다. 특히 평생학습시대에 대학의 평생교육기능이 대폭 확대될 필요가 있다. 노년층, 직장인, 주부 등을 위한 교육기회를 확대하고 초고령사회를 대비하여 지속적인 자기개발기회를 지원해야 한다. 학령기 학생중심 체제에서 성인친화적 고등교육체제로 전환하기 위해서는 대학의 평생교육기능을 확대하고 시간제 학생수를 늘리며 시간제 학습기회를 보장하기 위한 다양한 지원제도를 마련해야 한다. 성인학습자 학비부담 경감을 위해 학자금 지원 및 미국의 사례에서 볼 수 있는 세제지원제도 확대, 성인학습자를 위한 고용보험환급 적용 확대, 학습휴가제도 연계운영 등에 대해서도 신중한 검토가 필요하다.

9. 산학연계 및 직업훈련 지원

산학협력 강화를 통해 지역대학과 지역산업이 동반성장할 수 있도록 취업연계형 교육 프로그램 확대, 실용위주 전공 특성화, 현장실습 및 인턴십 활성화, 창업교육 및 지원 프로그램 강화, 산업현장친화형 교원인사제도 도입, 대학보유장비의 중소기업 활용지원, 산업단지 캠퍼스 구축 등을 지원하기 위해 재정투자가 지속적으로 확대되어야 한다. 전문대학에 대한 재정지원 효율성 제고를 위해 직업훈련의 경우 학생단위 재정지원방식을 확대하여 장학금 및 직업교육지원사업을 성과중심형으로 개선할 필요가 있다.

14
CHAPTER

부채관리[1]

 **I. 서론**

● ● ● 우리나라는 정부의 규모가 작기로 유명하다. 공무원의 수로 측정한 인력규모는 물론, 재정지출이 GDP에서 차지하는 비중으로 측정한 정부역할의 재정적 측면에서도 선진국과는 매우 큰 차이가 난다(OECD, 2011). 실제로 정부규모를 측정하는 문제는 재정학, 행정학 등의 영역에서 학문적으로 접근하기도 하고 국제기구인 OECD 등에서 국가 간 유사한 정부와의 상대적 규모비교 그리고 규모가 주는 함의에 이르기까지 다양한 분석과 의견이 개진되고 있다. 정부규모의 문제는 정부의 기능범위(Scope of Function)와 정부의 역량(Strength)과 연계해 봐야 한다. 정부규모는 일반적으로 공무원수와 재정규모를 중심으로 살펴보며 기능의 범위는 세계은행에서 제시한 소극적 기능, 중간적 기능, 그리고 적극적 기능으로 대별하여 분석하기도 한다(문명재·주기완, 2007). 특히 다른 나라와 정부의 규모를 비교할 때 조심해야 하는 부분은 정부의 범위이다. 우리나라의 경우 많은 수의 공공기관들이 선진국의 정부가 수행하는 역할을 수행하고 있으므로 정부의 규모를 순수한 의미의 정부만을 비교하면 정확한 실상을 나타내지 못하는 경우가 많다.[2]

---

1 본 장은 '국가부채, 공공부채?'라는 제목으로 서울대학교 정책지식센터 세미나(2013)에서 발표한 내용을 재정리한 것이다.
2 OECD의 Government at a Glance에 따르면 최근 정부는 경제위기를 극복하고 경기회복을 위해 평균적으로 2007~2009년 사이에 정부지출을 GDP대비 41%에서 46%로 높였다. 덴마크, 핀란드,

민간조직과 정부조직의 회색지대에서 정부의 위탁업무를 수행하는 공공기관을 우리는 준정부기관(shadow government, quasi non government organization)이라고 하고 영국 등 앵글로색슨계 정부에서는 NDPB(non department public body)라는 용어를 써서 정부에 포함시키기도 한다. 결국 정부의 범위는 역할과 기능에 따라 정의하는 것이 타당하며 이렇게 볼 때 대부분의 공공기관은 넓은 의미의 정부범위에 포함된다. 이들 기구의 부채도 결국 국민의 부담이라는 점에서 지속적으로 점검하고 공개하는 것이 바람직하다. 앞으로 정부규모에 대한 단선적인 연구보다는 정부규모, 기능범위 그리고 재정운용을 체계적으로 연구하면서 이들 간의 상관관계를 정치하게 분석해야 할 필요성이 있다.

　　우리나라는 국가신용등급이 역대 최고수준으로 상향조정되어 크게 고무되는 모습을 보이고 있다. 무디스, 피치에 이어 S&P 등 세계3대 신용평가사가 2012년 우리나라의 국가신용등급을 더블A, AA−, A+로 각각 상향 조정해 재정건전성, 즉 나라살림이 튼튼함을 인정했다. 글로벌 금융위기를 잘 회복했고 높은 수출경쟁력과 노동생산성, 그리고 금융기관의 대외건전성이 높아지고, 북한문제도 잘 관리되고 있는 것으로 평가했다. 다만, 늘어나고 있는 가계부채와 공기업부채에 대한 경계와 우려를 강조하고 있다. 정부는 국가채무비율이 OECD 국가 중 가장 양호한 편이고, 외환보유액도 3천억달러가 넘어 위기대응능력이 커진 것을 강조하고 있다. 세계 9번째로 무역 1조달러를 이루었고 인구 5천만이 넘는 나라 중 국민소득이 2만달러가 넘는 나라로서는 7번째라는 것이다.

　　하지만 다른 한편으로는 국가재정운용계획과 2012~2060 장기재정전망 등에 따르면 최근 유럽의 위기로 2008년 글로벌 금융위기가 채 극복되기도 전에 위기의 상시화라는 새로운 패러다임이 나타나고 있다. 수출위주의 소규모개방경제로서는 크게 영향을 받을 수밖에 없다. 장기적인 관점에서 저출산 고령화라는 도전이 세계에서 유래를 찾아볼 수 없이 빠르게 도래하고 있어 2060년에는 65세 이상 노인 인구가 전체 인구의 40%를 차지할 전망이다. 이러한 인구구조의 변화는 경제성장의 둔화, 그에 따른 세입기반 약화, 복지지출 확대 등 경제와 재정적인 측

영국 등은 상대적으로 큰 정부를 미국, 스페인, 우리나라, 멕시코는 상대적으로 작은 정부 군에 속한다. 1995년 이래 평균적으로 정부의 공무원을 늘리기보다는 민간위탁(outsourcing)에 의존하는 정도가 크게 늘고 있는 추세를 보인다. 그렇다고 큰 정부가 방만한 정부운영을 의미하는 것은 아니다. 최근 재정위기로 어려움을 겪고 있는 나라들은 주로 작은 규모의 정부로 사회복지, 보건, 교육 등에서 제 역할을 수행하지 못하는 것으로 나타난다.

면에서 부정적인 영향을 미치게 될 것이다. 여기에 우리는 북한변수가 추가되어야 한다.[3]

　최근 가계부채증가율이 경제성장률을 지속적으로 상회하고 가계부채규모가 눈덩이처럼 불어나면서 우려가 확산되고 있다. 내수부진이 이어지는 상황에서 유럽국가들의 재정위기 심화와 미국, 중국 등의 경기둔화로 수출의존도가 높은 우리 경제의 불확실성이 증가하면서 가계부채문제가 경제위기의 뇌관으로 작용할 수 있다는 불안감이 커지고 있다. 가계부채가 임계치를 넘어 과도한 수준에 이르면 원리금 상환부담의 증가로 소비를 위축시키고 채무불이행으로 이어져 금융회사의 부실화를 가져올 뿐만 아니라, 거시건전성을 위협하고 경기침체의 장기화를 초래할 수 있다. 세계경제포럼은 가계부문의 과다부채 여부를 판정하는 기준으로 GDP대비 75%를 제시하고 있는데 우리나라의 경우 GDP대비 가계부채비중(2010년기준 86.6%)이 이를 훨씬 넘어서고 있고 OECD 국가들과 비교할 때 30개국(평균 73.7%) 가운데 11위로 경제 및 소득규모에 비해 높은 수준에 속한다(구기성, 2012).

　한편 2006~2012년 회계연도 동안 공공기관의 금융부채(장단기 차입금)는 크게 증가하였으며, 이러한 공공기관의 부채 증가가 국가 재정을 위협할 수 있다는 가능성이 제기되고 있다. 특히 최근 남유럽 PIIGS 나라들(포르투갈, 이탈리아, 아일랜드, 그리스, 스페인)의 방만한 재정운영으로 촉발된 전 세계적 경제위기를 경험하고 있는 국제 환경하에서 정부의 지속적인 공공기관 지원이 공공기관의 방만 경영을 초래한다는 논란이 존재한다. 일부에서는 공공기관의 부채를 국가부채의 범위에 포함시켜 관리하여야 한다는 주장도 제기되는 실정이다. 공공기관 부채를 국가부채의 범위에는 포함시키지는 않더라도, 공공기관 부채를 좀 더 적극적으로 관리할 필요성은 있다는 지적에 공감대가 형성되고 있다(〈그림 14-1〉 참조).

　2012년 정부는 발생주의회계로 전환과 함께 재정의 범위를 재설정해 한국은행의 국민계정에서 설정하고 있는 정부와 민간의 경계를 일치시킨 바 있다. 국가채무와 재정수지 등을 계산하는 재정통계를 개편하면서 일반정부의 범주에 포함

---

3 한국은행은 2013.7.11자로 2013년 하반기 경제전망을 발표했다. 세계경제는 주요 선진국의 금융완화 지속 등으로 완만한 회복세를 보일 전망이며 국제 유가도 안정세를 나타낼 전망이라고 발표했다. 민간소비도 완만한 증가세를, 설비투자도 글로벌 경기개선에 힘입어 수출기업을 중심으로 증가세를 보일 것으로 보았다. 경제성장률은 대외 여건의 점진적 개선, 추경편성 및 금리인하 효과의 본격화 등으로 하반기에는 성장률이 회복되어 연간 2.8%의 성장을 전망했다. 2014년은 미국 및 일본의 성장세 강화 등 상방리스크와 QE tapering 및 아베노믹스 관련 불확실성, 중국경제의 둔화 가능성 등 하방리스크가 혼재하지만 경기회복세가 지속되어 연간 4% 성장이 가능할 것으로 전망하고 있다.

그림 14-1 재정통계상 일반정부부문과 공기업의 관계

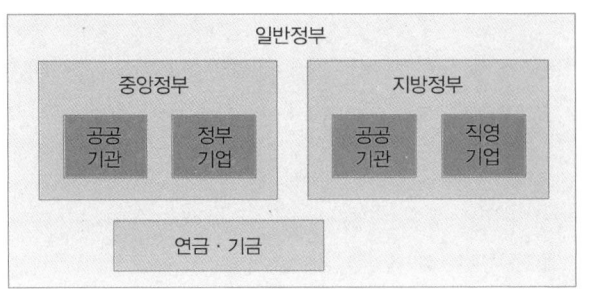

되는 공공기관을 146개로 확정했다. 공공기관 282개 가운데 원가보상률이 50% 미만이거나 정부가 유일한 고객인 기관, 구조조정기구, 출연연구기관 등의 기준을 적용해 일반정부의 범위에 편입시킨 것이다. 그러나 '정부가 유일한 고객' 기준이 너무 경직적이란 논란이 제기됨에 따라, '해당 기관의 판매액 가운데 정부가 고객인 판매수익의 비중이 80% 이상'인 기관으로 완화한 바 있다. 이에 따라 종전에 사실상 정부사업을 하지만 원가보상률이 50%가 넘는다는 이유로 일반정부로 편입되지 않았던 공기업 13개가 추가되었다.4 아울러 정부는 출연연구기관은 무조건 일반정부의 범주에 넣었으나, 정부가 고객인 판매수익의 비중이 80% 미만인 출연연 12개를 제외하였다.5 정부는 발생주의를 적용한 새로운 재정통계는 국제기구에 제출해 국제비교용으로 활용하고 국가재정운용계획과 국가채무관리계획에는 현행과 같이 현금주의 기준을 적용해 별도로 국가채무와 재정수지 등을 작성하고 있다.

여기에 나아가서 정부는 2013년 7월 공기업을 포함하는 공공부문 전체의 재정통계를 산출하는 방안에 대한 공청회를 개최했다. 공공부문의 포괄범위를 정부의 지배성(지분 50% 이상과 주요 임원의 임명권 보유여부)을 기준으로 확대하고 한국은행 국민계정 통계작성기준과 일치시키는 데 걸림돌이 되었던 「공공기관운영에관한법률」의 적용을 받지 않는 KBS, EBS, 한국은행, 금융감독원, 산업은행, 기업은행, 산은지주도 모두 포괄하기로 했다. 바람직한 정책결정이라 하겠다. 이러한 내용

---

4 추가된 기관은 농어촌공사, 국립공원관리공단, 농수산물유통공사, 중소기업기술정보진흥원, 건설교통기술평가원, 에너지기술평가원, 환경공단, 농림수산정보센터, 문학번역원, 지식재산연구원, 특허정보원, 시장경영진흥원, 항로표지기술협회 등이 이에 해당된다.
5 제외된 기관은 산업기술시험원, 원자력안전기술원, 교육과정평가원, 교통연구원, 에너지경제연구원, 원자력의학원, 정보통신정책연구원, 원자력연구원, 지질자원연구원, 해양수산개발원, 과학기술원, 전기연구원 등이다.

은 지난 2013년 5월 13일 LG경제연구원에서 최근의 국제재정통계지침으로 본 우리나라의 공공부문 채무수준 보고 내용과도 맥락을 같이 한다(조영무, 2013).

　금융기관을 제외한 공공기관 부채의 71.7%[6]를 차지하고 있는 공기업의 경우 각 사업별로 구분회계가 이루어지지 않는 기관이 다수 존재하며, 이러한 사업별 불투명한 재무구조는 공기업의 방만 경영을 지속시키고, 사업별 수익성 진단 및 정부 지원에 대한 합리적인 논리를 제공하기 어렵다. 2012년 말 기준 한국토지주택공사(이하 "LH공사")의 부채수준은 전체 공기업 부채의 39.0%에 해당하며, 부채규모가 138.1조원으로 확대되어 증가속도 또한 심각한 수준이나 다행히 2012년의 경우 부채증가율이 5.8%에 그치는 등 증가세 완화 추세를 보이고 있다.

　본 장에서는 이러한 두 가지 상반된 모습을 함께 보이고 있는 우리 경제의 중요 구성요소인 부채를 국가부채, 지방부채, 공공기관부채로 나누어 살펴보고 이를 건전하게 관리하기 위한 제도적 장치와 정책방향에 대해 생각해보기로 한다. 국가채무, 지방채무, 그리고 공공기관 부채를 아울러 공공채무로 부른다. 부채관리의 기본원칙은 타당한 목적, 적정한 기간, 감당할 수 있는 규모, 그리고 합리적인 상환계획으로 정리된다. 이러한 원칙에 기반해 우리나라의 공공채무를 진단해 보자.

 ## Ⅱ. 공공채무 현황

1. 국가채무

　중앙정부 채무비율(채무잔액÷명목GDP) 추이를 보면 만성적인 재정적자로 1982년 말 21.2%에 달하였으나 1980년대 경제안정화 정책의 추진으로 이후 지속적인 하락세를 보여 1996년 말에는 8.0%까지 하락하였다. 그러나 1997년 외환위기의 발발 및 공적자금의 투입·상환, 환율안정을 위한 채권발행 증가, 재정적자 지속 등으로 인해 상승세를 지속하여 2006년 말에는 30.1%까지 상승하였다. 10년간 중앙정부 채무가 무려 GDP대비 22.1%나 증가한 것이다. 이후 잠시 안정세를 보였

---

6 기획재정부, 보도자료, 2013.4.

표 14-1 국가채무추이 (단위: 조원)

	2003	2004	2005	2006	2007	2008	2009	2010	2011	2012	2013	2014	2015
국가채무	165.8	203.7	247.9	282.7	299.2	309	359.6	392.2	420.5	443.8	460	466.4	471.6
(GDP대비,%)	21.6	24.6	28.7	31.1	30.7	30.1	33.8	33.4	34	34.9	31.3	29.6	27.9
일반회계	29.4	31.9	40.9	48.9	55.6	63	97	119.7	135.3	149.2	152	150.9	148.8
공적자금	14.4	29.4	42.4	53.3	52.7	49.2	49.5	47	45.7	45.7	45.5	43.6	42.6
외환시장안정용	33.5	51.3	67.1	78.6	89.7	94	104.9	120.6	136.7	155.7	170.8	183.9	195.8
국민주택기금	36.8	36.7	39.7	43.3	43.6	45.2	48.5	49.3	48.9	48.5	48.8	48.6	48.5
기타	51.7	54.4	57.8	58.6	57.6	57.6	59.7	55.6	53.9	46.8	42.9	39.4	35.9

주: 2012년은 결산, 2013년 이후 수치는 국가재정운용계획상 전망치임.
자료: 기획재정부.

으나 최근 전세계적인 금융·경제위기를 맞아 채무비율이 다시 상승하고 있다.

한편, 지방정부 채무도 2007년 말 18.0조원에서 2011년 말 28.2조원으로 급증하였다. 2011년 말 국가채무가 420.5조원에 달하는 반면 지방정부 채무는 28.2조원에 불과하고, 이 중에서 10조원의 지방채를 중앙정부가 보유하고 있으므로 국가채무 통계에는 18.2조원만 반영된다. 2012년 말 현재 34.9%인 국가채무 비율은 국가채무 통계를 공식적으로 작성하기 시작한 1997년 이래 가장 높았다. 여기서 국가채무란 정부가 직접적인 상환의무를 부담하는 확정채무(IMF 기준)로 국채, 차입금, 국고채무부담행위에 지방정부 채무를 더하고 지방정부의 對 중앙정부 채무를 뺀 금액을 말한다.

물론 선진국들의 정부부채 비율이 큰 폭으로 증가하고 있는 것에 비해서는 상대적으로 양호하다고 볼 수 있겠으나, 이명박정부 5년간의 국가채무 증가규모 자체는 매우 커 참여정부 5년간(165.6조원)과 비슷한 144.6조원(2008~2012년 기준)에 달한다. 따라서 향후 중앙정부 및 지방자치단체들은 보다 적극적으로 세출구조조정, 세입확충 등을 통해 재정적자 규모를 줄여나가야 하며, 채무 및 이자부담 자체에 대한 위험관리도 보다 철저히 해야 할 것이다.

국가채무 규모(금액기준)는 지속적으로 증가하고 있으나, 그 증가율은 전반적으로 하향 안정화되고 있는 추세를 보인다. 1997년 외환위기 및 2008년 글로벌 금융위기시에 위기극복을 위한 재정지출 규모가 크게 증가함에 따라 채무 증가율도 상승하였으나 정부의 재정건전화 노력 등으로 위기극복 이후 증가율이 다시 하향

그림 14-2 국가채무 추이

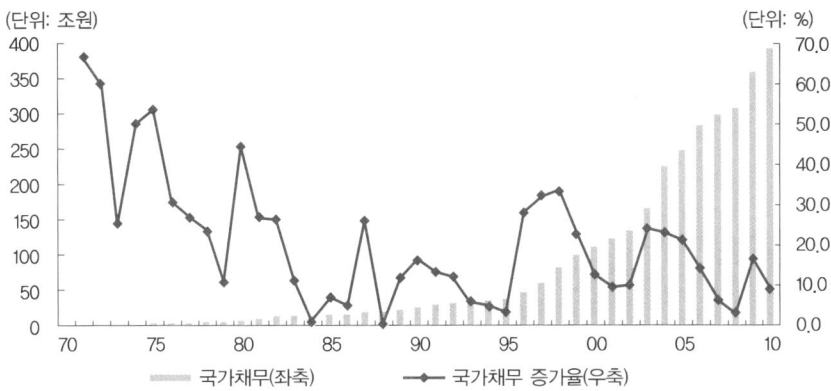

(단위: 조원)

(단위: %)

국가채무(좌축) 국가채무 증가율(우축)

세로 전환되고 있다. 1970년대에 증가율이 높은 이유는 채무액의 증가보다는 당시의 채무규모가 적은 것에 기인하며, 2003~2006년에는 외환위기 극복을 위해 투입된 공적자금의 국채전환이 주요 원인이었다.

우리나라의 경제력을 감안한 GDP대비 국가채무 비율은 1990년대 중반까지는 전반적으로 10%대 수준을 유지하였으나, 1997년 외환위기 이후부터 증가하기 시작하여 2006년부터는 30% 초반대 수준을 유지하고 있다. GDP대비 국가채무 비율의 증가율은 외환위기(공적자금의 국채전환 포함) 및 글로벌 금융위기시에 일시적으로 증가하였으나 지속적인 경제성장 및 정부의 재정건전화 노력 등으로 빠르게 하향 안정화되고 있는 추세를 보인다.

그림 14-3 국가채무 추이(GDP대비)

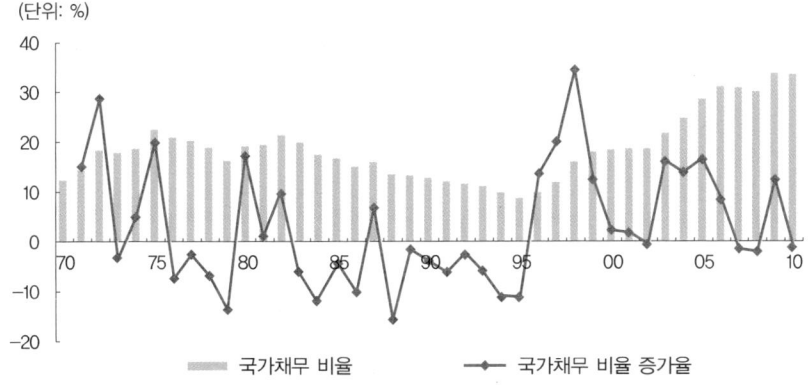

(단위: %)

국가채무 비율 국가채무 비율 증가율

401

표 14-2 OECD 주요국 대비 국가채무 비율

국가명	영국	프랑스	미국	일본	독일	한국	OECD 국가 평균
채무비율(%)	82.4	94.1	93.6	199.7	87.0	34.9	97.6

자료: OECD('11.5), 한국: 정부통계.

표 14-3 GDP대비 국가채무 비율 추이   (단위: 조원, %)

연도	국가 채무 (A)	국내 총생산 (GDP) (B)	국가 채무 비율 (A/B, %)	연도	국가 채무 (A)	국내 총생산 (GDP) (B)	국가 채무 비율 (A/B, %)
'70년	0.3	2.8	12.4	'91년	27.7	231.4	12.0
'71년	0.5	3.4	14.3	'92년	31.0	264.0	11.7
'72년	0.8	4.2	18.4	'93년	32.8	298.8	11.0
'73년	1.0	5.5	17.8	'94년	34.4	350.0	9.8
'74년	1.5	7.8	18.7	'95년	35.6	409.7	8.7
'75년	2.3	10.5	22.4	'96년	45.6	461.0	9.9
'76년	3.0	14.4	20.8	'97년	60.3	506.3	11.9
'77년	3.8	18.5	20.3	'98년	80.4	501.0	16.0
'78년	4.7	24.9	18.9	'99년	98.6	549.0	18.0
'79년	5.2	32.0	16.3	'00년	111.2	603.2	18.4
'80년	7.5	39.1	19.1	'01년	121.8	651.4	18.7
'81년	9.5	49.3	19.3	'02년	133.8	720.5	18.6
'82년	12.0	56.7	21.2	'03년	165.8	767.1	21.6
'83년	13.3	66.7	19.9	'04년	203.7	826.9	24.6
'84년	13.4	76.5	17.5	'05년	247.9	865.2	28.7
'85년	14.3	85.7	16.7	'06년	282.7	908.7	31.1
'86년	15.0	100.3	15.0	'07년	299.2	975.0	30.7
'87년	18.9	117.9	16.0	'08년	309.0	1,026.5	30.1
'88년	18.9	140.5	13.5	'09년	359.6	1,065.0	33.8
'89년	21.1	158.6	13.3	'10년	392.2	1,172.8	33.4
'90년	24.5	191.4	12.8	2012년	443.8	1,272.5	34.9

주: 1) 경상가격 기준.
    2) 1996년부터 지방정부순채무 포함.
    3) 국내총생산은 2005년 계열 경상가격.
자료: 기획재정부 내부자료.

우리나라의 GDP대비 국가채무 수준은 2012년 현재 34.9% 수준으로 해외 주요국에 비해 양호한 수준을 유지하고 있다.

2. 지방채무

2011년 말 기준으로 243개 지방자치단체의 채무는 28조 1,618억원 수준으로 가파르게 증가하던 추세가 일단 안정화되는 모습을 보인다.[7] 다만 공기업으로 분류되는 지방공사 및 공단의 부채는 여전히 증가추이를 유지하고 있으며 2011년 말 기준으로 49조 4,295억원으로 수익모델이 제대로 정착되지 못한 상태에서 지방정부의 재정부담으로 다가서고 있다. 따라서 안전행정부는 지방재정위기 사전 경보시스템을 운영하는 과정에서 지방정부의 채무와 함께 지방공기업의 부채도 함께 고려하고 있다.

표 14-4 지방자치단체 채무 및 지방공사·공단 부채 현황 (단위: 억원)

구분		2007	2008	2009	2010	2011
	합계	457,302	514,864	682,334	754,678	775,913
지방정부채무	소계	180,276	190,486	255,531	289,933	281,618
	순일반채무	147,773	161,171	227,916	197,891	197,927
	직영공기업 채무	32,503	29,315	27,615	92,042	83,691
지방공사공단 부채		277,026	324,378	426,803	464,745	494,295

주: 각 연도 결산 기준.
자료: 안전행정부 내부자료.

3. 공공기관 부채

최근 공기업 부채는 급격히 증가하고 있는 추세에 있다. 공기업의 부채는 현행 국가채무 통계에서 제외되고 있지만, 공기업 파산 등 위험 상황하에서는 재정위험을 야기할 수 있다. 2006년 117.7조원에서 2010년 244.6조원(292.0조원), 2011년 329.5조원, 2012년 353.7조원으로 증가하였는데, 이는 2012년까지 6년간 200.5% 증가하여 연평균 33.4%씩 꾸준히 증가한 것이다. 물론 최근의 증가세 둔

7 본 장이 작성된 2013년 7월 현재 안전행정부의 지방재정통계 공시내용에 있어서 2011년 결산이 가장 최신 자료다.

화는 눈에 띈다.

2011년부터 공기업은 국제회계기준(IFRS)에 따라 재무관리를 하게 됨에 따라 재무정보의 비교가능성을 위해 2010년 자료를 재작성하면서 공기업의 부채는 292조원으로 증가하고 2011년에는 전년대비 12.9% 늘어난 329.5조원, 2012년에는 7.5%늘어난 353.7조원 수준이 되었다. 이미 이자가 이자를 낳는 구조(LH 금융성 부채비율 '11년 68.8%(총 부채비율은 468%), 수자원공사 90.5%(116.0%))로 들어섰다는 점에서 구조적 접근이 필요함을 알 수 있다.8

공공기관은 "정부의 투자·출자 또는 정부의 재정지원 등으로 설립·운영되는 기관"을 말하며, '공공기관의운영에관한법률' 제4조제1항 각호의 요건에 해당하여 기획재정부장관이 지정한 기관을 말한다. 공공기관은 공기업과 준정부기관, 기타 공공기관으로 나뉜다. 공기업은 조직의 규모는 정원이 50인 이상이고, 자체수입 액이 총수입액의 50% 이상인 기관 중에서 기획재정부장관이 지정한 기관을 말한다. 공기업은 시장형 공기업과 준시장형 공기업으로 나뉜다. 시장형 공기업은 자산규모가 2조원 이상이고, 총 수입액 중 자체수입액에 85% 이상인 공기업을 말한다. 준시장형 공기업은 시장형 공기업이 아닌 공기업을 말한다.

준정부기관은 정원이 50인 이상이면서, 공기업을 제외한 공공기관 중 기획재

표 14-5 공공기관 유형분류(공운법 제5조)

구 분	내용
공기업	직원 정원이 50인 이상이고, 자체수입이 총수입액의 2분의 1 이상인 공공기관 중에서 기획재정부장관이 지정한 기관
시장형	자산규모가 2조원 이상이고, 총 수입액중 자체수입액이 85% 이상인 공기업(한국석유공사, 한국가스공사 등)
준시장형	시장형 공기업이 아닌 공기업(한국관광공사, 한국방송광고진흥공사 등)
준정부기관	직원 정원이 50인 이상이고, 공기업이 아닌 공공기관 중에서 기획재정부장관이 지정한 기관
기금관리형	국가재정법에 따라 기금을 관리하거나, 기금의 관리를 위탁받은 준정부기관(서울올림픽기념국민체육진흥공단, 한국문화예술위원회 등)
위탁집행형	기금관리형 준정부기관이 아닌 준정부기관(한국교육학술정보원, 한국과학창의재단 등)
기타공공기관	공기업, 준정부기관이 아닌 공공기관

자료: 공공기관경영정보공개시스템: 알리오(www.alio.go.kr)

8 IFRS 기준 금융부채는 단기차입금, 유동금융부채와 비유동금융부채를 포함한다.

정부장관이 지정한 기관을 말한다. 기금관리형과 위탁집행형으로 나뉜다. 기금관리형은 국가재정법에 따라 기금을 관리하거나, 기금의 관리를 위탁받은 준정부기관이다. 위탁집행형은 준정부기관 중 기금관리형이 아닌 준정부기관이 이에 속한다. 기타공공기관은 공공기관 중 공기업, 준정부기관을 제외한 나머지 공공기관을 말한다.

공공기관 재무현황과 각 기업별로 부채 현황을 살펴보면 일부 기관에 부채가 집중된 것을 파악할 수 있다.[9] 한국토지주택공사, 한국전력공사, 한국도로공사, 한국가스공사의 4개 기관 부채가 공기업 전체 부채의 82.2%를 차지한다. 2012년 명목 GDP는 1,272.5조원[10]이며, 부채규모가 큰 10개 공공기관은 모두 GDP대비 부채 비중이 1% 이상인 상태로 부채가 GDP규모에 비해 매우 큰 상황이다.

표 14-6 공공기관 재무현황   (단위: 조원)

구분	2010*	2011	2012
자산	644.8	698.9	731.2
·공기업	458.9	498.9	524.0
·준정부기관	163.4	176.6	181.9
·기타공공기관	22.5	23.4	25.3
부채	401.6	463.5	493.4
·공기업	292.0	329.5	353.7
·준정부기관	100.7	124.9	129.6
·기타공공기관	9.0	9.1	10.2
당기순이익	4.2	△8.5	△1.8
·공기업	2.3	△0.6	△3.4
·준정부기관	1.2	△8.3	1.4
·기타공공기관	0.7	0.4	0.2

주: 2011년부터 공기업은 국제회계기준이 적용됨에 따라 2010년 재무정보와의 비교가능성을 높이기 위해 국제회계기준에 따라 재작성된 자료.
자료: 기획재정부, 2013.4.

9 <표 14-5>에서 볼 수 있듯이 전체 295개 공공기관부채의 71.7%가 공기업부채임을 알 수 있다.
10 한국은행 경제통계시스템(http://ecos.bok.or.kr)

표 14-7   공공기관 부채현황: 상위 10개 기관   (단위: 억원)

순위	기관명	2010년	2011년	2012년	연평균 증감률
1	한국토지주택공사	1,215,265	1,305,712	1,381,221	6.9%
2	한국전력공사	722,413	826,639	950,886	15.8%
3	예금보험공사	272,231	404,884	458,855	34.3%
4	한국가스공사	222,946	279,666	322,528	22.4%
5	한국도로공사	237,286	245,910	253,482	3.4%
6	한국석유공사	158,710	208,000	179,831	6.7%
7	한국철도시설공단	139,796	155,674	173,406	12.0%
8	중소기업진흥공단	155,636	151,125	149,639	△2.0%
9	한국철도공사	126,236	134,562	143,209	6.7%
10	한국수자원공사	80,854	125,809	137,779	35.2%

2012년 말 기준으로 2010년 대비 부채가 크게 증가한 공기업은 한국수자원공사, 예금보험공사, 한국가스공사, 한국전력공사 순으로 나타남에 따라 4대강, 경인아라뱃길 등 국책사업, 해외 자원개발, 또는 수익성 악화 등이 주요 원인임을 알 수 있다. 향후 부채 증가도 주로 일부 기업에 집중되어 발생될 것으로 전망되며, 결국 문제의 해결도 이에 직접적으로 타깃팅할 필요가 있다.

공기업의 부채를 원인별로 나누어 살펴보면, 위기관리, 미래대비 중장기투자, 국가정책추진관련, 저렴한 공공서비스 제공 등으로 구분된다. 먼저 부실 저축은행 지원 등 위기관리를 위한 예금보험공사의 부채가 크게 증가하였고 한전, 석유공사, 가스공사 등 에너지관련 공기업의 국내외 시설투자가 확대되었다. 보금자리사업, 세종시 건설 등과 4대강사업 등 국가정책사업 추진에 공공기관 부채를 통한 재원조달기제가 동원되었으며 글로벌 경제위기 극복 등 서민생활안정, 물가안정을 위해 국제유가 상승에도 불구하고 공공요금 인상을 억제, 원가보상률이 전기 87.4%, 가스 87.2%, 도로 81.7%, 철도 76.2%, 수도 81.5%에 그치고 있어 수요관리의 문제와 함께 공기업 서비스의 가격구조를 왜곡하는 문제가 심화되고 있다. 기획재정부는 매년 주요 공기업의 글로벌 경쟁력을 평가하여 공개하고 있는 바, GDP대비 공공서비스 요금 등도 신규로 비교 평가하여 공개할 계획을 천명한 바 있어 문제가 쉽게 풀리지 않을 것임을 짐작하게 한다.

Ⅲ. 공공부채 개선방향

1. 중앙정부 부채

(1) 총량 모니터링 계획

우선 '낮은 세율·넓은 세원' 기조를 유지하면서 세입기반 확충 노력을 지속적으로 강화하는 것이 필요하다. 아울러 비과세·감면의 지속적 정비를 추진해야 한다. 일몰제의 엄격한 적용을 통해 도입목적을 달성하였거나 실효성이 미미한 비과세·감면을 지속적으로 정비해야 한다. 과세기반 확대 및 공정과세 방안을 지속적으로 추진하는 것이 필요하다. 일정 소득 이상의 모든 자영업자는 세무사로부터 사업소득의 적정성을 확인 받아야 하는 성실신고확인제도를 시행하고 전자세금계산서제도를 조기에 정착시키고, 신용카드·현금영수증 사용 확대를 지속적으로 유도하며 고액체납자 출국규제 등 과세기반 확대방안을 강구하는 것도 대안이 될 수 있다. 국유재산 및 국가채권 관리의 효율화를 통한 수입 확대도 지속적으로 추진해야 한다. 국유부동산 및 정부 보유 주식을 매각하고 국유지의 취득·처분에 대한 총괄적인 조정·관리 기능을 강화하고 국유지 무상사용·양여를 억제할 필요가 있다.

무엇보다도 지출효율성 제고가 급선무다. 성과평가 결과를 예산에 반영하여 성과중심의 재정운용을 강화하고, 유사·중복사업의 통폐합을 지속적으로 추진해야 한다. 재정사업평가결과 "미흡" 이하의 사업은 원칙적으로 전년대비 10% 이상 예산을 삭감하도록 하는 조치의 실효성 제고가 필요하다. 국고보조사업은 별도의 민간전문평가단을 구성, 평가를 실시하고 있는바, 재정지원의 타당성이 미흡한 사업은 폐지·감액 등 구조조정을 실시하도록 하고 있으나 역시 실효성 제고가 필요하다. 유사·중복사업의 지속적 점검을 통해 중복투자를 방지해야 하는데 이를 위해서는 중앙정부부터 바뀌어야 한다. 아직도 각 부처가 특별지방행정기관으로 지방청을 유지하고 있는 문제는 구조적인 해결이 이루어져야 한다.

국회 등 외부 지적사업, 부처 간 목적·대상이 유사한 사업군에 대한 심층평가를 강화하여 사업 통폐합 및 연계 추진하는 부분에서도 결과중심 접근이 필요하다. 기금존치평가 강화 등을 통해 일반회계 및 특별회계의 사업과 유사·중복사업을 하는 기금의 폐지 또는 구조조정을 추진해야 한다. 예산낭비가 우려되는 분야에 대한 제도개선, 그리고 R&D 연구과제 중복 수행 방지 및 기초생활급여·구직급여 등의 근로능력 판정제도 개선 등을 통해 예산 누수를 방지할 필요가 있다.

재정규율 강화 및 관리체계 개선이 중요하다. 재정건전화 목표를 차질없이 달성하기 위해 재정규율을 강화하고 재정관리체계를 개선해야 한다. 재정준칙의 적용을 강화하여 균형재정 달성시까지 지출 증가율을 수입 증가율보다 3%p 이상 낮게 유지하겠다는 정부의 방침은 박근혜정부의 복지확대정책으로 쉽지 않은 분위기다. 이명박정부는 2010~2014년 국가재정운용계획에서 균형재정 달성시까지 지출증가율을 수입증가율보다 매년 2~3%p 낮게 유지하는 재정준칙을 도입했으나 2013년 추경과 2014년 이후 복지확대정책을 증세 없이 추진할 계획이므로 부채증가가 불가피해 보인다.

장기재정전망 실시 등 재정건전성 관리시스템을 개선하여야 한다. 저출산·고령화 등 미래 재정위험 관리강화를 위해 종합적인 장기재정전망 체계를 구축해야 한다. 새로운 장기재정전망 체계에 맞추어 연금·의료 등 분야별 재정재계산제도의 전망전제·시기 일치화 등을 추진할 필요가 있다. 2011년 결산부터 발생주의 등 국제기준에 부합하도록 재정통계를 개편했는바, 이는 지방재정을 포함 안정화가 중요한 과제가 될 것이다. 재정을 수반하는 정부입법안·정책 등은 원칙적으로 「재정위험관리위원회」의 사전심의를 거치도록 의무화했는바, 입법부로 우회하는 재정수반법률에 대해서도 동일한 기준의 확보방안이 강구되어야 한다.

지방채 총액한도 설정시 미래위험도 반영, 대규모 투자사업 관리 강화 등 지방재정건전화를 위해 지방공기업(30개) 경영진단결과를 토대로 적자사업 정리 등 방안을 마련하였는바, 실효성 제고가 중요하다. 중앙정부도 자산규모 2조원 이상의 공기업·준정부기관은 중장기(5개년) 재무관리계획(부채전망·관리방안 등)을 수립하여 운영하고 있고 공공기관의 대규모(총사업비 500억원 이상) 신규 투자사업에 대한 예비타당성조사를 강화하기로 했다. 제도의 도입이 문제가 아니라 실제 기능을 할 수 있도록 역량을 제고하고 사후평가를 실시하는 등 실효성 확보와 점검이 필수적이다.

(2) 국가채무 부문별 관리계획

1) 적자성 채무와 금융성 채무의 차별적 접근

적자성 채무는 향후 조세 등 실질적 국민부담으로 상환해야 하므로 발행규모 및 상환일정 관리 등을 통해 적정수준에서 유지될 수 있도록 관리노력을 강화해야 한다. 정부는 전체 국가채무 중 적자성 채무비중을 지속적으로 감소시켜 2015년에는 40%대 중반 수준까지 축소할 계획이다. 금융성 채무는 외화자산, 대출금 등의 형태로 채무상환을 위한 대응자산을 보유한 채무로 재정의 추가부담을 최소화하면서 채무 상환이 가능하도록 대응자산 관리 노력을 강화해야 한다.

2) 적자성 채무 관리방안

정부는 일반회계 적자보전분이 금융위기 극복 과정에서 일시적으로 확대되었으나, 2013년까지 연간 발행규모를 대폭 감소시키고, 2014년 이후에는 발행 없이 상환만 하여 잔액규모가 축소되도록 관리할 계획이었다. 그러나 경기침체로 인한 세입여건의 악화 등으로 2013년에 추경을 실시하였고 2014년 이후 여건도 계획과는 크게 다른 형국이다. 2014년 예산편성지침을 보면 '경기여건에 대응하면서도, 중장기 건전재정 기반을 마련하기 위해 경기회복세를 살릴 수 있도록 재정총량을 설정하고, 민간투자 활성화 등을 통해 재정투자를 보강'하기로 했다. 국가재정운용계획상 총지출 증가율을 적정수준으로 관리하여 균형재정 회복을 추진하는 것으로 크게 물러난 모습이다.

공적자금 국채전환분은 2002년 공적자금상환계획에 따라 일반회계출연금 등을 통해 2027년까지 차질 없이 상환한다는 계획을 견지해야 한다. 세계잉여금 중 지방교부금 정산에 사용된 금액을 제외한 잔액의 30% 이상은 공적자금상환기금에 우선적으로 출연하여야 하므로(국가재정법 제90조) 공적자금의 국채전환으로 인해 발생한 국가채무는 지속적으로 감소할 것으로 보인다.

3) 금융성 채무 관리방안

외환시장 안정용 국채는 2003년 원화표시 외평채가 국고채로 통합 발행됨에 따라 외화표시 외평채와 국고채로 구성된다. 외환시장 안정 및 적정 외환보유고 유지와 국가채무 관리 측면을 고려하여 외평채 발행규모를 적정수준으로 관리해야 한다.

409

서민주거 안정용 국채는 국민주택채와 국고채로 구성된다. 대출금 및 여유자금의 만기관리 등을 통해 채권상환에 차질이 없도록 관리할 필요가 있다. 국민주택기금의 연도별 평균 대출금리는 국민주택채 조성금리보다 높은 수준이다. 부동산시장 상황이 발행규모에 미치는 영향이 중요한 점을 감안하여, 부동산시장 안정화를 통해 간접적으로 채권발행 규모를 조정해야 한다.

(3) 재무위험 관리계획

1) 국고채 시장의 안정적 운용 및 관리

최근 국내외 여건 변화로 국채시장에 다양한 리스크 요인(risk factor)이 부각되면서 원활한 재원조달을 위한 금융시장의 안정적 관리 필요성이 크게 증가하고 있다. 글로벌 금융위기 대응 과정에서 국채 발행물량이 크게 증가하여 국채 소화에 대한 시장의 관심이 고조되고 있다. 그리스 등 남유럽 재정위기가 지속되면서 국채가 더 이상 무위험 자산(risk-free asset)이 아니라는 인식이 확산되고 있다. 국채가 지표(기준)채권으로 정착되고 유통시장이 커지면서 국채시장이 전체 금융시장에 미치는 파급효과가 증대하고 있다. 외국인의 국채보유 증가로 채권시장에 대한 외국인의 영향력이 증가하면서 채권시장의 변동성이 확대될 가능성이 높아지고 있다.

따라서 국고채 발행시 예측가능성과 신축성의 조화가 관건이다. 그간 국고채를 매월 균등발행해 예측가능성을 제고하고 비용을 최소화하였으나, 글로벌 금융위기 등으로 시장여건이 악화되었을 때 시장소화가 어려워져 발행실패 위험이 증가하게 된다. 이에 따라 국고채 발행에 신축성을 부여하여 발행실패 등 리스크를 완화할 수 있는 발행전략이 중요하다. 시장 수요에 따라 신축적으로 발행물량을 조절해야 하는바 특히, 여건이 양호할 때 신축적으로 발행물량을 확대하여 향후 발행실패·금리변동 리스크에 대비할 필요가 있다.

2) 국고채 만기 장기화 및 만기분산을 통한 차환위험 관리

국고채 발행물량이 확대되면서 향후 차환물량이 증가하고 만기가 특정 시기에 집중되는 경향이 나타난다. 특히, 2008년 글로벌 금융위기 이후 발행이 크게 늘어난 국고채 만기가 2015년까지 상당 규모 도래할 예정이다. 향후 대규모 재정수요가 없는 경우에도 연도별 발행물량 편차 확대 및 차환발행 물량 증가 등이 국채시장의 잠재적 불안 요소로 작용할 가능성이 높다. 따라서 연간 국고채 발행 규모를 적정 수준으로 평활화(smoothing)하여 시장 불안 요인을 완화하고 시장안 정을 도모할 필요가 있다.

국고채 만기를 장기화해야 한다. 그간의 장기물 발행비중 확대 등에 따라 국 고채 평균 잔존만기가 늘어나면서 국채 상환부담이 시기적으로 분산되고 있다. 향후에도 장기국고채에 대한 수요 증가 추이에 맞추어 장기물 발행 비중의 확대 를 추진하는 것이 바람직하다. 장기채 시장을 활성화하여 장기국고채의 원활한 발행·유통을 도모하여야 한다. 인플레이션 헤지 등 장기국고채에 대한 다양한 수 요에 대응하며 장기 국채선물 시장을 활성화하여 장기채 현물거래에 대한 효과적 헤지 수단을 제공하여야 한다. 조기상환(buyback)을 통한 만기 분산도 중요한 과 제다. 무엇보다 국고채 수요기반 확대 및 유통시장 활성화가 중요한 과제다. 국 고채 물량 증가에 따른 재정자금의 조달기반 확대 및 안정적인 자금조달을 위해 국고채 수요기반을 확충할 필요가 있다. 특히, 국채 유통시장이 활성화될 경우 국 채 발행이 원활해져 낮은 비용으로 필요한 재정자금을 조달할 수 있을 뿐 아니라 전체 금융시장 발전을 촉진하고 통화정책 효율성을 제고하는 효과가 발생한다. 따라서 국고채 투자상품을 다양화하여 국가채무 포트폴리오 및 재정자금 조달원 을 다변화하고 위험을 분산하여야 한다(박형수 외, 2008).

2. 지방정부 부채

지방정부는 지출효율화, 세수확충 등을 통해 상환재원을 확보하고, 채무 조기 상환을 통해 균형재정을 조기에 회복해야 한다. 채무가 일정수준 이상[11]이거나 지방채발행 한도액을 초과하여 채무를 발행한 지방자치단체는 채무관리계획 수 립, 감채기금 설치 및 순세계잉여금(세입결산액-세출결산액)의 채무상환 의무화 등을 통해 채무를 감축하도록 해야 한다. 지방자치단체별 재정상황을 상시 모니터링하 여 재정위기에 선제적으로 대응하기 위한 「지방재정위기 사전경보시스템」의 실 효성 제고가 필요하다. 재정상태가 심각한 지방자치단체에 대하여는 지방채 발행 제한 등 재정건전화 조치를 실질적으로 강제 이행하도록 해야 한다. 지방자치단

---

11 채무상환비비율(상환채무액/일반재원 수입액) 7% 초과 또는 예산대비 채무비율(채무총액/예산총 액) 15%를 초과하는 지방자치단체.

체 파산제도도 도입을 검토할 필요가 있다. 자구노력을 의무화하고 책임성을 확보하기 위해서는 강도 높은 구조조정을 담보할 수 있는 제도가 필요하다.

이 밖에도 구조적 지출부담완화를 위해 포괄보조금의 비중을 늘리고 중앙정부가 지방정부에게 복지 등 서비스를 이양하는 경우 보조비율을 확대할 필요가 있다. 민간투자사업의 허점을 보완하고 과학적인 수요조사, 계약관리, 공시 수준 제고 등을 통해 지방행정 및 지방공기업의 경영혁신을 획기적으로 도모해야 한다. 현재의 재산세위주 지방세 구조를 소득세와 소비세 중심으로 보완하고 무엇보다 지방세의 가격기능을 회복하는 것이 중요하다. 아울러 체납정리 등 지방세 징세행정의 효율화가 중요한 과제로 등장한다. 차제에 위기관리와 관련해 제도의 실효성 제고가 필수적이다(박용규 외, 2012).

3. 공공기관 부채

그동안 정부는 공기업의 부채를 IMF 기준 등에 의해 국가채무에 포함하지 않고 있지만, 글로벌 경제위기 이후 재정건전성의 유지가 중요한 국정과제로 되고 있는 상황에서 공기업 부채의 관리도 중요한 과제가 되고 있다. IMF는 2001년에 공기업이 수행하는 정책적 사업에 대해서는 '거래의 재분류'를 통해 재정범위에 포함시킬 것을 요구했다. IMF는 2007년 '재정투명성 지침(Manual on Fiscal Transparency)'에서 준재정활동(Quasi-Fiscal Activities)을 재정통계에 포함시킬 것으로 명시하고 있으며, 특히 2008년의 세계적 금융위기 이후에는 금융활동에 대한 준재정활동에 대해 각별한 주의를 강력하게 요구한 바 있다. 특히 2009년 2월 G20의 재무장관/중앙은행총재 회의에서 IMF 등에 정보격차에 대한 조사 및 데이터수집 강화를 위한 제언을 요구하고 그 결과를 토대로 2009년 10월 합의한 사항이 바로 공공부문의 부채통계의 공표이다.

(1) 국책사업의 수행과 공기업의 재무관리

기본적으로 공기업은, 특히 EU와 같은 선진국의 경우 상업적/수익적 활동을 위주로 사업을 수행하며 이러한 특성 때문에 IMF 등 국제기구는 정부재정통계(Government Finance Statistics) 등 국제기준에서 공기업부문을 일반정부에서 제외하고 있다. 해외 주요국 공기업들이 수행하는 국책사업 또는 비상업적 활동(non

표 14-8 2010년 공공기관 유형별 정부지원 현황 (단위: 조원)

구분	직접지원				간접지원		합계
	출연	출자	보조	소계	부담금, 이전수입	위탁 및 독점수입	
공기업	0.0	4.2	0.2	4.4	–	15.7	20.1
준정부기관	6.3	0.0	6.2	12.5	11.0	13.3	36.8
기타공공기관	3.6	–	1.0	4.6	0.0	2.7	7.3
계	9.9	4.2	7.4	21.5	11.0	31.7	64.2

자료: 국회예산결산특별위원회, 2010회계연도결산검토보고, 2011.

표 14-9 2012년도 공기업 정부지원예산 현황 (단위: 억원)

	출연	출자	국고보조	융자	합계
시장형공기업	0	8,428	3,561	2,316	14,304
준시장형공기업	138	29,511	9,787	684	40,121

자료: 국회예산정책처, 2012년도 공공기관 정부지원예산안평가, 2011. 10.

commercial priority)을 계리하는 부분에 있어서는 나라들 간에 현격한 차이가 존재한다. 공기업의 사회적 책임(CSR: corporate social responsibility)에 있어서는 상업적 활동과 비상업적 활동 간 차이가 원칙적으로 존재하지 않는다. 공공서비스의무(public or universal service obligation)가 반영된 기관의 사업유형과 역할은 어느 나라나 존재한다. 하지만 각 나라의 역사, 문화적 특성에 따라 공기업의 정의와 범위, 그리고 역할은 매우 다양한 양상을 보인다.

공공기관들이 정부정책사업을 수행하는 경우 이를 정부지원금의 규모로 파악할 수 있다. 2010년 결산기준으로 공공기관에 유입된 정부의 재정지원규모는 64조 2천억원에 달하며 이 중 출연, 출자, 보조 등 직접적으로 지원한 금액이 21조 5천억원 규모에 달한다. 시장성이 높은 공기업의 경우도 20조 1천억원의 정부지원을 받았다. 부담금 및 이전수입과 위탁 및 독점수입을 용인해 간접적으로 지원해 준 규모는 31조 7천억원 규모(예결특위, 2010회계연도 결산검토보고, 2011. 8)에 달한다.

한편 국회예산정책처(2011)에 의하면 2012년도 공공기관 정부지원예산안의 규모는 36조 9천억원 수준으로 정부총지출 326.1조원의 11.3%에 달한다. 시장형공기업은 1조 4천억원, 준시장형공기업의 경우는 4조원 수준으로 주로 국고보조보다는 출자형식으로 지원이 이루어지고 있다. 출자금은 사업영위에 필요한 자본금 확충을 위해 주식 또는 출자증권을 취득하는 것으로 정부출자기관(주로 공기업)이 그 대상이다.

공기업의 정부소유에 대한 가장 중요한 질문은 '왜 공기업을 국가에서 소유하고 운영해야 하는가'이며, 이에 대한 비교적 명확한 사례는 비상업적 활동 추구라는 명확한 목적을 가지고 설립된 공기업에 의해 제공된다. 우리나라의 경우 한국농촌공사, 농수산물유통공사 등 준정부기관을 예로 들 수 있으며 LH와 수자원공사와 같은 공기업은 논란의 여지가 있다.

기업의 공적소유, 국가소유에 대한 근거는 다음과 같이 요약할 수 있다. 첫째, 자연독점이다. 공공독점에서 민간독점으로의 전환으로 인한 잠재적 이점은 효율성의 증대이다. 그러나 공기업의 민영화에는 추가적 규제비용이 필요하며 그 이익이 제한적일 수 있다는 한계가 존재한다. 이와 같은 이유로 많은 정부는 공기업형태인 공적소유권(state ownership)의 유지 및 운영을 선호한다. 둘째, 보편적 서비스의 공급이다. 공기업은 공공서비스 제공 의무가 있다. 예를 들어 우편사업자의 경우 전국의 모든 지역에 우편을 배포하여야 하는 의무가 있다. 경쟁입찰을 통한 공공서비스는 실행할 수 없거나 비효율적인 것으로 간주되기 쉽다. 셋째, 불완전계약이다. 공기업의 경영은 경제의 다른 부분에 중요한 파급효과를 가지며 일부 정부는 공항과 항공사 등의 공공통제를 유지하기 위해 이 같은 논의를 사용해 왔다. 넷째, 국가산업 전략의 일환이다. 정부는 정책도구로서 특정 공기업 운영권을 방어할 뿐만 아니라 산업정책의 용도로 이용할 수 있다(national champions).12 방어사례로 높은 고용률을 유지하기 위해 특정기업을 유도하여 경기 안정을 돕고 경제 외부효과 그 자체로 정당화할 수 있다. 산업정책의 일환으로 정부는 공기업을 광범위한 경제개발을 위한 도구로 설립하고 이 외부효과를 이용하기도 한다. 이 전략은 공기업을 통해 개발 사업에 중요한 인프라구조 개발 혹은 노하우 생성이나 기술 확산에 투자하는 것을 포함하는바, 개발도상국에 특히 적절한 논거가 된다. 이 밖에도 국가운영의 이데올로기도 큰 역할을 한다. 대표적으로 영국의 경우 보수당과 노동당이 극명하게 대조되는바, 보수당이 집권하는 경우 민영화가, 그리고 노동당이 집권하는 경우 국유화가 급격하게 진행된 사례가 있다.

정부재정과 공기업운영과의 관계는 민간기업과 공정경쟁의 차원에서 접근하

---

12 특히 중국의 경우 공기업의 비중이 GDP의 50%를 넘고 있으며 국가이익을 최우선 목표로 기업을 운영하고 있다.

는 것이 바람직하며 이의 엄정한 분리가 자원배분 왜곡을 줄이는 방안이 될 것이다. 정부의 준재정활동이 커지면 커질수록 기술적인 비효율은 커지게 마련이다. 물론 각국이 재정통계목적으로 공기업을 구분하는 기준이 글로벌 표준 ESA1995, 또는 GFS2001로 단일화되어 있지만 이 밖에 출자 등 소유권과 시장성이라는 분명한 기준을 적용하고 있는바, 공기업의 공익성 추구를 위한 부분(Public Service Obligation)에 대해서는 구분회계를 통해 재정으로 보전하고 있으며 나라마다 보전의 수준은 차이가 난다. 그럼에도 불구하고 선진국의 경우 이러한 부분이 전체 매출에서 차지하는 비중은 미미한 수준이며 따라서 제도단위로 재정의 범위를 설정하는 것은 글로벌 표준이라고 할 수 있다.

(2) 구분회계제도의 확산

295개 공공기관 부채는 2012년 말 기준으로 493.4조원에 달하고 이는 전년대비 7.5% 증가한 것으로 최근 그 증가속도가 줄어들고는 있지만 지난 10년간 증가속도가 상당히 빨라 심각한 문제로 등장하고 있다. 이들 공기업은 선진국들의 공기업과는 달리 정부사업을 대행하거나 공공요금 가격지도에 의한 원가 이하의 가격설정으로 부채를 지게 되는 구조가 초래하는 문제를 극복해야 한다. 공기업 부채 중에서 정부사업대행으로 발생한 부분이 얼마인지를 파악하는 것이 중요하다. 또 앞으로 발생하는 모든 공기업 부채의 귀책사유를 명확하게 하는 시스템의 구축도 중요하다. 따라서 주요 공공기관의 부채구조를 분석하여 정부사업대행과 정부규제로 발생한 부채규모를 파악하고 향후 발생하는 부채의 분류 및 관리방안을 모색해야 한다.

공기업 부채를 국가관리 대상 공기업 부채와 공기업 자체 부채로의 이분화하여 별도관리(중장기 재무관리계획의 일환) 및 대응전략을 모색해야 할 것이다. 구분회계제도가 결산 및 예산부문에 도입되면 구분회계 재무정보는 향후 의사결정지원, 업적 및 성과관리, 전략 수립 및 실행에 활용될 수 있다. 사업유형별로 실제 성과와 예산의 비교분석을 통해 경영자원의 배분과 투입에 대한 효율적인 계획을 수립할 수 있어 사업합리화, 사업 철수 등 의사결정 지원 자료로 제공될 수 있다. 전략적 구분회계를 통해 타사와의 경쟁우위 확보가 가능한 전략을 수립하고 대내적으로는 각 부문별 자사의 강·약점을 분석하기가 용이하다.

현재 30개 공기업 중 구분회계제도가 실시되고 있지 아니한 곳은 15개 기관으로 전체 공기업의 절반이다. 이들 중 결산과 예산, 그리고 성과평가를 연계한 실질적 의미의 구분회계를 운영하고 있는 기관은 8개에 불과하다.13 나머지 공기업들에 대해서도 구분회계 도입을 의무화할 필요가 있다. 2013년 7월 8일 발표한 박근혜정부의 '공공기관합리화정책'의 주요 내용 중 하나도 모든 부채관련 정보공개, 부채원인별 분석이 가능한 구분회계제도 및 사후 심층평가제도 도입 등 공공기관 부채관리를 대폭 강화하기로 했는바, 바람직한 방향설정으로 평가한다.

(3) 공공요금 원가보상의 현실화

한국가스공사(2008년 3월부터), 한국전력(2011년 7월부터) 등에서는 원료비연동제 지침을 활용한 원가제도를 운용해 요금에 반영이 되지 못한 원가인상요인분(환율과 유가 변동분)을 손실이 아니라 자산계정인 미수금(account receivable)으로 회계처리했다. 가스공사의 원가는 원료비(93%)와 공급비(마진 7%)로 구성되고 있으며 원료비는 원료비연동제에 따라 도입가격을 그대로 요금에 반영하는 원칙이다. 다만 비상시 연동제 유보규정에 따라 산업통상자원부장관의 결정에 의해 연동제 유보가 가능하다. 연동제 유보 등에 따른 도입원가와 요금으로 회수한 원가와의 차이는 정산하여 미수금으로 처리하고, 이는 차기연도 요금에 반영토록 규정한 것이다. 원료비 손익은 당년도 말 공인된 회계법인의 검증을 거쳐 정산한다.

2008년 3월 이후 서민생활안정을 위한 정부의 공공요금 인상억제로 2012년 1분기까지 미수금 4.8조원이 누적된 것으로 보고하고 있다. 2011년 말 기준 가스공사의 부채는 36.9조원, 부채비율은 317%에 달한다. 한국전력의 경우 별도기준으로 2011년 말 부채는 50.3조원, 차입금은 30조원 수준, 2006년 부채비율 47.9%에서 113.3%로 급증하였다. 원가회수율은 2009년 91.5, 2010년 90.2, 2011년 90.9로 전혀 개선되지 못하고 있다. 연료비 상승에 따른 원가회수율 하락과 주가 하락, 그리고 에너지 과소비 및 에너지 간 비효율적 대체소비 문제가 발생하였다.

공공재가 국민경제생활에 필수적임에도 불구하고 수익성이 낮거나 외부성이 크기 때문에 그리고 민간시장형성이 어렵기 때문에 공기업 형태로 운영된다. 공공재의 가격은 그 특성상 수요와 공급이 일치하는 점에서 가격이 형성되는 일반재화와는 다를 수밖에 없다. 공공재 요금규제는 물가안정과 같이 경기적 요인에

---

13 8개 기관의 구분회계 수준도 LH공사를 제외하면 엄밀한 의미의 사업별 구분회계가 이루어지고 있다고 평가하기 어렵다.

바탕을 두고 있고 때로는 정치적인 이유로 결정되기도 하지만 국가재정과의 관계에서 균형 있게 다루어져야 한다. 요금을 통제함에 따른 재정부담 즉, 조세는 민간시장의 적정 수급량을 축소시켜 해당 부분만큼 소비자 잉여를 사라지게 하는데, 이를 조세의 초과부담(excess burden) 또는 사중손실(deadweight loss)이라고 한다. 정부가 공공기관의 사업에 대한 대가를 그 이용료로 충당하지 않고 조세로 조성된 재정자금을 지원하는 경우에는 이러한 사중손실을 우리 사회에 부담시키는 것이다. 출연금, 출자금, 보조금, 부담금, 이전수입은 정부의 강제력에 의한 조세수입으로 볼 수 있는데 이들의 합계 금액은 매년 37조원 수준으로 계산된다(옥동석, 2010). 따라서 여기에 최소 20%의 사중손실 비율을 적용하면 매년 7.4조원 상당이 우리나라가 295개의 공공기관을 지탱하기 위해 부담하는 사중손실이라 할 수 있다.

정부가 특정 사업에 과도한 지원 또는 보조금을 지급하면 자율적 시장 수급량을 초과하는 생산과 매출이 이루어지는데, 이는 소비자의 지불의사를 초과하는 생산비용을 우리 사회가 부담하도록 만들기 때문에 낭비적 생산이라는 점에서 이 또한 사중손실에 해당된다. 공공기관의 사업이 지나치게 확대됨으로써 유능한 젊은이들이 민간기업 대신 공공기관으로 취업하는 노동시장의 왜곡은 이러한 현상을 반증한다. 또한 공기업이 지나치게 공격적인 사업 확장을 추진함으로써 민간기업의 비용효율적인 투자를 구축하고 또 민간기업의 해외진출을 방해하는 것 등이 바로 여기에 해당된다.14 특히 배당되지 않는 공공기관 잉여금으로 과다한 공공사업을 수행할 수도 있고, 과다한 자산(예컨대, 호화청사)을 보유하는 경우도 어렵지 않게 볼 수 있다.

우리는 앞에서 서민생활안정, 물가안정을 위해 공공요금인상을 억제, 원가보상률이 전기 87.4%, 가스 87.2%, 도로 81.7%, 철도 76.2%, 수도 81.5%에 그치고 있어 수요관리의 문제와 함께 공기업 서비스의 가격구조를 왜곡하는 문제가 심화되고 있다고 진단했다.15 최근 한국전력의 경우 전 CEO가 배임관련 소송에 휘말

---

14 최근 공기업들이 경쟁적으로 해외사업을 추진하는 모형에서 탈피, 수익성을 감안하고 민간기관과 함께 컨소시움을 형성, 나름 외부효과를 창출하는 공익적 성격의 역할을 하는 방향으로 진화하는 모습을 보이고 있다.

15 예를 들어 보자. 전력요금을 현실화하지 못하는 이유가 서민생활의 안정을 위해서라는데 실제로 주거용 전력수요는 전체의 15%에 불과한바, 전체 가계 중 재정보조가 필요한 가계를 10%라고 할 때 1.5%의 가계 수요를 위해 전체 전력가격을 인위적으로 낮추는 것은 문제가 있다. 이 부분은 바우처 등을 통해 대상가계에 재정보조를 하는 것이 더 나은 대안이다. 또한 실제로 가장 비싼 원료인 가스발전을 통해 전력을 생산하고 이를 가스난방 대신 2차 에너지인 전력난방을 실시하거나 국

리고 있는 등 공공요금현실화에 대한 국민적 공감대는 어느 정도 형성되고 있다고 판단된다. 예산원가 및 실제 원가 간의 가격 차이와 수량차이를 산출하여 성과의 기대수준과 목표의 달성 정도를 측정하고, 불리한 차이가 발생하는 경우 그 원인과 개선 방안에 대해 검토하여 원인 부문에 대해 책임을 규명하게 할 수 있도록 해야 한다. 공기업이 제공하는 공익서비스(public utilities)에 대한 원가를 계산하는 부분에 있어 규제가격을 적용하는 문제는 경쟁의 도입으로 어느 정도 해결이 가능하다. 그러나 규모의 경제 측면 등으로 산업에 따라 경쟁의 도입이 원천적으로 어려운 경우 요금결정을 제3의 독립기관에 맡기는 방안을 검토할 필요가 있다. 예를 들어 전기요금의 경우 전기위원회가 형식적으로 마련되어 있으나 실제 독립적인 역할을 수행할 수 있는 법적 장치를 마련하는 것이 필요하다.

전력, 수도, 가스, 도시철도 등 공공요금을 원가 이하로 제공하도록 강제하는 것은 수요관리의 측면은 물론이고 공공기관 관리의 차원에서도 바람직하지 않다. 자원의 비효율적 배분뿐만 아니라 주인-대리인 문제에 편승 공공기관의 실적기반(merit base) 성과관리 측면에서도 문제를 야기한다. 예산의 연성제약문제에서 탈피, 공기업으로서 자기책임하에서 효과적인 재무관리를 수행할 수 있도록 하기 위해서는 정부재정과의 관계를 보다 엄격하게 통제하는 것이 필수적이다.

(4) 공공기관 예비타당성 조사 범위의 확대 및 실효성 제고

공공기관 예비타당성 조사의 역사는 일천하지만, 그 성과가 이미 나타나고 있는 것으로 보인다. 2011년 상반기 조사대상 12개 사업 중 3개(영흥화력석고보드제조사업, 증평에듀팜특구개발, 인흥지구지식기반센터) 사업을 걸러 내는 실적을 시현했다. 기본적으로 공공기관 예비타당성조사는 공공성평가(경제성, 정책성) 및 수익성평가(기관의 재무안정성을 부채비율, 재원조달가능성, 운영 중 추가조달위험으로 나누어 평가), 그리고 최종적으로 분석적 계층화과정(AHP: analytic hierarchy process)을 통해 종합적으로 판정하는 형식이다. 공공기관은 기관의 설립목적 및 사업수행의 방식, 해당 산업의 경쟁수준이 상이한바, 현재와 같은 획일적인 적용은 보다 유형화할 필요가 있다. 특히 비용편익분석(Benefit cost analysis)과 수익성(PI: profitability index)분석을 모든 사업에 대해 적용하고 있는 현실은 기관의 설립목적, 사업의 성격에 따라 평가방법을

제적인 산업입지 선택에 있어 전력요금이 저렴한 이유로 Toray 연구소가 구미에 들어선 경우를 사례로 들 수 있다.

418

차별적으로 적용할 필요가 있다. 다만 지나치게 맞춤형으로 평가방법을 설계하는 경우 자의성, 객관성의 한계 등으로 평가의 일반성에 한계로 작용할 수 있어 균형적인 시각이 견지되어야 한다(한국개발연구원, 2013).

1차적으로 생각할 수 있는 개선방향은 자체수입비율이 85%가 넘고 기본적으로 시장에서 경쟁적으로 서비스를 제공할 것으로 예상되는 공운법상의 시장형공기업에 대해서는 PI분석을 소유부서인 기획재정부, KDI 공공투자관리센터에서 사전적으로 통제하는 것은 의미가 작다. 따라서 이들 시장형공기업의 분석대상 사업에 대해서는 공공성평가 중 경제성평가만으로 타당성조사를 마무리하는 방안을 검토할 필요가 있다. 공공성평가 중 정책성평가를 통해 기관의 설립목적과의 합치성 부분을 유지할 것인가 하는 부분에 대해서도 논란의 여지가 있지만 지난 2년간의 행태를 기준으로 판단해 경영자율권확대시범사업 대상기관인 인천공항, 한국공항, 가스공사, 지역난방공사 등의 경우는 정책성평가를 제외하고 나머지 시장형공기업도 한시적으로만 정책성평가를 유지하는 방안을 검토할 수 있다. 준시장형공기업과 준정부기관의 구분에 있어서는 공공성과 수익성을 모두 평가하는 것으로 하되 현재의 가중치(4:6) 배분을 정책시뮬레이션 및 전문가 델파이 등의 방법론을 활용하여 차별적으로 조정하는 방안을 검토하여야 할 것이다.

동일한 기관유형이라 하더라도 사업의 유형별로 더 큰 차별적 접근의 실익이 있을 수 있다. 하지만 2014년 현재 3년차를 맞이하는 공공기관 예타 경험의 일천함을 감안할 때 다시 기관이 아니라 사업의 해당 산업유형별로 차별화된 평가방법을 모색하는 것은 실익이 그리 크지 않을 것으로 판단된다. 이미 편익, 비용, 할인율 등 미시적인 추정에 있어서 사업의 산업적 특성은 어느 정도 반영되고 있기 때문이다. 정부는 공공기관의 엄정한 사업관리를 위해 예비타당성조사를 재정사업 예타제도 수준으로 내실화하고 사업의 사후적 성과를 심층분석 점검하는 사후심층평가제 시범사업을 추진하기로 했는바, 자율과 책임의 균형이 무엇보다 강조되어야 한다.

(5) 중장기 재무관리개선계획의 실효성 제고

국가재정법 및 공공기관운영에관한법률에 의해 2012년부터 작성, 국회에 제출하고 있는 중장기재무관리개선계획을 재정사업의 성과계획서와 성과보고서 형식 수준으로 엄정성을 확보하는 노력이 필요하다. 물론 아직까지 재정사업성과계획서, 성과보고서 역시 한계를 보이고는 있지만 그래도 자체평가, 확인점검 등의 기제와 사안별 심층평가 등을 통해 성과관리의 수준이 점차 심화되고 있다. 이제 막 도입된 제도이니만큼 국회에 제출된 각 공공기관들의 재무관리개선계획을 한국조세연구원 공공기관연구센터, 국회예산정책처(NABO) 사업평가국 등에서 철저하게 추적 평가하도록 해 재정규율을 확보하는 장치로 활용하는 것이 필요하다.

공공기관경영평가제도를 개선해 경영효율부문 재무관리 영역에 있어서 중장기재무관리개선계획의 타당성과 실적을 점검하고 이를 평가에 반영할 수 있도록 한다. 현재 자산규모 2조원 이상의 기관들을 대상으로 계획을 수립, 국회에 제출하도록 하고 있으나 이를 경영평가에서 점검하는 경우 그 대상을 경영평가를 받는 모든 공공기관(공기업과 준정부기관, 중소형 제외)으로 확대할 필요가 있다. 정부는 합리화계획에서 자산 2조원 미만의 기관 중 부채가 자산보다 큰 경우, 그리고 정부의 손실보전 조항이 있는 경우 등으로 재무관리계획 적용대상을 한정하고 있는 바, 이는 재검토가 필요하다.

기존 부채 관리에서 나아가 추후 발생 가능한 공기업 부채의 증가를 억제할 수 있는 방안 마련이 필요하다. 효율성 제고를 통한 수익성 제고만으로는 부채 증가문제를 해결하기에 한계가 있으며, 요금수준의 정상화 및 재무구조 개선을 통해 부채 증가를 억제하는 근본적인 접근이 필요하다. 동시에 공기업의 자체적인 효율성 제고를 위한 노력 및 관련 제도의 개선이 수반되지 않는 요금인상 및 지원 정책은 국민들에게 수용성이 낮을 것이므로, 공기업의 자구노력 및 제도개선도 병행하여 추진할 필요가 있다.

(6) 경영평가제도의 개선

현행 경영평가제도에 있어서 부채관리는 경영효율평가범주, 재무예산관리 및 성과 평가지표의 하위지표로 공기업을 기준으로 비계량 재무예산관리로서 4점, 계량 재무예산성과의 6점 중 2점이 할당되어 있다. 물론 비계량 재무예산관리는 생산성, 자산회전율, 이자보상비율, 관리업무비, 총인건비인상률, 매출액증가율, 총자본회전율, ROIC(return on invested capital) 등과 함께 부채비율이 하나의 부분지표를 구성한다. 이러한 내용은 수익중심 기반구축, 재무구조의 안정화를 도모하는 하나의 수단이다. 기관별 특성에 적합한 맞춤형 평가를 위해 공기업 유형 중 재무구조개선이 필요한 기관 등에 대해서는 업무효율 범주 내 지표별 가중치를 조정하고 있다. 한국토지주택공사에 대해서는 별도과제(재무건전성 제고, 30점)를 부여해 부채축소 노력을 평가했고 2012년 실제 부채증가율이 5.8%로 통제되어 기관장은 A, 기관은 C를 획득하였다.

공공기관의 부채관련 재무정보에 대한 DB를 보다 미시적으로 구축해 상시평가가 가능하도록 하고 조기경보시스템을 도입, 활용하도록 해 부채관리의 실효성을 제고하여야 한다. 계량부문은 평가시점을 비계량부문과 별도로 구성해 분기별 측정이 가능하도록 함으로써 비계량 평가의 컨설팅 기능을 강화하고 평가순응비용을 축소하며 부채관리의 상시적 모니터링이 가능하도록 하여야 한다.

정부도 공공기관합리화계획과 정상화계획을 통해 공공기관별 특성을 반영하여 평가방법을 차별화하기로 했다. 공기업의 경우 선진국과 비교평가하는 글로벌지표의 확대, 기존 기관장 평가는 기관평가로 통합하되 기관장 성과협약제를 도입, 재임기간 중 1회만 평가하도록 했다. 자율과 책임의 균형을 위해 경영자율권확대시범사업 대상기관을 보다 확대하고 이들에 대한 평가시스템 재설계도 심층적으로 고민할 필요가 있다.

IV. 결론

최근 급증하고 있는 공공부문(중앙정부+지방정부+공공기관)의 부채발생 원인을 분석해보면 주로 저출산, 고령화 등에 따른 복지지출, 경제위기극복을 위한 지출 등 정부부채와 미래대비 중장기투자, 국가정책추진관련, 저렴한 공공서비스 제공 등 공공기관부채로 나누어 설명된다.

재정건전성이 바탕이 되지 않은 복지확대는 국가재정의 지속성에 위협요인으로 작용한다. 제도의 존립기반 자체에 부정적 영향을 초래할 수 있다. 복지지출의 증가가 향후에도 크게 늘어날 것으로 예상되는 상황에서 재정건전성의 위협이 현실화되기 전에 사전적인 대응이 요구된다. 당연히 낭비적 세출을 줄임으로써 재정건전성 관리에 집중할 필요가 있다. 인구 구조적으로 의무지출 성격의 복지지출이 점차 증가하는 추세이므로 국가재정 탄력성 약화 문제는 심화될 가능성이 높다. 이러한 경직성은 재정의 경기대응적 역할 약화로 이어질 수 있다. 향후 5년간 복지 지출은 매년 평균 7%씩 늘어난다고 가정할 때 이는 잠재성장률(평균 4% 수준)을 초과하므로 이러한 복지지출은 국가채무 증가를 견인할 수 있다. 이처럼 복지지출의 증가는 중장기적으로 상당한 규모의 재정이 소요되는 사업이므로 대책에 대한 사회적인 합의가 필요하다. 관리대상수지 개선목표를 달성하기 위해서는 균형재정에 대한 정부의 부단한 노력이 요구되며 특히 복지부문 지출의 급증을 완화하기 위한 정교한 정책적 재설계가 필요하다.

한편 공기업부채는 기업 내부의 의사결정에 따른 것이라기보다는 정부의 정책결정에 의한 것이 결정적이라고 할 때 공기업은 정부와는 별도의 회계주체, 책임주체라는 점이 보다 강조되어야 한다. 최근 국회예산정책처(2012)에서도 재무건전성이 취약한 기관의 금융부채 관련 의사결정체계를 이사회 의결사항에서 주무부처 장관 승인사항으로 상향 조정할 필요가 있음을 주장하고 있다. 한국토지주택공사, 한국석유공사 등 최근 재무건전성이 취약해진 공공기관의 경우, 의사결정체계를 상향 조정하여 주무부처의 재무건전성 책임성을 강화할 필요가 있다는 주장이다. 하지만 이러한 조치는 중장기적인 대책이라기보다는 공기업과 정부의 재정을 분리해 재정범위를 설정하는 국제관행에 비추어볼 때, 그리고 공기업의 자율책임경영이라는 공운법의 제정취지를 감안할 때 단기적인 대책이라 할 것이다. 결국 기관과 기업을 구분하는 노력이 중요하다.

우리는 지금까지 국가채무라는 개념으로 부채를 관리해 왔으며 발생주의 복식부기 도입을 계기로 국가부채라는 개념으로 글로벌표준에 접근한 공공부채의 차원에서의 재정관리를 계획하고 있다. 그러나 국가부채의 개념보다는 정부부채의 개념이 OECD나 IMF의 재정통계를 다루는 차원에서 더 나은 개념으로 평가된다. 정부의 역할과 책임의 범위라는 관점에서 판단할 때도 국가라는 애매한 범위보다는 민간과 대비되는 정부의 명시적 부담(liability)을 관리하는 것이 타당하며 이때 회계주체가 다른 공공기관 중 경제적 가격이 존재하고 수익을 추구하는 기관, 즉 공기업과 그렇지 않은 기관, 즉 준정부기관 및 대다수의 기타공공기관은 엄정하게 구분해 접근하는 것이 필수적이라는 점을 강조한다.

최근 논의가 활성화되고 있는 공공(부문)부채라는 개념은 재정통계의 투명성 확보라는 점에서 진일보한 접근으로 평가된다. 아무리 구분회계를 하더라도 무리가 따르게 마련인 한국토지주택공사, 수자원공사 등의 부채를 모두 포함한다는 의미에서 국가 간 비교가능한 공공부문의 재정책임을 나타내는 좋은 지표가 될 것으로 생각된다. 공공부문 부채에 대한 불필요한 논란을 해소하고 공공부문 전체의 재정건전성을 확보한다는 차원에서 의미를 부여할 수 있다. 그럼에도 불구하고 관리적 차원에서는 공기업과 준정부기관을 구분하는 차별적 접근이 보다 강조될 필요가 있다. 일반정부의 범주에 들어가는 준정부기관 영역과 민영화 대상이 될 수 있는 공기업 영역은 기본적인 관리정책의 정향(orientation)이 달라야 한다.

15
CHAPTER
현금관리[1]

●●● 효율적인 현금관리는 구성원들에게 추가적인 재정적 부담을 지우지 아니하고 기왕의 재정수입으로 들어오는 현금의 흐름과 잔고를 합리적으로 운영·관리함으로써 추가적인 이자수입을 증대할 수 있을 뿐만 아니라 현금수급계획의 합리화를 통한 현금수지의 개선을 도모하여 전체적인 재정의 건전성 및 재정관리의 효율성을 증진시킬 수 있다. 현금예산을 통해 현금흐름을 정확히 예측해 내고 최적현금보유량을 결정한 다음 여유현금을 어떻게 활용할 것인가 하는 의사결정지원정보시스템의 효과적인 구축 및 운용이 매우 중요하다.

　　본 장에서는 가상적인 기초지방자치단체와 시도교육청의 현금관리의 시나리오분석을 통해 현금유입과 지출, 잔고의 운영과정에 있어서 효율성 측면에서 현금관리개선의 여지가 상당히 많음을 보이고, 현금관리를 통해서 획득하는 이자수입의 규모가 지방교육자치단체의 경우 일반지방자치단체에 비해 크게 못 미치고 있음을 보임으로써 양 자치단체 행정의 연계 및 통합의 실익이 있음을 시사한다. 현금관리는 단순한 현금관리에 그치는 것이 아니라 전체적인 행정운영시스템 및 효율성제고와 연계하여 도입·활용되어야 하며 필요한 경우 인력감축이나 조직개편이 수반될 수 있다.

---

1 본 장은 '지방자치단체의 효율적 현금관리방안,' 한국행정학보, 제33권 제4호, 1999를 중심으로 재구성하였다.

Ⅰ. 서론

　　최근 주기적인 경제위기를 겪으면서 우리는 중앙정부와 지방정부를 포함하여 재정관리의 건전성이 얼마나 중요한가 하는 점을 새삼 실감할 수 있었다. 특히 지방자치단체의 경우 이제 막 지방자치가 제자리를 잡아가기 시작하는 시기이고 복지업무의 확대로 재정수요가 폭발적인 데 비해 재원은 한정되어 감축관리를 할 수밖에 없는 외부환경하에서 재원확보의 차원, 그리고 투명하고 효율적인 내부자원관리의 측면에서 현금관리(cash management)의 중요성은 구태여 강조하지 않아도 좋을 것이다.

　　지방자치의 전통과 경험이 풍부한 선진국의 경우 지방자치가 점차 실천적이 되어감에 따라 지방자치단체가 하나의 경영단위로 인식되고 있다. 즉 지방자치단체가 정치적 기능을 수행하는 권력주체라기보다는 주민과 지역사회로부터의 요구를 최소한의 비용으로 최대한 충족시키는 경영주체로서 필요한 서비스기능을 효율적으로 수행하는 것이 요구되고 있다. Osborn and Gabler(1993)의 정부혁신의 길(Reinventing Government)과 Gore(1994) 중심으로 작성된 정부성과보고서(National Performance Review) 등에서 주창하는 기업가정신, 정보사회(intelligence community), 그리고 고객 우선의 기업가적 정부가 되어 고객만족을 중시하여 한다고 강조하고 있다.

　　지방자치단체의 경영화는 대체적으로 다음과 같은 두 가지의 방향으로 전개된다. 하나는 이른바 지방자치단체의 '외연적 경영효율화방안'이다. '외연적 경영효율화'란 지방자치단체를 둘러싸고 있는 외부적 행정환경과의 관계 속에서의 방안이다. 따라서 여기에는 지역을 종합적으로 개발하기 위한 여러 가지 유형의 개발방안들이 포함되며, 민관공동출자사업(소위 제3섹터)의 활성화, 경영수익사업의 활성화, 지방공기업의 개선을 통한 효율증대 등이 그것이다. 다른 하나는 지방자치단체의 '내부적 경영혁신방안'이다. 지방자치단체의 '조직내부경영효율화'란 지방자치단체의 내부적인 행·재정운영 또는 행정관리의 영역이라 할 수 있다. 조직관리기법, 행정정보화 등 행정관리기법, 재정관리기법, 혁신적인 경영기법 등 여러 가지의 경영기법의 도입 및 정착을 내부경영의 일환으로 간주할 수 있을 것이다.

그동안 우리 지방자치단체의 재정개혁은 재정확충과 관련하여서 주로 지방자치단체 대외적인 제도에 치중하여 왔으며, 이에 따라 관련연구 또한 지방세의 확충, 사용료·수수료·경영사업수입 등의 세외수입 확충, 지방채발행 등에 집중되어 있다. 결과적으로 구체적인 재정관리문제에 대해서는 그 중요성을 선언적으로 강조하는 수준에 머물러 있을 뿐 실천방안에 대한 연구가 매우 미진한 상태이다. 물론 지방자치단체의 열악한 재정여건과 최근까지의 중앙의존적인 행정관행을 감안한다면 효과적인 재정확충방안에 대한 연구의 필요성을 부인할 수 없다. 그러나 조직내적인 운영·관리상의 문제인식 및 개선노력을 선행시키거나 병행하지 않으면 아무리 훌륭한 재정확충방안이라고 할지라도 그 효과는 반감될 수밖에 없다.

특히 효율적인 현금관리는 당해 지역주민에게 추가적인 재정적 부담을 지우지 아니하고 기왕의 재정수입으로 들어오는 현금을 합리적으로 운영·관리함으로써 추가적인 이자수입을 증대할 수 있다는 점에서, 그리고 이와 같은 관리의 부산물로써 현금수급계획의 합리화를 통한 현금수지의 개선을 도모하여 전체적인 재정의 건전성을 증진시킬 수 있다는 점에서 그 중요성은 강조되고 있다. 물론 요즈음과 같은 저금리시대의 경우 과거와 같이 이자소득의 중요성이 그리 높다고 할 수는 없지만 그럼에도 불구하고 현금관리의 중요성은 아무리 강조해도 지나치지 않다.

Ⅱ. 현금관리의 의의와 구성요소

1. 현금관리의 의의 및 중요성

현금잔고(cash balance)는 예측가능성 여부를 불문하고 채무를 변제하는 데 필요한 유동성을 확보하기 위하여 적절하게 관리되어야 한다. 이렇듯 현금은 조직의 연료와도 같은 자산이기 때문에 이에 대한 체계적인 관리가 민간기업, 공기업뿐만 아니라 지방자치단체에서도 재무관리의 매우 중요한 부문의 하나인 것이

다.[2]

  지방자치단체의 수입과 지출은 일시적으로 발생하는 것이 아니라 회계연도에 걸쳐서 분산되어 이루어지는 것이 일반적이다. 어느 시기는 현금수입이 지출을 초과하여 여유현금이 발생하기도 하고, 또 어느 시기에는 현금지출이 현금수입을 초과하여 현금부족 상태에 직면하기도 한다. 지방자치단체는 현금부족의 사태에 대비하여 일정한 수준의 현금을 항상 보유하여야 하는 한편 너무 과다하게 현금을 보유함으로써 현금보유비용이 발생하지 않도록 하는 것이 중요하다. 지방정부의 채무변제에 지장을 초래하지 않는 범위 내에서 여유현금을 적절한 형태의 금융상품에 투자하여 투자수익을 창출하여야 한다.

  따라서 현금관리는 현금의 유입(inflow)을 촉진하여 현금수입의 극대화를 도모하고, 현금의 유출(outflow)을 통제하여 현금지출을 극소화함으로써 일단 현금잔고 또는 현금수지를 최대화하고(maximum cash availability), 유동성을 잃지 않는 범위 내에서 나머지 현금을 적절한 금융상품에 투자함으로써 최대의 이자수입을 창출하는 데(maximum yield) 관련되는 제 관리과정이라고 정의할 수 있을 것이다. 조직의 유동성(liquidity)을 확보하기 위하여 일정한 양의 현금이 항상 확보되어 있어야 하지만 현금잔고는 언제나 필요 최소한의 상태를 유지하여 불필요하게 과다한 양의 현금을 보유하여 불필요한 기회비용을 발생시키지 말아야 한다. 이러한 맥락에서 최적현금보유량의 개념이 도출된다.

  이러한 현금관리 목적의 양대 축인 수익성과 유동성 간에는 상충적인 관계가 존재한다. 은행의 현금잔고가 많을수록 현금을 투자하지 않음으로써 발생하는 기회비용(opportunity costs)은 증가하나 조직의 현금수요에 대처할 수 있는 융통성은 오히려 증가하게 되며, 반대로 많은 현금을 투자로 전환하여서 잔고가 적을 때에는 투자를 통한 수익은 증가할 것이나 융통성은 감소하게 된다. 따라서 지방자치단체는 이러한 현금관리의 두 가지 목적을 어떻게 조화시킬 것인가 하는 문제에 직면하게 되는데, 이 경우 어느 목적을 더 강조하느냐는 지방자치단체의 제반 정책의사결정이나 프로그램의 목적에 달려 있다고 할 것이다. 이 경우 양자의 조화를 위해 일반적으로 두 가지 대안 간의 비용분석을 함으로써 양자의 비용이 최소가 되는 선에서 현금잔고의 양을 결정하는 방법이 이용될 수 있다. 유동성을

---

2 이러한 내용은 중앙정부에게도 일견 타당하지만 발권력이 있어 화폐를 발행할 수 있는 중앙정부에게 적용되는 부분은 제한적이라고 할 수 있다.

강조하는 경우 발생하는 비용은 투자를 하지 않아 현금잔고의 양이 과다함으로 인해 상실된 이자소득으로 계산되며, 수익성을 강조하는 경우 발생하는 비용은 정보를 검색하고 투자를 하며, 투자를 환수하고, 차입과 부채상환을 하는 데에 필요한 의사결정에 소요되는 제반 비용으로 표현된다.

현금관리가 효과적으로 이루어지는 경우 기대되는 편익은 다음과 같이 요약할 수 있다.

첫째, 현금관리를 통해 추가적인 재원이 마련되면 이들 이자수입은 추가적인 지역개발사업을 수행하거나 기존의 사업의 질을 높이는 데 사용될 수 있으며, 세금을 줄이거나 채무를 변제할 수 있다.

둘째, 지방자치단체가 적절한 방식으로 현금을 수령하고 지불할 능력이 있다는 점을 주민들에게 인식시킴으로써 지방자치단체에 대한 신뢰성이 제고된다.

셋째, 현금관리를 통해 가능해지는 비용의 감소이다. 구매가격의 감소, 차입비용의 감소, 재무서비스비용의 감소, 그리고 현금취급비용(관련 인력의 효율적인 활용 등)의 감소 등 여러 가지 측면에서 비용의 절감이 가능하다.

넷째, 내부적으로 효과적인 자원관리시스템을 구축함으로써 현금부정과 오류를 방지할 수 있고, 징수실적을 증가시킬 수 있으며, 지출과정을 효과적으로 통제(internal control)함으로써 재정위기상황을 사전에 방지할 수 있다. 미국의 Savings & Loan 파산사태와 1997년 우리나라의 외환위기가 모두 이러한 현금잔고 및 단기부채관리에 있어서 내적 통제가 완전하지 못하고 투명하지 못했기 때문으로 분석되고 있다(송창수, 1998).

결국 이상의 효율적인 현금관리의 효과들로 인해 지방자치단체의 재정건전성은 개선될 수 있을 것이며, 이는 바로 지방자치단체의 높은 신용평가로 이어지게 되는 것이다.

2. 현금관리의 구성요소

현금관리의 구성요소는 크게 현금관리의 과정적 요소와 수단적인 요소들로 나누어 고찰할 수 있다. 과정적인 구성요소는 현금의 유입(inflow)과 유출(outflow), 그리고 이 사이에 존재하는 현금잔고(balance) 등으로 구성된다. 효율적인 현금관리의 출발점은 현금의 유입과 유출을 효과적으로 통제함으로써 가용현금을 극대화하는 작업부터라고 할 수 있다. 이를 위해서는 현금흐름에 대한 정확한 통제를 통해 현금예산제도(cash budget system)가 도입되어야 하며 현금유입을 촉진하고 현금유출을 통제하는 데에 초점을 맞추어야 한다. 받아야 하는 지방세나 세외수입, 그리고 의존수입을 체납이나 지연전입이 최소화되도록 행정력을 경주하고 지출하는 경비의 지불에 있어서도 가능한 한 유예하고 이 과정에서 각종 할인이나 가산금과 같은 인센티브시스템을 활용하게 된다. 또한 당해 지방정부에게 적절한 최적현금잔고 내지는 최적현금보유량을 산출해 내야 한다.

지방자치단체는 독립적으로 자금관리를 수행할 수 없기 때문에 필연적으로 지방자치단체에 각종 현금관리 서비스를 제공할 지방금고인 금융기관이 개입되기 마련이다. 따라서 지방자치단체의 현금을 가장 효과적으로 관리해 줄 금융기관을 선정하여야 하며, 이러한 의사결정을 위해 필요한 제반 정보들이 수집되어야 한다. 금융기관과의 관계를 어떻게 설정하느냐에 따라 현금관리의 성패가 좌우된다고 하여도 과언이 아니다. 금융기관의 선정방식, 금융기관의 선정기준, 금융기관이 제공하는 서비스에 대한 비용지불 방식, 투자상품의 선택 등에 대한 논

그림 15-1 현금관리시스템 구성도

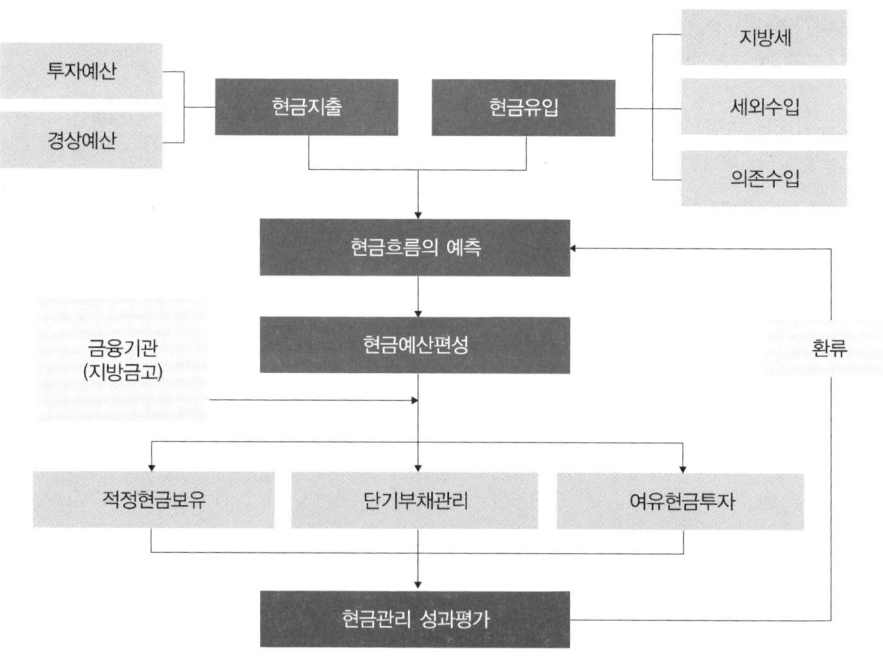

의는 효과적·효율적인 현금관리를 위해 포함되어야 할 필수적인 항목들이다.

　　현금예산을 통해 현금흐름을 정확히 예측해 내고 최적현금보유량을 결정한 다음 필요한 작업은 여유현금을 어떻게 활용할 것인가 하는 문제일 것이다. 이를 위해 고려되어야 할 것이 바로 투자에 대한 의사결정이다. 투자목적을 어떻게 설정할 것인가, 투자의 형태는 어떻게 할 것인가, 투자대상 금융상품에는 어떠한 것들이 있는가 하는 의사결정이 체계적으로 이루어져야 한다.

　　다음은 지방자치단체에 적합한 현금관리시스템이 개발되고 운영되는 단계로서 주기적인 기록과 보고체계, 시스템에 대한 주기적인 평가와 환류체계 등이 뒤따라야 하며 기타 효율적인 현금관리시스템을 가능케 하는 데 영향을 미치는 제도적인 문제는 현금관리정보시스템(Cash Management Information System)의 도입차원에서 접근하여야 한다. 이상의 현금관리체계도를 그림으로 나타내면 <그림 15-1>과 같다.

III. 기초지방자치단체 사례분석

1. ○○시의 세입세출현황

　　지방자치단체가 당해 지역주민을 위한 각종 재화와 서비스를 제공하기 위해서는 충분한 예산을 확보하여야 하는바, 사례분석지역인 ○○도 ○○시의 일반회계 세입결산규모를 최근 10년간의 추이로 살펴보면 다음과 같다.

표 15-1 **최근 10년간 ○○시 일반회계세입결산규모**　　　　　　　(단위: 백만원)

연도	2003	2004	2005	2006	2007	2008	2009	2010	2011	2012
세입결산	16,222	26,267	33,044	43,128	54,955	73,153	103,021	120,017	147,240	144,881

　　<표 15-1>을 통해 살펴보면 ○○시의 세입은 2003년도의 162억에서 2012년 1,449억에 이르기까지 약 9배 정도가 늘어났으며, 전체적으로 꾸준히 증가하는 추세를 보이다가 최근 약간 줄어든 상황이다. 이렇게 세입규모의 증가에

따라 취급 현금의 규모 또한 엄청나게 증가하였으며, 이러한 방대한 규모의 현금을 효율적으로 관리하는 방식은 기존의 단순한 방식으로는 한계가 있을 수밖에 없다. 또한 경제위기 이후 세수는 감소한 반면 복지서비스 등 시민들이 지방정부에 요구하는 서비스의 질이나 양은 지방자치 실시 이후 계속 증대되어 왔으며 이는 앞으로도 가속화될 전망이어서 지출압력은 꾸준히 증가할 것으로 판단된다.

이러한 상황에 대처하기 위해서 효율적인 현금관리를 통한 이자수입의 증대, 그리고 효율적인 내부적 재무관리에도 많은 관심을 보이고 있는 것이 오늘날 우리나라 지방자치단체의 보편적인 현실이다. 현금관리의 맥락은 일면 이렇게 관리해야 할 자금의 규모가 커지고 있음과 동시에 감축관리시대(cut back management era)에 보다 철저한 현금관리를 할 필요성에서 출발한다고 할 수 있다.

다음 현금의 유입이 어떠한 원천으로부터 이루어지는가를 파악하는 것은 현금관리에 있어서 필수적이다. 현금예산의 작성에 있어서 현금의 규모뿐만 아니라 그 원천이 중요한 요소이기 때문이다. 다음 <표 15-2>에는 2010년부터 2012

표 15-2 최근 3년간 일반회계세입 항목별 내역　　　　　　　　　(단위: 백만원)

구분	2010		2011		2012	
	규모	구성비(%)	규모	구성비(%)	규모	구성비(%)
지방세	45,473	31.4	45,571	31.0	43,164	35.1
보통세	38,140	26.3	38,218	26.0	35,559	29.6
목적세	6,268	4.3	6,300	4.3	5,804	4.8
과년도수입	1,605	0.7	1,053	0.7	801	0.7
세외수입	75,501	52.1	74,520	50.6	62,467	52.1
경상적수입	18,270	12.6	23,613	16.0	22,327	18.6
임시적수입	57,232	39.5	50,907	34.6	40,140	33.5
지방교부세	3,304	2.3	2,508	1.7	2,821	2.3
보조금	16,003	11.0	10,442	7.1	10,564	8.8
국고보조	7,201	5.0	2,205	1.5	1,562	1.3
도비보조	8,802	6.0	8,238	5.6	9,003	7.5
지방채	4,600	3.2	14,200	9.6	2,000	1.7
지역개발기금 융자금수입	4,600	3.2	14,200	9.6	2,000	1.7
계	144,881	100.0	147,240	100.0	120,017	100.0

년까지 최근 3년간의 일반회계의 수입원천을 나타냈다. ○○시의 수입원은 2012년 기준으로 크게 지방세수입(35.1%), 세외수입(52.1%), 지방교부세(2.3%), 보조금(8.8%), 지방채(1.7%) 등으로 구성되어 있다. 전체적으로 볼 때 전체수입 중 세외수입이 차지하는 비중이 50%가 넘어 가장 비중이 크고 그 다음으로 지방세수입이 30%를 상회하며, 보조금 등은 비교적 그 비중이 작다. 이러한 사실은 ○○시의 현금관리에 있어서 가장 중요시해야 할 수입원으로서 세외수입과 시세 수입이 절대적인 관심사가 됨을 시사한다.

현금관리자의 입장에서 볼 때 최근 3년간 전체 세입 중 50%를 넘고 있는 세외수입, 그 중 68% 이상을 차지하는 임시적 세외수입, 즉 세계잉여금과 전년도 이월사업비가 대부분을 구성하고 있다는 점이 관심의 대상이 될 수밖에 없다.3 이러한 현상은 세입결산과 세출결산의 차이에서 발생하며 일반회계뿐만 아니라 공기업특별회계 및 기타특별회계에도 그대로 적용되는 지방재정의 일반적인 현상인 것이다. <표 15-3>에 나타나 있는 바와 같이 ○○시의 경우 2011년 일반회계 최종예산은 세입과 세출 공히 1,157억원 수준으로 수지가 균형인 것으로 되어 있으나 실제 결산내역을 살펴보면 현금유입인 세입은 1,472억원인 반면에 현금유출에 해당하는 세출은 947억원에 그치고 있어 525억원의 흑자를 시현하고 있다. 현금예산을 수립하여야 하는 이유 중의 하나가 바로 이와 같은 예산과 결산, 그리고 세입결산과 세출결산간의 엄청난 차이이며 이 부분에 현금흐름분석의 초점이 맞추어져야 한다.

표 15-3 2011년 회계별 예산과 결산, 세입과 세출의 차이 (단위: 백만원)

구분	일반회계	공기업특별회계	기타특별회계
세입결산	147,240	29,515	20,242
세출결산	94,731	11,948	11,072
최종세입세출예산	115,656	24,013	12,878

---

3 세계잉여금이란 세입예산으로 추정한 세입보다 실제 징수한 세입이 초과되는 경우를 의미하고, 전년도 이월사업비는 여러 가지 이유로 하여 명시적으로 사업을 이월하거나 사고로 사업이 다음 연도로 이월된 경비를 의미한다. 이에 대해서 보다 자세한 내용은 안종석·박정수(1996) 참조.

2. ○○시의 현금관리 실태분석

(1) 현금유입과 유출

현금의 유입은 1년 동안 균일하게 이루어지는 것이 아니며 월별로 편차가 있기 마련이다. 다음은 2011년도 일반회계를 기준으로 살펴본 ○○시의 월별 징수 현황이다. 현금의 유입이 일년 중 어느 시기에 얼마나 들어오는지 그 비중을 월별로 나아가서는 주별로 고찰하는 것은 현금예산의 작성을 위한 유용한 정보를 제시해 주므로 현금흐름의 분석은 현금관리에 있어서 매우 중요한 구성요소이다.

2011년도 일반회계 세입예산(지방세+세외수입) 월별 징수실적을 보면 3월달에 가장 많은 현금이 유입되었고 5월달에 가장 적은 현금이 유입되었음을 알 수 있다. 이는 시세수입이 6, 7월에 집중되어 있지만 상대적으로 비중이 높은 세외수입, 주로 세계잉여금과 전년도 이월사업비가 3월달에 집중되어 전입되는 것으로 회계처리되기 때문이다.

현금유입과 마찬가지로 현금유출도 1년 동안 꾸준히 발생하게 되며 월별로도 적지 않은 편차를 보이고 있다. 최근 3년간 일반회계 월별 세출실적을 살펴보면 다음 <표 15-5>와 같다.

표 15-4 2011년 월별 지방세 및 세외수입 (단위: 천원)

구분	(1) 지방세	지방세(누계)	(2) 세외수입	세외수입 (누계)	(1+2) 합계
1월	616,143	616,143	2,779,938	2,779,938	3,396,081
2월	1,082,905	1,699,138	3,315,052	6,094,990	4,397,957
3월	1,465,298	3,164,436	44,901,954	50,996,944	46,367,252
4월	3,929,931	7,094,367	2,376,918	53,373,862	6,306,849
5월	1,440,406	8,534,773	2,184,456	55,558,318	3,624,862
6월	7,236,900	15,771,673	2,720,533	58,278,851	9,957,433
7월	7,670,218	23,441,891	2,189,774	60,468,625	9,859,992
8월	1,882,305	25,324,196	2,995,902	63,464,527	4,878,207
9월	1,528,867	26,853,063	2,995,785	66,461,312	4,524,652
10월	4,027,894	30,880,957	2,929,216	69,390,528	6,957,110
11월	6,380,092	37,261,049	14,037,038	83,427,566	20,417,130
12월	5,204,744	42,465,793	14,558,999	97,986,565	19,763,743

표 15-5 2010~2012년 일반회계 월별 세출실적 (단위: 백만원)

구분	1월	2월	3월	4월	5월	6월	7월	8월	9월	10월	11월	12월
2010	5,026	7,002	7,048	4,053	5,310	3,719	5,668	5,418	7,047	3,501	5,632	14,548
2011	2,695	4,038	7,571	10,754	5,637	6,834	8,576	4,409	9,067	6,124	7,042	20,040
2012	4,786	9,505	7,788	9,675	11,654	12,669	6,043	5,004	8,618	5,841	9,467	13,193

월별로 현금유출 사이클을 살펴보면 현금유입의 경우와는 다르게 상대적으로 규칙적인 등락폭을 유지하고 있음을 알 수 있다. 그러나 규칙적인 등락폭은 그런 대로 유지하고 있으면서도 연도별로 비교를 할 경우 반드시 규칙성을 띤다고 말할 수 없음을 알 수 있다. 예를 들어 1월, 8월과 10월 세 달만 연도간에 일관성 있게 골을 형성하고 있을 뿐 나머지 달들은 어느 해에는 봉우리를 형성하고 있고 또 어느 해에는 골을 형성하고 있는 등 불규칙한 사이클을 형성하고 있는 것이다. 이는 현금유출이 계획성 있게 이루어지기보다는 그때 그때의 상황에 따라 이루어지고 있을 가능성을 시사하는 것이다.

(2) 현금수지

앞서 현금유입 사이클과 현금유출 사이클을 각각 살펴보았다. 그러나 이 두 가지 정보는 각각의 개별적인 유용성보다는 이 둘을 동시에 고찰할 때 보다 가치가 있다. ○○시의 수입은 대개 납세기일에 즈음하여 거액의 현금이 유입되는 반면, 지출은 일정한 형태를 유지하면서 완만하게 이루어짐을 보여주는 정보 등을 얻을 수 있기 때문이다. 이러한 정보들로부터 단기투자기회를 포착할 수 있는 것이다. 2011년도 월별 세입 세출을 비교해 보면, 다음 <표 15-6>과 같다.

<표 15-6>에 의하면 4월, 5월, 9월, 그리고 12월, 4개월간만 수지가 적자를 나타낼 뿐 대부분의 경우는 균형이거나 흑자를 나타내고 있음을 알 수 있다. 이상에서 살펴본 현금유입과 현금유출 사이클은 연도간의 시계열 분석을 통해 미

표 15-6 2011년도 월별 세입세출수지 비교 (단위: 백만원)

구분	1월	2월	3월	4월	5월	6월	7월	8월	9월	10월	11월	12월
세입	3,396	4,398	46,367	6,307	3,625	9,957	9,860	4,878	4,525	6,957	20,417	19,764
세출	2,695	4,038	7,571	10,754	5,637	6,834	8,576	4,409	9,067	6,124	7,042	20,040
수지	701	360	38,796	−4,447	−2,012	3,123	1,284	469	−4,542	833	13,375	−276

래의 일정시점을 투사할 수 있는 자료로 활용될 때 그 유용성이 크다는 점을 시사하며 이는 현금예산의 운영필요성을 시사한다고 하겠다. 특히 3월의 경우 급격히 증가하는 이월금은 각 계좌에 유지하고 있던 현금잔고의 마감으로 인한 회계상의 처리로 볼 수 있어 더더욱 현금예산 및 현금관리의 중요성을 보여준다고 하겠다.

3. ○○시 현금관리의 문제점

(1) 현금유출과정상의 문제점

현금의 유출은 크게 두 가지 경로, 즉 ○○시 지출관의 명령에 따라서 금고에서 바로 유출되는 경우와 일단 각 과, 사업소 및 동의 통장에 예입되었다가 소요에 따라 유출되는 경우로 나누어진다. 지출관의 지급명령에 의해 금고에서 바로 유출되는 경우 말고 두 번째 일상경비출납원의 계좌에 입금된 후 유출되는 경우의 문제를 살펴보자. 일단 시 금고 계정에서 다른 계좌로 이체된 현금은 일괄적으로 통제하기 힘들다. 각과, 사업소와 동의 일상경비출납원의 계좌에 입금된 현금이 바로 이러한 예에 속한다. 일상경비출납원의 계좌에 입금된 현금은 바로 소요에 따라 한꺼번에 지출되는 것이 아니라 그때그때의 소요에 따라 부분적으로 지출된다. 이렇게 되면 당연히 일정기간 동안 일정한 양의 여유현금이 항시적으로 예치되어 있기 마련인데, 이렇게 단순히 예치되어 있는 현금은 그 자체가 비용(이자소득기회 상실비용)을 수반하는 것이다.

(2) 현금유입과 유출에 대한 정보수집 및 활용의 미흡

○○시는 수입이 발생하는 대로 수입일계표를 작성하고 있지만 장래의 현금수입에 대한 예측에는 활용되지 않고 있다. 또한 재정과 관련된 과거 기록들이 미래의 예측에 없어서는 안 될 중요한 것들임에도 불구하고 일정기간이 경과한 후에는 폐기처분하는 것이 관행으로 되어 있어 효과적인 현금관리를 위한 현금흐름의 예측 등에 장애요인으로 작용하고 있다. 또한 현금흐름을 예측하고 통제할 수 있는 자료 및 제도가 부재하여 실질적으로 예측할 수가 없다. 2010~2012년의 실제 일반회계 세출 예산집행 계획과 실제 지출액을 <표 15-7>을 통해 비교해보면 거의 상관관계가 없음을 쉽게 알 수 있다.

표 15-7 최근 3년간 월별 일반회계 세출계획 대비 실적 　　　　　(단위: 백만원)

구분	1월	2월	3월	4월	5월	6월	7월	8월	9월	10월	11월	12월
2010 실적	5,026	7,002	7,048	4,053	5,310	3,719	5,668	5,418	7,047	3,501	5,632	14,548
2010 계획	4,319	6,155	7,272	5,024	4,108	12,291	4,775	3,952	3,844	7,116	6,496	6,842
2011 실적	2,695	4,038	7,571	10,754	5,637	6,834	8,576	4,409	9,067	6,124	7,042	20,040
2011 계획	9,650	5,526	10,622	6,858	5,424	5,289	11,081	3,290	5,563	3,988	6,589	18,720
2012 실적	4,786	9,505	7,788	9,675	11,654	12,669	6,043	5,004	8,618	5,841	9,467	13,193
2012 계획	3,054	2,919	15,609	5,066	5,219	16,940	4,030	5,915	4,046	11,352	5,227	14,352

(3) 여유현금 투자관리의 문제점

우선 공금예금계좌 평균잔액의 과다함을 지적할 수 있다. 각 수납대행 금융기관으로부터 시금고은행인 농협으로 이체된 세입금이 거액으로 장기간 공금예금계좌에 방치되고 있다. ○○시 공금(정기예금 등 제외)의 월별 평균잔액이 1997년의 경우 40억원이 넘고 있는데, 이는 시금고의 입장에서 보지 않고 시민의 지갑을 담당하고 있는 시의 현금관리자의 입장에서 볼 때는 매우 큰 금액이라 할 수 있을 것이다. 쓰지 않고 방치해 두는 현금은 그 자체를 투자했을 경우 추가적으로 얻을 수 있었던 수입으로 표현될 수 있는 기회비용이기 때문에 너무 과다한 현금의 보유는 바람직하지 못하다. ○○시의 1년 수입 1,472억원을 12개월로 단순히 나누는 경우 한 달 평균 약 123억원 정도가 들어옴을 감안한다면 평균잔액 40억원은 너무 과다한 수준이라 할 수 있다.

둘째는 투자대상이 되는 금융상품의 선택에 있어서 전략의 미흡을 지적할 수 있다. ○○시의 경우 여타 지방자치단체에서처럼 정기예금과 같은 단순한 금융상품에만 의존하는 관행에서 벗어나서 CD(양도성 예금)와 RP(환매조건부채권) 등 다양한 금융상품에 투자하여 이자수익증대에 노력을 기울이고 있으나 여유현금을 예치할 때 예치기간을 설정함에 있어서 장래의 자금수급 상황을 종합적으로 고려하여 계획적이고 합리적으로 설정하려는 노력이 부족한 것으로 판단된다. 예치 당시의 상황에 따라 그때 그때 예치기간을 설정함으로써 만기일 전에 중도해지하거나 만기일 경과 후 장기간 방치된 사례가 나타나고 있다.

이러한 현상은 비단 담당관리자들의 전문성 문제만은 아니다. 일반적으로 금융기관들은 고액의 예치자들에게 만기일이나 중도해약의 불리함 등에 대한 각종 정보, 그리고 대안적인 수단 등을 적극적으로 알려주고 있는 시점에서 시금고 담당은행이 위와 같은 문제가 발생하기까지 만기일 등을 통지하지 않았다는 것은 수의계약 방식에 의한 독점계약으로 인한 경쟁의 이익을 상실한 데에 그 원인이 있다고 판단된다. 최근 경쟁을 통한 시금고 선정의 규제는 매우 유의미한 조치로 판단된다.

셋째, 투자계획 및 과학적인 투자관리 기준의 부재를 들 수 있다. ○○시에는 현재 공금을 투자할 때 어떠한 문제들을 고려해야 하며, 어떠한 금융상품은 배제해야 하는지 등에 관한 기준이 명시되어 있는 매뉴얼이 없다. 투자의 목적이나 방법, 투자대상 금융상품의 범위 등에 대한 구체적인 규정이 없으면 투자는 지금처럼 그때 그때의 상황에 좌우되기 쉬우며 일관된 투자계획을 세우는 것도 힘들어진다. 장래의 수입과 지출을 합리적이고 과학적으로 예측하여 여유현금의 운용 효율을 높임으로써 수익의 극대화를 도모하여야 하나 현재 ○○시에는 이러한 수요 공급을 예측하는 시스템이 없이 임기응변적으로 현금을 운용하고 있는 실정이다. 이러한 투자지원시스템의 부재로 인해서 발생하는 문제점은 그리 복잡하지 않은 모니터링 시스템의 도입만으로도 만기가 지난 금융상품들을 장기간 방치하는 것과 같은 문제는 사전에 방지할 수 있을 것이다.

 IV.   지방교육자치단체 사례분석

주로 17개 시도교육청의 경우 현금관리를 정보체계의 일환으로 접근하기보다는 재원확충의 일환으로 접근하여 이자수입증대를 위한 노력이 경주되고 있다. 특히 1997년부터 시도교육청 평가가 이루어지고 있으며 특별교부금을 차등지급하고 있는바, 최근 교육재정의 효율화 중에서 자체수입확충을 위한 노력을 강조하고 있어 유휴자금의 통합·직접관리, 최고의 이자수입을 보장하는 금융상품의 선정활용, 스쿨뱅킹제 및 공공요금자동납부제 도입 등 상당한 성과를 보이고 있다.

특히 2011년과 2012년 공히 이자수입실적이 수위인 ○○시교육청의 경우 예금이자수입의 증대를 위해 학교 등 일선기관에 송금하는 운영비 자금도 1개월이상 보유가능한 자금은 고이율의 상품인 CD 또는 환매채 매입을 적극적으로 추진하고 있다. 또한 급여일에 각급 기관에 송금하여 온 기여금(연금부담금, 연금대부금, 학자금대부금)과 원천세(갑근세, 주민세)를 월말에 송금하여 자금보유기간을 연장함으로써 이자수입을 증대하고 있고 각급기관에서 일시보관금으로 관리하는 세입세출외현금도 1개월 이상 보유가능한 자금을 선별하여 고이율의 상품인 CD 또는 환매채 매입에 활용하고 있다. 환매채 매입후 만기전에 자금의 부족이 발생하는 경우 환매채를 해제하여 부족자금을 충족하여 왔으나 만기전에 환매채를 해지하지 않고 일시차입하여 부족자금을 충당하는 방안을 추진하고 있어 주목된다.

△△시와 ○○도교육청의 경우도 자금의 면밀한 수급판단에 의거 유휴자금의 고수익 금융상품 예치를 통한 이자수입 극대화도모를 위해 금리변동상황을 주기적으로 파악하고 하급기관운영비를 분할교부하는 등 세출예산 월별 자금배정계획에 따른 자금의 합리적 관리, 각급기관의 공금잔액을 월 1회씩 점검하여 자금의 과다보유(평균잔액의 최소화)를 억제, 시설비 등의 배정시 사업완료 확인후 실제

표 15-8 시도교육청 xxxx년 이자수입 실적   (단위: 백만원)

시도	세입결산(A)	이자수입(B)	B/A*100(%)
A	614,412	2,173	1.29
B	802,204	7,697	0.96
C	455,655	3,955	0.87
D	3,299,782	23,280	0.71
E	1,358,453	7,079	0.52
F	1,166,081	5,953	0.51
G	764,566	3,888	0.51
H	582,786	2,402	0.41
I	272,541	1,070	0.39
J	614,412	2,173	0.35
K	892,400	3,040	0.34
L	1,105,469	3,035	0.27
M	965,089	2,081	0.22
N	1,248,051	2,338	0.19
O	1,293,915	2,288	0.18
P	2,732,107	4,543	0.17
합계	18,536,398	87,495	0.47

지급시기에 맞추어 자금을 배정하는 등의 노력을 경주하고 있어 상대적으로 우수한 성적을 나타내고 있다.

2012년 실적이 상대적으로 저조한 △△도의 경우도 1개월 미만의 단기자금을 기업자유예금(이자율 2%)을 활용하고 일시차입의 필요를 줄이는 방향으로 현금관리가 이루어지고 있으며 세입업무전산화를 추진하여 산하 140개 기관의 세입징수보고서의 작성 및 자동집계, 세입징수액계산서 및 징수부 자동작성을 통해 효율화를 기하고 있다.

요컨대 17개 시도교육청의 경우 아직까지 현금관리가 프로그램화되는 수준에는 미치지 못하고 있으나 최고의사결정자 리더십의 꾸준한 관심 속에서 지속적인 노력을 경주하여 xxxx년의 경우 <표 15-8>과 같은 실적을 나타내고 있다. 그럼에도 불구하고 이는 비교준거가 되는 일반 광역 지방자치단체의 경우에 비해 현금관리인력이나 규모면에서 비교열위에 있을 수밖에 없으며 현금관리에 보다 체계적인 접근이 이루어져야 할 것이다.

 V.   효율적인 현금관리방안

1. 현금예산(cash budgeting)제도의 도입

현금관리와 관련된 의사결정에 있어서 첫 번째 단계는 징수과정과 지출과정의 통제를 통해 합리적인 수요예측과 적절한 위험도관리, 적절한 부채관리를 수행하는 과정에서 장래 현금의 흐름, 예를 들어 일별, 주별, 월별, 그리고 분기별로 현금수입과 지출을 추정하는 것이다. 이러한 추정이 없는 상태에서는 지방정부는 정부의 일상적인 운영을 위해 어느 정도의 현금이 소요되며, 정부의 투자사업을 지원하기 위해 어느 정도의 자금이 필요한지, 그리고 현재 여유현금을 투자형태로 전환시킬 수 있는 자금의 규모는 어느 정도이며 투자기간을 얼마로 설정할 수 있는지를 제대로 파악할 수 없다.

Steiss(1989)는 현금흐름에 대한 예측을 함에 있어서는 현금수입액과 지출액뿐만 아니라 현금유입의 시점과 현금유출의 시점까지 정확하게 예측될 필요가 있다고 하였다. 이러한 예측을 하기 위해서 필요한 것이 현금예산이다. 현금예산은 채권이나 채무의 발생 그리고 지출원인행위 등과는 상관없이 단지 실제적인 현금의 수입과 지출만을 대상으로 편성된다는 데에 그 특징이 있다. 이렇게 현금흐름을 추정하여 현금예산을 작성함으로써 일일 단위에 기초한 거래수요에 필요한 현금의 적기 제공이 가능해지고, 안정적인 여유자금의 운용을 통하여 발생하는 수입 증대효과를 기대할 수 있게 된다. 또한 은행관계에 대한 통제력이 증가하는 한편 현금의 집중을 통한 비용의 감소를 유도할 수 있게 된다.

현금예산(cash budgeting)을 편성한 후에는 현금수지의 예측치(예산)와 실적을 비교함으로써 현금관리상의 문제점들을 쉽게 발견할 수 있을 뿐만 아니라 그 해결에도 도움을 준다. 따라서 현금예산을 편성할 때에는 가능한 한 많은 정보와 자료를 가지고 정확한 예측을 하는 것이 중요하다. 수년간에 걸친 현금흐름에 대한 정보가 누적되면 될수록 현금예산의 정확도는 높아진다. 예상치 못했던 사건들에 대한 지속적인 기록이 필요하며 또한 현금예산을 작성할 때의 여러 주변 상황에 대한 기록을 유지할 필요가 있으며 이를 위해서는 현금관리정보시스템(cash management information system)의 활용이 필수적인 것으로 판단된다. 이렇게 현금 유입과 현금유출의 양과 시점에 대한 예측 정보를 제공하는 현금예산은 여유자금의 투자계획 수립을 위한 유용한 정보를 제공하게 된다.

2. 최적현금보유량(optimal cash balance)의 결정

적정현금잔고수준을 추정하는 것은 어느 정도의 현금을 투자형태로 전환할 수 있을 것인가 또는 어느 정도의 현금을 차입해야 하는가에 대한 의사결정을 하는 데 필요한 정보를 제공한다. 이러한 의사결정을 하는 데 필수적인 정보가 특정 지방정부의 최적현금보유량이 얼마인가 하는 점이다. 현금지출의 수요를 충당하기 위해 필요한 수준 이상의 현금을 보유하는 것은 투자수익의 상실로 표현되는 기회비용이 발생하며 반대로 지출수요에 못미칠 정도로 지나치게 적은 현금을 보유하는 것도 적기 지불불능 등의 문제를 발생시킬 수 있다.

현금잔고의 수준은 현금유입과 유출의 속도와 시기에 의해 결정되는데, 이에 대한 예측이 정확할 수 있다면 최적 현금보유 수준의 설정도 용이하게 이루어질 수 있다. 그러나 이러한 현금유입과 지출의 패턴 및 시기에 대한 완벽한 예측은 이루어질 수 없기 때문에 불확실성에 대처할 수 있는 현금보유 수준을 결정하는 것이 필요하다.

통상적으로 이용되는 최저현금보유수준을 결정하는 모형으로는 일정 기간 동안의 평균 현금지출수준을 최저보유수준으로 설정하는 것이다. 보몰(W. Baumol)의 경제적 주문량(economic order quantity) 공식을 이용한 현금관리모형, Miller and Orr의 상한과 하한을 이용한 현금관리 모형과 같이 현금조달비용과 현금보유기회비용을 최소화하려는 모형이 일반적으로 활용될 수 있다.[4]

3. 지방금고의 경쟁을 통한 선정

투자의 형태는 투자가 이루어지기 전에 조세수입이나 세외수입, 그리고 의존수입 등에 의해 유입되는 현금을 예치하고 또한 현금지출 수요에 충당하기 위해 필요한 최소한의 현금잔고를 예치하는 금융기관을 선정한 후에 이 금융기관으로 하여금 지방정부가 보유하고 있는 여유현금의 투자까지도 대행하게 할 것인지, 혹은 공금을 예치하는 금융기관이 선정과는 별도로 지방자치단체가 직접적으로 투자를 담당할 것인지를 선택하는 문제와 관련된다.

미국의 경우에는 지방정부금고의 운영과 지방정부금고 여유현금의 운용이 완전히 분리되어 있다. 즉, 미국의 주정부나 지방정부는 단지 정부금고를 운영할 금융기관만을 선정하고 정부금고에 예치되어 있는 여유현금의 운용은 재무관(treasurer)의 책임하에 투자국 혹은 투자과에서 부동산이나 주식을 제외한 다양한 고금리의 금융상품에 투자하는 형식을 취하고 있다. 일본의 경우도 정부금고운영 금융기관의 선정과 투자는 분리되어 있는데, 미국과의 차이는 지방정부가 직접

---

4 통상적으로 이용되는 최저현금보유수준을 결정하는 모형으로는 일정 기간 동안의 평균 현금지출수준을 최저보유수준으로 설정한다. 보몰(Baumol)의 경제적 주문량공식을 이용한 현금관리모형은 현금관리총비용의 최소화, 현금조달비용과 현금보유기회비용의 최소화를 위한 공식을 활용하는바 다음과 같이 표현된다. 여기서 TC는 총비용, A는 일정기간 동안에 필요로 하는 현금 총액, 이자율을 i, 은행 등으로부터 현금을 차입하거나 유가증권 등 다른 형태의 자산으로부터 현금으로 전환할 때 소요되는 거래비용을 F라고, 1회에 전환하는 현금액을 B로 나타난다.
$TC = F \times A/B + B/2 \times i$
한편 Miller and Orr의 상한과 하한을 이용한 현금관리 모형은 현금관리에서 보몰모형의 단점 즉, 현금의 유출이 일정하다는 가정을 풀어 어떤 현금보유의 상한선(upper limit)과 하한선(lower limit)을 결정해 놓고, 현금보유가 상한선에 도달하면 유가증권을 매입하고 현금수준이 하한선에 도달하면 보유하고 있는 유가증권을 매각해 현금보유를 늘린다고 가정한다.
$U - L = 3[3/4 \times FC \times \delta^2]^{1/3}$

투자에 참여하는 것이 아니고 몇 개의 투자대행 금융기관을 선정하여 이들 은행에 분산 예치하는 방법을 택하고 있다는 점이다(송창수, 1998).

지방자치단체가 직접 투자에 참여하지 않는다고 하여도 지방자치단체의 현금관리자는 투자할 수 있는 금융기관을 다양화하고 금융상품의 목록도 다양화할 필요가 있다. 투자상품의 선택시 고려해야 할 사항으로는 크게 위험(risk), 유동성(liquidity) 및 수익률(yield)을 들 수 있다. 여기서의 위험은 투자원금의 손실뿐만 아니라 잠재적인 이자수입의 상실을 포함하는 개념이다. 유동성은 환금성을 의미하는데, 이러한 위험과 유동성의 문제로 말미암아 어느 나라든지 주식 및 부동산에 대한 여유현금의 투자를 금지하고 있는 것이 일반적이다.

지방자치단체의 금고설치근거는 지방재정법 제64조에 의하고 계약은 동법 제61조를 근거로 하고 있다. 그러나 지방재정법의 위 두 조항은 다분히 포괄적이어서 해석하기에 따라 상당한 차이를 보일 수 있다. 최근 들어 중앙정부에서도 일반회계를 제외하고는 단일금고를 고수하지 않고 각 기금의 운용을 각 지방자치단체의 재량에 맡기려는 시도가 일고 있다. 효율적인 현금관리를 위해서 금고선정에 있어서 공개경쟁입찰 등에 의하는 것이 바람직하다.

4. 투자재원의 집중관리

현재 ○○시를 비롯한 대부분의 지방자치단체는 일반회계와 다수의 특별회계를 위한 계좌와 기금을 위한 계좌 등을 별도로 운영하고 있다. 이렇게 수입원이나 회계별로 현금을 분산 예치함으로써 계좌의 수가 증가되는 경우에는 다양한 현금흐름 패턴과 잔고수준의 각각 계좌를 나름대로 관리해야 하기 때문에 현재시점에서 이용가능한 총 현금의 규모를 정확하게 추산하는 데 많은 무리가 따르기 마련이며 여러 계좌를 운영하다 보면 현금유출을 통제하는 데에도 적지 않은 어려움과 추가적인 행정비용이 발생하게 된다. 지방자치단체들이 채무변제나 일상경비의 조달을 위해 너무나 과다한 은행계좌를 유지하고 있기 때문에 때때로 어느 정도의 현금이 투자 가능한지를 파악하기가 어려운 경우가 많다.

재무관리 전문가들은 지방정부의 복잡·다양한 계좌들을 하나의 계좌로 통합하는 것이 가져다주는 이점들을 강조하고 있다(McKinney, 1995). 지방세수입, 세외수입, 의존수입 등과 같은 다양한 수입원으로부터 발생하는 모든 유입되는 현금은 하나의 계좌로 집중될 수 있으며, 이는 금융기관에 대한 비용지불을 보상잔고 (compensating balance)에 의할 경우에 있어서 잔고수준을 감소시킬 수 있으며, 여유현금의 양을 증대시키는 효과를 가져 온다. 계좌의 통합(consolidation)은 지불시기를 보다 용이하게 통제할 수 있도록 해주며 여유현금의 효과적인 이용을 가능케 해 주고, 그리고 금융기관과의 관계에 있어서 신뢰성을 제고시킨다.

집중계좌는 위와 같이 현금관리를 함에 있어서 지불과정을 통제하고 그에 대한 일정한 계획의 수립을 가능케 한다. 이러한 집중계좌(pooling account)는 영계좌(zero-balance accounts)와 함께 운영되며 이는 건전한 계좌관리를 하는 데에 필요한 유용한 도구일 것이다. 영계좌제도는 실질적인 현금지출을 담당하는 지출원으로 하여금 각각 계좌를 개설하게 하고 수시로 지출이 이루어지지만 이들 계좌에 현금잔고가 남는 경우는 없으며 지출시에 마이너스 잔고가 일시 형성되었다가 마감시간에 집중계좌로부터 자동적으로 마이너스 잔고만큼 계좌이체가 이루어지도록 하는 방식이다. 따라서 영계좌는 지불계좌에 초과현금을 유지할 필요성을 제거시키며 집중계좌에 투자할 수 있는 가용현금의 규모를 극대화시킨다. 이 방법을 사용함으로써 지불기일에 따른 자금의 이체시기를 결정해야 하는 부담을 덜 수 있으며 일정기간 활용하지 못하는 계좌가 발생하는 문제를 해소할 수 있다. 투자될 수 있는 현금이 규모가 크면 클수록 우대금리가 적용됨으로써 투자수익률이 증가하게 된다. 현금의 유입과 관련되는 모든 계좌는 미리 정해진 주기에 따라 자동적으로 집중계좌로 이체되며, 일단 집중된 현금은 유출과 관련되는 모든 계좌로 주기적으로 자동이체된다.

5. 현금관리정보시스템(CMS)의 도입·활용

어디에 얼마나 투자할 것인지를 결정함에 있어서 필요한 의사결정을 지원하는 투자전략은 현금관리 프로그램의 매우 중요한 요소이다. 투자전략은 투자관리자(chief finance officer: CFO)로 하여금 이용가능한 현금을 최적으로 투자하도록 하는 데 필요한 제반 정보를 지원하는 내용이어야 한다. 일반적으로 투자관련 의사결정을 하는 데 있어서 고려되어야 할 사항들은 다음과 같다.

첫째, 금융시장의 조건 또는 향후 금융시장 상황에 대한 전망, 지방자치단체의 현금가용력, 바람직한 투자수단들의 조합(portfolio) 등에 대한 정보가 제공되어야 한다.

둘째, 유가증권 등 투자대상 금융상품의 유형과 규모를 결정하는 데 필요한 지침과 장단점이 명확하게 제시되어야 한다.

셋째, 금융시장의 상황이 불안정하게 돌아갈 경우에 투자된 금융상품을 현금으로 전환하는 데 필요한 절차나 시스템이 명확하게 기술되어야 한다.

넷째, 현금을 추가적으로 이용할 수 있을 때, 이를 투자형태로 신속하게 전환하는 데 필요한 절차나 시스템이 명확하게 기술되어 있어야 한다.

다섯째, 현금관리자의 성과를 측정하기 위한 성과측정지표가 개발되어야 한다.

이러한 투자계획과 의사결정을 지원하기 위해서는 현금관리정보시스템이 구축되어 의사결정지원체계(decision support system)에 필요한 정보를 제공하는 것이 필수적이다.

지방자치단체의 회계는 지방정부의 경제적 거래를 분석, 기록, 요약, 평가, 해석하고 그 결과를 이해관계자에게 보고하는 중요한 재무관리과정으로 주로 현금유입과 유출이 경제적인 거래의 주종을 이루게 된다. 지방자치단체는 정부조직으로서의 목표달성을 위하여 경제적 자원을 효과적으로 관리·운용해야 하는 행정적·재정적 책임을 가지고 있으며, 회계는 이러한 책임에 대한 적절한 정보를 제공하여 각종 이해당사자들의 의사결정에 필요한 정보를 제공하여야 한다. 정부회계 정보는 현금의 통제 및 예산과 법규의 준수 여부, 행정관리자에 대한 회계책임과 역할보고, 지방자치단체의 재무상태, 운영결과 및 업적평가, 그리고 지방자치단체의 관리와 관련된 정보 등이 지방의회, 유권자, 행정관리자, 감독기관 기타 이해관계자 집단에게 제공되어 경제적·사회적 의사결정에 이용될 수 있도록 하여야 하는 것이다.

지금은 발생주의 복식부기제도가 정착되는 과정에 있지만 현금관리가 제대로 정착되기 위해서도 관련 복식부기회계기준의 정립 및 정보시스템의 개발은 필수적인 과제라 하겠다. 현금관리정보시스템은 지방정부가 기존 다양한 자산의 효율적인 이용방안을 검토하고(재산관리), 새로운 여유현금의 투자에 대한 의사결정을 지원하며(현금관리), 필요한 세입자원의 조달관리(세무관리), 그리고 모든 거래내역을 투명하게 기록(회계관리)하는 등 지방정부의 재정관리 전반에 걸쳐 필요한 정보를 제공할 수 있어야 하고 총체적인 재정관리가 가능한 재무회계정보시스템이 되어야 한다. 현재 지방자치단체에서 활용하고 있는 재무회계정보시스템, 즉 e-호조

그림 15-2 현금관리정보시스템의 연계구상도

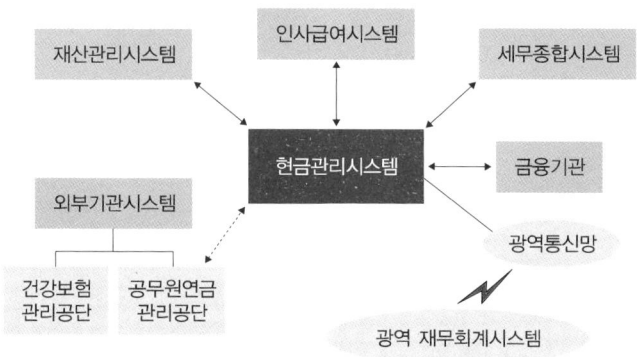

는 향후 계획부분인 예산정보시스템과 연계되어 통합적인 재정관리가 이루어지는 것이 바람직할 것이다. 요컨대 현금관리정보시스템(CMIS)은 재무회계정보시스템의 하위시스템이고 재무회계정보시스템은 예산정보시스템과 연계되어 전체적인 행정정보화의 일부분을 담당하게 되는 것이다.

현금관리의 마지막 단계는 현금관리 및 투자에 대한 기록의 유지 및 보고체계를 들 수 있다. 이러한 기록 및 보고체계가 자동적으로 제공되어야 현금관리시스템의 운용상태를 제대로 평가할 수 있으며 이에 따라 문제점의 발견과 개선이 용이해질 것이다. 이러한 정보들을 적절하게 제공하기 위해서는 별도의 현금관리부서가 편제될 필요가 있으며 정보를 일반 자금운용 담당자들도 손쉽게 사용할수 있도록 해줄 수 있는 의사결정보조시스템 또는 전문가 시스템이 절대적으로 필요한 것이다(〈그림 15-2〉 참조).

Ⅵ. 결론

정부의 재무회계제도의 변화는 복식부가 발생주의 회계제도의 도입으로 획기적인 전기를 맞이했다. 지방자치단체회계가 지난 1999년부터 부천시와 강남구의 시범운영에 이어 점차 확대되어 2007년에 전체 지방자치단체가 발생주의 복식부기회계제도를 시행하고 있다. 중앙정부도 국가회계에 2009년에 발생주의 복식부기회계를 도입, 운영하고 있고 재무회계정보시스템을 각각 e-호조, 디지털브레인시스템으로 운영하고 있다.

본 장에서 도입·활용을 주장하고 있는 현금관리프로그램도 광의의 재무회계정보시스템의 일환으로 구축될 수 있다. 예산, 회계, 현금관리, 성과관리, 감사로 이어지는 제 재무관리과정이 연계된 하나의 시스템으로 운영될 때 비로소 효율적인 재정관리가 가능한 것이다. 현금관리과정이 지금까지 체계적이지 못한 상태로 추진되어 온 현실을 직시하고 지방자치단체혁신의 일환으로 우선 정부조직 내적인 효율성을 제고하기 위해 현금예산제도의 도입, 투자의 과학적 관리, 지방금고의 경쟁체제구축, 집중계좌 및 영계좌의 활용, 현금관리정보시스템의 구축 등 개선방안을 모색하였다.

향후 지방자치단체의 효율적인 현금관리는 다음과 같은 두 가지 방향으로 이루어져야 할 것으로 판단된다.

첫째, 현금관리는 재무회계시스템과 연계되어 필요한 재무정보를 실시간 베이스로 확인하고 활용할 수 있어야 하며 합리적인 현금소요를 기간별로 정확히 예측하고 현금흐름의 모니터링, 집중계좌관리, 적절한 금융자산의 선택을 위한 의사결정지원시스템으로 구성될 수 있으며 외부적으로도 금융기관 및 현금유입과 유출대상이 되는 기관과의 연계도 이루어지는 것이 바람직하다. 기업가적 정부, 작은 정부, 부정부패에서 자유로운 투명한 정부는 구호나 선언적인 정치적 홍보가 아니라 작은 것 같지만 결코 작지 않은 현금관리와 같은 내부관리제도의 개선을 통해서 구현될 수 있을 것으로 보인다. 주민에게 추가적인 부담을 지우지 않으면서 세입을 증대하고 내적통제제도(internal control)의 혁신을 통해 효율적인 관리를 모색하는 서울시, 노원구, 군포시 등의 노력은 다른 지방정부로도 확산되어야 할 것으로 판단한다.

둘째, 현금관리를 통해서 획득하는 이자수입의 규모가 지방교육자치단체의 경우 일반지방자치단체에 비해 크게 못 미치고 있음을 알 수 있다. 지방자치단체의 개혁은 지방자치단체와 지방교육자치단체의 연계·통합과 같은 미시적이고 실천적인 과제에서 시작하는 것이 필요하다는 시사점을 얻을 수 있다. 지방교육자치단체의 사례에서 볼 수 있는 바와 같이 현재의 별개 체제로 운영되고 있는 것은 현금관리의 성과측면에서도 바람직하지 못하므로 지방교육자치는 교수-학습과정의 자율성을 강조하는 학교자치를 중심으로 하여 재개념화하고 지방교육행·

재정을 일반 행정과 통합·연계 운영하는 방안을 모색하는 것이 필요하다. 같은 지역의 주민을 대상으로 하여 다른 두 주체가 중복적으로 현금관리를 담당하는 것은 결코 효율적인 형태가 되기 어렵기 때문이다.

현금관리는 단순한 현금관리에 그치는 것이 아니라 전체적인 행정운영시스템 및 효율성제고와 연계하여 도입·활용되어야 하며 필요한 경우 인력감축이나 조직개편이 수반될 수 있을 것으로 보인다. 지금까지 소홀히 다루어 온 지방자치단체 재정관리의 미시적인 소프트웨어의 정비차원에서 현금관리프로그램의 효율적인 활용을 통한 행정개혁의 실질적인 진전을 도모할 수 있다.

참고문헌

국내문헌

강신택. 국회 예산결산특별위원회의 상임위원화 방안에 관한 연구. 예산결산특별위원회
  용역, 2010.

강인재, 「현금관리의 중요성」, 『지방자치』, 1995. 2.

강장석, 국회 예산결산특별위원회의 상임위원회화 방안에 관한 연구. 예산결산특별위원
  회 연구용역, 2010.

_____, 국회의 예산안결산 심사체계의 개선에 관한 연구. 예산결산특별위원회 연구용
  역, 2005.

_____, 제19대 국회의 실질적 예산안 심의 역량 강화방안. 예산결산특별위원회 연구용
  역, 2012.

계준호, 우리나라 예결산 심의 과정의 개선에 관한 연구. 명지대학교 석사학위 논문,
  2005.

고영선·박정수·김성태, 공공기관의 역할과 향후 정책방향, 한국개발연구원, 2012.

공동성 외, 성과관리, 대영문화사, 2013.

곽태원, 우리나라 조세제도 운영비추정에 관한 연구, 한국조세연구원, 1994.

교육과학기술부, 「2010년 지방교육재정교부금 보통교부금 교부 보고」, 2010. 3.

_____, 「2011년 지방교육재정교부금 보통교부금 교부 보고」, 2011. 3.

_____, 「2011회계년도 교육비특별회계 세입·세출 예산분석 결과」, 2011. 4.

_____, 「2012년 지방교육재정교부금 보통교부금 교부 보고」, 2012(b). 3.

_____, 「2012회계년도 교육비특별회계 세입·세출 예산분석 결과」, 2012(c). 3.

_____, 「초·중등학교 교육여건 개선을 위한 적정규모 학교 육성 종합대책」, 2012(a). 1.

교육인적자원부, 「2013년 지방교육재정교부금 보통교부금 확정 교부」, 2013. 2.

구기성, 가계부채문제의 현황과 정책적 대응방안, 예산춘추, Vol 27, 2012 여름호.

국가재정운용계획 교육분야 작업반, 「2013－2017 국가재정운용계획 교육분야 보고서」,
  2013.8.

국경복 외, 국회 예산심사제도 개혁방안, 국회기획재정위원회, 2012.

국회개혁특별위원회, 예결위 상임위화에 관한 공청회 자료집, 2004.

국회사무처, 국회운영제도 개선자문위원회 활동결과보고서, 2008.

국회예결위, 2014년도 예산총괄검토보고서, 2013.

국회예산결산특별위원회, 2013년도 예산안 및 기금운용계획안에 대한 공청회 자료집, 2012.

_____, 재정건전성 제고를 위한 국회 재정통제 강화방안 세미나, 2010.

국회예산정책처, 2011~2015년 세원확대 및 세제합리화 방안, 2011. 9.

_____, 국가채무관리방안에 관한 연구, 2007.

_____, 국회예산정책처 세수추계 모형 - 기존 모형의 검토 및 개선방안 -, 2011. 6.

_____, 대한민국 재정, 각 연도.

_____, 알기 쉬운 조세제도, 2012. 5.

_____, 예산안 편성과정에서의 국회와 정부간 역할배분 방안에 대한 설문조사 연구용역, 2010.

_____, 재정통계 개편의 주요 쟁점과 과제, 2011. 11.

권오성, 재정건전성을 위한 재정준칙도입연구, 한국행정연구원, 2013.

기획재정부, 2012년 공공기관 경영공시 재무정보, 2013.4.30.

_____, 2012회계연도 국가결산, 2013.

_____, 공공기관합리화 정책방향 수립, 보도자료, 2013.7.8.

_____, 국가채무관리계획, 2012.

_____, 국가채무관리보고서, 2013.

김난영·김상헌, 예산결산특별위원회 상설화의 효과에 관한 실증적 연구: 예결위상설화는 기대효과를 발휘하고 있는가? 행정논총 제45권 3호 81-109, 2007.

김동건·원윤희, 현대재정학, 제6판, 박영사, 2012.

김민전, 공천제도 개혁 및 국회예산심의제도 개혁, 2011.

김배원, 예결산 제도상 국회와 정부간의 권한 조정에 관한 연구, 2004.

김병윤·조성만, 「지방교육재정교부금 인건비 배분에 관한 연구」, 학술논문, 충남대학교 교육연구소, 2010.

김병주·박정수, 「지방교육재정교부금 배분구조의 혁신방안」, 『교육재정경제연구』, 제15권 제1호, 한국교육재정경제학회, 2006. 6. pp. 217~241.

김상헌, 국회예산정책처 설립이 예산심의에 미친 영향에 관한 연구. 예산결산특별위원회 연구용역, 2011.

김상헌·배병돌, "특별교부세 배분에 관한 실증적 연구," 『한국행정학보』, 36(1): 159-171, 2002.

김석태, "특별교부세의 정체성." 『한국행정학보』, 13(2): 285-303, 2001.

김순양, 예산편성 단계에서의 국회의 역할. 예산결산특별위원회 연구용역, 2011.

김재진, 신용카드에 의한 국세납부제도 도입방안, 한국조세연구원, 2007. 8.

_____, 신용카드활성화정책 10년: 평가와 과제, 납세의식제고를 위한 조세정책방향 정책토론회 발표자료, 한국조세연구원, 2012.

김정훈, 지방교부세의 구조분석 및 개선방안, 한국조세연구원, 1999.

_____, 지방자치단체 순재정편익과 지역간 균형발전에 관한 연구, 한국조세연구원, 2003.

김정훈·김현아, 수도권 인구집중과 재정정책, 2007.

김준석, 17대 국회의 국정감사와 예산결산심의 과정평가, 2006.

김철회·박경순, 재정건전성 관리를 위한 국회의 역할강화 방안: 예산안 심의과정을 중심으로, 사회과학연구, Vol.20 No.2, 2011, pp. 61~78.

김춘순·박인화, 국회 예산과정 분석과 확정예산의 정책적 함의, 재정정책논집, Vol.14 No.2, 2012, pp. 125~154.

김태일, 국가는 내 돈을 어떻게 쓰는가, 웅진지식하우스, 2013.

_____, 지방교부세의 수평적 재정형평화 효과분석: 측정방법에 대한 논의를 중심으로, 한국행정학보, 제33권 제3호, 1999.

김혁·김경호·전중렬, 복식부기정부회계, 제2판, 신영사, 2012.

김현아, 형평화보조금에 대한 논의, 재정포럼, 한국조세연구원, 2007.

김형준·박명호, 납세협력비용과 정책과제, 한국조세연구원, 2008. 2.

나중식, 예산이론의 유형 및 체계화, 사회과학연구 제7권, 1991.

노영훈·김현숙, 소득과 주택자산 소유분포에 관한 연구, 한국조세연구원, 2005.

노원구 의회, 「자금관리개선을 위한 최종보고서」, 1997. 7.

대통령실, 사상최고의 국가신용등급 의미와 기대효과, 2012.9.

문명재·주기완, 정부규모, 기능, 역량에 관한 탐색적 연구: 문민정부, 국민의 정부, 참여정부를 중심으로, 행정논총 제45권 제3호, 61－80, 2007.

박기백·김현아, 지방자치단체 세입 및 재정지출에 관한 연구, 한국조세연구원, 2005.

박명호·송헌재, 납세협력비용감축 및 납세순응도 제고를 위한 정책과제, 납세의식제고를 위한 조세정책방향 정책토론회 발표자료, 한국조세연구원, 2012.

박병식·이준호, 국회의 국정평가기능 제고를 위한 국회예산처의 역할 정립방안, 한국사회와 행정연구 제15권 제4호, 2005.

박병희, 지방재정분석 종합점수와 재정지표간 관계분석, 한국지방재정논집, 제12권 제3호, 2007.

박상원, 국회 예산결정의 정치경제학적 이해: 행정부, 여당, 야당의 관계를 중심으로, 재정학연구, 제4권 제3호, 2011, pp. 37~66.

박용규 외, 지방부채증가의 원인과 해외사례의 교훈, 삼성경제연구소, 2012.6.

박재영, 성과주의 예산제도 도입이후 국회 결산심사의 변화에 대한 연구, 서울행정대학원 석사학위 논문, 2002.

박재완, 국가정책과 국민통합, e-정책Magazine, 한국정책학회, 2013.

_____, 국가채무와 국민부담, 한나라당 공공특위 발제문, 2007.

_____, "예결특위의 상임위 전환, 왜 시급한가?" 국회 예결특위 개편을 위한 공청회, 2004.

박정수, 공기업부채 무엇이 문제이고 어떻게 해결할 것인가, 한국경제포럼, 2012.8.

_____, 국제기준에 따른 재정범위의 설정: 국가채무와 국민부담률을 중심으로, 예산정책연구, 제2권 제2호, 국회예산정책처, 2013.

_____, 국회 예산심사제도 평가와 개선방안, 사회과학연구논총, 제29호, 이화여자대학교 사회과학연구소, 2013.

_____, 선진국 재정개혁에 있어 입법부의 역할변화와 시사점. 국회예산정책처 연구용역, 2007.

_____, 외국의 예산집행관리시스템 사례연구, 기획예산처 연구용역, 한국재정학회, 2003.

_____, 지방교부세 배분방식의 새로운 개념과 방향모색, 한국행정학보, 제9권 제2호, 1995.

_____, 지방자치단체의 효율적인 현금관리방안, 한국행정학보, 제33권 제4호, 1999.

_____, Administrative Corruption and State Capture, 한국사회와 행정연구, 2006.

박정수·신혜리, 거시예산개혁과 재정개혁 이후 예산심의과정에서 나타난 행태분석, 의정연구, 38권, 2013.

박정수 외, 납세서비스 세정의 선진화방안, 한국조세연구원, 1996.

박정수 외, 주요국 공공기관 운영현황 및 재정과의 관계연구, 기획재정부·한국조세연구원, 2011.12.

박종관 외, 신제도주의적 관점에서 본 국회예산과정 변화와 시사점. 국회예산정책처 연구용역, 2012.

박종구, 국회의원 정책질의 성향에 대한 연구. 의정연구 제68호, 1994.

박진 외, 공공기관 부채의 잠재적 위험성분석과 대응방안, 한국조세연구원, 2012.

박형수 외, 경제·사회환경 변화에 대응한 국가채무관리방안, 한국조세연구원, 2008.

법제연구원, 예·결산 제도상 국회와 정부간의 권한 조정에 관한 연구.

서갑수, 국회 예결산심의제도의 문제점과 개선방안, 국회예결위 연구용역, 2013.

서울시 의회, 「서울시의 자금운용 효율화방안을 위한 정책토론회」, 1995. 11.

성명재, 우리나라 빈곤율의 변화추이와 정책방향: 소득분포 특성 고찰과 가상패널 구축을 통해 살펴본 빈곤추이와 정책시사점, 한국조세연구원, 2005.

성명재·박노욱, 지방세 세목별 세수추계에 관한 연구, 한국조세연구원, 2003.

손원익 외, 기업의 준조세부담과 정책방향, 한국조세연구원, 2004.

송기창, 「지방교육재정교부금법의 운용성과와 개정방향」, 『교육재정경제연구』, 제15권 제2호, 한국교육재정경제학회, 2006. 12. pp. 119~152.

송창수, 「지방정부의 효율적인 현금관리에 관한 연구 −서울시를 중심으로−」, 서울시 립대학교 석사학위논문, 1998.

심혜정, 세무조사 운영실태의 문제점과 개선방안, 국회예산정책처, 2012.

안종석, 「교육재정의 개편방안」, 『지방자치환경의 변화에 따른 지방재정조정제도의 개 편방안』, 한국조세연구원, 2000. 4. 20.

＿＿＿＿, 「세제개편이 교육재정에 미치는 영향과 문제점」, 『고등교육재정의 현안과 과제』, 2009년도 연차학술대회 자료집, 한국교육재정경제학회, 2009. 7.

＿＿＿＿, 재정의 지방분권화: 남미 국가들 및 미국 캘리포니아 주의 사례와 시사점, 2002.

＿＿＿＿, 중장기조세정책방향에 대한 제언, 한국조세연구원, 2013.

＿＿＿＿, 지방교부세배분방식에 관한 연구, 재정금융연구, 제2권 제1호, 1995.

안종석·박정수, 『중앙정부와 지방자치단체간 재원배분에 관한 연구』, 한국조세연구원, 1996.

안종석 외, 경제위기 이후의 세수입 기반확충을 위한 조세정책 방향, 한국조세연구원, 2010.

안종석 외, 『교육재정의 효율성 제고방안 연구』, 연구보고서 06−09, 한국조세연구원, 2006. 12.

오연천, 국가재정법시대의 국회의 역할. 예산결산특별위원회 용역, 2006.

＿＿＿＿, 한국지방재정론, 박영사, 1988.

오영균, 성과중심 국회결산을 위한 제도개선에 관한 연구. 한국행정논집 제16권 제1호, 2004.

오윤·박명호, 세무조사제도 개혁방안, 한국조세연구원, 2007.

옥동석, 공공기관과 제도경제학, 공공포럼 발표자료, 한국조세연구원, 2010.

＿＿＿＿, 공공기관의 지정 및 분류기준, 예산정책연구, 제1권 제1호, 2012.

＿＿＿＿, 국회재정권한 및 절차의 체계성 및 실효성 제고방안 연구, 국회예산정책처 연 구용역, 2010.

＿＿＿＿, 정부회계와 조세부담율, 정부회계연구, 제2권 제1호, 2004, pp. 17~35.

＿＿＿＿, 재정민주주의와 국회의 재정통제권. 예산결산특별위원회 용역, 2009.

우명동, 참여정부 재정분권정책의 성격에 관한 소고: 재정분권의 '현상'과 '본질'을 중심 으로, 한국지방재정논집, 제13권 제1호, 2008.

원윤희, 지방교부세의 배분방식에 관한 연구, 한국행정학보, 제28권 제2호, 1994.

원윤희 외, 국세−지방세 합리적 조정방안 연구, 서울시립대학교 지방세연구소, 2008.

윤성채·한상도, 예산심의과정에서의 국회의 PART활용: 2단계 재정사업자율평가를 중 심으로, 한국행정논집, Vol.24 No.1, 2012, pp. 183~209.

윤영진, 예결산 심의의 연계강화를 위한 결산심사제도의 개선방안, 2008.

윤영진 외, 발생주의하의 국가채무관리, 정부회계학회, 2008.

윤홍주, 「지방교육재정 보통교부금제도의 성과와 과제」, 『지방교육재정 제도의 성과와 과제』, 2012년도 한국교육재정경제학회 하계학술대회 발표자료집, 2012. 7. pp. 3~ 32.

윤희숙 외, 보육·유아교육 지원에 관한 9가지 사실과 그 정책적 함의, KDI Focus, KDI, 2013. 8.

이겨례·함성득, 국회예산정책처의 제도적 발전과정:미의회예산처와 비교. 행정논총 제 46권 제2호, 2008.

이동규, 국회재정권 측면에서의 임시예산제도의 비교법적 연구, 국회예산정책처 연구용 역, 2012.

이문영·윤성식, 『재무행정원론 −기획과 통제를 위한 예산·재정·투자·감사·회계−』, 서 울: 학현사, 1995.

이상용·하능식, 참여정부 재정분권의 수준 측정과 평가, 한국지방행정연구원, 2007.

이영·현진권, 한국의 재정분권 수준은 과연 낮은가?, 공공경제, 제11권 제1호, 2006.

이영 외, 「2011−2020 중장기 교원수급계획 수립 및 교원양성기관 규모 적정화·내실화 방안 마련을 위한 정책연구」, 2011.

이영조, 한국 국회의 예산안 심의실태분석. 한국행정논집. 제14권 제1호, 2002.

이영희, 지방세의 소득·소비·재산 과세기반 재설계, 한국지방세연구원, 2013.

이원희, 국회 예·결산 제도 개선 방안, 한경대학교, 2003.

_____, 예산안의 사전심의제도에 관한 연구. 예산결산특별위원회 연구용역, 2009.

_____, "지방교부세 제도 개편의 평가와 향후 과제," 2007년도 지방교부세 기선방안 토론회 발제문, 2007.

이정희, 최근의 주요 예산이론들의 비교, 평가 및 발전방향에 관한 연구, 한국행정학보, 제44권 제4호, 2010.

이필상, 『재무관리』, 신정판, 서울: 박영사, 1994.

이홍재, 성과관리와 예·결산 심의의 연계성 제고 방안 연구−국회 예·결산 심의 과정을 중심으로-, 2011.

임동욱, 국회예산정책처 설립과정과 향후 운영방안, 의정연구 제9권 제2호, 2003.

임성일, 지방재정의 운영원리에 대한 검토와 방향 재정립, 한국지방재정학회 발표논문, 2007.

임성일·손희준, 「지방교육재정제도의 개선방안: 지방재정과 지방교육재정간의 관계 재정립」, 『지방행정연구』, 제25권 제3호, 한국지방행정연구원, 2011. 9. pp. 59~92.

임성일·최영출, 영국의 지방정부와 공공개혁, 법경사, 2001.

장근호, 부정부패와 경제성장: 정부역할에 관한 실증분석, 『재정포럼』, 1997. 4.

장문선·윤성식, 국회 예산심의액 증감의 영향요인에 관한 실증적 분석: 예산결산특별위원회를 중심으로, 한국정책학회보, Vol.11 No.2, 2002, pp. 99~119.

전병목, 공평과세 실현을 위한 세원투명성 제고방안, 한국조세연구원, 2006. 7.

전병목·박명호, 납세자의식과 세정개혁방향, 한국조세연구원, 2007. 3.

전병목·안종석, 근로소득과 사업소득의 과세형평성에 관한 연구, 한국조세연구원, 2005.

전영평, 국가-지방정부 관계 재정립을 위한 헌법개정안 연구, 2006.

정병욱, 국회결산심사의 실효성 제고방안 연구, 국회예산정책처 연구용역, 2011.

정영헌 외, 근거과세 정착과 추계과세 합리화방안, 한국조세연구원, 1996.

정영화, 헌법상 결산에 대한 국회통제의 비판적 고찰, 2008.

정종섭, 국가재정에 관한 국회의 기능강화방안에 관한 연구. 예산결산특별위원회 용역, 2005.

조영무, 최근의 국제 재정통계 지침으로 본 우리나라의 공공부문 채무수준, LG경제연구원, 2013.5.13.

조태현, 국회 예산심 의 제도의 문제점과 개선방안. 서울대학교 석사학위논문, 2009.

조택 외, 국회 예결산 심의의 한계 및 효과성 제고방안, 국회예결위 연구용역, 2013.

주만수, 지방재정위기의 현황과 원인분석, 지방행정연구, 제26권 제2호, 3-30, 2012.6

최광 외, 세금경제학, 자유기업원, 2007.

최도열·이원희, 국회 예산심의 과정에서 시민참여 확대 방안에 관한 연구, 한국지방정부학회 학술대회 논문집, Vol.2005 No.1, 2005, pp. 417~446.

최병선 외, 국가-지방정부 관계 재정립을 위한 헌법개정안 연구, 2006.

최병호, 재정분권이론과 적정한 지방재정의 구조모색, 한국지방재정논집, 제12권 제1호, 2007.

최병호·정종필, 재정분권과 지방재정의 과제: 지방세 중심의 구조와 지방정부의 적정규모를 중심으로, 한국지방재정학회, 2007.

최연태·김상헌, "특별교부세 배분의 정치성에 관한 실증연구."『한국행정학보』, 42(2):

283 – 299, 2008.

최연태·이재완, "관료적 지대추구가 특별교부세 배분에 미치는 영향에 관한 연구." 『한국정책학회보』, 20(4): 189 – 218, 2011.

최준렬, "지방교육재정 특별교부금의 운영 실태와 개선방안." 『교육재정경제연구』, 18(2): 137 – 165, 2009.

_____, 「초·중등교육의 변화 전망과 지방교육재정 운용 방향」, 『국가 교육재정 정책의 전망과 과제』, 제49차 KEDI 교육정책포럼, 한국교육개발원, 2011.

편호범, 정부 및 비영리회계, 법문사, 2010.

하능식, 취득세율 인하에 따른 지방재정영향 및 향후과제, 한국지방세학회 추계학술대회 발표논문, 2013. 11.

하연섭, 재정학의 이해, 다산출판사, 2008.

한국개발연구원, 공기업 및 준정부기관 사업 예비타당성조사 제도에 관한 연구, 2013.

한국의회발전연구회, 예결위 상설화에 따른 제도정비 방안, 2000.

한국조세연구원, 공공부문 재정통계 산출방안, 공청회 자료집, 2013. 7.

_____, 공공부문 재정통계 산출방안, 공청회 자료집, 2013. 7.

_____, 우리나라 국가부채의 지속가능성, 2006

_____, 『장기재정전망보고서 – 교육분야』, 2013. 4.

한정훈, 예산안 편성과 승인과정에서의 개별국회의원들의 선호차별성 분석, 예산결산특별위원회 연구용역, 2011.

함성득, 예산심의 과정에서 국회의 전문성 확보를 위한 조직 구성에 관한 연구. 행정과 정책 제2호, 1996.

_____, 한국과 미국의 의회보좌제도의 비교연구. 한국국제정치학회 국제정치논총 제44권 제1호, 2004.

함성득 외, 국회의 예산편성권과 예산정책처의 새로운 위상 확보 방안 연구. 국회예산정책처 학술용역과제 연구보고서, 2009.

현진권, 탈세요인으로서 부가가치세의 과세특례제도: 현황과 개편방향, 한국정책학회보, 제7권 제3호, 1998.

황윤원, 우리나라 예산심의의 결정변수 분석. 한국행정학보 제27권 제2호, 1993.

국외문헌

Bahl R. W. and J. F. Linn, "Fiscal Decentralization and Intergovernmental Transfers in Less Developed Countries", Publius: The Journal of Federalism, Vol 24, 1994.

Bahl R. W. and J. F. Linn, Urban Public Finance in Developing Countries, Oxford: Oxford University Press, 1992.

Bird, Richard M. and Francois Vailancourt, Perspectives on Fiscal Federalism, World Bank Institute, 2006.

Bird, Richard M. and Milka Casanegra de Jantscher, Improving Tax Administration in Developing Countries, IMF, 1992.

Boyne, George A., "Competition and Local Government: A Public Choice Perspective," Urban Studies, Vol. 33, No. 4−5, 1996.

Brennan G. and J. M. Buchanan, The Power of Tax: Analytical Foundation of a Fiscal Constitution, Cambrige: Cambridge University Press, 1980.

Buchanan, J. M., "Federalism and Fiscal Equity," in Oates ed., The Economic of Fiscal Federalism and Local Finance, 1998.

Carman Reinhart and Ken Rogoff Write Huge, "Brutal Letter to Paul Krugman Blasting Him for Being Uncivil," Business Insider, 2013.5.16.

Dollery, B. E. and J. L. Wallis, The Political Economy of Local Government, Edward Elgar Publishing, 2001.

Framton, Dennis, Practical Tax Administration, Fiscal Publications, 1993.

Gore, Al, The Intelligence Community: National Performance Review, Office of Vice President, Washington, 1994.

Hallerberg, Mark and J. von Hagen, Electoral Institution, Cabinet negotiations and Budget deficits in the European Union, in Poterba, James M. and J. von Hagen ed. Fiscal Institutions and Fiscal Performance, Univ. of Chicago Press, 1999.

Jones L. R. & Euske K. J., Strategic Misrepresentation in Budgeting, Journal of Public Administration Research and Theory, Vol 1, No. 4, 1991, 437−537.

Jonston, David, A Brief History of Justice, 정명진 역, 정의의 역사, 부글북스, 2011.

Local Finance, "An Essay on Fiscal Federalism, Journal of Economic Literature", Vol 38, 1999.

McKinney, Jerome B., Effective Financial Management in Public and Nonprofit Agencies, 3rd ed., Praeger Publishers, 2004.

McKinney, Jerome B., Effective Financial Management in Public and Nonprofit

Agencies: A Practical and Integrative Approach, 2nd ed., Westport: Quorum Books, 1995.

McLure, C. E. Jr., Tax Assignment in Federal Countries, Center for Research on Federal Financial Relations, the Australian National University, Canberra, 1983.

Messere, K. C. and J. P. Owens, International Comparisons of Tax Levels: Pitfalls and Insights, OECD, 1985.

Mikesell, John L., *Fiscal Administration: Analysis and Applications for the Public Sector,* 3rd ed., Pacific Grove, CA: Brooks/Cole, 1991.

Musgrave, R. A and P. B. Musgrave, Public Finance in theory and practice, McGraw−Hill Inc., 1973.

Niskanen, William A., Bureaucracy and representative government, Chicago: Aldine Publishing Co., 1971.

Oates, Wallace E., Fiscal Federalism, "Fiscal Decentralization and Economic Development", National Tax Journal, Vol XLVI, No. 2, 1993.

Oates, Wallace E., Fiscal Federalism, New York: Hartcourt Brace Jovanovich, 1972

Oates, Wallace E., Fiscal Federalism, The Economics of Fiscal Federalism and Local Finance, Edward Elgar Publishing, 1998.

OECD, Best Practice Guidelines for User Charging for Government Services, 1998

OECD, Economic outlook database, 2011.

OECD, Economic Outlook, 2013.

OECD, Education at a Glance 2012, 2012.

OECD, Government at a Glance, 2011.

OECD, Government of the Future, 2000.

OECD, Journal on Budgeting, Vol 1, No. 3, 2002.

OECD, Linking Regions and Central Governments: Contracts for Regional Development, 2007.

OECD, Tax Reform Trends in OECD Countries, 2011.

Osborne, David and Ted Gaebler, *Reinventing Government: How the Entrepreneurial Spirit is Transforming the Public Sector,* Plume Books, 1993.

Sandford, Cedric, Tax Compliance Costs: Measurement and Policy, London: Fiscal Publications, 1995.

Shah A., "Balance, Accountability, and Responsiveness: Lessons about Decentralization," Working Paper, Washington, D.C.: The World Bank, 1998

Steiss, Alan W., *Financial Management in Public Organizations,* Pacific Grove, CA: Brooks/Cole, 1989.

Tanzi, Vito and Anthony Pellechio, The Reform of Taxation Administration, IMF, Publication 22, 1995.

Tax Law Review Committee, Interim Report on Tax Legislation, London: Institute for Fiscal Studies, 1996.

Ter-Minassian, T., Fiscal Federalism in Theory and Practice, IMF, 1997.

Tiebout, C., "A Pure Theory of Local Expenditure," Journal of Political Economy, 1956.

Tullock, Gordon, Public Wants, Public Means: An Economic Analysis of the Desirable Scope of Government, 김행범·황수연 역, 사적 욕망과 공공수단, 대영문화사, 2005.

Von Hagen, J. and I. J. Harden, "Budget Processes and Commitment to Fiscal Discipline." European Economic Review 39: 771-779, 1995.

Wildavsky, Aaron, The New Politics of the Budgetary Process, 4th edl., Longman, 1988.

찾아보기

기타

저자약력

서울대학교 사회과학대학 경제학과 졸업
서울대학교 행정대학원 졸업(행정학 석사)
미국 피츠버그대학교 대학원 졸업(정책학 박사)
한국조세연구원 연구위원
서울시립대학교 교수
경제실천시민연합 재정세제위원장
국회예산정책처 예산분석심의관
한국조세연구원 공공기관연구센터 소장
한국개발연구원 초빙연구위원
세계은행 컨설턴트
OECD 컨설턴트
교육개혁포럼 회장
現 이화여자대학교 교수, 공공기관연구회 회장, 한국정책학회 부회장,
   우정사업본부 경영평가단장

〈저서〉

한국교육거듭나기
현대지방재정의 주요이론(공저)
현대재무행정이론(공저)
재정규율과 재정책임의 이론과 실제(공저)
한국사회의 부패(공저)
철도정책론(공저)
효율적 국정관리를 위한 정부조직(공저)
서울컨센서스(공저)
한국의 행정이념과 실용행정(공저)

나라살림길잡이 재정관리

초판인쇄	2014년 2월 20일
초판발행	2014년 2월 28일
지은이	박정수
펴낸이	안종만
편 집	우석진·전채린
기획/마케팅	조성호
표지디자인	최은정
제 작	우인도·고철민
펴낸곳	(주) **박영사**
	서울특별시 종로구 평동 13-31번지
	등록 1959. 3. 11. 제300-1959-1호(倫)
전 화	02)733-6771
f a x	02)736-4818
e-mail	pys@pybook.co.kr
homepage	www.pybook.co.kr
ISBN	979-11-303-0064-1 93350

* 잘못된 책은 바꿔드립니다. 본서의 무단복제행위를 금합니다.
* 저자와 협의하여 인지첩부를 생략합니다.

정 가   29,000원